国家哲学社会科学研究重点项目基金资助

陕西师范大学优秀学术著作出版基金资助

陕西省首批哲学社会科学重点研究基地"陕西师范大学'一带一路'与中亚区域研究中心"、陕西师范大学中亚研究所"中亚研究丛书"

Historical Memory and Realistic Observation:Central Asia Study

历史记忆与现实侧观
中亚研究

|李琪 著|

中国社会科学出版社

图书在版编目（CIP）数据

历史记忆与现实侧观：中亚研究/李琪著．—北京：中国社会
科学出版社，2016.4
ISBN 978 - 7 - 5161 - 7895 - 9

Ⅰ.①历…　Ⅱ.①李…　Ⅲ.①中亚—研究　Ⅳ.①D736

中国版本图书馆 CIP 数据核字 (2016) 第 063154 号

出 版 人	赵剑英	
责任编辑	宋燕鹏	
责任校对	周　昊	
责任印制	李寡寡	

出　　版	中国社会科学出版社	
社　　址	北京鼓楼西大街甲 158 号	
邮　　编	100720	
网　　址	http://www.csspw.cn	
发 行 部	010 - 84083685	
门 市 部	010 - 84029450	
经　　销	新华书店及其他书店	

印　　刷	北京明恒达印务有限公司	
装　　订	廊坊市广阳区广增装订厂	
版　　次	2016 年 4 月第 1 版	
印　　次	2016 年 4 月第 1 次印刷	

开　　本	710 × 1000　1/16	
印　　张	35.25	
插　　页	2	
字　　数	611 千字	
定　　价	108.00 元	

凡购买中国社会科学出版社图书，如有质量问题请与本社营销中心联系调换
电话：010 - 84083683

目　录

政治与经济篇

民族与宗教篇

历史与文化篇

绪　论

　　历史是一切事物发展的过程，是自然环境与人类活动、文明交往、矛盾冲突、变迁承沿的积淀和推动。历史不仅记忆过去的轨迹，也是现世至关重要的组成部分。"历史是人民的记忆。她是客观存在，而不是重新誊写或修改。我们需要全方位、多视角去研究、去把握。"①

　　现今哈萨克斯坦、乌兹别克斯坦、土库曼斯坦、吉尔吉斯斯坦和塔吉克斯坦所在中亚地区，面积 400 万平方公里，地处亚欧大陆腹地，地缘战略地位显要。早在古代，中亚就是亚欧大陆东西陆路交通的必经之地，著名的古代"丝绸之路"就是从中亚南部穿过。现如今，铁路交通东起中国太平洋沿岸，西达欧洲大西洋沿岸。中亚位于联系太平洋和大西洋、横贯欧亚大陆由铁路构成的"亚欧大陆桥"的中心环节。

　　历史上在中亚地区发生过多次政治、经济、文化的"大博弈"。19 世纪沙皇俄国与大英帝国都把中亚作为地缘战略方向，对中亚地区展开了争夺。大英帝国在这场"大角逐"中以失败而告终，而沙皇俄国极力推行政治、经济、文化扩张政策，征服了中亚，达到了"经中亚通印度洋的目的"②。当今世界，中亚不仅是地缘政治的"心脏地带"和大国利益的交汇点，而且随着全球经济的高速发展与能源消费纪元的开始，中亚地区在地缘经济关系中成为载能体资源的输出地。

　　中亚与我国地域相连，大量丰富的文化人类学的研究成果表明，自古以来中亚与中国西北就有着千丝万缕的历史和文化渊源关系。具有世界历史意义的"丝绸之路"就是起长安，经西域③，逾中亚而通西方各国，并

---

　　① 《哈萨克斯坦历史》（俄文版），1996 年版，第一卷，第 7 页。
　　② Y. 卡塞诺娃：《21 世纪前夜的中亚——第二次大博弈》，《前景报》（俄文版）1997 年 3 月 14 日，第 10 版。
　　③ 西域有广、狭两义。广义指玉门关、阳关、以西所能到达的地区，包括亚洲中、西部，印度半岛，欧洲东部和非洲北部都在内，狭义专指葱岭以东，我国新疆。

将最古老的中国文明、印度文明、阿拉伯文明联结在一起。古代世界具有跨时代意义的伟大创造发明、经济文化形态和思想流派在这里荟萃交融。伴随着时空的变换，不同人种、不同民族经"丝绸之路"枢纽地带的迁徙流动，这里成为三大语系（阿尔泰语系、印欧语系和汉藏语系）的交汇之处。多少年来，中亚就以其地理位置独特、自然资源丰富、历史文化悠久而引起世人瞩目、研究者的向往以及各种势力的争夺。

从地缘战略理论的角度讲，中亚与我国山水相连，彼此之间有 3400 多公里的共同边界，历史文化联系源远流长，一些同源民族跨界而居、语言相通、信仰相同、习俗相近。因此，很多问题呈现出"跨国界"性。

2013 年 9 月，中国国家主席习近平在中亚访问和出席上海合作组织成员国峰会期间提出共同建设"丝绸之路经济带"的倡议。这是基于我国地缘战略环境总体需求与时代机遇而作出的重大选择。

俯瞰"丝绸之路经济带"的地理版图，中国西北地区承内启外，延至现今哈萨克斯坦、乌兹别克斯坦、塔吉克斯坦、吉尔吉斯斯坦和土库曼斯坦所在的中亚地区是"丝绸之路经济带"的核心区段。与我国接壤的俄罗斯、阿富汗、巴基斯坦、印度、蒙古国等周边国家均属于中亚扩展地区和"环中亚经济带"。其中，俄罗斯与哈萨克斯坦、乌兹别克斯坦、塔吉克斯坦和吉尔吉斯斯坦是上海合作组织成员国，蒙古国、阿富汗、巴基斯坦和印度是上海合作组织的观察员国。我国与中亚等周边国家共建"丝绸之路经济带"，表明在新的历史时期中国与周边国家在利益依存和根本战略关切上的共同点；阐述了"丝绸之路经济带"沿线国家的利益诉求与基本共识。构建适应新时期发展特点的新型地缘政治、地缘经济和地缘文化合作模式——"丝绸之路经济带"，已经成为中国与周边国家共同关注的问题。

本著以作者长期实地调研和文献解读为基础，以"丝绸之路经济带"核心区域中亚五国和我国西北地区为主线，拓展至俄罗斯、阿富汗、巴基斯坦等周边国家，综合考量地缘政治、地缘经济和地缘人文环境、社会的历史演进，以及大国的博弈和政策等，进行全方位、广视角、多层面的理论和实证研究。本文分中国与中亚、历史与文化、政治与经济、民族与宗教四个部分，共二十六章，总计约三十五万字。

作者从历时态的角度，采用历史学事件史分析法的原则，按照历史前进的程序廓清一些重要的史实，论述不同时段重大事件对中亚历史发展进程所产生的影响，探索其中的规律与因果关系；同时力图从共时态的角度，深入地探讨中亚与周边地区、国家、民族政治、经济、文化、安全等领域彼此渗透、相互影响的复杂关系；且将中亚民族国家的历史发展置于世界历史的范畴进行考量，将中亚地区出现的局部问题放在国际政治的大背景下进行解析。在探求之中，把现实问题提升到历史的高度予以观察和思考；把微观的各种现象放在宏观的国际环境中进行比较分析，以把握研究的内在限度和认知特征，做到研究分析胸中有数，得出理性、客观的看法，进而回答"何谓中亚"之问题。

中国与中亚篇：随着"丝绸之路经济带"战略构想的提出，人们对"中亚"的关注度不断提升。本篇回溯了学术历史，概述关于"中亚"的指谓和认知，经历了发轫、沿变和发展的特殊历程。国际社会不同行为体对"中亚"概念之建构，经历了历史地理解构、自我利益中心化、价值标准实用化和务求实效具体化的不同阶段。概言之，人们对中亚之认知，随时代而变易，更趋具体与接近现实，愈发注重对实践性的追求。论证了"丝绸之路"的国际属性决定了其运行过程、运行机制和运行轨迹对所有沿线民族和国家的经济行为和经济发展产生重要影响。古"丝绸之路"开通之动因主要在于政治利益，沿线民族与国家经济上的互有需求、相依相生和自行发展是政治关系演进的结果。"丝绸之路经济带"的战略意涵则是利用经济杠杆加强睦邻友好，形成区域大合作创新合作模式。中国与中亚是古丝绸之路的核心路段，是"丝绸之路经济带"的战略支点。

本著以掌握的统计数据和相关文件梳理和研讨我国与中亚的地缘政治、地缘经济和地缘文化关系；解析了我国与中亚国家边境口岸经济的涉外性特点、能源战略通道的合作与安全；论证了我国西北自古就是连接中亚、西亚、南亚和欧洲等地的枢纽，曾为古"丝绸之路"的开通和繁荣发挥过巨大作用，如今仍以其地理位置独特性和不可替代性发挥着引进周边国家能源的桥头堡作用，且肩负着向中亚地区输出中国产品的重任。我国的能源进口多元化战略与中亚国家能源出口战略既形成了国家利益的互补，也体现了经济结构和技术力量的互补，并呈现出广阔的合作前景。但是以"五通"为指标系统检验以往我国与中亚国家经贸与人文等合作领域，在实践层面也存在难点和问题。作者通过实地考察和研究提出了协调途径。

跨界民族研究是我国与中亚国家关系史的重要内容。我国西部与邻国跨界民族的形成十分复杂，有着深远的历史根源。疆域的变迁、民族的迁徙等多重情况的相互叠加是重要成因。这一部分概述了我国与中亚等周边国家跨界民族：哈萨克、吉尔吉斯（柯尔克孜）、维吾尔、东干（回）等形成的历史根源与复杂成因，并从历史地理学与民族政治学视角予以定位；论证同一民族分布在不同的国家，政治上区别为不同国家的同源跨国界民族。跨界民族与国家的关系是政治隶属关系。跨界民族与国内其他民族的关系是统一国家内部各民族和而不同、彼此交融的平等关系。我国跨界民族聚居地方隶属多民族统一国家格局，不仅拥有历史继承性，而且具有现实延续性，并在时代的进程中不断巩固和发展。

自9·11事件以后，随着宗教政治化、政治宗教化和恐怖主义的全球化，极端主义与恐怖主义相互交织在中亚迅速发展。近年来，由于中亚地区的毗连国家阿富汗和巴基斯坦衍变为全球恐怖主义活动的热点地区之一，一些国际性恐怖组织及其制造恶性恐怖事件的手段、形式在中亚—南亚地区呈跨国性、关联性、模仿性和突发性发展态势，表现出许多明显的特征，成为困扰地区安全化的突出问题，并影响到我国西北边疆的社会稳定和民生安全，要求相关国家应对防御水平不断升级。本篇列举了地区安全面临的新的挑战以及我国与中亚国家协同合作的应对举措。

政治与经济篇：立足当今世界发生巨大变化，利益交汇点日益增多的背景，解析和评估了美国、俄罗斯、土耳其等国与中亚国家之间的关系走向，其间的彼此互动将对地缘政治、地缘经济和地缘文化产生的影响；研讨了中亚局部动荡是多重因素相互作用的结果，苏联相关政策的后遗症是历史条件，美国导演中亚"颜色革命"是外部条件，经济发展滞后、民族社会分层、贫富差距扩大、人民生活穷困、权力部门腐败是社会条件；指出中亚国家在领土问题、水资源问题、能源问题等方面存在的利益认知差异，致使彼此关系复杂化，引起国际社会的关注，这一走势不仅影响中亚地区的政治、经济和安全形势，而且牵涉上海合作组织成员国关系的变化，要在短期内解决一些国家之间的结构性矛盾和战略互疑依然十分艰难。

本篇对中亚国家独立近四分之一世纪的移民政策进行了盘整与解析。中亚各国从独立新生到探索发展路径、构建民族国家，走过了曲折艰难的历程。自苏联解体迄今，在中亚各民族国家，与广泛深刻的社会转型和民族身份认同所伴生的移民流动，以其惊人的规模和活跃的速度不仅成为严重的国家性问题，而且辐射整个中亚及其周边地区。制定有效的移民政策是国家政治建构和经济振兴的重要步骤。中亚各国以及与此密切相关的俄罗斯政府在不同时段，曾针对不同的情况均做出政策反应，并根据事态发展不断调适，且予以法律支撑。其政策调整取向关涉周边相关各国。

随着2014年国际联军撤离阿富汗及其后时代的到来，中亚的"通道作用"日益凸显。阿富汗问题面临新的复杂形势，地区的安全稳定充满诸多变数。与此同时，各种国际力量和不同政治势力均纷纷介入，或明或暗地在这里寻求自己的利益，处于复杂地缘政治环境之中的中亚面临着更多的机遇和更加严峻的挑战。地缘因素、资源价值和人文环境的综合给各种政治势力的争夺和博弈创造了空间。一些热点国家和地区输出的恐怖主义、极端主义、分裂主义、毒品犯罪、武器走私等利用民族、宗教因素制造突发事件，对国家、地区安全的潜在能力较之以往呈上升趋势，其外溢不可避免影响到中亚国家和我国西北边疆。

民族与宗教篇：阐释文化认同即民族文化的归属认知，是民族认同的基本元素。民族成员集体历史记忆和共享的文化符号，乃构建民族身份认同的依据和标志。民族身份认同以多元的文化形式影响不同民族社会成员的意识形态，与族际关系密切相关。中亚五国都是典型的多民族移民国家。中亚各国从独立新生到探索发展路径、构建民族国家，走过了曲折艰难的历程。自苏联解体迄今，在中亚各民族国家，与广泛深刻的社会转型和民族身份认同所伴生的移民流动，以其惊人的规模和活跃的速度不仅成为严重的国家性问题，而且辐射整个中亚及其周边地区。中亚地区民族关系错综复杂，民族问题凸显跨国性特征。作者认真考察和盘整了中亚国家的民族政策，阐述了国家民族政策取向由"主体民族化"到构建"国家民族"的调适过程；指出虽然政府采取措施积极化解独立初期民族政策的缺陷及其负面作用，但要在政策层面引导国民认同或成功塑造一个公民性民族仍任重道远。

本篇论述了中亚国家独立二十多年来，传统宗教的复兴，新兴宗教的渗入，已经形成了一种迅猛发展，不断强化的态势。纷繁复杂的信仰网络在多种因素的助推之下促发了形形色色的宗教问题，尤其是民族与宗教因素相结合、相促发，利用宗教服务于极端民族主义是影响民族关系、制约国家经济建设和危及地区安全的突出征象，成为影响国内社会现实和地缘政治关系不容忽视的因素和"导火索"。然而，由于每个国家的政治、经济情境不尽相同，民族宗教政策略有差异，其宗教发展及其存在的问题既有共性，也有各自不同的特点。因着国际大环境和地区安全情势的发展变化，各国政府始终致力于协调政教关系和各种宗教之间的关系，并推行了一系列符合本国国情的针对性政策，且不断进行政策调整，坚持以立法形式予以治理。

历史与文化篇：旨在厘清中亚的地理环境、文明交往与社会历史发展之间的密切联系以及中亚在人类文明发展史上的地位、作用和影响。历史上中亚曾是人类古代文明成果的荟萃处之一，联结东西方的丝绸之路和沟通南北方的道路，在不同的历史时期带来了各种文化，它们在这里冲撞、渗透、融合，并向远方传播。本著透过形成于中亚地区色彩斑斓的前驱后续文化，及其所构成的连续不断的历史画面，检阅那些传诸后世的丰富典籍和叠加历史信息的实证载体，展现出中亚之地缘关系决定了人种的混合类型和复杂性，中亚各种历史文化现象的分布趋向标示出人口的迁徙性和出发点，其居民的交通和生产方式表明社会经济形态的多元性和交融性。斐然可观的历史遗存是众多民族利益交锋、人口流动、文化交流互融互渗与源远流长的历史见证。

中亚作为一个特定的历史文化区域，今天各民族国家的分布格局正是先民迁徙并经过长期融合的积淀。本篇根据中外文献的历史记载进行比较研究，追寻了古代居民的活动及其文化发展轨迹，追溯游牧文化和定居文明的交互作用。以丰富的资料说明，中亚古国之一的巴克特里亚是古代中亚、南亚、西亚的交通枢纽。巴克特里亚艺术内涵中的佛教文化成分为我们展现出一道独特的风景线。尤其是犍陀罗佛教艺术形成后，其对中亚地区佛教艺术的发展产生了重大影响。本篇还论述了早在文明的曙光时期，伴同初始的建筑工程，建筑艺术即已在以阿姆河与锡尔河两河流域为中心，附带周边之广袤的中亚地理范围诞生。随着时代的变迁，本土建筑创作就以不同历史时段的艺术思想和造型风格，兼容并蓄多元精华，建构独特的美学观念和文化内涵；采用不同的建筑和装修材料，以新的形式、手段呈露出时空特点，进而体现建筑艺术的民族性、时代感、象征意义和实用功能。比如帖木儿王朝时期中亚民族建筑艺术就以伊斯兰建筑艺术为本，以中国等多地域建筑装饰艺术元素为用，进而推展出类型结构、风格特点、材料品质和装修方法创新的独特风貌。

中国与中亚创新合作模式，共建"丝绸之路经济带"，已经成为中国与周边国家共同关注的问题。本著是一项重大理论和实践相结合的研究成果。其涵盖内容是目前国际社会关注的焦点之一，是国内各族人民群众和相关机构等希望更多、更深和更准确地了解的热点问题。

　　本研究沿着跟踪调研和理论探索的路径，根据地缘政治、地缘经济和地缘文化等周边环境要素，分析和预测国际或地区范围的战略安全趋向和有关国家的政治目标、经济行为和相关政策，解读"丝绸之路经济带"相关机制建设，及其对我国稳定、安全和发展的相互作用；基于历史，面对现实、谋划未来，深化和提升相关的理论思考；围绕以往研究未能涉足的领域、模糊不清的问题、掌握不全的信息、新形势下情况的动态变化进行深入调查，深层次探索，条分缕析，进而能以准确把握。综上所述，旨在学术上可以进一步丰富我国与周边国家关系的研究，在实践上为我国制定外交方略提供一定的信息和依据；服务于我国"维权、维稳、合作、发展"、"安邦、兴边、睦邻、富民"、"构建和谐周边"，"和平发展"的基本国策和外交战略的实施。

中国与中亚篇

第一章 "中亚"所指及其历史演变

随着"丝绸之路经济带"战略构想的提出，国际学术界关于中国与中亚创新合作模式，共建"丝绸之路经济带"研究热潮的兴起传达了一个信息："中亚"研究再次成为人们关注的焦点之一。回溯学术历史，对"中亚"的指谓和认知经历了发轫、沿变和发展的特殊历程。

晚近以来人们称之为"中亚"的地方，是世界伟大文明的发祥地之一，且迄今为止仍然是文明交往的重要通道和经贸合作的枢纽区域。19世纪欧洲人向东方远行到达亚洲腹地进行地理考察之时，称这个遥远的秘境为"中央亚细亚"，简称"中亚"。至此之后，国际学术界关于"中亚"基本概念和内涵的讨论经久不息，众说纷纭，难以统一。在不同时代、不同国度、不同领域、不同视角，人们对"中亚"有不同的认识和界定，概而论之，不外乎有广义和狭义之分。

以往在俄语中以"Центральная Азия"（汉译：中央亚细亚）表述广义之中亚范围，西文"Central Asia"（中央亚细亚）与俄语"Центральная Азия"相对应。由于中央亚细亚是一个具有内陆亚洲地理特点的自然区域，故此也称"内陆亚洲"（Внутренняя Азия），西文中有"Inner Asia"（内亚），"Innermost Asia"（亚洲腹地）等表述形式，包括"今位于阿富汗、中国西部、印度北部、东北伊朗、蒙古、巴基斯坦以及苏联中亚共和国境内的各个地区"[①]。狭义"中亚"在俄文中以"Средняя Азия"指称，西文中以"Middle Asia"相对应，指中央亚细亚西部的历史地理区域（Историко - географический регион на западе Центральной Азии），即今属于独联体的中亚五国（乌兹别克斯坦共和国、土库曼斯坦共和国、塔吉克斯坦共和国、吉尔吉斯共和国和哈萨克斯坦共和国），亦

---

① 参见 В. Г. 加富罗夫，Л. И. 米罗什尼科夫《中亚文明研究，联合国教科文组织规划国际合作的经验》（俄文版），莫斯科，科学出版社 1976 年版。A. H. 丹尼、V. M. 马松《中亚文明史》，第 1 卷，中国对外翻译出版公司 2002 年版，第 368 页。

即苏联的五个中亚加盟共和国。

广义之说，以联合国教育、科学及文化组织的定义最具权威性。1976
年 10 月，联合国教科文组织在东非肯尼亚首都内罗毕举行第十九届会议，
成立了文化遗产和自然遗产政府间委员会，即世界遗产委员会。同时，大
会提出出版"中亚文明史"计划，而首要的问题就是界定中亚地区的地
理范围。1978 年联合国教科文组织确定，中亚地区涵盖阿富汗、伊朗东
北部、巴基斯坦、印度北部地区、巴控和印控克什米尔、中国西部地区、
蒙古和苏联的中亚地区，即"中央亚细亚七国"之说。

狭义之见，以苏联的界定最具代表性。"中亚（Средняя Азия），苏
联亚洲地区的一部分，西起里海，东到中国与苏联边界，北至咸海—额尔
齐斯分水线，南达苏联同伊朗和阿富汗的边界。""在行政管理方面，'中
亚'之范围略窄——中亚共和国的概念仅包括乌兹别克、土库曼、吉尔
吉斯和塔吉克苏维埃社会主义共和国。其实，从自然地理的角度看，中亚
也包括哈萨克斯坦的中部和南部。它们是中亚共和国地域的直接延续。"[1]
显然，苏联对中亚（Средняя Азия）的定义分为历史地理和行政管理两
个层面。历史地理视阈是指历史上曾经为俄罗斯所征服和统治的位于亚洲
中部的操突厥语和操波斯语的非斯拉夫人居住的地区，即其境内亚洲部分
乌兹别克斯坦、吉尔吉斯斯坦、塔吉克斯坦、土库曼斯坦和哈萨克斯坦中
部与南部之地缘板块。中亚涵盖四个半共和国的说法即因此而来。行政管
理范围则仅包括乌兹别克、土库曼、吉尔吉斯、塔吉克四个加盟共和国。
综上内涵，在苏联时期形成了最为普遍的"中亚和哈萨克斯坦"
（Средняя Азия и Казахстан）之说。

苏联解体，中亚五国独立。1993 年中亚五国领导人在乌兹别克斯坦
首府塔什干召开会议，宣布中亚地区应当包括哈萨克斯坦共和国在内，并
决定弃原来广泛使用的"Средняя Азия"这一专门术语，而以
"Центральная Азия"一词取而代之，以示"新中亚"的诞生。从此，
"中亚五国"之概念在国际社会得以普遍接受和使用。

检阅关于"中亚"概念之研讨，无论广义还是狭义，其实均为亚洲
中心地带之简称，只是在不同情况下地理范围具有一定的伸缩。关于

---

[1]　《苏联大百科全书》，1978 年版，卷 28，"Средняя Азия"词条。《苏联百科词典》，中
国大百科全书出版社 1986 年版，第 1601 页。

"中亚"定义之讨论，以及相关问题的思考和研究需要从比较、多元和综合的角度来进行，从中亚基本概念的界定和人们对中亚的认知入手，需要弄明白中亚的地理环境、文明交往与社会历史发展之间的密切联系，中亚在人类文明发展史和国际舞台上的地位、作用及影响，以把握解析的内在限度和认知特征，进而做到分析诠释胸中有数，得出比较冷静、清醒、客观的看法。

学界对"中亚"之理解与认知，是因着历史的变迁，地缘政治、地缘经济和地缘文化环境的深刻变化，伴随着文明交往视阈下人们对内陆亚洲的了解和知识的积累而不断深化。中、俄、德、英、法、美、日等国学者纷纷从历史、地理、文化、政治和经济视域对中亚的内涵和外延给予界定。基于这种认识，我们可以领悟到关于中亚的定义总括起来看主要集中于历史地理、地缘政治、地缘文化和地缘经济视阈。

第一节　历史地理之视角："中亚"范畴按　　自然地理条件，而不是政治疆域划分

从历史地理学的角度分析，"中亚"的基本含义来自地理学家对历史自然地理和历史人文地理的综合考察。人们对"中亚"的初识，最早可追溯至中国古代文献关于"西域"之记载。"西域"即地理方位词，位于欧亚大陆中心，是古丝绸之路的重要孔道。古代"西域"狭义是指玉门关、阳关以西，葱岭即今帕米尔高原以东，巴尔喀什湖东、南及新疆广大地区。而广义的"西域"则是指凡是通过狭义"西域"所能到达的地区，涵盖亚洲中、西部地区等。《北史·西域传》载：西域"自葱岭以东，流沙以西为一域；葱岭以西、海曲以东为一域；者舌以南、月氏以北为一域；两海之间，水泽以南为一域"①。《汉书·西域传》翔实记载了这一"东西六千余里，南北千余里"之广袤地区"本三十六国，其后稍分至五十余"② 草原行国和绿洲城郭的地理方位。可见汉、唐以降中央政府行政

---

① （唐）李延寿：《北史》卷九七，中华书局 1974 年版，第 3207 页。者舌即康居，是古代生活在中亚地区的游牧民族，汉朝时期，东界乌孙，西达奄蔡，南接大月氏，东南临大宛，约在今巴尔喀什湖和咸海之间，活动范围主要在今哈萨克斯坦南部及锡尔河中下游。

② （汉）班固撰、（唐）颜师古注：《汉书》卷九六，中华书局 1963 年版，第 3871 页。

机构所管辖的今中国新疆及中亚部分地区所属之"西域"范围。有关此点，前苏联学者指出："西域是古代和中世纪早期中国之东突厥斯坦（今新疆）及其与之毗连的中亚（Средняя Азия）地区的传统称谓"①。近期，中亚学者也撰著阐述，"在古代中国，中亚的中、东部地区与今中国新疆地区一样都被称为西域"②。这里所指是狭义"西域"的地理概念。诚然，不同的历史时期对"西域"之地理范围指向不一，有时不仅包括亚洲中、西部，印度半岛，而且远及欧洲东部和非洲北部。但在中国古代文献中"西域"多指中国玉门关、阳关以西的诸多国家和地区，也特指汉、唐等历史时期中央政府安排的行政机构所管辖的今中国新疆及中亚部分地区。盖因这一区域位于欧亚大陆中心，地处丝绸之路要津，发挥着东、西方文明交流贸易的枢纽作用，故此引起世界高度关注；也由于古代"西域"与近代"中亚"地理概念所示范围多有重合，继而关于古代"西域"知识的积累，大大丰富了人们对近代"中亚"面貌的感知。

　　在中国历代官修史志和著述中都有关于西域诸国地理疆土、自然环境和风土人情的描述。汉代卓越的探险家、外交家张骞③凿通西域，他的足迹不仅遍及当时位于今新疆地域的诸多小国和中亚的大宛、康居、大月氏和大夏诸国，而且从这些地方初步了解到乌孙（巴尔喀什湖以南和伊犁河流域）、奄蔡（里海、咸海以北）、安息（波斯，今伊朗）、条支（又称大食，今伊拉克一带）、身毒（又名天竺，即印度）等国的许多情况。张骞所著《出关志》（已失传）开西域言志之先河，为《史记》《汉书》所取材。张骞两次出使西域报告的基本内容在司马迁《史记·大宛传》中保存下来。这是中国以至世界上对于中亚地区第一次最翔实可靠的记载。正如 В. В. 巴托尔德（В. В. Бартольд，1869—1930）评价，"中国历史之父"司马迁于公元前 99 年完成的《史记》首先记载了"中亚的情况"④。概而言之，张骞（前 2 世纪）、班固（1 世纪）、法显（4 世纪）、

①　С. Л. 齐赫文斯基、Б. А. 李特文斯基主编：《东突厥斯坦古代与中世纪早期历史概论》（俄文版），莫斯科，科学出版社 1988 年版，第 65 页。

②　埃尔瓦尔德·尔特维拉泽：《中亚的文明、国家、文化》（俄文版），塔什干乌兹别克斯坦共和国世界经济与外交大学，2008 年版，第 6 页。

③　张骞（约前 164—前 114），字子文，汉中郡城固县即今陕西省城固县人。西汉建元三年（前 138）和武帝元狩四年（前 119 年）两次肩膺使命出使西域。

④　В. В 巴托尔德：《В. В 巴托尔德文集》（俄文版）第 2 卷，第 2 部，莫斯科，1963 年版，第 475 页。

玄奘（7 世纪）、长春真人（13 世纪）都曾在亚洲中部活动多年。他们留下了许多关于古代中亚地理要素如山脉、湖泊、河流、沙漠、绿洲、城市、村镇及其名称的最初记述和地图。以东汉将领班勇的《西域风土记》，东晋僧侣、旅行家法显的《佛国记》，隋唐政治家裴矩的《西域图记》，唐代著作郎许敬宗的《西域图志》，唐代宰相、画家阎立本的《西域诸国风物图》，唐代著名高僧、翻译家玄奘的《大唐西域记》，元初著名全真道士李志常的《长春真人西游记》，刘郁的《常德西使记》，明代学者、杰出的地理制图学家罗洪先的《广舆图》，清代官修地方志《钦定皇舆西域图志》和《乾隆内府舆图》等影响最为深远。上述人物以丰富的阅历和准确全面的观察，流传下来大量历史地理学文献和地图，塑造了"中亚"的地域形象，使后世学者得以知晓今日所指谓"中亚"的历史地理区域之意涵。

如果将中国地理学文献和西方及其他域外的情况做一番比较，可看到中国域外交通史、地理志和地图学成就在国际学术界的地位和影响。就地图学的发展而言，早在公元前，中国已经开始了地图测绘。古代中国人通过漫长的"丝绸之路"，取道中亚，与希腊、罗马和印度等地的人民有了贸易关系。盛唐之初，随着疆土的扩大，激发了亚洲中部的地图绘制工作。唐朝官员许敬宗（显庆三年，658）、著名军事将领王忠嗣（天宝六年，747）等所撰著作和绘制的地图都出于这一时期。

在西方，很早就有伟大的希腊地理学家完成的地理学文献及其创造的地图学，如希罗多德的世界地图和托勒密的经纬线地图绘制法。但是，尽管这种传统在欧洲日渐式微，地理学研究和地图学的发展却一直没有中断。在希腊人和阿拉伯人的文献地图中仍有一些关于亚洲中部情况的记述和标示，但是影响有限。随着阿拉伯人进入亚洲中部，在阿拉伯语文和波斯语文的地理文献中出现了地名"马维兰纳赫尔（Māwarā' al‑nahr，俄译：Мавераннахр，西文：Transoxiana）"，阿拉伯人称"河外之地"，中国学者译为"中亚河中地"，指称乌浒水（Oxus）[1] 对岸之地，即阿姆河以北地区，含锡尔河、阿姆河以及泽拉夫尚河流域，包括今乌兹别克斯坦、土库曼斯坦、塔吉克斯坦、吉尔吉斯斯坦、哈萨克斯坦南部和中国新

---

① 乌浒水系指今阿姆河（Amu Darya）。阿姆河（Amu Darya）系突厥语，Darya 是海或大河之意，Amu 得名于沿岸城市阿姆（Amul），因土著民阿马德人（Amard）得名，今土库曼纳巴德。乌浒水为汉译，汉代称其妫水，隋唐称乌浒水。

疆，还包括呼罗珊（Khurasan）或波斯东部（今之阿富汗）、印度次大陆的西北部，即从信德（Sind）到克什米尔，以及位于东部边缘的蒙古与中国西藏。① 13 世纪问世的《马可波罗游记》，比较翔实地记述了亚洲许多国家的情况，并产生了很大的影响。一些西方地理学家根据书中的描述，绘制了早期"世界地图"。1457—1459 年威尼斯天主教修士、地图学家弗拉·毛罗（Fra Mauro Mappa Mundi）绘制的世界地图，被誉为"中世纪地图学最伟大的记载"。这幅图按阿拉伯人的方法给亚洲中部的里海、阿姆河、罗布沙漠和布伦多（Брюнто）湖等以定向，但是没有经纬度和经纬网。

虽然，在 16 世纪，明嘉靖年间刻印的《古今形胜之图》传入西班牙。然而，欧洲对亚洲中部的地理情况仍然知之甚少，只是根据一些世界地图和关于亚洲的记述形成一种概念，即认为亚洲中部是一个高原，中心有山结。印度河、恒河、黄河、阿姆河和锡尔河都发源于这个山结。于是在当时的欧洲地图上出现了许多臆想出来的山脉和河流。② 17 世纪，随着俄国领土迅速扩大，且与中国领土逐渐毗邻，开始了中俄通商贸易。各种使团出使中国，收集到一些零散的汉文资料。然而，直到清季康熙（1662—1722）时期，中国的地理文献和多种版本地图才因清朝与俄国在尼布楚谈判缔结边界条约，通过翻译和交易途径流入欧洲等地，得到广泛传播。随之，这些中国地图和地理文献，成了当时西方地图学家编制亚洲地图的原本和了解中亚的根据。

18 世纪，俄国进入兴盛时期，包括地理学、地图学在内的各种科学都得到进一步发展。随着其国内工业建设的兴起，国家对矿产资源的需求得到了极大提升。彼得大帝派出许多勘察队和大地测量学家前往与俄罗斯毗连的亚洲地区进行探查，获得了关于亚洲中部的新资料。1745 年，俄国科学院地理学部出版了第一部《俄罗斯地图集》。在此总图中，今中亚地区被定位是"与俄国边界相毗邻的地带"，即"额尔齐斯河、叶尼塞河及其上游所属的地区和他们之间的地区"③。尽管俄国地图的描绘不甚准确，但是在内容和制作技术方面都有了迅速的提高。那个时期，欧洲关于

---

① C. E. 博斯沃思：《导言》。刘迎胜译，中国对外翻译出版公司，联合国教科文组织：《中亚文明史》第四卷（下），2010 年版，第 1 页。

② H. M. 舒金娜：《中亚细亚的地图是如何创制的》，莫斯科，1955 年版，第 4 页。

③ 同上书，第 7 页。

亚洲中部的地图多是根据中国和俄国资料绘制的。

1836年,德国汉学家克拉普罗特(M. J. Klaproth)在翻译大量中文地理学著作的基础上出版了《中部亚洲地图》。这幅地图主要是依据清朝绘制的地图和中国历代关于亚洲中部的一些游记和书籍的记述,同时参考了俄国的一些地图而绘制的。诸如所有的河系、山系、湖泊、盆地,包括萨彦岭、唐努乌拉山脉、杭爱山脉、肯特山、天山和大青山等山脉以及乌布苏湖盆地、乌伦古湖、罗布泊、青海湖、黄河上游和下游、蒙古西北部的一些湖泊,基本上是按照中国地图绘制的,非常详细。关于中亚北方的一些地区、叶尼塞河上游、色楞格河和额尔古纳河的情况,克拉普罗特参考了一些俄国材料。

法国学者埃尔裴罗(Эрбелло)最早将"中亚"地理名称的研究引入西方科学轨道。1689年埃尔裴罗率先在欧洲学术文献中采用河间地(Transoxiana)这一地理名称,指称中亚两河流域。

1843年德国地理学家亚历山大·冯·洪堡(Alexander von Humboldt,1769年9月14日—1859年5月6日)首先提出"中央亚细亚"之概念。1829年,亚历山大·冯·洪堡受帝俄政府邀请进行科学考察,穿越整个俄国和突厥斯坦直达中国边境,行程15480公里,完成了三卷本著作《中央亚细亚(Asie centrale)》①,于1843年在巴黎出版,被誉为世界最伟大的科学家。他主张将中央亚细亚这一大片地区置于北纬44.5°南北之间亚洲大陆的中央部分,即"西起里海,东达兴安岭,南自喜马拉雅山,北至阿尔泰山"②。与此同时,洪堡也给出狭义"中亚"即阿姆河与锡尔河流域的概念。此后,关于"中央亚细亚"和"中亚"地理学定位的研讨呈多样化向更广泛的视阈散射。

1877年德国杰出的地理学家、地质学家费迪南德·李希特霍芬(Ferdinand Richthofen,1833—1905)在其著作《中国——亲身旅行和据此所做研究的成果》③中提出将亚洲分成"中央区"和"边缘区"两个自然区。他指出,"中亚"是指亚洲内陆地带以没有河流注入外海的水文

---

① 亚历山大·冯·洪堡:《中央亚细亚》第1—3卷,巴黎1843年版。

② 中国对外翻译出版公司,联合国教科文组织:《中亚文明史》第1卷,2002年版,第366页。王治来:《中亚史》第1卷,中国社会科学出版社1980年版,第1页。

③ F. Von. 李希特霍芬:《中国——亲身旅行和据此所做研究的成果》第1卷,柏林,1877年版。

体系为特征的所有地区；其界限则北起阿尔泰山、南抵西藏高原、西起帕
米尔高原、东至大兴安岭。他以西方人的视角界定中亚的地域范围，其指
向更为偏东。

俄国学者将"中亚"作为俄国地理学的一个专有名词始用于 19 世纪
中叶。"在此之前，就地理学而言，对中亚是一个地区的概念仍然鲜为人
知……1856—1857 年 П. П. 谢苗诺夫－天山斯基（Петр Петрович
Семенов－Тян－шанский，1827—1914）完成了闻名遐迩的天山旅行考
察，开创了中央亚细亚地理学研究的新时期……弥补了当时在欧洲学界独
步一时的亚历山大·冯·洪堡的不足。"① 1862 年俄国东方学家及中亚探
险家尼古拉·哈尼科夫（Nicolay Khanykoff）认为洪堡的定义不符合地理
学要求，而应该根据环境特征界定中亚范围。他主张"中亚缺乏注入外
海的河流这一现象，应作为界定中亚的一个原则"②。哈尼科夫据此将处
于洪堡定义"中亚"南界之外的东部伊朗和阿富汗地区也包括在内，比
洪堡对"中亚"界定的范围更为广大。俄国著名地理学家、地质学家和
中亚研究学者穆什凯托夫·伊万·瓦西里耶维奇（Мушкетов Иван
Васильевич，1850—1902）曾于 1874—1875 年和 1877—1880 年两次赴中
亚探险考察，完成了两卷本的《突厥斯坦》③ 专著。他认为，亚洲地区可
分为两大部分，即边缘亚洲（外围亚洲）和内陆亚洲（中央亚洲）；二者
在地理方位、环境特征以及地质起源方面迥然不同；中亚地区可用"内
陆亚洲"或"中部亚洲"指称；这个地区系指"亚洲大陆上没有河流注
入外海，具有'瀚海'特色的一切内陆地区"④。

19 世纪后半叶帝俄发布了《俄国地理学和统计学资料集》，这是当时
全面记述和研究俄国边疆和毗邻国家，特别是中央亚细亚研究翔实而具有
分量的地理学和军事统计学的著作，不仅记录了地理学家和探险家关于中
亚和中央亚细亚：锡尔河上游、纳伦、费尔干纳、阿列克山德罗夫斯基

---

① M. B 彼甫佐夫：《在喀什噶尔和昆仑山的旅行》，莫斯科苏联地理文献国家出版社 1949
年版，第 3 页。
② A. H. 丹尼、V. M. 马松：《中亚文明史》第 1 卷，中国对外翻译出版公司 2002 年版，第
366 页。
③ И. В. 穆什凯托夫：《突厥斯坦：据 1874—1880 年考察资料汇编的地质学与地理学描
述》，圣彼得堡，1915 年版；《突厥斯坦》第 1—2 卷，圣彼得堡，1886—1906。
④ A. H. 丹尼、V. M. 马松：《中亚文明史》第 1 卷，中国对外翻译出版公司 2002 年版，第
367 页。

山、兴都库什,也包括了中国西部甘肃、新疆、青海、西藏和乌梁海边区。

1897 年 B. B. 巴托尔德出版了他的《中亚科学旅行报告（Отчет о поездке в Среднюю Азию с научной целью）1893 – 1894》。[1] 他主要考察了中亚楚河和伊犁河谷地区。其足迹从奇姆肯特到奥里·阿塔[2],从塔拉斯河岸至楚河河谷,从纳伦河达伊塞克湖,经克孜尔、吉雅隘口和桑塔什高地抵伊犁河谷。以 B. B. 巴托尔德为代表的俄国学者首先将欧亚大陆一部分称为"中亚"（Средняя Азия）并列入地理文献的"中央亚细亚"（Центральная Азия）所指广大地域的组成部分。

十月革命以后到第二次世界大战之前,苏联关于中央亚细亚四至的看法仍然没有统一。具有代表性的当属 A. 奥博鲁契夫的观点。他以苏联国界作为中亚北面和西面的界限,东界为大兴安岭,南界为中国的长城直到甘肃省的兰州和昆仑山麓。[3]

苏联的学者们将"中央亚细亚"（Центральная Азия）示广义"中亚",指称"南起昆仑山脉,西到帕米尔、天山山脉和准噶尔山西支,北达阿尔泰山、唐努乌拉山和外贝加尔山,东至大兴安岭,有人主张包括西藏。"[4]《苏联大百科全书》定义"中亚（Центральная Азия）是亚洲的一个自然区域,包括沙漠、半沙漠平原和高原。东以大兴安岭南段和太行山为界,南到印度河上游与布拉马普德拉河（雅鲁藏布江）沿河构造盆地。中亚的西、北界线与哈萨克斯坦东部诸山脉、阿尔泰山、东西萨彦岭一致,大体与苏联和蒙古人民共和国及中国的国界线相合"[5]。

20 世纪 70—80 年代,苏联高等院校历史专业教科书明确了狭义"中亚"作为一个地理概念,包括"中亚五个加盟共和国,面积约 400 万平方公里,即西起里海,东到中苏边界,北起咸海—额尔齐斯分水线,南达苏联与阿富汗民主共和国和伊朗伊斯兰共和国边界"[6] 虽然这一时期苏联历史地理学界已经把"中亚"的四至范围描述的十分清晰,但在政治、

---

① B. B. 巴托尔德:《1893—1894 年中亚科学旅行报告》,《B. B. 巴托尔德文集》第 3 卷,莫斯科,1965 年版。

② 奥里·阿塔今哈萨克斯坦的江布尔

③ H. M. 舒金娜:《中亚细亚的地图是如何创制的》,莫斯科,1955 年版,第 32 页。

④ 《苏联百科词典》,莫斯科苏联国家科学出版社 1954 年版,"Центральная Азия"词条。

⑤ 《苏联大百科全书》第 28 卷,1978 年版。

⑥ C. П. 波利亚科夫:《中亚和哈萨克斯坦的历史民族学》,莫斯科,1980 年版,第 5 页。

经济和学术领域，人们仍然习惯沿用"中亚和哈萨克共和国"的传统表达方式。

　　英国学者加文·汉布里以为："沙漠和草原终止的地区，也就是中亚边界终止的地区"，并对具体四至划出了大致范围："在北方，中亚草原与西伯利亚的泰加森林南缘相接。中亚的南界，则由一条将近四千英里，几乎是连绵不断的山岭标志出来……在东部，大体可以沿着中国长城划出一条界线，然后从热河，沿着满洲森林地带向北延伸，但在西部，乌克兰草原则一直延伸到了罗马尼亚和匈牙利，构成了中亚草原地区地理和历史的延伸。"① 《简明不列颠百科全书》诠释，"Central Asia"地区包括苏联的哈萨克、乌兹别克、吉尔吉斯、塔吉克、土库曼共和国以及北极区和西伯利亚，中国的新疆、西藏、内蒙古和阿富汗、尼泊尔。② 《大英百科全书》将广义的"中亚"定义为，"西从里海起至中国西北地区和蒙古国，北从西伯利亚南部起，南达伊朗和阿富汗北部"③。他认为，"中亚最重要和最显著的地理特征，是它完全隔绝来自海洋的影响"④。

　　《中国军事百科全书》中称，广义"中亚"指亚洲中部，包括中国（新疆、西藏、内蒙古等地）、阿富汗北部、印度西北部、伊朗北部和蒙古国及苏联部分地区。其含义与联合国教科文组织的规定基本相同，即西起里海，东到大兴安岭，北自阿尔泰山、萨彦岭，南至喜马拉雅山的"中亚"范围。狭义"中亚"指苏联境内的土库曼、乌兹别克、吉尔吉斯、塔吉克4个共和国及哈萨克共和国南部。⑤ 我国著名学者陈翰笙指出，"中亚是一个纯地理名词。自古以来，中亚即分属于各个不同国家，其中一部分地区是中国的领土，其他地区也和中国有着悠久的历史关系"⑥。中国学者关于中亚的研究，采用科学的方法，根据不同时段和史实对其历史地域范围的界定或伸或缩。

　　概而观之，国际学术界大多从地理学的角度予以界定，与联合国教科文组织的定义基本吻合。综览"过去时代进行的地理考察"，"中亚"可

　　① 加文·汉布里主编：《中亚史纲要》，吴玉贵译，商务印书馆1994年版，第3—4页。
　　② 《简明不列颠百科全书》，中国大百科全书出版社1991年版，第351页。
　　③ 《大英百科全书》，伦敦，1980年版，第1119页。
　　④ 加文·汉布里主编：《中亚史纲要》，吴玉贵译，商务印书馆1994年版，第3—4页。
　　⑤ 《中国军事百科全书》第10卷，军事科学出版社1997年版，第602页。《辞海》，上海辞书出版社1989年版，第3678页。
　　⑥ 陈翰笙：《〈中亚学刊〉发刊词》，《中亚学刊》第1辑，中华书局1983年版，第1页。

以从以下方面界说。从历史地理的角度讲，近代地理概念"中亚"一词的宽指意义与古代"西域"概念的出现密切相关。随着时空的变迁，"西域"作为一个地域概念逐渐发展成具有现代意义的地理名称——中央亚细亚，且逐渐按照我们现在所理解的含义予以使用，多指广义的"中亚"。以自然地理环境言，狭义"中亚"深居内陆，远离海洋，地域辽阔，东高西低，西进东出，北上南下，东联中国，北靠俄罗斯，南邻伊朗、阿富汗，西达里海，构成一个具有独特地缘结构的纵横捭阖之地。

第二节　地缘政治之角度：界定范围随时代、利益不同而以渐移改

关于"中亚"的政治地理描述和指谓的历史沿革可追溯至波斯帝国时期。在突厥人进入中亚之前，阿姆河和锡尔河之间是操东伊朗语人生息的地方。突厥人经略中亚以后，"突厥斯坦"（波斯语：ترکستان，意为突厥人众多的地方）一词始现，即指"东起费尔干纳谷地，西到花剌子模，北至塔什干，南抵巴尔赫和撒马尔罕的广大地区"。[①]"突厥斯坦"作为一个地名最早出现在公元628年的粟特文书[②]之中。13世纪在斯堪的纳维亚人的神话中提到突厥斯坦位于亚斯之国天城阿斯加尔达（Асгарда）以东。[③] 长久以来，"突厥斯坦"的地理概念相当模糊。

18世纪末至19世纪上半叶，一些西方国家和俄国的历史地理学家创制了"突厥斯坦"和"东、西突厥斯坦"的地理名称。"突厥斯坦"具体指锡尔河以北及其毗连的东部地区。[④] 他们通常把现今乌兹别克斯坦、哈萨克斯坦、吉尔吉斯斯坦、土库曼斯坦和塔吉克斯坦所在的中亚地区称之为"大布哈里亚"（Бальшая Бухария）或"布哈尔突厥斯坦"（Бухарский Туркестан），抑或"西突厥斯坦"（Западный Туркестан），

---

① 麻赫穆德·巴达沙赫：《Фарханге Анандрадж》第1卷，印度，1888年版，第1224页。

② 这份文书是1969年在吐鲁番地区发现的，共有25行文字，其中叙述了一位撒马尔罕少女贩卖为奴之事。与此同时出土的还有一份汉文书。

③ 吐尔逊·伊克拉莫维奇·苏尔丹诺夫：《成吉思汗及其后裔，命运与权力》（俄文版），莫斯科，2007年版，第123页；B. A. 里弗申茨关于伊朗人完成的粟特文献的俄文翻译，附有拉丁文注释，《圣彼得堡东方学》第6卷，圣彼得堡，1994年版，第693页。

④ B. B. 巴托尔德：《突厥斯坦》，《B. B. 巴托尔德文集》（俄文版），第3卷，第518页。

与之相对，将其以东属清朝版图的新疆称之为"小布哈拉"（Малая Бухария）或"东突厥斯坦"（Восточный Туркестан）；并将"大、小布哈里亚"统称为"突厥斯坦"（Туркестан）。① 1820 年，被称为"俄国中国学家鼻祖"的 Е. Ф. 季姆科夫斯基（Тимковский Егор Федоввич，1790—1875）到中国考察地理概况，撰写了使团出使报告《1820—1821年经过蒙古的中国纪行》，其中把中国塔里木盆地及其周边地区称为"中国突厥斯坦"。19 世纪中叶后，俄国先后吞并了中亚希瓦、布哈拉、浩罕三个封建汗国，在其新征服的中亚河中地区建立了"突厥斯坦总督区"，并于其中心塔什干设"突厥斯坦总督府"。于是一些俄国东方学家便固定采用"俄国突厥斯坦"或"西突厥斯坦"指称俄属中亚，以"中国突厥斯坦"或"东突厥斯坦"指称清朝新疆塔里木盆地，也泛指全新疆。此后，这两个专有名称在西方的东方学研究中广为套用。

19 世纪后半期，沙皇俄国颁布了《突厥斯坦边区管理条例》（1886.6）、《草原诸省管理条例》（1891.3）等一系列行政区划管理章程。根据这些文件中亚地区分为南北两大区块，北部划归"草原总督区"（鄂木斯克为中心），南部属"突厥斯坦总督区"（塔什干为首府）。哈萨克斯坦的大部分阿克莫拉、谢米巴拉金斯克、乌拉尔、图尔盖四省为"草原总督区"。锡尔河、谢米列契、费尔干纳、撒马尔罕、外里海五省归"突厥斯坦总督区"管辖。② 中亚地区的这一行政区划一直持续到 20 世纪 20年代初。由于南北两大区块差异显著，从那时起逐渐形成了"中亚和哈萨克斯坦"的说法，并于苏联时期一直沿用。

历史上在中央亚细亚地区曾经发生过多次政治、经济、文化的争夺。"大博弈"一词作为一个地缘政治术语，其出现和流传始于 19 世纪中叶至 20 世纪初，特指大英帝国与沙皇俄国争夺中亚之"控制战略"的冲突，也被称之为中亚近现代史上的"第一次大博弈"。国际学术界从地缘政治的角度定义和认识"中亚"亦可追溯至这一时期。

当时，沙皇俄国与大英帝国都把中亚作为地缘战略方向。沙俄极力推

---

① С. Л. 齐赫文斯基、Б. А. 李特文斯基主编：《东突厥斯坦古代与中世纪早期历史概论》（俄文版），莫斯科，科学出版社 1988 年版，第 3 页。

② 哈萨克斯坦共和国国家科学院以乔·乔·瓦里罕诺夫命名的历史学与民族学研究所，以阿·赫·马尔古兰命名的考古学研究所编著：《哈萨克斯坦古今历史概论》（俄文版），1993 年版，第 226 页。

行政治、经济、文化的中亚扩张政策，且不断向南推进，最终征服了中亚，达到"经中亚通印度洋的目的"①。英国竭力追求包括中亚在内的势力范围，旨在掌控印度及其北向的势力扩展。俄国的扩张之路威胁到大英帝国在印度次大陆占地日益增长之势，以及英国"征服突厥斯坦→喀什噶尔→阿富汗斯坦→马什哈德（伊朗东北部中心），在这片广袤的地域上建立大英帝国军事领地"②的计划。两国在中亚展开了激烈的大竞争。

沙皇俄国逐一蚕食了中亚的哈萨克、乌兹别克、吉尔吉斯、土库曼、塔吉克等民族世代游牧、生产生活、生息和居住的地方。1853年沙皇俄国完成了对哈萨克草原的征服，1868年占领了撒马尔罕，致使布哈拉、浩罕两个汗国完全沦为它的殖民地，1884年又吞并了整个土库曼，至此将396万平方公里的土地划入俄国版图。

П. П. 谢苗诺夫－天山斯基根据1856年到1857年间在伊塞克湖和天山西段地区考察的日记完成的著作《天山游记》中首先采用了"中央亚细亚"和"中亚"的概念。谢苗诺夫记述："保障俄国占有和管理吉尔吉斯和吉尔吉斯草原③……把俄国的国界线向前推进，从乌拉尔—奥伦堡—西伯利亚—额尔齐斯一条线，推移到把维尔内④与锡尔河上已有的一些堡垒连接起一条短的边界线，使外伊犁边区的占领和它的殖民化得以巩固。"他把谢米列契（七河）和外伊犁描述成既是"俄国新征服的移民区"，也是"俄国在中亚的边界地带"⑤。可见，他的定义完全出于地缘政治目的。

1867年7月14日，亚历山大二世·尼古拉耶维奇（Александр II Николаевич，1818年4月17日—1881年3月13日，1855—1881年在位）颁令成立突厥斯坦军区和突厥斯坦总督省。其目的是征服中亚地区，"在突厥斯坦实行军事—政治管理，建立稳固的殖民统治体系"⑥。此后在俄国政府的官方文件中开始出现"中亚管理区"（Среднеазиатские

① У. 卡谢诺夫：《21世纪前夜中亚的第二次大博弈》，《前景报》（俄文版），1997年，3月14日，第10版。

② 苏联国家十月革命、国家最高政权机关和最高管理机关中央档案馆全宗，147，目录：33，案卷3，第38页。

③ 这里指哈萨克人和哈萨克草原。

④ 今哈萨克斯坦共和国阿拉木图市。

⑤ 彼·彼·谢苗诺夫著：《天山游记》，李步月译，新疆人民出版社1989年版，第131页。

⑥ 朱马拜·拉希莫夫：《乌兹别克斯坦史》，塔什干，乌兹别克斯坦出版社2001年版，第96页。

владение）这一政治概念；1886 年改称"突厥斯坦边疆区"
（Туркестанский край）。

　　由于沙皇俄国对浩罕汗国和布哈拉汗国大部分地区的征服，英国与沙
皇俄国的关系迅速恶化。英国外交部长 Лорд Кларендоне 与沙皇政府驻伦
敦大使 Ф. И. Бруновый 就中亚问题进行谈判。沙皇政府认为与中亚毗连
的阿富汗应该作为中立区。英国则最后通牒，断然要求划出从阿富汗北部
沿阿姆河流域的走廊。英、俄长久博弈的结果是，1907 年 8 月 31 日，在
圣彼得堡签署了《英俄协约》，界定了两国在波斯、阿富汗与中国新疆、
西藏地区的势力范围。俄罗斯得到传统上一直臣服于波斯的希瓦、布哈拉
等中亚汗国以及突厥斯坦和阿姆河以东的中亚地区。而英国则获得南部近
波斯湾的地区。在这次中亚大博弈中，俄罗斯确立了在新征服的中亚地区
的存在，而大不列颠则确保了自己在印度的影响。由于这一协议的签订，
阿富汗成为两国避免直接冲突的缓冲国。

　　十月革命以后，俄共（布）中央成立了民族事务人民委员部。1920
年，俄共（布）中央政治局批准关于俄共（布）在东方各民族聚居地区
的任务问题的决议草案，根据需要在民族事务人民委员部之下设立了民族
委员会。为便于处理中亚的民族事务，根据列宁的指示，成立了俄共
（布）中央委员会中亚局。1922 年 12 月召开了全苏苏维埃第一次代表大
会。不久，在中亚建立了三个苏维埃加盟共和国，即乌兹别克苏维埃共和
国、土库曼苏维埃共和国、塔吉克苏维埃共和国。为了加强民族国家的建
设，1923 年，苏联提出关于中亚民族国家划界问题。经过广泛讨论，
1924 年 6 月 12 日，俄共（布）中央委员会政治局通过了《关于按民族划
分中亚共和国的决议》，决定按照民族特征和分布格局对中亚共和国进行
重新组成和划界。这项工作由俄共（布）中央委员会中亚局领导。[①] 随
后，中亚各共和国的政治疆界被一一划分，苏维埃中亚区的政治含义得以
确立。而在此之前中亚地区被称为突厥斯坦。1918 年 4 月 30 日—1924 年
10 月 27 日，突厥斯坦自治共和国属俄罗斯联邦，首都塔什干。在苏联
（1922 年 12 月 30 日成立）民族行政区划中，突厥斯坦自治共和国域内建
立了乌兹别克苏维埃社会主义共和国、塔吉克苏维埃社会主义共和国、土

---

　　① M. 阿什罗夫：《伊斯兰与国家》（俄文版），莫斯科，政治文献出版社 1975 年版，第 26
页。

库曼苏维埃社会主义共和国及卡拉－吉尔吉斯自治州与卡拉卡尔帕克自治州。20 世纪 20 年代中期以后，"突厥斯坦"作为一个行政区域的名称逐渐被"中亚"一词取代。随着时间的推移，因政局需要和民族分布格局的变化，况且苏联中亚学者曾对"突厥斯坦"作为行政区划名称提出质疑，"突厥斯坦这一名称，就其内涵而言，不论中世纪或现代都不适用于现今的乌兹别克斯坦"①。时至今日，"突厥斯坦"作为行政区域名称已不再使用，只保留了哈萨克斯坦历史文化名城突厥斯坦市之称；但在一些历史地理学著作中仍作为一个地理概念，而非政治概念沿用。

近年来，在中亚国家出版的多卷本通史中这样表述，"1924—1925 年中亚民族国家划界之前，这片曾经的突厥斯坦土地没有固定的政治行政边界……突厥斯坦各苏维埃共和国即中亚地区的繁荣发展……不仅以社会经济，而且以苏联整个国家的振兴为前提"②。从苏联中亚民族国家划界时起，"Средняя Азия"作为苏联的一个行政地理区域开始得到普遍使用，且衍沿了近七十年。

苏联解体以后，1993 年中亚五国领导人举行峰会，并宣布五个独立新生的主权民族国家构成和归属一个新的地缘政治单位。这一当代中亚历史上具有地缘政治意义的标志性事件之后，在中亚国家无论是学术界还是社会政治生活中，均采用原来表述广义"中央亚细亚"的俄文之称"Центральная Азия"这一术语替换狭义"中亚"的表述形式"Средняя Азия"一词。自 20 世纪 90 年代初开始，"Центральная Азия"一词开始广泛使用，指称现今中亚五国及其所在地区，以示与前苏联时期"中亚与哈萨克斯坦（Средняя Азия и Казахстан）"之说的区别。

这样一来，在学术研究中出现了"极大的混乱"。长期以来，狭义"中亚（Средняя Азия）"和广义"中央亚细亚（Центральная Азия）"作为地名之使用在国际学术界历史学和地理学文献中已约定俗成，沿用已久。近年来，中亚国家的学者们基于历史、面对现实就"中亚"之广、狭两义指称的使用进行了重新审视和界定。有学者仍然认同，狭义"中亚（Средняя Азия）"涵盖的地域即"西自里海，东至帕米尔，南起科彼

---

①　Н. А. 阿西洛娃、Г. А. 阿格扎莫娃：《论地名"马维兰纳赫尔"和"突厥斯坦"的使用》，《乌兹别克斯坦社会科学》（俄文版），1988 年第 7 期，第 35—39 页。

②　吉尔吉斯共和国国家科学院、吉尔吉斯—俄罗斯斯拉夫大学：《吉尔吉斯人和吉尔吉斯斯坦史》，比什凯克，2000 年版，第 3、8 页。

特山（Копетдаг），北达阿姆河下游和锡尔河"，即指今中亚五国的所在地区；而"'中央亚细亚（Центральная Азия）'所表述的广袤地区还包括阿尔泰、蒙古、中国西部新疆和西藏等，也就是西方学界所指'内亚（Inner Asia）'"。他们指出，"'中央亚细亚'（Центральная Азия）和'内亚（Inner Asia）'与'中亚'（Средняя Азия）概念之间是有区别的。近一段时间以来在中亚学术界存在的不加区别的滥用情况，对理解不同概念所涵盖的具体地域范围，造成了混淆不清，应予以分别受用和高度的重视"①。

虽然，20世纪90年代以后，"Центральная Азия"作为一个当代通行的政治用语，指独联体（Содружество независимых государств，СНГ）的中亚五国，但是在现今中亚国家的历史学界依然沿用前苏联时期广义"中央亚细亚"（Центральная Азия）和狭义"中亚"（Средняя Азия）的表述。

冷战结束，世界政治版图发生了巨大变化，中亚五国的出现形成一个新的地缘政治空间。国际关系体系中的各种行为体围绕中亚展开了新一轮的较量，亦称"第二次大博弈"。如果说第一次大博弈的主要决斗者是沙皇俄国和大英帝国，那么在新一轮的角逐中不仅有大国，也有不同地区的轴心国家。美国、俄罗斯、土耳其、伊朗、沙特、日本、印度、韩国等纷纷将中亚作为角逐的目标。中国也加强了与毗邻的中亚地区的合作。不同的国度根据不同的现实利益对中亚之概念做出新的诠释，或引申，或扩延，给出不同的定义。

在新中亚的地缘政治博弈中，美国是最积极的竞争者。自苏联崩解至2001年之前，美国中亚政策的总目标与中东政策一样，在中亚新的地缘政治空间树立"民主"样板，进而向中亚及其周边辐射，为建立美国之下的世界新秩序开辟新的道路。其政策的制定出于两个具体原则：一是单边获益；二是投入极小化。然而，"9·11"事件以后，美国中亚政策进行了调整，重心是强化在中亚的军事存在和能源安全，并以此作为其地缘政治的一种基本致思进路，长期占据对中亚认知的主导地位。

事实上，美国地缘政治学专家们关于中亚的政策理论并没有成功实

① 埃尔瓦尔德·尔特维拉泽：《中亚的文明、国家、文化》，塔什干乌兹别克斯坦共和国世界经济与外交大学，2008年版，第5页。

现。在美国的对外战略实践中中亚的地位处于近东、伊朗和阿富汗之后。其症结在于，美国国务院与国防部在对中亚五国的地缘政治定位方面存在分歧，美国国务院将中亚五国与俄罗斯划为同一个地缘政治空间，而美国国防部则把中亚五国和阿富汗六个国家视为一个地缘政治整体。这两个最高领导机构的分歧，妨碍了美国中亚战略的推行。2005 年 8 月，美国霍普金斯大学中亚问题专家斯塔尔在《外交》季刊上发表题为《美国与大中亚：合作与发展伙伴关系计划（GCAP）》的文章，首次提出了"大中亚计划"，强调美国的战略目标要求其在大中亚地区建立涉及政治、经济与安全的多边机制，以阿富汗为立足点，通过共同利益与共同需求将阿富汗与中亚五国及印度、巴基斯坦、土耳其等连接成一个地缘板块，以促进该地区的民主改造，以使年轻的中亚国家脱离俄罗斯的怀抱，抵御中国的影响，而变成自己的势力范围。这项计划很快上升为美国政府层面针对中亚和南亚地区的对外政策构想。2009 年 11 月 18 日美国国会"中亚联线"正式成立并提出，在中亚又一次处于关键性的战略通道地位时，"中亚联线"将在加强美国与中亚的关系方面扮演关键角色。2011 年 9 月，美国提出了"新丝绸之路计划"，这一系列地缘战略的选择都承袭和发展了"大中亚计划"的地缘政治幻想。但是，随着俄罗斯和中国在中亚—南亚的影响不断增强，而美国在该地区的举措却总是似是而非。阿富汗作为美国深入中亚和南亚的一个抵押物，成了它的一大难题。巴基斯坦安全形势不断恶化，美国长期致力的中东等关键区局势紧张。美国在中亚—南亚的军事存在、政治影响取决于它的经济参与度，随着国内财政状况的恶化，美国对中亚国家的承诺逐渐衰弱，致使它在这一地区的影响力大打折扣，一些目标未能实现。尽管如此，美国仍然不会放弃在"大中亚"地区的地缘政治和地缘经济双重目标。

俄罗斯与中亚地区拥有 7000 多公里的疆界线。在俄罗斯外交利益的现实图景中，中亚与俄罗斯特殊的传统关系，对俄的地缘政治、地缘安全、地缘经济和劳务资源价值都无法改变俄罗斯对中亚地缘政治定位的惯性思维。"中亚是后苏联空间居俄罗斯之后的最大板块。它连接欧亚东西，处于发达的北方和发展中的南部之间。它是世界矿产资源最丰富的地区之一。它的地缘区位和丰富资源使其成为世界政治博弈的重要舞台。中亚国家在其中起着首要地位的作用。"① "在地缘政治上，虽然中亚国家始终保持着穆斯林世界的取向，同时发展与西方的关系，但是这些相向的，或者至少与俄罗斯的对外政策不相符合的向量，仍然使俄罗斯保留着获取利益的基础。在这一点上，俄罗斯没有竞争者。"② 这是俄罗斯精英对新中亚地缘政治地位的评价。俄罗斯在中亚的利益，首先是以安全保障为由，利用在独联体的政治主导权强化在中亚的影响力。近年来俄罗斯推进"软硬结合"的中亚战略设计理念，一边通过"硬实力"实现在中亚的战略，同时显露出更注重"软实力"的影响，即除了军事、经济以外的第三方面的实力，主要是意识形态和政治价值、文化感召力等方面的吸引，实现自己的利益。无论是"大中亚计划"还是"新丝绸之路计划"都没能动摇俄罗斯与中亚国家特殊传统关系的根基和相互吸引。

　　中亚五国独立之始，日本就认定中亚的地缘政治、地缘经济和能源供给来源地的战略价值，具有"重要的触媒作用"，便将触角伸向中亚，推出了一系列与中亚合作计划，包括政治、军事、经济等，从"中亚攻略""千年开发目标"到"中亚＋日本"对话机制等，成为中亚最大的援助国之一。十年来，截至 2012 年，日本提供中亚的海外开发援助 ODA③ 超过36.7 亿美元。2014 年日本曾与吉尔吉斯斯坦签署了基础设施维持和人才培育总额约 2600 万美元的无偿资金援助。2013 年 10 月以后，安倍晋三曾多次出访土耳其，提出日本和土耳其是亚洲双翼的"亚欧丝绸之路"地缘政治框架，试图联合土耳其，从历史、宗教、语言、文化等方面影响中亚，牵制中国的"丝绸之路经济带"建设。而土耳其认为，丝绸之路的两端，正是亚洲大陆最东端的中国和最西端的土耳其，中亚则是丝绸之路连接东西方的必经之地。④ 近年来，土耳其大力发展与中国的政治、经济、文化和外交关系，同时不断深化与传统的中亚操突厥语国家的关系。显然，日本冀望以土耳其影响中亚制衡中国的思维缺乏历史地理、地缘政治和现实国家关系的支撑。日本的"丝绸之路外交"战略和中亚政策的

---

① M. B. 罗蒙诺索夫命名的莫斯科国立大学世界政治系：《俄罗斯—中亚，20—21 世纪的政治和伊斯兰》第 2 卷，莫斯科，2010 年版，第 9—10 页。

② 俄罗斯国际事务委员会：《俄罗斯在中亚的利益：内涵、前景、局限》，莫斯科，2013年，第 10 期，第 5—6 页。

③ ODA 即官方开发援助，Official Development Assistance 的缩写。

④ 2014 年 6 月 13 日土耳其—中国丝绸之路经济贸易文化艺术合作协会会长赛乃西·司马懿的访谈讲话。

目的不外乎"政治拉近"和"利益释放",谋求其政治、军事"大国化"。

综上所述,在对"中亚"之界定和认知的建构中,我们观察到上述国家跻身中亚"地缘战略棋手"的意图,可见其中亚政策之一斑。在地缘政治方面,这些国家的战略决策,愈发向着与现实利益结合更为紧密的方向发展;愈发追求根据国家利益需要,进行"中亚"意义的定位,以适合解决本国目前的政治、经济和社会课题。这是关键所在。

第三节 地缘经济之层面:重"地缘政治", 轻"地缘经济"的理路发生变化

地缘经济是以地理因素为基本要素,指国际关系中经济发展和社会经济现象与地理关系、地缘区位之间的相互作用及其规律,为当代各国国际战略、区域经济和文化发展战略提供理论依据。从地缘关系的角度看,经济是政治的基础,地缘经济往往影响甚至决定地缘政治的走向。中亚地区特点鲜明的地理、资源禀赋与经济结构,包括道路交通和能源供给等远程网络的发展决定了其地缘政治的重要地位。长久以来,广义中央亚细亚(Центральная Азия)"就是世界贸易从中国到印度、布哈拉等地以远的重要通道"①。这是人们由来已久的共识。而对狭义中亚(Средняя Азия)地缘经济重要价值的认识,仍然可以追溯至19世纪沙皇俄国与大英帝国对中亚地区的争夺。

沙皇俄国向中亚的推进从一开始就带有明确的政治背景之下的商业利益。19世纪初之前,在俄国的对外政策中,中亚并不占中心地位。随着资本主义工业、手工业的发展,尼古拉一世②政府开始意识到俄国与中亚乃至整个亚洲地区的隔绝状态有碍于俄国贸易关系的建立,便通过一些期刊和著述进行舆论导向,以提升商人们对中亚的兴趣。1835年,俄国著名的经济学家 T. 涅博里辛率先提出,俄国"通过亚洲贸易能够得到极其

① C. T. 科里亚什托尔内、A. A. 克列斯尼科夫:《19世纪后半叶俄罗斯旅行家眼中的新疆》(俄文版),阿拉木图哈萨克共和国科学院,1988年版,第57页。

② 尼古拉一世全名尼古拉·巴甫洛维奇·罗曼诺夫(1796年7月6日—1855年3月2日),1825—1855年在位。

重要的好处"，中亚对"俄国的许多手工业部门的繁荣来说都是必需的"①。尽管如此，当时的俄国精英阶层依然对中亚的认识存在分歧。政界和商界对中亚的经济地位没有给予广泛的认同和足够的重视。

19世纪下半叶，尤其是工业革命以后，西方列强为了争得原料产地和商品销售市场，以满足本国资本主义经济发展的需要，掀起了瓜分殖民地和争夺势力范围的狂潮。1853—1856年沙俄在克里米亚战争中失败，根据《巴黎和约》，其被迫放弃在巴尔干半岛和黑海的部分权利。当此之时，英国经过多年的海外贸易和殖民扩张，进一步将触角伸向印度、阿富汗及其"距俄国边界最近的地方"②。沙皇俄国认为"我们在欧洲的各种事务中，现在遇到的和可能发生的一切困难，都是来自英国方面……只要我们在中央亚细亚能够及时地壮大自己的势力，我们在巴尔干半岛和亚细亚就能够取得所需要的一切"③。于是它也把争夺霸权的目标对准了中亚。随着英俄关系的紧张化，中亚成为俄国军事和外交冲突的主要舞台。英国则是俄国的主要对手。俄外交界、商界、军界纷纷提请亚历山大二世及其政府，英国的竞争势必"削弱俄国在亚洲的商业影响"，并提出"建设一条由里海到咸海的铁路计划，以扩大俄国货物的销路和加强在东方的影响，从而削弱英国的竞争"④。在一些历史学家、经济学家和军界精英的影响下，沙皇俄国开始了对中亚地区的政治和经济探查，即俄国中亚政策的第一阶段。

沙皇俄国为了深入研究中亚现状和英国的影响，很快派出了三个中亚考察团。其中一支是前往帕米尔和克什米尔的印度、阿富汗等地的科学考察团；一支是赴希瓦汗国和布哈拉汗国的外交考察团；另一支是派向喀什噶尔的贸易考察团。俄国最著名的中亚问题专家 M. A. 捷连季耶夫阐释，帕米尔和克什米尔⑤"自然为我们开放着一道宽阔的通向印度的大门"

---

① T. 涅博里辛：《俄国对外贸易统计报告》（俄文版）第2册，圣彼得堡，1835年版，第248页。

② 俄国对外政策档案，文件宗（Ф. Канцерялия），外交大臣的工作报告，1859年，第279页。

③ M. A. 捷连季耶夫：《征服中亚史》，商务印书馆1983年版，第464页。

④ Ф. 马尔简斯：《俄国和英国在中亚》，圣彼得堡，1880年版，第18页。

⑤ 帕米尔地处中亚东南部、中国的西端，横跨塔吉克斯坦、中国和阿富汗。克什米尔是南亚次大陆西北部（青藏高原西部和南亚北部的交界处）的一个地区，位于印度、巴基斯坦、中国、阿富汗四国之间，曾为英属印度的一个邦。大部分地区现为印度和巴基斯坦分别控制（东北阿克塞钦和喀喇昆仑走廊由中国控制，已并入新疆、西藏两自治区）。

"是俄国必须注意的地区",在英国"最脆弱的点上",俄国"可以得到十分巨大的利益"①。外交官 H. П. 伊格纳捷夫率团首先奔赴位于阿姆河下游的希瓦汗国,然后到达位于中亚河中地区的布哈拉②。H. П. 伊格纳捷夫认为,"在经济方面布哈拉比希瓦对俄国的意义要大得多""首先在政治上和经济上占据阿姆河,建立我们在这条河上的巡航制度,以威慑大不列颠"③。与此同时,俄国哈萨克军官瓦里汗诺夫受政府派遣前往喀什噶尔。他在考察报告中写道,考察团旨在将"俄国与中亚统一起来""沟通研究俄国与喀什噶尔来往最便捷的道路""从而建立俄国与喀什噶尔以至东突厥斯坦的直接贸易"。西西伯利亚总督加斯费尔德将军在他的年度报告中写道:"把喀什噶尔变成一个独立于中国,处于俄国保护之下的国家,将使我们成为中亚细亚的主人。"④ 无论是俄国,还是英国都将以上地区视为"中亚细亚经济贸易的关键"。

可见,当时沙皇俄国出于政治和经济利益的需要,对于中亚地域的认定,不仅限于阿姆河、锡尔河两河流域,而且涵盖阿富汗和中国新疆。根据中亚考察团的实地勘查成果,沙皇俄国政府加速了中亚政策的出台,外交部积极响应,财政部"主要出于物质上,而非政治上的考虑予以大力支持"⑤。于是形成了沙皇俄国中亚政策的第二个阶段:付诸实质性扩张行动。

19 世纪 60 年代之前,俄国政府并没有完整系统的中亚政策考虑,大都根据具体情况和偶然事件处事。时任外交大臣 A. M. 戈尔恰科夫承认,"只是到 1864 年 11 月沙皇才确定了'中亚问题纲领'"⑥。俄国开始对中亚进行全面扩张。布哈拉汗国(1868 年)、希瓦汗国(1873 年)、浩罕汗国(1878 年)三个中亚汗国相继沦为沙俄的属国。

19 世纪后半叶俄国中亚政策的内容是根据俄国资本主义经济发展需

---

① 欧文·拉铁摩尔(Owen Lattimore):《亚洲的枢纽(Pivot of Asia)》,第二章,第 48 页。

② 19 世纪初,布哈拉汗国的疆域除泽拉夫尚河和卡什卡河流域外,还包括今土库曼斯坦、塔吉克斯坦和阿富汗的部分地区,以及锡尔河北岸、突厥斯坦城及其附近一带。

③ H. П. 伊格纳捷夫:《赴希瓦和布哈拉外交代表团》,《俄罗斯导报》(俄文版),1871 年第 3 期,第 66 页。

④ 俄国对外政策档案,文件宗(Ф. Канцерялия),外交大臣的工作报告,1858 年,第217—218 页;1859 年,第 219 页。

⑤ 国立列宁图书馆手稿部,馆藏全宗:169,目录 10,文件 17,第 24 页。

⑥ 俄国对外政策档案,文件宗(Ф. Канцерялия),外交大臣的工作报告,1858 年,第155—156 页;1864 年,第 218—219 页。

要而确定的。这一时期俄国人所确定的中亚地域，包括现今狭义的中亚地区和清朝新疆版图在内。1914 年俄国土地建设局移民处出版的《亚洲俄罗斯》一书阐释，18 世纪末—19 世纪初"俄国与中亚的实际边界是一条蜿蜒断续的线。它从里海开始，顺着乌伊河到斯维瑞诺哥罗伏斯卡亚，从那里形成一条直线，通到鄂木斯克，顺额尔齐斯河到它的上游，终止于阿尔泰"①。"俄国向中亚的推进"正是为了"打开通布哈拉和印度的商路"②。

俄国人由初识到伸入中亚出于多种原因：其一，中亚草原地带一直是民族迁徙和通商的孔道。俄国商人和哥萨克移民以及长途跋涉的驼队因经常受到袭击，而要求政府的保护。其二，土地肥沃、水草丰腴的哈萨克草原对于俄罗斯来讲犹如当年印第安人的土地对于美洲的殖民者那样具有强烈的诱惑力。其三，与之毗邻的波斯和印度神话般的财富，很早以来就激起了俄国对其经济贸易的向往。其四，英国人向中亚地区的商业和政治渗透引起了沙俄的担心，促使沙皇俄国采取决定性的行动——占据中亚，以维护俄在中亚的经贸利益，提高自己在亚洲的地位。其五，利用中亚地区作为政治经济的杠杆，削弱英国在亚、欧分界线——土耳其海峡对俄国的压力。

十月革命以后，从 20 世纪 30 年代开始，苏联形成了一个传统的区域名称"中亚和哈萨克斯坦（Средняя Азия и Казахстан）"。这个术语源于苏联经济区的划分和各加盟共和国在全苏的经济分工。乌兹别克、吉尔吉斯、土库曼和塔吉克四个加盟共和国组成"中亚经济区"，哈萨克斯坦则是独立的"哈萨克斯坦经济区"，除此而外还有波罗的海沿岸（三个共和国）经济区等。这些经济区的划分是以相近的自然地理条件、经济类型特点和生产力发展水平为基础的。作为主要是第一产业的中亚各国曾经是前苏联的原料基地，具有丰富的煤、铁矿石、石油和天然气资源，有丰富的有色金属和稀有金属矿产。前苏联时期，在经济领域，"中亚"（Средняя Азия）一词还用于"苏联中亚经济区"（Среднеазиатский экономический район）的简称，包括乌兹别克斯坦、塔吉克斯坦、吉尔

---

① 俄国土地建设局移民处：《亚洲俄罗斯》（俄文版），圣彼得堡，1914 年版，第 71 页。
② 同上。

吉斯斯坦、土库曼斯坦四个加盟共和国和哈萨克斯坦南部。①

随着新丝绸之路的复兴，中亚地区成为军事战略、地缘政治和地缘经济的利益中心和"力量投射"② 地。人们对于中亚本体的追问日渐增多，虽然没有改变对基本地域范围的认识，但是较之以往重"地缘政治"地位，轻"地缘经济"的理路发生了根本的变化。俄罗斯学者对中亚的界定有了新的理解和诠释，"今日中亚之范畴涵盖吉尔吉斯斯坦、塔吉克斯坦、土库曼斯坦、乌兹别克斯坦和哈萨克斯坦、阿富汗北部和中国西北。以能源问题考虑，与哈萨克斯坦接壤的俄罗斯境域西从阿斯特拉罕州直到东部的阿尔泰边疆区亦属中亚地区"③。这一定义更具有针对性的特点。在经济上，俄罗斯与中亚五国之间始终保持着高度的相互依赖性。中亚国家不仅是俄罗斯出口和销售粮食、交通设备、汽车、纺织品的重要市场，更是俄罗斯劳务资源的来源地和国家经济安全的重要屏障。除了传统的联系之外，近年来，俄罗斯强化致力于中亚的发展，与美国和欧盟对该地区军事影响力的增强，及其对里海盆地石油和天然气流向的控制权，以及全球能源的争夺密切相关。俄罗斯"中亚政策"的目的在于控制里海和中亚地区的能源运输，尤其是向欧洲的能源运输。

当今世界，能源经济已成为地缘政治的重要符号，载能体成为地缘政治竞争的工具与经济手段。当全球石油、天然气、铀以及其他重要工业矿物等不可再生资源的需求激增时代到来，中亚成为世界新的能源富集区，大国纷纷对中亚资源的控制权展开了激烈的争夺。美国要确保在全球资源竞争中的首要地位，中亚地区势所必然成为其优先考虑的方向。从乔治·W.布什时代开始，美国明确把外交工作的重点置于中亚和里海地区，将里海盆地和中亚地区视为石油和天然气的新来源，并积极参与中亚地区的能源开发。在新能源地缘政治中，就美国的战略利益而言，它认为在中亚地区最关键的挑战来自中国和俄罗斯日益增强的影响力。美国不仅将中国视为其"资源冲突"的潜在因素，而且始终积极倡导和建立绕过俄罗斯

① С. П. 波利亚科夫：《中亚和哈萨克斯坦的历史民族学》（俄文版），莫斯科，1980 年版，第 5 页。《苏联百科词典》，中国大百科全书出版社，1986 年版，第 1601 页。
② 欧洲改革中心，莫斯科卡内基中心：《俄国、中国和中亚的能源地缘政治》（俄文版），莫斯科，2012 年版，第 7 页。
③ 阿兰·哈巴洛夫：《中亚地区国家安全面临的主要威胁》，《后苏联大陆》（俄文版），莫斯科，2014 年第 2 期，第 111 页。

的石油和天然气管道，从而削弱俄罗斯对跨地区能源流动的掌控权。在地缘经济层面，美国对中亚战略的基本思路和内容取决于其"主宰未来世界能源政策"的考虑，是其一贯的战略观所决定的，带有鲜明的政治和军事色彩。

第四节 地缘文明之视域：多元文化纷呈与区域文化空间的认同

地缘文明是影响区域认同的重要因素。地缘文明可以理解为相邻的民族、国家因地理要素为纽带而形成的文明交往，既包括由于长期生活在一个共享的自然地理和历史地理的范畴之内的民族与国家，进行各种形式和不同程度的交往、合作与互动，而彼此联系在一起，形成同一文明区域，享有共同的历史记忆；也涵盖虽地理区位毗邻，但处于不同文明区域的文化主体之间进行物质文明、精神文明、制度文明和生态文明等方面的交往与涵化。

现今，虽然由于政治疆界的划分，广义中亚（中央亚细亚）地区分属于不同的政治共同体——国家。从地缘的角度看，中央亚细亚地区处于东欧平原和蒙古高原中间地带，独特多样的自然环境和地理区位，决定了这里多种经济类型和多元文化特征的形成。农业绿洲的定居文化与草原游牧文化密切交流、互为影响。各种文化、不同种族的代表通过中亚交通走廊碰撞融合。长久以来，这一地区历史地理、语言文化、民族宗教等形成了诸多既有多元性，也具类同性的人文特点。

中亚的文明差异主要存在于分属不同历史时期的移民族群结构及其文化认同中。一些研究材料指出，自公元前两千纪中后期开始，印欧语系的代表吐火罗人、雅利安人和古希腊人等相继形成了第一次向中亚大迁徙的主要力量。关于操伊朗语族居民出现在中亚的时间，至今仍然众说纷纭。根据《阿维斯陀经》和古希腊历史学家希罗多德的记述，以及阿契美王朝（前550—前330）铭文遗存记载，公元前6—前5世纪在中亚形成了巴克特里亚（大夏）人、帕提亚（安息）人、马尔格兰人、粟特人和花拉子模人的居住区。他们大都讲东伊朗语，而帕提亚人的语言则属西伊朗语。《汉书·西域传》载，"自宛以西至安息国，虽颇异言，然大同，自相晓知也"①。直到公元 7 世纪初,中亚地区仍然是操各种不同中古伊朗语居民的天下。

印欧语系希腊语族居民落居中亚可追溯至公元前 486—前 465 年阿契美王朝薛西斯(Ксеркс)统治时期。公元前 329—前 327 年,马其顿国王亚历山大灭阿契美王朝后,开始向中亚进军。亚历山大的征服战争在给中亚带来殖民统治的同时,也带来了希腊文化,促进了东西文化的交融。在一些移民中出现了希腊语与本土语言的混合。据发现的一些碑铭证实,最早在公元前 4 世纪 30 年代,就有起源于阿拉伯半岛游牧的闪米特人迁入中亚。② 公元前 2—前 1 世纪,由于北伊朗人的入侵,先是塞人,随之亚速人、吐火罗人—月氏人等先后徙入。中亚的希腊人逐渐被融合。公元前 1 世纪至 5 世纪中叶贵霜王朝统治中亚。这一时期商贸的繁荣促进了文化的传播。中亚大地出现了希腊文、阿拉米亚文及在阿拉米亚文基础上创造的粟特文和佉卢文等多种文字的流行。与此同时,佛教、印度教、祆教和希腊宗教等也在这里共存且相互影响。5 世纪初至 6 世纪中叶,嚈哒在中亚建国,封建生产关系在这里产生,进而形成了当时中亚地区政治上的分散状态和诸多属国各自为政的局面。自此,摩尼教、基督教相继传入。6 世纪后半叶,突厥语游牧部族逐渐势强,开始西迁经略中亚,催化了中亚河中和花拉子模的突厥化进程。突厥人的传统信仰萨满教也在中亚多种宗教并存的环境中立足。公元 7 世纪后半叶,属闪含语系闪米特语族的阿拉伯人征伐中亚。随之伊斯兰教步入中亚大地,开始了中亚伊斯兰化的过程。"随着时间的推移,阿拉伯人自然融合于中亚各民族之中。在乌兹别克斯坦的布哈拉、撒马尔罕和里什卡达里亚等州的居民仍然保留着与此相关的族群认同。"③ 后来,喀喇契丹人也曾统治中亚。自 13 世纪初蒙古人进入中亚,这一地区的历史翻开了新的一页。在近 300 年的历史进程中,中亚的政治、经济、民族、宗教和语言、文化都发生了巨大的变化。19 世纪后半叶,随着沙皇俄国对中亚的征服,俄罗斯人、乌克兰人、白俄罗斯人和波兰人等斯拉夫民族由西向东迁徙。简言之,自公元

---

① (汉)班固:《汉书》卷九六上《西域体》,中华书局 1962 年版,第 3896 页。宛即大宛(今中亚费尔干纳)。

② 埃尔瓦尔德·尔特维拉泽:《中亚的文明、国家、文化》(俄文版),塔什干乌兹别克斯坦共和国世界经济与外交大学,2008 年版,第 45 页。

③ 同上,第 49 页。

前 2 世纪中期就有众多的人种、部族及其所带来的绚丽多彩的文化由西向东或由东向西迁徙、传播，在中亚碰撞、交流、融合；迄今为止，这里仍然呈现出族群、人种迥然相异、多样文化千姿百态的特点。几千年来，中亚大地经历了无数个王朝政权的兴盛更迭、风云变幻，却极少形成统一国家的局面。

1976 年联合国教科文组织大会公约指出，自古以来，历史地区为文化、宗教及社会活动的多样化和财富提供了最确切的见证，保护历史地区并使它们与现代社会生活相结合是城市规划和土地开发的基本因素。基于此，学界根据历史和文明经验，以及独特的地域文化为基础，形成了广、狭两义中亚的概念图式和知识体系，其含义不断推展、衍沿至今。

鉴于长久以来中央亚细亚不同语族人民的区别共存，草原文化与绿洲文化的差异共存，游牧民族与定居民族的冲突与交融共存，众多种族与族群的融合共存和同化共存，以及诸多民族在长期交往中出现的精神文化、物质文化和社会生活习俗的亲缘性与相似性，美国、英国、前苏联与我国学者都提出，中亚是一个历史文化区域的概念。美国学者 D. 西诺尔认为："'中亚'从根本上来说是一个文化概念，而'中亚'的疆界是不稳定的。"[1] 另一位美国学者 W. M. 麦高文在其著作《中亚古国史》中指出："中央亚细亚之地，在人类文化史上，久居重要的地位，它一方面是许多风俗习惯和艺术发源的中心，另一方面又是上古世界一切主要文化中心间的媒介。"[2] 我国学者界定中亚"在很大程度上还是亚洲中部民族政权的历史、类同文化的地域和民族关系发展而形成的一个特定的历史文化区域"[3]。

"中亚历史文化区域"只是一个相对的概念，以历史地理和语言文化等要素为主要指标，其形成是由于在特定的地理环境和条件下，经过长期的历史过程，多元文化及其代表高度接触，产生了明显与地缘位置相关的文化特征，诸如族群文化、社会发展和民族心理的近邻性、接近性及其传承性。但它不是一个绝对统一的共相整体。在这一广袤的地

---

① D. 西诺尔：《什么是中亚》，《民族译丛》，1986 年第 1 期。

② W. M. 麦高文：《中亚古国史》，中华书局 2004 年版，第 7 页。

③ 马曼丽主编：《中亚研究——中亚与中国同源跨国民族卷》，民族出版社 1995 年版，第 9 页。

域,由于不同地区地形地貌的差异,部族、民族集团的分异、征服和迁徙,社会发展到一定阶段的产物——国家形式的兴起,人类群居生活高级形式——城市的出现,以及历史的延续性和当代的并存性,这里分别形成了若干大小不一、各具特色的亚区。中亚学者关于"中亚历史文化区域"的复数表述形式(Историко – культурные области)以及所提出的巴克特里亚(今阿富汗北部、乌兹别克斯坦和塔吉克斯坦南部)、帕提亚(今土库曼斯坦南部)、粟特(今乌兹别克斯坦卡什卡达里亚、撒马尔罕、布哈拉)、花拉子模(阿姆河下游)、大宛(费尔干纳谷地)等历史文化区的概念[1],足以佐证,同时表明他们对自己所处地区历史文化的认知和理解。

最初东亚许多国家,诸如在我国、日本、朝鲜等国的地理文献和地图中,有很多记述是以带有神话色彩的昆仑山及其以西"一些鲜为人知的地区",即中亚,为世界的中心。1526年章潢编纂的《图书编》中有一幅《四海华夷总图》是以昆仑山为中心。其中明代以前的地名大都是采自玄奘的《大唐西域记》。在朝鲜发现了大量18世纪以前的木刻和手稿,其中有一以昆仑山为中心的佛教传统轮形地图,名为《四海总图》,最为引人注目。日本地理学家中村荣孝指出,图中出现了许多带传奇色彩的国名。114个国名中有110个出自《山海经》,其他采自《书经·禹贡》《穆天子传》《列子》《淮南子》等著作。据此,日本人中村荣孝认为,当时在东亚地区的地理文献和制图学中表现出了宗教寰宇观。他推测在关于中亚的概念中也融入了宗教寰宇观[2]的理念。

中亚地区作为一个独特的地理文化空间,在其历史进程中,宗教因素具有特殊的功效和深远的影响。从地域文化背景讲,中亚的文明几经衍变、转型。仅就狭义中亚而言,拜火教(亦称琐罗亚斯德教和祆教)、萨满教、摩尼教、佛教等文化元素成为历史纵深的积淀,突厥化、伊斯兰化、俄罗斯化以及民族化、本土化等不同时期的演进塑造了近世以降之"中亚区块"的认知。概而言之,打上深深烙印的地域文化特征和认同感是人们对中亚概念形成的基础。

---

① 埃尔瓦尔德·尔特维拉泽:《中亚的文明、国家、文化》,塔什干乌兹别克斯坦共和国世界经济与外交大学,2008年版,第16页。
② 李约瑟:《中国科学技术史》第五卷《地学》,第一分册,科学出版社1976年版,第184页。

　　根据丰富的人类学材料，俄文文献将现今居住在中亚（Средняя
Азия）的民族人种类型分布划分为三大区域：其西部地区主要由土库曼
人占据，阿姆河和锡尔河两河之间的区域散居着塔吉克人、乌兹别克人、
卡拉卡尔帕克人等，东北部居住着哈萨克人和吉尔吉斯人；故此亦把
"中亚和哈萨克斯坦"称之为一个"历史民族学区域"（Историко -
этпографическая область）。前苏联的民族学家从理论上界定，这一"历
史民族学区域""不仅有各民族在生活方式、文化和心理方面的特点，而
且有这些方面的共同点，这种共同点是由某一社会经济形态、某一经济文
化类型和某一历史民族志领域等而决定的"①。"当中亚乌兹别克斯坦、塔
吉克斯坦、土库曼斯坦、吉尔吉斯斯坦、哈萨克斯坦成为伟大统一的苏维
埃社会主义国家政治上成熟的组成部分时，这些加盟共和国的发展历程和
生命力提出了阐释和解答这些民族国家各族人民历史问题，并将中亚各共
和国的文化艺术历史的研究提为当前迫切的任务。中亚各民族人民艺术文
化历史是一个整体。中亚各族人民在往昔时代形成的文化艺术特性和伟大
创造为世界艺术遗产做出了巨大的贡献。"②

　　在民族学、历史学、艺术学和考古学领域，前苏联学者对"Центральная
Азия"和"Средняя Азия"两个专门术语的使用具有明确的区分。他们确定
中央亚细亚（Центральная Азия）"东起大兴安岭，西迄帕米尔高原，南界西
藏，北达阿尔泰。在漫长的历史进程中中央亚细亚（内陆亚洲）国家和诸民
族进行着政治、经济、文化的交往"③。在研究民族史方面，中亚仅指五
个加盟共和国所在地区；而中央亚细亚则指更广泛的地域范围。

　　关于这一点，我们从学者们的论著中可见一斑。诸如 С. Г. 科里亚什托
尔内阐述："在匈奴建立国家之前，欧亚草原（中央亚细亚和中亚）的民族
语言学情势已形成了共同性特点。""那时，由于欧亚草原强制性和经常性
的迁徙，不仅印欧部落，而且来自西西伯利亚和沿乌拉尔地带的原始乌戈
尔部落，以及来自中央亚细亚东部的所谓'阿尔泰'部落等紧密集团或多

---

①　Ю. В. 博罗姆列伊：《民族与民族学》（俄文版），莫斯科，科学出版社 1973 年版，第
264 页。

②　Г. А. 普加琴科娃：《土库曼斯坦艺术》（俄文版），莫斯科艺术出版社 1967 年版，第 8
页。

③　苏联哈萨克加盟共和国科学院：《中央亚细亚国际关系史》（俄文版），阿拉木图，1990
年版，第 3 页。

或少不断地渗入中亚（Средняя Азия）和中央亚细亚（Центральная Азия）。""匈奴将月氏和其他塞人部落驱入中亚以后，建立了'帝国'。虽然匈奴人的语言仍然鲜为人知，但是很清楚，匈奴联盟内部主要是古突厥语的部落。值得关注的是，在民族语言学方面，组成匈奴'帝国'的游牧部落成员从来就不是单一的。"[①] 又如，Н. О. 阿洪诺夫阐释："民族地名是在族名基础上产生的地名。在中亚有很多地名源于操突厥语部落和氏族的名称。岁月流逝，众多的部落不仅在中央亚细亚（Центральная Азия）和中亚（Средняя Азия），而且在东欧各民族的历史上起过重要的作用。许多部落成为中亚（Средняя Азия）和哈萨克斯坦一些民族的族名，诸如乌兹别克、哈萨克、卡拉卡尔帕克、吉尔吉斯等。"[②] Л. А. 奇维里著《中央亚细亚与中亚维吾尔人和毗邻民族传统饰品比较概论》[③] 一书认为，中央亚细亚的维吾尔人包括中国新疆等地的维吾尔族，而中亚维吾尔人仅指苏联五个共和国的维吾尔人。

检讨以上论述，无论从历史角度，还是人文地理层面，中央亚细亚一直是不同时代各种文化的交汇处。连接中国与罗马的丝绸之路的主要路段正是处于这一地区不同族群的控制之下。根据各种文字典籍和丰富的文物古迹的记录，中亚曾经是北方游牧民族南下的必经之地，这里也自然成为不同种族汇聚融合之地。那些曾经作为外来和本土文化创造者和代表者，且一度居于主导地位的某些族体和部族共同体的形成发展过程，及其活动界域、族名、地名的变化勾勒出，无论是广义中亚还是狭义中亚的地缘文化特征都说明中亚是历史上自然形成的众多民族生息融合，多元文化交相辉映，各种宗教碰撞共存的人类宜居地区。

苏联解体以后，中亚国家在对待历史事变的地域空间向度上，其自我认同意识进一步凸显，从不同于地缘政治的理念出发，更强调"苏联解体，新生的主权国家独立，中亚（Средняя Азия）的五个共和国共处中央亚细亚地区（Центральноазиатский регион）。这一地区的各族人民之

---

① С. Г. 科里亚什托尔内：《俄国旅行家眼中的东突厥斯坦（19 世纪后半叶）》，阿拉木图，1988 年版，第 15 页。

② Н. О. 阿洪诺夫：《民族地名——重要的史料来源》；乌兹别克斯坦苏维埃社会主义共和国科学院主编：《中亚与东突厥斯坦历史》（俄文版），塔什干，1987 年版，第 86 页。

③ Л. А. 奇维里：《中央亚细亚和中亚维吾尔人与周邻各民族饰品比较研究（19—20 世纪初）》（俄文版），莫斯科，1990 年版。

命运息息相关，具有历史、文化、语言和宗教信仰的共同性"①。俄罗斯学界也指谓，中亚与近东、高加索、巴尔干等都是"文明的分水岭"，"准确地说，这个地区是与非穆斯林文明的边界"。中亚五国虽然在政治、经济发展水平上差距甚远，在推行社会经济改革的模式等方面各行其是，但是"它们具有地理、历史、民族、文化、语言、宗教等诸多因素的类同性"②。

综上所述，无论是国际社会对中亚概念的理解，还是中亚国家对自身所处地域的认知，大都源于强烈的文化理念，定位于广泛存在的民族构成、宗教信仰等元素的积累结果；对这一地区种族和民族特点的认同，对这一地区世居民族文化与地理周边异文化的认识和识别也是界定中亚地缘文化边界的基础。概言之，关于"中央亚细亚"概念的确立是基于地缘文明整体考量的范式；而狭义中亚则是作为一个特殊的块状联合体，与"中央亚细亚"联系在一起，共属于一个历史和文化背景的地缘文化区域；其中都涵盖了地理学对人文作用的思考和评价。

结　语

通过对广义和狭义"中亚"学术历史的系统考察，将"中亚"地区所处的地缘政治和地缘经济地位、社会历史环境和地域文化特性进行综合梳理、辨析，可见人们因各自利益和视角差异逐渐形成的若干不同认识。按照历史的脉络解读人们对"中亚"概念界定之演变，理绎关于"中亚"指谓和认知的发展过程，我们注意到国际社会不同行为体的相关建构，经历了历史地理解构、自我利益中心化、价值标准实用化和务求实效具体化的不同阶段。国际关系中的不同主体从对"中亚"外在自然地理的关注，到根据利益需要而导演这一地域历史事变的空间向度。他们不是仅从单一视阈出发，而是进行政治价值、经济价值和人文价值的综合考量，进而充分地享受广义抑或狭义"中亚"区域的政治资源、经济资源和文化资源，

---

① Д. 吉迪尔巴库勒、Г. 安娜库里耶娃：《论哈萨克和土库曼民族起源问题（历史与现实）》，《思维》（俄文版），1997 年第 2 期，第 48 页。

② М. В. 罗蒙诺索夫命名的莫斯科国立大学世界政治系：《俄罗斯—中亚，20－21 世纪的政治和伊斯兰》（俄文版）第 2 卷，莫斯科，2010 年版，第 9－10 页。

以回应和满足各自不同的战略利益诉求。

值得注意的是，在国际形势错综复杂、变幻莫测的大背景之下，对"中亚"之认知，随时代而变易，更趋具体与接近现实，愈发注重对实践性的追求。这正是对"中亚"地区的边界始终未能确定统一认识的原因之一。虽然国际社会对"中亚"地缘政治和地缘经济地位的关注度不断提升，但是对"中亚"地域范围的指谓和认知，尚未确立一个清晰而固定的概念，更多地表现为一个动态化意义的重建过程之中。关于是否将阿富汗包括在内，抑或将阿塞拜疆也纳入其中的讨论便是突出例证。由于历史地理和地缘政治等因素的综合考量，中亚五国 + 阿富汗的"中亚六国"之说①已入学界视阈。

阿塞拜疆与土库曼斯坦、哈萨克斯坦共属里海沿岸国家。阿塞拜疆与中亚除塔吉克斯坦之外其他四国均是操突厥语国家，大多数居民信仰伊斯兰教，与中亚国家具有源远流长的历史文化联系和诸多地缘经济和地缘文化共性。对于美国和俄罗斯而言，里海地区的重要性不仅在于它所蕴藏的丰富的石油资源，还因为不管谁控制了这一地区的石油输出线，谁就能产生巨大的政治影响。这也是中亚地区的角力者们面临的一个首要问题。一直以来，一些"地缘战略棋手"视阿塞拜疆为"地缘政治支轴国家"及里海和中亚"资源富集区"的"瓶塞"。这正是某些精英将阿塞拜疆与中亚五国相提并论，划入同一块地缘空间的价值所在。他们不仅出于政治利益也出于经济利益的考量。

检讨"中亚"范畴之界定的变化，反映出无论是广义还是狭义"中亚"作为地域性概念，都是以多种相似性为基础的动态关系体。鉴于此，我们在具体研究中，需要以具有巨大战略价值的地理学资料作为参照点，以直线推进或曲折复杂，甚至迂回发展的历史轨迹为依据，用历时态与共时态思维相结合的视野，不仅强调中亚文明交往的过去、现在和未来三者之间连续性的发展脉络，而且紧密联系现实中中亚在地缘政治上的生命力、地缘文化上的吸引力和地缘经济上的旺盛活力，去认识"中亚"，去解读"中亚"。本著所用"中亚"这一名称以中亚五国地理范围为主，根据研究需要涉及其扩展地区。

---

① 中亚五国 + 阿富汗的"中亚六国"面积总计 465 万平方公里，人口 9167 万。

中亚五国(狭义)简况表

国家	面积 km²	人口(2013年)	人口密度 perkm²	GDP 百万美元 (2012年)	人均 GDP (2012年)	首都	国家语言	族际交流语
哈萨克斯坦	2,724,900	17,736,896	6.51	202,656	MYM11,426	阿斯塔纳	哈萨克语、	俄语
吉尔吉斯斯坦	199,951	5,482,042	27.7	6,475	MYM1,167	比什凯克	吉尔吉斯语	俄语
塔吉克斯坦	143,100	7,349,145	51.4	7,633	MYM1,039	杜尚别	塔吉克语	俄语
土库曼斯坦	488,100	5,110,000	10.5	33,466	MYM6,549	阿什哈巴德	土库曼语	俄语
乌兹别克斯坦	447,400	27,606,000	61.7	51,414	MYM1,862	塔什干	乌兹别克语、	俄语

注:根据俄文维基百科提供的相关资料编制。

扩展中亚地区（广义）国家简况

国家	面积 km²	人口 （2013 年）	人口密度 perkm²	首都	官方语言
阿富汗伊斯兰共和国	647,500	31,108,077	48.0	喀布尔	普什图语、波斯语
中国	9,596,961	1,349,585,838	141	北京市	汉语普通话
蒙古国	1,564,116	3,226,516	2.06	乌兰巴托	蒙古语
巴基斯坦	796,095	193,238,868	242	伊斯兰堡	乌尔都语、英语
俄罗斯	17,098,242	142,500,482	8.33	莫斯科	俄语
印度	3,287,263（全印度）	1,220,800,359（全印度）	371（全印度）	新德里	英语、乌尔都语、印地语
伊朗伊斯兰共和国	1648195	77598379（2014 年）	48	德黑兰	波斯语

第二章　中国与中亚：共建"丝绸之路经济带"的地缘战略意涵与实践

中亚①地处亚欧大陆腹地，是历史地理的枢纽、"丝绸之路"的要冲。在这里，多元文化交相辉映，众多民族生息融合，各种宗教碰撞传承。从地缘战略理论的角度来讲，在从里海以东延至中国边境，面积400万平方公里的中亚地域范围，历史上曾是政治地理的古战场，旗色斑斓的王朝政权在这里勃兴欲衰。现如今，中亚则是地缘政治的"心脏地带"，世界经济的"资源富集区"，欧亚大陆桥从这里向西延伸，成为大国和各种势力博弈的舞台。

自博望凿空②，一条横贯东西连接欧亚的丝绸之路将中国与中亚沟通。两千多年来，中国与中亚凭借地缘联系唇齿相依③，政治交往、经贸合作、文明互鉴、共享和平。

随着世界政治、经济形势的变局日益复杂，中亚五国独立近1/4世纪以来，经历了艰难曲折、极具挑战性的转型过程。各国独立之初的盲目自豪感和"内向式"经济战略，逐渐被日益浓厚的合作取向所替代。他们更加明确，本国的可持续发展只有发挥独特的地缘优势，在国际合作的环境中才能得以保障。而中国与中亚共处"丝绸之路"核心路段，是"经过历史考验、可信赖的、最真诚的合作伙伴和伟大邻邦"，在合作上"中

---

① 国际学术界关于"中亚"之地理概念的界定，历来观点不一。"中亚"有广、狭两义。广义：根据联合国教科文组织1978年确定，涵盖阿富汗、伊朗东北部、巴基斯坦、印度北部、中国西部、蒙古和前苏联的几个中亚共和国。狭义：指称现今哈萨克斯坦、乌兹别克斯坦、吉尔吉斯斯坦、塔吉克斯坦和土库曼斯坦五国所在之地。这里所用"中亚"这一名称即指中亚五国地理范围。

② 西汉武帝时，张骞以开通西域，封博望侯。

③ 中国与哈萨克斯坦共和国边界线长1730公里，与吉尔吉斯共和国的边界线长1170公里，与塔吉克斯坦有510公里的共同边界。

国从不附加任何条件"①，是中亚"最为稳定可靠和可预测的"② 战略伙伴。与此同时，中国周边安全环境发生了深刻的变化。中国与中亚共建"丝绸之路经济带"，表明在新的历史时期中国与中亚国家在利益依存和根本战略关切上的共同点；阐述了"丝绸之路"沿线国家的利益诉求与基本共识。构建适应新时期发展特点的新型地缘政治和地缘经济合作模式——"丝绸之路经济带"，已经成为中国与中亚国家共同关注的问题。

第一节　"丝绸之路经济带"：建构的历史要素与时代内涵

两千多年前，东起古代中国长安（今陕西西安）、西达罗马帝国的"丝绸之路"既是历史上横贯欧亚大陆的重要经济动脉，又是东西方文化交流的友好通途。千百年来，不同国度和种族的无数商人、僧侣、道士、使臣、探险家在这里留下足迹。人们通过蜿蜒的丝绸之路进行物贸和文化交流。这是一条具有历史意义的多元文化荟萃、众多民族迁徙交融的国际通道。它将世界最伟大的中国文化、印度文化、波斯文化、阿拉伯文化和古希腊、古罗马文化等相连接而交流，相比较而共存，相碰撞而发展。19世纪下半叶，当德国历史地理学家李希特霍芬提出，把古代从东方向遥远的西方输送丝绸的通道称为"丝绸之路"时，这个名称不仅为世界各国接受，而且使得"丝绸之路"交流、合作的根本精神得到更加广泛的传播。随着历史的发展、人类的进步和时代的更新，"丝绸之路"的内涵更加丰富，含义更为扩展。

回溯中国交通中亚之历史，早在远古时期，中亚古代文明的中心区域之一阿尔泰草原已是人类活动的频繁地区，也是中西交通的必经之地；大批的中国北方部落来到阿尔泰草原，把中国的文化，特别是青铜铸造技艺、丝织和蚕桑文化传到欧亚草原，促进了中亚等地与中国中原的政治、经济和文化联系。我国远古社会鼎盛时期的周朝即与葱岭以西诸族来往，

---

① 伊斯兰·卡里莫夫：《中国从不向我们提出政治条件》，《中亚新闻》（乌兹别克斯坦）（俄文版），2013 年 9 月 10 日。

② 阿里巴巴·阿里巴巴维奇：《中国、吉尔吉斯、国际关系》，《世界》（俄文版），2013年 7 月 16 日。

与渠搜（费尔干纳）和康国（撒马尔罕）等保持一定联系。据《穆天子
传》记载，周穆王十三年（前989），西周第五代君主穆王率六师西巡，
出河西、渡流沙、抵昆仑，至"飞鸟之所解羽"的"西北大旷原"，即中
亚地区。西汉时期，匈奴南侵汉边，丝路受阻。中亚诸国倚为生计的贸易
往来无法进行。西汉建元三年（前138）和武帝元狩四年（前119）陕西
汉中人张骞两次肩膺使命出使西域，重新凿通了"丝绸之路"。自此，我
国与中亚建立了直接的官方联系。中国历朝历代官修史志、古籍文献均有
中国与中亚交往之记载。"自鄯善逾葱岭出西域诸国，有两道。""南道西
逾葱岭，则出大月氏、安息之国也。""北道西逾葱岭，出大宛、康居、
奄蔡焉。"① 沿丝绸之路南北两道"驰命走驿，不绝于时月；商胡贩客，
日款于塞下"②。"商旅往来不绝"，"使者相望于道"③。各种典籍关于中
亚诸国土物人性之描述更为翔实丰富。"异方宝货、多聚此国。土地沃
壤，气序和畅，稼穑备植，林树翁郁，花果滋茂，多出善马。机巧之技，
特工诸国。"④ 此为贞观元年（公元627年）唐代著名高僧、佛学理论家
与翻译家玄奘从长安出发西行求法，途经丝绸之路中亚路段对飒秣建国
（今乌兹别克斯坦撒马尔罕）物产风貌、灿烂文化的精彩描述。

历代中央王朝交通邻国，贸易互市旨在"东向而朝天子"⑤，而且
"天下殷富，财力有余，士马强胜"⑥。"丝绸之路"的开通充分体现了我
国古代"慎其四境""与我和平""中国治安"的地缘战略思想；与此同
时，对于中国周边诸邦利益亦至关重要。"丝绸之路"的引入、输出将中
国与中亚各族人民的利益紧紧连接在一起。这一历史趋势延续至今。

---

① （南朝宋）范晔：《后汉书》卷八八《西域传》，中华书局1956年版，第2914页。大
宛，古代中亚国名，位于帕米尔西麓，锡尔河上、中游，当今乌兹别克斯坦费尔干纳盆地。康
居，古代中亚游牧民族所建小国，游牧范围大致在今哈萨克斯坦南部及锡尔河中下游至吉尔吉斯
平原。大月氏公元前2世纪以前居住在中国西北部、后迁徙到中亚地区的游牧部族。安息即帕提
亚帝国（前247—224），又称阿萨息斯王朝，全盛时期的安息帝国疆域北达小亚细亚东南的幼发
拉底河，东抵阿姆河；是当时与汉朝、罗马、贵霜帝国并列的亚欧四大强国之一。安息帝国也是
坐落在中国汉朝通罗马帝国丝绸之路上的贸易中心。

② 同上书，第2931页。

③ （汉）班固：《汉书》卷六一《张骞李广利传》，中华书局1962年版，第2694页。

④ （唐）玄奘：《大唐西域记》，周国林注释，岳麓书社1999年版，第32页。

⑤ （南朝宋）范晔：《后汉书》卷九六下《西域传》，（唐）李贤等注，中华书局1956年
版，第2931页。

⑥ （汉）班固：《汉书》卷八八《西域传》，中华书局1962年版，第3928页。

2013 年 9 月，中国国家主席习近平在中亚访问和出席上海合作组织成员国峰会期间提出，创新合作模式，共建"丝绸之路经济带"的战略构想，旨在建设以"丝绸之路经济带"为中轴的中国与中亚各国的区域经济合作新格局。其谋略思路是以"古丝路"之概念为传承基础，既体现厚重的历史积淀，又赋予新的含义，即以我国西部的陕西省为起点，经河西走廊至新疆所辐射的中国西北经济板块，及其与之毗连的中亚经济板块为"丝绸之路经济带"的核心，形成点状密集、面状辐射、线状延伸的物质流、信息流、人脉流、资金流，产业和交通等一体化的带状经济区域或经济走廊；东接亚太经济圈，西连发达的欧洲经济圈，构成世界上最长、最具发展潜力的经济大走廊。

"丝绸之路经济带"内涵与古代"丝绸之路"概念相比较有何时代新意，是解读创新合作模式的关键。史载，"汉世张骞怀致远之略，班超奋封侯之志，终能立功西遐，羁服外域"①；"骞从月氏至大夏"，"厚赂乌孙"，"则是断匈奴右臂也"，"骞始开通西域道"②。可见，古"丝绸之路"开通之动因，历史上中央王朝与中亚关系之取向主要源于政治利益，双方间的贡赐贸易也具有浓厚的政治色彩。彼此经济上的互有需求、相依相生和自行发展是政治关系演进的结果。古代"丝绸之路"作为"商贸路"，是以商贾通过驿道驿站接力和绿洲城镇中转，进行远方贩运贸易所行经的陆上通商线路为特征。而今"丝绸之路经济带"的战略意涵则是利用经济杠杆加强睦邻友好，以点带面，从线到片，逐步形成区域大合作的创新合作模式，使欧亚各国经济联系更加紧密、相互合作更加深入、发展空间更加广阔。正如中亚学者对 2001 年以来中国外交政策进行分析后得出结论所云，"深信中国的这一战略不是以军事学说为立论的。'丝绸之路经济带'的提出是以社会经济的发展为主要目标，而不带有任何政治扩张目的"③。以史为鉴，从中解读，对我们理解和研究"丝绸之路经济带"的创新合作模式颇有裨益。

---

① （宋）范晔：《后汉书·西域传》，（唐）李贤等注，中华书局第 2931 页。

② （汉）班固：（唐）《汉书·张骞李广利传》，中华书局 1962 年版，第 2688、2692、2693 页。

③ 胡多伊别尔迪·哈力克娜扎罗娃：《"丝绸之路经济带"：中国挑战美国与俄罗斯》，《比什凯克晚报》（俄文版），2014 年 1 月 11 日。

第二节　"丝绸之路经济带"：中国地缘
战略环境的重大抉择

　　地缘环境是指以地理因素为基点，由各种对外关系构成的战略环境。对地缘环境的客观评估和科学分析，是国家正确制定和与时俱进不断调整地缘战略的前提。就战略选择而言，中国的外交战略历来坚持"大国是关键、周边是首要、发展中国家是基础、多边是重要舞台"的基本方针。随着国际和地区形势的复杂多变，世界各主要国家，尤其是一些周边国家都在进行战略关系的调整。"丝绸之路经济带"战略构想的选择正是基于中国周边战略环境的总体需求与时代机遇而提出的。中国与中亚的地缘关系、历史联系和时代变化特征成为我国西向周边外交政策的立论依据。

　　首先，周边环境变化的现实考量。近年来，中国周边环境发生了一些新的变化。东有钓鱼岛争端，东南有南海争端，东北朝鲜半岛局势紧张，西北部邻国关系处于一个极好时期。在错综复杂的国际环境和地缘关系特点的背景之下，以新颖独特的视角，思考和构建中国周边政策的政治、经济和文化框架，构筑一个友好、合作、互信、互利的安全屏障、发展平台和利益共同体作为周边战略依托，是我国外交工作的重大课题。从和平发展与和谐世界的对外战略追求出发，将中亚国家作为我国外交优先发展方向之一，构建"丝绸之路经济带"是符合我国战略利益的正确选择。西向的"丝绸之路经济带"与南向的"海上丝绸之路"相辅相成，构成我国全方位周边战略重心和对外开放的新格局。

　　其次，大国在中亚博弈的严峻挑战。随着国际政治格局和世界经济形势的变化，2011 年美国提出绕开中国和俄罗斯建立一个由大中东和大中亚经阿富汗、巴基斯坦到印度的"新丝绸之路计划"，旨在整合中亚和南亚两个地缘板块，主要着眼于 2014 年国际联军撤出阿富汗之后的亚洲利益。自中亚五国独立之始，日本就提出"丝绸之路外交"之策，而后又提出"丝绸之路能源计划"。2004 年以后日本多次对此进行调整并加紧谋划，提出"中亚 + 日本"的"丝绸之路中亚攻略"，旨在于能源竞争中分得一杯羹，同时配合美国牵制俄罗斯和中国在中亚的影响力。2013 年 11 月 13 日，俄罗斯普京总统在访问韩国期间提出"钢铁铸就的丝绸之路计划"，以铁路运输为基础，覆盖亚欧大型贸易。质言之，有些国家是借"丝绸之路"为利用资源，以经济手段为契入点，进行地缘政治的博弈。我国提出的"丝绸之路经济带"的构想，与美、日的主张有本质的不同，"中国不谋求地区事务主导权，不经营势力范围"。2013 年 10 月 25 日，中共中央召开"周边外交工作座谈会"，习近平主席指出：建设好"丝绸之路经济带"，要坚持睦邻、安邻、富邻，突出体现亲、诚、惠、容的理念，再次阐明了以和平、发展、合作为理念的中国周边战略思想。

再次，中国与中亚国家关系升级给予动力和条件。中国和中亚国家都处在发展的关键阶段，都面临着前所未有的机遇和挑战。2013 年中国与中亚五国关系揭开了新的篇章。中国与塔吉克斯坦共和国、吉尔吉斯共和国、土库曼斯坦共和国的关系分别提升至战略伙伴关系，与哈萨克斯坦共和国进一步深化全面战略伙伴关系，与乌兹别克斯坦进一步发展和深化战略合作伙伴关系。"丝绸之路经济带"构想不仅与土库曼斯坦的"强盛富民计划"、哈萨克斯坦的"'光明大道'新经济计划""哈萨克斯坦—新丝绸之路"和"2050 年发展战略"、乌兹别克斯坦的"福利与繁荣规划"、塔吉克斯坦的"2030 年国家发展战略"、吉尔吉斯斯坦的"2013—2017 年国家稳定发展战略""复兴丝绸之路——打造丝绸之路物流中转中心构想"等的未来发展目标对接，"使中亚发展和繁荣起来"；而且对于沿线邻国俄罗斯、蒙古国、阿富汗、巴基斯坦等都是最为"理想的发展模式"①。

"丝绸之路经济带"的内涵不仅在于地缘经济意义，而且具有地缘政治意义和地缘文化意义。世界向东，中国向西。国际政治、经济形势的发展不仅需要我国制定全球外交大战略，而且需要进行国别、区域和周边外交战略调整。建设"丝绸之路经济带"的构想则是中国外交战略与时俱进的具体体现，更是中国周边战略的重大举措。中国与中亚国家是多领域的利益共同体，在平等、互利的原则下，不仅着重建设交通运输走廊，而且不断加深沿线区域的经贸合作；不仅提升能源领域的合作，而且加强非能源和高科技领域的合作；不仅强化安全领域的合作，而且注重人文领域的交流与合作，拓宽民间和社会沟通的渠道，促进人民的相互理解，使彼此间的政治关系更加友好、经济纽带更加牢固、安全合作更加深化、人文

① 安德烈·卡赞捷夫：《中亚的五种脚本》，《自由之声》，2013 年 1 月 12 日。

联系更加紧密。

第三节　以地缘经济关系为基点，推进
区域经济合作发展新模式

　　区域经济（regional economy）是以地理概念为基本要素，特指一定地域范围内的经济发展，即受自然环境、社会条件、国家政策等内部因素影响，以及与外部条件相互作用而产生的生产和经济活动；反映地区内经济发展的客观规律以及内涵和外延的相互关系；除了国家内部的区域性合理规划和产业布局外，也包括国家在经济活动中，从地理角度选择邻近国家和地区的合作，从地域上连接并产生相应的经济联系，进而形成跨国性区域经济关系。地缘经济已成为当今世界各国实现地缘战略的重要手段。

　　伟大的"丝绸之路"曾经将世界不同地点分布的许多人类集团和各自独立发展起来的文明中心、经济中心直接或间接地联系起来。这条互利合作之路在历史上就造福于沿线各国人民。"丝绸之路"的国际属性决定了其运行过程、运行机制和运行轨迹对所有沿线民族和国家的经济行为和经济发展产生重要影响。当道者富，弃道者弱，已被历史反复证明。中亚地区与中国西北地理区位毗连、彼此交通便捷、人文特点相同。国际学界有学者将其划为同一"历史文化区域"，也曾是古"丝绸之路"的核心路段。这一区域东接中国中东部，西联欧洲，战略地位十分重要。自古"殊方异物，四面而至"[1]，体现出沿线各国的贸易互补性。早在上古，中国就"遣客出塞，交通外国，广求异物"，凭借丝绸、瓷器、茶叶和无与匹敌的制造业与外国进行着顺差贸易。汉唐之时，通过"丝马贸易""茶马贸易"，引进了"竹劈双耳峻，风入四蹄轻"[2] 的大宛胡马。[3] 盛唐之际，"互市交通，国家买突厥马、羊，突厥将国家彩帛，彼此丰足，皆有

---

　　[1]　（汉）班固：《汉书》卷九六下《西域传》中华书局 1962 年版，第 3928 页。
　　[2]　（唐）杜甫：《房兵曹胡马》，彭定求等编，《全唐诗（上）》，上海古籍出版社 1986 年版，第 543 页。
　　[3]　大宛，中亚古国名。中国汉代时，泛指在中亚费尔干纳盆地及其附近国家和居民。大宛胡马又名汗血马。

便利"①，通过"丝绸之路"的交市往来更加繁荣。历史证明，无论是地理环境，还是人们心理定位都对该区域经济发展起着不可忽视的客观作用。

随着历史的演进，"丝绸之路"的解读不断提出新的议题。苏联解体，中亚五国独立，国际政治版图发生了新的变化。中亚因其地缘优势及资源丰富，被视为当今世界最具战略意义的地区之一。迄今为止，虽然它们立国已将近1/4的世纪，但是由于前苏联在经济领域对中亚五国的不合理分工，其工业仍然不很发达，在经济体系中，尤其轻工业是薄弱环节，这一领域的诸多产品，特别是居民日常生活用品大都需要从国外进口。2010年哈萨克斯坦出台了《轻工业发展规划》规定，2014年年底之前，本国轻工业产品在国内市场所占份额必须达到30%。而现实是其国内轻工业仍然处于"危机状态"。据统计，近3年，其国内轻工业产值占国内生产总值的比重仍达不到10%—20%。纺织品服装的生产仅能满足国内市场需求的8%；鞋业只能满足国内市场需求的1%。② 吉尔吉斯斯坦80%的日用品是通过铁路和公路运输从中国进口。而中国因轻工业很发达，质高、物美、价廉的轻工业产品在中亚具有很大的市场。除此而外，我国与中亚国家在农业、建筑业、制造业、食品、家电等领域的经贸合作具有很大的发展空间和互补性。

不可再生资源指经人类开发利用后，在相当长的时期内不可能更生的自然资源，如：矿产资源、土壤资源等。在资源的开发和利用方面保护自然资源免遭浪费和破坏，保证不可再生资源的安全应成为国家经济安全的焦点。尽管中亚地区石油、天然气等不可再生资源丰富，但是仍需各国的"高效利用能源"意识、"不可再生资源安全"意识和节能意识不断提升。2013年9月10日，哈萨克斯坦纳扎尔巴耶夫总统提出大力推广替代能源使用和支持以绿色科技为核心的替代能源支持项目，在2020年之前哈国能源消耗每年至少降低2.5%，2020—2030年期间每年降低3.5%，到2050年替代能源占哈能源总量的50%，并下令成立哈国清洁能源发展署及支持替代能源发展基金。在这一领域，哈萨克斯坦希望吸引国外在基础设施方面的大量投资，同时促进能源优化利用、知识交流、研究和技术开

---

① （清）董诰、等编：《全唐文》卷四〇，《赐突厥玺书》，上海古籍出版社1990年版。
② 安顿·林尼克：《哈萨克斯坦共和国轻工业的危机情势》，《哈萨克斯坦共和国新重点》（俄文版），2013年3月4日。

发，并学习其他国家促进经济现代化的科研手段和经验。

目前，在全球经济危机阴影尚未消退、外部风险较大的环境下，中亚五国的宏观经济形势向好，保持积极稳健的发展势头，但经济增长速度放缓。五个国家间经济和社会发展不平衡，差距拉大；市场经济的治理结构和制度环境的改革滞后是中亚社会经济发展的主要状态。有些国家，因经济基础薄弱，既缺资金，又缺技术，经济运行隐患颇多，发展处于低迷状态。与我国接壤的塔吉克斯坦是山地之国，曾是前苏联最贫穷的国家，其经济发展总量在中亚五国中居吉尔吉斯共和国之前排第四位，是世界上经济发展较为落后的国家。反观之，该国与其他国之间的差距也表明它具有较大的发展空间。塔吉克斯坦的水资源十分丰富，占中亚水资源的60%，但目前的利用率只有5%。塔国具有丰富的矿产资源，但其本国既没有开发能力，也没有深加工技术。因此能源、矿产资源领域的合作是其重要的方向。且其农产品大都是"绿色原生态"，柠檬、石榴、蜂蜜等纯天然农产品出口中国等亚洲国家，但是存在运输能力、深加工和包装等问题。中国与之在这些方面进行合作具有一定的发展前景。

中亚地区经济体系的主要特点之一是拥有丰富的资源基础，为有效的经贸合作创造了前提条件。1992年中国与中亚五国建交之初，双方的贸易额仅为4.6亿美元，而2012年达到459.4亿美元，增长近100倍。2013年，中国同中亚五国双边经贸总额超过460亿美元，[①] 再创历史新高。中国已成为哈萨克斯坦、土库曼斯坦的第一大贸易伙伴，乌兹别克斯坦、吉尔吉斯斯坦第二大贸易伙伴，塔吉克斯坦第三大贸易伙伴。据中国商务部统计，2013年中哈贸易额达286亿美元，增幅为11.3%。哈萨克斯坦从中国主要进口机电产品、贱金属及其制品、运输设备等。根据哈萨克斯坦统计署公布的资料表明，2013年哈国向中国出口143.34亿美元，同比增长13%；从中国进口81.93亿美元，同比增长9.3%。哈国向中国出口商品以石油和矿产品为主。截至2012年年底中国在哈萨克斯坦共和国的投资达14亿美元，其中12亿美元集中在能源领域。根据乌兹别克斯坦共和国政府的统计数据，乌兹别克斯坦已得到中国进出口银行20个基

---

① 胡多伊别尔迪·哈力克娜扎罗娃：《"丝绸之路经济带"：中国挑战美国和俄罗斯》，《比什凯克晚报》（俄文版），2014年1月11日。

础建设项目的 6 亿多美元无息贷款。①

经济合作是共建"丝绸之路经济带"的着力点。我国西北省区陕西作为"丝绸之路经济带的新起点"，新疆定位"丝绸之路经济带的桥头堡"，甘肃打造"丝绸之路经济带的黄金段"，都在根据本省（区）的经济发展特色及其与中亚国家的经济互补性，提出一些具体项目跟进与落实，加快本省（区）经济的快速发展。同时以其地理位置的独特性和不可替代性发挥着引进中亚能源和向西输出中国产品的通道作用。2013 年11 月 28 日，陕西省为打造"丝绸之路经济带"开通了从西安开往中亚地区的首列国际货运班列"长安号"。这是我国中东部地区通往中亚最便捷的铁路货运方式，运输时间比公路运输减少了 20 多天，资金成本也比公路运输降低 30% 左右。2011 年 6 月 28 日，中国银行在新疆正式推出人民币兑换坚戈（哈萨克斯坦货币单位）现钞汇率及挂牌交易，并成功办理同业中直接汇率项下的坚戈现钞兑换业务。上述均为共建"丝绸之路经济带"所实施的一些跟进项目。

"丝绸之路经济带"创新合作模式的一个突出特点是依托沿线国家地理区位、环境条件和现代化交通运输干线等要素为发展轴，以轴上经济发达的城市为节点，发挥经济集聚和辐射功能，联结带动周围不同等级规模城市的经济发展，由此构建若干独具特色、不同层级的经济单元或次经济区的有机结合，形成多元性、动态性、稳定性、开放性、多层次性和相对合理的带状形态的地域经济区。"丝绸之路经济带"覆盖 30 亿人口、60 多个城市。城市具有鲜明的交通枢纽优势、市场规模优势和商贸物流中心、金融服务中心、文化科技中心、信息交流中心等特征，是"丝绸之路经济带"建设的经济高地和增长级。2013 年 9 月 27 日"丝绸之路经济带"沿线城市共同签署了《丝绸之路经济带城市加强合作协议书》和《西安宣言》。沿线国家城市之间贸易和产业体系的互补，能源、金融、基础设施、公共事务等领域的相互支持、互通有无与务实合作，进而带动区域经济的共同繁荣，是"丝绸之路经济带"未来发展的决定性因素。

---

① Ю. 捷莲季耶娃：《新丝绸之路计划中的中国与俄罗斯：利益和机遇》，《开放性对话》（俄文版），2013 年 3 月 21 日。

第四节　"丝绸之路经济带"与全球化
背景下的地区安全

　　全球化作为一种世界性潮流，其发展趋势不仅限于经济范围，而且延伸至政治、文化等诸多领域，对人类社会产生了全方位的影响，使得国与国之间的联系更加紧密。与此同时，安全问题也出现在人类生活的各个方面，表现出很强的综合性与跨国性。极端主义、分裂主义、恐怖主义、制毒贩毒、武器走私、网络安全等已经突破了以国家为边界的地域空间。在这种诸多非传统安全因素"无疆界"① 国际化趋势日益突出的背景下，许多国家开始从更广泛、更综合、多层次、多视角去思考和重新认识国家安全问题，调整国家的安全战略；与此同时也提升了各国安全利益对国际安全情势的依赖程度，强化了彼此之间的相互依赖性。中亚国家包括与之毗邻的阿富汗、巴基斯坦等周边环境成为国际社会，尤其是"丝绸之路"沿线国家关注的重点地区。

　　"丝绸之路"沿线国家和区域地理形势、民族关系、宗教信仰极其复杂。地缘因素、资源价值和人文环境的综合给各种政治势力的争夺和博弈创造了空间。一些热点国家和地区输出的恐怖主义、极端主义、分裂主义、毒品犯罪和武器走私利用民族、宗教因素制造突发事件，对国家、地区安全的潜在能力较之以往呈上升趋势，其外溢不可避免地影响到中亚国家和我国西北边疆。许多问题交织在一起使"丝绸之路"沿线国家和地区的安全情势引人关注。

　　阿富汗东连中国，南接南亚印度洋，西邻产油区，北衔中亚、俄罗斯。中亚地区人口约 6500 万，有 130 多个民族；与阿富汗有 2087 公里的漫长边界②；彼此之间有塔吉克、乌兹别克等民族跨界而居。随着 2014 年国际联军撤离阿富汗及其后时代的到来，中亚的"通道作用"日益凸显。阿富汗问题面临新的复杂形势：塔利班有可能卷土重来，基地组织有可能死灰复燃。根据联合国阿富汗援助团 2014 年 12 月 19 日发布的年度

---

① 列夫·列文松：《无疆界恐怖主义》，《边缘》，2014 年 1 月 20 日。
② 《中亚出现恐怖主义表现的新趋势》，《乌兹别克斯坦新闻》，2013 年 4 月 7 日。

报告，因恐怖袭击，阿富汗伤亡人数创新高，分别为3188人和6429人。地区的安全稳定充满诸多变数。根据联合国难民署驻中亚代表预测，北约反恐联军撤出阿富汗以后，有6000名阿富汗人准备越境离阿，向周边国家迁移。① 据联合国毒品犯罪办公室报告，目前阿富汗的海洛因已占到中国毒品市场的1/4，是经中国与巴基斯坦边境和中国与中亚边界流入的。② 阿富汗局势的恶化及其产生的多米诺骨牌效应不仅影响周边国家和地区的政治安全，也关涉我国与中亚—南亚的经贸合作和投资环境。

就现实而言，中国的安全形势与中亚—南亚地缘环境的扩散效应直接相关，与中东事态的恶性发展密切互联。目前中亚地区存在着四大宗教极端主义和国际恐怖主义组织，且呈现出扩散态势。"乌兹别克斯坦伊斯兰运动"从费尔干纳谷地向阿富汗北部转移，并声称对"伊斯兰国"的效忠；哈萨克斯坦的"哈里发斗士"接连发动针对国家政权和平民的恐怖袭击；"伊斯兰解放党"（伊扎布特）自"阿拉伯之春"后在中东和中亚国家进一步拓展；中亚地区的第三大恐怖组织，2008年脱胎于"东突厥斯坦伊斯兰运动"的"突厥斯坦伊斯兰党"在阿富汗—巴基斯坦交界处建立训练营地，针对中国政府在新疆进行了一系列恐怖主义活动。这四大组织的共同特征是，都将自己的极端主义或恐怖主义活动纳入"全球圣战"；大都把阿富汗—巴基斯坦边境区作为针对世俗化国家政权，实施恐怖活动的"策源地"和"支撑平台"。阿富汗—巴基斯坦安全条件脆弱、边界漏洞甚多，多米诺效应凸显。

在这种背景之下恐怖主义、极端主义利用互联网作为宣传、招募、培训和实施活动的载体。据统计，独联体范围具有恐怖主义和极端主义性质的网站达两千多个。2013年仅哈萨克斯坦共和国就关闭了596个宣扬极端主义与恐怖主义的网站。③ 近年来"东突厥斯坦伊斯兰运动"发布的各类"圣战"视频逐年增加。在2011年以来的中东"阿拉伯之春"中有持中亚不同国籍护照的宗教极端分子和"东突"武装成员参与叙利亚等国

---

① 多希穆·萨特帕耶夫：《2014年哈萨克斯坦面临的石油、坚戈和恐怖主义风险》，《商队》，2014年1月16日。

② 联合国毒品犯罪署：《毒品、犯罪和骚乱，阿富汗鸦片的跨国威胁》，2012年3月4日。

③ 艾斯海提·达乌尔巴耶夫：《传媒工作因检察官声明的司法决议而终止》，哈萨克斯坦信息中心，2014年1月17日。

的内战。① 2012 年新疆发生近 200 起暴恐案。② 2013 年 4 月以来，在喀什地区的巴楚、莎车，哈密地区的鄯善，阿克苏地区的乌什、新和以及和田、库尔勒等地连续发生暴恐案件。以上地方都是曾经的古"丝绸之路"重镇或咽喉要道，地处新"丝绸之路经济带"上承外启内的枢纽地区和城市群覆盖区。当前，对我国西部地区社会稳定危害最大的"伊吉拉特"以"圣战迁徙"模式，由西北边疆向内地，乃至西南边疆民族地区移动，尤其是向人口密集和流动人口集中城市、旅游城市、国际化程度较高城市和边境城市的渗入已有现实存在。2013 年 10 月 28 日北京天安门金水桥事件和 2014 年 3 月 1 日发生在昆明火车站的暴恐案凸显出内地和全国性防范恐怖主义的紧迫性。

一段时间以来，我国暴恐事件频率的上升状态不是孤立的，是在当前恐怖主义活动呈现全球化，极端主义思潮处于活跃期，诸多国家面临严峻挑战和威胁的国际大背景下发生的，是受中亚—南亚和中东"不稳定之弧"影响而促发的。一些国际性和本土化恐怖主义组织及其成员的宗教极端主义认同意识高于民族认同，对抗世俗化的国家认同。其思想意识、采用手段和活动形式呈现国际性、关联性、模仿性、突发性与在地化、分散化和碎片化等相结合的特点，表现出更加尖锐、复杂的发展态势，使地区的社会安全风险水平短期内难以降低。一些具有宗教极端思想的恐怖分子因经济能力所限，无法前往热点地区参与"实战"演练，转而进行本地化演练。现实出现的恐怖分子年轻化、女性化趋势是宗教极端主义进行虚拟化意识形态渗透的结果。说到底，是全球化背景下，宗教极端主义与世俗国家政权在进行一场意识形态领域的"心灵争夺战"。国际公害"伊斯兰国"突然出现，组织严密、装备精良、战略有效，具有民众基础，不仅将"丝绸之路经济带"核心区域中国新疆和中亚地区划入其版图，而且从娃娃抓起，进行极端主义的教育。"伊斯兰国"招募童子军的做法已经规模化。据知，目前已有 300 多名新疆籍"东突"分子加入"伊斯兰国"组织，组成"东突营"。中亚—南亚及我国西部边疆安全形势面临新的严峻挑战。2014 年 1 月 23 日，吉尔吉斯共和国边防军在伊塞克湖州击毙 11 名"东突"恐怖分子，再次显示"东突"恐怖势力在中亚地区趋

---

① 《中亚地区恐怖主义的起爆剂》，《中亚运输》（俄文版），2013 年 12 月 4 日；《罪犯从叙利亚登陆，吉尔吉斯变成招募未来恐怖主义分子的地域》，《中亚交通》，2014 年 2 月 18 日。

② 卢国强，朱东阳：《中国向"恐怖袭击"说不》，《瞭望》2013 年第 48 期。

于活跃的迹象。正如 2015 年 1 月 7 日新疆稳定工作会议指出，反恐怖主义的斗争进入比以往更加复杂、更加尖锐的新阶段，凸显出"丝绸之路经济带"机制建设中安全治理和防范恐怖主义的紧迫性。早在 2000 年美国就提出"中亚边境安全计划"，从 2005 年的"大中亚计划"到 2011 年的"新丝绸之路计划"，都把中亚视为 2014 年以后安全体系的重要合作伙伴，以实现地缘政治和地缘经济双重目标。欧盟的"中亚战略"也提出安全是首要目标，致力于构建在这一地区的经济与安全方面的切实利益。可见国际社会对中亚政治安全与经济安全相辅相成、相互牵制的关注度在不断提升。

没有地区安全，就没有"丝绸之路经济带"沿线国家的稳定发展。中亚国家独立 25 年来，虽然国情不同，五国间的国家建设和社会经济发展水平不均衡，差距拉大；但是政局总体稳定、经济平稳上升，稳中有患、患中有治，宏观形势向好，为"丝绸之路经济带"的建设，为中国与中亚国家从自然资源领域向非资源领域合作的扩展奠定了良好的基础。然而我们应该看到，目前中亚—南亚地区仍然存在着宗教极端主义和恐怖主义扩散的条件，政治腐败、社会贫困、经济失衡、教育缺失、高失业率、国家间领土与水资源矛盾、民族宗教冲突、国内政治斗争、新老权利更替等因素，致使地区安全质量十分脆弱。这些问题不仅威胁着丝绸之路沿线国家的稳定发展，而且干扰破坏彼此之间的经贸合作，对中亚—中国油气管道的安全，中亚—南亚—中国的空中和陆地交通、运输以及企业的经营活动和员工安全都会形成威胁。"丝绸之路经济带"沿线国家安危与共。在这种背景下倡导共建"丝绸之路经济带"与上海合作组织框架下的"反恐机制"和"安全合作机制"相结合，是确保民生安全、国家安全、地区安全和世界和平的有效途径之一。

第五节　合力传承"丝绸之路"文明，构建多元人文交流形式

"丝绸之路"是横跨亚欧大陆的文明互鉴之路，作为人类进行长时期、长距离交通、贸易、文化、技术以及民族交流融合之线路的杰出范例，对世界文明的发展起了巨大的推动作用。不同历史时期各种文明在这

里交相辉映、相互激荡、渗透通融，并向远方传播。漫长的历史岁月抹去了人类留在这一广袤地域上的一切足迹，那些传诸后世的各种文字的典籍和珍贵的古迹遗存还透露着过去的信息。通过"丝绸之路"，我国与中亚的文化交流源远流长，以丰富多彩的历史文化资源见证了古代亚欧大陆人类文明与文化发展的主要脉络和多元文化特征。今天，我们重温历史，不仅有益于教育人民认识祖先构建这条和平之路的光荣过去和憧憬美好的未来，而且有益于增进各国人民之间的相互了解，创造人类的进步、发展和维护世界和平。

共建"丝绸之路经济带"是一项关涉经济、政治、文化等诸多领域的伟大事业，无疑有助于我们抢救、挖掘、清理、保护丝绸之路沿线国家和诸多民族的文化遗产，恢复它们的真实面貌，弘扬它们的优秀传统，实现历史文化资源的共享；对于加强沿途国家共同利用和继承丝绸之路承载的历史文化资源必将发挥巨大的作用。目前，我国西北各省区正在展示独特的历史人文魅力，促进与丝绸之路沿线国家，特别是与上海合作组织成员国及观察员国、对话伙伴国的多样化、多层次的人文交流与合作蓬勃发展。

得天独厚的地缘文化优势对于加强"经济带"沿途国家共同利用、保护和联合申报文化遗产，对于传承"丝绸之路"文明、促进民心相通发挥巨大的作用。文化遗产保护与区域社会经济的发展密切相关。"丝绸之路"中国与中亚路段是世界文化最多元的区域。中国与中亚五国将"丝绸之路"联合申报为世界遗产。通过"丝绸之路经济带"沿线国家文化遗产项目的实施不仅可以改善遗产所在地的生态和人文环境，而且可以拉动地区的经济建设，促进当地群众的就业，为促进沿线国家乃至社会人类的交流融合，实现不同国家和民族的和谐共处，提供了新的、更具实质性的合作契机和可持续发展的实施途径。

旅游产业是以旅游资源为凭借、以旅游设施为条件的无形贸易。旅游活动往往是把物质生活消费和文化生活消费有机地结合起来。旅游业以其产业关联度高、收入弹性大、就业范围广、带动能力强和市场前景广阔且蓄势待发等独特优势，已成为当今世界备受重视而具有强大生命力的新兴产业。中国境内的人文景观和自然景观有西安古城、敦煌、龙门、法门寺、麦积山、塔尔寺、青海湖、嘉峪关、吐鲁番、天山和喀纳斯等世界级或国内一流旅游资源分布在"丝绸之路"沿线。"经济带"的构建为双边和多边的旅游合作提供了新的历史机遇与周边环境。我国传统中医广受国外游客推崇。新疆以创新思维，面向中亚开拓了"医疗＋旅游"市场，旅游者数量逐年递增。但是目前中国与中亚国家的旅游合作规模仍然不尽如人意。据哈萨克斯坦驻华大使努尔兰·叶尔默科巴耶夫提供的数字，2013年赴韩国旅游的中国游客为400万人，仅2013年上半年中国赴泰国的游客有320万，而同年赴哈萨克斯坦旅行的中国游客仅2004人，哈萨克斯坦赴中国的游客为39.4万人。哈萨克斯坦希望能与中国开展更大规模的"历史文化游""生态旅游""民俗风情游"，而最具吸引力的则是"健康保健游"。"这将为哈萨克斯坦带来可观的经济利益。"①

"国之交在于民相亲"。人文交流与合作是"五通"措施的重要组成部分，是"丝绸之路"沿线各国家、各地区、各民族人民在多元中尊重彼此差异，协调彼此立场，巩固深化彼此关系，互利互信，开展务实合作的前提和基石。没有文化的沟通作为坚实的民意基础，就无从谈及其他领域的成功合作与持续发展。在尊重文化多样性的基础上，加强人文交流，包括开展青少年、文化艺术、体育等交流活动，将使各国关系发展达到更高水平，对消解周边国家"中国威胁论"具有重大意义。近年来，在我们与中亚国家交流合作中，对方国家均提出，希望与中国的高校与科研院、所在学历教育、教师培训、学术研讨、信息互换、互派留学生、高科技（农业技术、食品安全、能源安全、太阳能的开发与利用）、旅游项目的论证及专门人才的培养等方面开展实质性的交流与合作。共建"丝绸之路经济带"，为我国进一步拓宽与丝绸之路沿线国家的交往渠道，提升人文合作层次和科研水平，拓展国际文化交流和国际文化市场，对创新文化"走出去"的国际化模式提供了良好的历史机遇和更为广阔的平台。

我国西北地区既有对外开放的地缘经济优势，也有与周边国家交流合作的地缘文化优势，一些民族与周边国家的同源跨界（跨国）民族具有语言优势、文化共性、亲缘关系，构成双方开展经贸合作的人文特点之一。彼此之间在心理上形成的历史文化联系将产生"特殊效应"，是民心相通的重要资源。这一因素在我国与周边国家多元合作模式中发挥着重要的作用。以邻为善、以邻为伴，守望相助，使"丝绸之路经济带"的建

---

① H. 耶尔缅克巴耶夫：《中国游客给哈萨克斯坦经济带来收益》，《哈萨克通讯》，哈萨克斯坦共和国通讯社，2014年2月27日。

设变得更为宽广通达，给沿途国家和人民创造新的发展机遇，对促进沿线国家经济的共同发展、共同繁荣具有极其重要的推动作用。

第六节　实践层面面临的难点、问题与协调

"丝绸之路"是沿线各国家、各地区、各民族人民开展务实合作，实现可持续发展的共同资源和财富。"丝绸之路经济带"建设是中国与中亚国家基于历史、面对现实、规划未来的战略坐标。习近平提出"丝绸之路经济带"创新合作模式以"政策沟通、道路联通、贸易畅通、货币流通和民心相通"为具体目标。以"五通"为指标系统检验以往的实践，我国与中亚国家的合作虽然取得了成果，但因各国经济发展水平存在差异，具体利益诉求不尽相同，故此面临不少难点和问题，需要各方加强沟通协调，务实合作，切实将政治关系优势，地缘毗邻优势和经济互补优势转化为持续增长和互利共赢；需要以"五通"为目标，秉持政治安全、社会安全、经济安全、文化安全、生态安全的一体化思路，与沿线国家共同完善治理体系、提升治理效能，保障和维护"丝绸之路经济带"的和平与建设。

一　在政策沟通方面，我国应跟踪分析、综合判断中亚投资、税收等政策法规

加强政策沟通是共建"丝绸之路经济带"创新合作模式的前提。目前一些沿线国家存在海关、投资、税收、货币等政策措施的多变性，法律仲裁的随意性，相关政策很多内容从温和演化为强制，办理工作签证制度复杂、费用高、限制多和周期长等因素，增加了合作项目的成本，影响了工程建设的进度，对各方企业实体的交流与合作造成滞碍。

由于在中亚地区经济合作领域外资企业比重增加，中亚国家开始注重工业产业的当地化，提高本国员工在外资企业的就业比重，并制定了相关政策法规。哈萨克斯坦的《资源法》《劳动法典》等都规定"执行合同过程中雇用本地不同等级员工与外国员工的比例"，外企中本地员工比率不低于95%，并对引进外国劳务提出受教育水平、工龄和工作经验等要求，且劳务许可证审批手续繁杂。乌兹别克斯坦、土库曼斯坦也都有类似规定。随着我国在中亚国家的经贸合作项目不断增多，中企在当地的劳动用

工、投资经营等问题逐渐凸显。最为突出的是，受对方制约，中方企业难以保证全员在岗，一般在岗率多则 50%，少则 1%—2%，严重影响了企业的正常生产和经营活动。

中亚国家根据自身经济发展水平和可持续发展的需求，修订和颁布了一系列"改善投资环境"和"稳定外国投资及保护外国资产"的政策法规，但是在实施过程中存在诸多的不确定性，往往以各种借口对外国投资者予以限制和施加压力。在政策层面上反映出的主要问题是海关和税收优惠政策不断变化，对外资的进入、投资的范围、股权的持有、外国劳动力许可限额等都提出了限制规定。这是影响外企投资经营的主要障碍。近年来，哈萨克斯坦颁布了《新税法》，将超额利润税税率由原来的 4%—30% 提高到 15%—60%，取消了原石油合同税收稳定条款，石油公司综合税赋由 49% 提高到 62%（国际油价按 60% 测算），造成石油公司经济效益的大幅下滑。由于政策制度的经常性变更直接影响投资收益的稳定性，投资风险较大。因此我国企业在与中亚国家的经贸、能源等多领域的合作中，必须对其投资、税收等相关政策法规密切关注，作动态的跟踪分析和综合判断。

二　在道路联通方面，我国应及时与中亚国家协商和解决技术标准差异带来的困扰

加强道路联通，完善跨境交通基础设施，形成交通运输网络，为各国经济发展和人员往来提供便利是"丝绸之路经济带"建设的基础。就目前现实而言，在道路联通方面，交通通讯的地区网络建设尚未完成；一些正在推进的交通项目迟迟没有实现，阻碍了"丝绸之路经济带"交通便利化的实践和落实。

中—吉—乌铁路是新亚欧大陆桥的重要组成部分，它的修建不仅将改变新疆乃至整个中国西部的交通格局，还将构成第二亚欧大陆桥的南部通道，形成东亚通往中亚、西亚和南欧新的便捷通道。这一项目提出已有 10 多年，但延宕至今未能顺利实施。2013 年 5 月和 12 月，俄罗斯提出并与中亚国家讨论撇开中国的"俄罗斯—哈萨克斯坦—吉尔吉斯斯坦—塔吉克斯坦"铁路项目。此前，吉尔吉斯斯坦一直积极支持中国关于建设中—吉—乌铁路的提议，并称之为新丝绸之路。2013 年 12 月，吉尔吉斯斯坦态度转变，提出拒绝参加中—吉—乌铁路项目。吉尔吉斯斯坦缘何宣布退出中国—吉尔吉斯斯坦—乌兹别克斯坦铁路计划？究其深层原因，首先，与俄罗斯的掣肘相关。受"颜色革命"影响，吉尔吉斯斯坦从 2010 年以后才开始进行经济建设，国家经济发展滞后，需要依靠俄罗斯的帮助，故此在很多方面唯俄罗斯马首是瞻。其次，与乌兹别克斯坦的关系发生变化。2013 年 7 月乌兹别克斯坦停止向吉尔吉斯南部供应天然气，2014 年乌兹别克斯坦不允许土库曼斯坦的天然气和电力经过自己的境内输送到吉尔吉斯斯坦，致使乌兹别克斯坦与吉尔吉斯斯坦关系趋于紧张。然而，除了政治因素的影响外，吉尔吉斯斯坦放弃"资源换铁路"的融资计划和铁路轨距的技术标准问题也是借口之一。中国铁路轨距采用的是国际标准，与欧洲大多数国家、土耳其、伊朗、朝鲜半岛国家相同。中一吉一乌铁路方案的轨距是 1435 毫米，与国际标准相同，而中亚国家的铁路轨距则仍然沿用前苏联 1520 毫米的宽轨。虽然各方已就《上海合作组织成员国政府间国际道路运输便利化协定》基本达成一致，为开辟从连云港到圣彼得堡的欧亚交通运输大通道，带动区域经济发展创造条件。但是这一技术问题，阻碍了跨境交通基础设施和交通运输网络的建设，影响"丝绸之路经济带"道路联通计划的实施。由于我国与中亚国家相关部门的技术标准和计量标准不同等因素，在一定程度上困扰着彼此合作的顺利进行。抓紧解决技术层面的问题，已成为当务之急。合作方之间的生产技术和生产质量等问题的出现，需要各方专家会诊、共同协商和及时解决。

三　在贸易畅通方面，我国与中亚国家需就相关问题探讨并作出适当安排

加强贸易畅通是"丝绸之路经济带"建设的关键。目前，在推进我国与中亚国家贸易和投资便利化方面，建立和发展经贸投资的信息空间等还不顺畅；由于受到软环境因素的制约，经贸领域的合作与成就尚低于预期。"丝绸之路经济带"沿线国家在通关、检验检疫等方面简化手续，降低关税和投资成本，消除贸易壁垒，提高区域经济循环速度和质量，是实现"丝绸之路经济带"贸易合作互利共赢和投资便利化的相对路径。

有些国家海关不依国际惯例以货值征收关税，而采用包税制收取"清关费"，即按每辆货车、客车征收固定关税，随后对方国税务部门又频繁查抄以"灰色通关"方式出口的货物，给中国企业造成巨大损失。多方面不按国际惯例规范化机制操作，增加了"丝绸之路经济带"沿线国家经济贸易合作的风险。这也是长期以来我国与中亚国家经贸合作的难点之一。综上所述，"丝绸之路经济带"沿线国家双边或多边经贸合作服务体系，包括投资、财税、通关等保障机制以及纠纷协调解决机制、法律合作机制尚待有效建立或完善。

四　在货币流通方面，各方亟待推进在经常项下和资本项下实现本币兑换和结算

由于国情不同，利益不同，各国金融市场发展水平不同，对金融合作的具体诉求亦各不相同，故此无论是双边还是多边合作都会有一些有形或无形的壁垒。沿线国家金融机构的差异导致金融合作难以扩大，影响投资合作。加强货币流通，降低经贸合作流转成本，是"丝绸之路经济带"建设，创新合作模式，抵御金融风险，维护各国利益共赢的重要环节。

目前的问题是中亚国家在对外经贸合作中存在不同程度银行结算方式不规范，出口信用保险运行原则诚信度低等弊端。一些国家换汇程序烦琐，效率低，银行不能及时进行跨境本币兑换或结算，以支付货款和利润，影响了企业利益。从 2014 年 4 月 1 日起，乌兹别克斯坦提高了对国际汇款机构的要求。自此，在乌兹别克斯坦开展汇款业务的机构必须具有国际评估机构的认定等级或提供能以证实其信誉可靠性和稳定性的银行担保，抑或在合作银行存入保证金。这样一来，有可能导致汇款服务费用提高和贷款业务利润下降。上述因素对投资建设项目企业、单位的利益、融资渠道，对基础建设项目和产业发展项目的相应贷款、各国间货币的直接流通产生了障碍性影响。这就需要加强"丝绸之路经济带"沿线国家金融合作机制的建设，建立统一的规范，建立各国政府和企业在合作领域交流的平台。平等、互惠、互利是基本原则。

五　在民心相通方面，树立中国企业的国际形象，奠定民意基础和社会基础

中国与周边国家共建"丝绸之路经济带"，宏观上说是国家间行为，微观上则以双方和多方的企业为主体。企业是各类项目的主要投资者、建设者和运营者。中亚五国属于新兴市场，随着中国与这些国家经贸合作的不断加强，我国许多企业积极参与其中。在中亚国家投资的中方企业中以小型企业和民营企业居多。目前在中亚国家不同程度存在着"中国威胁论"，因人们对中国亦不甚了解。中方在中亚落地企业如何树立中国人形象，是我国与中亚国家共建"丝绸之路经济带"能否顺利实施的决定性因素。

中国企业在国外投资、经营和生存中将面临不同文化挑战和社会政治环境。融入当地社会和文化，尊重当地各族人民的习俗，赢得当地公众倾向，这是中国企业在境外立足与发展的重要基础。境外中国企业形象如何是关系到中国与中亚经贸合作能否取得突破的要素之一。有鉴于此，境外中方企业应从自身治理入手，注重提高员工素质和管理水平。我国驻外使领馆、主管单位和海外商会应充分发挥和切实加强指导和监督作用。树立中国企业的国际形象，消除负面影响，是对外宣传我国与周边国家共建"丝绸之路经济带"最有力的"现身说法"和民心相通的关键之一。

六　强化"上海合作组织"的协调作用，保证沿线国家的合作安全

沿线国家致力于"丝绸之路经济带"的建设规划和实施，国家间的协调是难点之一，即多边协调。诸如能源领域，从发展前景来看，计划内油气管线的建设将途经第三国或数国，国家越多，协调的难度就越大，这里面不仅有经济、技术和基础设施等方面的原因，还有政治、人文、安全等多重因素。这些因素都程度不同地影响到"丝绸之路经济带"沿线国家的合作与安全，往往不是单方或双方能妥善解决的，需要中国、俄罗斯和中亚国家等有关方面共同磋商。最近哈萨克斯坦对《地下资源与地下资源利用法》《石油法》等法规进行了多次修订，提出了"战略标的物"和"战略资源区块"的概念，突出其国家优先权，规定在能源合作中影响哈国经济利益或威胁到国家安全时，哈国政府有权单方面终止合同。这些规定对我国企业在中亚的投资安全构成了实质性障碍。鉴于此，加大国家和企业层面与中亚国家政府部门及合作方的统筹协调，处理好与合作方的关系，适应所在国的政策法规至关重要，进而满足企业生产经营的需要，不断巩固和发展我国与中亚国家的经贸和能源合作，为我国长期资源战略服务。"上海合作组织"是唯一具有能力保护成员国能源体系和经贸合作安全的有效协调机制。有鉴于此，在上海合作组织框架内建立常设性能源、经贸合作协调机构和制度化的能源、经贸合作论坛很有必要。通过协调机构，秉持求同存异，深化合作的根本原则和灵活策略，协调成员国之间的意见和要求，增进相互理解，密切合作关系。

面对各种风险、挑战和机遇，"丝绸之路经济带"沿线国家的学界、政界、业界需要加强广泛合作，建立"智库研讨机制"，采取更全面、跨学科、跨行业的交叉研究方法，进行综合性、整体性复合分析研究，就建立哪些有效的治理合作机制遏制和降低合作中的风险水平，集思广益、凝聚智慧，研讨如何有效建立、健全或完善经贸合作服务保障机制、纠纷协调解决机制和法律合作机制，就打造命运共同体、利益共同体，提升产能合作，共同建设"丝绸之路经济带"的战略、制度、政策与行动等提出可行性发展建议。探索和建构符合"丝绸之路经济带"要素禀赋的创新合作模式及其保障方案和中、长期战略，实现"丝绸之路经济带"沿线地区和国家的综合安全、共同安全、合作安全，造福沿路各国人民的美好愿景。坚持以维护地区安全稳定为己任，坚持以实现共同发展繁荣为目标，坚持以促进民心相通为宗旨，坚持以扩大对外交流合作为动力。① 这正是"丝绸之路经济带"沿线国家创新合作模式所遵循的根本路径。

---

① 2014 年 9 月 12 日习近平主席在上海合作组织峰会上的讲话。

第三章　中国与中亚：地缘安全视阈下的跨界民族关系

　　跨界民族是以地缘纽带为基础，系指那些因传统聚居地被现代疆界分割而居于不同国家版图，在国与国交界地区生活的相对稳定的同根同源，并具有语言文化共同性的民族群体。地缘安全视阈可分为两个维度。从国际关系学的视角看，是指因地理位置相近或相连所决定的相关主权国家之间，在具备交流条件下产生的交往关系，包括政治、经济、文化等方面的互动和利益问题。从中国边政于民族学的应用而言，中国边疆民族复杂，且以跨界人民居多。边疆与内地唇齿相依，边疆稳则国家安。"民惟邦本，本固邦宁"。边疆社会稳定与边民生活安全互为关联且成正比。

　　在地缘安全的研究中，地缘安全理论提供了重要的分析途径。地缘安全理论是根据各种地理环境要素和政治格局的地域安全形势，分析预测国际或地区范围的战略安全趋向和有关国家的政治行为。地缘安全战略则是利用地缘关系及其作用法则谋取国家安全利益的方略。从世界来看，地缘安全研究在理论和实践上的巨大丰富和进步主要是在 20 世纪。但长久以来，人们多从政治、军事等方面着眼。近年来，随着族际关系对国际政治的影响日益突出，在当代国家的地缘安全概念中民族问题提升为显著因素。考察中国地缘安全概念中的民族要素，跨界民族是构筑中国国家安全环境的重要组成部分，是建设"和谐周边""和谐世界"的中国外交和国际战略蓝图的基础。

　　我国西部涵盖陕西、甘肃、青海、新疆、宁夏、四川、云南、贵州、西藏、重庆市、内蒙古和广西等十二个省市、自治区。面积约 686 万平方公里，约占全国国土面积的 72%。人口约 3.8 亿，约占全国总人口的 29%。其周边与俄罗斯、蒙古国、哈萨克斯坦、吉尔吉斯斯坦、塔吉克斯坦、阿富汗、印度、巴基斯坦、尼泊尔、不丹、缅甸、老挝、越南等十几个陆地国家接壤，陆地边境线总长度约 1.8 万公里，占全国陆地边境线的91%。我国西北边疆与俄罗斯、哈萨克斯坦共和国、吉尔吉斯共和国、塔吉克斯坦共和国、蒙古国、阿富汗、巴基斯坦、印度8个国家接壤，边界线长5800多公里，占全国陆地国界线的1/4。其中新疆边界线长5700公里，甘肃边界线长65公里。与中亚地区的边界线长3400公里。

在我国西部陆路边境地区居住着28个跨界民族，占我国民族总数的50%。其中我国西北地区有10个跨国民族，其中9个为跨界民族。哈萨克、维吾尔、回（东干）、柯尔克孜（吉尔吉斯）、塔吉克、俄罗斯、乌孜别克（乌兹别克）、蒙古、塔塔尔（鞑靼）等民族与中亚和其他周边国家跨国或跨界而居。其广泛散布，构成我国地缘关系的突出特点。跨界民族与中亚—南亚等周边国家的同源民族语言文字相通，风俗习惯相近，宗教信仰相同，具有源远流长的历史和人文关系。跨界民族地方多为资源富集区，往往涉及国家经济命脉的战略资源走向。故此，跨界民族与国家领土、主权安全息息相关。跨界民族的利益与边疆的巩固和发展密不可分。历史证明，我国西部跨界民族是稳边、固边的重要力量。

第一节 民族政治学与历史地理学视角：考量与定位

每个民族都有自己的社会政治生活和政治属性；诸如其成员的领土认同感情和国家归属意识均属民族存在的客观政治因素。关于"民族"之定位不仅应从民族学的视域考量，还应从政治学范畴结合起来认识。对于"跨界民族"也是一样。民族学、政治学两个学科层面既有区别，也有统一，相辅相成。民族政治学正是立足于政治现象与族群单位之间关系的研究。民族是稳定而不断发展的人们共同体，是历史的产物，有不同的发展层次。因此，"民族"一词的概念也就具有了不同层级内容的含义。广义指多民族国家内所有民族之总和，即"国家民族"，简称"国族"，亦为"公民性民族"。就狭义言，民族一词还含有"文化民族"之意，系指历史上形成的使用共同语言，居住在共同地域，拥有共同祖先，具有共同经济生活以及表现于共同文化特点的共同心理素质的人群集合，即社会发展高于部落和部落联盟的具体民族。

关于"国家民族"的诠释可追溯到第一次世界大战前后西方民族学和历史学的著述之中。我国著名的民族学、社会学、历史学家马长寿先生总结了国外学者的论点，将"国家民族"界定为："国家是一个纯政治的概念，它包含有国土、国民和主权三种要素。国族则专指国家内集体的人民。"马长寿先生阐明："一个国族内可以包括几个种族，如不列颠帝国国族之内有高加索类种的盎格鲁撒克逊人、苏格兰人、印度人；有蒙古类种的缅甸人；尼格罗类种的班图人等。同时，一国族内亦可分为许多民族，如中国国族可分为蒙古民族、突厥民族、通古斯民族、汉族、藏缅族、苗瑶族与掸族等。总之，国族乃表示政治统一下文化的或种族的群体，由此群体所产生的心理团结思想为国族主义。"① 概言之，国族即指国家内多元"文化民族"人民之整体而言。"中华民族"就具这一层面的意义。

从"文化民族"层面讲，在我国边疆地区，一些民族与周边国家的某些国民具有共同的历史渊源，存在语言文化共性，保持同源民族认同；相互之间由于历史、文化、语言、习俗方面千丝万缕的联系而存在亲缘感情、民族感情等自然的心理反应。跨居我国西北与俄罗斯、蒙古国，以及中亚、南亚等国家毗邻的蒙古族、藏族、哈萨克、维吾尔、柯尔克孜（吉尔吉斯）、回族（东干）、俄罗斯、塔吉克等人民应为各自同源"文化民族"。早在 20 世纪初，德国历史学家弗里德李希·梅涅克就曾概括："文化民族由具有共同宗教、语言和传统习俗的成员组成。国家民族或公民性民族则是建立在共同的政治历史命运的坚实基础之上。"②

从民族政治学范畴去理解，一个民族的历史与祖国的历史有着不解之缘。同一民族分布在不同的国家，政治上区别为不同国家的同一民族，这是一个重要的界限。无论历史还是今天，我国都是多民族聚居、多宗教共存、多元文化荟萃的统一国家。我国境内的跨界民族在兴起、形成和发展的历史长河中与众多的其他民族交流融合，用自己辛勤的劳动创造了本民族的历史文化，对伟大祖国的缔造有着重要贡献，是我国历史悠久的主要

---

① 中国社会学社编辑：《社会学刊》第 6 卷合刊，正中书局 1948 年版，第 20—30 页。《纪念马长寿先生诞辰 100 周年暨中国民族学百年回顾与展望学术研讨会纪念文集》，西安陕西师范大学西北民族研究中心，2006 年 9 月，第 4 页。
② 瓦基穆·马尔金：《民族之类型》，《新闻公报》（俄文版），圣彼得堡，2006 年 9 月 25日，第二版。

少数民族。他们的历史文化是中华民族整体文化的重要组成部分。现今生活在周边国家的一些人民与我国境内同源民族由于政治疆界的分隔跨国而居。这些人民在历史发展过程中大都与中国有渊源关系。

从历史地理学角度审视，我国与邻国跨界民族的形成具有复杂的历史因缘，与疆域的沿革直接相关。除了国际关系的演变，地缘政治格局的变化，民族的迁徙，以及边疆地区社会矛盾的发展等情况的相互叠加形成综合成因外，有清以来，特别是 19 世纪中叶以后，列强觊觎，推行侵地殖民的对华边疆政策，强加一系列不平等条约，遂使我国疆域变迁，领土日蹙，边界屡易，各族边民迭经兵燹，饱受忧患，也是重要之原因。原为我国西北民族的部分哈萨克、柯尔克孜、维吾尔、回等人民则是由于沙皇俄国的入侵及不平等分界条约规定，"人随地归""随地归牧"造成原本统一的民族被人为肢解。曾经籍属我国的众多同胞也随被割占的疆土，离开了祖国，离开了本民族的主体，被迫分隔在不同国度的沿边地带。现今居住在哈萨克斯坦阿拉木图州贾尔肯特①市的维吾尔人和东干人，主要是因不平等"中俄伊犁条约"的签订，于 1882 年至 1884 年而落居俄属中亚的我国伊宁维吾尔族和回族人民的后裔。在邻国俄罗斯和中亚国家称当地维吾尔人和东干人为"离散族群"（Диаспора）。离散族群系指特定文化民族的一部分，特征为远离本民族主体部分，散居在历史祖国以外，并已在居住国形成一个具有一定人口规模，且聚居地域稳固的少数民族群体。其生存和发展受所在国法律、社会文化环境约束和支配。这一专门术语从另一角度折射出中亚维吾尔人和东干人等族群独特的文化背景，及其与原生国—中国的历史联系。

藏族是我国西南边疆最大的跨界民族。其中一部分因各种缘由迁居他国，但也有一个近 10 万人的特殊群体跨居中印两国。他们是美、英、印、日等国长期觊觎中华版图，策动"西藏独立"，以及 1959 年西藏达赖集团叛乱期间被胁迫流落印度的藏民。我国历史文化悠久的门巴族聚居在我国西藏自治区东南部的门隅地区。早在 13 世纪门隅就作为西藏的一部分纳入中国版图。自 18 世纪中叶起英国势力不断侵犯中国西南边疆。1913 年 10 月至 1914 年 7 月英国在印度西姆拉召开会议，炮制了"麦克马洪

①　贾尔肯特，原为中国伊犁辖地。1942 年之前写作 Джаркент。1942—1991 年改称 Панфилов。哈萨克斯坦独立后恢复旧称，写为（Жаркент）。该城与中国有边界线 37 公里。

线"，旨在将门隅、珞瑜和察隅等 9 万平方公里的中国疆域划归英属印度。最终印度侵占了我国西藏地区大片疆土，造成我国门巴族与今生活在印度的同源族群跨界而居。

随着我国疆域的动态变化和疆土收缩，由于这样或那样的原因，一些离开故土、脱离民族母体的族裔群体或成为某一主权民族国家的"世居民族"，或被结合进周边的这个或那个国家，逐渐融入接纳地的政治、经济和社会生活，并为所在国予以政治承认，在其民族国家格局中作为一个族体单位而客观存在。原本同一民族虽然由于长久分离，散居诸国会产生语言、文化等方面的差异，但是他们在历史中积淀的质层、文化传统、生活方式、道德习尚等方面依旧以鲜活的生命力保持着与同源而不同国籍之族群之间割不断的密切关系。

第二节　我国跨界民族居住区：祖国统一格局的重要地理单元

跨界民族的地理分布基本连成一片，因国界划分使同一民族在相邻的两国或几国沿边跨居，而具有不同国籍。由于源远流长的历史之因，我国跨界民族均分布并聚居在祖国边疆之地。"边疆"是指一个国家疆域内较为边远而靠近国境的地区和地带。从地理概念讲，边疆地区具有国界线和毗连邻国的地缘特征。从政治层面看，"边疆"在国家版图中又是一个特殊单元，具有"安全战略屏障"和"周边信息传感器"的作用。故此，中国跨界民族居住地既具有国防前沿、边防地带的重要地缘战略意义，又含有人文的内涵，即历史、文化传统属性的内涵，是祖国不可分割的组成部分。

以我国西北边疆为例，从地理形势言，其南踞昆仑山，北屹阿尔泰山，西立帕米尔高原，唯有东向无天然屏障；虽地理区位悬居塞外，远离中原，但向东倾斜的地缘形态，使之通过古老的丝绸之路，经河西走廊接陕西，将辽阔的西陲疆土与祖国内地连成一体，成为通海外之"西域门户"，入内地之"中华咽喉"，世称中西交通之孔道。

人文政治情景总以地缘环境为基础。我国西北边地自古为"华戎所交"之地，是众多民族活动的舞台，各种文化在此荟萃、冲撞、渗透、融合，并向远方传播。根据我国先秦时期的文献记载，中原地区的人们通常把活动在现今甘肃、青海、新疆等我国西部边疆和边远地区的部落或部族称之为"戎"或"西戎"。自周朝即有了"以蕃屏周"①和"疆以周索""疆以戎索"② 等经略边疆，保卫周朝安全的治理思想和经营措施。公元前211年秦朝实现了中国历史上第一次大统一，在全国设郡、县加以统治。汉神爵二年（公元前60年）西汉政府在乌垒（今新疆轮台县境内）设置西域都护府，西域诸国纷纷臣属于汉。至此，天山南北、葱岭（帕米尔高原）东西、巴尔喀什湖以东以南的广袤地域正式列入汉朝版图。隋唐王朝开疆拓土，继续扩大中原与边疆少数民族地区的联系，实现了"华戎同轨"。在唐代古籍文献中"胡汉一家""虽云华夷，欢若一家"③的思想开卷可见。唐王朝于贞观十四年（640年）和武周长安二年（702年）在西域设立安西、北庭两大都护府管理西域行政事务并统辖西域驻军，史称"蕃汉之兵"。清代有识之士以为"新疆之得失关系中国西北塞防之安危"，为此提出新疆久安之策"郡县以民为本"，"建省立长治之基"④。追溯中国边疆经略史，可见边疆在国家地缘政治结构中具有的重要地位与作用。边疆地区虽然远离腹心，但却起着边缘地带拱卫核心地区，对大一统国家的巩固和发展起了至关重要的作用。正是这种地缘形势使得几千年来，无论外部势力如何干预，都无法动摇和分裂边疆同祖国的政治统一性与地域一体性。我国边疆跨界民族聚居地隶属多民族统一国家格局不仅拥有历史继承性，而且具有现实延续性，并在时代的进程中不断巩固和发展。

在讨论这个问题时，我们必须关注当前世界范围出现的跨界民族"脱离国家疆域的政治认同"对"具有国家主权和国家控制力的疆域"⑤完整构成的严峻挑战。随着诸多民族国家的分裂与重新组合，"跨国民族

①　《春秋左传正义》卷四五（昭公九年至十二年），《十三经注疏》整理本，《春秋左传注疏》，北京大学出版社2000年版，第1460页。

②　《春秋左传正义》卷五四（定公元年至四年），《十三经注疏》整理本，《春秋左传注疏》，北京大学出版社2000年版，第1783—1784页。《左传·定公司年》。周索即周法。戎索即当地戎狄诸族习惯法。

③　（清）董洁等：《全唐文》卷八〇，《议立回鹘可汗诏》。

④　曾问吾：《中国经营西域史》，上海书店1936年版，第353页。

⑤　Arjun Apaadurai：《没有疆域的主权：后民族地理笔记》，密歇根大学出版社1996年版，第16页。

也就成为了爱国主义危机出现的最重要的社会场合"①。这种被称为"跨国主义"或"非疆域化"的"民族景观"试图以超国家的政治形式，把跨居不同国度的同源族群及其居住地与原本统一国家疆域相分离，而重新整合，定位于一个新的同质性民族国家认同。其结果不断扩散加剧，不仅影响数个相关民族国家的关系，而且关涉其疆域的缺失与政治利益的损害。

第三节　跨界民族关系：我国民族关系范畴的重要组成部分

　　民族关系是多民族国家或多民族社会中不同民族在相互交往过程中发生的政治、经济、文化和社会生活等各方面的关系。民族关系是一个综合指数，有不同的表现形式，受国家政治、经济、文化和社会发展状况的影响，也受民族历史、地理环境、传统文化和民族心理的制约，更与政府民族政策取向密切相关。民族关系是一个极其复杂的问题。影响民族关系的要素既有显性缘由，也有隐性因子，但从根本上说是民族之间的利益关系。跨界民族关系是我国民族关系范畴的重要组成部分。其作用不仅对国内政治稳定，而且对国际地缘关系有着十分广泛的影响。我国的跨界民族关系主要呈现三个层面，首先是跨界民族与国家的关系，其次为国内跨界民族与其他民族的关系，再次是国内跨界民族与周边国家同源民族的关系。

　　跨界民族与国家的关系是政治隶属关系。一般来说，跨界民族在保持"文化民族"认同的同时，还具有建立在国家维度的历史和政治认同。跨界人民所属国家不同，国情不同，国民身份认同的水平也不相同。随着苏联解体，我国西北周边地缘政治版图发生了巨大变化。中亚地区出现了诸多以"主体民族"冠名的国家。这些新生的民族国家独立以后，在政治上都致力于推行"主体民族化"。一些国家为了强化"主体民族"的地位，解决"主体民族"人口危机，对周边国家的跨界人民发出了"回归

---

　　①　Arjun Apaadurai：《自由的现代性：全球化的文化维》，明尼苏达大学出版社 1996 年版，第 13 页。

历史祖国"的召唤。与此同时，境内外分裂主义势力也以各种方式加紧进行分裂祖国的活动。在这种错综复杂的情况下，我国跨界民族群众的政治归属感和国民身份认同的心理认知过程面临多重挑战。

　　然而，有必要点明的是，近年来，随着相关各国跨界人民在中亚民族国家的落居，许多社会现实问题日益尖锐。对于那些来自不同国度"回归故乡"的跨界民族成员来说，在"主体民族"冠名国家，虽然其族属地位提高，但是作为外来的人，他们并不受欢迎，被迁入地的原住民视为"外国人"（Иностранцы）"无国籍者"（Лица без гражданства），或被贬称为"回归者"Оралман①。其中绝大多数面临着许多利益问题和实际困难。

　　"一、在国家公务系统领导层没有他们任职；二、在国家上议院、下议院和人民全体大会（Ассамблей народа）无'回归者'代表；三、国家提供给'回归者'的安置费不足以支付建房等，进而导致贫困化；四、加入迁居国国籍程序烦琐，获准时间冗长；五、落居农业区的'回归者'不享受农耕土地的股份；六、因来自各国的'回归者'在原居住国本民族语文的书写不同，造成'回归者'子女入学困难，比如在中国哈萨克族语文用阿拉伯字母书写，在俄罗斯哈萨克语文以西里尔字母书写，在土耳其、乌兹别克斯坦和土库曼斯坦，哈萨克语改以拉丁字母拼写；七、'回归者'升入高校的比率限额为2%。"② 对于跨界民族成员中一些移出者和有意移出者而言，这些情况与在原居住国的社会环境相比较，如果在原居国享受的政策更优惠，生活条件更适宜，就会使之产生巨大的心理落差。在边界对面以主体民族冠名的国家，虽然同源族群的地位提升，但并不意味着作为"回归者"的他们能以享有同样的待遇，强烈的心理反应使其"同源民族、不同国民"的意识更为鲜明。近十年，中亚及其周边"回归故乡"移民浪潮的逐渐平息，移出者回流人数的不断提升足以说明。

　　在我国，跨界民族与国内其他民族的关系是统一国家内部各民族和而不同、彼此交融、共同发展、共同富裕、平等、团结、互助、和谐的社会主义民族关系。需要阐明的是，只要有民族存在就有民族问题存在。随着

---

　　① 哈萨克斯坦共和国文化和信息部：《各民族移民在哈萨克斯坦人口构成中的作用》，阿拉木图，2008年版，第92页。
　　② 同上书，第136页。

我国社会改革的不断深入，跨界民族居住地方正处在社会转型的过程之中，由此产生的许多社会问题带来了民族关系的动态变化。影响我国跨界民族与其他民族关系的因素十分复杂。从宏观层面来说，主要表现为三个方面。从民族性的角度考察，每个民族都具有不同于其他民族的文化传统、生活方式和心理素质等诸多方面的特殊性。20 世纪 80 年代以后，以"民族优越性和排他性思想"为基础，并"与一定领土范围紧密联系"，根据单一"民族原理决定国家范围"①的狭隘民族主义或极端民族主义在世界范围迅速膨胀。一些缺乏客观性，着力强调"民族性"的偏激"理论"和主张被偷换成"民族感情"以后，在强化"民族意识"的基础上，具有了极高的政治利用价值，给许多国家的民族关系和领土完整蒙上了阴影；同时也对我国边疆民族地区的社会稳定和经济发展埋下了隐患，致使我国的跨界民族关系出现了一些新情况。从地缘关系的层面看，由于历史地理因素，我国跨界民族在文化传统、宗教信仰、风俗习惯等方面与当地其他民族和内地居民有较大差异，和周边国家同源族群却有许多相近之处。这种特殊性在一定条件作用下，容易产生不同国家跨界民族之间的聚合力，及其对相关国家的离心力。从社会矛盾方面讲，社会转型阶段，利益关系复杂化、各种矛盾相交织，人们思想异常活跃，社会问题不断产生；边疆与中心地区发展的不平衡，人们生活水平的差距等都是造成民族关系疏远的原因。近一段时间，我国西部边疆地区发生了一些突发事件。各民族兄弟关系受到挑战，民族之间感情的弥合与恢复需要实事求是的正视和积极努力的促进。

周恩来总理曾经说过："民族团结不是靠一两个突击工作就能够做好的，而是要做长期的工作，要各方面打破界限才能够团结。"②保持民族关系融洽需要强调各民族在统一的政治共同体中长期形成的共同性和共同利益。维护民族关系和睦的根本还在于不断通过政策制度的调适以保障各民族的合理权益。正确疏导，化解矛盾，寻求妥善解决影响跨界民族关系的生活保障、福利待遇等民生问题，保持跨界民族与其他民族之间关系的动态平衡。在社会生活中，民族沟通是建构民族关系和谐的基础，思想的

---

① 《苏联百科词典》，中国大百科全书出版社 1986 年版，第 922 页。
② 周恩来：《为建设革命的新新疆而努力奋斗》（一九六五年七月六日），中共中央文献研究室、中共新疆维吾尔自治区委员会编：《新疆工作文献选编（一九四九——二〇一〇年）》，中央文献出版社 2010 年版，第 104 页。

沟通、心灵的沟通、情感的沟通是根本途径，语言的沟通则是民族沟通的重要工具。语言不通是民族之间交往、交流、交融的障碍，很难达到民族之间心理上的互通和利益诉求的彼此理解。在我国跨界民族居住地方，不仅要提倡加强国家通用语言的教育，而且更要倡导民族语言的互相学习，汉族学习少数民族语言亟待重视。民族沟通的核心是国内各民族共同利益的认同。因此，以客观史实性概念诠释中国 56 个民族"从分散的多元结合成一体①"的历史发展过程，构建"中华民族多元一体"的话语体系，并在此政治共识的基础上，使跨界民族群众达成自觉"和合"意识，乃是民族工作的重要内容。

第四节　我国跨界民族居住地方具有丰富的国家认同资源

多民族国家在政治上能否团结统一，根本上取决于各民族人民是否具有国家认同意识。国家认同是个体能动者对祖国历史、国家疆域、本国语言文化和经济生活等诸多方面强烈的国家公民身份属性的确认，及其祖国归属的自觉认知。国家认同是以一定的价值目标体系为基础，所蕴含的价值取向在于：祖国统一、领土完整是国家公民意识的核心；主权国家利益是公民崇高使命；效忠祖国是公民道德观念的基准；在国家法律刚性约束、维护和保障下行使义务和权利是公民行为的原则；各民族共生共荣是公民信念。国家认同的这些价值要素将通过人们的心灵活动，唤醒其作为国家公民的主体意识，并内化为一种强烈的精神追求和情感力量，引导不同民族国民的价值判断、思维方式和行为选择；影响他们的信仰理念、心理状态和社会活动。中华人民共和国的国家认同具体体现为中国人抑或中国公民的自我身份认同。其认同的实质是凝聚起强大的民族力量，建立起广泛牢固的社会整合力，并在此基础上形成社会和谐和国家统一。国家认同构建包括三个层面：中华民族认同、国家利益认同和国家信仰认同。中华民族认同即是对"'中国人'是一个不断融合、扩展的多元民族集合

①　江平、黄铸：《构建中国民族理论的学术话语体系》，《新华文摘》2008 年第 8 期，第 13 页。

体"① 的认同，是我国 56 个民族在政治上的总体认同。这种整体认同意识是经过几千年的历史发展而形成。"诸地为一国"，"诸族为一人"，"成一中华民族"。国家利益认同即维护国家的主权、生存、发展和安全是我国各族人民最根本的整体利益。国家信仰即作为一个多民族国家具有的"全民共识（信仰）"，诸如"和谐发展"是这个时代全国人民的民族心理与愿望，体现了国人的共同意志与理想。"国家信仰与公民的个人信仰，包括自由的宗教信仰可以重合但并不矛盾。"② 中华民族的大认同，国家认同观的构建正是建立在这种一致性的基础之上。

我国边疆民族地区有着丰富的国家认同资源。千百年来，各民族中国人相互依存、休戚与共，结成了牢不可破的血肉纽带和兄弟情谊，共同抵御外敌入侵，捍卫祖国的主权和统一，维护民族间的团结联合，共同推动了国家发展和社会进步，构成我国民族关系历史长河的主流。

纵览史卷，我国跨界民族人民卫国土、保家园、抗外敌的英雄事迹历历再现。19 世纪后半叶，沙皇俄国频频出兵侵犯我国伊犁。1871 年 5 月 13 日，科特缅村（今新疆霍尔果斯县域内）的维吾尔、回、哈萨克、蒙古和汉等民族村民为捍卫国家主权，抗击外敌入侵，与沙俄骑兵展开了五个小时的白刃战，约 500 人壮烈捐躯。正是由于具有强烈的国家意识，我国各族边民遇异国入侵之时，才能融为一体，毫无歧见，一次又一次粉碎了外敌入侵中国的图谋。1881 年沙俄逼签《中俄伊犁条约》，殖民我国边疆人口，强迫我国边民加入俄籍。我国伊犁边民采取各种方式进行反抗，宁死不肯离开故土。其壮举令俄人十分震惊："维吾尔人，甚至在自己强盛的辉煌时代也承认是中国的属民。吉尔吉斯人（此处指哈萨克③）也是一样拒绝加入俄籍。那时，俄国没有任何可能征服他们，并使他们完全臣服于己。"④ 1888 年 3 月 20 日，英国侵略军遣 500 人出兵我国西藏。驻守在边卡隆吐山的我国西藏地方少数藏军，以十分落后的火绳炮、弓箭、大刀、投石器等武器奋力抗击英军进攻，在中国民族史上以"西藏军民第

---

① 计秋枫：《"大一统"：概念、范围及其历史影响》，《光明日报》2008 年 4 月 27 日。

② 刘澎：《普世社会科学文选》，普世社会科学研究所 2009 年版，第 25 页。

③ 十月革命之前俄国境内的哈萨克人被称为吉尔吉斯人或吉尔吉斯—凯萨克及哈萨克—吉尔吉斯人。

④ 伊·费·巴布科夫：《我在西伯利亚服务回忆录》上册，商务印书馆 1973 年版，第 46—47 页。

一次抗击英国侵略军的斗争"著称。大量史实表明，我国跨界民族地区人民的国家认同意识是经过长久历史发展凝聚而成的，是身份认同意识中的最高层次；不仅反映了边缘地带对保障国家有机体完整的重要地位和边际效应，也印证了我国缘边各族人民在缔造捍卫统一多民族祖国历史进程中的参与程度和杰出贡献；体现了中华民族多元一体，伟大祖国完整统一是我国各族人民最根本的整体利益。

如果我们对长久以来分裂主义势力在边疆地区散播的一些政治思潮进行分类，可以列举出一些唯心的国家观与极端的民族观交织在一起而衍生出的"一族一国论"、"构筑同质民族国家论"、"单一民族至上论"，并由此引申的"西藏、'东突'独立论"等等都是被用作干扰、疏离和分化国家认同建构的"理论基础"，并试图以此为工具制造国家与边疆、国家与民族之间的二元分裂，乃至民族与民族之间的多元分裂。新疆、西藏发生的问题，表征看似社会稳定问题，其实质是国家统一还是分裂的问题。境内外分裂主义势力之所以总是以边疆跨界民族地区及其特有的人文特点作为主要目标，就在于边疆地带与周边国家政治、经济和文化联系的地缘开放性和互动性。也正是因为我国边疆民族地区具有丰富的国家认同资源，进而起到维护祖国统一、领土完整的奠基作用。

第五节　历史：中国与藩属国协和关系，当今："和谐周边"之构建

我国与邻国跨界民族的形成与历史上中国藩属关系的缔结有一定的联系。回眸历史，历代中央王朝与周边国家宗藩关系的建立是我国古代地缘战略思想的体现。藩属国制度是古代中国大一统封建王朝对周边国家宣扬国威的主要外交手段。藩属国均为弱小之国，主要有分封和臣服两类。藩属国为求庇护归附中国，遣使朝贡往来不断，这是历史地缘政治格局中小国追求大国保护的本能反应。中央王朝多以"王者不治夷狄，来者不拒，去者不追"的原则，不干涉藩属国内政；以怀柔而替武道，以播朝阙之恩德，以纳四夷之归心，但求边防之稳固。中央王朝与藩属国关系并非平等，而为宗藩。这种宗藩模式建构的松散保护关系取决于地缘政治因素，是双边或多边维护国家利益安全的一种有效方法。"慎其四境，结其四

援"，结好邻国，作我屏藩，与我和平，乃历代中央王朝之深谋远虑。春秋之际的"古者天子，守在四夷"①；汉唐时期的"北防、西通、南融"；有明之时，洪武三年，遣使持诏，谕诸藩曰："自古为天下主者，视天地所覆载，日月所照临，若远若近，生人之类无不欲其安土而乐生。然必中国治安，而后四方外国来附。"② 有清一代乾隆之"天下共主，中外一视"③，雍正之"天下一统，华夷一家"④ 等地缘战略思想是以"天朝上国"风范，出于与周边民族国家睦邻友好而提出的。诚然，我们亦不否认，中国古代的统治者也有陶醉于东征西伐的胜利之中。但是，"四夷宾服，协和万邦"是中国古代地缘战略思想的主流，源于"天下一体"的观念。

反观之，中国与周边国家宗藩关系的终止，总有强权势力出于政治和侵略目的而插手。自 1824 年起英国不断入侵缅甸，至 1886 年 1 月 1 日英国完成对缅甸吞半。19 世纪 40—50 年代，法国武装侵略安南（越南）；1874 年 6 月，法国强迫越南签订了第二次越法《顺化条约》，确立了法国对越南的殖民统治。1855 年清朝藩属暹罗（今泰国）沦为英国殖民地。1860 年英国派军入侵锡金，1864 年出兵不丹，将锡金、不丹置于其殖民统治之下。1876 年沙俄兼并浩罕。1878 年英占领阿富汗。1879 年琉球为日本吞并。1891 年，英略据清朝属国坎巨提。1893 年，南掌（老挝）沦为法国的殖民地。由于西方列强的侵略和争夺，使我周边出现危机，尽管清王朝曾为"保护属邦，固守边疆"，派兵与列强交战，但终因朝廷黑暗、疆臣腐败、边防空虚，导致"藩失围危"之果。

中国的藩属国制度与西方列强的殖民体制截然不同。中央王朝对待藩属国的政策是因时变通，既有原则性，也有灵活性。有时从"守在四夷"出发，把本国疆土某一地段让予属国，给列强以可乘之机，以致国土流失。⑤ 追溯渊源，哈萨克、布鲁特等都是中国的古老民族，与中原地区有

---

① 《春秋左传正义》卷四八（昭公二十三年），《十三经注疏》整理本，《春秋左传注疏》，第 1656 页。

② 北京大学南亚研究编：《中国载籍中南亚史料汇编（下）》，上海古籍出版社 1994 年版，第 928 页。

③ 《清高宗实录》卷六七八，乾隆二十八年正月己巳。

④ 《清世宗实录》卷八六，雍正七年九月癸未。

⑤ 张宏年：《清代藩属观念的变化与中国疆土的变迁》，《清史研究》2006 年第 4 期，第 17 页。

着密切的往来。但自 17 世纪中叶起，外国侵略者入侵中国边疆，蚕食中国领土，而由于清朝在西北界务问题上的失误，将之划出界外，实行"抚驭外藩，宽以济猛"的藩属国政策。随着伊塞克湖、塔拉斯河等地的界出，我国哈萨克、柯尔克孜等族部分人民落籍中亚，以形成今日跨居中国与中亚国家之同源跨界民族。西南边界，也由于英、法列强入侵，清朝政府"保藩固圉"边防政策受挫，一系列不平等条约的签订，将我国云南大片领土划归法属越南、老挝或英属缅甸，形成我国傣、景颇、傈僳等民族与周边国家同源族群的跨界而居。中国统治者对藩属国与藩部向有强烈和明确的界限意识。与中央王朝建立了宗藩关系的周边国家，诸如缅甸、不丹、尼泊尔、安南、暹罗、浩罕等藩属国被视为"外藩"，采取的政策是"岛屿、沙洲，亦必画界为疆，各有专属"①。而对待国内边疆民族地区西藏、新疆、内外蒙古等藩属则以为"内藩"，立场是"祖宗所有疆宇，不敢少亏尺寸"。总体原则是"既不无理强取他国之寸土，亦决不无故轻让我寸土于人"②。

　　地缘特征决定外交政策。"和"为我国地缘战略思想之要，影响了历朝历代的外交政策实践。时至今日，中国提出"和谐世界"的外交思想乃是中华民族"和为贵"的自然传承。"和谐世界"是以"和谐周边"为地缘依托，而向纵深发展。我国提出的"与邻为善，以邻为伴"的周边外交方针则是具体体现。我国与周边国家大都是历史上曾经饱受欺凌的国家和发展中国家。虽然彼此之间山水相连，一些人民族源相同，但是各国历史不同，环境有别，国情各异。中国始终坚持相互尊重、平等相待的态度，一贯奉行和平共处五项基本原则。20 世纪 90 年代，我国的地缘安全战略进行了重大调整，走和平发展的道路，倡导互信、互利、平等、协作的新型安全观。首先，中国在"和平发展"理念的引导下，通过谈判逐一解决了历史遗留的边界问题，增进了与周边国家之间的彼此友好和信任。再者，面对传统的安全威胁和日益突出的非传统安全问题，坚持积极的防御性国防政策，不断加强国际合作。"上海合作组织"机制的形成和发展即是我国与邻国在地缘战略航路上谋求合作，维护世界和平与地区稳定做出的重大抉择。

---

　　①　《清宣宗实录》卷三一八，第 16 页下。
　　②　中国第一历史档案馆编：《清代中俄关系档案史料选编》，中华书局 1981 年版，第 1 编下册，第 501 页。

　　在国际关系的变动中，在与周边国家的交往中，理性认识跨界民族问题，与邻边国家在政治上协调沟通；利用跨界民族地区特色，与邻边国家在经济上合作互利；发挥跨界民族亲缘关系，与邻边国家在文化上交流借鉴；依托跨界民族区位优势，与邻边国家在安全上对话协作。将历史渊源、地缘关系、族群共源、文化共性等因素，作为加强双边或多边关系的有益条件，争取周边国家和民众对我国维护国家统一和地缘安全的理解与支持；推动"和谐周边"建设，改善地缘环境，以保障我国与周边国家跨界民族长久的平跨居。在与周边国家合作互补、共容性发展中福泽于民，把我国边境地区建设成各族人民繁荣、富裕、和谐、美好的家园。综上所述是我们在构建新型周边关系实践中的重要内容。

第六节　跨界民族居住地方稳定的基础是经济

　　邓小平指出"解决民族问题的基础是经济"。"现阶段，我国的民族问题，比较集中地表现在少数民族和民族地区迫切要求加快经济文化发展。"[1] 由于地理区位、社会历史和管理体制等诸多原因，跨界民族聚居地方表现出强烈的边缘性和艰苦性特征，面临着一些突出的困难和问题。很多地方生产生活条件艰苦，基础公共设施落后，交通运输制约严重，经济结构性矛盾突出，社会事业发展滞后，生态环境脆弱，自我发展能力不强，人均收入偏低。"一方水土，难养一方人"的情况虽然有改善，但部分群众生活仍然比较困难。人民日益增长的物质文化需要同落后的社会生产之间的矛盾构成社会的主要矛盾。社会分化、社会失调是社会不稳定因素增加的主要原因。利益追求是人们正常的心理反应。我国跨界民族地方的干部群众，特别是农牧民既肩负着生产建设的任务，又承担着守边固边的责任。加快跨界民族地方的发展，尽快改变当地人民的贫困面貌，解决他们最直接、最关心、最现实的利益问题，缩小边内差距和城乡差距是边疆稳定、边防巩固的首要。

　　我国跨界民族居住地方既有对外开放的地缘经济优势，也有与周边国

---

　　① 中共中央文献研究室、中共新疆维吾尔自治区委员会编：《新疆工作文献选编（一九四九——二〇一〇年）》，中央文献出版社 2010 年版，第 354、679 页。

家合作交流的地缘文化优势，存在着兴边、富民、安邦、睦邻的巨大潜力。国界两边同源民族共有的语言优势、文化共性、亲缘关系构成双方开展边境贸易的人文特点之一。彼此之间在心理上形成的历史联系将产生"特殊效应"，发挥其他方式所不可替代的作用。无论从地缘政治，还是地缘经济和地缘文化的角度客观分析，这一特点已成为我国对外开放、实现睦邻互信和友好合作的一个重要因素。随着西部大开发战略的实施和沿边开放政策的深化，我国跨界民族地方与周边国家经济文化交流的规模逐渐扩大，合作领域不断拓宽，多种形式的贸易空前活跃。跨界民族因素在我国和周边国家的经济贸易合作中发挥着重要的作用。

我国跨界民族地方资源丰富。新中国成立以后，特别是改革开放以来，为开发边疆民族地区的丰富资源，发展当地经济，国家和民族自治地方投入巨大，兴办了一批能源、交通等基础设施和不少门类的工矿企业及其他事业，这对改变当地面貌和促进少数民族地区的发展起了巨大的推动作用。然而能否正确处理边疆民族地区资源开发与生态保护、利用的关系，并将其与当地边民生活密切结合，直接惠及各族群众，让他们充分享受资源开发带来的实惠利益，这是社会和谐、民族团结、边疆稳定的基础和纽带。

新疆是我国跨界民族集中的地区。2010 年 5 月中央政府召开了新疆工作座谈会，国家加强了对口支援新疆的力度，建立了直接对口到县市（兵团师团场）的援助机制。许多项目和资金针对性地标向跨界民族居住地方，对当地的社会经济发展注入了强大的动力。然而欲求长远发展必须使对口支援与当地自我发展相互结合。支援省市须将当地资源优势转化为经济优势和市场优势，准确把握受援地方各族人民的不同需求及其制约因素，为他们开辟致富之路。受援地方则通过相应的调节策略，充分调动当地人民的自身能动性和创造性，摒弃"等、靠、要"思想，借国家为边疆民族地区发展"输血"之机，提高自身"造血功能"，加快发展。双向结合，相辅相成，才能达到实现政策安排、制度设计与跨界人民群众意愿的真正吻合，边疆发展、民生建设工程才能真正奏效。

第七节　跨界民族、跨国宗教因素的
特定关系与被利用

　　民族问题与宗教问题历来密切相关。每一种宗教信仰都与相应的民族有关。目前我国信教群众有 1 亿多人，主要分布在边疆民族地区，及至跨界民族地区。在地缘关系方面，与我国接壤的国家都是多民族多宗教。彼此之间有些跨界民族几乎全民信教。以宗教象征服务于极端民族主义，导致不同民族和不同宗教信仰的人民之间的矛盾冲突，是危及世界和平，也是我国周边动荡带凸显的一个新的突出特点。随着一些以民族命名的邻国"主体民族化"趋势的加强，族群边界意识迅速增长。民族传统文化的复兴为宗教的发展创造了条件。宗教与民族历史文化的相互交融，使得宗教问题成为民族关系中极为敏感的因素。利用民族与宗教的特定关系，将带有宗教色彩的极端意识灌输到民族意识之中，有意强化民族的宗教性和宗教的民族性，成为狭隘排他性的民族主义的行为路径和用作引发民族分裂与政权剧变的催化剂。

　　受周边影响，跨界民族因素与跨国宗教因素交织在一起，其所表现出的民族性、群众性、国际性、复杂性和长期性等特点，程度不同地辐射到我国跨界民族聚居地方。20 世纪 90 年代以后，随着世界政治格局的演变，国际反华势力利用跨界民族和跨国宗教因素，以"人权""民主"为幌子，试图控制我国边疆民族地区，制定了干预我国民族事务和宗教事务，争夺文化阵地和青少年的"计划"。在我国西部边陲，"东突"分裂主义势力以民俗活动形式的多样性和民间化，利用人民群众朴素的民族感情和宗教情结，宣传超民族、超地域的"民族共同体"和"宗教至上论"，试图将新疆从中国的版图上分裂出去。境外"达赖集团"也是当前危害边疆少数民族地区社会稳定和国家安全的最大隐患。"达赖集团"除了与"台独""东突"结成政治上的共谋关系外，还借用宗教作为"联系的纽带"在西部边疆地区挑起事端。一些国际反华组织瞄准边境民族地区和贫困地区，利用那里文化相对滞后、经济发展较为缓慢、学龄儿童和少年失学现象以及青少年政治上单纯无知、极易受到引诱而误入歧途等弱点，歪曲宗教的本真，利用传播媒体、出版物、音像制品、互联网的便捷性、普及性和渗透辐射力，向受众者灌输民族分裂思想，在青少年中具有极大的欺骗性、蒙蔽性。

我国跨界民族地区因其边远性特征，多为经济欠发达地区。边远性与贫困性相叠加，在外源因素的刺激下易发社情问题。特别是在国家级和自治地方级的贫困县，由于就业、上学、医疗等困难直接涉及跨界民族群众的切身利益，使他们产生失落感。人们会因生活贫困、文化生活落后、物质条件无法满足心理夙愿，便祈求自然力量——宗教来满足自己的愿望和精神需求。这样一来，一些极端主义组织往往会借用民族的外衣和宗教的旗帜，去迎合人们改变现状的要求，甚至引经据典，利用宗教信仰作为"族民"聚合的力量，诱发社会的不安。

内外互动对边疆少数民族地区社会稳定的影响不可避免。鉴于跨界民族和跨国宗教的存在，一国边境出现问题，在国际上会引起连锁反应。一国处理民族问题的态度也会引起国际社会的广泛关注。从这一意义上说，在认识和处理涉及民族宗教事务时，须把正当的宗教信仰和宗教活动，把人们善良的宗教愿望和民族感情，以及特定情况下的某种情绪与利用民族、宗教从事破坏国家利益的违法活动区别开来，保护正常的民族文化和宗教活动，遏制非法宗教活动，严厉打击借重民族、宗教因素进行分裂和恐怖的活动。正确引导宗教与社会主义社会相适应是维护边疆少数民族地区稳定的重要内容。引导得当可使宗教成为有利于社会安宁、民族和睦的积极因素。处理不当，一般的民族宗教问题也可能发生转化。因此，在理论和政策方面，以法律为原则，科学界定和划清不同类型和不同层面问题的界限，利用民族文化和宗教文化资源为边疆的现代化建设服务，提供基础环境和强大动力至关重要。

结　语

跨界民族居住地区与邻国交往具有得天独厚的地缘优势，形成发展跨界民族关系的重要条件。跨界人民散居在不同的多民族国家，会在多元文化元素的碰触中发生文化涵化，即文化接触、文化适应和文化移入。但是由于历史形成的生存环境、观念形态和价值定向等集体记忆和文化符号在心理上的凝结，以及同源民族的感情、文化特征、宗教信仰、地缘联系、历史渊源等因素，使得同源不同国跨界民族间极易产生政治、经济、文化（包括宗教）上的相互影响。在地缘环境和外力作用之下，以上因子会削弱跨界民族成员的国民身份认同，而提升地理维度的政治认同，出现离心外倾。

为求达到跨界民族的向心内附，其核心在于：一、内源发展，安定社会。根据当地条件，根据当地现有的社会文化结构，发展符合各民族边民实际的致富路径，提高生产经营能力，拓宽增收渠道。收入水平、富裕程度和实质利益是稳定民族关系的基石。发展是解决社会问题的总钥匙。反之，贫困作为社会物质和精神生活的综合现象，关乎基本的公民权利，对人们的认同意识无论是在心理反应层面，还是在行为策动因素方面，都会产生深刻的影响和冲击，是一个国家和地区不稳定的主要动因。二、因势利导、民意畅达。"美国人类学之父"法兰兹·鲍亚士①提出，"人类唯一，文明则殊"，应用于中国民族学、边政学，即统一国家，有族群之分，文化模式不能尽同。各民族长期生活在一个共享的政治地理整体之内，是历史的选择。对跨界民族而言，既要尊重其民族文化的发展与传承，又要尊重历史的既定事实和依据，加强国民属性意识的培育，正确引导和把握民族认同与国家认同的关系，使合理限度内的同源民族意识在民族关系与国家关系中发挥积极的作用。跨界民族群众多居住于边徼远极之地，信息相对迟滞。以人为本，在边境地区扩展和丰富反映边民利益诉求的渠道，建立政府与民众直接的互动平台，及时了解准确的社情民意，接收到多元、及时的基层真实民声，提出确实可行的针对性政策，这也是安民固边的关键所在。

由于跨界民族的存在往往会使一个国家内部的族际关系问题溢出国外生成国际性。故此，跨界民族关系直接涉及相邻国家之间政治、经济、文化和领土疆界关系。进入新世纪以来，我国周边地区的形势日趋复杂，民族、宗教冲突以及分裂主义、极端主义和恐怖主义的交集是其动荡的根源；境外反华势力利用跨界民族问题作为缺口，进行分裂中国的活动从来没有停止，对我国边疆产生的辐射和影响不容忽视。从维护国门安全而言，我国跨界民族居住地方既具有发展民族文化丰富的宝贵资源，又面临着正确引导和建设多元和谐文化的艰巨任务；既具有对外开放交流的

---

①　德国裔美国人类学家（Franz Boas，1858 年 7 月 9 日—1942 年 12 月 21 日）。

区位优势，又面临着反渗透、反分裂的严峻挑战。能否正确地处理跨界民族问题，不仅关系到国家内部的社会稳定、经济发展和边防巩固，而且关涉到与周边邻国的关系和地缘安全。有鉴于此，客观评价我国边疆少数民族地区社会稳定与地缘安全关系，在政治上，发展"多元一体"格局下的各民族共同繁荣；在文化上坚持宗教信仰"多元共存模式"；在经济上深化"富民、兴边、固边"战略；在外交上实施"和谐世界""和谐周边"的睦邻政策，有益于我国及邻边国家各族人民的长远利益，更有益于把周边国家和地区凝聚成为一个"合力"的地缘利益共同体，为边疆民族地区的长治久安和跨越式发展，构建和谐的地缘环境，开辟更为广阔的前景。

第四章　中国与中亚：地区安全化矩阵中的极端主义与恐怖主义问题

安全化"是对于某些现象、某一类人或某一实体作为潜在威胁及所应采取应急措施的归类与共识"。其"兼容传统安全和非传统安全，且所指范围更广，也更具包容性的考量（评估）工具"①。"9·11"产件以后，随着宗教政治化和恐怖主义全球化，极端主义与恐怖主义相互交织在中亚迅速发展。近年来，由于中亚地区的毗连国家阿富汗和巴基斯坦衍变为全球恐怖主义活动的中心地带，一些国际性恐怖组织及其制造恶性恐怖事件的手段、形式在中亚及其周边呈跨国性、关联性、模仿性和突发性发展态势，成为困扰相关地区和国家安全化的突出问题。当我们把地缘关系矩阵图中安全化领域出现的一些负面事件联系在一起，对其目的与手段的对应关系，对其原委和后效的因果关系，对各种现象与特征的内在联系进行排列、归纳和分类，中亚地区面临的日益增长的极端主义、恐怖主义和毒品犯罪等威胁和挑战更为清晰地展现在我们面前，要求相关国家应对防御水平不断升级。

第一节　中亚极端主义、恐怖主义类型及其存在性威胁

"极端主义"（俄语：Экстремизм，英语：extremism，法语 extremisme，均源于拉丁文 extremus）是指政治主张偏激，且采用极端手段实施具有政治目的的活动。宗教极端主义即披着宗教面纱，歪曲宗教本真，

---

① 梅利·卡拉贝诺-安东尼、拉尔夫·艾莫斯、阿米塔夫·阿查亚编著：《安全化困境：亚洲的视角》，浙江大学出版社 2010 年版，第 5、17 页。

借助宗教特有的社会凝聚力，以有组织、有目的的极端政治行为，构筑向坚持政教分离国家体制的世俗政府和公民社会挑战，往往与恐怖主义和分裂主义相互交合，危害社会稳定、国家安全、世界和平和人类生存。

从本质上讲，宗教极端主义不具有宗教属性，但却带有宗教色彩，与宗教有密切的联系，是宗教异化的产物。宗教极端主义主要可分为三种类型：意识形态型、暴力恐怖型和民族分裂型。随着国际环境的变化，不同类型的宗教极端主义的活动规律、行为方式和采用手段处于变幻莫测的动态之中，三种类型互为转化呈现常态性。宗教极端主义组织主要有两种表现形式：其一，不从事实质性暴力活动，但坚持自己对宗教经典教义的极端解释，通过意识形态的影响，以政治对抗的形式，蛊惑信徒推翻现行世俗政权。其二，把暴力恐怖手段置于一切行动之首位，以实现政治或社会目标。"9·11"事件以后中亚的宗教极端主义组织大都具有恐怖主义的色彩。

当代恐怖主义区别于一般暴力刑事犯罪，是为了达到政治目标，在本土或跨国实施有组织、有计划、有预谋的恐怖主义行为，袭击目标为平民和公共设施，抑或针对政府、军队、警察、司法等国家机器，制造暴力化、极端化、突发性或骇人听闻的重大伤亡事件。据统计，现今分散在世界各国有案可查非政府恐怖主义组织达1000多个。据不完全统计，按照俄罗斯和中亚国家相关机构的认定，目前在中亚地区活跃的恐怖主义组织大大小小近20个。主要可分为两种类型：宗教极端型恐怖主义和民族分裂型恐怖主义。

宗教极端型恐怖主义打着宗教旗号，却不是宗教组织，利用宗教作为政治资源，煽动宗教情绪的狂热化，进行恐怖主义等暴力活动。这是恐怖主义最强有力与最致命的根源之一。宗教极端型恐怖主义组织最为普遍，制造的恐怖事件比例最高，是中亚地区危害最为严重的恐怖主义类型。目前活跃在中亚地区的"乌兹别克斯坦伊斯兰运动"最具代表性。在此类型中也有一些组织从原有的意识形态极端化向暴力恐怖转型。2001年以后，随着"伊斯兰解放党"（"伊扎布特"）在其刊物《Al－Waie（汉译：意识)》上声明，"进行自杀式炸弹袭击是一个合法的战术或战争"；"讨伐异教徒是圣战的唯一形式"[①]；进而从政治和思想领域的渗透转向极端

---

① 《哈萨克斯坦共和国今日宗教简报》（俄文版），阿斯塔纳，2012年4月9日。

化的暴力恐怖主义。"伊扎布特"与"乌兹别克斯坦伊斯兰运动"虽然没有建立正式的联盟，但是最近它把自己的利益目标与公开鼓吹武装暴力的"乌伊运"联系在了一起。俄罗斯联邦和中亚国家根据其现有行动方式，大都认为带有宗教极端主义色彩的当地"伊扎布特"组织与恐怖主义相关联。2001 年塔吉克斯坦最高法院认定"伊扎布特"为极端主义和恐怖主义组织。2011 年塔吉克斯坦警方逮捕了 200 名恐怖主义和极端主义组织成员，其中包括"伊扎布特"成员。有 4 名"伊扎布特"成员，因从事非法毒品和武器交易被判 20—22 年徒刑。① 2003 年俄罗斯联邦最高法院将"伊扎布特"认定为恐怖主义组织。2012 年 4 月俄罗斯联邦莫斯科市奥斯坦丁区法院对两名来自塔吉克斯坦的"恐怖主义组织'伊扎布特'成员做出的刑事判决产生法律效力"。俄罗斯联邦安全局指控此两名"伊扎布特"成员在莫斯科铁路实施恐怖活动。②

　　民族分裂型恐怖主义是极端民族主义恶性发展的具体表现。唯其本质言，以狭隘偏激的民族认同为基础，以恐怖主义形式为手段，制造多民族国家内族际之间的对立和仇视，追求单一民族的国家独立（或完全自治），破坏统一祖国的领土完整。民族分裂型恐怖主义往往与宗教极端型恐怖主义交织在一起。在中亚地区和中国西北边疆不断制造突发性恐怖事件的"东突厥斯坦伊斯兰运动"是典型的危险源。

　　现今中亚地区有 130 多个民族，居民近 6500 万。据 2009 年和 2010 年中亚各国相继进行的第二次民族人口统计中，相关国家关于国民宗教认同的普查数据反映，哈萨克斯坦 70.19%，吉尔吉斯斯坦 75%，乌兹别克斯坦 88.6%，土库曼斯坦 89%，塔吉克斯坦 90% 以上的居民人口为穆斯林。根据 2011 年 5 月 5 日中国新疆维吾尔自治区统计局公布的第六次人口普查数据，我国新疆总人口 2181.3334 万人，穆斯林人口 1100 万人，占总人口的 51%。特定的人口情势决定了伊斯兰教信仰在中亚和中国新疆具有广泛的民族性和群众性，及其在当地的生存发展和社会作用。

　　相对而言，特殊的人文环境也为披着宗教外衣，采取暴力手段追求一

---

　　①　俄罗斯信息分析通讯社：《在塔吉克斯坦南部逮捕当地"伊扎布特"组织头目》，莫斯科，2012 年 1 月 23 日；俄罗斯信息分析通讯社：《塔吉克斯坦北部 4 人因参与"伊扎布特"活动被判刑》，莫斯科，2011 年 10 月 18 日。

　　②　俄罗斯信息分析通讯社：《外籍雇工承认自己为恐怖分子》Росбалт，莫斯科，2012 年 4 月 28 日。

定政治目标的极端主义提供了施展的背景。主要表现为一些极端主义团伙或组织借以宗教的神圣光环，利用某些宗教派别偏激的信仰体系及其对宗教经典予以绝对化的诠释，为其宗旨服务。这是中亚地区宗教极端型恐怖主义的基本特征。这种对宗教的资源的政治利用，决定了其对普通民众生活具有广泛的影响力。目前在中亚活动的恐怖主义组织中，宗教极端型恐怖主义组织占绝大多数。

中亚国家认定的活跃在中亚地区主要宗教极端型恐怖主义组织。

（以下组织大多为国际社会公认为极端主义组织或恐怖主义组织，但对有些组织的性质尚需进一步研析和界定）

组织名称（序号）	俄文拼写	斯拉夫字母的阿拉伯文转写	活动地区和国家	成立时间
1. 乌兹别克斯坦伊斯兰运动	Исламское движение Узбекистана		哈萨克斯坦、乌兹别克斯坦、吉尔吉斯斯坦、塔吉克斯坦	1988 年
2. 伊斯兰解放党	партия исламского освобождения	Хизбут – Тахрираль – Ислами	同上	1953 年
3. 中亚突厥斯坦伊斯兰运动	Туркестанское Исламское движение Центральной Азии		阿富汗巴达赫尚省、费尔干纳谷地	2002 年
4. 中亚伊斯兰圣战者联盟	Союз исламского джихада Центральной Азии	ДЖамаат Моджахедов	乌兹别克斯坦、巴基斯坦、阿富汗	2002 年

续表

组织名称（序号）	俄文拼写	斯拉夫字母的阿拉伯文转写	活动地区和国家	成立时间
5. 亚洲穆斯林委员会	Комитет мусульманАзии		俄罗斯车臣、中亚国家	2009 年在莫斯科宣布成立分支
6. 伊斯兰发展中心	Центрисламского Развития		吉尔吉斯斯坦奥什市	
7. 阿克拉米亚运动	Акромиды	Акромиды	乌兹别克斯坦、费尔干纳谷地	1995 年脱胎于"伊扎不特"
8. 阿多拉特联合会	Объединение Адолат	Адолат уюшмаси	乌兹别克斯坦纳曼干市	1991 年
9. 穆斯林兄弟会①	Братья – мусульмане	Аль – Ихваналь – Муслимун	中亚各国都设有分支机构	2003 年 2 月 14 日俄罗斯认定为恐怖主义组织
10. 伊斯兰战争	Воиныислама	Ислом лашкарпари	乌兹别克斯坦	1999 年
11. 忏悔	Покаяние	Товба	吉尔吉斯斯坦 乌兹别克斯坦	1991 年
12. 东突厥斯坦伊斯兰运动	Исламское Движение Восточного Туркестана		哈萨克斯坦、费尔干纳盆地	1998 年
13. 东突厥斯坦民族革命阵线	Национальныйре волюцион ныйфронт Восточного Туркестана		哈萨克斯坦	1979 年
14. 东突厥斯坦伊斯兰党	Восточно – Туркестанск аяисламская партия		阿富汗、费尔干纳谷地、吉尔吉斯	1995 年

---

① Ä. 马卡罗夫：《中亚地区的伊斯兰恐怖主义》，《亚心》，莫斯科大学信息分析中心，2009 年 5 月 9 日。

续表

组织名称（序号）	俄文拼写	斯拉夫字母的阿拉伯文转写	活动地区和国家	成立时间
15. 土库曼斯坦解放组织	Организация освобождения Туркменистана		土库曼斯坦	
16. 伊扎布－安－努斯兰（汉译："胜利党"）	партияпобеды	Хизбан－нусран	乌兹别克斯坦	1999 年脱胎于"伊扎布特"
17. 圣战主义	Джихадизм		乌兹别克斯坦	2008 年
18. 圣战组织	общество сподвижников Аллаха	ДЖамаат Ансаруллох	塔吉克斯坦	
19. 哈里发战士	Солдатн халфата		哈萨克斯坦	2009 年
20. 泰比力克－贾马提运动		Таблиги ДЖамаат	吉尔吉斯斯、塔吉克斯坦坦、哈萨克斯坦、巴基斯坦、印度等国	1926 年成立于印度。苏联解体后进入中亚

近年中亚的安全形势与以往相比发生了一些新的变化，恐怖主义和极端主义犯罪呈上升趋势。从以上组织的名称、活动地域不难看出，受利益驱动，其所有的点都围绕在借助宗教，实施恐怖，达到政治目标的动机之上，并锁定由南亚朝中亚及其周边蔓延的地理区域方向。由于中亚和南亚地理方位的毗连，以及存在的人文、政治、经济和社会安全的危险水平短期内难以降低，因此两个地缘板块之间极端主义和恐怖主义相结合、相促发，构成整个地区稳定的存在性威胁和地缘安全的严峻挑战。

第二节　宗教极端型恐怖主义的行为方式和活动特征

中亚五国所在的地区处于亚欧大陆中部，西起里海沿岸，东连中国新疆，北邻俄罗斯，南接伊朗、阿富汗。这一地区与阿富汗有 2087 公里接壤，与伊朗 922 公里毗连，与俄罗斯 6846 公里相依，与中国 2085 公里邻境。其地缘战略位置十分重要，与周邻国家安全形势的互动影响极为密切。来自宗教极端主义和恐怖主义的安全化威胁虽然根植于某一局部区域或国家，但其实质影响往往超越国界，蔓延扩展到周边其他国家。考察近年中亚、南亚及其周边国家极端主义和恐怖主义的活动，表现出许多明显的特征。

一 本土化、团伙性、家族式、突发性和随机性恐怖主义趋势加强

活跃在中亚地区带有宗教极端主义色彩的恐怖主义组织大都与基地组织（Аль - Каида）关系甚密。随着美国等多国部队不断加大对栖息在南亚的"基地组织"的集中打击，上海合作组织成员国反恐合作机制不断推进，对恐怖主义的威慑作用日益加强，加速了原来栖息在阿富汗、巴基斯坦交界处部落区的"乌伊运""东突"等势力的行动规则也根据不同地区的社会、政治、经济环境进行调整，致使恐怖主义活动的地方性、突发性和随机性增强。2008 年年初在中亚发展起来的"圣战主义（Джихадизм）"组织采取的活动方式即以本土化、分散化为主，将组织成员化整为零，建立非法的地下分支，如"塔什干支部""撒马尔罕支部"等，每个支部又分小组，各小组由 4—10 名成员组成，组长由曾在境外受训的"经验丰富者"担任。栖息中亚和南亚的"东突厥斯坦伊斯兰运动"也是以境外为主干向境内发散，分核心、骨干和外围三个层次建立相关的分支机构。2011 年 12 月哈萨克斯坦特种部队歼灭了一个由 5 人组成的恐怖团伙。2012 年 7 月，阿拉木图州一村庄发生自制炸弹爆炸，造成 8 人死亡。警方在爆炸现场发现一批武器弹药、警察制服和宗教极端主义宣传材料，确定为恐怖团伙所为。

受周边环境影响，我国新疆的反恐形势进入比以往更加复杂、更加尖锐激烈的新阶段。2009 年乌鲁木齐 7·5 事件，2012 年 2·28 叶城恐怖袭击事件，2012 年 6·29 和田劫机事件，2013 年 4·23 巴楚暴力恐怖事件，2013 年 6·26 鄯善县暴力恐怖袭击案，2013 年 10.28 北京冲撞天安门金水桥暴力恐怖袭击案，2014 年 2·14 阿克苏袭警案，2014 年 3·1 云南昆明火车站恐怖袭击事件，2014 年 4·30 乌鲁木齐火车站的施暴案，2014 年 5·8 阿克苏袭警案，都凸显了本土化、团伙性、家族式、突发性的特点。

近来发生在中亚国家和我国新疆的暴力恐怖案件貌似有组织性较少，

而个体、团伙和家族形式较多。但是不排除某些恐怖组织化整为零的战术调整。当全球反恐进入新的历史分期"后拉登时代"，反恐形势出现新的变化时，本土化趋势的加速对中亚地区的稳定和发展带来多方位和深层次的负面冲击。因此，加强国家间信息资源共享，强化重点地区的监控十分重要。

二　以微型恐怖主义为常态活动形式，网络恐怖主义成为新威胁

微型恐怖主义，即以小型、频繁和突发式暴力恐怖行动攻击指定目标。手段包括人体炸弹、发送邮件炸弹、生化炸弹、毒素炸弹、以极其隐秘方式携带炸弹和突袭暗杀等。其特点是简便易行、隐蔽性强，且成功率高、破坏性强、影响力大、防不胜防。这原本是"基地组织"针对美军实施的一种报复性战术，随后在世界范围扩散。近年来，随着美军及多国联合部队在阿富汗、巴基斯坦部落地区针对"基地"目标不断加大攻击力度，"基地组织"的地方分支及其与之相关的恐怖势力发动大规模杀伤性武器威胁的可能性逐渐降低，取而代之的是以人们难以想象的更为简单的突然袭击方式存在。2009年以来，中亚各国和我国新疆发生的重大恶性案件大都采取微型恐怖主义手段。据哈萨克斯坦共和国检察院调查，2011年5月7日、10月31日在哈萨克斯坦阿特劳市政府附近发生的连续爆炸案件，2011年7月30日在哈萨克斯坦阿克托别市郊别墅区发生的爆炸都是由成立于2009年的中亚地下恐怖组织"哈里发战士"采取微型恐怖手段实施的"圣战"行为。

乌鲁木齐"7·5"事件以后，新疆个别点和面上发生的暴恐事件实例表明，恐怖分子不仅以微型恐怖主义手段针对异族平民，而且通过此种形式再次启动"断桥"行动，即把袭击目标转向少数民族干部和爱国进步宗教人士，拆除少数民族群众与政府之间的桥梁。这一变化值得关注。2010年8月19日发生在新疆阿克苏袭击联防队员的事件就是例证。

网络恐怖主义是网络与恐怖主义相结合的产物；是个人、团伙或组织有预谋地利用网络，以破坏目标国的政治安全、经济安全，民生安全和社会安全，且制造轰动效应为目的的恐怖活动。随着全球信息网络化的发展，使极端主义和恐怖主义活动手段进一步国际化和现代化。与传统的恐怖手段相比，利用网络的开放性、远程性、共享性、快捷性，进行恐怖主义活动的策划和实施，更具有隐蔽性、渗透性、广泛性和辐射力，增加了防御和打击的复杂性和高难度。现代通信手段和网络在中亚国家的普及和发展，已在人民社会生活中占据重要地位，并发挥着巨大作用；与此同时也对各国的安全形势带来一定影响。2011 年 9 月 16 日塔吉克斯坦"圣战组织"① 通过互联网呼吁发起针对世俗政府和异教徒的"武装圣战"。鉴于一些互联网站正在成为政治斗争的武器和误导新生代，破坏国家安全的工具，中亚国家都将其视为"破坏性力量"，并采取措施对互联网进行严格管控。乌兹别克斯坦通过特别决议，所有链接互联网的业务都固定由隶属乌兹别克斯坦国家安全局的垄断供应商"UzPAC"办理。2011 年 2 月"阿拉伯之春"发生后，乌兹别克斯坦政府关闭了"Facebook"和"Twitter"等本地网站、西方网站和持独立观点的网站。自 2011 年截至目前，哈萨克斯坦共和国已关闭了 900 多家宣扬恐怖主义暴力犯罪和极端主义的网站。2012 年 1 月 6 日，纳扎尔巴耶夫签发《哈萨克斯坦共和国国家安全法》，总统提出"电子边界"和"电子主权"的概念，强调维护国家信息安全。塔吉克斯坦则积极筹建互联网监控管理机构。尽管中亚国家都采取具体措施，着手进行针对性的"信息战"，但是由于一些网站的服务器设在境外而无法关闭；另有互联网用户使用匿名代理服务器和其他先进程序，绕过网络封锁，继续工作，使得"恐怖主义"仍大行其道。

根据我国公安部门公布的数据，仅 2013 年"东突厥斯坦伊斯兰运动"共制作发布暴恐音视频 107 部，超历年总和。我国新疆发生的暴力恐怖犯罪案件显示，利用互联网网站、微博、语音聊天室、网盘等，以互联网应用和各类移动存储介质传播暴恐音视频，宣扬散布传播宗教极端思想，进而组织实施暴力恐怖活动、企图分裂国家、滥杀无辜残害生命的犯罪活动，危害严重。制作、传播暴力恐怖音视频，成为当前暴恐案件多发的重要诱因，特别是利用互联网传播非法宣传品速度快、范围广、方式隐蔽等特点灌输宗教极端思想，传授暴恐技能，对社会稳定的危害和影响日益严重，已成为影响国家安全、边疆社会稳定的重要毒源之一。鉴于以上情况，相关国家协作加强对互联网的监管，共同维护信息安全是当务之急。

三 针对国家安保和军警目标的攻击活动上升到第一位

自 2008 年活跃在中亚的宗教极端型恐怖组织提出"袭警圣战决定"之后，在中亚国家发生的恐怖袭击案例表明，实施者的指涉目标大都面向

---

① 《在塔吉克斯坦"圣战组织"被认定为极端主义组织》（俄文版），MTPK Мир，2012 年 5 月 5 日。

国家安保部门和军警。2010 年在吉尔吉斯正式成立的"公正统治军"招募青年，号召武力圣战。该组织在 2010 年 9 月至 2011 年 1 月实施的 7 次恐怖事件中有 4 次针对国家安保和执法人员。2011 年 5 月至 7 月，不到 45 天时间内，在哈萨克斯坦发生的 3 次重大恶性事件亦针对这一目标。2011 年 11 月 12 日发生在哈萨克斯坦塔拉斯的恐怖事件是又一起有组织性的袭警。2012 年 3 月底，在塔吉克斯坦—阿富汗边境发生塔吉克斯坦边防军总局喷赤边防总队一个边防哨所遭到武装袭击。2012 年 10 月 23 日，哈萨克斯坦阿克纠宾斯克州法院判处 3 名试图袭击当地警察局的恐怖分子有期徒刑。这 3 名恐怖分子不仅犯有宣扬恐怖主义，建立恐怖小组，非法储存、制造和携带武器，抢劫武器弹药罪，并通过互联网从国外极端主义网站上学习如何制造恐怖活动，然后自制爆炸物。他们策划进攻阿克纠宾斯克州内务局大楼，并悬挂圣战组织的旗帜。

综上表明，国家机器、军政机构和敏感设施之所以成为恐怖主义袭击的主流目标与中亚国家内部政治矛盾尖锐化密切相关，诸如吉尔吉斯斯坦的"郁金香革命"、乌兹别克斯坦的"安集延事件"，哈萨克斯坦反对党领导人阿尔坦别克·萨尔先拜乌勒（Алтынбека Сарсенбайулы）被杀以及 2011 年 12 月 16 日发生的扎瑙津骚乱等事件的负面影响难以消除。表现为权力之争的政治斗争复杂化，导致社会犯罪率急剧上升。一些极端主义和恐怖主义组织借此之机，打着宗教或民族（部族）的幌子，宣传极端主义和分裂主义的思想并向坚持政教分离国家体制的现政府及国家机器发起攻击。

由于境外恐怖分子的渗透和传授，在我国新疆针对军警的涉恐涉暴事件时有发生。自 2008 年 8 月至 2011 年 7 月，在新疆发生的 9 次重大恶性事件中有 5 次针对军警。2013 年 6 月 26 日，新疆吐鲁番地区鄯善县鲁克沁镇发生的暴力恐怖袭击案件，多名暴徒先后袭击鲁克沁镇派出所、特巡警中队、镇政府和民工工地，放火焚烧警车。2013 年 12 月 30 日，9 名暴力恐怖分子冲击新疆喀什地区莎车县公安局，用冷兵器砍杀，投掷爆炸装置，纵火焚烧警车。这两起发生在新疆的典型的恐怖袭警事件警示我们，建立具有较高技术水准时，针对恐怖主义活动的基层情报信息预警处置网络系统迫在眉睫。

四　小武器、轻型武器和冷兵器的民间扩散及滥用有可能加剧恐怖主义

1992—1997 年塔吉克斯坦发生内战、1999 年和 2000 年乌兹别克斯坦伊斯兰运动对吉尔吉斯斯坦武装入侵、2004年3月乌兹别克斯坦首都塔什干发生恐怖爆炸事件、2005年吉尔吉斯斯坦的"颜色革命"、2005年乌兹别克斯坦安集延骚乱，以及2010年吉尔吉斯斯坦大规模的政治骚乱和后续的民族冲突等政治事件的发生，为小武器和轻武器的扩散滥用提供了肥沃的土壤。据吉尔吉斯斯坦共和国国家安全委员会报告，仅2011年上半年内务中心军械库就丢失了84件武器。当地黑社会直接从警察手中购买手枪和自动步枪。2011年吉尔吉斯斯坦民间购买的武器达到2.2万件。2008年哈萨克斯坦警方从民间收缴了包括来复手枪、滑膛枪等各种枪支、弹药和爆炸物等1.4万件。2012年2—3月哈萨克斯坦再次启动收缴民间武器弹药行动。

近年来，在我国新疆，极端宗教分子和暴力恐怖分子利用冷兵器杀害平民和爱国宗教人士的情况时有发生。2014年4月30日乌鲁木齐火车南站暴力恐怖袭击案，暴徒在乌鲁木齐火车南站出站口接人处持刀砍杀群众，同时引爆爆炸装置，造成3人死亡，79人受伤，其中4人重伤。2014年7月30日，喀什市艾提尕尔清真寺居玛·塔伊尔大毛拉在主持完晨礼后，遭受三名暴徒袭击，被残忍杀害。不禁让我们回想起18年前——1996年5月12日清晨6时30分，中国伊斯兰教协会副会长、新疆维吾尔自治区政协副主席、新疆维吾尔自治区伊斯兰教协会会长阿荣汗·阿吉大毛拉及其儿子经过喀什市的一条小巷，准备赴中国最大的清真寺艾提尕尔清真寺主持当天早晨的第一次祷告时，被恐怖分子使用刀具刺杀。阿荣汉·阿吉被刺21刀，当场死亡。同行的儿子被刺13刀，经抢救生还。可见利用冷兵器作为工具进行"断桥"行动，将反对极端宗教主义、恐怖主义和民族分裂主义的新疆维吾尔族爱国宗教人士作为谋杀对象，斩断汉族和少数民族间的联系的行为，并没有停止，一遇时机仍会重演或继续。

小武器、轻型武器和冷兵器的民间扩散及滥用是近年来暴力恐怖犯罪指标提升的一个重要原因，有可能通过栖息在中亚和南亚热点地区的恐怖组织流向周边国家，对整个地区的安全稳定产生影响。

五 特殊群体成为宗教极端型恐怖主义的利用工具

回溯中亚地区的恐怖主义案例，我们发现，利用妇女、青少年和边缘化群体作为工具是特点之一。据世界卫生组织关于10—29岁的年龄组由于暴力原因死亡的人数统计，哈萨克斯坦在欧洲占第三位。虽然现今哈萨克斯坦的青少年犯罪率低于 20 世纪 90 年代，但是仍然居高不下。14—29 岁的青少年犯罪占国内犯罪率的 50%。另据 2011 年 12 月哈萨克斯坦警方统计，目前其国内未成年人犯罪高达 2 万人，1.8 万起。在被起诉的涉嫌恐怖犯罪的人员中，有 60% 的人年龄在 29 岁以下。① 哈萨克斯坦的一些学者在反思国内恐怖主义情势趋于严峻的原因时指出，全社会价值观念缺失、道德滑坡、信仰危机是恐怖主义、极端主义和非法犯罪产生的根本原因。这种情况为恐怖主义和极端主义预留了缝隙。一些对宗教本真认知不清，对宗教知识知之甚少的青少年被招募以充实极端主义和恐怖主义组织的队伍。

20 世纪 90 年代以后，"伊扎布特"及其派生的极端主义组织在中亚迅速发展和活跃。其主要采取利用清真寺和宗教学校青少年培训班，抑或在边远贫困地区开办地下讲经点，以离经叛道的"讲经"形式给青少年洗脑。有的被送往境外经过培训后返回到中亚和新疆。另外，"伊扎布特"履行经济承诺，给参与极端暴力恐怖活动行为实施者提供一定数额的经费。再者，干预国民教育。2005 年"伊扎布特"在乌兹别克斯坦征集了一份约有 2 万人签名的愿望书，要求在国民普通教育学校开办讲授宗教教义课程。

"伊扎布特"的这一政治取向也对新疆产生了一定影响。2003 年以后，"伊扎布特"进一步加紧向中国新疆拓展，在边远和贫困地区开办地下经文学校和讲经点，歪曲伊斯兰教的本真，强化其宗教极端主义的认同意识。该组织认为这一办法在中亚取得了成功。如果我们对中亚地区的一些典型案例进行分析，否定国家认同和公民身份认同，向青少年灌输极端的单一身份认同意识和"圣战勇士"的理想正是宗教极端型恐怖主义产生和发展的基础。7·5 事件后，根据我们在新疆的田野调查数据反映，参与者中 37% 是具有劳教劳改经历的人；50% 为来自边远贫困地区的流动人口；80% 为 35 岁以下的青少年。这些数据说明近年来诱骗、操纵新疆籍未成年犯罪呈上升趋势。据 2011 年 7 月统计，与五年前相比，新疆的未成年犯罪人数突破 900 人，占全部犯罪人数的比例突破 6 个百分点。②

---

　　① 《哈萨克斯坦恐怖主义突发一年回眸》，《祖国之声》，（俄文版），阿拉木图，2012 年 5 月 15 日。

　　② 《新疆法制报》2011 年 7 月 29 日，第 1 版。

除了恐怖主义行为的实施者趋向低龄化外，女性化问题也比较突出。据乌兹别克斯坦国家检察院报告，在其国内发生的一起爆炸事件中，87名犯罪嫌疑人中有17名妇女接受过自杀式爆炸袭击的训练。据吉尔吉斯共和国内务部提供的数据，目前其国内有80名宗教极端分子加入了叙利亚非法武装组织。其中10人是女性。中国警方在新疆破获的"圣战培训班"的5名成员中，5人全为女性。他们互称"圣战姐妹"，目的是袭杀异教徒，建立独立国家。

另外，宗教极端主义和恐怖主义团伙为了扩大自身社会基础，广泛延揽那些面临巨大生存压力和失去社会保障，且以经济来源为第一需要的各类被边缘化的群体，诸如流动人口、非法移民、刑释人员等。综上所述，这些均为宗教极端型恐怖主义作为威胁国家区域安全化的行为实施体的本质属性所决定的。

六　恐怖组织成员不再限于单一国籍居民，与国际贩毒联系在一起

伴随恐怖主义的全球化，中亚极端主义和恐怖主义组织成员的多国化取向正在扩展。2009年7月在俄罗斯达格斯坦制造恐怖袭击事件的8名犯罪嫌疑人中有五人持哈、乌、吉不同国籍护照。同年，7月19日发生在吉尔吉斯斯坦南部和首府比什凯克恐怖活动也是由持不同国籍护照的18名嫌犯实施的。2010年和2011年在塔吉克斯坦、乌兹别克斯坦和哈萨克斯坦由宗教极端型恐怖主义制造的多起袭击军警的事件都具有这一特点。2011年10月31日在哈萨克斯坦发生的阿特劳市的爆炸案是地下恐怖组织"哈里发战士"，在哈境内发动"圣战"并意图去国外参加圣战所进行的爆炸试验。目前已有40多名哈萨克斯坦人因参与恐怖主义犯罪或参加非法武装组织被国外相关机构逮捕。另有68人因参加国际恐怖主义和极端主义团伙在哈境内被捕。

与此同时，打击源自阿富汗的毒品犯罪是中亚安全化矩阵中面临的突出问题。极端主义和恐怖主义组织往往依靠毒品走私而筹集活动资金。据联合国毒品和犯罪管理署报告，阿富汗的鸦片产量占全球产量的90%。每年取道中亚运往其他国家的海洛因约为90吨，占阿富汗毒品年产量的1/4。其中只有不到3%的海洛因被中亚国家执法机关截获。90吨海洛因的利润高达 14 亿美元。① 阿富汗毒品的流向渠道已形成两条重要专线。其一，巴尔干路线：阿富汗—伊朗—土耳其—巴尔干—西欧；其二，北线：阿富汗斯坦—中亚（塔吉克斯坦、吉尔吉斯、乌兹别克斯坦、哈萨克斯坦）—俄罗斯—欧洲。塔吉克斯坦与阿富汗的边境线长达 1344 公里，是阿富汗毒品流入的第一站。由于塔吉克斯坦与吉尔吉斯斯坦之间 870 公里边境线有 2/3 尚未正式划界，故防护设施极其薄弱，处于边境地区的奥什成为贩毒团伙的大本营。2012 年年初，吉尔吉斯权利保护组织缴获毒品 13.88 吨，前 7 个月毒品交易犯罪达 1103 起。② 乌兹别克斯坦虽边界防卫设施较好，但海关等执法机关工作人员腐败受贿，对毒品交易视而不见现象十分严重。哈萨克斯坦、俄罗斯和白俄罗斯“关税同盟”的成立，使三国领土相连。哈萨克斯坦撤销北部边境口岸，致使大量毒品流向俄罗斯。近十年来，从阿富汗取道中亚入境俄罗斯的海洛因吨数逐年上升，以致俄罗斯的毒品量增加了 10 倍。每年俄罗斯因吸毒而死亡的人数高达 4 万人。据联合国毒品犯罪办公室报告，目前阿富汗的海洛因已占到中国毒品市场的 1/4，是经中国与巴基斯坦边境和中国与中亚边界流入。③ 由于中亚国家极端主义和恐怖主义的猖獗与腐败现象为阿富汗毒品出口提供了便利条件；由于长久以来中亚国家对有组织的毒品犯罪和切断阿富汗毒品入境的监控和打击力度不足，缺乏协作，尤其是一些高级官员或牵涉其中，或成为保护伞，致使中亚成为阿富汗毒品的集散地。毒品问题与极端主义、恐怖主义相牵连、相促发，致使北线取代“巴尔干路线”成为毒品运输的主线。当然也还存在一些副线（在此不一一列举），其负面作用不容忽视。

综观近两年中亚极端主义和恐怖主义，其活动频率、针对目标、组织载体、行为方式、采用手段已呈现出一些新的特点与动向。定向攻击和策略运用等变化规律带来的必然结果是使各国政府对国内“安全环境”的担心明显上升。据俄罗斯和中亚学者对中亚安全形势的中长期分析评估，在目前形势下，宗教极端主义威胁水平将提升 30%。④

① 《新东方评论》，俄罗斯，2012 年 5 月 8 日；俄罗斯信息中心：《阿富汗与麻醉毒品斗争经验》，《新闻》，2012 年 6 月 18 日。
② 乌兹别克斯坦政治研究中心：《中亚—乌兹别克斯坦》2012 年第 3 期，第 26 页。
③ 《毒品、犯罪和骚乱，阿富汗鸦片的跨国威胁》，联合国毒品犯罪署，2012 年 3 月 4 日。
④ 《中亚——2020 年》，《我们的世界报》，（俄文版），阿斯塔纳，2012 年 8 月 21 日。

2009 年以来中亚国家重大暴力恐怖事件表（不完全统计）

时间	地点	恐怖手段	行为体	危害结果
2009. 夏	乌兹别克斯坦塔什干	暗杀	"圣战者"组织成员	杀害乌兹别克内务部哈桑·阿萨多夫中校和塔什干库卡杰什宗教学校副校长阿布罗尔·阿布罗夫；塔什干穆斯林教长安瓦尔·吐尔逊诺夫身重9刀
2010. 06.	哈萨克斯坦曼格斯套州	自杀式爆炸	宗教极端主义组织成员	16 名警员牺牲 16 人负伤
2010. 10. 03	塔吉克斯坦胡占德市内务部地区管理局大楼旁	自杀式爆炸	暴力恐怖团伙	12 人蒙难
2010. 11. 30	吉尔吉斯斯坦比什凯克市体育宫楼内	爆炸	暴力恐怖团伙	两名权利保护机构工作人员罹难
2010. 12. 24	吉尔吉斯斯坦索库洛克镇	武装袭击	宗教极端组织	美国公民遭袭击
2010. 12. 25	吉尔吉斯斯坦比什凯克市国家内务管理局楼旁	连环爆炸	暴力恐怖团伙	两名公务人员罹难
2011. 01. 05	吉尔吉斯斯坦比什凯克市	袭警、暗杀	暴力恐怖分子	3 名警务人员在进行身份证件检查中被袭杀
2011. 04. 10	塔吉克斯坦舒罗阿巴德区希尔曼州边防站	恐怖袭击	阿富汗武装分子	1 名塔吉克斯坦边防军牺牲
2011. 04. 23	塔吉克斯坦与阿富汗边境	武装袭击	宗教极端主义组织	塔吉克斯坦边防哨所被袭击
2011. 05. 17	哈萨克斯坦阿克托别市国家安全委员会代表处楼前	自杀式爆炸	宗教极端主义组织成员	3 人受伤

续表

时间	地点	恐怖手段	行为体	危害结果
2011.05.19	塔吉克斯坦国家安全委员会地方分部	武装袭击	阿富汗武装分	
2011.05.23	塔吉克斯坦与阿富汗斯坦边境	绑架	阿富汗武装分子	塔吉克斯坦斯谈公民遭绑架
2011.05.24	哈萨克斯坦阿斯塔纳国家安全委员会临时关押隔离室楼前	汽车爆炸	宗教极端主义组织成员	哈萨克斯坦和吉尔吉斯斯坦两名公民死亡
2011.06.01	塔吉克斯坦与阿富汗边境	绑架	阿富汗武装分子	两名中学生遭绑架
2011.06.30	哈萨克斯坦阿克纠宾斯克州舒巴尔什居民点	袭警	恐怖分子	两名警员惨遭射杀
2011.07.01	哈萨克斯坦阿克纠宾斯克州帖木尔区舒巴尔什居民点	袭警、暗杀	宗教极端主义组织成员	内务部刑侦队两名警察遭暗杀，3名警员受伤
2011.07.07	乌兹别克斯坦下新城	爆炸（5.45型炸弹30枚、无烟火药筒21件。带有专门技术装置口径50×80mm的金属筒爆炸装置）	5名"乌兹别克斯坦伊斯兰运动"成员	未遂
2011.07.11	哈萨克斯坦阿克纠宾斯克州肯基亚克居民点	射杀	恐怖主义团伙	1名警员牺牲
2011.07.26	哈萨克斯坦阿克套市	射杀	恐怖主义团伙	1名警员牺牲
2011.07.29	哈萨克斯坦阿克纠宾斯克州吉孜尔扎尔居民点	袭击	恐怖主义团伙	1名警员牺牲

续表

时间	地点	恐怖手段	行为体	危害结果
2011.07.30	哈萨克斯坦阿克托别市郊	爆炸	"哈里发战士"	
2011.10.31	哈萨克斯坦阿特劳市	2次爆炸	"哈里发战士"	
2011.11.11	哈萨克斯坦塔拉兹市	恐怖袭警	"圣战主义"组织	5名警员牺牲
2011.11.16	塔吉克斯坦库尔干－秋别与乌兹别克斯坦铁尔梅兹两国边境地区	恐怖袭击	"哈里发战士"	
2011.12.03	哈萨克斯坦阿拉木图州博拉尔太居民点	袭警	恐怖主义武装团伙	两名国保人员牺牲
2012.3.27	哈萨克斯坦阿拉木图市政府大楼和市西郊公园	爆炸、袭击	恐怖分子	破获
2012.07.11	哈萨克斯坦阿拉木图州塔乌萨马勒居民点	爆炸	恐怖主义团伙	8人死亡
2012.08.	哈萨克斯坦阿拉木图州伊列－阿塔劳民族公园	暗杀	恐怖主义团伙	12人被杀
2012.08.17	哈萨克斯坦阿拉木图市别墅区	爆炸	极端主义团伙	被抓获
2012.09.05	哈萨克斯坦阿特劳市	爆炸	自杀式爆炸	
2012.09.12	哈萨克斯坦阿特劳州库尔萨雷市	恐怖活动	极端恐怖主义团伙	恐怖分子在实施活动中被抓获

针对这一境况，各国当局首先应在法律政策层面加大调整。自2009年起，中亚各国根据国内外形势的变化纷纷对本国的《宗教信仰自由和

宗教组织法》《社会组织法》《非政府组织管理监督法》等法律进行修订，并采取相应具体措施予以打击和防范。哈萨克斯坦下议院和检察院提出对具有"政治目的"和"宗教背景"的组织予以审查和重新注册登记。2011年7月哈萨克斯坦共和国召开国家安全工作会议，纳扎尔巴耶夫总统强调严厉打击宗教极端主义。同年8月纳扎尔巴耶夫总统在哈萨克斯坦两院联席会议上指出，目前一些宗教极端主义组织在哈萨克斯坦为所欲为，一些国外宗教人士来去自由，大肆活动。9月哈萨克斯坦屏蔽了51个宣扬宗教极端主义，且大肆灌输"圣战""复仇"思想，并图文并茂介绍如何制作爆炸装置，实施恐怖主义活动的境外网站。自2011年以来哈萨克斯坦着手严格宗教事务领域的立法。哈国不仅修订了独立初期通过的《宗教信仰自由和宗教组织法》，而且于2011年10月14日，纳扎尔巴耶夫总统签署了《宗教活动和宗教组织法》①，进一步规范宗教组织和宗教活动，打击宗教极端主义。总统指出，加强宗教活动立法的主旨不是要限制信仰自由，而是捍卫国家利益免受宗教极端主义侵扰。2012年年初迄今，哈萨克斯坦护法机构共侦破了112起恐怖主义和极端主义犯罪，制止了24起恐怖犯罪活动。根据哈萨克斯坦法院决定，哈政府取缔了15家被认定为恐怖组织的外国机构。哈财政部金融监管委员会向有关机构提供了190份涉及机构和个人从事洗钱以及为恐怖主义提供资金的材料，其中110份材料被有关机构认定属实并采取了相应措施。为加大对恐怖主义和极端主义犯罪的打击力度，哈萨克斯坦共和国总检察院正在拟定为恐怖主义提供资金支持的组织黑名单。

　　与哈萨克斯坦共和国一样，其他中亚国家也都以立法的形式对那些具有"政治背景"，且得到境外资助的"宗教组织"采取严密的监控措施；不准许宗教干预政治、司法和教育等领域。塔吉克斯坦共和国修订并通过了新的《信仰自由和宗教组织法》，国家在给予国民充分信仰自由的同时，对国内宗教生活和宗教组织予以监督。塔吉克斯坦司法部制定了《社会组织法草案》，内务部对各类非政府组织和国际组织代表处进行严格审查。吉尔吉斯共和国对原有《社会组织法》进行补充修订，提出并采取了一系列措施加强对类似组织的掌控，为此还成立了"加强监控委

---

　　①　И. 叶尼什娜：《宗教组织的法律地位》，《司法报》（俄文版），阿拉木图，2012年12月7日。

员会"。乌兹别克斯坦政府采取了更加强硬的控制和监督手段。对受到境外资助、被怀疑有"政治目的"、有"宗教背景"、有可能对国家政权和社会稳定构成威胁的组织或取缔，或受到严格的活动限制。

中亚各国家均通过法律形式突出国家对宗教具有管理和监督权力，禁止滥用宗教进行非法活动，以保护公共秩序、公共安全和公共利益。其共同点在于：第一，进一步细化和明确了国家与宗教的关系，规定宗教组织不得追求政治目的，无权参与国家权力和管理机构的选举和政治党派的活动，不得给予政治党派提供经费支持；第二，禁止建立在民族属性和宗教属性基础上的政治党派和组织活动；第三，宗教组织的成员只能以国家公民的身份参加政治生活；第四，对于宗教极端主义组织予以查禁、取缔和坚决打击。这种做法无疑有利于维护国家政局稳定。

虽然各国政府在法律和政策层面对有可能滋生极端主义和恐怖主义的各种因素予以制约和严密控制，并采取了一些针对性措施，但是中亚及其周边地区作为一个共同的安全空间，各国对于面临的日益增长的非传统安全的威胁和挑战性之共识需要进一步提升；联合打击、遏止和消除极端主义、恐怖主义和毒品犯罪的机制，合作构建安全环境，有待进一步加强。

结　语

中亚极端主义和恐怖主义产生的原因主要在于，利用宗教追求政治目标的宗教政治化全球性趋向起了催化作用；国家体制转型与民生需求的不对称性提供了极端主义和恐怖主义加速的空间；民族社会分层与贫困化加剧为极端主义和恐怖主义的扩大营造了社会温床；政府相关政策的缺失为极端主义和恐怖主义的危害加剧创造了条件。究其深层，内因是极端主义和恐怖主义对国家与地区安全化构成负面冲击的根源和主导原因。

一　对"贫困是恐怖主义产生的根源"应作多维度思考

现今人们总是将贫困、民生、经济欠发达等问题纳归咎为恐怖主义产生的重要因素。诚然，民生是社会稳定的首要因素，贫困化为恐怖主义营造了土壤。中亚及其周边地区极端主义和恐怖主义组织的扩员原则无一不是引诱和吸收那些贫困、失业以及对宗教本真缺乏认知的人。然而，当我们对这一地区发生的诸多与恐怖主义有关的案例进行定性和定量分析之后发现重大恶性事件的"行为启动者"大都是社会精英，"行为实施者"多为边缘化群体。"行为启动者"借助民族、宗教作为一种动员力和聚合力，是其扩大自身社会基础的思想武器和政治利益所需。其制造乱象的结果恰是对国家、平民安全和民族经济造成巨大的打击。2012 年 3 月 24 日哈萨克斯坦国家安全委员会破获了一起企图在阿拉木图实施恐怖袭击的阴谋。恐怖袭击的策划者是曾担任哈国第一大商业银行图兰—阿列姆银行前董事长的私人卫队队长。他向实施者提供了 2.5 万美元的活动经费，用于在阿拉木图市多点实施爆炸。由此可见，恐怖主义的导源除了经济因素外，其复杂性还表现在政治、社会、民族、宗教等。正如有中亚学者指出的，"对于贫困导致恐怖主义不能仅作理论上的推测"；"普通民众对宗教知识的无知和对偏执信仰的盲目狂热缺乏免疫能力是最大的威胁"①。所以我们对具体问题应作多维度的思考和分析。

二　民族、社会分层，矛盾加剧，进一步升级会向恐怖主义转型

解析中亚恐怖主义产生的根源，内部矛盾是不容忽视的因素。在构建权利阶层时以部族利益为出发点搭建管理体系的取向，使社会群体的冲突日渐突出，这是中亚国家面临的共性问题。吉尔吉斯斯坦历来部族矛盾十分尖锐。独立 20 年来其两次发生政变和暴乱主要缘于此因。现有的稳定多半是建立在各个集团和部族之间极其脆弱的妥协之上。哈萨克斯坦也是这样，权利高层在使用官员时，往往部族本位主义和地域本位主义起主导作用，其结果是激发了高层内部矛盾情绪的增长。由于 8 年内战的遗患，塔吉克斯坦粟特（索格特）人同帕米尔人与库利亚布人之间的部族矛盾，库利亚布人不同政治集团之间的权力之争无所不在。

除此而外，近年来中亚地区族裔关系重现尖锐化，增加了这一地区出现冲突和不稳定局面的危险性。目前吉尔吉斯斯坦的族际矛盾依然尖锐。吉尔吉斯人与乌兹别克人、吉尔吉斯人与维吾尔人、吉尔吉斯人与东干人的冲突时有发生。2011 年 5 月和 2012 年 1 月，发生的吉尔吉斯人与达尔金人②两个民族之间的冲突是又一个案。哈萨克斯坦的民族问题也不容小觑。南哈州当地居民与库尔德人的纠纷，阿拉套市哈萨克人与高加索人的对立，阿拉木图州哈萨克人与维吾尔人的矛盾，田吉兹油田本地人与土耳

---

①　《中亚——2020 年》，《我们的世界报》，阿斯塔纳，2012 年 8 月 21 日。
②　达尔金人（Äàðãåíöû）是东北高加索地区的一个民族，主要分布在俄罗斯联邦达吉斯坦共和国境内，全民信仰伊斯兰教（逊尼派）。斯大林时期从达吉斯坦被驱逐到吉尔吉斯斯坦。

其人的群体性冲突等。所有这一系列突发性群体事件均伴有强烈的诉诸暴力的倾向。

综上所述说明"主体化"民族政策的缺失，导致身份认同意识的裂变、国族意识的淡化和民族归属意识的强化，造成"民族的分层"，出现社会结构性的不平等，包括文化权利的不平等、政治经济地位的不平等、就业等社会权利的不平等，使得某些群体民族优越感强烈。相对而言，另一些人的被剥夺感、不安全感和被边缘化心理随之而生。其结果虽然表现为族际矛盾，实际是执政权利的不得力造成。如果国内严重的社会经济问题得不到解决，以民族、部族和同乡为标准任命官员问题得不到有效遏制，将会导致社会群体的更大分裂。如果国内民族（部族）、社会群体分层继续扩大，矛盾冲突不断加剧，进一步升级很可能向恐怖主义转型。无论是政坛，还是民间，"我们"与"他们"相互对立趋势的蔓延将是中亚某些国家来自内部恐怖主义威胁的重要原因。因此不断进行政策调适，推行各民族和不同社会群体政治、经济、文化权利的平等，减少贫困，逐步消除不同社会群体之间差异，消解民族（部族）间矛盾，促进民族融合、社会均衡是国家政治稳定和地区安全的重要途径。

三　反恐情势趋向严峻，建立灵敏的社会语境和预控机制势在必行

以往对中亚安全风险的评估，多将吉尔吉斯斯坦和塔吉克斯坦列为"问题国家"。然而从 2011 年开始中亚的安全情势发生了变化。独立 20 年来哈萨克斯坦共和国始终保持国内政局稳定，经济持续平稳发展，被称为"中亚的安全岛"，但是近两年涉恐事件不断增多，恐怖主义和极端主义犯罪呈上升趋势。根据 2011 年 12 月哈萨克斯坦警方统计，2011 年在其国内七大城市和州中心发生恐怖事件 17 起。① 2012 年 11 月 22 日，哈萨克斯坦共和国召开打击恐怖主义和极端主义大会，国家总检察院报告，2012 年哈萨克斯坦护法机构共侦破了 112 起恐怖主义和极端主义犯罪，制止了 24 起恐怖犯罪活动。从中亚总体而言，每个国家的国情不同，恐怖主义的风险水平也有不同。哈萨克斯坦、乌兹别克斯坦、塔吉克斯坦、土库曼斯坦总体情势稳定，局部地区的问题即便暂且可控，亦不可掉以轻心。吉尔吉斯斯坦国内社会政治形势仍然十分复杂。2012 年发生针对政府的示威游行达 646 起。其中 273 起表现为政治诉求，373 起表现为社会

---

① 《哈萨克斯坦共和国周刊》（俄文版），阿斯塔纳，2011 年 12 月 30 日。

经济诉求。其国内问题的长期积累则是促发恐怖主义、极端主义活跃化和国内局势动荡的潜因所在。由于吉尔吉斯斯坦"社会政治不稳定化和潜在危险源凸显，决定了建立维护社会稳定预警机制的长久性"①。2014 年美国与北约多国部队从阿富汗撤军以后，中亚和南亚安全形势将发生怎样的变化？塔吉克斯坦和吉尔吉斯斯坦等中亚国家人口急剧增长、贫困化日益加剧、失业率居高不下等因素激起国民不满情绪愈演愈烈。在如此背景之下，2011 年以来的"阿拉伯之春"以及后续的"阿拉伯之冬"将对本国政局稳定乃至整个中亚产生何等影响？这是中亚各国当局忧虑的问题，也是国际学术界高度关注的焦点之一。

　　回溯中亚及其周边地区的涉恐涉暴形势，我们不可否认地区安全、国家安全、社会安全、民生安全方面存在着一些难以预见的潜在威胁和不确定因素，面临着诸多非传统安全因素的严峻挑战。这就要求人们对危害社会稳定的感知能力亟待提高；科研人员、专门机构的咨询搜索、综合分析能力、前瞻性研究和预测需要加强；对恐怖事件发生的事件、地点、爆发形式、采用手段、发展程度等始料未及难以准确把握的问题，提出预控对策并及时实施；对敏感性、制度性和指令性等因素的干扰需要科学处理；建立灵敏的社会语境机制，建立关注贫困群体的相关体系；提升应对新威胁、新挑战的能力，才能保证地区的稳定安全和长治久安。

　　"在人类历史上，各国安全从未像今天这样紧密相连，安全不是孤立的、零和的、绝对的，没有世界和地区的和平稳定，就没有一国安全稳定。"② 防御和打击宗教极端主义和恐怖主义是当今世界安全化进程的重要指标。中国与中亚需要共同安全、合作安全，协调安全。

---

① 　乌兹别克斯坦政治研究中心，《中亚—乌兹别克斯坦》2012 年第 3 期，第 25 页。
② 　2009 年 9 月 23 日中华人民共和国国家主席胡锦涛在美国纽约出席第 64 届联大一般性辩论时，发表的题为《同舟共济 共创未来》的重要讲话。

第五章　中国与中亚：新丝绸之路能源战略通道的合作与安全

　　"丝绸之路"作为一个历史概念，生动形象高度概括了两千年前汉代开辟的中西交通。这是一条具有世界历史意义的国际大道。这条漫长的路线沟通了亚、欧、非各国和各民族之间政治、经济、文化的联系与往来，不仅对世界文明产生了不可估量的深远影响，而且给沿线的国家和民族带来了繁荣和富庶。冷战以后，由于"东起中国连云港，西至荷兰鹿特丹"的亚欧大陆桥[①]的贯通，古老的"丝绸之路"又焕发出新的活力重现辉煌，体现了沿线国家和人民的共同愿望。随着世界经济的快速发展，能源供给矛盾日益突出，能源短缺成为制约许多国家经济发展和国防建设的重要因素。如何解决能源问题，变为全球性探讨的热点。各国纷纷制定针对性的外交战略，围绕着能源安全展开了激烈的竞争。由此，以能源战略通道为主旨建设新"丝绸之路"则成为历史新时期亚欧大陆国家一个极具影响力的旗帜。

　　我国西北及其毗连的中亚国家所在之地同处亚欧大陆腹心，是古"丝绸之路"的重要路段，当今世界新亚欧大陆桥亦从这里向西延伸。"资源中心即地缘政治中心。"[②] 这一区域因其独特的地理位置及拥有丰富的石油和天然气资源，不仅被地缘政治学家称作"心脏地带"，而且被视为世界经济发展的"能源富集区"。近年来，随着国际政治格局的深刻变化和全球性能源紧张化，我国同中亚国家达成了共识：加强能源合作、应对能源挑战、保障能源安全。"丝绸之路"中国西北—中亚路段自然承担起了能源战略通道的新使命，引起国际社会的广泛关注，同时也给沿线国

---

　　① 1992 年东起中国连云港，西至荷兰鹿特丹亚欧大陆桥全线贯通，全长 10800 公里，也被称为"新丝绸之路"，是横贯中亚、东欧和西欧的国际运输大动脉。
　　② 尼克松著名的地缘政治理论。他把地缘政治与资源政治结合起来，是对地缘政治理论的重大贡献。

家带来了新的发展机遇。

第一节　我国西北："丝绸之路"沿线国家能源合作的聚焦点

　　我国西北地区涵盖陕西、甘肃、青海、宁夏和新疆五个省（区），土地面积309.3万平方公里，占全国国土总面积的32.2%，周边同8个国家接壤，边境线长达5000多公里。中国西北与中亚国家不仅地域相连，且有俄罗斯、哈萨克、柯尔克孜（独联体中亚国家称"吉尔吉斯斯坦"）、回（独联体中亚国家称"东干"）、塔吉克、乌孜别克（乌兹别克）和维吾尔等同源民族跨国而居，人民的交往源远流长。彼此之间的关系中不仅蕴含着深刻的地缘政治因素，同时包含着复杂的地缘经济和地缘文化因素。诸多民族间语言相通、宗教信仰相同、风俗习惯相近及长久的和平跨居为双边或多边合作奠定了基础。此外，在这片幅员辽阔的土地上分布着陕西的陕北、韩城，新疆的准噶尔、塔里木、吐哈、三塘湖、焉耆，青海的柴达木、涩北、民和，跨陕西、宁夏、甘肃、山西与内蒙古的鄂尔多斯等30多个具有含油气远景的沉积盆地和区域，占全国陆上油气资源量的33%和63%。在全国四大天然气田中有塔里木盆地、柴达木盆地和陕甘宁盆地3个聚集在西北。这里还有克拉玛依油田、塔里木油田、吐哈油田、准东油田、青海石油、玉门石油、长庆油田等丰富的石油资源。在全国大于1亿吨的油田资源储量中，西北地区占41%。西起新疆乌鲁木齐，东至甘肃兰州的国家重点工程——西部原油成品油管道工程、涩宁兰管道、兰成渝成品油管道、兰州至银川天然气管道等四条能源管道在甘肃省省会兰州汇集。于此，西北输油管道与兰州—郑州成品油管道交织形成中西部成品油外输的骨干管网，再与东北—华北成品油管网连接，构成西油东运、北油南调的成品油输送大动脉。兰州—银川输气管道的建设将涩宁兰、西气东输、长宁三条单气源管道连接，形成青海、塔里木、长庆三大气田联网。青海涩北气田至甘肃柳园、涩北气田至西藏拉萨两条输气管道的铺设，既可输送柴达木盆地的天然气，也使我国"西气南输"的战略通道进一步延伸。早在"十一五"规划之前，我国已将西北地区定位为国家石油天然气工业的战略接替区和重要能源战略基地。

　　随着经济实力的迅速发展，我国能源需求不断增长，是目前世界上除美国之外最大的石油天然气进口国。为了确保国家能源安全，中国致力于谋求石油进口来源多样化。与此同时，中国也成为最大最稳定的国际油气市场。而中亚地区是世界能源三大中心之一，能源效应是这一地区一些国家用以吸引大国投资发展自己的主要筹码。因此各国确定了以能源为基础的立国发展战略。就战略利益（国防利益、经济利益和非传统安全利益）而言，中国的能源进口多元化战略与里海—中亚油气产区国家的能源出口多元化战略体现了多边国家利益的互补。从这一角度讲，发挥得天独厚的地缘优势、资源优势和人文优势，把我国西北建成中国与中亚的陆路能源大通道，不仅涉及我国经济发展的切身利益，而且直接关系到中亚国家"利用地缘关系及其作用法则谋取和维护国家利益"[①] 的地缘战略选择。这条能源安全通道的建设既可为中国提供长期、稳定的陆路能源供应，也将极大提高里海—中亚国家的能源出口能力，确保地区能源安全，符合多国利益。

　　目前我国西北正在加紧建设国家级重要油气生产、油气化工基地。西北地区原油一次加工能力已达到 3500 万吨，乙烯年产能力达到 40 万吨，尿素年产能力达到 284 万吨，形成兰州、银川、格尔木、独山子、克拉玛依、乌鲁木齐等一批重要的石油化工基地，主要生产芳烃、化纤、甲醇、氮肥、化肥、乙烯、高档润滑油、高等级沥青、炭黑和聚甲醛、顺酐和液化天然气等。尤其是陕西榆林地区依托丰富的能源，集资源开发与加工转化为一体，发展能源重化工产业为主导的新兴工业基地，近年异军突起。10 万吨/年甲醇项目、15 万吨/年醋酸项目、15 万吨/年聚氯乙烯工程、10 万吨/年聚氯乙烯工程等大型工程和项目正在实施。我国西北五省不断调整和优化经济结构，大力发展特色经济，致力于把资源优势转化为经济优势和特色产品优势。这种发展趋势在经济结构方面与中亚国家也形成了互补。

　　我国西北地区以其地理位置的独特性和不可替代性，不仅发挥着引进中亚能源的桥头堡作用，而且肩负着向中亚地区输出中国产品的重任。与此同时，借助地缘优势和资源优势向中国的西北地区挺进，也成为近年中

―――――――――――

　　① 中国社会科学院俄罗斯东欧中亚研究所、陕西师范大学中亚研究所：《中亚形势与展望——第七届中亚问题学术讨论会论文集》，西安，2005 年版，第 320 页。

亚国家能源战略取向的一个新特点。在俄罗斯和中亚国家对华供应油气的计划中，都选择了中国的西北方向，积极参与新"丝绸之路"能源战略通道的建设，并展现了美好的发展前景。

我国与中亚国家的政府、企业和学者在广泛交流的基础上，强烈地表达了一个共同的意愿：加强"丝绸之路"沿线国家的能源合作，促进地区经济发展；建立主要能源出口国和能源进口国之间的对话渠道，更好地满足相关国家的油气需求，使这一地区在21世纪世界油气供需平衡中发挥举足轻重的作用。围绕"丝绸之路经济带"建设，我国西北五省（区）举办的各种大型国际性论坛和博览会为我国西北地区与里海—中亚国家的能源和其他方面"加强务实合作，谋求共同发展"搭建了独具特色的平台。

第二节　中亚国家：能源合作成为国家关系的重中之重

利益驱动是国家关系的基本要素之一。在中亚国家以能源为基础的外交战略构想中，中国高度的政治稳定和旺盛的能源需求对其具有极大的吸引力。发展与近邻中国的关系，进入中国能源市场是它们的优先选择之一。

哈萨克斯坦共和国是亚欧大陆油气资源最丰富的国家之一。石油天然气是国民经济的命脉，是解决社会经济问题的重要部门之一，关系国家的稳定和发展。近年来，哈萨克斯坦随着经济实力的不断增强，凭借自己的地缘政治和能源优势，以灵活务实的外交政策打造属于自己的空间。独立20多年来，哈萨克斯坦曾对石油天然气输出线路拟有多种方案：阿富汗—巴基斯坦—印度洋是哈萨克斯坦石油输出的最佳路线，但由于安全原因被排除；土耳其—伊朗路线因政治风险难以实现；阿塞拜疆的巴库至土耳其杰伊汉的线路虽可直达地中海市场，但这种"诱惑力与昂贵的运输费用大致相抵"；俄罗斯路线又使哈担心石油出口战略受俄控制。相比之下，东向路线即通往中国的输油气管道线路问题少、距离近。这条线路将与中国的"西气（油）东输"管道对接，市场需求潜力巨大，具有保障性，成为哈萨克斯坦石油出口战略最理想的方案。加上近年来中哈两国关系发展迅速，政治互信程度达到很高水平；再者，中国石油天然气集团公司已经在哈萨克斯坦开拓多年，拥有年产油近 500 万吨的油田，经过数年的磨合，积累了同哈方共事的丰富经验。这些因素对两国共同实施大型经济项目，进一步扩大中哈油气领域的合作打下了牢固的基础。2006 年 5 月 25 日，全长 962.2 公里西起哈萨克斯坦的阿塔苏，东至中国新疆阿拉山口的石油管道全线开通，正式开始商业输油。标志着两国的能源合作进入了一个新的阶段。目前年输送量达到 1000 万吨，以后逐步达到 2000 万吨。这条沿着昔日"丝绸之路"开通的"黑色金子"运输线向中国输送的原油中，50% 来自哈萨克斯坦的扎纳诺尔油田和阿克纠宾油田，50% 来自里海地区的俄罗斯油田。中哈石油管道的开通不仅带动了沿线国家的合作，而且促进和加强了多边国家关系。

2008—2020 年哈萨克斯坦石油天然气开采量预测[①]

年份	2008	2009	2010	2015	2020
石油开采★（百万 t）	80	88	94	120	123
天然气开采（10 亿 m³）	55	60	60	65	65
里海北岸谢里夫的石油开采潜力（百万 t)★★				20	50

★仅含正在开采的油田和卡沙甘油田，现尚无开采的谢里夫和其他油田没有计算在内。
★★不包括卡沙甘。

哈萨克斯坦管道输出能力发展前景预测[②]　　（百万吨/年）

年份	2010	2015	2020
输出（1）	80	105	108
输出（2）		130	150
管线输出能力	101	122	142
里海管道联营企业	57	57	57
石油运输（经俄罗斯的过境运输）	25	25	25
哈萨克斯坦—中国	10	20	30

---

① МВФ. Отчёт，наябрь，2004г. 04/362.
② Е. 格罗津洛娃：《上海合作组织—亚洲地区能源合作的有效机制：形成与发展前景》（俄文版），阿拉木图，2005 年版，第 126 页。

俄罗斯是世界最大的天然气出口国。"一条将俄罗斯和中亚地区的能源源源不断输向中国和西方国家的多方式运输能源走廊正在建设之中。"① 目前，中俄两国已签署了战略合作协议框架。俄罗斯计划从两个战略方向向我国输出天然气。除了东线管道外，主要是西线管道：从俄西西伯利亚经阿尔泰边疆区进入中国新疆，最终与"西气东输"管道连接，向中国沿海地区供气。2006 年 3 月，中俄签署了《关于从俄罗斯向中国供应天然气的谅解备忘录》，共同决定，5 年之内建成全长约 3000 公里的西线管道，年输气量达 300 亿至 400 亿立方米。双方均认为，这条陆上运输管线与海上运输相比更加稳妥。每年进口量将达 600 亿至 800 亿立方米。此后不久，"中国俄罗斯年"普京总统以"能源"为主题的访华之行又重提这一意向。俄罗斯向中国西北地区供应能源主要借哈俄之间管网相连，利用哈萨克斯坦的管线向中国输送。2009 年 8 月，俄罗斯政府通过了《2030年前俄罗斯能源战略》。这个文件预定在探明新产地和发展交通基础设施方面投资额将达 2 万亿美元②，主要用于扩大向亚洲太平洋地区国家的石油天然气出口。

乌兹别克斯坦也是世界能源重要出口国之一，拥有石油资源量超过50 亿吨，天然气资源量超过 5 万亿立方米，已探明石油储量 5.3 亿吨、天然气约 3.4 万亿立方米。乌兹别克斯坦石油天然气国有控股公司一直与我国大型企业进行开发能源领域的合作。目前中国石油天然气集团公司已成功获得乌兹别克斯坦咸海水域油气勘探和在乌陆上 5 个区块勘探两个油气的合作开发项目。与中国石油天然气总公司以及"吐哈"油田等大型公司正在进行的能源地质勘探和开发方面投资项目的合作，把资源优势转变为现实成果，把合作潜力转化为互惠互利，成为中乌两国合作伙伴关系的共识。乌兹别克斯坦共和国还是土库曼斯坦对外运输天然气的过境国。在能源合作领域该国无疑是土库曼斯坦向中国供应天然气的一座"桥梁"。

土库曼斯坦共和国是里海沿岸国家，能源的富有是其国民的骄傲。这个国家一直主张同中国展开能源合作，并把东北部里海边的一个油田交给

---

① B. A. 马特维耶夫：《上海合作组织框架下国际经济合作能源运输基础结构的形成》（俄文版），第一届欧亚国际学术论坛的报告，西安，2007 年 11 月 5 日。

② 亚历山大·裴捷尔逊：《俄罗斯，中国和在中亚的地缘能源政治》，莫斯科欧洲改革中心、莫斯科卡内基中心，2012 年版，第 14 页。

中国开采。2006 年土库曼斯坦总统尼亚佐夫访华期间，中土签署了从 2009 年起每年向中国出口 300 亿立方米天然气的 30 年长期合约。协议规定，中土天然气管道在 2009 年前建成。2007 年开始建设，2009 年年底中土管道竣工，成为我国天然气进口的一个重要来源。中土两国并不接壤，这条天然气管道途经乌兹别克斯坦和哈萨克斯坦的领土，从中国新疆霍尔果斯入境，与"西气东输"管道对接，绵延 7000 多公里。途经的哈、乌两国都是天然气丰富的国家，并且都有向中国输送天然气的具体方案和规划。2010 年中国与乌兹别克斯坦和哈萨克斯坦达成"中亚—中国"天然气管道（ГЦАК）与其两国国内管线系统对接的协议。中土天然气管道开通后，哈萨克斯坦、乌兹别克斯坦和土库曼斯坦三个中亚国家通过长 1833 公里的"中亚—中国"天然气管道（ГЦАК）同时为中国供气。中亚天然气管道 A 线建设始于 2008 年 6 月 30 日，于 2009 年 12 月 15 日投入运行。2010 年 10 月中国—中亚天然气管道 B 线竣工。2012 年 9 月 C 线全面启动建设，2013 年年底实现线路贯通。2014 年 9 月 13 日中国—中亚天然气管道 D 线开工，这条管道途经乌兹别克斯坦、塔吉克斯坦和吉尔吉斯斯坦三个国家，与已建成的连接土库曼斯坦、乌兹别克斯坦、哈萨克斯坦的 A、B、C 线并集，形成中国—中亚天然气管道网，成为我国西北天然气进口重要通道，构成中国引进中亚天然气的大动脉。目前我国西北地区作为中亚国家向中国输送油气资源的"聚合地"和"门户"的作用愈显突出。

综上所述，展开"能源外交"，复兴"丝绸之路"已成为中亚国家与中国发展经贸关系、保障能源安全的突破口。不仅为中国提供了安全可靠的石油进口来源，同时也使哈萨克斯坦、俄罗斯、乌兹别克斯坦、土库曼等国家获得了新的稳定的石油出口市场。在此基础上，聚焦我国西北的能源合作是地缘优势所定，是地缘安全利益所需，已构成"丝绸之路"沿线国家关系的重要内容。

第三节 能源安全：问题、难点与建议

能源是人类赖以生存和发展工业、农业、国防、科学技术，改善人民生活所需的燃料和动力来源。能源安全是国家安全体系的重要组成部

分，系指国家关涉国计民生，国防、工业和农业生产，解决能源供需矛盾，确保能够支付及可持续的能源供给能力的稳定性和安全性。随着21世纪初世界能源紧张、能源竞争和国际原油价格持续走高，能源安全成为全球性的重大课题。世界各国纷纷寻求能源安全的长久之策。区域之间和国家之间多元化的能源合作日益紧密，成为保障各国能源安全的必由之路。

长期以来影响中国能源安全的主要问题是石油天然气进口来源的单一性和潜在供给能力的脆弱性。随着我国经济的高速发展，能源需求日益增长，石油天然气的消费量和缺口逐年加大，能源安全问题愈显突出。国家能源安全的关键是避免供求关系的断档风险，保证能源供应的持续稳定。长远利益构成新时期我国能源战略的突出特点。为了确保国家能源安全，我国根据国情形成了"来源稳定，运输安全，价格合理，环境保护"的新时期能源安全观。根据这个标准，上海合作组织成员国的俄罗斯、哈萨克斯坦共和国等是比较理想的合作伙伴。另外里海—中亚油气产区的其他国家阿塞拜疆、伊朗、土库曼斯坦及其紧邻的乌兹别克斯坦正在积极发展与我国的能源合作。这些国家实行的"出口型"能源安全战略，与我国能源安全利益相辅相成、互为补充。从维护"共同安全"和促进"共同发展"的目标出发，通过能源纽带把"丝绸之路"重要路段的各国国家利益联系在一起，无疑对实现这一地缘政治板块的战略稳定和经济安全大有助益。我们已经看到，"丝绸之路"中国至中亚路段沿线各国多元化能源外交战略而勾勒出一幅立体的现代化图景。然而不容忽视的是，在能源安全保障方面还存在着不少潜在问题和矛盾。

一　地缘政治环境对能源安全之影响

21世纪第二个十年：石油开采工作已成为国家经济的特征。……石油天然气部门地质勘探工作的大规模开展乃是重要的因素。伴随商品运输量的增加，输油管道的延展、通讯互联网络的共享及其扩大，以及现代化形式的不断出现，经济基础设施领域已显示出强劲的动力。[①] 随着国际政治格局的深刻变化和全球性能源紧张化，里海—中亚国家愈发深刻认识到，"各自经济之间的相互联系"和"可持续发展只有在一个合作的环境

---

① Ю. Г. 亚历山德罗夫：《面对现代化壁垒的哈萨克斯坦》（俄文版），俄罗斯科学院东方学研究所，莫斯科，2013年版，第212页。

中才能得以保障"①。我国已同中亚国家达成了共识：加强能源合作、应对能源挑战、保障能源安全。

里海地区国家石油和天然气储量与开采量②

国家	石油储量 （十亿桶）	石油日开采量 （百万桶）	天然气储量 （万亿立方米）	天然气年开采量 （十亿立方米）
阿塞拜疆	18.2	1.1	4.1	17
哈萨克斯坦	68.9	1.6	5.8	36
土库曼斯坦	15.9	0.2	11.9	41
乌兹别克斯坦	4.3	0.1	3.7	66
里海沿岸其他国家③	1.3	0.0	0.3	0.1
总计	108.6	2.9	25.8	159
占世界指标的百分比	4.7%	3.5%	6.9%	5.1%

"西接能源"是我国地缘政治的突出特点之一。里海—中亚油气产区所覆盖的俄罗斯、哈萨克斯坦、土库曼斯坦、乌兹别克斯坦、吉尔吉斯斯坦、塔吉克斯坦、阿塞拜疆和伊朗等国环绕我国西北周边形成了"月牙形"能源带。远在古代，这里的人民就曾通过蜿蜒的"丝绸之路"与我国进行物贸交流。如今这些国家依然利用传统优势维护自身利益，主动积极地展开与我国的石油天然气合作。从地缘战略意义上讲，这一地带对我国能源安全利益的影响在于：一是我国石油天然气资源的重要补充，二是利用相关平台，增进各国间能源政策的理解，能源战略的协调，优先项目的合作，有利于确立我国在国际能源市场竞争中的主动性和话语权地位。但是从目前的情况看，里海—中亚能源带的地缘政治环境并不尽如人意。

（一）大国的地缘政治和地缘经济压力是能源安全的主要威胁之一

里海—中亚能源带位于欧亚大陆交通枢纽，被国际社会公认为21世纪世界经济发展的三大能源库之一。资源价值和地缘价值的综合使其成为

① 玛莎·奥卡特：《成熟的中亚国家》，《第一届欧亚学术研讨会—新丝绸之路与世界和谐》（英文版）发言，中国西安，2007年11月4—6日。

② 亚历山大·裴捷尔逊：《俄罗斯，中国和在中亚的地缘能源政治》（俄文版），莫斯科欧洲改革中心、莫斯科卡内基中心，2012年版，第35页。

③ 里海地区其他国家指亚美尼亚、格鲁吉亚、吉尔吉斯和塔吉克斯坦。

大国利益冲突和国际资本激烈竞争的舞台。据不完全统计，目前已有美国、英国、法国、德国、意大利、土耳其、加拿大、日本、印度、沙特阿拉伯、韩国、俄罗斯、中国、阿根廷、匈牙利、阿曼和阿联酋等数十个国家的众多公司（主要是石油公司）云集这里进行石油勘探开发和原油炼制及销售等活动。

在里海—中亚能源带的利益争夺中当属美、日、俄最为活跃。其中美国因素最为突出。美国从全球战略和自身能源安全利益出发积极介入这一地区，试图控制里海—中亚地区的能源开发和利用权。"西方大国投入数百亿美元，拟将中亚地区变成一个巨大的能源生产和中转运输的试验场。"①

对于俄罗斯来讲，中亚始终处于至关重要的地缘政治、地缘战略、地缘经济的优先地位。"这是俄罗斯联邦外交政策的客观现实和常态化，在其一体化计划中具有不变性。"② 俄罗斯为了维护与这一"战略利益区"的特殊关系和地缘安全利益，全力打造与中亚国家在传统经济、能源开发和交通运输等领域的经济产业链，旨在提升自身的影响力，与美国的战略威胁相抗衡。2010 年俄罗斯与哈萨克斯坦和土库曼斯坦签署了关于适应现代要求扩延从这两个国家向俄罗斯输送给天然气主体管道长度的新协议。这个协议标示着俄罗斯对里海中亚国家的长远战略目的。

日本为了在里海—中亚能源带争得一席之地，提出了"丝绸之路能源计划"，并启动了"与里海—中亚国家能源合作对话机制"，以强化自己在里海能源争夺战中的地位，并配合美国牵制俄罗斯和中国在这一地区的影响力。可见，"大国的地缘政治和地缘经济压力是中亚国家能源安全的主要威胁之一"③。

"页岩气革命"使美国成为世界上唯一实现页岩气大规模商业性开采的国家。2009 年以来，通过页岩气的开发，美国进入了天然气自给自足的时代，且已超过俄罗斯成为世界第一天然气生产国。故此，里海—中亚国家的天然气对于美国来讲其实无关紧要。至于里海—中亚国家的石油，

---

①　В. А. 马特维耶夫：《上海合作组织框架下国际经济合作能源运输基础结构的形成》（俄文版），第一届欧亚国际学术论坛的报告，西安，2007 年 11 月 5 日。

②　安德烈·瓦列金诺维奇·格罗津：《中亚反俄罗斯和反欧亚空想理论家的俄语传送器》，《大陆》（俄文版），2014 年 12 月 8 日。

③　М. У. 斯潘诺夫：《经济安全：系统分析的经验》，阿拉木图，1999 年版，第 112 页。

美国将其视为掌控国际市场行情的一个不可多得砝码。质言之，美国在里海—中亚的战略利益带有浓厚的地缘政治色彩。美国历来追求在世界舞台上的绝对领导权，首先将俄罗斯和中国视为竞争者。里海—中亚石油天然气成为美国遏制中、俄的一枚棋子。不仅在政治和军事上，而且在能源方面，它推行了一套对抗俄罗斯、抑制伊朗和围堵中国的现实主义的"大中亚路线"。为了与俄罗斯角逐里海—中亚能源带的主导权，美国开辟了一条里海地区石油生产国绕过俄罗斯的运输管线，即世界最长的、直达西方的"巴库—第比利斯—杰伊汉"输油管道，使里海地区成为美国石油天然气的可靠来源。从地缘角度分析，美、俄之争促发了许多不确定因素，对我国在这一大市场的能源合作、管线建设、经济份额和安全利益构成潜在影响。2006 年 5 月，美国副总统切尼访问中亚，旨在敦促哈萨克斯坦和土库曼斯坦对输油管道的走向做出"正确选择"。2006 年 6 月 17 日在亚信第二次元首峰会前夕，哈萨克斯坦总统纳扎尔巴耶夫与阿塞拜疆总统阿里耶夫正式签署协议，加入了巴—杰管道石油出口项目。哈萨克斯坦还宣布通过横穿里海的水路向这条管道每年输送 2000 万吨石油。长期以来美国在俄哈、中哈能源合作问题上一直采取挤压政策。但是鉴于中亚国家在能源政策方面均坚持自己的独立性，哈萨克斯坦仍然根据国际石油价格的情况和自己的实际石油开采和输送能力/年，提出哈方通过中哈输油管线计划向中方供油 2000 万吨/年的承诺计划。

此外，目前最让美国感到不安的是上海合作组织成员国之间在能源安全领域达成的合作协议。2006 年 6 月 14 日至 15 日，"上海合作组织"成员国在上海举行成立五周年纪念日。与此同日，美国主持并邀请土耳其、阿塞拜疆、阿富汗等一些中亚和西亚国家在土耳其的伊斯坦布尔市召开"大中亚国家代表会议"，讨论"大中亚"地区的经济问题。美国抛出"中亚能源与安全一体化方案"，即通过巴库—杰伊汉石油管线，整合中亚及外高加索国家的关系，形成以土耳其为首的地区性经济安全合作组织，将中俄两国拒之门外。从长远看，美国会继续加大对这一地区的政治和经济渗透力度，甚至对中亚国家进行内部分化，增强其能源控制力，与上海合作组织展开更深层次的博弈。

（二）多重矛盾相互交织、安全形势脆弱多变，不确定因素影响能源合作

里海—中亚地区是多种文明的交汇地带，民族众多、信仰不一，被视

为"种族的大熔炉"和"欧亚大陆的巴尔干"①。这一地区存在不少非传统安全问题。地缘政治因素是一个显著特征。苏联解体，其空间地图的变化使原有的民族、宗教问题凸显跨国性，直接影响到国家间的关系。而由于历史渊源、地缘政治和地缘文化因素，这一地区极易受到周边地区政治局势和民族宗教问题的影响。特别是分裂主义、极端主义和恐怖主义利用民族、部族关系的复杂性和宗教的敏感性与政治发生联系，激化民族矛盾，亦是影响这一地区安全的重要原因。值得注意的是，由于诸多原因所引起的"主体民族化"和"少数民族边缘化"这对矛盾的升级不能排除，往往以"突发"的形式表现，而成为国家或地区民族关系的新热点。加上里海法律地位长期悬而未决，环里海沿岸国家在资源归属、出口管道和勘探开发方面的矛盾和竞争愈演愈烈。

除此而外，美、俄的战略利益争夺，更加剧了这一地区国家间关系的复杂化。就周边环境而言，遗患无穷的阿富汗，政局不稳的巴基斯坦、冲突不断的克什米尔等热点地区围绕周边。阿富汗和北高加索等动荡地带输出的分裂主义、极端主义和恐怖主义势力，进行毒品走私，购买武器装备，营造军事培训基地，利用民族、宗教因素在这里频频制造突发事件。2014年下半年以后，在中东地区兴风作浪的 ISIS 决定拨款 7000 万美元在中亚开辟"第二战线"。ISIS 在土库曼斯坦与阿富汗交界地区②出现。就现状而言，土库曼斯坦始终坚持中立国地位，政治体制特殊；与俄罗斯、乌兹别克斯坦、哈萨克斯坦、塔吉克斯坦、吉尔吉斯斯坦各中亚国家，以及集体安全条约组织、上海合作组织等地区组织缺乏关于集体安全保障的沟通协调机制。2009年1月土库曼斯坦据其特殊的政治体制通过了"新军事学说"，其主导思想是，国家面临的基本威胁不是来自外部，而是来自国内。在这一军事学说的指导下，土库曼斯坦大量裁减了武装人员配置，导致其国家武装力量在应对外部威胁，尤其是陆地边界的防御能力十分薄弱。2014年年底，国际联军撤离阿富汗以后，阿富汗现有的安全部队难以控制本土安全局势。土库曼斯坦共和国与阿富汗有 744 公里的边境线。土阿边境地区的情势对整个中亚和里海区域都会产生影响。所有这些问题交织在一起使里海—中亚地区的安全形势十分脆弱。对我国来讲，与

---

① 兹比格纽·布热金斯基：《大棋局》，中国国际问题研究所译，上海人民出版社 1998 年版，第 162、164 页。

② 同上。

这一区域存在着重大的利益关系。在经济方面，我国是里海—中亚地区进口油气的最大国家之一。在政治方面，中亚地区的稳定关乎我国西北的安宁。由于中亚国家对境内局部地区的控制能力有限，使这些地方成为"东突"分裂主义、"基地组织"残余、"乌兹别克斯坦伊斯兰运动"等恐怖分子逋逃之渊薮。这几股势力纠集在一起，将中亚作为分裂中国的前沿阵地，在我国西北边疆制造了多次恐怖袭击事件，危及祖国的统一、各民族人民的根本利益以及国家间关系。而且，我国西北部的发展需要稳定的外部周边环境。目前，加大从周边油气生产国的陆路进口已经成为保障我国能源安全的重中之重。而恐怖主义以纵火爆炸进行目标攻击的常用活动方式，对我国西北与中亚国家进行经贸技术合作的政府官员、工程技术人员、交通和基础设施、设备和通信系统等的安全存在着极大的破坏性隐患，将直接影响"丝绸之路经济带"的建设和我国西向的石油天然气合作。因此启动"新丝绸之路"中国与里海—中亚国家能源战略通道"反恐工程"，是确保能源合作和能源安全的有效途径之一。

（三）中亚国家"多向量能源政策"将不同程度影响与中国的能源合作

中亚国家不同程度存在恐华、排华情绪。一些人认为邻居中国经济的飞速发展，必将对其本国造成威胁，进而反对和阻止双边能源合作。其本国多向量能源政策的制定加剧了这一现象。突出事例是：2007 年 11 月中国中信集团在收购哈萨克斯坦卡拉赞油田时，哈石油和能源部长及部分议员表示反对。他们提出，目前中国公司控制着哈国年石油开采的 1/4，如此规模必将对哈萨克斯坦的主权和国家安全构成潜在威胁，并呼吁政府采取措施限制中国石油企业在哈的发展。尤其近年来伴随着国家经济的快速发展，哈萨克斯坦已经成为一个相当自信的国家，致力于取得和扮演地区引导性地位的角色；在国际合作中坚持不以狭隘的眼前利益牺牲国家的长远利益取向。哈萨克斯坦在西方、俄罗斯和中国之间采取灵活的多向量战略，在石油对外市场方面确立了多元路径：（1）经俄罗斯至波罗的海和黑海；（2）向东至中国；（3）沿里海到巴库，由巴库依国际管线至黑海和地中海；（4）沿里海至伊朗。如何理解和诠释哈萨克斯坦的石油、天然气路线图成为中亚国家不同阶层是否认同本国与中国能源合作的重要因素。在这个问题上俄罗斯学者 Ю. Г. 亚历山德罗夫强调："需要正确地评估实际上扩大石油和天然气的开采及其出口的多元化。首先是以这种形式吸引大量外国投资，以使这种情况不会导致国家主权的事实损失及其资源的流失，而相反，会使多元化出口变成国家经济发展和现代化'火车头'。"①

有鉴于此，通过"丝绸之路经济带建设"平台，搭建定期能源对话渠道，建立能源专家和政府官员交流互访机制，扩大共识，建立互信，强调互惠共赢，淡化和消除"中国威胁论"影响，取信于邻，极为重要。

二　问题、难点与建议

除了地缘政治因素的影响，我国与里海—中亚国家的能源合作和安全保障还存在着一些具体问题和难点，需要各方共同努力，协商解决。

（一）技术问题

由于中国与周边国家相关部门的技术标准和海关计量标准不同等因素，一定程度上困扰着彼此合作的顺利进行。诸如中哈石油管道竣工后，哈萨克斯坦原油抵达新疆阿拉山口后的一定时间内最后段闸门迟迟不能打开等问题的出现就是例证，需要合作方专家会诊、共同协商、解决和改善具体的生产技术问题。

（二）投资问题

对能源供给基础设施投资的不足是能源安全面临的挑战之一。这与合作国家的投资环境，包括经济发展状况、基础设施、结算方式、财税制度、法律规范等密切相关，如不能同步建设，很难互相衔接。中亚国家最主要的问题是在政策层面上引资乏力，投资短缺，技术设备落后。由于政策制度的经常性变更直接影响投资收益的稳定性，投资风险较大。因此在与中亚国家的能源合作中，必须对其相关投资政策密切关注，作动态的跟踪分析和综合判断。

（三）规范问题

由于国情不同，利益不同，无论是双边还是多边合作都会有一些有形或无形的壁垒，这就需要建立统一的规范，建立各国政府和企业在能源合作领域交流的平台。平等、互惠、互利是基本原则，是保证"丝绸之路"沿线国家合作共赢的前提。目前的问题是中亚国家结算方式不规范，法律法规多变数、随意性强，这是长期以来我国与中亚国家经贸合作的一个难点。为保证双边或多边能源合作的安全，除各合作国的立法外还应加强国

---

① Ю. Г. 亚历山德罗夫：《面对现代化壁垒的哈萨克斯坦》（俄文版），莫斯科，俄罗斯科学院东方学研究所，2013 年版，第 107 页。

际法规范和运作。

（四）协调问题

中国与周边国家能源合作的另一个难点是国家间的协调，即多边协调。从发展前景来看，计划内油气管线的建设将途经第三国或数国，国家越多，协调的难度就越大，这里面不仅有经济、技术和基础设施等方面的原因，还有政治、人文、安全等多重因素。发挥上海合作组织的协调作用尤为重要。

针对目前我国西北与俄罗斯、中亚国家在能源合作和安全领域存在的制约因素，提出以下思考。

1. 保证不可再生资源的安全是我国西部大开发可持续发展战略的重要内容

石油、天然气作为不可再生资源是我国能源安全的焦点之一。除了以多元化能源供给方式作为能源安全的基本手段外，发展可再生能源，积极寻找能源替代品，节约不可再生资源，保护石油、天然气免遭浪费和破坏；是我们面临的一个非常紧迫而现实的问题，成为中国能源安全战略的必然选择，也是利在千秋、造福子孙的伟大事业。而这项工作技术成本高，开发难度大，要产生一定的经济效益、社会效益和环境效益，政府政策的扶持至关重要。

2. 开发本地资源和利用境外资源同时兼顾，扩大自身发展空间同开拓周边市场互动

我国西北地区虽然资源丰富，但优势资源转换水平和石化生产的发展面临着市场的挑战。从目前情况看，通过开发资源带动经济增长的空间有限。单纯的资源开发很可能成为一种长期、低效的被动工程，同时加重财政负担。因此与地方经济结构配套，开发深加工产品，发展石化工业，将资源优势转化为产品优势，带动贫困地区发展经济；利用"东联西出"的地理区位优势，把西北地区的开发同周边国家的经济合作紧密结合起来，以建立跨国经济合作区的方式，把开发扩大自身发展空间同开拓周边市场结合起来。

3. 调整发展思路将我国西北由单纯的能源开发区向储备基地和油气输送大通道转变

从国家"十一五"规划实施起，我国西北地区的资源开发进入了一个新的发展阶段，单纯的能源开发势必加速资源的枯竭。从可持续发展战

略和地缘经济的角度出发，调整发展思路，确立立足自我与利用境外资源兼而并蓄的西北石油储备战略；变单纯的能源生产基地为能源储备基地，变传统的资源开发区域为利用邻国油气资源的"桥头堡"，尽快启动实施俄罗斯至新疆、哈萨克斯坦至新疆、土库曼斯坦至新疆和乌兹别克斯坦至新疆的 4 条天然气管道项目，并与"西气东输"管道对接，将中亚国家，特别是里海沿岸国家的石油天然气输往我国东部地区，充分利用周边国家的油气资源，减轻和缓解我国西北的油气开发强度及生产压力，确保这一地区油气工业的可持续发展和维护国家能源安全的使命。

4. 强化上海合作组织的协调作用，保证成员国的能源合作和能源安全

上海合作组织成员国在能源合作中面临着共同的安全问题。"关键是对中亚地区情势的评估和阐明各国在能源安全领域多方合作的可行性和发展前景。"① 中哈石油天然气管道的开通无疑为上合组织成员国之间的能源合作树立了成功的典范。近年，哈萨克斯坦共和国根据自身经济发展水平和可持续发展的需求，修订和颁布了一系列"改善投资环境"和"稳定外国投资及保护外国资产"的法规政策，但是在实施过程中存在诸多的不确定性，往往以各种借口对外国投资者予以限制和施加压力。一些海关和税收优惠政策正在逐步取消。另外，哈萨克斯坦政府对开采石油天然气及其加工产品的技术标准要求越来越高，并在一定程度上规定国外公司雇用当地劳动者和使用其国内设备。这些因素引起了俄罗斯等国的担心，也应引起我国的重视。能源战略是乌兹别克斯坦外交政策的主要取向。独立 20 多年来，该国一直保持着前苏联时期中亚能源中心的地位，但是历史形成的与之接壤的定向能源输出国吉尔吉斯斯坦和塔吉克斯坦现阶段或国内政局不稳，或经济形势堪忧，财力不支，危及其安全。在此情势下，乌兹别克斯坦急于寻求有支付能力的能源输出对口国。地区大国俄罗斯和中国是其首选。乌兹别克斯坦提出的方案之一是将中、俄支付给它的能源专款用于维护吉、塔政局的稳定，以保证其本国和地区的安全。吉尔吉斯斯坦和塔吉克斯坦因经济发展与其他国家有一定差距，能源战略基本类似，主要是在地区合作组织的框架内进行能源合作，且在某种程度上依然

① 哈萨克斯坦共和国总统基金会下属的世界经济与政治研究所：《上海合作组织：形成与发展前景》（俄文版），2005 年版，第 109 页。

采取传统的易货贸易方式（主要用水电进行交换）。这两个国家在吸引外资开采碳氢化合物方面，因运输能力所限，首选中国和独联体国家，基本不考虑西方国家。由于某些中亚国家的支付能力薄弱，俄罗斯则根据市场行情从中亚引进最便宜的能源，以满足日益增长的内部需求，而将本国的油气投入国际市场，或提供自己的设施输送中亚的能源，利用其间的差价从中获利。上述问题和矛盾都程度不同地影响到上海合作组织成员国之间的能源合作与能源安全；往往不是单方或双方能以妥善解决的，需要中国、俄罗斯和中亚国家等有关方面共同磋商。"上海合作组织是唯一具有能力保护成员国能源体系和能源安全的有效机制。"① 有鉴于此，在上海合作组织框架内建立常设性能源合作协调机构和制度化的能源合作论坛很有必要。通过协调机构，秉持求同存异，深化合作的根本原则和灵活策略，协调成员国之间的意见和要求，增进相互理解，密切合作关系。通过论坛，共商地区能源合作事宜，制定地区能源安全保障方案和长期战略。

"和平发展""和谐世界"，同周边国家永作"好邻居、好伙伴、好朋友"是我国的基本国策和外交战略。展望未来，以"互信、互利、平等、协作，尊重多样文明，谋求共同发展"的"上海精神"，联合各国力量，构建能源通道，建立一种能够顾及能源生产国、过境运输国和生产国之间利益平衡的可靠能源供应体系，保障能源安全，建设和谐繁荣的欧亚地区，已成为上海合作组织各成员国共同的战略目标。实现这一目标的一个有效途径，就是建立上海合作组织框架下的有效的能源领域协调机制。

---

① 哈萨克斯坦共和国总统基金会下属的世界经济与政治研究所：《上海合作组织：形成与发展前景》（俄文版），2005 年版，第 108 页。

第六章　中国与中亚：边境口岸经济的涉外性特点

——新疆霍尔果斯口岸发展鸟瞰

　　"边境"指一个国家疆域内边远而靠近国界的地方。从地理概念诠释，边境地带具有国界线和毗连邻邦的地缘特征，是国家对外开放的门户和通道。由于源远流长的历史之因，我国边境地区均为少数民族的聚集地，且有诸多人民与邻国同源族群跨国界而居。鉴于边境地区特殊的地理区位和人文特点，自汉唐以来，我国历代王朝都在边陲开辟关隘，设置驿站，与国外交往。新疆自古为中国与周边国往来的商道通衢，现有国家一类陆路边境口岸15个，其中霍尔果斯口岸是中国西部历史上最悠久、向西距离中亚中心城市最近、地理位置最优越、综合运量最大、自然环境最好、功能最齐全的国家一类陆路口岸。

　　霍尔果斯口岸位于我国新疆伊犁哈萨克自治州霍城县西北，距哈萨克斯坦共和国霍尔果斯（Xoproc）口岸15公里。"霍尔果斯"，蒙古语意为"放牧的好地方"。早在隋唐时期，这里就是古"丝绸之路"新北道上的一个重要驿站。清代初年，是伊犁索伦营驻防的六座卡伦之一。同治年间（1862—1874），中俄划界后成为边境哨卡，旧称尼堪卡。1881年，霍尔果斯正式成为中俄两国之间的通商口岸。1949年尼堪卡改称霍尔果斯口岸，对外贸易国有化。因其地理位置优越，遂成为中苏贸易的最大口岸。1962年由于中苏关系破裂，霍尔果斯口岸进出口急剧减少，1967年闭关。1983年11月16日经国务院批准，霍尔果斯口岸恢复开放，外向型经济迅速发展。口岸经济是其发展的重心和培育新的经济增长点的重要突破口。

　　2010年5月中国中央政府召开新疆工作座谈会，提出"充分利用欧亚大陆桥交通枢纽的独特区位优势，在喀什、霍尔果斯各设立一个经济开发区，实行特殊经济政策，将其建设成为我国向西开放窗口和新疆经济增长点"，进一步明确了霍尔果斯特殊经济开发区的功能定位、区域面积、产业布局、体制机制及相关优惠政策措施。2010 年 7 月 8 日哈萨克斯坦共和国再次确认了中哈边境五个多边口岸①，霍尔果斯口岸居首。哈萨克斯坦共和国还提出建立"中国—哈萨克斯坦新疆国际铁路集装箱运输公司"合资企业，以增加霍尔果斯等口岸的货物流量和吸引中国物资。鉴于霍尔果斯口岸在地缘政治和地缘经济中的独特优势和示范效应，在口岸经济的涉外性方面具有诸多鲜明特点。

第一节　涉外性是口岸经济的本质属性

边境口岸是国家对外开放的最前沿和重要的基础设施，是进出口贸易的交汇点；具有跨国界、跨地域、连接国际、国内两个市场和两种资源的特征。口岸经济是以口岸为核心，直接或间接依托口岸而存在和发展的跨国度、跨区域、跨行业、多层次的复合型经济，由与口岸相关的产业构成。口岸经济必然是与国际市场接轨的涉外经济。

中国改革开放以后，特别是与中亚国家建交 20 多年来，霍尔果斯作为现代化的口岸，其功能定位已不再是历史上客货进出的通道，而是集人流、物流、资金流和信息流等于一体，包含贸易洽谈、仓储运输、博览展销、技术产业开发、商贸金融、电子商务、保税加工、宾馆饭店、服务设施、涉外商务和旅游购物等领域的外向型经济中心；是中国与中亚国家开展经贸往来、文化交流最为便捷的国际大通道。从我国西北边疆及周边国家所形成的跨境自然经济区域这一视角看，霍尔果斯口岸的中心地位日益突出，涉外性影响不断扩大。它不仅在中国向西开放的"经济外交"战略中担当"门户"的角色，而且在与中亚国家改善和共建经贸环境中发挥着重要的作用。

2003 年 6 月，中哈两国达成共识建立"中哈霍尔果斯边境自由贸易区"。经过中哈两国的共同努力和运作，围绕霍尔果斯口岸形成了一个国

---

① 指可以接受和放行来自或前往第三国的车辆。哈萨克斯坦再度确认的中哈边境 5 个多边口岸是：1. 中哈双方均为霍尔果斯（Хоргос）口岸；2. 哈方多斯特克（Достык）口岸，中方阿拉山口口岸；3. 哈方卡尔扎特（Калжат）口岸，中方都拉塔口岸；4. 哈方巴赫特（Бахты）口岸，中方巴克图口岸；5. 哈方马伊卡普恰盖（Майкапшагай）口岸，中方为吉木乃口岸。

际上首创的国家间边境经贸合作中心。其国际性的功能定位和"境内关外"的管理模式，以及两国共同确认的优惠政策，给口岸外向型企业的发展带来了新的机遇。

　　基于霍尔果斯口岸的多元涉外性特征和发展前景，在依托霍尔果斯口岸优势进行涉外性经济贸易活动中，在中国—哈萨克斯坦国际边境合作中心的建设中，全面掌握周边、地区和全球三个层次的实际地缘经济状况，寻找适宜、有效的战略手段，应对各种挑战，维护国家利益，构建"和谐周边"是核心要素。故此，关于市场需求对口岸外向型企业出口商品结构的正向影响和负面效应的分析，有关口岸的货源所在地和货物接收地的国家市场的特点分析，对货物运输量和必需的投资规模的评价分析，民族经济领域中出口前景的可行性分析，以及这条国际交通走廊与其他的大陆交通走廊的交汇性等方面的考察尤为重要。这些都是口岸经济涉外性本质属性所提出的具体问题。就此进行决策层面和外向型企业运行层面的细化和量化研究，以强化口岸管理协调、口岸货源运输、口岸查验监督、口岸综合服务等方面的涉外性功能，充分发挥口岸的资源优势及其对外向型企业的诱入和凝聚作用，吸引更多国内外企业来此投资，建设和培育口岸物流园区，进而形成具有创新活力的贸易产业带；并通过其引擎辐射，推进包括中国新疆在内的整个中亚区域经济的快速发展。

第二节　口岸是外向型经济发展的重要平台

　　与口岸相关的外向型经济，主要指依托口岸功能而存在和发展的进出口企业的生产经营活动。口岸是实现全面对外开放，建立和发展外向型经济的重要平台。随着我国对外开放基本国策的深入实施和经济建设的进一步发展，口岸在加强国际政治经济交往、改善投资环境、发展和深化外向型经济、促进社会经济繁荣的基础性作用日益凸显。因此，发展口岸经济是边疆民族地区经济发展的关键内容和依托。霍尔果斯口岸是我国西北边疆少数民族地区的特色和标志之一。大力发展口岸经济为中外商家企业创造了更多更大的发展空间。口岸经济发达，对当地和周边国家和地区的工农业生产、交通、仓储、商贸、金融、保险、信息、服务等一系列行业的外向型发展起到极大的牵动作用。

20 世纪 90 年代，我国实施沿边开放战略。1991 年 8 月，随着哈萨克斯坦第一批旅游购物团从霍尔果斯口岸进入中国新疆伊宁市，拉开了边民互市的帷幕。霍尔果斯一个原本默默无闻的少数民族边境县充分发挥自己的地缘优势、人文优势、互补优势，发展特色经济，进而脱贫致富。沿海发达地区的一些大中型企业和外贸企业纷纷参与了边疆少数民族地区的地边贸易。一些以霍尔果斯口岸为依托的外向型企业在拓展中亚市场的过程中，逐步规范销售渠道，提高产品质量，根据中亚国家的市场需求，生产适销对路、质量可靠的产品，赢得了良好的信誉，建立并形成了自己的销售网络。与此同时，加大企业的知识产权保护，提高维权意识，使这些外向型生产企业得以健康有序的发展。其中，霍尔果斯口岸由初始单一的通道功能，推进为具物流功能、仓储功能、信息功能、服务功能、中介功能和管理功能为一体的多功能口岸和边境经济合作区，发挥了巨大的作用。

经过 20 多年的口岸建设，霍尔果斯口岸由昔日交通闭塞的边地转变为中国向西开放的窗口和新亚欧大陆桥的西桥头堡。其经营秩序不断完善、经营能力迅速提高，并已迈向国际化和正规化。霍尔果斯口岸通过以口岸经济为路径的对外经贸合作，互惠互利，良性互动，不但拓展并稳固了我国西向的地缘经济空间，而且带动了跨界区域的经济发展。它所产生的"外部经济效应"，已转化成巨大的辐射力量，不仅激活了边境贸易的发展，还牵引着整个地方和区域经济结构的优化和升级。目前已显示出安邦、睦邻、兴边、利民、富区的示范效应。

第三节　口岸政治功能与口岸经济功能相辅相成

口岸经济是与口岸伴生的客观存在。边境口岸因其涉外性，具有关系国家主权和国家安全的政治功能，与口岸经济功能相辅相成。霍尔果斯口岸作为中国西部最大的陆路通商口岸之一，贸易、旅游、探亲等各种人员交织，社情复杂。特有的"疆界性"地缘环境决定了它在维护国家主权、保证边疆跨越式发展和长治久安战略实施中的特殊地位。

1997 年 2 月 5 日，"东突"恐怖势力在新疆伊犁地区所制造的暴力恐怖事件曾造成局势不稳，导致外商纷纷撤资，一度致使外贸额急剧下降，口岸经济深受影响。活跃在中亚的"东突"恐怖组织在霍尔果斯口岸偷运大量武器弹药、手雷及爆炸装置，拟制造恐怖活动。1998 年 4 月 6 日，在新疆霍尔果斯口岸，中国警方从哈萨克斯坦入境的外籍货运车上，一次性截获军用手枪 6 支、微冲锋枪 1 支、各种口径的子弹 19000 余发、军用手雷 90 余枚等武器装备。中亚"东突厥斯坦解放组织"曾派遣 12 名恐怖分子由哈萨克斯坦进入中国边境，先后 18 次从霍尔果斯口岸偷运武器入境。2009 年"7·5"事件后，霍尔果斯口岸也出现入境采购减少、部分驻疆采购商撤离的情况。受金融危机和"7·5"事件的影响，中哈双边合作的具体经贸指标有所下降。据中国海关统计，2009 年 1—10 月中哈双边贸易额下降了 26%，进口和出口都下降了 20% 左右。据哈方统计，2009 年 1—10 月哈中双边贸易额仅为 75 亿美元，也有所下降，其降幅与我方的统计数据相似，为 25%。其中，哈对中国出口下降 24%，哈自中国进口下降 28%。现今，经过以维护法律尊严为核心，以改善民生为重点的政策调适、经济开发和兴边富民，边境地区民族团结、经济繁荣、社会稳定、人民安居乐业。然而，霍尔果斯地处边远，地缘关系、人文环境、社会情况相对复杂。国际分裂主义势力、极端主义势力和恐怖主义势力往往以此作为向中国及其周边国家安全发难的目标之一。哈萨克斯坦共和国在积极进行中哈霍尔果斯国际边境合作中心建设的同时，其国家强力部门已关注到本国境内三股势力的"霍尔果斯争夺战"。影响较大的组织主要是活动在哈萨克斯坦境内、霍尔果斯当地的"Атабинские"，靠近霍尔果斯的巴克图口岸的"四兄弟"（Четыре брата），以及活动在塔尔迪库尔干的"Атаба－лидер"。其宗旨是试图控制经中哈边境的商贸市场、汽车停车场，以操纵通霍尔果斯口岸的粮食、商品贸易和公路、铁路运输，以及建设中的能源管线，并利用霍尔果斯通道进行各类商品走私，特别是毒品走私。[①]

霍尔果斯为中国"极边扼要之地"。自有清之时，霍尔果斯"卡台"即"为商贾必由之路"，"外夷贩货，往往将鸦片烟土夹带进卡"。[②] 而今，与中国接壤，并与中亚毗连的阿富汗是世界毒品的集散地。全球 92% 的鸦片产自阿富汗。近来虽然阿富汗罂粟种植面积减少，产量下降，但 2009 年阿富汗的鸦片产量 6900 吨，仍占世界毒品的 90%。利用历史通

---

① 德米特里·巴基达耶夫：《霍尔果斯详解》，《哈萨克斯坦通报》，2007 年 11 月 9 日。
② 《大清宣宗成皇帝实录》卷 331，第 10—11 页。

道，取道哈萨克斯坦，从中哈边境霍尔果斯口岸经新疆，将毒品销往中国内地，亦是阿富汗毒品运出国界的途径之一。不排除中亚国际化、专业化贩毒集团的幕后操纵。毒品走私往往与恐怖主义密切相关。中亚是中国西北地区地缘政治和地缘经济发展的首要空间。霍尔果斯口岸地处中哈跨界区之前沿，来自中亚地区的非传统安全威胁和挑战，是我们在周边层次上维护国家地缘安全的深重忧虑之一。哈萨克斯坦学者在进行"中哈霍尔果斯国际边境合作中心"的安全风险评估时提出："霍尔果斯位于中哈边界，必须确保哈萨克斯坦边界的不可侵犯性，必须对往来车辆人员进行严密的验查。"① 哈萨克斯坦、吉尔吉斯斯坦、塔吉克斯坦等中亚国家是中国的主要贸易国。因此，"上海合作组织成员国"积极参与和推动国家间地缘政治、地缘经济和地缘文化的良性互动，在联手打击分裂主义、极端主义、恐怖主义和跨国毒品走私行动中，致力于消除潜在破坏源，共同营造稳定安全的地缘环境，确保霍尔果斯等过境口岸及其通道的安全，仍然是口岸建设、口岸经济发展和区域经济安全的要务。

第四节　跨界民族在口岸经济及跨界区域经贸合作中的作用

随着西部大开发战略的实施和沿边开放政策的深化，我国边疆民族地区与周边国家经济文化交流的规模逐渐扩大，合作领域不断拓宽，多种形式的贸易空前活跃。周边国家一些人民与我国一些同源民族跨国界而居，语言优势、文化共性、亲缘关系构成双方以口岸为渠道，开展边境贸易的人文特点之一。彼此之间在心理上形成的历史联系将产生"特殊效应"，发挥着其他方式所不可替代的作用。这一特点已成为我国对外开放、实现睦邻互信和友好合作的一个重要因素。

霍尔果斯口岸是我国西北跨界民族进行边贸活动的桥梁和纽带。当地有哈萨克、维吾尔、俄罗斯、回等民族与中亚国家同源族群跨界而居。我国的哈萨克族、维吾尔族、俄罗斯族、回族等边民充分抓住口岸发展的大

① 《哈萨克斯坦评论家》，第38期（总229期），2009年10月5日。*Эксперт Казахстан*，№38（229），5 октября 2009。

环境和历史机遇，通过自身优势与邻国的联系，大力发展外贸物流业。在霍尔果斯口岸诞生了许多少数民族企业家。他们成为繁荣边境贸易合作的生力军，为口岸经济的发展发挥了一定作用。

然而，在实践中还存在着一些影响我国边境贸易安全和边境人民合法利益的制约因素。主要是边境地区的地县综合经济实力比较薄弱，自我发展能力亟待提高，企业整体素质需要加强，市场竞争能力滞后等。一些私营企业还处于原始的非规范型的个体自由贸易状态，在进行跨国涉外贸易中存在很大的风险性。当外商欠款成行业潜规则的情况下，频发涉外经济纠纷。尤其是我国司法系统在经济纠纷和债务追讨方面，与对方所在国没有相互认可和制约的司法协议，所以我国的司法判决无法得到对方国家的司法承认和协助，难以跨国执行。这些因素不同程度损害了我国公民的权益，影响到边民互市、边境贸易的安全。故此，在中哈边境交界区域的经贸活动中，不断完善和有效发挥口岸的司法服务和执法管理功能，规范企业和个体经营者的生产交易行为，督促和监督其按照国际贸易规则订立涉外合同，并约定合同适用的法律仲裁程序等，以规避风险，维护我国各族边民利益，使当地跨界民族企业家利用地缘优势、亲缘优势和语言优势，进一步扩大边境贸易，不断提高对外开放的水平。

在口岸经济和跨界区域经贸合作中协调好跨界民族关系至关重要。跨界民族关系"是具有特定内涵的特殊的社会关系"①。之所以特殊，在于它不仅具有社会性、民族性，还具有涉外性。本质上涉及跨界民族作为社会利益群体的权力和利益，涉及某一跨界民族及其成员的意识和感情，也涉及具有同源民族跨界而居的国家之间的关系。跨界民族关系不仅是民族关系的组成部分，也是社会关系的一种表现形式。跨界民族关系反映在口岸经济和跨界区域经济合作领域，主要是尊重跨界民族的民族感情，疏通、利用和拓展跨界民族的亲缘关系，营造和谐周边，推进跨界区域的经贸合作；把国家提出的以安邦、富民、兴边、强国、睦邻为宗旨的"兴边富民行动"引向深入，促进边疆地区的社会经济文化的全面协调发展，进而保障地缘安全，有益于我国及周边国家各族人民的长远利益，更有助于地区的和平与发展。

---

① 刘敏：《民族地区特殊的社会关系及其战略调整》，《新华文摘》2008年第14期，第19页。

第五节　口岸经济涉外性发展中的问题与启示

在口岸经济的涉外性发展中，除了相关国家在不同时期对地缘利益有各自的确认，对地缘威胁有不同的排序，对地缘手段有独特的设计等因素的宏观影响外，在许多方面也折射出我国与中亚国家的经贸合作和安全保障还存在着一些具体问题和难点，需要各方共同努力，协商解决。

一　中亚国家推行保护民族工业和本国产品战略，中国应有前瞻性策略安排

霍尔果斯口岸是以中哈边境合作中心为先导，迅速成为跨境自由贸易区的。口岸发展定位于以对外贸易为主导，以出口产品加工和涉外旅游为两翼，形成面向中亚的出口产品加工基地。其建设中享有贸易、投资、所得税和营业税等宽松优惠的政策，吸引了众多的外向型企业，构成对外出口工业园区；针对中亚国家的市场需求，重点发展番茄酱、方便面、油漆、电子组装、制药、服装等出口加工业。伴随中哈边境合作中心的建立，这一定位取向是霍尔果斯口岸由中国边缘地区经济变成中亚地区经济运输中心的重要途径之一。但就周边国家的经济环境而言，随着哈萨克斯坦等国经济稳定增长，生产能力不断提高和推行保护民族工业的发展战略，我国的轻工、食品等行业的产品，在中亚市场上也面临着反倾销调查和进口限制的威胁。

近期，哈萨克斯坦政府根据本国良好的原材料条件和市场前景，提出健康发展轻工行业的决议。国家开发银行对轻工行业给予资金扶持，给一些重大项目提供融资，对轻工业原材料和加工设备进口关税进行下调。通过政策体系，保护本国产品免受中国产品冲击。目前，哈萨克斯坦有75%的进口鞋类来自中国。哈轻工业部门针对中国产品已提出在标准计量、产品检验和认证体系方面进行彻底改革，限制鞋类进口，使其国内鞋类，特别是童鞋产量增加一倍以上。同时，哈萨克斯坦还不同程度提高了纺织服装、机电等产品的进口关税，这样就有可能使我国大宗出口商品价格优势减弱，削弱出口竞争能力。综上均为其推行保护民族工业和本国产品的措施。对此复杂性我们应有全面了解，前瞻性地作出对策安排，避免出现风险和被动局面。

我们还应看到，由于历史的原因，中亚国家加工业的发展都处于起步阶段，积极吸引外来投资和先进技术，国家对此给予优惠政策。利用这一有利时机加强中国与中亚国家在加工领域的生产合作，以合资合作、以当地原料为主的境外加工等方式实现加工生产的本地化，扩大口岸外向型企业在中亚市场的特殊优势和占有率，应是发展取向之一。

二 中亚国家相关政策制度常态性变更，中国应作动态性跟踪分析和综合判断

哈萨克斯坦共和国伴随着国内经济的稳步和快速发展，致力于取得和扮演地区引导性地位的角色，在国际合作中坚持不以狭隘的眼前利益牺牲国家长远利益的政策取向。中亚有些国家还根据自身经济发展水平和可持续发展的需求，修订和颁布了一系列"改善投资环境"和"稳定外国投资及保护外国资产"的法规政策，但是在实施过程中存在诸多的不确定性，往往以各种借口对外国投资者予以限制和施加压力。由于政策制度的经常性变更直接影响投资收益的稳定性，投资风险较大。

2008年哈萨克斯坦共和国推进税法改革，一些海关和税收优惠政策正在逐步取消。出台的新"税法"将取消现行税法中所有"优惠条件"，包括任何企业和项目之前已签订"法律不变条款"的合同。另外，哈萨克斯坦政府对加工产品的技术标准要求亦越来越高，并在一定程度上规定国外公司雇用当地劳动者和使用其国内设备。再则，中亚国家结算方式不规范，法律法规多变数、随意性强，这是长期以来我国与中亚国家经贸合作的一个难点。2009年因受国际金融危机影响，中亚国家不同程度出现经济滑坡、货币贬值、结汇风险加大等负面情势，进而采取"紧缩性"和"保护性"政策。这些因素对霍尔果斯口岸外向型经济的发展和边境贸易的安全形成考验和挑战。故此，在霍尔果斯口岸与中亚国家的跨境贸易中，在中哈霍尔果斯合作中心的建设中，推进、完善和扩大人民币计价结算与流通适用范围，进而使人民币逐步"周边化"和"区域化"①，不仅有益于促进新疆边贸的健康发展，防范和减少企业的风险，更可以加强中国在中亚地区的影响力。

我们在展望霍尔果斯口岸由边缘区域经济向中亚中心区域经济跨越的

---

① 高策：《对新疆与中亚国家边境贸易人民币计价结算问题的在思考》，《新疆金融》2009年第5期，第30页。

无限魅力时，必须看到对外合作中存在的某些复杂多变的迹象；更要密切关注对方国政策动态，进行跟踪分析和综合判断，作出对策选择。

三　国情不同、利益不同，合作中须建立协调机制，统一规范

在中国与周边国家边境经济贸易合作中，国家间的协调，即双边协调和多边协调是难点之一。从发展前景来看，俄罗斯和哈萨克斯坦在地缘经济战略的蓝图中，正积极运作发展新的交通网络，计划建设一条从伏尔加河流域经由哈萨克斯坦到我国霍尔果斯的横贯型宽阔公路干线，以改变整个中亚地区未来的面貌和强化其在国际经济事务中的专业化角色分工及其地位①。在俄罗斯和中亚各国制定的发展战略当中，都把交通基础设施建设看作是经济发展的决定性因素，优先发展交通的政策倾向十分明显。

俄罗斯和哈萨克斯坦共同制定了一个"中国西部—西欧"的国际交通干线发展纲领，自 2009 年起在中哈边境—霍尔果斯开始第二条边境运输铁路干线基础设施的建设，即霍尔果斯—阿拉木图支线的修建，进而形成萨马尔—阿拉木图—霍尔果斯连接中国西部的铁路交通。我国境内的精—伊—霍铁路将于 2013 年与哈萨克斯坦铁路接轨，延伸至哈国的萨雷奥泽克，形成与中亚、西亚和南欧地区的国际大通道。世界上距离最长、等级最高的中亚天然气管道将由土库曼斯坦—乌兹别克斯坦边境起，穿越乌兹别克斯坦中部和哈萨克斯坦南部地区，在中国新疆霍尔果斯入境与同期建设的中国西气东输二线并网供气。这一切标志着霍尔果斯的区位优势和巨大发展潜力更为明显。这样一来，无论是交通运输还是能源管线，途经第三国或辐射数国，国家越多，协调的难度就越大。由于国情不同，利益不同，无论是双边还是多边合作都会有一些有形或无形的壁垒，这就需要建立统一的规范和协调，除各合作国的立法外，还应通过国际法规范和运作；建立各国政府和企业在合作领域交流的平台。平等、互惠、互利是基本原则，是保证双边或多边合作共赢的前提。在这方面，发挥上海合作组织框架下协调机制的作用和口岸的具体运筹同等重要。通过建立常设性协调机构和制度化协商机制，协调各国的意见和要求，增进相互理解，秉持求同存异，深化合作的根本原则和灵活策略，密切合作关系，促进口岸经济的发展。以促建边境自由贸易区，带动新亚欧大陆桥整体运营为契入

---

　　①　В. А. 玛特维耶夫：《关于在上合组织框架下国际经济合作中的交通能源基础设施建设的相关问题》（俄文版），《欧亚论坛》，西安，2007 年 11 月 8 日。

点，开通和搭建相关国家政府官员、企业家和专家学者的定期对话渠道，扩大共识，建立互信，强调互惠共赢、淡化和消除"中国威胁论"影响，取信于邻，共商合作事宜，制定地区经济合作与安全保障方案及长期战略。

结　语

以上从正向和负面不同角度，大致概括了霍尔果斯口岸经济的涉外性特点。可以看出，以边境口岸为基础，建设国际交通走廊，是边疆民族地区外向型经济发展的命脉。以边境经济贸易区和重点口岸为前沿开放带，通过经济结构的调整和要素组合，形成具有一定规模的人流、物流、资金流和信息流，充分发挥口岸在外向型经济建设中的商贸、加工、仓储、旅游和通道服务等功能，不仅会推动新疆，而且将促进整个中国西部与国际和国内市场的联系，实现两个市场、两种资源的对接与交融，并带动新亚欧大陆桥沿线经济社会的更快发展。

为加快实现这一目标，中国中央政府和新疆维吾尔自治区高度重视霍尔果斯口岸硬件和软件的规划和建设，完善口岸各种基础设施，提出了各项优惠政策，加速中哈霍尔果斯国际边境合作中心的建设，促进中哈边境自由贸易区的速成。目前中哈双方都在努力理顺境内外市场体系和规范市场秩序，促进投资、贸易的便利化；通过科技创新、产业结构调整，充分利用国内外技术、资金，改造和配套外向型企业的生产、加工能力，提升外向型企业的竞争优势；通过实现外向型企业与境内外资源、技术、管理、市场的有机结合，参与全球化的合作与竞争，推动区域经济国际化的进程。

口岸经济的繁荣，对于促进霍尔果斯特殊经济区、中哈霍尔果斯国际边境合作中心的建设和发展具有重大的意义，必将带动边境民族地区民生事业的发展和社会的和谐稳定。然而，面临的压力和挑战也不能低估。鉴于此，需要相关国家在政策措施、运作体系和安全、风险评估等诸多方面进行综合性分析研究。

政治与经济篇

第七章　中亚国家移民类型和相关
政策盘整与解析

中亚各国从独立新生到探索发展路径、构建民族国家，走过了曲折艰难的历程。自 1991 年迄今，与广泛深刻的社会转型和民族身份认同所伴生的移民流动，以其惊人的规模和活跃的速度不仅成为严重的国家性问题，而且辐射整个中亚及其周边地区。目前存在的许多现实反映，值得学界对这一地域因移民潮流引致的诸多深层问题，以及各国政府的政策选择进行系统的盘整与研究。

第一节　移民类型与表现形式

移民即国境之内以及跨越国境的人口流动，系指由某一居住地迁往其他地区永久或短暂定居的人，也指较大数量的有组织的人口迁移。移民不仅是人类历史的组成部分，而且是当代世界最为普遍的社会现象之一。移民潮流主要发生于社会转型时期，不仅对一个国家或一个地区的人口情势发挥作用，而且直接影响社会的族群结构和民族、宗教关系，同时也是关涉社会稳定的一个重要基因。

长久以来，哈萨克草原及整个中亚地区是一个披着神秘面纱，相对而言与世隔绝的地区。由于沙皇俄国的扩张和征服，中亚广袤的地域开始了大规模的移民过程。在经历了沙俄的开发掠夺和苏联时期的"开垦处女地""工业化建设"以及"被惩罚民族的强制性迁移"之后，中亚形成为一个典型的多民族移民地区。然而在十月革命以后至 20 世纪 80 年代末长达 70 年的时间里，因苏联政府的严格限制，移民人口的流动仅限于各加盟共和国之间。苏联解体以后，各加盟共和国都成为以某一族名冠名的主权独立的民族国家。在这些国家居住的多民族人民很快分裂成"我们"

（国家冠名民族）和"他者"（其他民族）。各民族的自我意识迅速提升。各种类型的移民潮流汹涌而至。首先是斯拉夫语系各民族人口回归历史祖国，其次是散居世界各地的哈萨克人"复归一体"，再次是第二次世界大战之前和大战期间"被惩罚民族"返回故土，最后是乌兹别克斯坦、塔吉克斯坦、吉尔吉斯斯坦的劳动力移民潮流。综其总体流势，主要有五种类型。

第一类：出境移民（Эмиграция），即由出生国或原居住国向其他国家迁移，长期或永久性居住，由此类型产出的移民称出境移民。在中亚已生存了几代人的不同民族的历史移民及其后裔回归故土形成的出境移民浪潮尤为突出。最强大、最主要的表现形式是斯拉夫语系人口，以俄罗斯族为多，包括乌克兰、白俄罗斯等族群"回归故乡"，大都流向俄罗斯。其次是第二次世界大战之前和大战期间被驱逐民族及其后代返回原籍。

第二类：入境移民（Иммиграция），由于政治、经济、文化、宗教等原因，某一国家的公民移入另一国家临时或永久性居住。大多数国家法律都规定有入境限制和入境限额。召唤与国家冠名民族的同源性外来族群"回归历史祖国"成为与"迁居外国（Эмиграция）"相对形式的移民入境潮流。中亚五国独立后，以散居世界各地的哈萨克人的"复归一体"最具代表性。

第三类：劳动力移民（Миграция трудовых сил）亦称劳务移民（Трудовые мигранты），即具有劳动能力的人，从原居住地向其他可凭借劳动能力维持生存的劳动地点迁移，其主导原因是失业、经济发展滞后、生活水平低下等。经济环境是劳务移民的重要诱因。在独联体范围，俄罗斯联邦和哈萨克斯坦共和国是少有的人口呈负增长状态的国家。近年来，随着经济形势的好转，俄罗斯和哈萨克斯坦开始进行大规模的基本建设，因此而产生的结构性劳动力不足派生出对外来劳动力的迫切需求。这种需求导致了跨国境劳务移民浪潮，其中以乌兹别克斯坦、塔吉克斯坦和吉尔吉斯斯坦的跨境移民居多。

第四类：非法移民（Нелегальные мигранты），是指未经移民申请国的法律许可，通过不合法的途径和方式，跨越边境而进入中亚的各类"移民"。近年来在俄罗斯和哈萨克斯坦来自中亚的劳务移民，其中大部分是非法移民。据吉尔吉斯斯共和国政府劳动与移民事务部记录，吉尔吉斯斯共和国赴俄罗斯长期打工的100多万人，有80%属于非法劳工。在俄罗斯多地出现了来自中亚以塔吉克人和乌兹别克人为主的非法移民"城中村"①。

第五类：以难民身份（政治难民、经济难民、战争难民）进入中亚各国的移民。"难民"（Беженец）即由于战争、政治迫害、民族冲突、宗教矛盾、经济危机、饥饿、贫困、自然、生态灾害等离开本国不愿返回的某国公民和无国籍人士。2010年10月，吉尔吉斯斯坦爆发吉尔吉斯人与乌兹别克人两大民族之间的流血冲突。其间，乌兹别克斯坦接受吉尔吉斯斯坦的乌兹别克裔难民约6万人（不包括儿童），其中妇女占60%，导致乌兹别克斯坦与吉尔吉斯斯坦接壤的安集延边境区难民营人满为患。

中亚国家独立以后出现的各种移民类型反映出不同时段的大背景和移民潮流的具体特征。其中既有自然而起，也有人为而致；既有历史关系，也有现实成因。主要表现有以下几种形式。

1. 移民多带族裔色彩

缕析以上各种移民类型的结构特点，大多带有族裔移民的色彩。这些以族裔移民为依据的移民类型都与错综复杂的民族因素有关。中亚五国独立以后出现的俄罗斯人、乌克兰人、白俄罗斯人、日耳曼人的迁移，以及哈萨克人的回归历史祖国都具有这一特征。这种形式的移民是特定历史背景下，迁移者对"祖籍国"认同情感的强烈表现，也是一种受所在国环境、政策制约的政治回应。

2. 经济移民特点突出

经济是移民的重要诱因。由于历史因素和地缘关系，以逃离社会生活困境为目的的经济移民迁徙为主要特征的经济移民属于"利用无穷劳动力资源来促进经济发展"模型。② 经济移民将经济发展国作为目的国。对中亚知识精英而言，欧洲发达国家是其迁移的主要目标国；而对普通劳动力人口来讲，文化适应和环境熟悉的俄罗斯和哈萨克斯坦等经济快速发展国家则作为目标国家。这种情况在中亚国家独立后的20多年里非常突出。独联体国家实行免签证制度，使得劳务移民合法化，成为促发因素之一。

3. 新生代是移民主体

如果说20世纪90年代吉尔吉斯斯坦、乌兹别克斯坦、塔吉克斯坦外

---

① 阿列克塞·马拉申科：《俄罗斯缘何冀望中亚?》，莫斯科，莫斯科卡内基中心，2012年版，第94页。

② 华金·阿朗戈：《移民研究的评析》，《新华文摘》2001年第2期，第154页。

出务工或移民大多是 30—55 岁年龄段，而近十年则出现低龄化趋势，35 岁以下的青少年成为主体。这一表现形式的移民主要取决于改变生存和身心成长环境的迫切需要。祖籍国的政治秩序和社会经济环境愈来愈不能满足其自身发展和生活所需，导致新生代心理空荡，而文化、政治、经济的全球化对他们则产生了巨大的吸引力，这些因素激发他们做出逆反运动，去寻找新的生存和发展环境。

中亚移民类型和表现形式有诸多方面的原因。外拉和内推因素并存。就内因而言，中亚一些国家失业率居高不下，地少人多，水资源紧张等危机因素的综合结果是将本国居民推向境外，寻找新的生机。从外力来讲，内部的危机和外部的需要交织在一起，居住国族群的分化，祖籍国的召唤，民族聚合的非理性力量的吸引和深层感情的表达，都是远居国外的同源族群的人们回归历史祖国的动力。这种族群人口的流动在中亚十分突出，主要停留在自发的层面。

20 多年来，上述不同类型和表现形式的移民流动依然不可阻逆。带有族裔色彩，"回归历史祖国"的移民潮流虽仍然时有发生，但基本平息。由于迁入国的政策导向缺失，更多的是把这类移民引向新的贫困和动荡不稳，而又出现返回原居住地的返迁现象。劳动力移民的流动和迁徙极度扩散，合法移民与违法移民数量对比呈现较大反差。无论是迁入国，还是迁出国都展现出控制劳动力流动的政策需要。

第二节　非主体民族移民潮与国家针对性政策

回溯中亚国家独立以后最强劲、最主要的移民潮是非主体民族回归历史祖国。这一潮流以斯拉夫语系人口迁出最为引人注目，其中以俄罗斯族最多，并包括乌克兰、白俄罗斯等。其次，德意志族群迁回故乡的人口流动亦造成一定影响。苏联解体前在中亚各国居住着近 1000 万俄罗斯人，其中哈萨克斯坦最多，拥有 650 万，占中亚地区斯拉夫语系居民的 60%。乌兹别克斯坦约 160 万，吉尔吉斯斯坦约 60 万，土库曼斯坦约 50 万，塔吉克斯坦约 30 万。除了在塔吉克斯坦俄罗斯人是第三大民族外，在中亚其他四国俄罗斯人均为第二大民族。俄罗斯人多从事工程技术、医疗卫生、科研教育等工作，占据着国家工业和科学领域的高层位置，工作生活条件均比当地民族居民优越。① 苏联政治体制瓦解之后，操斯拉夫语系的各民族，主要是俄罗斯族居民对中亚国家独立后社会现实的适应处于一种矛盾状态之中。社会制度、经济结构骤变，生活水平急剧下降；世居民族崛起及其文化语言复兴，文化差异愈显突出；前苏联移民政策的废除，"主体民族化"和"去俄罗斯化"政策的推行，俄语的使用受到限制，俄族人被解除了行政管理和重要职位，原本处于"主角"地位的俄罗斯人被边缘化。独立之初，哈萨克斯坦哈萨克族占国家总人口的40%，俄罗斯族占38%，但是在国家议会、总统办公厅、国家司法和安全机关、海关、银行、国家税务机关以及科研、文化教育部门中，重要岗位的负责人80%—90%由哈萨克族担任。在1992年总统发布的38人的领导职务名单中没有一位俄罗斯族人。从苏联解体到2000年，吉尔吉斯斯坦的俄语学校减少4/5，塔吉克斯坦2/3，土库曼斯坦减少2/3多，乌兹别克斯坦减少1/2。② 民族、社会的分层，政治地位巨大变动，不平等的人事制度，切身利益受到侵犯，激起了俄罗斯人从心理到感情的失落、反感和抗拒情绪，以及对自身及后代前途命运的"恐惧"和"担忧"。故此，占中亚国家居民人口多数的俄罗斯人产生了转向"历史祖国"，寻求政治和经济前途的强烈愿望。这是跨越了数十年长度的移民关系所决定的。

　　1992年爆发了中亚历史上前所未有的大规模的斯拉夫人的移民浪潮。1994年出现了迁移高峰，年内达49万人迁出哈萨克斯坦。据国际移民组织统计，1991—1996年中亚地区有230万俄罗斯人"回归历史祖国"定居。仅1996年前4个月，中亚各国就有45600俄罗斯人移居俄联邦，其中33%来自哈萨克斯坦。俄罗斯族人口的大量流失，不仅造成哈萨克斯坦国家民族人口的骤然下降，而且造成社会劳动力的急剧减少，更重要的是导致人才的突然断层。大批俄罗斯医生、教师、科学家、工程师、农学家和管理专家的迁出，使这些部门的工作无人接替，甚至瘫痪，从而造成巨大的经济损失。据有关部门统计，仅1993年因俄罗斯人的迁出就使哈萨克斯坦损失了240亿美元。除了经济的损失外，政治上的影响更为重

---

　　① 郑羽主编：《中俄美在中亚：合作与竞争（1991—2007）》，社会科学文献出版社2007年版，第368页。

　　② Ю. Ю. 雅诺夫斯卡娅，А. В. 多库恰耶娃主编，《独联体国家俄罗斯同胞权利的几个问题》，А. 舒斯托娃，《中亚俄罗斯人教育状况》，独联体国家研究所，《后苏维埃大陆》（俄文版）2014年第2期，第65页。

大。由于哈萨克斯坦的俄罗斯人数量众多且居住地理区位与俄罗斯接壤，因此俄罗斯政府对哈萨克斯坦俄罗斯人的境遇表现出极大的关注。1994年年初，叶利钦总统在俄罗斯国情咨文中表明，境外俄罗斯人的命运是"我们的国家事务"。1994 年 5 月，俄罗斯外交部制定了"支持境外俄罗斯同胞构想"。俄罗斯国家高等教育机构还对回归俄族人子女的入学提供优惠条件。为了调解境外俄罗斯人问题，俄罗斯专门设立了境外同胞事务国家委员会。俄罗斯政府一再呼吁中亚国家承认俄罗斯人的双重国籍，并不时警告哈萨克斯坦"不要使俄哈边界地区成为双方难民穿越的地方"，甚至将"保护境外俄罗斯公民的权益"① 作为新的军事原则。针对俄罗斯人大量迁出和遭受歧视的情况，时任俄罗斯外交部长科基列夫曾两次表示，在一定情况下，俄罗斯政府有可能动用武装力量来保护国外同胞的利益。中亚国家俄罗斯人问题的日益国际化不仅关系国内政局稳定，而且涉及相关国家之间的关系。在哈萨克斯坦除了大量的俄罗斯人移出外，白俄罗斯、乌克兰、德意志等民族的人口也纷纷迁往周边国家，影响到哈萨克斯坦与其他邻国的关系。据统计，哈境内约 2/3 的德意志人移居德国，其中大都是专门技能人才。对德意志联邦来讲，一下接纳如此众多的移民有诸多困难。故此德国要求哈萨克斯坦尽力保留在哈的德意志族人，给予这一曾"被惩罚民族"的代表一定的经济补偿，并允许已经回归的移民有权在迁出后 5 年内仍保留哈萨克斯坦国籍。

2007 年俄罗斯开始实施侨胞自愿迁居俄罗斯计划。自此之后，中亚国家俄族人移民俄罗斯再度出现回潮，以哈萨克斯坦最具代表性。据俄罗斯驻哈萨克斯坦大使馆统计，移民俄罗斯的俄族居民比以往增加了两倍，每月约 430 人提交移民申请。其人员构成多为受过高等教育的专家、熟练技术人员和高校计算机专业的大学生等高级技术人才。2011 年 5 月起，哈萨克斯坦兴起新一轮的移民浪潮。这次出现的中亚国家俄族人回归浪潮，与乌兹别克斯坦、吉尔吉斯斯坦和塔吉克斯坦面向俄罗斯的劳务输出不同。此次移民浪潮出现的原因与迁入国实施《侨胞自愿迁居俄罗斯计划》有关，主要是俄白哈三国"关税联盟"运作的结果。2010 年 1 月 1 日起，俄罗斯、白俄罗斯和哈萨克斯坦三国缔结的"关税同盟"正式运

---

① 《哈萨克斯坦俄罗斯人组织向国际社会呼吁》，《哈萨克斯坦俄罗斯人报》（俄文版），2007 年 4 月 27 日。

作以来，阻碍三国人员自由流通的因素消除，三国组建了统一的劳务市场，哈萨克斯坦可以雇佣俄罗斯和白俄罗斯的技术人才，同时也无法阻止本国的人才流向俄罗斯和白俄罗斯。

发生在中亚国家独立以后的移民进程，不仅对一些国家居民的民族结构造成直接影响，而且成为国内人口指标下降的主要原因。据哈萨克斯坦国家统计局统计，1996 年 1—9 月迁往境外仍有 165 430 人。在哈萨克斯坦，斯拉夫人口与主体民族相比，出生率原本就低于世代更替过程所必需的指数，加上连续几年的人口机械流动，造成了哈萨克斯坦人口自然增长部分由于斯拉夫人的流失而部分抵消。这一情况的发生至今仍然影响着哈萨克斯坦民族人口的发展。

哈萨克斯坦共和国俄罗斯族人口及净迁移量[①]

俄族人口（1990 年）		1990—1998 年向俄罗斯的净迁移	
千人	占人口的百分比	千人	百分比（独联体）
6.228	37.8	1.006	16.2%

1997 年哈萨克斯坦的移民（千人）情况[②]

入境移民	出境移民	净移民量
35.5	239.3	−203.8

为了维护地缘政治的稳定，遏制国内经济危机的蔓延，缓和国内民族关系的日益紧张，阻止大量的劳动力资源和技术人才流失，哈萨克斯坦在移民政策方面，开始进行适度调整。首先，面对俄罗斯的不断施压，考虑到俄罗斯对本国的政治、经济和军事意义，哈萨克斯坦政府针对带有"政治色彩"的俄罗斯移民回归潮，采取了相应的对策。当 1993 年初冬，俄罗斯向哈萨克斯坦提出赋予俄罗斯人"双重国籍"问题时，纳扎尔巴耶夫总统强烈反对"双重国籍"，他认为，那将使哈萨克斯坦社会分裂。然而，鉴于民间日益增强的分离情绪和当时国内暗淡的经济前景，为了调

---

① 詹娜·扎杨科夫斯卡娅：《独联体近期移民趋势》，《国际社会科学杂志》2001 年第 8 期，第 98 页。

② 同上书，第 93 页。

整与俄罗斯的关系，防止俄罗斯重新夺回俄罗斯人聚居的哈萨克斯坦北部地区，纳扎尔巴耶夫总统不得不选择一种妥协性政策。

1994 年 2 月 9 日纳扎尔巴耶夫总统颁布了总统令，决定建立"共和国人权委员会咨询论坛"，将俄罗斯人的东正教大教堂归还教会；颁布新的语言法，确保俄语居民不受歧视。1995 年 1 月，经哈、俄总统协商，两国签署了《哈、俄关于哈常驻俄罗斯的公民和俄常驻哈的公民的法律地位条约》等文件，规定居住在俄罗斯境内的哈萨克人和居住在哈萨克斯坦境内的俄罗斯人可以自由向对方国家迁徙，并可获得对方国籍。总统纳扎尔巴耶夫指出，"俄语的使用范围不应受任何限制，哈语和俄语同时使用。谁在哈萨克人和俄罗斯人之间制造纠纷，谁就是各民族人民共同的敌人。我们是多民族的共和国，如果我们不和平相处团结一致，那么我们将一无所有"①。

另外，为了缓解少数民族的移民潮流，消弭国内民族之间的矛盾冲突，哈萨克斯坦政府采取了一些应急措施。诸如，面对国内德意志人的大量流失，政府反复与德意志联邦共和国交涉，希望依靠跨两国的德意志人建立起哈德经济的桥梁。

再者，自 1995 年起，哈萨克斯坦高等院校的招生指标中有 10% 用于招收人数较少民族学生。事实上在大学生中人口较少民族达到 17.7%。这与共和国居民人口统计中少数民族所占指标持平。哈萨克斯坦共和国还逐步恢复和开办了 3474 所用哈萨克语教学的普通全日制中小学校，2514 所用俄罗斯语教学的普通全日制中小学校。2017 所混合型普通全日制中小学校，78 所乌兹别克语、13 所维吾尔语，3 所塔吉克语，1 所乌克兰语教学的普通全日制中小学校。为了稳定少数民族居民和复兴他们的文化，在巴甫洛达尔斯克的中小学开设了 12 种民族语言授课班：乌克兰语、朝鲜语、亚美尼亚语、日耳曼语、鞑靼语、巴什基尔语、车臣语、楚瓦什语、犹太语、印古什语、波兰语和阿塞拜疆语。在北哈萨克斯坦州的民族中小学校开设了 10 种民族语言教学：乌克兰语、亚美尼亚语、日耳曼语、鞑靼语、巴什基尔语、车臣语、犹太语、印古什语、波兰语和阿塞拜疆语。这些中小学校除了对不同民族的入学儿童进行母语教学外，还学习民族文学、民族历史、方志学和世界宗教。除此之外，哈萨克斯坦还建立了

---

① 《哈萨克斯坦真理报》（俄文版），阿拉木图，1995 年 7 月 8 日。

100 多个民族文化中心。在 12 种民族语言的 44 个电视台和 7 种民族语言的 18 个广播电台开辟了"哈萨克斯坦—我们共同的家园"系列节目，广泛宣传和弘扬生活在哈萨克斯坦地域内的各民族的历史文化。

随着哈萨克斯坦共和国移民政策的调整，经济状况的逐渐好转，非主体民族居民的移出得到有效遏制。"欧洲安全合作组织"少数民族事务最高委员会高度评价哈萨克斯坦解决民族问题的经验："哈萨克斯坦共和国的领导推行了一系列政策，为维护国内各民族利益和族际关系和谐创造了必要条件。各种民事法规对这一政策的支撑和广大公民的忠实执行以及包括'欧安组织'在内的国际集团的协助是其国内民族关系持续稳定的牢固基础。"①

第三节　"命名民族"回归潮与政府优惠政策

中亚国家都是以某一民族名称命名的国家，这是历史的延续。民族的形成早于国家。将某一民族的族名作为国家的名称，体现这里曾经是历史上某一族群主要活动的地域。长久以来，在中亚地区的社会生活中，族群多元化与同化融合相共存是历史的客观存在。然而苏联解体，民族国家独立以后，民族性的象征表达被强化解读，族群的界域被重新清晰化，由此引发的国家"命名民族"回归浪潮受到国际社会广泛关注，尤以世界范围的哈萨克人"回归"最为引人注目。哈萨克族是世界上人口最多的跨国（跨界）民族之一。其民族人口分布形态呈环哈萨克斯坦周边国家散居和多国交界处聚居的特点。

周边国家散居。据哈萨克斯坦 2009 年第二次人口普查数据，哈萨克斯坦总人口 16009597，其中哈萨克人 10096763，占总人口的 63.07%，俄罗斯人占 23.70%。② 截至 2014 年 8 月 1 日，哈萨克斯坦人口总计 1730.87 万，其中哈萨克族占 66%，俄罗斯族占 21%。除哈萨克斯坦外，世界有 560 多万哈萨克人散居在 40 多个国家，主要居住在哈萨克斯坦周

---

① A. A. 阿米洛娃：《哈萨克斯坦多民族社会形成过程》（俄文版），哈萨克斯坦对外政策分析中心，2004 年 2 月 10 日。

② 哈萨克斯坦共和国统计中心：《2009 年哈萨克斯坦共和国居民人口统计结果》（俄文版），阿斯塔纳，2010 年 2 月 4 日。

边国家。其中中国最多 226 万，乌兹别克斯坦 175 万，俄罗斯 110 万，蒙古国 15 万，土库曼斯坦 15 万，吉尔吉斯斯坦 9.5 万，阿富汗 3 万，土耳其 1.5 万，塔吉克斯坦 1 万，伊朗 1 万，德国 9000，巴基斯坦 1600 等。[①]多国交界处聚居。哈萨克斯坦共和国与中国的伊犁哈萨克自治州交界。这片历史地理区域是哈萨克民族人口最为集中的地区，呈现出独具特色的人文风貌。哈萨克斯坦共和国与俄罗斯阿尔泰共和国接壤（哈萨克人口 1.21 万人，占总人口的 6%，居第三位[②]），还与中国新疆的阿勒泰市（哈萨克族人口占 52%）、蒙古国西北部的巴彦—乌列盖省（哈萨克人占 88%）毗连。在此四国交界的地区共居住着约 40 万哈萨克人，形成跨四国边境而居的哈萨克民族人口居主导地位的态势。

　　一切政治或文化运动都具有政治的、经济的或社会的利益取向。哈萨克斯坦共和国独立伊始，就向散居在世界各地的哈萨克人发出"回归故乡"的召唤；旨在利用人们往往将自身归属于某种拥有共同祖先与文化群体的基本需求，通过跨越民族国家的边界，强化历史记忆、文化属性、民族认同和情感联系，以吸引和整合生活在不同政治共同体的同源民族。其目的表现为在民族国家的构建中，突出国家命名民族的地位，解决主体民族的人口危机。自 1991 年至 2007 年共有 60.8090 万境外哈萨克人迁入哈萨克斯坦，其中乌兹别克斯坦占 61.5%，蒙古国占 13.8%，土库曼斯坦占 8.5%，中国居第四位，占 7.7%。[③]

　　独立二十多年来，围绕这一"召唤"，为了吸引境外哈萨克人回归，哈萨克斯坦共和国政府移民政策的重要内容之一是鼓励和欢迎散居在境外的哈萨克人"回归故乡"，且始终致力于根据国内外社会政治环境进行相关的政策调控。1992 年 3 月，哈萨克斯坦共和国政府公布的《公民法》规定，承认散居其他国家的哈萨克人的双重国籍，欢迎他们"回归故乡"哈萨克斯坦定居，国家给予优惠照顾。同年 9 月 28 日至 10 月 2 日，由哈萨克斯坦哈萨克作家协会发起，政府筹划和组织在阿拉木图召开了首届"世界哈萨克人代表大会"，计有 24 个国家的 800 多名代表参会；中心议

---

　　① 哈萨克斯坦文化信息部：《各民族移民对哈萨克斯坦人口情势的影响》（俄文版），阿拉木图，2008 年版，第 135 页。

　　② 《阿尔泰共和国统计信息》，（俄文版），2005 年版，第 1 页。

　　③ 哈萨克斯坦文化信息部：《各民族移民对哈萨克斯坦人口情势的影响》（俄文版），阿拉木图，2008 年版，第 135 页。

题是号召世界各国哈萨克人联合和团结起来，共同振兴哈萨克斯坦。总统纳扎尔巴耶夫作了《我们敞开热情的怀抱欢迎同胞们》的报告，号召居住在世界 40 多个国家的哈萨克人回归故乡，报效祖国。会议决定建立"边界哈萨克人文化中心"。这次大会标志着哈萨克斯坦采取特殊的移民政策和优惠措施增加主体民族人口步入轨道。按照国家颁布的《移民法》和《国籍法》居住在哈萨克斯坦共和国境外的哈萨克人均可作为哈萨克斯坦共和国的公民随时返哈定居。

　　1993 年 12 月 17 日，哈萨克斯坦举行了第二届"世界哈萨克人代表大会"。纳扎尔巴耶夫总统作为大会第一主席宣布"世界哈萨克人代表大会"为哈萨克斯坦共和国社会机构，并宣读了国外哈萨克人取得哈萨克斯坦共和国公民证的法令。1997 年 12 月 8 日哈萨克斯坦颁布了确保居民人口增长和移民进程管理政策的总统令，为此建立了"哈萨克斯坦共和国移民和人口学研究中心"作为中央研究机构，隶属国家政府部门。同年 12 月 13 日通过了修改的现行"哈萨克斯坦共和国居民移民法"。从法律上认定了迁移的主体、移民的形式，确定了协调移民流动的法律制度、国家机构，及其在居民迁移运动中的调节功能等。妥善安置"回归故乡"的哈萨克人的问题是法律的重要内容之一。"全面促进哈萨克人回归自己的历史祖国，组织他们分批迁入，设置工作岗位，实施一系列措施对国家命名民族的移民进行针对性的帮助和社会救助"① 是调节民族人口迁移的基本原则。1998 年 9 月 16 日哈萨克斯坦共和国根据国家居民迁移法发布了第 900 号政府决议：《哈萨克族回归历史祖国构想》。其中指出："一切居住在国外的哈萨克人有权回归历史祖国。"根据这个决议的统计数据，在哈萨克斯坦境外生活的哈萨克人约 410 万；② 号召他们"回归"的最终目的是增加哈国居民人口数量，提高人口的自然增长率，改善国家民族人口状况。为了确保国家移民政策的顺利实施，哈政府相继于 2000 年 8 月 17 日颁布了第 272 号政府决议《哈萨克斯坦共和国人口政策构想》；③ 2001 年 9 月 5 日颁布了第 1346 号《关于哈萨克斯坦共和国移民政策构想

---

　　① Б. 卡迪尔巴耶夫：《哈萨克斯坦共和国移民政策的特点和问题》，《中亚政治信息》（俄文版），2004 年第 1 期，第 23 页。

　　② 《哈萨克斯坦共和国政府和总统决议汇编》（俄文版），阿拉木图，1998 年第 33 期，第 54 页。

　　③ 同上书，2000 年第 39 期，第 111 页。

的政府补充决议》，在这份文件中说明，"移民进程关系到国家安全、社会和谐、国内的经济和人口形势。移民政策是国家内外政策的重要组成部分。它的实施应该成为优先任务之一"，"禁止歧视不同人种、民族、语言、宗教信仰、政治信念、出身、社会集团和派别等"；2001 年 10 月 29 日，哈萨克斯坦共和国批准了第 1371 号《2001—2010 年哈萨克斯坦共和国移民政策纲领》，简化境外移民手续、调节和监督移民过程，打击非法移民、调控合法移民等是基本方向。[①]

哈萨克斯坦共和国第二次人口普查哈萨克人口统计数据表[②]

哈萨克斯坦共和国民族人口日常统计（2009 年 1 月 1 日）和人口普查数据（2009 年 2 月 25 日）				
民族	日常统计 2009. 1. 1	%	普查数据 2009. 2. 25	%
总　计	15776492	100.00	16009597	100.0
哈萨克	9540806	60.47	10096763	63.07

哈萨克斯坦共和国哈萨克人口变动比较表（1897—2009 年）

民族	1897 年	1926 年	1939 年	1959 年	1970 年	1979 年	1989 年	1999 年	2009 年
哈萨克 казахи	3392751	3627612	2327625	2794966	4161164	528949	6534616	7985039	10096763

随着境外哈萨克人落居哈萨克斯坦的人数不断增长，"回归历史祖国"政策的调整主要是在 2002 年以来的十多年间。2002 年通过了"哈萨克斯坦共和国国籍法的补充和修订法规"，准许回归的哈萨克人在不退出原居住国国籍的情况下，亦可简化加入哈萨克斯坦国籍的手续；2002 年 7 月 9 日政府颁布了"给予取得哈萨克斯坦共和国国籍的境外哈萨克移民提供宅基地"的第 748 号决议；2003 年通过了《移民入境 5000 户决议》；2004 年 12 月颁布了《关于 2005—2007 年境外移民入境限额的总统令》；2005 年出台《关于 2005—2008 年每年移民入境限额为 1.5 万户的 1508 号

---

① 哈萨克斯坦文化信息部：《各民族移民对哈萨克斯坦人口情势的影响》（俄文版），阿拉木图，2008 年版，第 133 页。

② 哈萨克斯坦共和国统计中心：《2009 年哈萨克斯坦共和国居民人口统计结果》（俄文版），阿斯塔纳，2010 年 2 月 4 日。

总统令》;① 2009 年启动《光明计划》纲领，旨在"入境移民族群的合理分布和促进回归故乡者的安置"工作。哈萨克斯坦移民政策调整的内容主要体现于以下取向：

1. 维护"人口安全"

人口安全是指一个国家或区域在一定社会经济发展水平条件下由于人口问题可能引发的危机得到避免或化解。随着哈萨克斯坦经济形势的平稳和快速发展，劳动力需求不断增加。然而因人口逐年降低而产生的劳动力不足问题十分突出。故此出台的各项政策都是围绕着如何吸引具有劳动能力的"同胞"回归。2003 年 4 月 4 日哈萨克斯坦总统纳扎尔巴耶夫发布国会咨文："我们必须认真考虑弥补我国移民损失问题。这已成为国内的严重问题，解决这个问题有赖于我国政策的实施。因此政府必须制定包括提高出生率；改善健康保健条件，降低死亡率，扩大移民的接收量，首先是劳动能力年龄段的哈萨克人。"② 截至 2007 年，回归者中具有劳动能力年龄段的占 53.9%，学龄前儿童占 15.1%，在校学生占 26.3%，退休年龄段的占 4.7%。与此同时，境外哈萨克移民入境配额逐年扩大，2003 年为 5000 户，2005—2007 年是 1.5 万户，2008 年截至目前扩大到 2 万户。哈萨克斯坦文化信息部提出将这一限额提高到 4.5 万户。2011 年 5 月 25 日在哈萨克斯坦召开第四届世界哈萨克代表大会，有 35 个国家的代表参会，其突出特点是 30 岁左右的青年精英占会议代表的 60%。会上纳扎尔巴耶夫总统重申 2015 年国民人口达到 2000 万的任务。这一指标的实现，仅仅依靠现有人口的自然增长难以达到，只能赖以大量移民。

2. 保障"文化安全"

"文化安全"是国家安全的重要因素之一。其本质在于一个国家或民族现有文化特质的保持与延续。哈萨克斯坦共和国目前对文化安全的主要担心是国语和国家命名民族习俗的稳定与主导地位。另外，哈萨克斯坦与俄罗斯有着 7500 公里开放性边界。哈北方各州的居民近 70% 是俄罗斯族，一直存在着较强的分离主义倾向。在国家安全方面，哈萨克斯坦北部地区是否有可能重新并入俄罗斯版图，这是哈萨克斯坦领导层始终担心和警惕的问题之一。在"回归历史祖国"政策的调整中，将回归者主要安

---

① 哈萨克斯坦文化信息部：《各民族移民对哈萨克斯坦人口情势的影响》（俄文版），阿拉木图，2008 年版，第 140 页。

② 《哈萨克斯坦真理报》（俄文版），阿拉木图，2003 年 4 月 4 日。

置在与俄罗斯交界的北哈，正是出于这种考虑。

　　近年来，随着主权民族国家的建设和社会经济发展的需要，哈萨克斯坦共和国调整了移民政策，出台了《哈萨克斯坦共和国移民政策构想》《国家文化遗产纲领》和《吸收境外哈萨克人入境限额条例》等政策法规，制定了限额的标准；主要倾向于引进受过高等教育、具有专业技能和高科技创新潜力的各类人才，以及多子女家庭。《哈萨克斯坦共和国移民政策构想》提出，2010—2015 年分阶段，根据国家社会经济需求，创建和推进吸引各类专门人才的移民选择政策机制，调解劳动力市场；确定2013—2015 年的主要任务是，保持和发展国家民族的认同性，在促进吸引境外同胞高级专业人才的基础上，发展哈萨克斯坦的竞争优势。在《国家文化遗产纲领》框架下，哈萨克斯坦吸引了一批来自蒙古、土耳其和乌兹别克斯坦等国家的哈萨克族学者定居。在第四届世界哈萨克人代表大会上，纳扎尔巴耶夫提出"到 2020 年掌握国语——哈萨克语的国民要达到 95%"。目前在哈萨克斯坦有 150 万学龄儿童接受哈萨克语的完全教育。这次大会还倡导"在所有拥有哈萨克人的国家积极推进哈萨克文化日"的活动，进一步强调"哈萨克斯坦为世界各国的哈萨克青年创造一切优质的教育条件"。一系列政策的调整表明，恢复和振兴国家文化建设，以带动和促进经济发展是哈萨克斯坦移民政策的重要内容之一。

　　综上所述，确保国家的人口安全和文化安全，在更大程度上是通过加强境外同源民族回归历史祖国来实现的，依靠移民数量解决提升国语——哈萨克语的地位和劳动力不足的问题。据统计，1991—1997 年从俄罗斯、蒙古等国家迁入哈萨克斯坦的移民人口达到 16.4 万，主要是哈萨克人，超过哈萨克斯坦移出人口的 1.5 倍。从 2000 年起俄罗斯、乌兹别克斯坦、土库曼斯坦出现移入哈萨克斯坦的人口增长趋势。1991—2007 年 10 月，迁入哈萨克斯坦的哈萨克人 161745 户，64 万人。据哈国家人口评估机构测算，除了移入的净人口数外，自然增长达到 100 万。

　　2009 年哈萨克斯坦共和国第二次人口普查统计资料显示，哈萨克斯坦共和国 131 个民族，总人口 16 009 597。人口增长速度最快的民族人口是哈萨克族，从第一次人口普查（1999 年）到第二次人口普查（2009

年），人口增长了 26%，即 210 万人。[①] 哈萨克斯坦共和国统计中心报告，2011 年 1 月与 2010 年同期相比，移入哈萨克斯坦的人数增加了 9.6%，哈萨克人占总移入人口的 67.8%。

虽然，哈萨克斯坦总统提出"2050 年战略"发展蓝图，拟提供一定数量的工作岗位面向移民，政府也试图通过立法完善优惠政策，提高"回归者"的环境适应能力，但是由于政策执行不到位，本地居民对新移民普遍歧视，社会生存处境的变动和不适应，又将"回归者"带入新的贫困和问题境遇。哈萨克斯坦共和国信息分析中心证实，"大部分'оралман'[②] 对生活现状不满，主要因住房质量和官员以及国民对他们的歧视态度引发"[③]。来自不同国度的移民并没有赢得原本想象中的社会经济地位和"幸福生活"。

纳扎尔巴耶夫总统说："我们正在着手解决他们的住房问题，有条不紊地进行贷款工作。"[④] 2013 年 12 月 10 日总统签署了《关于修改和补充哈萨克斯坦共和国劳务移民法决议的法令》，规定外籍和无国籍哈萨克人获得哈国国籍的期限由在哈国居住五年缩短为四年。但是由于相关政策的制定是以解决人口危机为出发点，针对移民具体问题的司法程序考虑不周、法律法规不健全、社会保障措施不成熟、管理落后、官员腐败；具体工作部门在执行政策过程中往往不能及时妥善解决和安置回归移民的国籍、就业、住房、孩子入学等切身利益问题；不少移居哈萨克斯坦的哈萨克人基本生活难以保证，无奈之下，他们又不得不选择回迁。据俄罗斯科学院经济预测研究所移民人口分析与预测研究室调研统计，1994—1998 年回流俄罗斯的哈萨克人达 1.9 万。[⑤] 俄罗斯联邦阿尔泰边疆州科什－阿加奇县是哈萨克人聚居地。据官方统计，由于上述原因，近几年回流的哈萨克人不断增加，哈萨克族人口比例又回升到苏联解体前的水平。由于安

---

① 哈萨克斯坦共和国统计中心：《2009 年哈萨克斯坦共和国居民人口统计结果》，阿斯塔纳，2010 年 2 月 4 日。

② 哈萨克语"оралман"一词（俄译"возвращенец"回归者）特指苏联解体、中亚五国独立后从哈萨克斯坦邻国（中国、蒙古国、乌兹别克斯坦、俄罗斯、吉尔吉斯斯坦、阿富汗、巴基斯坦等）"回归之哈萨克人"。

③ 哈萨克斯坦文化信息部：《各民族移民对哈萨克斯坦人口情势的影响》（俄文版），阿拉木图，2008 年版，第 151 页。

④ 努·纳扎尔巴耶夫：《前进中的哈萨克斯坦》，民族出版社 2000 年版，第 25—26 页。

⑤ 詹娜·扎扬柯夫斯卡娅：《独联体近期移民趋势》，李存山译，《国际社会科学杂志》2001 年第 3 期，第 94 页。

置政策不到位，就业形势严峻，现实生活中的地位、利益差异以及所处环境不适应等因素的综合作用，"回归者"与原住民之间的社会距离和心理距离难以拉近，不仅没有显现出相互融合的迹象，反而出现两个群体之间相互隔离的局面。相反，鉴于国家移民政策实践中区别对待移民分类，给予高学历人才提供优惠标准，使这类知识型移民较容易实现社会融合。

另一个值得关注的问题是，哈萨克斯坦共和国独立 20 多年来始终将"回归历史祖国"作为一项"长期性"国策，不断修订、加强，并通过立法形式逐步"完善"。其政策调整取向涉及周边相关各国，对邻国的社会生活和人才结构造成一定的影响。这一政策的取向在于强化"复归一体"的民族意识和"族籍同一性"的身份认同，淡化跨国民族的国家归属意识和政治认同。在一定条件下同源民族的凝聚作用，对人们，尤其是对新生代在多元身份认同排序中国家观念所居层级的影响不可小觑。

第四节　劳务移民与社会经济问题及其解决的途径选择

近十多年来，在中亚地区，劳务移民成为十分突出的社会现象。以乌兹别克斯坦、塔吉克斯坦和吉尔吉斯斯坦等国家的劳动力资源输出，以及俄罗斯和哈萨克斯坦劳务移民进多出少为主要特征。由于历史因素和地缘关系，中亚劳动力移民的外迁目标地主要是邻国俄罗斯和哈萨克斯坦。[①] 在这两个国家的劳动力移民中，90% 来自乌兹别克斯坦、塔吉克斯坦和吉尔吉斯斯坦三个劳动力过剩国家。这些劳动力移民将双边国家关系紧密地联系在一起，成为影响俄罗斯与中亚国家关系的一个新的重要因子。

2008—2009 年世界性金融危机不可避免地触及整个中亚。乌兹别克斯坦、塔吉克斯坦和吉尔吉斯斯坦国家的劳动力移民纷纷北移俄罗斯和哈萨克斯坦等国寻找生机。据塔吉克斯坦内务部移民署统计，同期有 85.21 万塔吉克公民移民俄罗斯联邦，其中劳动力移民达 79.7 万。吉尔吉斯斯坦也移出劳动力移民 61.5 万。[②] 统计数据证实，自 2010 年截至 2014 年年

---

① 《塔吉克斯坦亚洲通讯》（俄文版），杜尚别，2013 年 8 月 1 日。
② 《俄罗斯与独联体国家文献史料》（俄文版），莫斯科，2008 年版，第 30 页。

初，吉尔吉斯斯坦、乌兹别克斯坦和塔吉克斯坦流入俄罗斯的劳动力移民各达100多万。他们主要从事建筑、贸易和农业。

2007 年塔吉克斯坦劳动力市场数据图表①

属性	人数
居民总人口	7 016 518
16—64 岁年龄段居民总人口	4 215 165
劳动力总人口	2 171 008
就业人口	1 965 231
失业人口	205 777
劳务移民	99 349
经济部门的非就业人口	2 043 653
学生	573 038
家庭主妇	1 053 628
退休者	132 616

塔吉克斯坦出境劳务移民数据表②

从业类型	合法工作（%）	月平均收入（美元）	国外滞留时间（月）
建筑业	52. 2	323. 9	9. 1
低专业技能劳动	45. 2	270. 6	8. 5
职业性劳动	86. 5	405. 7	10. 3
司机	76. 6	385. 8	14. 6
零售贸易	61. 4	308. 5	11. 0
农业	84. 9	187. 1	14. 1

　　从经济层面讲，劳动力移民是国家建设的重要资源。中亚劳动力移民进入目标国家之后，对输入国的经济建设以及社会发展起了积极的推动作用。相对而言，大量的劳动力移民的徙出，对输出国的社会经济发展则造成一定的损害。由于各国政策法规和管理的缺失等诸多因素的影响，处于

---

　　① 玛拉特·布里尔·奥尔科特：《塔吉克斯坦艰难的发展道路》（俄文版），莫斯科，2014年版，第134页。

　　② 同上书，第141页。

流动状态的劳动力移民也带来了一系列的社会经济问题。主要表现在以下方面。

一 生命质量和贫困的代际传递效应凸显

贫困与解困夙愿是移民流动产生的重要因素之一。中亚国家贫困阶层大都冀望出国打工解贫，构成跨国劳务移民的主要成分。这类移民多数文化技能偏低，职业不稳定，收入水平低，生活状况差，长期游离于主流社会之外，无论在国内还是国外社会经济地位低下，贫困的相关条件难以改变，造成生命质量和贫困代际相传现象。这种情况对社会、家庭和贫困者个人所带来的影响均呈负面性和长期性。

塔吉克斯坦和吉尔吉斯斯坦属于世界贫困国家。世界银行数据显示，塔吉克斯坦总人口8203600（2013年），47%的居民生活在贫困线以下。塔吉克斯坦移民部门统计，2009年塔吉克斯坦劳务移民数量超过90万人，实际可达100万，78%为已婚者。吉尔吉斯斯坦共和国总人口577.6万（2014年），43%处于贫困线以下。俄罗斯联邦移民局统计，在俄罗斯务工的吉尔吉斯斯坦籍劳务移民57.9万人。据"国际保护促进中心"提供的数据，在哈萨克斯坦的吉尔吉斯斯坦籍劳务移民约50万人。在乌兹别克斯坦人口仅50万的撒马尔罕地区，就有约63002人出国打工，其中男性38846人，女性24156人。这些出国打工的中亚移民虽然可以赚到比在本国要多的收入，但是他们背井离乡，漂泊异国，居住生存条件极差，所寻找的"幸福生活"往往落空。许多劳务移民成为雇主和中间人所设骗局的受害者，不仅包括伪造证件、拖欠工钱，而且政府机关工作人员对待他们态度粗暴。这些"外国籍劳工"通过司法程序维护自身安全利益困难重重。他们在无奈之下回到家乡后，又壮大了失业者的队伍。有些男性劳动力长期滞留国外重组家庭，导致国内家庭解体，留守妇女被迫卖淫；由于父母关爱及家庭和谐关系长期缺失，导致留守儿童身心受到伤害和教育问题十分突出，一些青少年甚至走向刑事犯罪。多重因素综合往往导致出现后代重复前代的困境遭遇，构成生命质量和贫困的恶性循环和代代相续的负面效应。

二 不同社会群体冲突和危害国家安全的潜在根源

分散而群居是中亚移民分布和居住格局的突出特点。来自中亚的移民往往同乡、同族结伙而来，以团伙形式群居。每伙都以久居或常驻目标国者为首（工头）。首者多具有双重国籍和双重职责。他们不仅承担联系务工者，而且与劳务工作地的地方当局，包括权利保护机构密切联系，以保护劳务者的权益。由于来自中亚的劳动力移民多为穆斯林，有些团伙的首领还履行伊玛目（领拜人）的义务。最近，在俄罗斯和哈萨克斯坦发现有些劳务移民团伙首领以伊玛目身份出现，而其实为"伊扎布特（伊斯兰解放党）"成员。目前"伊扎布特"往往通过这些团伙首领在普通劳动力移民中发展成员。"伊扎布特"与所在国家的一些宗教极端主义、恐怖主义组织和团伙交织在一起，在很多劳务输入地进行活动。据俄罗斯警方报告，"伊扎布特"的分支"Аль－Ихсан"和"Аль－Ваи"在俄罗斯十分活跃。[①] 现实反映，非法劳务移民给迁入国社会安全带来的不利后果更为严重。他们往往是极端主义、分离主义和恐怖主义组织招募的对象和利用工具。在俄罗斯有塔吉克斯坦的劳动力移民 110 万人，其中 40 万为非法移民。据吉尔吉斯斯坦共和国政府劳动与移民事务部记录，在吉尔吉斯斯坦共和国赴俄罗斯和哈萨克斯坦长期打工的 100 多万人，有 80% 属于非法劳工。截至目前已有 43000 人因违反俄联邦移民法而受到移民行政处罚，并列入俄罗斯政府的"黑名单"。仅 2014 年年初，在俄罗斯境内务工的就有 2000 多吉尔吉斯斯坦人被俄罗斯政府以司法判决遣送出境。目前在哈萨克斯坦长期工作的外国移民达 150 万，其中 80 万是劳务移民，包括大量非法移民。

根据世界银行《2009 年世界发展指标》提供的数据，塔吉克斯坦的就业率为 67%，乌兹别克斯坦为 65%，吉尔吉斯斯坦为 67%，土库曼斯坦是 68%，哈萨克斯坦是 71%，俄罗斯是 63%。[②] 目前，俄罗斯和中亚国家的就业形势依然严峻。在哈萨克斯坦计有 47 万本国失业者，另外还有 270 万隐性失业者。[③] 移民大量流入造成迁入国劳动力市场混乱，国家财政税收流失。由于"外来工"更加廉价，雇主更倾向雇用他们，进而影响到其国内劳务人员的就业机会和工资水平。"外籍劳工"与当地居民争夺工作岗位引发的骚乱时有发生。虽然哈萨克斯坦的精英再三呼吁，首先为本地居民创造就业岗位，而后才是吸纳外籍劳务，但是由于外籍劳工

① 阿列克塞·马拉申科：《俄罗斯缘何冀望中亚?》，莫斯科，莫斯科卡内基中心，2012 年版，第 95 页。

② 玛拉特·布里尔·奥尔科特：《塔吉克斯坦艰难的发展道路》（俄文版），莫斯科，2014 年版，第 398 页。

③ 《移民涌入哈萨克斯坦可能诱发骚乱》，《政治专栏》（俄文版），2013 年 10 月 21 日。

与本地居民的民族心理、文化传统、营生理念和社会地位存在差异，国内劳动力人口的紧缺和老龄化社会带来的影响，这一问题难以解决。外来移民及其犯罪给迁入国安全造成许多潜在性危害，带来的社会治安问题层出不穷，引起了相关国家的高度重视。

三　移民浪潮给国家和家庭带来解救汇款，也造成移出国人才大量流失

长期以来，塔吉克斯坦、吉尔吉斯斯坦等国将国家减贫寄托于出国劳务人员向国内汇款的增加。许多移民把在国外挣得的微薄工资汇入国内，成为家庭重要的经济来源，并有益于本国经济的发展。吉尔吉斯斯坦财政部的数据显示，平均每年有 50 万—80 万吉尔吉斯斯坦的劳务移民在国外工作。这些劳务移民每年给国内的汇款达 20 多亿美元，占吉尔吉斯斯坦国内生产总值的 30%。2013 年前 3 个季度国外的吉尔吉斯斯坦劳务移民向国内汇款 16 亿美元，超过了这一时期吉尔吉斯斯坦的财政收入。2013年仅从俄罗斯汇款到乌兹别克斯坦的金额就高达 66.33 亿美元。劳务移民每年给乌兹别克斯坦汇款的金额占到国家年度预算的 1/4。2008 年国外塔吉克斯坦籍的劳动力移民的汇款 21.345 亿美元，占塔国经济总额的 45%。2013 年塔吉克斯坦在俄罗斯工作的移民向本国汇款 40 多亿美元。[①] 在移民浪潮给国家和家庭带来解救汇款的同时，劳动力的迁出与本国经济快速增长所需的人力资源产生了矛盾。

塔吉克斯坦是世界上高级人才外流率最高，且居高不下的国家之一。每年有数千名高级人才流向国外，大多去欧洲国家从业。如果将"人才外流"率按照 10 级评分等级评估，塔吉克斯坦达 6 级之高；包括中低级专业技术工人和高级专门人才的外流。在塔吉克斯坦与经济相关的所有行业都缺乏专业人才，特别是能源、工艺、农学和地质学领域的专家、医生、教师更加奇缺。据吉尔吉斯斯坦共和国国家统计局和新移民政策办公室统计，截止到 2013 年 12 月，在俄罗斯打工的吉尔吉斯斯坦公民达到 100 万，比 2012 年增加了 34%。近 20 年间，有 40 万吉尔吉斯斯坦共和国公民获得了俄罗斯国籍。其中大部分是最近 7—8 年间移出的专业人才。在塔吉克斯坦 220 万有劳动能力的男性居民中，约有 100 万是长期或季节

---

① 玛拉特·布里尔·奥尔科特：《塔吉克斯坦艰难的发展道路》（俄文版），莫斯科，2014年版，第 133 页。

性劳动移民，也就是说，塔吉克斯坦将近有 50% 的劳动力资源出国打工。大量青壮年长期在境外务工，随后改变国籍，造成了中亚部分国家人力资源的严重流失，成为社会的一大问题。

　　针对以上问题，近年来中亚国家都进行了解决劳务移民问题的途径选择和政策调适。2013 年 12 月 10 日纳扎尔巴耶夫总统签署了《关于修改和补充哈萨克斯坦共和国劳务移民法决议的法令》，旨在完善国家的劳务移民政策。劳务移民的合法化和健全国家移民及其劳务活动手续是这项法律的主旨，并提出通过指纹照相登记的途径强化对劳务移民加强监控等措施。2013 年 12 月，吉尔吉斯斯坦总统阿尔马兹别克·阿坦巴耶夫呼吁在境外务工的同胞返回祖国。他指出，在 2013 - 2017 年国家发展战略框架下，计划对农业给予扶持，向国内的农民发放贷款，以此为转折点吸引海外劳动力移民回归家园。2014 年乌兹别克斯坦拟定计划提供措施协助劳动力移民返乡，并提出劳动力移民如不能在指定时间返回，他们的亲属将面临巨额罚款。

　　上述措施未必能得到顺利有效地实施。其一，中亚有些国家目前要给数以万计的劳务移民提供具有一定水平薪水的职位相当困难。其二，目前一些国家的国民经济需要劳动力移民从国外的汇款予以支撑，一旦其境外劳务移民汇款急剧减少，有可能导致国家的经济陷入危机。其三，呼吁在国外的劳动力移民回国，需要创造新的就业机会投资人力资源，这就必须寻找到新的经济增长点。上述因素表明，目前塔吉克斯坦、吉尔吉斯斯坦和乌兹别克斯坦解决劳动力移民问题条件有限、途径不畅、难点诸多，相关政策计划的落实面临严峻的挑战。

第五节　各国移民政策的调整及其特点

　　"移民是政策的产物。"① 新生的中亚各国既是移民的输出国又是移民输入国。随着跨国移民的流量急剧增长以及因此而带来的民族、地区和国际层面的诸多问题层出不穷，不仅直接影响到各国民族人口的比例及其政治地位的变化，而且涉及国家的政治、经济、外交和社会的发展。因此，

---

　　① 《新华文摘》2001 年第 12 期，第 157 页。

制定有效的移民政策是国家政治重建和经济振兴的重要步骤。中亚各国政府在不同时段，针对不同的情况均做出可行的政策反应，并根据事态发展不断调适，予以法律支撑。

纵观独立 20 多年来俄罗斯和中亚各国推行的移民政策及其指导思想的发展变化，主要有以下几个特点：

第一，独立初期国家政策取向的随意性和应时性。

中亚五国独立后处于社会政治经济的重大变革时期。转型社会各种不同的价值观念交织在一起，共同作用于社会经济的发展。国家体制、社会经济结构和生活方式的急剧变化也深刻地影响着各民族国民的情绪和感情。人们的思想观念，价值取向和意识形态又制约着政治精英的政策取舍，进而推动或抑制政府的行为。

各国独立之初受民族自豪感的鼓舞，积极推行"主体民族化"政策。哈萨克斯坦独立初期的移民政策是欢迎散居世界各国的哈萨克人回归，并向他们提供优惠待遇。1991 年至 1997 年间哈萨克斯坦接收了 16.4 万外来移民，主要是哈萨克人。而 1993—1998 年从哈萨克斯坦迁往俄罗斯的斯拉夫人共计 116.9 万人，其中 85.4 万是俄罗斯人。这是中亚国家非主体民族迁出的一个缩影。

新生的国家面对突如其来的大规模的移民浪潮没有充分的思想准备和应对能力。政府在移民政策取向方面更谈不上系统的科学理论探究。某些政治精英所表现出的急功近利和浮躁心态，对事态的发展多是盲目应对，无法对实践产生正确的指导。政策随意性、片面性的代价使大批的非主体民族移民外流，给国家民族人口的数量和人口结构产生了难以估量的影响。

第二，民族迁移政策方面放宽司法限制。

中亚五国独立以后均立法将本国定位于坚持民主原则的主权国家。1999 年 9 月 26 日，塔吉克斯坦共和国以全民公决方式通过新宪法表明，建立世俗、民主、法制国家。土库曼斯坦宪法确立本国为民主、法制和世俗的国家。吉尔吉斯斯坦共和国宪法规定建立在法制、世俗国家基础上的主权、单一制民主共和国。乌兹别克斯坦共和国新宪法确定本国是民主的主权国家。哈萨克斯坦宪法也规定是"民主的、非宗教的和统一的国家"①。作为坚持民主原则的国家，自由选择居住地是人权的重要内容之一。中亚国家基本上采取不阻止移民意图和实施自身权利的政策。1995年吉尔吉斯斯坦共和国与俄罗斯联邦在比什凯克签署了《协调移民秩序，维护移民权利协议》。②

哈萨克斯坦为了维护多民族统一国家的根本利益，总统提出，采取一切措施，不仅将主体民族的移民，而且将已迁出的原哈萨克斯坦的居民吸引回国，并对这项政治任务必须予以法律保证。1997年颁布的新宪法删除了"哈萨克斯坦是享有主权的哈萨克人的国家"的表述，修定为"我们是共同历史命运造就的哈萨克斯坦人民"。新宪法还规定："凡生活在哈萨克斯坦的居民，都有享受宪法保护的权利，法律面前人人平等。"③哈萨克斯坦当局与俄罗斯签订了有关协议，使那些要求返回俄罗斯居住或工作的哈萨克斯坦居民尽可能留在哈萨克斯坦工作。哈萨克斯坦政府还针对那些迁出本国的许多俄罗斯人因返俄后就业难、住房难、子女入学难等问题决定回迁的现实，通过立法形式恢复那些从俄罗斯回迁的原哈萨克斯坦的居民拥有的合法公民权，并简化一切相关手续。2013年1月15日俄罗斯开始对劳动移民法案进行修改。其中规定，在俄罗斯取得合法务工身份的外国人将享受简化注册手续的待遇。这是现阶段俄罗斯和哈萨克斯坦共和国在民族迁移政策方面放宽司法限制迈出的积极性的一步。

第三，对不同民族移民在政策取向上存在矛盾性，移民潮趋于缓和表明民族关系走向平稳。

当中亚五国作为独立主权国家走向国际舞台之际，在民族国家的建设中奉行的是实用主义的内外政策。移民政策的制定也遵循这一原则。出于对独联体国家将成为俄罗斯帝国地缘政治空间势力范围的戒备心理，担心新生国家的主权利益，哈萨克斯坦在俄族移民问题上反对"双重国籍"；而在对待国家命名民族移民的态度上则积极主张实行双重国籍。1992年哈萨克斯坦颁布的宪法规定"哈萨克斯坦不承认双重国籍"，但又规定：

---

① Л. 谢苗诺娃：《宪法是政治制度的反映》，《思想》（俄文版），阿拉木图，1996年第2期，第2页。

② В. В. 科列索夫：《俄罗斯联邦国家移民政策形成的特点》，独联体国家研究所：《后苏维埃大陆》（俄文版），莫斯科，2014年第2期，第101页。

③ 努·纳扎尔巴耶夫：《前进中的哈萨克斯坦》，民族出版社2000年版，第137页。

"被迫离开哈萨克斯坦共和国领土的所有公民，居住在共和国境外的哈萨克人，都有权取得哈萨克斯坦共和国国籍。"承认境外的国家命名民族具有双重国籍。① 可见，这一阶段的移民政策有着双重标准。一个是针对国家命名民族，另一个则是对主体民族以外的群体。政府在移民政策上表现的这种矛盾性反映出，独立初期的移民政策的设计是依内外因素的复杂结合，而落脚于国家政治的实用性和短期性。

1995 年以后中亚各国政府开始灵活性的政策调整，使民族关系发生了变化。随着经济的复苏，由于政府采取和实施了相应的移民措施，1995 年以后移出的俄罗斯人和"被惩罚"民族的代表数量不断下降。在哈萨克斯坦共和国成立 10 周年之际，加入哈萨克斯坦国籍的入境移民已超过移出人数的 1.5 倍。回迁哈萨克斯坦的俄罗斯族达 34.9 万人，乌克兰族 5.1 万人，日耳曼族 3.2 万人，鞑靼族 2.2 万人，白俄罗斯族 9000 人。移民潮流趋于缓和，多民族成分的移民陆续回迁，表明国内民族关系趋于平稳。

第四，俄罗斯调整移民政策，提升中亚世居民族移民的环境适应能力。

入境移民往往处于异域文化社会环境之中。经济生产适应、语言文化适应、社会关系适应、身份变迁适应、生存环境适应等问题是决定他们能否久居和成功的基础。迁入国移民政策的制定是否考虑到社会文化和社会心理因素，在很大程度上影响着移民在新居住环境中的"成活率"。现今，双边移民问题成为俄罗斯与中亚国家关系的一个重要的链接点。由于长久以来，中亚各民族一直受到俄罗斯文化的影响，俄语在中亚地区一直起关键的作用，所以中亚 35 岁以上年龄的劳务移民进入俄罗斯不存在民族文化的适应问题。然而对于 30 岁以下年龄段的劳动力移民来讲，他们是在"恢复历史记忆，复兴国家命名民族文化"背景下成长起来的新生代。这些来自中亚的移民迁入异国之后，首先面临着文化和社会环境的不适应。语言沟通是最现实的问题。许多乌兹别克人和塔吉克人不具备俄语交际和书写能力。据俄罗斯移民中心的数据，来自中亚的乌兹别克、塔吉克等民族的劳务移民中仅有 50% 可用俄语填写办理相关手续的表格；有

---

① 《哈萨克斯坦经济法规选编》，新疆人民出版社 1993 年版，第 5 页。

1/3 的人不懂俄语。① 掌握俄语是中亚移民进入跨国化环境中谋求职业和保障安全的基本条件。文化冲突、语言不通使这些中亚移民屡遭欺骗，正当权益难以维护，人身安全不保等问题频发。

由于非法移民的大量迁入并占大部分，所以从中亚迁入俄罗斯的移民准确数量难以确算。根据各种统计资料估算，从吉尔吉斯斯坦迁入俄罗斯的移民从 40 万到 100 万不等（据吉尔吉斯斯坦内务部的统计数据是 50 万）；乌兹别克斯坦迁入俄罗斯的劳务移民是 70 万到 200 万②，塔吉克斯坦的相关数字是 80 万—200 万。③ 随着国家经济的发展，国内劳务市场亟待规范等现实需要，2011 年俄罗斯国家杜马通过了《俄罗斯联邦外国移民法律条例》，条例规定在俄罗斯从事贸易、公共住宅业和服务行业的移民必须懂俄语。但是由于学习费用昂贵、学习条件不便、学习意愿不强等因素制约，在俄罗斯工作的 124.7 万外国人中只有 3500 人取得了通过国家俄语水平测试的证书。④ 为了提升中亚劳务移民的环境适应能力，2014 年俄罗斯与塔吉克斯坦签署的两国移民协议生效。协议涉及有组织的挑选懂俄语、有专业技能的塔吉克斯坦公民在俄罗斯就业。俄塔两国政府将及时展开交换移民信息等工作，简化塔吉克斯坦公民在俄罗斯的工作程序。

第五，非法移民、难民问题的治理措施成效显著，但任重而道远。

非法移民渠道往往被犯罪团伙用于谋取自身利益。独联体国家间自由入境和现行的内部免签证制度助长了非法移民流动的势头。非法移民与违法犯罪密切相关。同时，中亚的非法移民也常常成为人口贸易的潜在受害者。中亚国家独立以来，各国政府主管部门始终将治理非法移民，包括将买卖人口和难民问题作为工作重点，大都制定规划并采取非常严厉的措施打击非法移民。根据俄罗斯联邦移民局的数据，现今俄罗斯境内大约有 500 万非法移民。而 2005 年其国内非法移民曾超过 1000 万。俄罗斯 3/4 的外来务工人员属非法，且来自中亚国家。数据显示，仅莫斯科的非法移

---

① H. 谢尔盖：《塔吉克的狂热活动：未来教训》，《独立报》（俄文版），2011 年 11 月 30 日。

② E. 萨博夫斯卡娅：《中亚移民分体系中的哈萨克斯坦，后苏维埃空间：移民中的反响》（俄文版），莫斯科，2012 年版，第 21 页。

③ C. 奥利莫娃：《独联体国家和波罗的海的民族情势与冲突，中亚劳动力移民在俄罗斯的适应》（俄文版），莫斯科，2006 年版，第 47 页。

④ M. 列穆特金娜：《关于卫生技术人员法》，《共青团员报》（俄文版），莫斯科，2011 年 11 月 23 日。

民犯罪占全市犯罪率的 50% 。哈萨克斯坦内务部发布的数据表明，目前哈萨克斯坦全国境内的非法移民，包括隐居在各大城市的非法打工者逾10 万人。仅 2007 年上半年，哈萨克斯坦共查处非法移民 12990 人。2011年 1 月 18 日哈萨克斯坦总统纳扎尔巴耶夫下令制定更加严厉的措施打击非法移民。他强调："必须建立更为严厉的应对机制从哈萨克斯坦驱逐非法移民。最首要的是本国公民的利益。" 2013 年俄罗斯和哈萨克斯坦都针对非法移民加强了立法。俄罗斯将严厉追究雇用非法移民的责任，雇用非法移民的企业将面临 80 万卢布高额罚款和勒令停止经营活动的严厉处罚。哈萨克斯坦有关部门在对非法移民和买卖人口的监管方面取得了显著成绩。为了清查在哈萨克斯坦非法居留的人员，切断非法移民的渠道，打击人口买卖，内务部长期开展各种预防性专项行动。哈萨克斯坦的相关法律规定，对从事非法经营活动的企业和个人予以没收商品和 2150 美元的罚款。纵观而言，俄罗斯和中亚国家打击非法移民政策法规的执行取得了一定成效，但是在相当程度上是"治标不治本"[①]，非法移民情势依然十分严峻。

2014 年美国与北约联军撤离阿富汗。目前阿富汗民族、部族之间的矛盾问题尚未得到解决，不具备民族、部族和解与开展彼此间对话的条件。一些行政中心表面上的内部政治平衡是外国军事力量和外国资金保障下由阿富汗强力机构勉强支撑。中亚与阿富汗拥有 2087 公里的漫长边境线，对于中亚国家来讲，不排除宗教极端组织深入地区纵深和跨界非法移民和难民问题。简言之，在中亚非法移民问题的治理不是一蹴而就，即可解决，而是一项长期艰难复杂的工作。

结　语

客观地说，独立之初中亚国家出现的移民过程是苏联解体后形成新的民族国家，地缘政治秩序发生变化，政治经济极不稳定，国家民族政策出现偏差等一系列事件所引起的合乎规律的现象。从整体上来讲，起初中亚

---

① 阿列克塞·马拉申科：《俄罗斯缘何冀望中亚?》（俄文版），莫斯科，莫斯科卡内基中心，2012 年版，第 94 页。

国家对于移民进程的协调非常薄弱；但随着国家经济的复苏，法律和司法制度的不断完善，移民政策也在与时俱进，不断适应社会经济的发展。在实践中，各国政治精英不断探索和检视移民运动的内在规律和政策执行中的经验教训，为政策制定提供基础。因决策者由感情作用到理性选择的转变，哈萨克斯坦的出境移民浪潮已得到有效控制。劳动力入境移民的数量增加，却使其国家移民政策的向度在国家经济发展和安全利益领域的分量日益加重。塔吉克斯坦、乌兹别克斯坦、吉尔吉斯斯坦的劳动力出境移民流动依然不可阻逆。各国移民政策开始聚焦国家长远利益，将人力资源流动纳入到国家发展战略之中。主要表现在以下方面：第一，在改善本国劳动力市场的同时，走向发展与接受本国劳务移民国的关系；第二，从放开劳动力出境到收紧移民政策；第三，从国家需求出发制定留人、引才政策措施。简言之，中亚移民政策的制定和实施经历了 1/4 世纪的演变和发展，是多重因素共同作用下的产物，所奉行的理念均为：内倾加稳定，外倾加利益，不断适应周期性的移民规律，为国家总的发展战略目标服务。

第八章 土耳其与中亚国家关系发展缕析

当今世界正在发生巨大的变化，利益交汇点日益增多。土耳其作为一个在国际舞台上正在崛起的重要国家，调整了本国的外交战略，即从长期以来奉行的亲西方战略，转为保持与西方密切关系状态下而强化"东向"外交，视"中亚为土耳其外交政策的轴心"①。如何评估这一外交战略取向之下，土耳其与中亚国家之间的关系？土耳其与中亚国家之间的彼此互动将对地缘政治、地缘经济和地缘文化产生什么影响？值得我们关注和研析。

第一节 土耳其与中亚国家关系互动的时代背景

回溯历史，公元 6 世纪中叶以后，突厥向中亚地区的渗透增强。东、西突厥汗国相继灭亡，其中一部分突厥人西迁至中亚，与中亚土著居民相互接近、逐渐融合。在此过程中，突厥语在新形成的部族中占据了优势。大约于公元 10 世纪前后，在中亚游牧的突厥语部落中有一支在酋长塞尔柱的率领下，进入小亚细亚（今土耳其的亚洲部分），与周邻部落发生混合，使奥斯曼土耳其人出现在历史舞台上。第一次世界大战之前，"奥斯曼突厥语系的文献、教科书等就对俄罗斯帝国操突厥语民族产生了深远的影响。而俄罗斯帝国操突厥语民族对土耳其亦拥有巨大的精神作用"。奥斯曼帝国后期，"青年土耳其党"就派遣人员到俄国的突厥斯坦进行"将具有突厥之根的各个民族结为一个联合整体"的宣传，并建立了密切联系。奥斯曼帝国灭亡之后，穆斯塔法·凯末尔·阿塔图克于 1923 年在奥

---

① 雷杰普·塔伊普·埃尔多安：《中亚是土耳其外交政策的轴心》（俄文版），Казинформ，阿斯塔纳，2012 年 5 月 22 日。

斯曼帝国的废墟上创建了一个新的土耳其共和国。新土耳其政府的政策是坚持独立，立足于土耳其国家边界之内的主权之上。土耳其国父穆斯塔法·凯末尔·阿塔图克倡导新的民族认同思想和土耳其社会非宗教化，并用拉丁字母取代阿拉伯字母书写土耳其语。他多次重申，受到严重创伤的土耳其已不再是过去那个巨大、多民族的奥斯曼帝国，需要集中力量从事国内建设，构建有利于对外关系的国内政策，放弃以往的"泛突厥主义"有助于实现与苏联关系的正常化。然而土耳其国内的"泛突厥主义"思想并没有消失。土耳其的某些知识分子和政治精英依然致力于"将苏联中亚—土耳其的兄弟们居住的地区突厥斯坦脱离俄罗斯，拱手交给土耳其"，"建立一个统一的突厥语系的民族国家—土耳其帝国"。但是由于苏联对"突厥思想体系"的警觉和清洗，对哈萨克、乌兹别克、吉尔吉斯斯坦、土库曼等民族进行文字改革、强化各民族突厥语之间的差别、淡化其血缘—文化共同性，实行"俄罗斯化"和"苏维埃化"等措施，以至于"在苏联东部地区居住的主要操突厥语民族：哈萨克、吉尔吉斯斯坦、乌兹别克、土库曼、鞑靼和巴什基尔等"[①] 与土耳其的外在联系中断。

冷战结束，苏联解体，亚欧地缘政治、地缘经济、地缘文化格局发生了巨大的变化。为了填补中亚意识形态和权力的真空，大国和周边国家在这一地区展开了激烈的角逐。土耳其地处欧亚结合部，作为中亚地区东向近邻，占据得天独厚的地缘优势；同时，与中亚地区一些世居民族具有历史、种族、宗教、文化和语言方面的渊源关系，于是力图在中亚的竞争中实现本国利益最大化。土耳其在中亚的推进主要靠两种运作形式，一是泛突厥主义的意识形态，二是独特的"土耳其发展模式"。

土耳其历届政府的中亚政策均强调与操突厥语国家和地区全面发展关系，加强具有"奥斯曼之根"的"突厥人之间的联系"与"重振突厥世界"的理念。[②] 在"同根""同宗""同族"的"突厥民族"情结和"共同历史""共通语言""共有文化"等符号性和感知性内容的吸引和作用之下，中亚操突厥语民族与土耳其人之间联系密切的方向性纽带得以恢复。民族认同和情感意识连带的地缘网络逐渐扩展，进而强化了中亚与土耳其情感和文化上的连接。

---

① 哈·扎·加比杜林、阿·米·阿尔沙鲁尼.《俄国的泛伊斯兰主义和泛突厥主义简论》（俄文版），李琪、陈继周译，伦敦，1990 年版，第 30、122 页。

② 《商队》，哈萨克斯坦共和国报（俄文版），阿拉木图，2000 年 5 月 26 日。

中亚国家独立伊始，处于新旧历史时期的分野、社会体制变革、经济转轨陷入危机，面临着新生的主权独立国家如何发展的问题。而土耳其则被西方世界推重为"伊斯兰世界的民主样板"。基于土耳其与中亚国家之间特殊的历史文化联系，以民主政府与市场经济相结合、东西方文化相交汇，传统浓重的伊斯兰教与政教分离的世俗国家体制相共存为特征的"土耳其发展模式"，无疑对正在茫然于如何寻求本国发展道路的中亚国家具有巨大的吸引力和借鉴意义。于是土耳其的"示范"作用在中亚得以提升和推广。但是随着时间的推移，中亚各国逐步意识到"除了我们自己，谁也改变不了国家的命运"。他们在政治上始终不渝地坚持国家的主权，根据自身的地缘政治和地缘经济特点制定本国的内外政策和战略。经过一段时期的探索和实践，逐步确立了具有本国特色的政治体制和发展道路。乌兹别克斯坦共和国选择了"乌兹别克发展模式"（Узбекская модель развития）[1]，哈萨克斯坦共和国选择了"哈萨克斯坦'第三条道路'发展模式"（Казахстанская модель "Третьего пути" развития）和"21世纪哈萨克斯坦发展模式"（Казахстанская модель развития в XXI веке）[2]，土库曼斯坦共和国选择了"土库曼改革模式"（Туркменская модель преобразоваий）。[3] 中亚国家独立20多年来，大都沿着独立、主权和自主选择的发展道路和模式，在政治、经济文化和社会诸多领域取得了巨大的成就。

第二节　土耳其与中亚国家关系发展路径

地缘政治和地缘文化处于东西方交叉之点的土耳其，在外交政策方面历来基于根深蒂固的国家传统和现代土耳其的理想。其特点之一是希冀通过"突厥民族"间"天然的认同感"，将全球战略意义之重要版块，即土

---

① 安德烈·特沙耶夫、马克西姆·叶夫列莫夫：《世界最好之一：乌兹别克发展模式》，《人民之声》（俄文版），2012年9月18日。
② 喀雷噶什·茹苏别科娃：《21世纪哈萨克斯坦的发展模式》（俄文版），《世界与国家》（俄文版），2012年1月7日。
③ 尤里·彼特罗夫：《"俄罗斯报"高度评价土库曼改革模式》（俄文版），《俄罗斯报》2003年4月3日。

耳其、俄罗斯、伊朗、阿富汗、中国及中亚诸国境内所有操突厥语的民族联合起来，建立一个"从亚得里亚海到中国边界"横跨欧亚的"突厥联盟"，以期"重温奥斯曼土耳其帝国之梦"。

中亚五国中除塔吉克斯坦外，其他4国都是以某一操突厥语民族命名的主体民族国家。苏联解体，中亚五国独立之后，土耳其政府即刻承认中亚五国独立，确立了全方位发展与中亚国家间关系的外交政策，将其作为本国最为重要的外交方向之一，并以此为契入点解决自身面临的地缘政治问题。

长时间来，土耳其在对外关系方面致力于"依附大国外交"的基点。美国与土耳其的利益结盟是其核心。冷战以后，美国与俄罗斯在中亚地区的博弈愈演愈烈。美国将俄罗斯与伊朗的结盟关系视为其扩张中亚的竞争对手，进而支持盟友国土耳其作为中亚国家最理想的典范，力主中亚各国与土耳其的关系不断发展，逐步将这些新生的民族国家纳入西方体系。美国的支持无疑是土耳其在政治、经济和文化等领域与"亲缘国家"展开合作的后盾和推动力。

1992年，土耳其总统图尔古特·厄扎尔（Turgutözal，1927年10月13日—1993年4月17日）试图加强土耳其与中亚突厥语系国家的联系，制定了建立一个类似欧盟的突厥共同体的规划，倡议召开首届"突厥语国家首脑会议"，成员国包括土耳其、哈萨克斯坦、吉尔吉斯斯坦、乌兹别克斯坦、土库曼斯坦和阿塞拜疆。1992年10月，首届"突厥语国家首脑会议"在土耳其首府安卡拉举行。同年，土耳其以创始国身份，倡导成立"中亚西亚经济合作组织"（Economic Cooperation Organization），得到刚刚独立的中亚各国的积极响应。该组织由土耳其、土库曼斯坦、乌兹别克斯坦、塔吉克斯坦、吉尔吉斯斯坦、哈萨克斯坦、阿塞拜疆、阿富汗、巴基斯坦、伊朗十国组成，是一个包括近800万平方公里土地，3亿多人口的以伊斯兰文化为特色的国家间合作组织。其所涵盖的地区战略地位十分重要，位于世界"心脏地带"，控扼阿拉伯海、波斯湾、里海、黑海、地中海等世界主要油气产区和海运要道，也是国际各种力量的交叉点。再者，这些国家都是伊斯兰国家，其东南部不仅是"金新月"毒品产区和集散地，而且是国际反恐的核心地带。

恰逢其时，美国完成了在东、西两线的战略部署，正将触角深入中亚。1997年美国出台了"新中亚战略"，把削弱俄罗斯和遏制中国作为主要内容，并依靠土耳其等盟国推行"新中亚战略"的实施。首先，美国通过土耳其展开与俄罗斯在里海—中亚地区的原油与天然气管道之战。冷战结束之后，俄罗斯、土耳其和伊朗等多国纷纷力争里海—中亚油气管道经过本国领土，并达成了一个"南北两线、对半出口"的里海早期石油协议。这个协议既照顾了俄罗斯的利益，也兼顾了土耳其等国家的利益。但是美国对此极不满意。它趁俄罗斯陷于车臣危机，促使土库曼斯坦、阿塞拜疆、格鲁吉亚和土耳其四国签署了修建经里海和外高加索到土耳其的天然气管道，通过土耳其将里海战略能源引向西方市场。美国破例对土库曼斯坦的能源计划提供"特殊政策"，积极支持修建绕开俄罗斯，自土库曼斯坦穿越伊朗到土耳其的天然气管道。可见美国冀望于借助土耳其同俄罗斯进行里海—中亚地区的管道争夺。

随后，土耳其又以观察员身份参加由哈萨克斯坦等国在 1994 年成立的"中亚经济共同体"。与此同时，土耳其还积极致力于仿效阿拉伯联盟体制，建立一个在具有文化共同性国家基础上的国际组织。2000 年，土耳其主管中亚经贸事务的国务部长柴伊提出与宗教、语言及习俗相仿的中亚突厥语系国家阿塞拜疆、哈萨克斯坦、土库曼斯坦、乌兹别克斯坦和吉尔吉斯斯坦建立一个由六国组成的突厥国家联盟，先由扩大经贸往来为主向其他领域扩展。

1992—2001 年是土耳其与中亚突厥语国家关系的密切期。十年间举办了七届"突厥语国家首脑会议"。此后，由于土耳其将主要精力置于推动加入欧盟，与中亚突厥语国家的合作"形式多于实际"，且搞大国主义，不时表现出"突厥语国家联盟"领头羊的态势，引起中亚国家的不满。至此，中亚国家与土耳其的关系进入了短暂的"冷淡期"。"突厥语国家首脑会议"和"突厥语国家和族群友谊合作大会"亦因此中断。随着国际各种势力围绕中亚地缘政治、地缘经济和能源的博弈愈演愈烈，土耳其怎能错失良遇，放弃自己在这个具有"亲缘关系"地区的"领袖地位"，于是重提"突厥语世界联盟"并"积极参与中亚国家的能源规划"。在与中亚国家关系遭遇五年的间断之后，土耳其重新启动与突厥语国家的合作。在土耳其的积极推动下，2006 年 9 月，"第十届突厥语国家和族群友谊合作大会"在土耳其海滨城市安塔利亚恢复举行。同年 11 月 17—18 日，"第八届突厥语国家首脑会议"也在安塔利亚举行，与会首脑强调要进一步加强突厥语国家之间的合作，实现共同发展。土耳其重回中亚带来的必然结果是彼此之间更为频繁的关系互动。

2008 年土耳其正义与发展党政政府外交政策的总设计师达武特奥提出了新奥斯曼主义的外交政策。他以为，土耳其必须重视在三个空间上的重新定位：1）超民族的国家地位；2）地区性的国家地位；3）中枢性国家地位。土耳其的中亚战略取向是其历史的延续。2008 年以来，土耳其与中亚一些国家的关系进入新的活跃期。为了重新调整与中亚的国家关系，解决彼此间存在的实际问题，2008 年 2 月 6 日，土耳其全球化战略研究所主办了"土耳其在中亚地区的发展前景与存在问题国际学术会议"。2009 年 10 月 3 日，第九届"突厥语国家峰会"举行，与会国家首脑签署了纳克希万协议，成立了架构与欧盟及阿拉伯联盟类似的突厥议会（Turkic Council），总部设在伊斯坦布尔。这次会议，土耳其、阿塞拜疆、哈萨克斯坦和吉尔吉斯斯坦四国首脑还签署了成立"突厥语国家合作理事会"的协定。2010 年 9 月举行第十届"突厥语国家峰会"，土耳其总统阿卜杜拉·居尔（Abdullah Gul）提出"六国一族"论[1]，要求加强各国"基于共同历史、语言、文化和认同基础之上的团结"。2011 年 10 月 21 日首届"突厥语国家合作理事会"成员国峰会在哈萨克斯坦第一大城市阿拉木图举行。阿塞拜疆总统阿利耶夫、哈萨克斯坦总统纳扎尔巴耶夫、吉尔吉斯斯坦总统奥通巴耶娃和土耳其副总理博兹达出席会议，共同签署了《阿拉木图宣言》，在经济、安全、社会文化和国际事务合作四大领域达成共识。这次峰会被认为是开创突厥语国家合作的里程碑。2012 年 8 月 23 日，第二届"突厥语国家合作理事会"峰会在吉尔吉斯斯坦首都比什凯克召开。吉尔吉斯斯坦、哈萨克斯坦、土耳其和阿塞拜疆等四个成员国首脑与会。2012 年 12 月 29 日，"世界突厥青年联盟"第十五届代表大会在伊斯坦布尔召开。与此同时，"突厥民族青年同根源—同目标国际学术研讨会"也在哈萨克斯坦历史名城阿拉木图召开。

除了通过建立国家间组织，加强联系外，土耳其与中亚国家的密切关系首先表现在社会文化领域的务实合作。早在中亚国家独立之初，土耳其就与中亚四个操突厥语国家签订了"国际学生交流计划"。土耳其不仅派出教师前往中亚教授"土耳其语"，而且接受了数千名来自突厥语国家的

---

[1]　六国是指土耳其、阿塞拜疆和中亚的哈萨克斯坦、乌兹别克斯坦、吉尔吉斯斯坦和土库曼斯坦。

大学生，并向他们提供奖学金。吉尔吉斯斯坦—土耳其教育规划受到土耳其的高度重视。截至 2013 年，已有来自吉尔吉斯斯坦的 2000 多名大学生在土耳其学习。20 年来一批又一批在土耳其学习毕业的留学生返回各自祖国服务。仅哈萨克斯坦，到 2012 年已有 1500 名留学生毕业于土耳其的各所高校。① 为了加强与这些学生的联系，目前土耳其教育部国际教育署正在致力于建立"国际学生交流站""土耳其毕业学生数据库"和"突厥语国家大学联盟"，以及"突厥语国家科研基金会"。在"国际突厥语文化组织"的推动下，2011 年 5 月土耳其举行了突厥语国家、地区与社会电视媒体会议。其主旨是"媒体联合，人民联合"，加强"突厥意识"和"突厥文化"的宣传和保护，推广突厥世界语言的同一化。哈萨克斯坦、吉尔吉斯斯坦参会。乌兹别克斯坦、土库曼斯坦缺席。2012 年是"国际学生交流计划"20 周年，土耳其频繁举办各种盛会，论坛、学术研讨会、演唱会等文艺演出。"国际突厥语文化组织"为此举办了画展。这一系列活动都通过土耳其广播电视总局中亚频道和音乐频道现场直播。在土耳其和哈萨克斯坦双方密切合作和努力下，目前在哈萨克斯坦的突厥斯坦市建立了以 X. A. Ясави（X. A. 亚萨维②）命名的 国际土耳其—哈萨克大学，在阿拉木图开办了以 C. Демиреля（苏莱曼·德米雷尔③）命名的非国立大学，建立了"Достык"（哈萨克语：友谊）教育中心和 24 所哈萨克—土耳其中等学校与"Шахлан"小学。在伊斯坦布尔开办了以哈萨克伟大的思想家、著名诗人阿拜·库南巴耶夫命名的学校。

　　文化联系促进了经济合作。苏联解体，土耳其迅速在中亚国家开办了2000 多家合资企业。同时，土耳其还组建了专门机构，协调对中亚国家的政策，帮助、指导和鼓励这些国家建立和经营私人企业，发展市场经济。随后，哈萨克斯坦与土耳其建立了国家间商务委员会。一时间，土耳其占据了哈萨克斯坦经济领域一些部门（交通、基础设施、建筑、电话通讯、食品、轻工业和制药业）的优势地位。2008 年，哈萨克斯坦与土

---

① 拉乌拉·图尔苏普别科娃：《阿斯塔纳—安卡拉：伙伴关系协作，哈萨克斯坦共和国首脑纳扎尔巴耶夫与土耳其总理埃尔多安进行会谈》，《哈萨克斯坦真理报》（俄文版），2012 年 5 月 24 日。

② 霍加·艾哈迈德·亚萨维（1103—1166）伊斯兰教的一位圣人，安葬于哈萨克斯坦历史名城突厥斯坦。

③ 苏莱曼·德米雷尔（Süleyman Demirel，1924 年 11 月 1 日—），土耳其政治家，7 次出任土耳其总理，1993 年至 2000 年任第九任总统。

耳其之间的商品流通额达 15 亿美元，已有 1600 家土耳其公司向哈萨克斯坦的各类项目注入资金。1993 年以来，土耳其直接向哈萨克斯坦投资逾 18 亿美元。自 2004 年以来哈萨克斯坦向土耳其的投入超过 6 亿美元。2011 年土、哈双边贸易额达 33 亿美元，比 2010 年提高 73%。哈萨克斯坦向土耳其主要出口矿产资源、化工产品、非贵重金属及其制品，从土耳其主要进口建筑材料、化学产品、塑料及塑料制品、食品、机器和设备。2012 年 5 月 24 日哈萨克斯坦共和国总统纳扎尔巴耶夫与土耳其总理埃尔多安签署了《新协作经济纲领》，其目标是实现土、哈贸易额达百亿美元。① 土耳其对吉尔吉斯斯坦也采取了积极的外联政策。2010 年 4 月吉尔吉斯斯坦政变和奥什事件以后，土耳其资助其 1000 万美元的建筑材料。2011 年土耳其总理埃尔多安与吉尔吉斯斯坦总理阿尔马兹别克·阿坦巴耶夫在比什凯克和安卡拉举行多次会谈。埃尔多安表示，给予吉尔吉斯斯坦 4.5 亿美元的投资。因此，土耳其在吉尔吉斯斯坦得到了该国"达斯坦（Дастан）军工厂"49% 的股份。② 2011 年 4 月 25 日吉尔吉斯斯坦总理阿坦巴耶夫访问土耳其，其间，为促进双边关系，吉尔吉斯斯坦与土耳其将互勉签证。2012 年 1 月 12 日至 15 日和 8 月 16 日，吉尔吉斯斯坦新任总统阿尔马兹别克·阿坦巴耶夫两次访问土耳其。土耳其与吉尔吉斯斯坦宣布建立战略联盟。两国总统签署了土耳其—吉尔吉斯斯坦建交 20 周年联合声明。两国外长签署了土耳其—吉尔吉斯斯坦 2012—2013 年合作备忘录和司法协助条约。土耳其总统阿卜杜拉·居尔强调，土耳其与吉尔吉斯斯坦政治领域方面的合作不只限于双边，而且还将继续加强在国际领域的合作。土耳其将继续在经济、贸易、军事领域，安全和国防问题方面与吉尔吉斯斯坦共同合作。2012 年 3 月 19 日，吉尔吉斯斯坦总理奥穆尔别克·巴巴诺夫在土耳其举行的两国贸易投资论坛上表明，欢迎土耳其商人投资吉尔吉斯斯坦黄金开采和加工业，吉政府为此将创造所有必要条件。2012 年土耳其对吉尔吉斯斯坦的出口增加了 50%，土耳其与吉尔吉斯斯坦的双边贸易达 3 亿美元。土耳其各类企业给予吉尔吉斯斯坦的投资

---

① 拉乌拉·图尔苏普别科娃：《阿斯塔纳—安卡拉：伙伴关系协作，哈萨克斯坦共和国首脑纳扎尔巴耶夫与土耳其总理埃尔多安进行会谈》，《哈萨克斯坦真理报》（俄文版），2012 年 5 月 24 日。

② 穆拉特·劳穆林：《土耳其和中亚》（俄文版），卡内基国际中心基金会，2012 年 12 月 18 日。

达 5.85 亿美元。2013 年 1 月 26 日土耳其资本市场理事会代表团访问吉尔吉斯斯坦，并与吉国家金融监管局在吉—土经贸合作委员会框架下签署"合作与技术援助纲要"，包括协助吉尔吉斯斯坦发展与调整资本市场、建立贵金属交易中心、提高国民金融意识等。上述纲要的实施旨在提高吉国资本市场对外资的吸引力，从而推动吉尔吉斯斯坦共和国政府确定的国家级战略项目。在加强经济贸易合作的同时，土耳其还积极扩大在中亚的军事影响，主要致力于军事技术和军事政治方面的合作。截至 2011 年土耳其已为土库曼斯坦培训 1299 名，为乌兹别克斯坦培训 426 名，为吉尔吉斯斯坦培训 401 名，为哈萨克斯坦培训 383 名军事教官[①]。从 1999—2012 年在军事技术合作框架下，土耳其给予吉尔吉斯斯坦 1250 万美元的军事援助。[②] 综上可见，中亚国家独立 20 周年之际，是土耳其加强与中亚操突厥语国家合作关系的又一个良好契机。土耳其为推动与中亚国家的合作正在注入新的活力。

回溯 20 多年来土耳其与中亚国家关系的发展脉络，经过了活跃期、冷淡期和重振期三个阶段，目前仍在继续发展。其中折射出土耳其在现实形势下的中亚战略不断调整。从土耳其方面看，寻求一种超地域、跨国家的新的民族（或种族）共同体的认同，在一个特定的经济和文化圈内充当其领袖，强化自身地缘政治、地缘经济和地缘文化的主导地位是土耳其对中亚的战略选择。从中亚国家来讲，随着各国日益融入到现有的国际体系之中，他们看自己、看世界的认识不断变化。中亚国家从最初对自身发展道路的经验盲从，逐渐转变为根据本国国情和国家利益选择发展道路和对外战略定位，其全方位外交政策所追求的目标日益扩大，成为国际社会多边机制的积极合作者和重要参与者，并在其中发挥作用。

第三节　土耳其与中亚国家关系发展中的问题

土耳其与中亚国家建交 20 多年来，总体上保持了友好合作的战略伙

---

① 穆拉特·劳穆林：《土耳其和中亚》（俄文版），卡内基国际中心基金会，2012 年 12 月 18 日。

② С. В. 科热缅金：《中亚一体化进程中吉尔吉斯斯坦的对外政策》，独联体国家研究所：莫斯科，《后苏维埃大陆》，2014 年第 1 期，第 105 页。

伴关系。但是鉴于彼此之间在地缘战略和社会、经济、政治、文化建设等诸多方面存在着利益不同和目标差异，其关系发展难免遇到诸多问题和制约因素。

一　中亚国家在与俄罗斯的传统关系和与土耳其的文化亲缘关系中权衡利害

俄罗斯和土耳其均为中亚的地缘近邻。双方在中亚拥有多方面的利益关系。长久以来，俄罗斯视中亚为传统势力范围及国家安全的南部屏障，积极谋求在中亚的军事存在。而土耳其则借"文化亲缘"，从中亚国家独立之初就试图以一个"世俗的、民主的、市场经济的穆斯林国家"[①] 模式遏制俄罗斯在中亚的影响。在激烈利益争夺之中必然导致土耳其与俄罗斯在中亚地缘版块中的矛盾碰撞。"9·11"事件后，美国发动阿富汗反恐战争以及周边环境的变化给中亚的土、俄关系增加了诸多变数。长久以来，中亚各国在对外关系的合作中始终把俄罗斯、美国、中国和土耳其等国置于优先发展方向。但其中俄罗斯是中亚各国外交的首要方向。因历史的渊源关系，中亚国家均视俄罗斯为第一大贸易伙伴和投资伙伴。不仅以往，即便在当今国际和周边环境不断变化的情况下，中亚国家在安全领域，除自身防务以外，往往需要依靠俄罗斯，受其军事保护和发挥作用。在很多方面俄罗斯与中亚国家形成了更为牢固和紧密的关系。

在外交战略取向方面，于建国 100 周年（2023 年）之前，获得欧洲联盟成员国资格是土耳其追求的核心目标和基本国策。自 1963 年迄今 50 年来土耳其一直竭尽全力朝着加入欧盟的方向努力。虽然实现这一理想遥遥无期，但是为了应付来自诸多方面的阻力，土耳其耗费了相当大的精力。土耳其将中亚国家作为外交的重要方向，主要取决于它在能源方面对中亚国家的依赖性。鉴于此，在维护中亚地区的政治稳定和安全方面，尤其是在 2014 年美国从阿富汗撤军之后，土耳其能够发挥多大作用？中亚国家对此表示怀疑。反观之，在地区安全、经济和能源问题上，土耳其与俄罗斯的角逐，进一步扩大了俄罗斯在中亚地区的影响，使俄罗斯获利甚丰。近期，哈萨克斯坦通过对反恐怖主义和极端主义斗争框架下伙伴关系的评估认为，土耳其在保障地区安全领域发挥不了重要作用。土耳其在加

---

① 塞缪尔·亨廷顿：《文明的冲突与世界秩序的重建》，新华出版社 2002 年版，第 156 页。

强中亚的军事政治影响方面采取的政策成效不大。① 土耳其虽然在乌兹别克斯坦拥有较大规模的投资，但对于乌兹别克斯坦经济而言，俄罗斯的重要性远远高于土耳其。土耳其与塔吉克斯坦一直保持着较为正常的贸易关系，但这两年也在发生变化。据统计，2012 年塔吉克斯坦和土耳其的对外贸易额总计 4. 689 亿美元，比 2011 年同期下降了 78%，其中向土耳其出口商品总计 3. 823 亿美元，主要是初级铝和皮棉，从土耳其进口商品总计 8650 万美元。塔吉克斯坦与土耳其贸易顺差达到 2. 958 亿美元。塔吉克斯坦与俄罗斯的对外贸易额始终居首位。仅 2012 年 1—10 月，塔、俄两国贸易额总计 8. 347 亿美元。通过外交实践，中亚国家清醒地意识到，土耳其的政治抱负远远超出了自身实力，与和中亚接壤的俄罗斯相比，无论在安全领域，还是在经济方面，土耳其能提供的实际援助和支持，远远无法满足中亚各国的需求。对于政治、经济逐渐走向成熟乌兹别克斯坦、哈萨克斯坦等中亚国家而言，土耳其与俄罗斯、美国等更强势的竞争对手相比较，只能算是第二梯次。

二　中亚国家以解决内部问题为当务之急，土耳其影响有限

中亚国家独立 20 多年来，经过不断探索和实践，在政治、经济、文化和对外合作等诸多方面都展现出新的面貌；政局基本稳定，经济稳步回升，对外合作不断推进，在国际舞台上的影响力逐步提高。然而不容忽视的是，成就与挑战，发展与问题，稳定与矛盾并存，存在许多不稳定和不确定因素，比如稳定基础脆弱、安全形势严峻、权利阶层矛盾突出、民族（部族）冲突频发、社会分层差距拉大等。如果国内严重的社会经济问题得不到解决，那么国家的稳定发展迟早会再度陷入艰难处境。面对困境，自救才是破解之路。正如哈萨克斯坦纳扎尔巴耶夫总统提出的"我们不会照抄、照搬任何经验，我们做那些我们需要做的事情"。因此，走自己的路，不断进行本国政策调适，谋求和促进民族融合、社会均衡、经济发展和国民凝聚是国家建设和进步的重要途径。

虽然土耳其积极主动地与中亚国家保持着良好的外交关系。但是中亚各国在双边关系的发展进程中均严格把握发展自我的首位性。哈萨克斯坦积极吸纳土耳其在本国非资源领域投资的目的是利用土耳其作为本国在国

---

　　① 多斯穆·萨特帕耶夫：《土耳其试图回归中亚》（俄文版），《中亚的政治风险》，《哈萨克斯坦风险》，2008 年 2 月 23 日。

际市场商业竞争活动中的另一个途径。当土耳其各类企业渗透哈萨克斯坦经贸领域后，哈萨克斯坦适时出台了严格限制吸收土耳其籍工人的政策，为本国公民提供更多的就业机会。2011 年 3 月，乌兹别克斯坦当局根据本国总检查署反金融与税务犯罪科的督察，以土耳其一些企业"利用乌兹别克斯坦为其建立的良好投资环境和友好关系"，违反税法为由，采取了清理土耳其贸易公司代表处和查封土耳其商业活动的强硬手段，关闭了50 家土耳其企业。多家土耳其驻乌兹别克斯坦的知名企业被列入破坏经济信誉者名单。被没收的土耳其不法企业和商人的资金和商品材料总值逾16.7 万美元。[①] 乌兹别克斯坦以此推动本国经济贸易市场的改革。在 20多年的发展进程中，中亚国家深刻意识到，要想在国际舞台上扮演重要角色，发展本国经济，解决内部问题，保持国家政治稳定才是当务之急和长远之计。

　　在这方面土耳其的问题在于，早在冷战时期，由于苏联的民族宗教政策，对泛突厥主义的严控和抵御，土耳其对中亚国家的影响失去主动，七十年间处于一种蛰伏状态。20 世纪 90 年代初，当土耳其产生觊觎中亚的愿望之时，它在中亚国家起支配作用的能力仍然受到极大的限制。中亚国家对具有分离主义倾向的"泛突厥主义"始终保持高度警觉。哈萨克斯坦的专家指出，"语言和文化共同性对一个经济联盟来说，并无多大意义。突厥语国家内部原本就矛盾重重"。土耳其经济学与工艺学学院教授穆斯塔法·艾登也承认，"虽然土耳其较之中国和欧盟具有在这一地区巩固地位的更多机遇，但是，它对于苏联的解体，毫无准备，因此迄今为止也没有形成研究中亚问题的最好的专家队伍"[②]。

三　土耳其搞大国主义，引起中亚国家不满

　　在中亚战略方面，土耳其通过输出政治、经济模式，即所谓的"土耳其模式"，极力争夺这一地区，企图充当中亚的盟主或新的"大哥"，以填补苏联解体后中亚出现的"政治真空"。此外，土耳其积极发展与中亚关系的目的是占领中亚市场，试图成为欧亚的"能源交易所"，控制途

---

　　① 穆拉特·劳穆林：《土耳其和中亚》（俄文版），卡内基国际中心基金会，2012 年 12 月18 日。

　　② 多斯穆·萨特帕耶夫：《土耳其试图回归中亚》，《中亚的政治风险》（俄文版），《哈萨克斯坦风险》，2008 年 2 月 23 日。

径中亚，自东向西的能源通道。① 但是土耳其没有顾及一个重要的因素。尽管它冀望独占控制中亚的优势地位，然而让其出乎意料的是，遭遇到中亚"主权国家的冲撞力"和"防守术"。中亚国家的政治精英排斥拒绝任何新的意识形态控制本国。在对外关系方面，中亚国家坚持按照自己的意志，根据本国的情况，自由选择自己的社会制度、国家形式和决定国家的对内对外政策，在国际社会中构筑自己的话语权。他们不会听命于任何一个国家，用一个声音说话。中亚国家对土耳其以领袖自居，对土耳其输出"突厥共同体"和"土耳其发展模式"存有戒心。这种不信任因素不同程度影响到中亚一些国家与土耳其的关系。土耳其重归中亚以后，更加积极地宣传"突厥语国家联盟"。而与媒体对这一联盟的高调报道形成鲜明对比的是，乌兹别克斯坦、土库曼斯坦等有关国家首脑对参加"突厥语国家联盟"峰会的态度十分消极。自 1995 年起乌兹别克斯坦总统伊斯拉姆·阿卜杜加尼耶维奇·卡里莫夫就没有出席过突厥语国家峰会。在 2009 年的第九届峰会上，与会各国首脑签署了成立"突厥语国家合作委员会"的协定，而土库曼斯坦总统古尔班古雷·别尔德穆哈梅多夫表明，本国外交政策是建立在"积极中立"的基础之上，因之不能参加该组织，并以此为由而拒绝签字。乌兹别克斯坦亦未加入"突厥语国家合作委员会"。

　　近年来乌兹别克斯坦对土耳其试图在突厥—伊斯兰世界扮演新大国主义角色及其傲慢表示极度不满。两国关系趋于冷淡。早在 20 世纪 90 年代，乌兹别克斯坦当局为了与土耳其发展经济、文化、教育关系，准许土的一些网站在乌登录。然而随着时间的流逝，一些网站散布被禁的努尔西教派（Нурчилар）学说，公开宣扬谋求建立自西伯利亚至巴尔干半岛的大突厥国，并开设地下讲经点、成立地下宗教极端组织和为极端主义活动出资的地下工厂。2009 年乌兹别克斯坦在全国范围内对努尔西教派的追随者进行大规模"清理"。2011 年 3 月乌兹别克斯坦当局指控土耳其的一些企业资助在土耳其和乌兹别克斯坦均被禁止的努尔西教派组织；谴责土耳其支持乌兹别克斯坦的反对派，拒绝将反对派代表人穆哈迈德·萨利赫交给乌兹别克斯坦。乌兹别克斯坦当局认定穆哈迈德·萨利赫与恐怖主义

---

　　① 穆拉特·劳穆林：《土耳其和中亚》（俄文版），卡内基国际中心基金会，2012 年 12 月 18 日。

分子有关。① 与中亚其他国家相比，乌兹别克斯坦对土耳其的态度最具个性。近两年来，两国关系处于极不稳定和极不正常的状态。对于乌兹别克来讲，在其政治经济逐渐走向成熟的现阶段，相比俄罗斯和美国而言，土耳其在其地缘战略关系中的地位已变得无关紧要。

从整体看，中亚国家与土耳其的关系大都仅局限于经济和文化的范畴。正如吉尔吉斯斯坦学者所述，"经济合作、文化交流与政治利益和国家主权是两码事。中亚国家独立不易，我们不会向任何大国主义和超国家的大民族主义交出主权。大国主义和大民族主义都是为了自己的利益"。② 当中亚地区呈现大国角逐，外来不确定性因素日益增多的情势之下，中亚各国均冷静面对。这是土耳其难以实现"盟主"梦想的最大障碍。上述不利因素的互动影响，彼此牵制，制约着土耳其和中亚国家关系的发展，使彼此之间关系的深化保持在一定的限度之内，阻碍着土耳其按照自己的意志将中亚置于掌控之下。由此可见，土耳其打造突厥民族共同体和突厥民族经济圈的愿望难以实现。

结　　语

综观现实，土耳其一直希望能在国际舞台上，特别是在中亚地区发挥重要作用。但是由于种种原因，土耳其对外关系全景中，它与中亚国家的关系并不突出。正如土耳其全球化战略研究所所长奥图鲁穆巴斯卡尼所说，"遗憾的是中亚国家独立以后，土耳其没有能够占据这一地区的重要地位"③。首先，在中亚地区各类国际组织、地区组织日趋活跃，并与大国的博弈相互交织，构成这一地区地缘政治形势的特殊性。由土耳其主导的"突厥语国家经济合作联盟"等组织与活跃在中亚地区的"欧亚经济联盟""集体安全条约组织"和"上海合作组织"等比较，其影响力十分薄弱。苏联崩解20多年来，虽然土耳其在经济、贸易、文化、教育，乃

---

① 尼科拉伊·祖博夫：《中亚极端分子的特洛伊木马》，《白帆》（俄文版），2012 年 3 月 19 日。

② 陕西师范大学中亚研究所与吉尔吉斯斯坦人文大学教授的座谈。

③ 尼科拉伊·祖博夫：《中亚极端分子的特洛伊木马》，《白帆》（俄文版），2012 年 3 月 19 日。

至军事等领域给予中亚国家一定的投资、贷款、金融和技术诸多方面的支持和帮助。但因国力所限，同类援助与其他大国比较，无法相提并论。其次，在中亚国家中，目前土耳其只与哈萨克斯坦和吉尔吉斯斯坦的国家关系维持正常。倾向西方一直是土耳其精英在外交上的一个重要目标，这一点与上述两国的利益所求不谋而合。鉴于地缘政治和地缘经济地位，土耳其和哈萨克斯坦都把欧亚视为自己的势力范围。土耳其在很多问题上与哈萨克斯坦达成共识，支持哈国的主张，致力于中亚突厥语国家更为紧密的一体化。其目的之一在于限制俄罗斯、中国和伊朗对中亚地区的影响。土耳其深知，没有哈萨克斯坦的支持它便很难插足中亚和整个欧亚地区。同时，土耳其也十分担心哈萨克斯坦国际地位的不断提升会遏制自己在突厥世界和整个欧亚地区的影响。对于哈萨克斯坦来说，"突厥世界联盟"只是其外交政策上"多世纪性"的美好"参照物"，这一理想是以坚持独立自主性和追求在中亚地区的领袖地位，有助于巩固和发展哈萨克族的自我意识和民族认同为前提。① 可见，土耳其和哈萨克斯坦的关系很大程度上是维系在相互利用的基点之上。而土耳其与乌兹别克斯坦之间的相互不满在与日俱增，与土库曼斯坦的关系也难以捉摸。总之，土耳其与中亚国家的关系十分微妙，存在许多不确定因素。土耳其建立突厥语国家协调一致的有效机制难以实现。但是，随着土耳其的崛起，及其对里海—中亚地区能源的需要和依赖，它必将继续扩大自己在这一地区的影响，努力发展与中亚国家的关系，积极参与对里海—中亚地区石油天然气管道和过境运输线路的管控和争夺，参与中亚国家交通运输基础设施的建设，不断巩固在中亚地区占有的一席之地。

---

① 米哈伊尔·卡里舍夫斯基：《突厥统一体是否对决欧亚联盟?》（俄文版），费尔干纳国际新闻中心，2011 年 10 月 25 日。

第九章　乌兹别克斯坦与塔吉克斯坦关系走向

中亚地区的两个相邻国家：乌兹别克斯坦共和国与塔吉克斯坦共和国之间的矛盾由来已久。自 2011 年以来，两国关系不断恶化。2012 年塔、乌争端进一步升级，成为中亚热点问题之一，引起国际社会的关注。这一走势不仅影响中亚地区的政治、经济和安全形势，而且牵涉上海合作组织成员国关系的变化。

第一节　两国关系紧张化的焦点

塔吉克斯坦与乌兹别克斯坦双边关系非正常化的主要焦点显示，现有状态是所有历史矛盾与现实利益聚焦起来的一个整体展现。利益问题是最根本的症结。

一　"边界划分，领土之夺"：塔、乌矛盾的隐痛之患

中亚地区，因边界、领土问题而产生的民族国家利益分歧由来已久。20 世纪 20 年代，苏联在中亚进行民族识别，并依据民族特征进行国家间行政划界，存在诸多不合理因素。前苏联时期国家领土和边界的几经变更和不稳定性为后来中亚各国之间矛盾的尖锐化埋下了伏线。

塔吉克人是中亚最古老的民族之一。公元 9 世纪，塔吉克人建立了本民族历史上第一个国家——以布哈拉为都城幅员辽阔、国力强盛的萨曼王朝。[①] 在萨曼王朝统治时期，操波斯语的塔吉克人在中亚地区强大兴盛。现今坐落在乌兹别克斯坦境内的布哈拉和撒马尔罕两个历史文化名城即现

---

① 林娜·琼森：《塔吉克斯坦在新中亚：大国博弈与极端伊斯兰》（英文版），I. B. 特利斯出版社 2006 年版。

代波斯语的发源地，主要居民是塔吉克人，波斯文化占优势。1924 年，前苏联中亚民族国家划界时，撒马尔罕和布哈拉划归了乌兹别克斯坦。从那时起，乌兹别克斯坦与塔吉克斯坦交界的撒马尔罕、布哈拉等民族杂居地区，就成为族际冲突或民族矛盾的多发点。

乌兹别克斯坦也有自己的利益诉求。乌兹别克斯坦—塔吉克斯坦—吉尔吉斯斯坦三国间形成的三角形交界地带有 60 个争议区。乌兹别克斯坦和塔吉克斯坦之间边界线长 1304.88 公里。2002 年 10 月 5 日塔、乌两国签署协议，对 1102.20 公里的边界线达成一致，之后，又确定了 106.86 公里的边界，仍有 93.82 公里未定。[①] 法尔哈兹水电站（Фархадская ГЭС）大坝便在其中，长久以来，成为乌兹别克斯坦的"烦恼"之一。法尔哈兹水电站位于锡尔河靠近塔吉克斯坦粟特州的胡占德，跨境乌兹别克斯坦。它的所占地最早属于塔吉克斯坦。根据苏联最高苏维埃的决议，1933 年乌兹别克斯坦苏维埃社会主义共和国向塔吉克斯坦苏维埃社会主义共和国租用法尔哈兹大坝，租期 40 年。1944 年苏联最高苏维埃主席团发布了关于将乌部分领土划归塔，而因修建法尔哈兹水电站将塔部分地段划入乌的决议。1947 年苏联建成法尔哈兹水利枢纽，旨在引锡尔河之水济乌兹别克斯坦与哈萨克斯坦的饥饿草原和乌兹别克斯坦与塔吉克斯坦的达里维尔津草原。在塔吉克斯坦境内的法尔哈兹水利枢纽系统，控制着位于乌兹别克斯坦境域的法尔哈兹电站的大坝和运河。乌要求塔归还其控制权力，而塔则依据 1960—1961 年前苏联时期通过的划界决议，拒绝将法尔哈兹水利枢纽的控制权交给乌。由此，法尔哈兹水电站及其占地归属问题成为塔、乌关系复杂化的根源之一和"障碍之石"。

从表象看"争议地区不是塔、乌矛盾的主要问题"，但实际上，只要论及相关，两国精英无不涉及此点。究其深层不难看出，苏联中亚民族国家划界带来的消极后果为两国关系蒙上了阴影，因领土争端引发的国家关系不和一直延续至今。自 2002 年，塔吉克斯坦和乌兹别克斯坦开始划定边界，截至 2009 年塔与乌政府间划界委员会对 80% 的边界划分问题达成一致；其余主要位于塔吉克斯坦粟特州约 20% 的边界线还有待划定，仍有一些争议地段悬而未决。在边境地区两国军事冲突频频发生。仅 2012

---

① 3. M. 马达米江诺夫、T. C. 波波耶夫：《中亚国家安全问题的边界因素》，《"新地缘现实中中亚国家和俄罗斯联邦现代化与安全问题"国际学术会议资料》（俄文版），杜尚别，2011 年版，第 240—241 页。

年 9 月上半月就发生两起塔、乌边防军的枪战。两国政府相互谴责对方违
背 2009 年正式生效的《塔吉克斯坦—乌兹别克斯坦国家边境协议》对他
国进行领土侵犯。就现实而言，两国只有在尊重历史，承认边界现状，放
弃改变目前边境线和收回历史领土的主张，方可迈出解决问题的第一步。

二　"水资源之争"：使中亚地区水电站建设问题敏感

"水资源之争"是前苏联时期的历史遗留问题。中亚五国独立 20 多
年来，围绕跨境河流的水资源利用和水力发电站建设等问题的争议，仍然
是国家间关系紧张化加剧的敏感因素。在中亚地区，两个主要的水源：天
山和帕米尔平川均位于塔吉克斯坦和吉尔吉斯斯坦境内，且中亚地区的两
大河流阿姆河和锡尔河也发源于此。因此，塔吉克斯坦和吉尔吉斯斯坦水
资源丰富。尤其是塔吉克斯坦拥有中亚地区 58% 的水利资源。乌兹别克
斯坦、哈萨克斯坦、土库曼斯坦需要从塔、吉两国获取水资源和电力，而
塔、吉两国却需要以自己的水资源优势从邻国乌兹别克斯坦和哈萨克斯坦
交换所需要的其他自然资源。

"罗贡水电站（Рогуская ГЭС）建设项目"涉及中亚国家跨境河流水
能资源的管理、分配和利用，是塔与乌矛盾尖锐化的导火线。塔吉克斯坦
位于阿姆河和锡尔河上游，水资源储量占世界第 8 位，有着天然的补给水
良好条件，占据修建水库和水力发电站的自然环境和区位优势。更重要的
是，塔吉克斯坦认为，罗贡水电站投入使用后，可以巩固本国在阿富汗、
巴基斯坦甚至印度电能市场的地位，因此始终致力于坐落在阿姆河支流瓦
赫什河上游的罗贡水电站的修建完成工作。而乌兹别克斯坦对罗贡水电站
的建设则有三点担忧。其一，该电站的建设会影响本国出口产业"白
金"——棉花生产的灌溉用水，削弱本国在中亚的地位；其二，因处于
瓦赫什河下游，乌可能会对本土水资源失控；其三，本国热电站生产的电
能难以与塔水电站生产的电能竞争。出于以上顾虑，乌兹别克斯坦坚持，
修建类似"罗贡"的大型水电站必须经国际经济技术论证和环境评估，
并于三年前单方面停止进口塔吉克斯坦的电能。除此而外，从经济利益出
发，乌兹别克斯坦还积极做大国工作，要求大国表态阻止这一项目的实
施，给塔方施加压力。塔吉克斯坦亦要求国际组织的专家进行评估，认定
罗贡水电站不会影响乌兹别克斯坦用水。与此同时，塔吉克斯坦坚持认
为，利用本国水力资源修建电站无可非议，"这是本国经济发展的唯一保
证"，而乌关于罗贡水电站的"生态灾难之说"只是为了达到政治目的一

个借口。① 乌、塔的水资源之争因此而上升到国际化层面。截至目前，在此问题上双方为了各自利益僵持不下，难以沟通。正如塔吉克斯坦一些精英评述："现在罗贡水电站已不是国家具有战略意义的经济建设方案。我们本应脚踏实地地建设它，然而人们臆造出许多关于罗贡水电站的神话，给其涂上了政治的色彩。关于罗贡水电站的政治表演已经引起了邻国的关注和中亚地区博弈者的兴趣。"② 罗贡水电站项目的政治化已涉及中亚地区的经济发展，使水资源之争更趋复杂化。

2012 年 9 月哈萨克斯坦和乌兹别克斯坦两国首脑进行电话会谈和国事访问，讨论并重申关于阿姆河和锡尔河上游修建水电工程的立场，具体针对塔吉克斯坦的罗贡水电站和吉尔吉斯斯坦的卡姆巴拉金水电站（Камбаратинская ГЭС）项目。乌兹别克斯坦总统卡里莫夫对此项目表示强烈反对并指出，如果项目影响到下游国家的利益有可能引起战争。哈萨克斯坦总统纳扎尔巴耶夫赞同卡里莫夫总统的看法。他认为，跨境河流的水资源问题和在跨国河流上游修建大型水电站的问题同样事关哈萨克斯坦的根本利益。2012 年岁末，在阿拉木图召开"哈萨克斯坦—乌兹别克斯坦：建立外交关系 20 周年"学术研讨会，分析了 2013 年中亚国家关系发展趋势，提出哈、乌将进一步深化经贸关系及水资源和能源领域的合作。

随着跨国河流"水电站建设问题"的争论不断升级，中亚国家之间水资源争夺的国际化趋势日益突出。2013 年 3 月 22 日，联合国举行了水资源合作问题互动对话。塔吉克斯坦总理 A. 阿基洛夫阐明本国立场"在兼顾地区一切需求和环境的情况下，塔将继续本国的水电站建设项目，以保证国内居民和经济发展的用电要求"。乌兹别克斯坦驻联合国代表 Д. 哈吉莫夫则重申反对在跨界河流上修建大型水电站的立场，并以咸海为例阐述，由于水资源管理不善，咸海即将消失。③ 双方立场仍然未能统一。

目前备受国际社会关注的中亚—南亚 100 万千瓦（CASA - 1000）输电项目正在紧锣密鼓的筹措之中。这一项目是将塔吉克斯坦和吉尔吉斯斯

① 3. M. 马达米江诺夫、T. C. 波波耶夫：《中亚国家安全问题的边界因素》，《"新地缘现实中中亚国家和俄罗斯联邦现代化与安全问题"国际学术会议资料》（俄文版），杜尚别，2011 年版，第 134 页。

② 《亚洲通讯》（俄文版），杜尚别，2012 年 5 月 2 日。

③ 《塔吉克斯坦和乌兹别克斯坦在纽约的水资源"之争"》，《信息工作》（俄文版），2013 年 3 月 23 日。

坦的中亚电力通过电网途经阿富汗送往南亚的巴基斯坦。按照规划，该项目的电源主要来自正在建设中的罗贡水电站和卡姆巴拉金水电站。俄罗斯和美国对这项工程态度积极，且各有利益所图。俄、美两国在中亚大型水电设施投资和建设方面的争夺，都意在通过控制中亚的战略水资源，进而渗透和左右中亚国家，达到在中亚地区占主导地位的目的。巴基斯坦和阿富汗两国迫切希望从邻国购买廉价电力，而大力支持实施 CASA - 1000 项目与建设罗贡水电站和卡姆巴拉金水电站。而乌兹别克斯坦和哈萨克斯坦则以水资源的使用为由表示反对，旨在维护本国利益。塔吉克斯坦和吉尔吉斯斯坦是中亚最贫困的国家，为了实现国家发展和满足本国人民需求，都坚定地将加大水电站的建设和投资列入未来发展规划的优先方向。目前围绕中亚水资源使用和水力发电站建设问题的国际纷争和博弈愈演愈烈，短时间内难以解决。

三　"能源之战"：导致塔吉克斯坦经济形势更加严峻

无论在前苏联时期，还是现在的独联体空间，塔吉克斯坦都是最为贫困的国家。独立 20 多年来，其经济发展十分缓慢，工业产值在国民经济中所占比重从 40% 下降到 12%，80% 的国民生活水平处于贫困线以下。据塔吉克斯坦统计署的数据，2011 年塔通货膨胀率为 10.1%，2012 年 1—11 月膨胀率为 6.3%；食品价格上涨 5.6%，非食品类商品价格上涨 6，2%，服务费率提升 9.6%。① 2012 年 3 月独联体统计委员会的数据反映，中亚国家的平均工资：哈萨克斯坦 680.6 美元，乌兹别克斯坦 365.6 美元，吉尔吉斯斯坦 231.9 美元，塔吉克斯坦 124.5 美元。中亚各国首都平均工资可以购买的标准食品组合的数量：阿斯塔纳 26.3 个，塔什干 16 个，比什凯克 11.3 个，杜尚别 5.5 个。②

自苏联时期以来，塔吉克斯坦的天然气需求就严重依赖乌兹别克斯坦。塔吉克斯坦与乌兹别克斯坦的能源合作是两国对外经济贸易中的主要部分。2012 年 1—7 月两国贸易额为 3400 万美元，其中 99% 源自塔吉克斯坦从乌兹别克斯坦购买天然气款项。近几年，乌兹别克斯坦向塔吉克斯坦供气仅 12 亿立方米，只能满足杜尚别热电站、国内市政和部分居民需求。早在 2009 年乌兹别克斯坦就拒绝通过本土线路向塔吉克斯坦中转土

---

① 拜拉弗·乔尔山比耶夫：《塔吉克斯坦消费部门的通货膨胀》，《亚洲通讯》（俄文版），杜尚别，2012 年 12 月 13 日。

② 《中亚经济信息》，2012 年 7 月 12 日。

库曼斯坦电能。天然气问题也是一样，只有乌兹别克斯坦同意过境中转，塔吉克斯坦才能获得土库曼斯坦的天然气。2012 年 4 月 1 日乌兹别克斯坦完全停止向塔吉克斯坦供气、供电。在短暂的恢复之后，因乌、塔两国政府间相关协议到期，2012 年 12 月 31 日乌再次中断向塔供气。12 月 25 日，在接到乌天然气运输公司关于停止供气的通知后，塔吉克斯坦总理阿基洛夫立刻与乌兹别克斯坦总理进行交涉，要求乌开通天然气管道，但未得到乌方答复。

虽然塔吉克斯坦拥有中亚地区，乃至后苏联空间最大的水电潜力。但是，由于长期以来的各种原因，水电站建设问题得不到妥善解决。随着国民人口数量的快速增长（截至 2013 年年初，人口已逾 800 万）[1]；以及，因国民经济发展的需要，一些高耗电企业相继投产，保障电力供应成为塔吉克斯坦政府面临的迫切而艰巨的任务。然而，塔吉克斯坦的发电量日趋减少。2013 年 2 月，塔的发电量较 2012 年同期减少了 11%。近年来，限制民用电量已成为塔吉克斯坦的一种惯例。在这种情况下，具有丰厚水电能力的塔吉克斯坦被迫大幅度增加煤炭开采量。

综上所述，对这个原本贫弱的山地之国无疑是雪上加霜。自 2007 年以来，塔吉克斯坦国内 157 家工业企业改用煤炭作为动力资源。与此同时，还致使一些以天然气作为主要能源的国家支柱产业如水泥厂、铝厂、热电厂等停产；导致一些国家战略工程建设停滞，造成国家财政收入大幅减少，严重影响了塔国的经济发展。据联合国国际货币基金组织驻塔吉克斯坦代表处评估，塔经济陷入休克状态。其国内支柱产业铝厂的停产，导致铝的出口量大幅减少等诸多因素的综合，塔经济增长速度降低到 7% 的水平。[2] 塔吉克斯坦经济的极端脆弱性制约了它的政治、经济独立性。使其在很多问题上屈从邻国的无理要求。

四　"过境铁路争端"：造成两国对外贸易额下降

铁路运输是国家经济发展的命脉。国际铁路运输是国家间进行贸易活动的主要运输方式之一。苏联解体以后，中亚国家均根据本国国情，致力于促进中亚地区交通网络的发展完善，进而推动本地区乃至整个欧亚大陆的经贸合作。铁路运输中转和天然气进口是塔吉克斯坦和乌兹别克斯坦经

---

① 《亚洲通讯》，杜尚别，2013 年 2 月 6 日。

② 卓纳唐·丹，《塔吉克斯坦经济：过分依赖汇款》，《亚洲通讯》（俄文版），杜尚别，2013 年 4 月 13 日。

济贸易的基础资源。然而，由于塔吉克斯坦在修建罗贡水电站等问题上的强硬态度，乌兹别克斯坦为了维护本国的安全利益，采取了一系列断然措施。2011 年 11 月，乌兹别克斯坦拆除通往塔吉克斯坦南部的铁路，中断了铁路运行。2011 年年底，乌以修复 11 月发生爆炸的加拉巴—阿穆赞格铁路为由，封锁了通往塔的铁路交通，扣留了数千节向塔吉克斯坦运输物资的车皮，就连联合国粮食计划署向塔吉克斯坦南部提供给贫民作为人道主义援助的粮食专列也被扣留在乌兹别克斯坦境内，使塔吉克斯坦居民面临粮价的飞速上涨和严重的粮食与食品短缺。2012 年 1 月，在未说明原因的情况下，乌兹别克斯坦关闭了乌—塔交界地区的 16 个边境口岸中的 9 个通行站。连接塔吉克斯坦和其他国家的铁路、公路多需经过乌兹别克斯坦，而现今车辆进入乌兹别克斯坦的手续日趋复杂、烦琐。因乌兹别克斯坦阻止伊朗 50 个公司的运输货物通过乌—塔边境，原本定于 2013 年 6 月 5 日在杜尚别举行的 "2013—国际轻工产品博览会" 和 "2013 年国际经济论坛" 由于展品不能如期到达而延期举行。

　　一段时间以来，途经乌兹别克斯坦运往塔吉克斯坦的货物受阻已成惯性。"运往塔吉克斯坦的货物不仅遭遇铁路封锁，而且航空运输也被关闭。"① 塔吉克斯坦正在积极寻求和选择其他外交途径实施货物运输。2013 年 5 月塔吉克斯坦总统拉赫蒙和吉尔吉斯斯坦总统阿坦巴耶夫在集体安全条约组织成员国领导人非正式峰会上提出修建四国铁路的问题。这条铁路将贯穿俄罗斯、哈萨克斯坦、吉尔吉斯斯坦和塔吉克斯坦，一直延伸到阿富汗边境，再深入伊朗和波斯湾。这一大型项目旨在使所有集体安全条约组织成员国受益。目前四国铁路部门正在进行修建俄—哈—吉—塔铁路的可行性论证。

　　2013 年 3 月土库曼斯坦、阿富汗、塔吉克斯坦三国总统签署了修建土库曼斯坦—阿富汗—塔吉克斯坦跨境铁路的备忘录。2013 年 6 月 5 日，这条全长约 400 公里跨境铁路的土库曼斯坦路段正式施工。建设中的这条铁路的附设公路将绕行乌兹别克斯坦。

　　因为乌兹别克斯坦和塔吉克斯坦之间的持续 "冷战"，造成两个毗邻国家的贸易额逐年下降。2012 年塔、乌之间的商品流转额为 6200 万美

---

　　① 拜拉弗·乔尔山比耶夫：《因乌兹别克斯坦杜尚别国际博览会受阻》，《亚洲通讯》（俄文版），杜尚别，2013 年 6 月 5 日。

元，比 2011 年减少 10%。2013 年 1—4 月两国之间的商品流转额是 890
万美元，比 2012 年同期下降 40 %。① 由于两国都把政治凌驾于经济之
上，致使彼此之间的贸易额逐年下降 30%。

第二节　乌兹别克斯坦与塔吉克斯坦 国家关系发展走势

　　独立 22 年来，塔吉克斯坦由于 8 年内战遗患和发展本国经济的先天
不足，缘于国家生存发展和安全稳定的脆弱性，出于强烈的"小国"危
机意识，依赖地缘位置的战略优势推行广泛、有效和建设性的外交政策，
以追求本国的利益目标。乌兹别克斯坦则以地处中亚区位中心和地区人口
大国自居，对本国的生存能力、发展能力和影响力充满自信，坚持特立独
行的主动性对外政策。然而，无论是塔吉克斯坦，还是乌兹别克斯坦，在
开展对外关系时有一个共同的基本背景，即与之接壤的阿富汗局势日趋复
杂。塔吉克斯坦与阿富汗有 1344 公里的边境线，乌兹别克斯坦与阿富汗
拥有 137 公里的边界线。就地缘关系而言，塔吉克斯坦和乌兹别克斯坦对
保证欧亚地区的南部边界安全均具有重要的战略地位。2014 年美国、北
约从阿富汗撤军以后，中亚的安全形势将发生怎样的变化？国家内部问题
的存在及其相关政策的调适是否合理有效？中亚国家对域外大国的介入采
取怎样的策略？这些问题对两国关系的走向将产生直接的影响。

　　目前学界关于两国关系的前景预测众说纷纭。有说，随着两国矛盾的
日益加剧，可能会使中亚走向动荡和战争。有说，或许会引发塔吉克和乌
兹别克两个国家命名民族之间的冲突，乃至两国的军事对抗。笔者通过
2012－2013 年的实地调研以为，虽然中亚地区资源问题的政治化趋势在
不断增强，塔、乌两国间因能源、交通等经济问题引发的矛盾不断激化；
但是由于中亚地区最有影响力的中国、美国和俄罗斯将发挥各自的作用，
塔、乌两国之间爆发冲突或战争的可能性甚小。两国关系的走势将围绕大
国在中亚地区影响力的消长而发展。

---

　　① 拜拉弗·乔尔山比耶夫：《因乌兹别克斯坦杜尚别国际博览会受阻》，《亚洲通讯》（俄
文版），杜尚别，2013 年 6 月 5 日。

一 美国:"新丝绸之路方案"与塔、乌两国"冷战"

塔吉克斯坦和乌兹别克斯坦均与阿富汗接壤,既是美国构建"新丝绸之路"经济与交通网络中的重要国家,又是进入中亚和南亚的重要通道,更是 2014 年美国从阿富汗撤军后,"明撤实留"继续在中亚保持军事存在的关键国家。尤其是在 2014 年美国和北约从阿富汗的撤军中,乌兹别克斯坦和塔吉克斯坦都将发挥特殊的"路径作用"。塔、乌之间的"冷战"对美国"新丝绸之路方案"的实施密切相关。

(一)塔、乌"冷战"为美国"新丝绸之路方案"提供了进展的契机

2011 年 9 月 12 日,美国提出了绕开中国和俄罗斯,建立了一个由大中东和大中亚经阿富汗、巴基斯坦到印度的"新丝绸之路方案"。这一计划是其 2005 年"大中亚战略"之后又一个整合中亚和南亚地缘板块向纵深发展的举措。与"大中亚战略"相比,"新丝绸之路方案"更着眼于 2014 年美国和北约军队撤出阿富汗之后的亚洲利益。"新丝绸之路方案"有两项重要计划,一是通过架设连接中亚和南亚的输电线形成地区电力市场;二是从土库曼斯坦铺设到南亚国家的"土库曼—阿富汗—巴基斯坦远期管道"项目。

由于两国交恶,处于交通被封锁状态下的塔吉克斯坦被迫调整了对外贸易取向,从独联体转向南亚。拉赫蒙总统支持美国"新丝绸之路"规划项目,并积极参与修建 CASA–1000 输变电线、天然气管道、公路和铁路等,以确保阿富汗以及整个地区的和平与稳定。除此而外,2012 年 8 月,塔吉克斯坦与巴基斯坦签署了有关进口 10 万吨小麦、3 万吨食用糖、1 万吨大米和玉米油的协议。目前在连接塔吉克斯坦和阿富汗的喷赤河沿岸,分别按五座桥梁的布局,形成了 5 个边贸市场。与此同时在塔吉克斯坦和阿富汗边境地区修建了伊希卡什姆贸易中心,平均每个月的营业额达 10 万元。可见,塔、乌"冷战"为美国推进"新丝绸之路方案"制造了时机。而美国推进这一方案的真正用意则在于:一是遏制俄罗斯在中亚—南亚博弈中的竞争力;二是针对中国在阿富汗基础设施和贸易领域日益增长的影响力;三是迫于国际形势的压力,及其国内经济增长乏力、民怨不断上升的局面,给陷入阿富汗战争的尴尬挣回一些政治脸面。

（二）塔、乌之间继续对立可能成为美国"新丝绸之路方案"的障碍

美国"新丝绸之路方案"的实施在很大程度上需要依赖所涉及地区各国的经济发展和相互协作。鉴于乌兹别克斯坦和塔吉克斯坦与阿富汗交界的地理区位优势，以及对阿富汗的重建和未来所发挥的作用，美国决定将此两国作为继续控制中亚的首选国。如果乌、塔关系持续恶化，或酿成局势动荡，势必影响美国的中亚—南亚战略。为了稳定中亚和南亚运输动脉的畅通，确保进出阿富汗渠道的顺遂。美国在两国关系问题上不会袖手旁观。美国根据自身利益所需，采用灵活机动，或"利用"、或"平衡"的实用主义的双重战术。一方面，美国政要频繁访乌，美乌关系持续升温。2012 年美国开始与乌兹别克斯坦谈判关于在乌兹别克斯坦境内建立快速反应中心的计划。这个中心将在 2014 年美国从阿富汗撤军后履行军事基地的职能。美国从阿富汗运出的军械装备将在乌兹别克斯坦中转。驻乌快速反应中心将留驻一定数量美国军事人员。美国在乌兹别克斯坦建立的汗—阿巴德永久性空军基地已驻有美军 1500 多名。截至目前，美、乌两国已签订 60 多份政府间和部门间的合作协议。2011 年美、乌双边贸易额达到近 2.5 亿美元，同比增长 36.2%。美国同时也给予塔吉克斯坦军事、经济等方面的援助。自 1992 年至今 20 多年来，美国已提供塔吉克斯坦在经济、安全、文教、卫生等方面 9.84 亿美元的帮助。2012 年 5 月美国又为塔吉克斯坦边防部队增配了 17 万美元最先进的军事通信设备，以加强塔吉克斯坦的边境安全。[①] 美国在塔吉克斯坦和乌兹别克斯坦两个战略通道国家都设建了一些培训基地用于培训塔、乌军事指挥人员，并以此为借口留下许多军事教官和后勤人员。美国一方面利用塔—乌之间的矛盾推进"新丝绸之路方案"，另一方面也在两国之间搞平衡，不允许两国矛盾持续恶化，以致发展到关乎中亚动荡的程度。

二　俄罗斯：担心塔、乌关系恶化将给其安全领域带来麻烦

对俄罗斯来讲，在中亚地区有着自己的地缘政治利益，一方面要确保自己战略后院的安全，另一方面通过一些大型项目追求在水资源和能源方面的经济利益。塔、乌矛盾进一步激化后，俄罗斯十分担心一旦局势失控，会给来自中亚南部边界及其外部恐怖主义、极端主义、毒品走私等威

---

① 维克托利亚·娜乌莫娃：《美国正在改善塔吉克斯坦边境部队潜能》，《亚洲通讯》（俄文版），杜尚别，2012 年 5 月 2 日。

胁提供机遇，使本国安全风险升级。尤其 2012 年 6 月 28 日，乌兹别克斯坦再次提出退出独联体集体安全条约组织，引起俄罗斯的担忧。俄罗斯绝不会弱化在这两个中亚—南亚战略通道国家的人文渗透力、经济影响力和军事存在。

就现实而言，乌兹别克斯坦也好，塔吉克斯坦也罢，与俄罗斯的关系都存在着诸多不和谐因素，但是由于历史的渊源，塔、乌两国都与俄罗斯保持着千丝万缕的联系。它们在很多问题上离不开俄罗斯的支持。

俄罗斯与乌兹别克斯坦拥有特殊关系。乌兹别克斯坦是俄罗斯在中亚地区优先发展伙伴关系的国家之一。2012 年以来，俄、乌双边关系进一步发展。两国签署了《关于深化战略伙伴关系的声明》《关于进一步推动乌兹别克斯坦加入自由贸易区条约的谅解备忘录》和《2013 年两国外交部间合作规划》。俄罗斯是乌兹别克斯坦的第一大贸易伙伴和投资伙伴。据乌兹别克斯坦国家统计委员会的数据，2012 年 1—9 月两国贸易额达 55.95 亿美元，近 5 年俄对乌投资达 60 亿美元，仅 2012 年俄对乌投资达 10 亿美元。

塔吉克斯坦的军事基地是俄罗斯驻扎在国外最大的陆地军事设施，共有 6000 名军人。俄罗斯是塔吉克斯坦的第一大经济伙伴。俄罗斯在租用塔吉克斯坦军事基地问题上就利用经济杠杆，2011 年下半年着手部署与塔商定签署俄罗斯第 201 军事基地在塔吉克斯坦 29 年无偿驻扎和俄方租用塔国吉萨尔军用机场（原艾尼机场）期限为 49 年的协议。塔吉克斯坦的专家认为，俄罗斯两个军事基地的驻扎不是 49 年或 50 年的问题，而是更为长久。这有利于塔吉克斯坦的国土安全。塔—阿边境漫长，难以实施有效监控。塔吉克斯坦全国武装力量约 2 万人，其中陆军人数还不如俄罗斯驻塔部队多，要应对国家面临的安全问题十分吃力。由于国内长期贫困，物价高涨，失业率居高不下，各族群众不满情绪日益高涨。随着 2011 年后"阿拉伯革命"的爆发与蔓延，塔吉克斯坦政府十分担心国内局势的变化，积极寻求俄罗斯的支持。2014 年美国从阿富汗撤军以后，塔吉克斯坦为了维护边界安全和国内稳定，还是要靠俄罗斯。这已为历史事实所证实。

独立之初，塔吉克斯坦一直靠俄罗斯的武装力量维护边境安全。塔吉克斯坦内战和民族和解以后（1992—2000 年），拉赫蒙总统曾经提出收回边境自我防卫权，俄军撤回。霎时间出现毒品、恐怖、暗杀、爆炸，由阿富汗引入的毒品武装走私等问题。几乎塔—阿边境地区所有家庭都参与了毒品走私，问题十分严重。塔吉克斯坦不得不又请求俄罗斯支持，与驻塔俄军共同担负国土防御任务，维护边境安全，以消除阿富汗的影响。

除了军事外，俄罗斯在人文、法经领域的渗透也在增强。除了原有的莫斯科大学分校和斯拉夫—塔吉克大学外，2012 年俄罗斯工程技术大学也在塔建立了分校并开始招生。从 2011—2012 年上半年，俄罗斯已派出400 名教师和法律工作者入塔培训即将赴俄罗斯的劳务移民的俄语、文化和法律知识。据有关方面统计，约有 50% 的塔吉克斯坦高层仍保留着俄—塔双重国籍。

再者，乌兹别克斯坦和塔吉克斯坦各自都有 100 多万劳务移民在俄罗斯打工，且人数在不断增加。乌兹别克斯坦输出俄罗斯的劳务移民始终居中亚国家首位。塔吉克斯坦在俄罗斯打工的青壮年占总人口的 13%—14%。塔吉克斯坦在俄罗斯的劳务移民每年寄回的侨汇收入占到国家GDP 的 40%—47%。如果乌—塔关系激化，这些人很可能是俄罗斯安全风险提高的又一个动因。

综上所述，俄罗斯为了自己的安全利益，会利用传统的联系在一定程度上参与或平衡乌、塔两国在处理涉及国家核心利益方面的敏感问题，将两国矛盾分歧的恶化程度控制在底线以内。

三 中国：乌兹别克斯坦和塔吉克斯坦的战略伙伴

塔吉克斯坦与中国领土接壤，两国不仅是睦邻，还是战略合作伙伴。乌兹别克斯坦与中国亦建立了战略伙伴关系，是我国在中亚能源战略的重要一环。中国、乌兹别克斯坦与塔吉克斯坦均为上海合作组织成员，彼此之间共同利益广泛，合作空间广阔。经过 20 多年的不懈努力，中国与乌兹别克斯坦、塔吉克斯坦已建立起高度的政治互信和睦邻友好关系，和平、发展、合作、共赢已经深入各国民心，各领域的合作不断深化、发展。中国不愿看到两个上海合作组织成员国关系恶化。

乌兹别克斯坦历来重视发展与中国的友好合作关系。近年，两国在能源等领域的合作不断拓展与加深。继 2009 年 12 月土库曼斯坦—乌兹别克斯坦—哈萨克斯坦—中国天然气管道一线和 2010 年 10 月乌兹别克斯坦天然气管道二线投入使用后，乌兹别克斯坦—中国天然气管道 C 线 1 期又投入建设之中，总长 318 公里，从布哈拉州的加兹里地区至乌兹别克斯坦与哈萨克斯坦边境。此一项目建成后，将使天然气管道的输气能力由 30

亿立方米提升至 40 亿立方米。至 2015 年，预计总输气能力将提升至 550 亿方。2013 年 8 月乌兹别克斯坦的天然气已经通过中亚—中国天然气管道进入中国。中乌合资企业亚洲天然气运输公司（Asia Trans Gas）将于 2014 年初启动中国—中亚天然气管道乌兹别克段 D 线建设，年输气量为 300 亿立方米。

中乌的经贸合作不仅限于资源领域，在非资源领域的合作也得到充分重视和快速发展，并取得了实际成果。2013 年 3 月，乌兹别克斯坦吉扎克经济特区正式设立，这是专门面向中国企业的投资合作园区，是中乌经济合作的重要平台。中乌已经签署了总投资约 1 亿美元的 21 个项目。中乌公路合作项目也在进行之中。据乌兹别克斯坦国家统计局的最新数据，2012 年乌—中双边贸易额为 32.3 亿美元，占乌兹别克斯坦对外贸易总额的 12.3%；2013 年上半年，乌中双边贸易额达 21.25 亿美元，同比增长 53.5%。① 目前中国是乌兹别克斯坦的第二大贸易伙伴，第一大棉花出口目标国。2013 年 9 月 9 日，中国国家主席习近平在塔什干同卡里莫夫总统签署了《中乌在石油、天然气和铀部门的合作协议》，这一新的合作协议的数额达 5 亿美元。其间，两国元首还签署了《中乌关于进一步发展和深化战略伙伴关系的联合宣言》和《中乌友好合作条约》，把两国关系发展的原则和方向以法律形式固定下来，将推动中乌战略伙伴关系迈上新台阶。②

乌兹别克斯坦是中亚重要国家，也是丝绸之路沿线重要国家。在丝绸之路经济带的建设中，中国与乌兹别克斯坦的发展战略互补性和契合点很多。2014 年两国首脑就加快制订两国关系未来 5 年发展规划，抓住共建丝绸之路经济带机遇，扩大经贸、能源、基础设施建设等领域合作，按期推进中国—中亚天然气管道建设，落实撒马尔罕古城修复和兀鲁伯天文台合作项目进行洽谈。中国与乌兹别克斯坦的战略伙伴关系进入最佳时期。

塔吉克斯坦始终把中国的支持放在首位。近五年来中塔贸易额增长了 14 倍。中国已成为塔吉克斯坦最重要的贸易伙伴和最大投资国。"塔吉克水泥"公司是塔仅次于"塔吉克铝业"的大型企业。截至 2012 年 4 月，"塔吉克水泥"厂日产水泥 600 吨，平均每小时用天然气 10000 立方米，

---

① 《乌兹别克斯坦和中国签署 10 亿美元》，UzDaily（俄文版），塔什干，2013 年 7 月 4 日。
② 《中国与乌兹别克斯坦签署 150 亿美元协议》，Росбалт（俄文版），2013 年 9 月 10 日。

主要供应塔吉克斯坦罗贡水电站、公路和政府设施建设。但自乌停止向塔供应天然气后，该厂停产，被迫寻求其他燃料。塔吉克斯坦能源工业部向中国特变电工驻塔机构求助由使用天然气作为燃料转为使用煤。2013 年 8 月 29 日，中国华新水泥公司在塔吉克斯坦投资建设年产 100 万吨水泥厂开工。该水泥厂以煤做燃料，采用先进技术设备，生产水泥符合环保要求，投产后水泥不仅满足国内市场的需求，还将出口其他国家。塔吉克斯坦能源工业部部长谢拉里·古尔阐明，在塔吉克斯坦目前经济极端困难的情况下，希望中国驻塔企业能够扩大生产，通过中企增加税收支持塔国的经济建设与发展。① 2012 年 6 月 5 日塔吉克斯坦总统拉赫蒙访问中国时说，油气资源和电力的缺乏，阻碍着塔吉克斯坦经济的快速发展和人民生活水平的提高。塔吉克斯坦愿为中国朋友拿出有利区块，提供优惠条件，开展互利双赢合作，愿意成为与中国石油合作的伙伴国。由于塔吉克斯坦在安全方面存在的天然脆弱性，近年来中—塔在执法安全领域的合作全面展开，在军事领域的合作日益深化，在禁毒合作、打击跨国有组织犯罪等领域的合作亦卓有成效。2013 年 5 月 20 日习近平主席与拉赫蒙总统签署《关于建立战略伙伴关系的联合宣言》，指出维护两国安全，相互尊重，平等互信，应对全球威胁和挑战，加强地区稳定，扩大政治、经济和人文领域合作的战略伙伴关系是中塔两国关系长期全面发展的坚实基础。2014 两国领导人共同批准了中塔战略伙伴关系未来 5 年发展规划，实现共同发展、共同繁荣、共同安全。塔吉克斯坦积极参与"丝绸之路经济带"的建设，发挥两国互补优势，挖掘潜力，以能源、交通、农业等领域为重点，探讨新的合作模式；推动电力、矿产、交通基础设施、跨境运输等领域务实合作，开展共同加工、联合生产；使两国合作向更高水平、更高层次迈进。

结　语

当我们对乌、塔关系复杂化的来龙去脉做历史性的分析，不难看出，历史遗患与现实问题相互交织、互为影响是两国冷对抗的重要因素。从历

----

① 2012 年 5 月在塔吉克斯坦中资企业的访谈记录。

史角度，尤其是对乌兹别克斯坦与塔吉克斯坦关系的历史过程进行阐述，带给我们如下结论和启示：

一　两国关系"不安宁共存"的"冷战"状态将继续存在

近期，由于受各自国家国情和国力的制约和大国的影响，乌兹别克斯坦已经恢复向塔吉克斯坦供气。塔吉克斯坦也被迫调整罗贡水电站重建计划。但是这并不意味着两国关系得到改善，冷战局面还将继续。2012 年 12 月底塔吉克斯坦总理致电乌兹别克斯坦总理，希望两国能以签订 2013 年天然气供应合同，但是乌兹别克斯坦对此没有回应。乌兹别克斯坦在继 2012 年 1 月和 4 月两次停止对塔吉克斯坦供应天然气后，于同年 12 月 31 日再度完全停止向塔吉克斯坦停止供气。新一轮的"战火"随时将会点燃，然而趋向大规模武装冲突和爆发战争的可能性微乎其微。

二　经济问题政治化是两国关系恶化的关键

经济因素对中亚政局的影响不容小觑。利益之争是两国关系紧张化的症结。两国的对抗以能源、交通等经济贸易的形式表现，但是深入探究，则是受各自国内政治驱使而致。经济问题的政治化，不同程度影响到两国国民对两国关系非正常化后果的担忧。2013 年 5 月 29 日—6 月 3 日，国际调研咨询通讯社塔吉克斯坦分社在塔吉克斯坦对不同地区、性别、年龄、阶层、职业的 1008 名居民进行调研和访谈，有 24% 的居民认为塔吉克斯坦面临的最大威胁来自乌兹别克斯坦，22% 认为来自阿富汗。[①] 同时，两国关系的发展已涉及和影响到整个中亚地区政治和经济的平稳发展。

三　两国关系非正常化对上合组织凝聚力和影响力将产生负面效应

塔、乌两国均为上海合作组织成员国。乌兹别克斯坦独立以来，在许多外交问题上特立独行。乌在上合组织成员国签署的许多文件上持保留意见，拒绝参加上合组织在塔吉克斯坦举行"和平使命—2012"实兵军演，拒绝哈萨克斯坦经其境内向塔吉克斯坦运送"和平使命—2012"上海合作组织联合反恐演习的军事装备。这些做法引起了塔吉克斯坦等上合组织成员国一些专家学者的不满。而美国则借此"深度介入"上海合作组织成员国之间的关系，或拉拢，或挤压。如果美国在上海合作组织问题上的

---

① 《塔吉克斯坦居民感受来自乌兹别克斯坦和阿富汗的威胁》，《自由之声》（俄文版），杜尚别，2013 年 7 月 11 日。

意图得以实现，中亚与中国地缘安全和能源合作将面临许多干扰因素。鉴于两国矛盾在双边的基础上难以解决，可以通过上海合作组织等国际组织和多边机制协调、运作，缓解或解决两国的紧张关系，以弱化或消解美国的影响。

四　乌、塔两国关系恶化，但塔吉克和乌兹别克两大民族仍友好相处

塔吉克人是乌兹别克斯坦的第二大民族，占4.5%；主要分布在费尔干纳州、安集延州、纳曼干州。在乌兹别克斯坦一些大的历史文化中心，诸如撒马尔罕和布哈拉，塔吉克人在民族人口中达50%以上；许多塔吉克人持有族籍为乌兹别克人的身份证件，占据着国家的关键岗位；还有一些真实族籍身份为塔吉克人的国家政要在塔吉克斯坦的一些支柱产业中占有一定股份。他们与历史祖国千丝万缕的关系会在乌兹别克斯坦对塔政策方面起到一定的影响。卡里莫夫总统为了国内的稳定，往往在乌兹别克族和塔吉克族精英之间搞好平衡。乌兹别克人是塔吉克斯坦的第二大民族，占总人数的15.3%（2010年总人口759.5万人，其中塔吉克人占79.9%），在塔吉克斯坦的北部乌兹别克人占相当大的比重。[①] 无论是乌兹别克斯坦和还是塔吉克斯坦，由于历史的联系和国内乌兹别克人、塔吉克人的人口所占比例，长久以来两个民族之间彼此通婚，关系融洽，国民意识高于族民意识。乌兹别克族和塔吉克族的民族冲突不可能发生。

从当前两国关系缺乏政治互信，存在利益认知差异等现实来看，由于乌兹别克斯坦与塔吉克斯坦基于各自的利益考量，双方采取的选择性"对方国"政策扩大了两国的利益冲突，掣肘着两国关系的和谐发展。要在短期内解决两国之间的结构性矛盾和战略互疑依然非常艰难。

---

① 沙里洪·波波耶夫：《中东地缘政治结构中的上海合作组织》（俄文版），杜尚别，2011年版，第64页。

第十章　国际联军撤兵阿富汗与乌兹别克斯坦的地缘政治地位

　　乌兹别克斯坦共和国地处中亚腹心，是连接欧亚的枢纽，同阿富汗有137公里的共同边界。人口3007.5万（2013年），几乎占整个中亚地区总人口的一半，其中乌兹别克族人口2371万（2012年）。乌兹别克斯坦共和国历史上就是伊斯兰文化的中心，90%的常住居民信仰伊斯兰教。其主体民族乌兹别克人的同源族群在中亚诸国和阿富汗广泛分布，乌兹别克人是阿富汗第三大民族，约273.8万（2012年）。乌兹别克斯坦地缘占位独特，人文特点突出，且是中亚地区的军事强国。该国丰富的自然资源，包括天然气、石油、煤炭、凝析油、黄金和铀等，决定了它与周边国家的经济互补，在中亚地区具有经济增长和稳定的潜力。美国学者布热津斯基曾评价乌兹别克斯坦是"地缘政治的支柱之一"。因此，以乌兹别克斯坦为契入点，从地缘政治的角度审视2014年美国、北约联军从阿富汗撤兵后，中亚—南亚的安全形势将发生什么变化？大国的中亚—南亚战略将作何调整？对周边国家和地区产生哪些影响？乌兹别克斯坦在其中发挥怎样的作用？厘清这些问题对我们解析地区安全环境十分重要。

第一节　乌兹别克斯坦：美国、北约撤军阿富汗的关键通道国

　　乌兹别克斯坦共和国是中亚地区大国，是世界上两个双重内陆国家之一。乌兹别克斯坦边界线长6221公里，是中亚地区唯一与其他周边邻国（哈萨克斯坦，吉尔吉斯斯坦，塔吉克斯坦和土库曼斯坦）以及阿富汗拥有共同边界的国家。乌兹别克斯坦位于咸海以南，阿姆河以东。东和东南

连吉尔吉斯斯坦和塔吉克斯坦，南接阿富汗，西南靠土库曼斯坦，北和西北邻哈萨克斯坦，地理区位极其重要。坐落在乌兹别克斯坦共和国与阿富汗交界处——阿姆河上的"友谊桥"，已成为俄罗斯和中亚国家取道乌兹别克斯坦连接阿富汗的重要路径。早在 1979—1989 年苏联入侵阿富汗战争时期，乌—阿边界的友谊桥就是运送苏军人员和军事装备，以及苏联撤军的运输通道。在阿富汗塔利班时代，这座桥梁曾经关闭。2001 年 10 月7 日，以美国为首的联军发起对阿富汗基地组织和塔利班的战争，标志着世界反恐战争的开始。自此，"友谊桥"重新被启用，成为"外国军队向阿富汗运输物资装备的主要路线，并通过决议将这座桥梁变成西方撤军阿富汗的'中亚走廊'"[①]。

　　2011 年 9 月 12 日，美国提出了绕开中国和俄罗斯，建立一个由大中东和大中亚经阿富汗、巴基斯坦到印度的"新丝绸之路战略"。这一战略是其 2005 年"大中亚战略"之后又一个整合中亚和南亚地缘板块向纵深发展的举措。与"大中亚战略"相比，"新丝绸之路方案"更着眼于2014 年美国和北约军队撤出阿富汗之后的亚洲利益。

　　自"9·11"以后，美军挥师阿富汗，在长达 14 年的对阿战争中，与阿富汗毗邻的中亚国家成为向驻阿美军及国际援助部队运送军用物资和人员进出的重要交通路线，被称为中亚"北方通道"。其中乌兹别克斯坦起着至关重要的作用。尤其是 2011 年年底，巴基斯坦关闭了与阿富汗交界处为北约联军运送军事人员和物资的通道以后，乌兹别克斯坦成为保证入阿人员和物资畅通无阻的关键环节。截至 2012 年，阿富汗所需燃油的70% 过境乌兹别克斯坦。

　　特殊的地缘优势决定了乌兹别克斯坦既是美国构建"新丝绸之路"经济与交通网络中的重要国家，又是进入中亚和南亚的重要通道，更是2014 年美国从阿富汗部分撤军后"明撤实留"，继续在中亚保持军事存在的首选国家。美国的军事物资和人员大都借道乌兹别克斯坦运输。在2014 年的阿富汗撤军中乌兹别克斯坦发挥的作用极其重要。没有乌兹别克斯坦的支持，美国的撤军将会遭遇极大的困难。

　　有鉴于此，近年来美国不断地修复、调整和加强与乌兹别克斯坦的关

---

① 法希姆·萨比尔《阿富汗与乌兹别克斯坦一起从过去向未来》，《信息桥·阿富汗斯坦》，2013 年 2 月 25 日。

系。乌兹别克斯坦也冀望利用这一时机加强与美国的关系。2012年9月22日,美国国会批准恢复了对乌兹别克斯坦提供武器,取消了2005年实施的禁运。与此同时,美国军事代表团还确定了乌兹别克斯坦保卫乌—阿边界军事装备,包括排雷装备、空气扫描仪、夜视仪、监听设备、网络监控装置等高科技军事装备的计划。2013年美国表示从阿富汗撤出的部分装备将无偿提供给乌兹别克斯坦,还有一部分在乌兹别克斯坦保存。乌兹别克斯坦也希望能以美式武器更换本国军队老旧的俄式装备,提高本国军队的军事实力。对此,国际社会颇有微词。然而,每个国家都有特殊的地缘政治环境和利益诉求。乌兹别克斯坦基于本国国情的考量,在不违背地区安全共同利益的原则下,选择符合本国核心利益的对外政策无可非议。

第二节 美、俄中亚博弈:以乌兹别克斯坦与阿富汗关系为契入点

利益驱动是国家关系的基本要素之一。随着2014年美国、北约撤兵阿富汗,美国与俄罗斯在中亚地区展开了新一轮的博弈,并表现出一些新的特点:虽然利益冲突难以调和,在很多问题上相向而立,但也根据各自所需之利,进行一些权宜之计的合作。乌兹别克斯坦往往作为其中的一个节点。

"资源中心即地缘政治中心。"乌兹别克斯坦的能源储量丰富,其中天然气占中亚地区的40%,居中亚第二位,列入世界十大天然气开采国;石油占中亚地区的31%;煤炭占中亚地区的55%;凝析油的储藏量占中亚地区74%。此外,可再生能源如太阳能、风能、水电、生物能源也具有较大的开发潜力。乌兹别克斯坦的天然气运输干线长达13000公里,连接俄罗斯及周边国家。其每年将开采量20%以上的天然气出口到邻国,其中向俄罗斯的出口量居首位。乌兹别克斯坦还是中亚地区的电力出口国,其电力系统是中亚地区电力生产和输送链的基础环节。乌兹别克斯坦国家电网总长23.4万公里,与土库曼斯坦、塔吉克斯坦、吉尔吉斯斯坦和哈萨克斯坦南部的电力系统联网,并向阿富汗供电。显要的地缘位置,丰富的资源情景决定了乌兹别克斯坦在地区电力等能源市场的主导地位,同时提升了国际社会对其能源的关注度。

　　乌兹别克斯坦能源型地缘政治中心的地位意味着谁控制了这一国家，谁就能对这一地区的政治产生巨大的影响。因此美国和俄罗斯与乌兹别克斯坦的利害关系不仅在于地缘政治方面，而且在于能源经济领域。进入乌兹别克斯坦是美、俄争夺中亚地区的最重要途径之一。一段时间以来，美国一直间接提示乌兹别克斯坦，"在利用'北方通道'运输阿富汗物资问题上应该'变速'"。

　　美国在阿富汗实施"收缩政策"的同时，对乌兹别克斯坦的相关举措也在发生变化。它依利益所需，采取灵活机动，或"利用"、或"平衡"的实用主义的双重战术。为了阿富汗撤军后应对有可能出现的局势紧张化，协调与中亚—南亚国家的关系，美国有意在乌兹别克斯坦部署行动反应中心；向乌兹别克斯坦提供抵御恐怖主义和毒品走私的技术装备，培训技术人员，并且加大与乌兹别克斯坦开展包括人文科技和安全防务在内的各领域的合作。2014 年年底美国开始向乌兹别克斯坦提供 M—ATV 级装甲车和维护回收设备，2015 年美国还将向乌兹别克斯坦提供 308 辆装甲车和 20 辆修理回收车，总价值超过 1.5 亿美元。[①] 美国在与乌兹别克斯坦共和国密切关系的同时，还在中亚推行"平衡政策"，在安全领域继续与中亚其他国家加强联系，并给予军事援助和支持。美国表明，从阿富汗撤军后不仅向乌兹别克斯坦，也向塔吉克斯坦和吉尔吉斯斯坦提供一流的军事装备和培训军事专家。

　　一直以来，俄罗斯对美国与乌兹别克斯坦及其他中亚国家关系的升温甚有余悸，在中亚地区采取了一系列回应行动。2010 年 4 月，时任总统梅德韦杰夫邀请乌兹别克斯坦卡里莫夫总统在莫斯科就两国贸易合作进行会谈。梅德韦杰夫表明"着眼于未来，我们已奠定了各种良好的基础努力发展俄罗斯与乌兹别克斯坦的商品流通，并以新的贸易规划和协定充分满足这一目标"。乌兹别克斯坦总统卡里莫夫指出："我们乌兹别克斯坦高度评价两国历史形成的传统的友谊和相互尊重。这是俄罗斯和乌兹别克斯坦两国人民合作的巨大潜力。俄罗斯联邦在世界舞台上，首先是在我们关注的中亚地区，其所处地位的稳定性是无可替代的。"[②] 2014 年 12 月 10 日，俄罗斯普京总统与乌兹别克斯坦卡里莫夫总统就所面临的地区安

---

　　① 《独立报》（俄罗斯），2015 年 2 月 13 日。
　　② 阿里木·尤素波夫：《俄罗斯和乌兹别克斯坦总统签署联合声明》，《第一频道》，2010 年 4 月 20 日。

全形势和双方合作问题再次深入会谈。普京总统指出："乌兹别克斯坦是地区大国，对于俄罗斯而言，乌兹别克斯坦作为地区优先合作伙伴毋庸置疑。从发展两国经济实际部门关系角度，我们拟定了更加远大的合作计划，首先是在能源领域石油和天然气，以及进行核领域的科学研究。"普京总统称"俄罗斯与乌兹别克斯坦还将进行军事技术等其他重要领域的合作"①。乌兹别克斯坦对国际联军撤兵阿富汗以后因"伊斯兰国"的渗入，可能引起邻国局势的恶化和伊拉克悲剧的重演极度担忧。乌兹别克斯坦总统卡里莫夫冀望俄罗斯给予相关方面的援助，并表示支持俄罗斯主张发展独联体和上合组织的立场。由此可见，俄罗斯的乌兹别克斯坦政策以及乌兹别克斯坦为了维护本国利益所进行的回应，均是由在大国博弈中所采取的灵活性战略战术决定的。

俄罗斯除了采取一系列措施密切与乌兹别克斯坦的关系外，还加强了与塔吉克斯坦和吉尔吉斯斯坦的军事合作。其在吉尔吉斯斯坦和塔吉克斯坦设立军事培训中心的重要任务之一，即在制衡美国的近乌兹别克斯坦之策。

随着阿富汗及其周边国家成为极端主义、恐怖主义和毒品犯罪等跨境行动的退守之地，正如国际问题专家所评估"重要的问题是，现今中亚已成为阿富汗毒品生产并向俄罗斯乃至更远的欧洲运输的中心，乌兹别克斯坦是重中之重"②。正因为这一原因，美、俄都将阿富汗及其毗连的乌兹别克斯坦等国作为中亚—南亚地缘政治和地缘经济布局中的重要"棋子"。

一段时期以来，美乌关系的加强，俄乌关系的趋冷也多半都起因于阿富汗因素。随着2014年美国撤军阿富汗及其后时代的到来，乌兹别克斯坦的"路径作用"会更加凸显。在今后相当长的一段时期，无论是美国还是俄罗斯，与乌兹别克斯坦双边关系的变动都会带有乌阿关系的痕迹。美、俄在中亚的博弈是长期的。美俄的"大博弈"或许增加了乌兹别克斯坦等中亚国家奉行多边外交政策的难度，但是乌兹别克斯坦与美、俄两国的关系及其政策取向坚持以本国核心利益为本，这一点无可争议。无论是美乌交往，还是俄乌关系都随着地缘政治形势变化而发展，其中有些举

---

① 《乌兹别克斯坦与俄罗斯总统举行会谈》，《乌兹别克斯坦》，2014年12月10日。

② 阿兰·哈巴洛夫：《中亚地区国家安全面临的主要威胁》，《后苏联大陆》，莫斯科，2014年第2期，第112页。

措往往带有偶然性和微妙性。

第三节　撤军后的阿富汗时代：乌兹别克斯坦立足维护地区安全

一　乌兹别克斯坦在地缘关系中的角色定位

由于处于复杂的地缘政治和地缘经济环境，乌兹别克斯坦是阿富汗毗邻国家中最关键的环节之一。国际社会各种力量都在关注它的角色定位。有专家认为，美国试图把乌兹别克斯坦打造成在其控制下不沉的"航空母舰"（непотопляемый авианосец）①，以遏制俄罗斯与中国对中亚的影响。然而我们从另一个角度分析，独立 20 多年来，乌兹别克斯坦共和国在国家关系中始终把握发展自我的首位性。与俄罗斯的关系，正如卡里莫夫总统所指出，"乌兹别克斯坦与俄罗斯的合作关系是重要的基本原则"。乌兹别克斯坦与中国具有源远流长的历史文化关系，均处于"丝绸之路经济带"的核心路段，战略伙伴关系不断加深和提升。从更现实的背景考量，美国对乌兹别克斯坦提供军援，加强乌兹别克斯坦的军事力量，对于维护地区安全、打击极端主义、恐怖主义，尤其对于遏制阿富汗毒品流向渠道的北线，即阿富汗—中亚—俄罗斯—欧洲运输线，不失为一种有利因素。对此我们应作多维度的思考。

二　阿富汗面临的现实，乌兹别克斯坦的担忧

2012 年 11 月 30 日，美国国防部长莱昂·帕内塔在美国白宫发表讲话指出，2014 年美国从阿富汗撤兵，但会保留 6000 名到 1.5 万名士兵驻扎在阿富汗。目的有三个：一是维持阿富汗的安全；二是继续围剿当地基地和塔利班恐怖组织和恐怖人员；三是对阿富汗政府军进行培训。2013 年 6 月 18 日，阿富汗总统卡尔扎伊宣布，阿武装部队从北约联军手中正式接管对阿全国的安全主导权。2013 年 6 月 27 日，因美国提出与阿富汗塔利班展开和平谈判。卡尔扎伊总统指责美国的做法将使阿富汗政府处在危险之中。由此，奥巴马考虑"零驻军"。无论是"留驻"，还是"零驻

---

① 乌斯曼·哈克纳罗夫：《美国在阿富汗的驻军愈少，乌兹别克斯坦愈靠近俄罗斯》（俄文版），《乌兹别克斯坦人民运动》，2013 年 4 月 30 日。

军"，其实都是战术性选择，而非战略性考虑。我们看到，美国针对阿富汗的许多举措都带有悖论性征象，自相矛盾，充满不确定性。2014 年阿富汗新任总统阿什拉夫·加尼在《双边安全协定》上签字，约有 1.2 万美军士兵留在阿富汗进行反恐行动，为当地武装力量提供咨询、训练和支持，进而形成阿富汗对美军长远的政治军事依赖。然而，阿富汗的暴力恐怖并未减少。据阿富汗国防部报告，2014 年是自 2001 年以来阿富汗武装力量死亡人数最多的一年，也是平民死亡和受伤人数继续增加的一年。2015 年仍然是阿富汗的暴力恐怖之年。

如果我们回眸美国外交政策素有的霸权主义色彩和本国利益至上的扩张性，就不难理解，美国对东连中国，南接南亚印度洋，西邻产油区，北衔中亚、俄罗斯，在亚洲具有特殊战略地位的阿富汗，仍然有着长期的打算，不会轻易退出。

目前，呈现在我们面前的现实是，美国的协调能否促进塔利班同阿富汗政府和解？阿富汗政府是否有能力控制国家的局势，特别是防御薄弱的边境地区和族群认同高于国家认同的"部族地带"，而担负起推动国家复兴的重任？阿富汗军警能否有效填补美军撤离之后的安全真空，承担起全国 34 个省 403 个地区的防务任务？阿富汗政府欲借力巴基斯坦与塔利班进行和平谈判，如何进展难以预料。塔利班是否会卷土重来？中亚地区的安全形势将受到怎样的影响？这些问题还都是未知数，存在诸多变数。这是阿富汗面临的困境，也是乌兹别克斯坦与所有周边国家忧虑的问题。

三　在阿富汗问题上，乌兹别克斯坦的基本看法与原则

在阿富汗的问题上，乌兹别克斯坦有本国的基本看法与原则。2012 年 8 月乌兹别克斯坦下院通过了《乌兹别克斯坦中长期对外政策构想》（简称《构想》）。《构想》指出，阿富汗问题要由阿富汗人民自己解决，反对外部势力干涉阿富汗内政；乌将努力发展与阿富汗的双边关系，尊重阿富汗人民自己的选择；通过政治途径解决阿富汗问题；在阿富汗和解与重建规划中提升经济因素的地位与作用；促进阿富汗局势稳定，保障地区的和平、安全。卡里莫夫总统表明，乌兹别克斯坦希望地区和平安宁，阿富汗问题只有通过政治途径才能解决；乌兹别克斯坦不参与军事冲突，不在本国领土设立外国军事基地；乌兹别克斯坦在悠久的历史传统基础上与

阿富汗保持睦邻关系。①

乌兹别克斯坦对阿富汗未来形势的基本评估是，2014 年美国与北约撤军后，可能会导致地区安全形势的恶化。这是中亚地区的主要威胁。故此，"地区形势紧张化"是当前乌兹别克斯坦安全防御的重中之重。卡里莫夫总统不止一次地以"恐怖主义和极端主义的蔓延扩张"（ползущая экспансия терроризма и экстремизма）②，来表述 2014 年后地区将面临的安全威胁与挑战。近年来，在阿巴边境地区活动的"乌伊运"成为乌兹别克斯坦安全隐患之一。"乌兹别克斯坦伊斯兰运动"已放声美军撤出阿富汗之后，他们将向乌兹别克斯坦和塔吉克斯坦转移。根据 2013 年 5 月 18 日 "阿富汗伊斯兰埃米尔"网站"圣战之声"发布的消息，"乌兹别克斯坦伊斯兰运动"在阿富汗与"моджахеды"（圣战卫士）已成功合作实施了圣战行动。"乌兹别克斯坦伊斯兰运动"始终坚持宗教政治化的极端主张。

2013 年 4 月 15 日俄罗斯总统普京和乌兹别克斯坦总统卡里莫夫在莫斯科详细讨论了 2014 年后阿富汗的局势和可能出现的地区安全风险。两位总统认为这一议题对于俄罗斯和乌兹别克斯坦，以及所有与阿富汗接壤的国家至关重要，有必要协助阿富汗促进军事政治形势的稳定。目前，乌—阿双方达成一致，相互支持在打击宗教极端主义、恐怖主义和毒品犯罪方面发展合作。

概而言之，2014 年之后，阿富汗将进入一个新的拐点。阿富汗局势的衍变亦会成为牵动中亚及其周边地区安全的重要因素。乌兹别克斯坦作为这一地区的交通要道和枢纽则是防御阿富汗问题，尤其是恐怖主义、极端主义和毒品问题外溢和扩散的重要支点。

结　　语

国际联军撤离阿富汗是 2014 年以后影响中亚地缘政治安全最具标志

---

① 《乌兹别克斯坦和阿富汗：卡里莫夫称各族人民的战略任务》，《市场导航》，2013 年 8 月 8 日。

② 英佳·尤玛舍娃：《俄罗斯和乌兹别克斯坦抵御阿富汗恐怖主义的扩张》（俄文版），"Вести ФМ"，2013 年 4 月 15 日。

性的事件和重要因素之一。乌兹别克斯坦作为阿富汗的紧邻，对北约军队撤离以后的安全风险极其担忧。随着"伊斯兰国"的崛起，全球宗教极端主义势力重新洗牌。因宗教极端主义和宗教极端型恐怖主义引发的战争和动荡呈现出从利比亚经尼日利亚、叙利亚、伊拉克、也门直至阿富汗和巴基斯坦的地理集中性。"伊斯兰国"看到了国际联军撤兵后阿富汗军队的羸弱，试图控制阿富汗部分领土。"伊斯兰国"的斗士们口头上或实际上都在推进将阿富汗作为交通中亚和伊朗的通道，将自身置于进攻性和侵略性的代表和"优先意识形态"载体的选项。盘踞在阿富汗、巴基斯坦交界地区以"乌兹别克斯坦伊斯兰运动"为代表的中亚宗教极端主义和恐怖主义组织与"伊斯兰国"在共同意识形态"哈里发国家"的基础上建立了密切的联系。现实表明，极端主义意识形态的成功多半是基于对当地人文环境和民众困境的利用。"伊斯兰国"在乌兹别克斯坦等中亚国家积极开展招募工作。乌兹别克斯坦存在大量失业人员是极大的隐患。"伊斯兰国"将中亚新生代作为特殊的力量，向他们灌输"无祖国"意识和极端宗教的"世界主义者"价值观和为哈里发国家而进行圣战的思想。"伊斯兰国"的突入很可能成为中亚动乱的催化剂。在这样的态势下，藏匿于阿富汗北部和阿富汗—巴基斯坦交界地区的各种"圣战者"组织或团伙是否会转入"伊斯兰国"的麾下？对于中亚国家而言恐怖主义的现实威胁究竟会达到何种程度？这些问题致使乌兹别克斯坦及其相关国家不得不将"圣战主义"的威胁纳入国家地缘安全政策的焦点。

2014 年 9 月 21 日，阿富汗前财政部长阿什拉夫·加尼·艾哈迈德扎伊（普什图族）当选为阿富汗总统，另一位候选阿卜杜拉·阿卜杜拉（塔吉克族）担任阿富汗首席执行官，建立起两人共享权力体系，分别代表国内两大民族。这个并不稳定的政府是否也会上演悲剧性的脚本？难以预料。目前在阿富汗存在的另一个现实是，塔利班主要是由普什图族人组成。对于塔利班而言，不同族籍或不同国籍的人均被视为异类，甚至不同部族或部落，即便是普什图人，也会被认为是他者。这是塔利班与外界交往的突出特点。阿富汗的"塔吉克人和乌兹别克人，如果他们对自己的政府一点也不痛恨的话，大概就不会接受外来人作为解放者。"[①] 况且在

---

① 鲍里斯·萨沃疆：《阿富汗成为宗教极端主义的过境运输通道》，《新闻》（俄文版），2015 年 4 月 10 日。

阿富汗及其周边紧邻都存在政府无控制状态下的各种宗教极端主义和恐怖主义组织和武装团伙。因此，本届政府能否作为？国内人民的支持是现任政府稳固的基础和首要因素。一旦这一政权崩溃，将给中亚局势带来新的问题。

由于乌兹别克斯坦特殊的地缘战略地位，在联军撤离阿富汗以后，美国开始扩大对乌兹别克斯坦的军事装备供应。除了美国认为"中亚国家地处亚洲和欧洲交界处，与重要大国接壤，维护中亚稳定符合自身利益"① 的意图外，"9·11"事件以后，乌兹别克斯坦加入了国际反恐同盟，这为美国在阿富汗打击塔利班等极端主义、恐怖主义势力的合作创造了条件。另外，乌兹别克斯坦不是俄罗斯领导下的"集体安全组织"成员国，不受该组织针对美国军事技术合作计划的限制。这也是 2014 年以后美国加大对乌兹别克斯坦军事支持力度的缘由之一。概言之，国际联军主要部队撤出阿富汗以后，美国为了确保自身利益，力求坚持在阿富汗邻国的军事影响力是根本宗旨。

如上所述，乌兹别克斯坦共和国敏感关键的地缘位置以及能源通道的潜质，往往要求其在地区政治和经济中发挥积极的作用。与此同时，各种国际力量和不同政治势力均会纷纷介入，或明或暗地在这里寻求自己的利益。然而，处于复杂地缘环境之中的乌兹别克斯坦也将面临着更多的机遇和更加严峻的挑战。

---

① 美国国务院副助理国务卿（负责中亚事务）丹尼尔·罗布森吕姆的讲话——《独立报》（俄罗斯），2015 年 2 月 13 日。

第十一章　独联体中亚国家
经济一体化探析

　　横跨欧亚大陆的苏维埃社会主义共和国联盟崩溃瓦解之后，"封闭而神秘"的中亚成为世人注视的焦点。尤其引人瞩目的是席卷中亚的多方位、多层次、多样化的"一体化"浪潮。本章对中亚经济一体化进程中某些问题予以探讨，旨在透过这一视角了解中亚国家独立以后的社会经济之概貌，探究其真相，进而评估其未来。

第一节　经济一体化：提出的背景

　　1991年岁末，中亚各国的历史相继翻开了新的一页，哈萨克斯坦、乌兹别克斯坦、吉尔吉斯斯坦、土库曼斯坦、塔吉克斯坦以独立主权国家身份加入国际社会。自此，中亚五国的政治进入了独立兴邦、自主建国的转折时期。然而由于长期以来各共和国之间建立的政治、经济、文化、传统等方面难以割断、相互依赖的各种联系，它们从自身利益出发，于同年12月21日签署了独立国家联合体协议。于是，"把独联体人民的政治、经济、文化、人文和个人交往关系方面联系在一起""发展共同的经济环境""建立统一的经济区""在经济改革、关税、价格和社会保障等方面协调一致"等纷纷扬扬的舆论导向拉开了独联体一体化的帷幕。

　　一体化（俄文 Интеграция）源于拉丁文 integer，意为整体、完整。"一体化"即系统论概念，是指把某些各不相同、具有差别的部分联结为一个整体的状态及其形成这种状态的过程。社会的一体化是指个人之间、集团之间、组织之间、国家之间具有协调就绪的关系。① "经济一体化是

---

① 《苏联大百科》（俄文版），莫斯科，1972年版，第10卷，"Интеграция"词条。

指两个，或两个以上的国家在社会再生产的某些领域内实行不同程度的经济联合和共同的经济调节，向结成一体化的方向发展。"①

　　基于历史的传统，地理位置的接近，长期以来按照原苏联在经济发展的宏观政策方面推行"经济分工"的原则，从而形成的共同的工业基础设施，以及其他许多有形和无形的联系，以俄罗斯为主导的独联体的一体化，首先是经济的一体化。1993 年 12 月独联体各国领导人聚首土库曼斯坦通过了著名的《阿什哈巴德宣言》，各成员国在经济一体化问题上达成了共识，确定了朝着经济一体化迈进的共同方向，使得"独联体自成立以来首先在经济的基础上联合起来"。作为主要是第一产业的中亚各国曾是原苏联的原料基地，具有丰富的媒、铁矿石和天然气资源，有丰富的有色金属和稀有金属矿产。而俄罗斯具有门类齐全的现代化工业部门和完整的工业体系，拥有强大的工业加工能力，燃料动力和冶金生产能力。鉴于历史上中亚各国与俄罗斯以及前苏联国家之间盘根错节、相互牵制、谁也离不开谁的经济联系，独立之初，中亚国家把建立和扩大与俄罗斯以及独联体其他国家的经济合作放在首位，希望加紧推进经济一体化进程。

　　1994 年 10 月 21 日，独联体 12 个成员国首脑聚会莫斯科，举行了第十六届独联体首脑会议。会议决定正式成立"跨国经济委员会"，这是独联体成立后建立的第一个跨国经济机构，它标志着独联体各成员国在一体化道路上迈出了重要的一步。

　　各国首脑寄希望于新的一体化机构能够成为调整国家间关系，深化经济改革，摆脱危机的现实力量。"一体化"的积极倡导者哈萨克斯坦共和国总统纳扎尔巴耶夫认为，1994 年独联体在推进一体化进程方面卓有成效。在经济领域，经济联盟的建立就是实际的体现，它标示着从宣言向现实转变的稳步趋势已粗具雏形，然而事实不容乐观。

　　1995 年 2 月 10 日，独联体成员国首脑再度聚首阿拉木图讨论独联体合作发展前景及其命运。但是各国首脑在任命"跨国经济委员会"主席问题上没有达成协议。时任俄罗斯联邦副总理尤里·雅诺夫放弃了候选人资格，另一位副总理阿列克塞·波里萨科夫的任职资格未被通过，"跨国经济委员会"主席人选悬而未决②。独联体经济一体化道路曲折，困难

---

　　①　《经济大辞典——世界经济卷》，上海辞书出版社 1985 年版。

　　②　《独联体在一体化道路上迈出了新的一步》，《哈萨克斯坦真理报》（俄文版），阿拉木图，1995 年 2 月 10 日。

重重。

一 经济基础是独联体一体化能否进展的决定性因素。

失去母体苏联之后，以军事工业为特征的俄罗斯，由于畸形的产业结构，经济发展迅速下降。1994 年以来，其经济形势继续恶化，经济危机不断加深，生产衰退，产品奇缺，连续几年的经济危机使之元气大伤。1995 年前四个月，俄罗斯的生产总值仍呈下降态势，上半年虽有上升，但经济上的回旋余地越来越窄。作为独联体的"盟主"，其综合国力已今非昔比。俄罗斯不可能再大量地、持久地向其他独联体各国提供援助，而影响自己的经济发展。

苏联剧变，经济联系突然中断，使毫无独立准备的中亚各国措手不及。因此而造成的单一的经济结构、薄弱的基础设备、恶化的贸易条件、严重的资金短缺等众多的不利因素给这些国家的经济造成了巨大的损失。

1994 年哈萨克斯坦生产下降 40%，石油开采量减少 24.5%，采煤量减少 10%，天然气减少 35%，电力生产下降 14%，粮食逐年减产，产量仅相当于独立前最后三年年均产量的 75% 至 80%，且低于 1993 年 2300 万吨的水平。[①]

据哈萨克斯坦共和国信息中心在不同层次的人员中进行的社会调查表明，独立之初的前三年，国家面临最尖锐的问题是通货膨胀、物价飞涨。1994 年的通货膨胀率为 120%。哈国仅有 5% 的居民生活富裕，25% 的人可度日，70% 的居民处于贫困之中。上述问题引起了 85.8% 的工人、78.6% 的医生和大学教师、57.9% 的军人、56.3% 的艺术家和科研人员的极度不满。据有关部门统计，截止到 1994 年 12 月 1 日哈萨克斯坦有 7 万人在劳动交易所注册失业。除官方统计外，估计国内失业者仍超过 40 万人。[②] 经济改革历尽曲折，越来越多的国民心怀疑虑，国家是否能渡过"暴风骤雨"的过渡时期，到达"理想的彼岸"？

1994 年吉尔吉斯斯坦生产总值为 7.65 亿索姆，上半年工业总产值为 44.5 亿索姆（当时索姆与美元比价为 1 美元＝11.6 索姆），比 1993 年同期减少 33%，煤炭工业产值与上年相比下降 53%，机器制造和金属加工工业的产值减少 6%，建材工业产值减少 40% 以上，日用品产值比 1993

---

① 《哈萨克斯坦真理报》（俄文版），1995 年 2 月 3 日。

② A. 卡尔梅尔扎耶夫：《理性智能崇拜或物质财富崇拜什么更重要?》，《思维》（俄文版），阿拉木图，1995 年第 2 期，第 19 页。

年同期下降 41%。每月平均有 50 家企业停产或倒闭。因为经济继续滑坡，失业人数不断增加。据不完全统计，吉 1994 年上半年失业人数达 11 万人。

前苏联的解体也给乌兹别克斯坦共和国留下了一个遭到严重破坏的产业和外贸结构。尽管由于乌兹别克斯坦采取了符合本国实际的向市场经济过渡的战略方针，其工农业生产总值均有所增长，但是要全面复兴仍需一个过程。

在中亚某些国家诸多可能引起的潜在不安全因素中，经济萧条已上升为主导因素。在经济一体化进程中各国都需要制定统一的经济政策并进行政策协调。这种协调在各国经济状况较好的情况下往往容易进行。然而当时俄罗斯也好，中亚各国也好，经济运行困难重重，生产形势很不景气，宏观经济的稳定一时难以恢复，国家财力自顾不暇，形成完整系统的经济政策无从谈起。这就给一体化政策的协调和实施带来很大困难。这是独联体国家独立初期经济一体化难以进展的重要原因之一。

二　卢布区宣告瓦解，致使经济一体化进程受挫。

1992 年以来，俄罗斯政府开始推行强硬的贷款政策，坚持无赤字的预算方针，从而限制了中亚各国的现金和信贷来源，包括生产投资，致使中亚一些国家充满了尖锐的收支危机，经济状况不断恶化。1993 年，俄罗斯政治危机加剧，卢布贬值，经济危机亦日趋严重。它在与中亚国家进行统一货币体系的谈判中，明显流露出拟将中亚国家排挤出卢布区的用心。中亚国家的经济连受冲击。哈萨克斯坦的通货膨胀以平均每月 30% 的上升速度而加剧。在这种情况下，吉尔吉斯斯坦于 1993 年 5 月 10 日率先实行了新货币索姆。[①] 1993 年 7 月 26 日，俄罗斯在未和卢布区国家协商的情况下，单方面宣布废弃 1961—1992 年版的旧卢布。这使中亚国家的经济又一次遭到严重的打击。土库曼斯坦于 1993 年 11 月 1 日断然发行本国货币玛纳特。尔后原本力主留在卢布区的哈萨克斯坦与本希望留在卢布区的乌兹别克斯坦两个中亚大国也于 1993 年 11 月 10 日签署联合声明，决定同时发行本国货币。哈萨克斯坦于 11 月 15 日正式使用本国货币坚戈。乌兹别克斯坦于 1993 年 11 月 27 日发行本国货币苏姆。1994 年 12 月 24 日塔吉克斯坦决定发行本国货币。1995 年 5 月 1 日塔吉克斯坦正式使

① 《比什凯克晚报》（俄文版），比什凯克，1993 年 1 月 26 日。

用塔吉克斯坦卢布。2000 年 10 月 30 日，塔吉克斯坦改革币制，索莫尼纸币正式投入流通，并以 1:1000 的兑换比例取代旧币塔吉克斯坦卢布。①自 1995 年 5 月起，中亚国家正式宣布脱离了卢布区，意味着卢布区宣告瓦解。这样一来，不仅使得经济一体化，统一货币、协调行动等独立国家联合体的基本原则受挫，而且也给独联体经济一体化进程中必须解决的"建立统一货币体制"的"研究统一价格政策"造成不利。

　　除上述原因外，关税壁垒，各国法律间存在的差别也是经济一体化进程中的重要障碍。由于种种不利因素，独联体各国签署的有关"一体化"的 400 多项协议基本落空。独联体一体化进程"停滞不前""只是神话""希望渺茫"的国际舆论哗然。然而，即使"纸上谈兵"也罢，"形式多于实际"也罢，独联体经济一体化仍在轰轰烈烈地进行。各国都深刻地意识到，实现独联体经济一体化是摆脱经济危机，立足于世界民族之林的必由之路。这种情况要求独联体国家必须向新的一体化水平过渡。

第二节　"欧亚联盟"：新的一体化形式

　　1994 年 6 月 8 日，哈萨克斯坦正式向独联体国家首脑发出在原苏联范围内建立主权国家"欧亚联盟（Евразийское Союз）"的倡议草案。早在 1992 年哈萨克斯坦总统纳扎尔巴耶夫总统就提议并反复强调创建"欧亚联盟"，旨于在相互尊重主权和独立的原则上"建立更紧密的一体化"并"保证统一的经济空间"，"实现以新的市场为基础的经济一体化"，这"是实质性的更高水平的一体化"。此举在独联体范围内引起了强烈的反响，众说纷纭，看法不一。国际社会亦始终关注和讨论新的一体化形式"欧亚联盟"的存亡。

　　"欧亚联盟"的设想在哈萨克斯坦国内得到大多数的支持，认为"欧亚联盟"是独立主权国家共同命运的呼声较高。在哈萨克斯坦某研究单位的一次抽样调查中，有 77.6% 的居民赞同总统的思想，反对者仅占 4.9%，弃权者占 17.5%。其中有 85.6% 的人同意建立统一货币体系，

---

　　① 塔吉克斯坦新货币的名称"索莫尼"，来源于塔吉克民族之父、萨曼王朝的创建者伊斯莫尔·索莫尼之名。

84.2％的人赞同制定统一的经济战路，75.9％的人主张成立统一的军队，77.1％的居民希望建立统一的对外政策，89.7％的人主张完全开放边界。

独联体其他国家情况则不然。在莫斯科支持纳扎尔巴耶夫思想的人只有33％—38％，白俄罗斯有43％，乌克兰有42％，摩尔多瓦有25.5％，格鲁吉亚有19.5％，亚美尼亚有15％，阿塞拜疆有15％。其中主要是老年人①，多出于对前苏联的怀旧情结使然。

在中亚国家，只有吉尔吉斯斯坦共和国时任总统阿卡耶夫称"欧亚联盟"草案是"有前途的倡议"，"能进一步巩固和加强独联体成员国的一体化进程"。乌兹别克斯坦总统卡里莫夫在许多场合表明了自己的不同意见。他认为，纳扎尔巴耶夫在没有协商一致的情况下提出了自己的思想；他认为，这是纳扎尔巴耶夫为了解决目前"棘手的国内问题而打的一张政治牌"，"太操之过急"，"应该通过循序渐进的办法，采取经济联盟的方式"摆脱困境，因为"经济是第一位的，政治是第二位的"。②

纳扎尔巴耶夫总统提出"欧亚联盟"的思想既有政治的原因，也有经济的因素。首先他看出独联体国家经济一体化风声大，雨点小，通过的一系列决议均未超越纸上谈兵的范围，业已建立的经济联盟有名无实，实现经济联合的意图难以如愿，因此"对独联体机构的作用产生了怀疑"。其次，他认为，几十年形成的传统经济联系使原苏联各国"同属一个连通器"；而目前的现实是"原有的生产关系被切断，互通有无的空间遭到破坏，连最普通的邮电通信都成问题，至于交通运输等经济联系更无从谈起"。"这种人为造成的相互隔绝"，使独联体各国"难以摆脱经济的瘫痪"。③

众擎易举，孤掌难鸣。纳扎尔巴耶夫总统根据独联体的实际，坚持独联体国家要摆脱各种危机的困扰，必须走国家联合的道路，合力战胜危机。1995年新年伊始，纳扎尔巴耶夫发表谈话，重申他"建立'欧亚联盟'的主要目的是使原苏联国家在新市场基础上实现经济的一体化"。"经济的利益形成了独立国家建立密切联系的基础，在这个基础上协调经济政策，制订进行改革的共同计划"。在独联体国家走国家联合道路的呼

---

① 《欧亚联盟——我们共同的命坛》，《思维》（俄文版），1994年，第12期；《欧亚联盟之存亡》，《思维》，阿拉木图，1994年第10期。

② 同上。

③ 《思维》（俄文版），阿拉木图，1995年第1期。

声日益高涨的情况下，无疑纳扎尔巴耶夫提出的"欧亚联盟"思想是合理的，为独联体的一体化进程起了重要的推动作用。

但是，任何一体化的建立都是以具有一定的中心为前提，由这个中心行使协调和管理作用。在独联体一体化进程中谁主沉浮？"欧亚联盟"能否实现，关键取决于俄罗斯的态度。俄罗斯作为原苏联的继承国，自然是天赋其权。首先是因为俄在独联体国家中综合国力独占鳌头。另外，由于其"独一无二的地缘政治和地缘文化地位"，使它在许多方面充当起独联体国家的"仲裁者和调停者"。尤其是自 1993 年以后，俄罗斯逐渐摆脱了创建初期的"甩包袱"思想，开始重视维系同独联体各国的关系。

俄罗斯国家领导人表面上赞赏"欧亚联盟"的设想，但是也有自己的主张。他们看出，哈萨克斯坦总统纳扎尔巴耶夫倡议建立"欧亚联盟"的另一番用意，即旨在调整哈俄关系，维护本国的利益和领土完整，从根本上解决拜科努尔航天发射中心和导弹试验基地、战略核力量、俄语地位和俄族人要求双重国籍等问题。俄罗斯对此心照不宣，试图利用"欧亚联盟"思想巩固以俄为中心的独联体一体化进程。1994 年 6 月叶利钦暗示纳扎尔巴耶夫对"欧亚联盟"思想不宜搞民意测验。1995 年 3 月 29日，俄罗斯外交部原副部长亚历山大·帕诺夫就"欧亚联盟"草案发表看法。他声称，"欧亚联盟"的思想是具有生命力的，但是目前必须首先巩固现有的独联体的合作。1995 年 2 月，俄罗斯、哈萨克斯坦、白俄罗斯三国筹划建立了"关税联盟"，拟在经济、教育、文化等方面建立更紧密的联系，为加快一体化进程奠定了新的基础。乌兹别克斯坦亦准备加入这个联盟。帕诺夫认为，"这是目前的当务之急"，而"欧亚联盟则是远景规划"。俄联邦委员会主席舒梅克则以为："随着时间的推移，昔日的苏联空间将成为统一联盟国家的舞台。"综上所述，不难看出俄罗斯的态度。

与此同时，"欧亚联盟"的反对派也形成一股势力。他们担心"失去权力，终止国家地位，重新回到'集权化'的时代"，"处于某种监督之下"并"成为旧体制的牺牲品"。哈萨克斯坦国内对此亦存在不同看法。"阿扎特"运动和共和国党等反对党派领袖认为，新联盟将把哈萨克斯坦推进原"老大哥"的怀抱，会威胁共和国的独立。纳扎尔巴耶夫总统实际上也对此心存疑虑。他针对上述心态说明，"不能否定俄罗斯联邦的经济、科学、智力都比其他成员国优越。但是这不应该成为对毗邻国家的危害"。"任何一个国家的强大，不是它的特权，而是它的文明程度及其对邻邦态度的分寸。"①

另外，虽然格鲁吉亚和阿塞拜疆也加入独联体，貌似一体化扩大了合作，得到了巩固，但是，实际上完全看不到统一立法的迹象。而"欧亚联盟"的实现是与必须建立享有充分权利的政策法规密切相关，完善和统一立法是"欧亚联盟"的重要内涵。但是就当时独联体的松散状态，这个问题很难解决。国际舆论认为"哈萨克斯坦促使独联体伙伴再次建立紧密联系的尝试将再次受挫"。围绕着纳扎尔巴耶夫在独联体内建立"欧亚联盟"思想的论战仍在继续。一时间，很难判断实现"欧亚联盟"思想的成败如何？但是鉴于上述因素，在众多人们的意识中，都存在"这将成为一场政治游戏的可能"，且这种怀疑短时间内难以排除。

经济是上层建筑赖以竖立的基础，在中亚国家的各项政策中经济因素居于关键地位。经济的需要，使得中亚某些国家不得不认真考虑与俄罗斯合作的问题。哈萨克斯坦表现得尤其明显，独立前五年与俄罗斯签署了48个文件。其中主要是致力于"经济联盟"，并在此框架内实现共同的商品、劳动、财政市场和关税联盟，建立统一的科技空间。值得一提的是，1995年1月20日，哈俄在莫斯科签订了简化取得国籍程序的协议，关于长期居住在两国境内公民的法定地位的协议，发表了扩大和加强哈俄合作的宣言。这是俄哈两国在一体化道路上"向前迈出的一大步"。哈俄两国关系所以取得如此"突破性"进展，其中主要原因之一是：振兴国家经济和维护领土完整。

原本独立意识极强的土库曼斯坦，独立以后与俄罗斯的关系发生了微妙的变化，与俄签署了双边军事协定和双重国籍协定。土库曼斯坦出于经济和军事利益考虑，与俄罗斯达成了"到2000年的战略合作"协议。此举在中亚引起了一定反响。中亚一些精英质疑，"土库斯坦与俄罗斯联邦达成这一协议，是否在向其他独联体国家预示，它也要走这条道路？"②

综上所述，无论"欧亚联盟"如何发展，中亚国家出于政治、经济利益所需，他们将按自己的意愿与其他独联体成员国在长期互利的基础上建立关系，在权利平等的基础上，优先考虑与俄罗斯的合作，进而建立更

---

① 《思维》（俄文版），阿拉木图，1995年第1期。
② 《哈萨克斯坦真理报》（俄文版），1995年3月15日。

加紧密的经济一体化关系。

第三节　经济一体化：曲折发展

独联体中亚地区具有资源经济的特点，曾是前苏联雄厚的工业原料基础。独立之前，由于在相当大的程度上依靠中央的支持，现代化的程度较高。苏联解体，中央瓦解，补贴化为泡影。独立之初，中亚各国的经济都经受了"痛苦的洗礼"；各国领导人面临着新的选择，他们积极寻找摆脱困境的"强心剂"。随着历史的演进，独立 20 多年来，中亚国家坚持根据本国国情走独立发展之路；国家间政治、经济的差异性逐渐拉大，多元化趋势愈加凸显；对独联体一体化的具体诉求亦不尽相同。独联体经济一体化曲折发展。

一　独立初期（1991—1995）：中亚国家一体化是当务之急

1991 年 12 月 19 日，中亚五国政府副总理在土库曼首都阿什哈巴德聚首签署了协调国家间经济政策的一系列文件，拟成立五国社会经济发展协调委员会。

1992 年 1 月、乌兹别克总统卡里莫夫在接受《远东经济评论》记者的采访时，首先表示"所有中亚国家必须联合起来，组成一个新的联盟。否则，我们的经济发展将陷入停顿"。吉尔吉斯斯坦共和国总统阿卡耶夫也认为，建立一个中亚共同体是当务之急。

1992 年 8 月哈萨克斯坦总统纳扎尔巴耶夫也提出了建立新联盟的设想，从而形成了独立后的中亚国家建立"次联合体"的序曲。

1993 年新年伊始，中亚五国元首聚集在乌兹别克首府塔什干进一步商定加强地区合作问题，决议在中亚各国经济领域推行协商一致的政策，建立统一的运输、税收、新闻和其他机制；保持开放的海关和劳务市场的自由流动；必要时实行统一的货币和建立国防联合体；在塔什干开设中亚统一的电视中心和在阿拉木图出版统一的报纸。1993 年 1 月 4 日中亚五国发表联合声明提出建立"中亚人民联盟"。

1993 年下半年随着俄罗斯对中亚国家的政策趋向强硬，哈萨克斯坦、乌兹别克斯坦、吉尔吉斯斯坦三国首脑愈加频繁相聚讨论亟待解决的经济问题。

纳扎尔巴耶夫强调说："在哈萨克、吉尔吉斯斯坦、乌兹别克三国广袤的地域居住着不同民族的 5000 万人，自然资源丰富，生产力可观，这一切为我们提供了克服危机的有利条件。"① 三国领导人表示要加快哈、乌、吉三方一体化的进程，提出在必要的时候，三国将毫不迟疑地相互援助，携手并进。1993 年 9 月 24 日，哈、乌、吉三国正式签署了"建立经济联盟"协议，迈出了该地区联合自强的重要一步。

土库曼斯坦也极力主张发展中亚国家间的合作，以更好地利用地区优势解决他们面临的共同问题：稳定经济、保障国民经济不断发展，协力克服苏联解体后，经济联系中断带来的困难。1993 年中亚国家开始紧锣密鼓推进地区经济一体化。

1994 年 1 月 10 日哈萨克斯坦和乌兹别克斯坦签订了"建立统一经济空间的协议"。中亚两大国之间的这一协议为中亚一体化奠定了基础。1994 年 4 月吉尔吉斯斯坦共和国亦加入该协议。1994 年 7 月 8 日哈、乌、吉三国元首在哈萨克斯坦首都阿拉木图举行最高级会晤。三国领导人经过磋商为"三国统一经济空间协议"充实了新的具体内容，三国决定建立统一的经济区。1994 年 10 月哈、乌、吉三国又在吉尔吉斯斯坦共和国首都比什凯克举行专家会议，讨论制定了具体的"三国联盟一体化"纲要。1994 年中亚地区的一体化进入了具体化的新阶段。

二　20 世纪末（1995—2000）一体化的务实成效与存在问题

1995 年 2 月 10 日独联体 12 国首脑在阿拉木图召开会议。期间，哈、乌、吉三国总统再度举行会谈总结了三国为建立统一经济空间所做的工作，通过了今后经济合作和彼此接近的规划，签订了超国家委员会及其设置问题的协议，确立了三国总理委员会和外交部长委员会的地位，并就成员国向中亚合作发展银行投入法定资本之事宜达成协议。三国领导人认真研究了今后发展一体化的具体步骤，决心克服困难，深化和扩大一体化进程。1995 年 4 月 16 日，哈、乌、吉三国总统在奇姆肯特举行工作会谈，确定了更加充分发挥现有合作潜力，加快中亚国家一体化进程的具体办法，通过了三国 2000 年前经济一体化计划。据此，乌兹别克斯坦国家石油天然气公司，每年开采天然气 450 亿立方米，不仅保证自己的燃料需求，而且还向哈萨克斯坦、吉尔吉斯斯坦、塔吉克斯坦三国供气。为了

---

①　《哈萨克斯坦真理报》（俄文版），1993 年 9 月 24 日。

确保中亚国家统一的天然气管道体系，哈萨克斯坦同意租给乌兹别克斯坦部分天然气主要管道。① 1996 年 3 月，俄、哈、白、吉 4 国签署建立关税联盟（成立统一关税区、取消海关监管和统一经济空间（Единое экономическое пространство）的协议，即"欧亚经济共同体"的前身。1999 年 2 月，塔吉克斯坦加入这一联盟。自此，中亚国家的一体化具有了实质性内容。2000 年 10 月，俄、白、哈、吉、塔五国签署条约，决定将五国"关税联盟"改组为"欧亚经济共同体（Евразийское экономическое сообщество)"。② 在五个创建国首脑的联合宣言中指出："进一步证实，五国领导人政治意志统一，更加坚定地沿着多层面相互合作的一体化道路，走向未来。"③ 这一阶段，中亚地区经济一体化进程取得成效、迅速发展的主要原因在于：

（1）长期以来，中亚国家在统一的经济空间内已形成了生产力、自然资源、劳动资源布局和发展的特点，共同的生产基础设施、交通运输、通信网络、电力系统、灌溉体系以及相互之间形成的共同的边界线，确定了中亚各国的相互牵制的经济关系。然而，目前旧的经济关系彻底打破，中亚各国孤穷无援，危机四伏。他们意识到，单枪匹马无法摆脱危机，必须在本地区协调经济政策，加快经济一体化，联合发展，才有出路。这是中亚国家实行区域经济一体化的根本动因。

（2）中亚国家地处同一地域、经济状况相似，具有共同的历史、文化和民族渊源，政治、经济、文化、国防和各种利益密不可分，形成了建立统一经济空间的重要前提。

（3）建立在主权国家权利平等、互不干涉内政、合理协调经济、互惠互利伙伴关系基础上的中亚地区经济一体化，为国家间团结和睦邻友好关系赋予了新的意义，这些构成建立统一经济空间的保证。

（4）中亚各国实行区域经济一体化的主要目的不是置身于同他国相对抗之中，而是通过联合进一步发挥各自的优势，加强成员国内部经济上的合作，进而扩大同集团外国家的经济联系，以此摆脱和解决各自现在的各种经济困难和问题，以求获得更大的经济利益。这是区域经济一体化的

①《经济一体化——各民族增进友谊之路》，《哈萨克斯坦真理报》（俄文版）——1995 年 5 月 23 日。

②《哈萨克斯坦真理报》（俄文版），1995 年 3 月。

③ 同上。

先决条件。

虽然，中亚地区经济一体化取得进展，同时也面临着一些亟待解决的问题：

（1）在中亚区域经济一体化进程中首先要协调和健全法规。协调关税法至关重要。掌握有关国家间商品物资流量的关税统计数据，使各国关税法彼此接近，且基于过境运输自由，运价机制合理等原则进行经济合作，这是经济一体化进程中的关键。这些问题得不到妥善解决，就不可能有统一的经济空间。

（2）建立中亚地区自己的货币体系。利用各国的货币作为支付手段，确定各国货币自由兑换率，确保国家间积极的贸易往来。

（3）建立中亚地区一体化发展基金。在中亚地区一体化处于起步阶段时，必须具有充足的生产费用，同时建立配套的合理使用办法，以促进扩大生产和实现现代化。

（4）在向市场经济过渡时期，中亚各国需从互利的原则出发，兼顾到中亚某些地区间还存在着经济发展的显著差别，在形成一体化联系时，必须注重国家间的合理分工。哈萨克斯坦经济学家曾提出："在向混合经济过渡的条件下，新的国家关系，首先应该建立在等价交换的原则上，顾及地域和区域间的利益，加强各国经济联合，促进中亚地区经济的协调发展，消除比例失调。"

（5）在中亚一体化区域内，商品的生产者既独立，又彼此利益相关，形成统一的市场至关重要。

（6）昔日的经济关系崩溃，迫使中亚国家采取更加明确的"进口替代政策"。1994年哈萨克斯坦制定了"国家进口替代生产发展规划"。这一计划要求根据经济需要，注意到开放性经济的特点和内外市场的竞争，合理地输入商品，弥补旧的经济关系遭到破坏所造成的损失。然而，"进口替代政策"作为缓和危机的应急措施是可行的，但并不是长久之计，中亚国家必须要有属于自己的部门健全的工业体系。

（7）农业是经济的命脉。在中亚国家经济一体化联盟中，农业的发展是关键。粮食市场的充足是成员国经济一体化顺利进行的重要保证。

一直以来，在中亚存在着一体化和分离主义两种趋势。这两种趋向决定着各种冲突的性质和特点，决定着国家内部稳定的程度，决定着国家之间种种谈判和倡议的成功与失败。中亚各国在促进经济发展、争取建立公正合理的国际政治新秩序等重大问题上，有着共同的利益和要求，联合自强，走经济"一体化"道路必择无疑。

三　新世纪以来：中亚一体化的发展与变化

在人类社会跨入 21 世纪之时，中亚地区的经济一体化有了新的进展。2000 年 10 月 10 日，俄罗斯、白俄罗斯、哈萨克斯坦、吉尔吉斯斯坦和塔吉克斯坦五个国家在哈萨克斯坦首府阿斯塔纳签署建立"欧亚经济共同体"协议，在此协议基础上成立了"欧亚经济共同体（ЕврАзЭС）"，奠定了欧亚经济一体化的基础。在五个创建国首脑的联合宣言中指出："这一步证实，五国领导人政治意志统一，更加坚定地沿着多层面相互合作的一体化道路，走向未来。"① 尔后，乌兹别克斯坦也加入"欧亚经济共同体"。

2001 年 5 月 31 日，"欧亚经济共同体"跨国委员会第一次会议在白俄罗斯明斯克举行，宣布"欧亚经济共同体"正式成立，并在联合声明中指出，在兼顾国家利益和共同利益的基础上，共同体的优先任务是为深化共同体成员国在经济、贸易、社会、人文以及法律领域的合作创造必要条件。

2006 年 1 月 25 日，由俄罗斯、白俄罗斯、哈萨克斯坦、吉尔吉斯斯坦、塔吉克斯坦五国组成的"欧亚经济共同体"成员国在俄罗斯第二大城市圣彼得堡举行元首非例行会议，签署了一系列议定书，并接纳乌兹别克斯坦加入该组织。乌兹别克斯坦加入"欧亚经济共同体"主要是其在经济上很大程度依托独联体国家，而俄罗斯是其最主要的贸易伙伴。而"欧亚经济共同体"成员国则认为乌兹别克斯坦的加入将增强该组织的潜能，使之更加有效地解决建立一体化市场问题，有益于实现利用水利和其他领域资源的计划和协调各大企业关系与项目合作。然而为时不久，2008 年 11 月，乌兹别克斯坦就以"欧亚经济共同体"缺乏工作效率，乌方没有从中受惠，今后将着重加强与该组织成员国的双边关系为由，声明退出"欧亚经济共同体"。

2007 年普京在独联体—"集体安全组织"—"欧亚经济共同体"领导人峰会上声明，俄、白、哈三国将在"欧亚经济共同体"框架内建立

---

① A. A. 米格兰洋：《国家经济利益是实现欧亚经济空间潜能的因素》，《后苏维埃大陆》（俄文版），学术分析期刊，莫斯科，2014 年第 2 期，第 76 页。

"关税同盟（Таможенный союз）"和超国家委员会，实行统一海关监管。2008 年 12 月 12 日三国成立超国家机构—关税同盟委员会（Комиссия Таможенного союза）。2009 年 6 月，三国又明确提出关税联盟正式运营的时间表和领土范围。2009 年 11 月 27 日，"欧亚经济共同体"政府间委员会（Межгосударственные Советы），即俄、白、哈"关税同盟"的最高机构在明斯克召开会议。俄罗斯、白俄罗斯、哈萨克斯坦三国元首签署了包括《关税同盟海关法典》在内的 9 个文件，标志着俄、白、哈"关税同盟"正式成立。2010 年 1 月 1 日起俄、白、哈"关税同盟"启动，对外实行统一进口关税（部分商品有过渡期）。同年 7 月 6 日起，"关税同盟"海关法正式生效。2011 年 7 月 1 日起三国间建立了统一海关空间，取消海关关境。2014 年 2 月 1 日起开始执行海关联盟压力设备指令 032/2013。经过五年的实践表明，"关税同盟"的成立促进了俄、白、哈投资环境的改善；为彼此间商贸往来与合作提供了更为便利的条件；成员国之间的贸易额不断增长；三国工业生产规模显著扩大、失业率下降。

2014 年 5 月 29 日俄罗斯、白俄罗斯和哈萨克斯坦在阿斯塔纳签署了《"欧亚经济联盟"条约》。这一条约在 2015 年 1 月 1 日生效。其宗旨是把已经具备了共同关税空间、占独联体国内生产总值 85% 的"关税同盟"提升到一个更高的一体化水平，进而构建一个独联体空间最大的共同市场和新的强大的经济发展中心。2014 年 12 月 23 日，俄罗斯总统普京在俄罗斯、哈萨克斯坦、白俄罗斯、亚美尼亚和吉尔吉斯斯坦峰会上承诺，2025 年之前将"欧亚经济联盟"建成一个具有统一的能源和金融市场规则的综合经济区。

哈萨克斯坦始终是"欧亚经济联盟"积极的倡导者之一。从独立之初倡议建立"欧亚联盟"，坚持主张中亚国家的一体化，到 2014 年同俄罗斯建立地区防控系统协议和建议推进丝绸之路沿线亚洲国家一体化进程，目标是将本国建成中亚地区最大的商贸中转枢纽，成为联通欧洲和亚洲的特殊桥梁。将在其境内形成的长度为 2787 公里的"西欧—中国西部"交通干线，即运输走廊建成世界级的统一的贸易物流、商业金融、创新科技和旅游中心；到 2020 年经过哈萨克斯坦的过境货运量翻一番，至少达到 5000 万吨的宏伟规划。正如纳扎尔巴耶夫总统强调指出的，"处于欧洲和亚洲交会处的哈萨克斯坦在中亚占有独特的地位，我们准备使欧洲和亚洲相互沟通、加强地区协作，为一体化创造所有必要条件"。哈萨克斯坦之所以坚持和选择推进地区一体化道路，旨在构建自己在地缘政治和地缘经济的地区力量中心。

吉尔吉斯斯坦是中亚地区国力贫乏的国家，GDP规模只有65亿美元。其热心于建立欧亚经济一体化的各种方案，冀望能够从中获得利益、得到财政援助。特别是从2012年起，在"关税同盟"框架中实行劳动力自由流动政策。这对于吉尔吉斯斯坦来讲，如果加入"关税同盟"就可以缓解和解决其国内过剩劳动力就业和移民流动问题。吉尔吉斯斯坦始终如一地坚持为加入"欧亚经济联盟"和"关税同盟"积极工作，且坚定地发展与"关税同盟"战略盟友的关系。俄罗斯拨款5亿美元支持吉尔吉斯斯坦发展经济，促使吉尔吉斯斯坦尽快加入"欧亚经济联盟"和"关税同盟"。2014年5月29日，俄、白、哈三国在哈萨克斯坦坦首都阿萨塔纳批准了吉尔吉斯斯坦加入关税同盟的"路线图"；同年10月10日，又批准了吉尔吉斯斯坦加入统一经济空间的第二个"路线图"；2014年12月23日，吉尔吉斯斯坦总统阿尔玛兹别克·阿坦巴耶夫签署加入关税同盟条约计划。2015年5月9日正式入盟。吉尔吉斯斯坦积极加入"关税同盟"乃至"欧亚经济联盟"，旨在谋求在一体化框架下激活与同盟国在基础设施项目方面的合作；为其国内企业的发展创造条件；在对外贸易方面，扭转以往吉尔吉斯斯坦对俄罗斯和哈萨克斯坦贸易逆差的状态，将本国从商品进口国变为商品出口国；并以此为契机作为本国经济腾飞的推动力。

"欧亚经济联盟"的诞生是俄罗斯努力推动邻国加入新的经济一体化蓝图的成果。这一新的"一体化计划"貌似"关税同盟"的发展壮大。然而，其成员国到底能获得多少实际利益尚不明显；彼此之间的经济联系在质量上和数量上没有得到显著加强，相互贸易的结构也没有因此而得到重大改善。"欧亚经济联盟"未来实效如何？在新的地缘政治和地缘经济形势下，它面临着更加复杂的发展环境和严峻挑战。

第四节　一体化：复杂矛盾的进程

一体化是一个复杂矛盾的过程。其矛盾性在很大程度上表现于参与各方利益的差异性，参与这一进程再生产结构组织能力的差异性；货币一体化是其中最为复杂问题。事实上，无论是昔日的"关税联盟"还是"欧亚经济共同体"，以至后来的"关税同盟"，在中亚经济一体化的运作中始终都存在这样或那样程度不同的问题和矛盾，呈现出整合与分化两种趋势并存。早在2000—2008年期间"欧亚经济共同体"更多地带有"文明结合"的性质；与此同时，也表明独联体进入了"文明分离"的阶段。乌兹别克斯坦的退出足以证明。乌兹别克斯坦是中亚人口大国，战略地位十分重要。因其与阿富汗接壤，备受国际社会关注。乌兹别克斯坦的外交历来坚持"最高主权"政策，即以最大限度维护国家主权为根本目标。以此为出发点，乌兹别克斯坦的精英层将后苏维埃空间的一体化视为"俄罗斯实施控制的传统手段，有损于乌兹别克斯坦的国家主权"①。迄今为止在"关税同盟"的运行中表现最为突出的问题是，自身"协同效应"② 缺弱，俄、白、哈三国虽统一关税，形成海关联盟（Customs U-nion，简称CU），但在有关交纳进口关税的信息交换方面尚未统一，无形中影响了一体化进程。

当今世界在新的欧亚大博弈中、前独联体国家，特别是中亚国家经过几乎四分之一世纪的独立发展均已改变了往昔作为单纯"驿站国"和"资源供给国"的理念，独立存在感和地缘价值观愈发强烈，都制定了符合本国国情的生存战略。2014年以来俄罗斯处于几大危机的交汇点。货币危机，卢布大幅贬值，油价下跌；乌克兰危机爆发，西方因此而对俄罗斯进行制裁；俄罗斯积极推进叙利亚和平进程，"伊斯兰国"针对俄罗斯的威胁不容小觑。面对俄罗斯政治经济形势趋于复杂的形势下，"关税同盟"成员国基于自身利益考虑，都有各自的考虑和打算，彼此之间的关系发生了微妙的变化。

乌克兰危机以来，白俄罗斯和哈萨克斯坦开始谨慎周旋于俄罗斯和西方国家之间，甚至与西方拉近关系；与此同时，两国总统还与乌克兰进行接触。哈萨克斯坦向乌克兰承诺提供其煤炭，并主张推进两国之间经济与军事合作。哈萨克斯坦和白俄罗斯的态度与俄罗斯冀望"关税同盟"共同反西方制裁的要求相去甚远。为此，哈萨克斯坦和白俄罗斯都不同程度受到俄罗斯的警告。2014年12月，俄罗斯对白俄罗斯的食品实行禁运，

---

① A. A. 米格兰洋：《国家经济利益是实现欧亚经济空间潜能的因素》，《后苏维埃大陆》（俄文版），学术分析期刊，莫斯科，2014年，第2期，第78页。

② 同上书，第77页。

同时限制从白俄罗斯进口过境俄罗斯运往哈萨克斯坦的货物。在这种情况下，哈萨克斯坦和白俄罗斯以及中亚其他国家对俄罗斯倡导的"欧亚经济联盟"构想的吸引力大打折扣。白俄罗斯和哈萨克斯坦更加明确地坚持"欧亚联盟"的经济作用，而非政治和军事上的一体化。

首先，白俄罗斯和哈萨克斯坦均有大量俄罗斯族人口。2014 年克里米亚归属俄罗斯以后，白俄罗斯和哈萨克斯坦都担心俄罗斯会利用"欧亚经济联盟"基础设施的建设侵犯自己国家的主权。哈萨克斯坦修订了移民政策，放开原来的配额，吸引更多散居各国的哈萨克人"回归历史祖国"，安置在与俄罗斯接壤的哈北部地区。其次，俄罗斯卢布贬值不仅导致白俄罗斯外汇价格大幅下跌，也使得哈萨克斯坦货币坚戈贬值。2014 年以来，"关税同盟"国之间的贸易呈下降趋势。2014 年 1—10 月，哈萨克斯坦与俄罗斯和白俄罗斯的贸易额为 163 亿美元，比上年同期减少 19.3%。从哈萨克斯坦出口这两个国家的产品为 44 亿美元，比上年同期减少 12.1%。哈萨克斯坦进口这两个国家的产品为 119 亿美元，比上年减少 21.7%。哈萨克斯坦历来坚持"欧亚联盟"以经济因素为主导，只能是经济联盟。而俄罗斯组建"欧亚经济联盟"则更多地出于地缘政治考虑。截至目前可见，俄罗斯面对新的现实，在只身承担着"欧亚经济联盟"地缘政治利益的责任，使得这一新启动的一体化联盟结构愈显脆弱，作为未来政治一体化联盟的经济平台构建更加模糊。

独联体国家各种形式的经济一体化，大都以"政治意志"为主导，而不是以"客观的经济条件"① 为基础，这也是"欧亚经济共同体"的突出特点之一。其框架内的"关税同盟"就是由于"欧亚经济共同体"成员多国利益难以协调，俄罗斯、白俄罗斯和哈萨克斯坦三个发展一体化积极的国家才决定率先在三国间组建关税同盟、统一经济空间，进而形成欧亚联盟。而塔吉克斯坦、吉尔吉斯斯坦长久以来未被纳入这一体系。"关税同盟"的各种机制仍然以俄罗斯占主导地位。

无论是"关税同盟"，还是 2015 年启动的"欧亚经济联盟"，从人口规模来讲，俄罗斯均占 85%。在国内生产总值方面，俄罗斯占 80% 以上，与其他"伙伴国"相比占绝对优势。在成员国权利分配方面，"关税同盟委

---

① A. A. 米格兰洋：《国家经济利益是实现欧亚经济空间潜能的因素》，《后苏维埃大陆》（俄文版），学术分析期刊，莫斯科，2014 年第 2 期，第 77—78 页。

员会"做出的决定具有超主权性质，成员国必须执行。如果成员国本国法律与该委员会的决定不一致，委员会决议的效力将大于成员国的国内法律。如果成员国对委员会的决定有异议，且内部协商未能达成一致意见，则可以提交给"关税同盟"的最高机构——跨国委员会解决。在该跨国委员会中三国所占表决权重不同，其中俄罗斯拥有56%的表决权，白俄罗斯和哈萨克斯坦各拥有22%的表决权，在"关税同盟"中俄占主导地位。乌兹别克斯坦断然退出"欧亚经济共同体"，并表示不会加入"关税同盟"正是出于对独联体一体化进程的戒备心理。与此同时，乌兹别克斯坦谨慎处理与俄罗斯的关系。其外交协议的签订和贸易磋商基本为双边，而少有多边。

"欧亚联盟"也好，"欧亚经济联盟"也罢，获益最多的是俄罗斯。首先通过一体化途径俄罗斯可以加强在中亚的影响力。在"欧亚经济联盟"的构建进程中，曾有提出一些"永久性霸王制度"的议题。诸如，赋予卢布作为"欧亚经济联盟"统一货币的地位，因此而引发了不少争议。哈萨克斯坦总统纳扎尔巴耶夫坚决否定了赋予卢布作为"欧亚经济联盟"统一货币地位的思想。他指出，在这一问题上不能操之过急；统一货币问题是"未来事务"。他特别强调，"首先应该证实这一经济空间对我们自身的利益性和平等性"。① 乌兹别克斯坦、塔吉克斯坦、土库曼斯坦亦因此对"欧亚经济联盟"的态度冷淡。"欧亚联盟"的设想对于中亚国家而言，与其说是与俄罗斯合作的利害关系，不如说是它们自身能够从中获得多少实际利益。白俄罗斯和哈萨克斯坦始终坚持"欧亚联盟"的"经济联盟"性，而回避政治和军事的一体化。

回望"独联体中亚国家经济一体化"进程，正如诸多专家所评价，"独联体早已失去了自身一体化的潜力"；中亚乃至独联体的"统一经济空间"的建构既不稳固也不牢靠，迄今为止的"一体化"仍然是一种"理想模式"，甚至是一个"美丽的童话"。② 乌克兰危机之后，俄罗斯受到西方的制裁。俄罗斯的反击行动之一是对欧盟商品的进口实行禁令。"关税同盟"国之间的关系有了新的微妙变化。可见，要理顺和解决独联体经济一体化进程中的问题，并非易事，需要一个循序渐进的过程。我们期待其未来发展能够有新的起色。

① A. A. 米格兰洋：《国家经济利益是实现欧亚经济空间潜能的因素》，《后苏维埃大陆》（俄文版），学术分析期刊，莫斯科，2014年第2期，第53页。
② 同上书，第51页。

结　语

　　欧亚大陆的经济合作正在进入新的阶段，各种区域一体化机制和安排相互竞争、相互依存、相互融合，形成整合与分化的途径。中国"丝绸之路经济带"战略的提出与俄白哈"关税同盟"及其更高的一体化模式"欧亚经济联盟"的关系，成为人们关心的话题。一些西方评论家提出，"中国丝绸之路经济带"会动摇或阻碍"欧亚经济联盟"框架下中亚地区的一体化进程。① 此说只是一种臆测而已。恰恰是"'丝绸之路经济带'的提出打消了俄罗斯担心中国会成为'欧亚联盟'障碍的顾虑"。目前俄罗斯已将本国的远东和西伯利亚开发构想与中国的"丝绸之路经济带"计划结合起来谋划。中国和俄罗斯通过建立中俄投资合作委员会、高级别专项小组等机制，推进经贸、投资、能源、高技术、航空航天、基础设施建设、民生等领域战略性大项目合作。通过丝绸之路经济带与跨欧亚铁路建设的对接，拉动两国经贸往来和毗邻地区开发开放，共享欧亚大通道和欧亚大市场。

　　2014 年 12 月 22 日，中国与白俄罗斯签署了《中国商务部和白俄罗斯经济部关于共建"丝绸之路经济带"合作议定书》，双方共同推进"丝绸之路经济带"建设，全面提升贸易、投资、经济技术、工业园区合作和基础设施互联互通水平；将通过中国—白俄罗斯工业园平台启动一批机械制造、通信信息和基础设施大项目，开展物流和运输合作，把中、白工业园打造成"丝绸之路经济带"典范项目。

　　基于中国与哈萨克斯坦在经济发展目标、能源优势互补和打击极端势力、维护地区安全方面的共同利益，尤其是面临"关税同盟"框架内竞争的加剧，哈萨克斯坦积极支持并参与"丝绸之路经济带"的建设。纳扎尔巴耶夫总统提出的"丝绸之路沿线亚洲国家经济一体化""哈萨克斯坦——新丝绸之路""光明大道"经济计划和"哈萨克斯坦–2050"国家发展长期战略等计划项目和国家经济多元化战略与"丝绸之路经济带"的构想相呼应、相衔接。2013 年 9 月习近平主席提出"丝绸之路经济带"

---

　　①　A. B. 格罗津：《新安全挑战视阈下在中亚地区俄罗斯与中国伙伴关系的前景》，俄罗斯独联体研究所：《后苏维埃大陆》（俄文版），学术分析期刊，莫斯科，2014 年第 2 期，第 29 页。

战略构想后，哈萨克斯坦与中国签订了共同出资 6.06 亿元人民币在连云港港湾内修建专用物流基地。2015 年 5 月全面启用，中哈定期货运帖路专线直通这一基地。通过"丝绸之路经济带"建设，哈萨克斯坦进一步走近中国，冀望通过定期货运铁路专线扩大对中国稀有金属、肥料、小麦等的出口，强化两国合作的经济基础。

2014 年 12 月 27 日，吉尔吉斯斯坦共和国总统阿坦巴耶夫表明，吉尔吉斯斯坦加入"欧亚经济联盟"不会影响与中国的经贸关系，将全力支持中国提出的共建"丝绸之路经济带"倡议。吉尔吉斯斯坦的"复兴丝绸之路""打造丝绸之路物流中转中心构想"，对沿线国家货物运输，投资与新技术提出了更多的要求和需求。该国冀望"丝绸之路经济带"的建设带动吉尔吉斯斯坦的经济发展。

值得提及的是，"关税同盟"成员国在相互间经贸合作成效显著的同时，并未减少与外部合作伙伴的贸易额。2013 年俄罗斯与中国的贸易额是 892 亿美元，哈萨克斯坦与中国的贸易额是 286 亿美元，白俄罗斯与中国的贸易额是 41 亿美元，总计 1219 亿美元，是"关税同盟"成员国内部贸易额的 2 倍。

正如俄罗斯中亚和高加索研究专家 A. B. 格罗津指出："'丝绸之路经济带'不是一个一体化规划。中国在对中亚关系方面不具有特殊的政治目的。而经济的一体化并不意味中亚国家处于中国的控制之下，或者在那里形成中国的影响区域。没有一个走与中国深化经济关系道路的国家处于中国的控制之下。中国的规划对于'欧亚联盟'而言，不是非此即彼的，同时参与多个地区经济规划已成为普遍的实践。"① "丝绸之经济带""欧亚经济联盟"是相关国家全方位、不同层次务实合作的多样化途径。通过这些不同形式的合作将提升"丝绸之路"沿线国家构建命运共同体、利益共同体的推动量和质的跨越。

综上所述，"丝绸之路经济带"的建设与"关税同盟"或"欧亚经济联盟"成员国提出的国家发展构想具有诸多的契合点和互补性，2015 年 5 月中俄两国首脑在莫斯科达成"共识"努力将"'丝绸之路经济带'建设和'欧亚经济联盟'建设对接"并签署了能源、农业、航天航空、交通

---

① A. B. 格罗津：《新安全挑战视阈下在中亚地区俄罗斯与中国伙伴关系的前景》，俄罗斯独联体研究所：《后苏维埃大陆》（俄文版），学术分析期刊，莫斯科，2014 年第 2 期，第 30 页。

运输、基础设施、信息安全、金融领域、在中亚开展合作等 32 份文件，这是对"欧亚经济合作机制"的创新。然而，我们也应看到，由于国家社情不同、利益诉求差异、经济发展有别，"欧亚经济联盟"与"丝绸之路经济带"的对接既蕴含合作机遇，也存在着风险和竞争。

民族与宗教篇

第十二章 20 世纪后半叶中亚地区的民族情绪与群众运动

民族情绪和国民运动的兴起是社会矛盾日积月累，及其所产生"反弹效应"的结果。中亚地区民族情绪的日益高涨和群众运动的兴起，乃至族际关系的急剧尖锐化是从 20 世纪中后期开始的。这种景况是社会、政治、经济危机的产物，是以沙皇俄国时期大民族压迫的历史烙印、苏共的肃反扩大化以及对非本国民族不信任等隐患为前提的，是几十年间在深层力量的作用下民族问题的总爆发。其发展态势动摇并削弱了长期以来在苏联国内占主导地位，且业已形成的牢不可破的各民族友谊的信念。

第一节 边界领土问题

在苏联中亚地区，因边界领土问题而产生的民族利益分歧由来已久。20 世纪 20 年代，苏联在中亚进行民族识别，并依据民族特征进行国家间的行政划界。由于其中存在诸多不合理因素，为各加盟共和国交界地区的民族矛盾埋下了伏笔。

一 领土和边界的不稳定性激化了国家交界地区的民族情绪

1924 年 10 月，苏联对中亚进行了民族识别和民族国家划界。通过民族识别恢复了一些民族历史形成的名称，确认了他们在国内的政治地位。例如，明确了过去称为吉尔吉斯斯坦人或吉尔吉斯斯坦—凯萨克的人民是哈萨克族，以前称为卡拉—吉尔吉斯斯坦人或吉科卡缅—吉尔吉斯斯坦的人民是吉尔吉斯斯坦族，原来称作突厥人的人民是阿塞拜疆族，先前谓之萨尔特、塔兰奇、喀什噶尔、伊犁人、和田人的人民是维吾尔族等。俄共（布）中央决定对中亚民族国家划界的目的是重新合并统一沙俄时期乌兹别克、哈萨克、塔吉克、吉尔吉斯斯坦、土库曼和卡拉卡尔帕克人民被分割的土地，促进中亚地区各苏维埃民族共和国的建立，进而加强各民族之间的平等合作，使中亚地区尽快摆脱落后状态。这一工作的完成不仅是中亚各民族国家疆域和行政区划建制的重要阶段，而且也是中亚民族史上的重大事件，对中亚各民族的命运产生了深刻影响。事实表明，过去落后的中亚地区获得了彻底解放，被压迫的各民族走上了历史舞台，客观上加快了乌兹别克、哈萨克、吉尔吉斯斯坦、塔吉克、土库曼和卡拉卡尔帕克等民族的社会主义现代化发展进程，同时给予殖民地和半殖民地的各族人民以巨大的影响。

但是，从后来历史发展的情况看，中亚民族国家划界并没有完全实现其初衷，更没有解决当地极其复杂的民族问题和积蓄已久的民族矛盾。时任苏共中央执行委员会主席的米哈伊尔·伊万诺夫·加里宁（1875—1946 年）总结说：在社会主义建设过程中"苏联许多民族进行了划界。一些民族确定了自己的民族边界，另一些民族作为发达的成熟的民族获得了应有的地位"。这一划界的结果，实际上也是对各民族之间的划界。当一些民族确定了自己的民族边界以后，他们自身或者也影响到其他族群的人民的民族自我意识随之提高和增强。在这一因素的作用之下，作为民族意识强化的反映和民族情绪的流露，在前苏联多民族地区出现了要求按行政区划和民族来建立国家组织的双重原则，即"文化民族自治"理论。其核心理念是排拒其他民族和忽视其他民族的存在，为以后的大俄罗斯主义和地方民族主义的滋生预留了缝隙。

几十年来根据不同时期有关行政区域划分的法规条文，中亚各民族加盟共和国的边界领土几经变更。1956 年 4 月 3 日，苏联最高苏维埃发布了关于部分更改哈萨克斯坦与乌兹别克斯坦之间边界的命令，将哈萨克斯坦博斯坦德克边境区划给乌兹别克斯坦。同年 4 月 20 日，联盟中央考虑到全国面临着进一步发展棉花生产的重要任务，又决定由乌兹别克斯坦和哈萨克斯坦两个加盟共和国共同开垦饥饿草原大片未被利用的土地，将哈萨克斯坦域内饥饿草原的部分土地划归乌兹别克斯坦。哈萨克斯坦向乌兹别克斯坦转让的土地面积约为 100 万公顷。这样一来，哈萨克斯坦共和国的领土减少了 4.09 万平方公里，而乌兹别克斯坦苏维埃社会主义共和国的领土增加了 4.07 万平方公里。

1968—1972 年中亚地区再次发生了领土变更。1971 年 1 月，苏联第八届最高苏维埃第三次会议通过了关于部分改变乌兹别克共和国和哈萨克共和国国界的决议，批准乌兹别克斯坦将锡尔河州的部分领土让给哈萨克斯坦，两国共同利用灌溉区的肥沃土地。1972年1月28日，苏联最高苏维埃主席团通过了《关于部分改变乌兹别克共和国与吉尔吉斯斯坦共和国之间边界的命令》，同年2月25日又通过了《关于部分改变塔吉克共和国与乌兹别克共和国之间边界的命令》。由于领土的变更，吉尔吉斯斯坦共和国新建了伊塞克湖州和纳伦州，塔吉克共和国新建了列宁纳巴德州，土库曼共和国新建了马雷州、塔莎乌兹州和查尔朱州。塔吉克斯坦和土库曼斯坦苏维埃社会主义共和国疆界扩大了100平方公里。中亚各加盟共和国在领土的行政区划问题上时而扩大，时而紧缩的政策取向导致了各民族间的对立和冲突不断发生。

塔吉克斯坦的列宁纳巴德州的塔吉克人和吉尔吉斯斯坦奥什州的吉尔吉斯斯坦人之间因争夺巴特肯地区频发武装冲突。吉尔吉斯斯坦与乌兹别克斯坦接壤的巴特肯地区吉尔吉斯斯坦人与乌兹别克人之间因使用牧场、耕地和水资源引起的纠纷一触即发。乌兹别克斯坦和吉尔吉斯斯坦为费尔干纳的一小块耕地的归属之争发生了较大规模的冲突。这些问题表明，中亚的一些世居民族虽然有了以本民族名称命名的共和国，但是由于苏联政府多次调整边界、改变行政区划，使领土的争论具有了极大敏感性，深深刺伤了民族的情感，不仅没有消除历史上遗留下来的民族积怨和民族矛盾，相反使民族之间的纷争更加尖锐，甚至变成了另一种性质的问题。

二 标示各加盟共和国主权性质的边界领土问题是激发民族情绪最敏感的因素

在苏联，边界领土问题直接涉及以世居民族名称命名的各加盟共和国的主权性，因此成为激发民族情感和民族情绪的最深刻、最敏感的因素之一。1924年苏联颁布的宪法规定，全联盟机构保留改变联盟外部国界和共和国之间国界的权利，领土行政配置的其余一切问题都属各加盟共和国的权限范围。从20世纪30年代下半期起，加盟共和国在这方面的权限受到了某些限制。1936年的宪法将各加盟共和国的全部行政区划权限收归联盟。1957年，苏联最高苏维埃认为中央这样集权是不必要的，于是又将解决州和边疆领土方面的行政配置权限交给了各加盟共和国。宪法修订本的有关条款只给联盟保留了批准成立新自治共和国和自治州的权限。这样一来，虽然各加盟共和国在行政区划问题上的权限再次扩大，但是，苏联宪法中删去了各加盟共和国自主组建边疆区和州的条款。国家法规在各加盟共和国领土权限问题上的变化无常极大地伤害了一些世居民族的感情。对此，中亚各民族加盟共和国在本国宪法中采取了不同态度。乌兹别克加盟共和国和塔吉克加盟共和国的宪法都增加了一条内容：由共和国自行规定本国的行政区划。[①] 在苏联成立 60 周年之际，苏共又重申，每个民族国家实体的各种机关，要向相应的上级权力机关和管理机关报告工作。在所管辖的问题上或是在涉及本民族实体利益的问题上，在其领土范围内，拥有行使权力和管理的全权和权威。各加盟共和国的主权体现为：第一，加盟共和国在受权范围内可在其领土上独立行使国家权力；第二，它在与联盟共同管辖的范围内（联盟—共和国部等）行使全权；第三，参与解决属于联盟管辖的问题，在本国领土上协助联盟行使全权，贯彻苏联国家权力和管理机关的决定。各加盟共和国有权不受阻挠地退出苏联，这是他们不可动摇的权利。这一时期，表面看加盟共和国权限朝着在加盟共和国和苏维埃联盟共同行使全权的框架内加强加盟共和国权限的方向发展。但实际上，苏、美长达半个多世纪的军备竞赛和争夺世界霸权的斗争，给苏联社会政治、经济带来了深刻的影响。苏联领导集团以加强军事力量的发展为主导意义的工作，最大限度地促进国家机器的高度集权和国民经济的高度集中，以扩大自己可用于战争的经济实力。战备化的发展和军费开支的增强，大大影响了人民生活水平的提高，使民族共和国的权益丧失。双重主权和加盟共和国可以自由退出联盟，这两个问题长期未获解决，成为民族矛盾进一步加剧的根源。苏联在关于民族问题的立法中存在着严重的漏洞，造成了联盟中央与加盟共和国之间不可调和的矛盾与分离主义的危险，且后患无穷。1924 年、1936 年和 1977 年苏联颁布的三部宪法都规定了苏联是各民族共和国的联盟，是主权国家，而加盟共和国也是享有主权的国家，形成双重主权关系。这种既为联邦，又非联邦的双重主权国家体制在世界上绝无仅有。宪法和法律中联盟中央与加盟共和国主权的矛盾规定长期未加变更，实践中由此弊端产生出来问题既有政治的，又有经济的，也有民族方面的，积累起来，在具备一定条件时便会激化。

----

① 《苏维埃国家与法》（俄文版），1958 年第 3 期，第 38 页。

第二节　社会政治条件

中亚各地的民族情绪和群众运动的兴起与苏联共产党在不同时期推行的民族政策及其给各族人民带来的社会经济的变化有着密切的关系。诸多事件往往是在错综复杂的各种社会政治矛盾形成危机的条件下爆发。

一　被驱逐民族的积怨及其为改变自身状况而展开斗争

第二次世界大战之前和大战期间，作为苏联国家政策的一部分，曾发生大规模驱逐整个族群的事件。远东、外高加索和克里米亚以及其他地区的 20 多个少数民族，被强迫离开自己的家园移居到中亚地区，涉及人数达 40 万。他们长时间地过着半囚禁的生活。直到 1957 年，车臣和卡尔梅克人等少数民族才得到平反。但民族积怨并未彻底消除。久而久之，民族的内聚力和排他性，在各种因素的触发下，变成一种强烈的心理反应，进而导致在民族领域产生了错综复杂的矛盾和斗争。长久以来，苏联中亚地区的民族问题在很大程度上表现为被迫迁、被惩罚的少数民族为改变自己的境况而展开斗争。

居住在远东地区的朝鲜人是最早被迫迁移的民族之一。早在 19 世纪中叶，俄国就是朝鲜移民的主要流向地之一。当时欧洲帝国主义在理论和实践上逐步迈入鼎盛时期。沙俄帝国主义对远东地区的野心比英、美毫不逊色。1860 年（咸丰十年）11 月 14 日，沙俄以武力威胁、逼迫清政府签订《中俄北京条约》，割占乌苏里江以东约 40 万平方公里的中国领土。位居乌苏里江和黑龙江汇合处，原属中国领土的伯力①被沙皇俄国强占。根据不平等的《中俄北京条约》，我国吉林晖春协领所辖的海参崴遂被沙俄割占。沙皇俄国不仅在此驻寨建港，还将海参崴改名为符拉迪沃斯托克，意为"控制东方"。1863 年，朝鲜人开始移入乌苏里边区。此后历年都有朝鲜人前来落居，而且规模渐大。1869 年秋，因北朝鲜发生特大洪灾，粮食歉收，引起"大饥荒"，又有朝鲜人涌入，仅在绥芬河畔就形成

---

① "伯力"系中国传统名称，后为苏联重要交通枢纽和工业重镇——哈巴罗夫斯克市。

了 7 个鲜民村①。1894 年又有近万朝鲜人来到阿穆尔边疆区②。随着沙皇俄国对远东的经济开发，为越来越多的朝鲜人流入创造了条件。1914 年，远东地区的朝鲜人从 1910 年的 5.41 万人增加到 6.43 万人。大多数定居在滨海边疆区和哈巴罗夫斯克（伯力）边疆区南部，少数居住在阿穆尔河沿岸和北部地区。朝鲜人迁入之后，沙皇政府在政治上将其视为另类，下令把他们安顿在距边界稍远的地方，与俄罗斯人的村庄交叉而置，以避免朝鲜人的居民点连成一片，易发事端。在经济上把他们看作苦力，给他们分派最繁重的劳役，拨给他们的口粮是难以下咽的劣质黑麦，或者根本不予发放。

十月革命胜利以后，苏联把开发远东地区作为经济战略的重要组成部分。据苏联 20 世纪 20 年代末—30 年代初的统计数据，居住在苏联远东地区的朝鲜人从 16 万增加到 18 万。而中亚地区的朝鲜人口数字为零。也就是说，那时中亚地区还没有朝鲜人定居。在中亚多民族的居民中，朝鲜人是后来才加入的民族成分之一。20 世纪 30 年代，苏联处于帝国主义包围的国际环境之中。斯大林认为阶级斗争日益尖锐，把党内的分歧和人民内部矛盾混淆为阶级矛盾，主张采取清洗和镇压手段。自 1933 年起打击面不断扩大。1935 年清党运动与国家安全部门、司法机关的侦查追捕交织在一起，有领导、有组织、有计划地全面展开肃反工作。由于指导思想的偏激，苏联的民族政策开始发生变化，对外来民族采取压制、蔑视或排斥的态度，甚至定性为帝国主义派来的间谍。在肃反工作中除俄罗斯族以外，其他少数民族干部被大量清洗。特别对曾陷入日本殖民地的朝鲜人极不信任，把他们看成不忠诚、不可靠的动摇分子和投机分子，在政治上予以歧视、限制和打击。1937 年 8 月 21 日，斯大林从防范日谍的角度，签发了苏联人民委员会和全俄共产党（布尔什维克）中央检查委员会作出的"关于从远东边区和边境地带迁出朝鲜族居民"的决议（第 1428—326 号·绝密件），强制将朝鲜人迁往哈萨克斯坦和其他中亚各国。根据这个文件，在强制迁移朝鲜人的过程中，沿边境线苏联一侧，划定了一个宽 20 公里的无人区，以防外逃和内潜。1937 年秋，乌苏里等边疆区的朝鲜族移民被迫放弃稻田、家产迁往哈萨克斯坦和中亚其他国家。仅哈萨克斯

① 康斯坦丁诺夫斯克村、卡扎克维切夫卡村、科尔萨甫卡村、克洛乌诺夫卡村、普契洛夫卡村、辛涅科沃村和博克洛夫卡村。
② 俄罗斯中央远东国家档案馆，卷宗 1，目录 2，卷 1502，第 56 页。

坦就接受了约2万户，计9.6万朝鲜人。随着这个决议的实施，中亚各加盟共和国，尤其是哈萨克斯坦成了20世纪30—40年代一些蒙受不白之冤的"政治移民"的流放地。据1939年苏联人口统计，中亚各国的朝鲜人有18.2万①，主要居住在哈萨克斯坦。到苏联解体前已经在这里生活了几代人。据1989年苏联最后一次人口普查，全苏已有45万朝鲜人，在127个民族中居第28位。除俄罗斯联邦有10.7万人外，其余大部分朝鲜人居住在哈萨克斯坦和中亚其他国家②。几十年间由于朝鲜族子女在学校不能用本民族的语言学习，新生代已不懂本族语言和文字。人们对可能丧失自己的语言文化和民间艺术极度担心。

同时被驱逐到中亚地区的还有德意志人。德意志人是迫迁人数最多的民族。18世纪，凯瑟琳·叶卡捷琳娜二世曾于1761年12月和1763年6月两次征招德国的德意志人来俄国开发伏尔加河流域。最初有2.7万德意志人迁入俄国，定居伏尔加河流域。后来迁入的德意志人不断增加，到1914年达到50万人。十月革命以后，伏尔加河流域的德意志人获得了民族自治，成立了伏尔加河流域德意志自治州。1924年1月6日改为自治共和国。第二次世界大战期间，苏联政府的一项决定改变了数十万境内德意志人的命运。1941年8月26日，苏联最高苏维埃下达了《关于迁徙伏尔加河德意志人的命令》。这项命令以"伏尔加河德意志人中隐藏成千上万间谍和特务"，涉嫌"集体背叛"为罪名，将伏尔加河和全苏约80万德意志人强制性迁往中亚和西伯利亚。被遣送到哈萨克斯坦的德意志人达36.1万人。命令规定没收他们的财产，如离开新的居住地，则处以20年苦役。8月28日，苏联最高苏维埃宣布撤销伏尔加河流域德意志自治共和国。从此这些被迫迁的德意志人开始了在中亚地区艰难竭蹶的半囚禁生活。他们与朝鲜人一样，全都被分散安置在未开垦的处女地地带。辽阔的荒原上因为他们的落居出现了星星点点的移民村。这些新近迁入的族群由于政治地位极低，俄语知识薄弱，处境十分艰难。从20世纪30年代到50年代中期，他们一直处于社会的边缘，经济上被封闭，政治上受压制

---

① Р. Ш. 贾雷尔加西诺娃：《中亚和哈萨克斯坦朝鲜人民族进程的基本趋势》，苏联科学院民族研究所：《中亚和哈萨克斯坦各民族集团和民族进程》（俄文版），莫斯科，科学出版社1980年版，第43页。

② Г. Н. 金：《后苏联朝鲜人民族复兴的现实》，《后苏联东部地区的国家和社会：历史、现实和前景》（俄文版），阿拉木图，1999年版，第263页。

的状况一直持续到赫鲁晓夫执政时期。

遭遇相同命运的还有克里米亚的鞑靼人、伏尔加河流域的波兰人、外高加索的印古什人、车臣人、巴尔卡尔人、麦斯赫梯人和希腊人等。1942年 11 月 2014 名波兰人，包括 318 名儿童被从萨拉托夫州发送到哈萨克斯坦。1943 年 10 月 12 日，苏联最高苏维埃主席团发布了关于取消卡拉恰耶夫自治州及其区域行政建制的命令，并强加给卡拉恰耶夫人"叛徒""加入德国人的队伍""对抗苏联"等罪名。同年 11 月，卡拉恰耶夫人和卡尔梅克人被强令迁往中亚和西伯利亚。其中 62842 人被迫迁中亚，35491 人被迁到哈萨克斯坦，2643 人迁到吉尔吉斯斯坦，其余迁往塔吉克斯坦。1944 年 3 月 7 日，苏联政府颁布了《关于取消车臣、印古什自治共和国和其行政建制的命令》，车臣人、印古什人和巴尔卡尔人被迫迁移入中亚。其中 7.01 万车臣人迁入哈萨克斯坦，2278 印古什人迁往吉尔吉斯斯坦。数百名车臣人和印古什人迁入乌兹别克斯坦。同时迁入中亚的还有巴尔卡尔人。此后又有数千名从红军部队撤下来的车臣人和印古什人也被列入迁移者的队伍而落居中亚。1944 年 5 月 17 日，原本生活在苏联乌克兰克里米亚地区的鞑靼人（50 万人）被以"通敌"之名强制性迁入中亚的乌兹别克斯坦、哈萨克斯坦、吉尔吉斯斯坦、西伯利亚和北高加索等地，并撤销其自治共和国。1944 年 8 月 31 日，苏联国防委员会作出第 6279 号决议，将 46516 名土耳其人、8694 名库尔德人、1385 名赫姆希德人以及 29505 名其他民族的代表从格鲁吉亚共和国迁移到哈萨克斯坦、乌兹别克斯坦和吉尔吉斯斯坦。

20 世纪 50 年代中期，苏联对被驱逐的各民族的政策开始松动。1955年 11 月 12 日，哈萨克共和国共产党中央委员会发布了《关于妥善安置居住在哈萨克斯坦境内苏联希腊族公民及解释工作的决议》。1956 年，苏联共产党第 20 次代表大会以后，逐步对当年被迫迁徙到中亚和西伯利亚的民族进行平反。1956 年 4 月 28 日，苏联最高苏维埃主席团颁布法令，取消了对克里米亚鞑靼人的严管制度。但是他们的处境仍然十分艰难。1957年，苏联颁布了为赶出家园的民族（克里米亚鞑靼人、伏尔加河流域德意志人以及北高加索各民族人民）恢复名誉的政府决议。同年 2 月 17 日，苏联最高苏维埃通过了关于恢复巴尔卡尔、车臣、印古什、卡尔梅克和卡拉帕耶夫各民族自治的法规①。这些决议和法规书面上似乎纠正了过去党和政府的错误，承认这些民族无罪，但事实上却不恢复他们从前的自治共和国建制，要求他们留在迁居地。

从 20 世纪 60 年代起，中亚各国，特别是乌兹别克斯坦的克里米亚鞑靼人不断举行游行集会，要求正当的民族权利。直到 1967 年 5 月 22 日苏联最高苏维埃主席团颁布法令，承认对克里米亚鞑靼人进行集体惩罚的错误，从法律上恢复了克里米亚鞑靼人的名誉和公民权利，但不允许他们返回历史故居。1968 年 4 月乌兹别克斯坦的鞑靼人举行集会，苏联政府动用警察部队和消防车予以镇压，被捕入狱者达 300 余人。鞑靼人为改变自己的命运而展开的斗争虽然被苏联当局的强硬镇压消灭在萌芽状态，但是埋藏在鞑靼人心理上的积怨、愤怒和屈辱感却日益加深。

被驱逐的其他民族也是一样。由于失去了本民族原有的政治地位，返回家园问题长期得不到解决，哈萨克斯坦共和国等地的德意志人组成的了伏尔加河流域德意志人代表团迁往莫斯科进行上访，要求恢复失去的"伟大的十月社会主义革命后所得到的本民族国家的建制和土地"，要求"在苏联民族院和联盟院有本民族的代表"②。1964 年 8 月 29 日，苏联政府又专门颁布了关于伏尔加河流域德意志人恢复名誉的命令。但是这项命令并没有解决实质性问题。1965 年 6 月 7 日苏联最高苏维埃主席团主席米高扬会见了上访代表。他的答复是："现在，在垦荒边疆区（哈萨克斯坦）不能没有德意志人……你们提出关于恢复共和国建制的问题是不可能的，不要总是认为德意志没有自己的自治共和国就活不下去，并不是历史上犯过的所有错误都要改正。"③ 这种形式上的恢复名誉和谈话结果，引起了中亚德意志人的极大不满。最终酿成了 1979 年的"策力诺格勒"事件。同年春天，苏共中央决定在哈萨克斯坦建立德意志人自治州，中心设在叶尔缅陶。按照苏共中央的这一决定，这个州将包括阿克莫拉、巴甫洛达尔、卡拉干达和科克切塔夫州的许多区。同年六月，在哈萨克斯坦的策力诺格勒、阿特巴沙尔、叶尔缅陶等地方发生了对抗中央这一决定的集

---

① M. 拜马哈诺夫：《多民族被驱逐的法律问题》，《思想》（俄文版），阿拉木图，1996 年第 3 期，第 78 页。

② 1918 年 10 月 18 日，列宁颁布命令建立了隶属于俄罗斯苏维社会主义共和国的德意志自治共和国。

③ 伊凡·麦斯特连柯：《苏共各个时期的民族政策》，人民出版社 1983 年版，第 189 页。

会游行。"策力诺格勒"事件不仅公开了中亚等地德意志人与中央的直接对抗，而且标示着哈萨克斯坦族际矛盾激化的开始。一直到 20 世纪 80 年代后期，德意志人才被获准迁回原籍。此时苏联的德意志人有 200 万人，集中居住在哈萨克斯坦的就有 95.7 万人。

这些"被赶出家园"的民族虽然早在沙皇俄国时代就被迫取得了俄国国籍，但是，在很长时间仍被排斥在苏联基本民族以外，一律被看成不忠诚、不可靠的动摇分子或投机分子。他们在社会地位上受歧视、被限制；在政治上不受信任，不被重用；在精神上受打击和压抑；在文化上发生了明显的偏斜，自由发展的权利遭到严重破坏。20 世纪 50 年代，散居中亚的"被驱逐"民族虽然大都平反昭雪，一部分也已回归故土。但是由于战争，苏联撤销了原有的自治共和国和自治州，许多人仍然留居在中亚。长久以来，他们作为被边缘化的少数族群，政治上受到轻视，自身的意愿得不到实现，促使他们在心理上的民族认同感更加强烈。

戈尔巴乔夫上台以后，大力推行"公开性""民主化"原则，对旧体制进行改革，在很大程度上对以往苏联政府所做的一切加以否定。在"新思维"改革和"公开性"浪潮的冲击下，长期以来苏联在处理民族问题方面存在的种种有损于民族利益和民族感情的事情被公开揭露出来。隐藏在人们内心深处长期受到压抑的怨忿得到了发泄的机会，同时与其他因素交织在一起使民族问题变得更加复杂化。在这样的背景下，中亚各地少数民族要求恢复民族尊严和政治地位的运动达到高潮。

为了复兴本民族的传统文化和语言文字，哈萨克斯坦的朝鲜族居民激发起创办民族文化中心的意愿。1989 年第一个朝鲜人文化中心在阿拉木图成立。随后在哈萨克斯坦全国 18 个州、5 个市和 18 个朝鲜族居民区相继成立。1990 年组建为"朝鲜人文化中心联合会"[①]，致力于恢复历史的真实、研究本民族的文化以及苏联对国内朝鲜人的政策。

1987 年 7—8 月，鞑靼人的抗议在莫斯科和中亚愈演愈烈。他们连续不断地在克里姆林宫墙周边和所在地举行示威，提出的口号是"没有祖国毋宁死"，要求恢复原来的自治共和国建制，重返克里米亚。同时，先前居住在伏尔加河流域的中亚德意志人也要求回归并成立本民族自治区。

---

① 吉德拉林、Ж. 科普扎萨罗娃：《里海沿岸出现的朝鲜人》，《思想》（俄文版），1996 年第 2 期，第 41 页。

　　1989年4月，在哈萨克斯坦新乌津市发生了哈萨克族居民与高加索外来民族列兹根人、车臣人、印古什之间严重的流血冲突，波及整个里海沿岸地区。冲突的深层原因是社会、经济和人口问题。从20世纪50年代起，被驱逐到中亚的高加索民族的居民在经济领域才有了一席之地。从劳动分工来看，他们主要从事商业和服务业。新乌津是1964年因开采石油而建设的一个新城。20世纪80年代后期，随着当地人口不断增长，社会经济危机加深，各种商品奇缺，生态环境恶化，水源遭受污染，失业率急剧上升，当地居民将这一切归咎于外来移民占据了他们的土地，影响了他们的生活，造成了他们的失业，并迁怒于他们，引发了长达数月的冲突，迫使当局不得不将外来移民撤离新乌津。

　　1989年年中，在卫国战争期间被强迫迁移到乌兹别克斯坦费尔干纳谷地的麦斯赫梯人也不断举行示威游行，提出要求恢复公正、恢复民族尊严，并与当地民族发生冲突。

　　1990年2月24日，哈萨克斯坦乌拉尔州（今西哈萨克斯坦州）的哥萨克人举行了"乌拉尔哥萨克人历史文化协会"成立大会，通过了《关于建立乌拉尔哥萨克人自治，变更苏联哈萨克共和国边界线，恢复1917年以前领土区划的宣言》。自此，乌拉尔哥萨克人要求自治的呼声日益高涨。1991年9月13—15日，乌拉尔哥萨克历史文化协会与俄罗斯哥萨克协会共同组织了庆祝乌拉尔哥萨克效力俄国400周年大会。期间发生了部分认为自己是俄罗斯哥萨克人的俄罗斯族居民与当地哈萨克人之间的冲突。这次冲突之后乌拉尔的哥萨克人仍不断提出争取本民族平等地位的要求，并于9月22日成立了乌拉尔哥萨克人的"民族复兴运动"。民族领域事态的发展进程日益尖锐。

二　争取政治权利的平等是群众运动兴起的主导原因

　　在多民族国家坚持各民族政治权利和经济利益的平等，是保证民族关系和谐和政局稳定的根本。20世纪80年代以后，苏联中亚民族情绪的波动和大规模群众运动的兴起是多种因素相结合、相促发而引起的，但最根本、最直接、最主要的诱因是政治地位和经济利益的不平等。参与国家管理的程度、社会政治地位的平等以及各地区的经济发展问题涉及每个民族的切身利益，往往是民族矛盾的焦点。政治地位的不平等引起的一些民族深刻的心理震荡和抗拒情绪，成为引发民族纠纷的主导原因。

　　斯大林去世以后，大俄罗斯民族主义在苏联政治生活中的影响日趋加大。1957 年 8 月 7 日，赫鲁晓夫在《文艺要同人民生活保持密切联系》的讲话中极力吹捧俄罗斯民族并高呼"俄罗斯母亲"；1958 年苏共中央和政府把俄语作为全国各民族交往的统一语言，1961 年又在苏共第二十二大上把俄语例为苏联所有民族的第二语言；1973 年勃列日涅夫在苏共二十四大上把俄罗斯推崇为"苏联伟大民族"；1982 年安德罗波夫在国庆 60 周年讲话中强调，如果"没有俄罗斯民族无私的援助"就没有其他民族的繁荣昌盛。在俄罗斯民族的欢呼声中，其他民族也不得不在各种文章和讲话中加入恭维之词。乌兹别克共和国共产党第一书记拉希多夫在苏共二十五大上发言说"乌兹别克人也同我国各个最为平等的民族一样，都有一个老大哥，这就是伟大的俄罗斯民族"。在生活待遇方面，世居民族与俄罗斯民族相比也存在一定的差距。随着苏联政府对东部地区的开发建设，在中亚各加盟共和国组建了许多直属联盟领导的大型企业，其管理人员、专家和工人主要是从俄罗斯等地应邀而来。这些企业的职工工资要比当地企业职工的工资高出许多。仅以 1950 年为例，联盟所属企业的职工的工资比战前提高了 133%，而地方企业职工的工资只占这一指标的 73%。20 世纪 50 年代和 60 年代，在中亚各加盟共和国建设了许多环境优美，设施齐全的居民住宅区。但是大多数住户都优先分配给了从俄罗斯等中部地区迁来的建设者，而当地居民的居住条件没有得到大的改善，他们的住房大都没有天然气和暖气。政治地位和福利待遇的不平等是强化民族情绪的重要因素。

民族情绪属于最深刻也是最敏感的感情流露。列宁分析认为："……'受欺辱'民族的人没有比对平等感、对破坏这种平等更敏感的了，哪怕是自己的无产者同志出于无心或由于开玩笑而破坏这种平等。"① 经受过民族压迫剥削的人民，在着手进行社会主义建设时，对各民族必须平等怀有特别强烈的感情。各个民族的民族感情及其鲜明程度是有差别的，如果在民族的相互关系中对此分寸把握不当，那么这种差别就会成为民族关系冷淡或恶化的导源。列宁还指出，革命者必须"对于受压迫最久的国家和民族的民族感残余要特别慎重，特别注意，同时为了更快地消除以上所指出的不信任心理和偏见，必须作某种让步"。"只有对各个民族的利益

① 《列宁全集》（中文版），第 43 卷，第 353 页。

极其关心，才能消除冲突的根源，才能消除互不信任……"①。列宁提出，在建设各民族间的兄弟关系方面需要有极大的忍耐力，而且要掌握分寸。然而，由于沙皇时期的遗留问题，在苏联的历史上始终存在着某种民族主权主义、民族利己主义、民族排他性和民族特殊性，以及靠牺牲其他民族的利益维护一个"主体"民族利益的倾向。正是这些有悖于马克思主义理论的民族主权思想和概念，造成了民族的不平等和相互敌视，加剧了民族之间的摩擦冲突，使民族问题越来越突出，民族关系日益尖锐复杂，为后来国家的分离提供了助推器。

三　入侵阿富汗：民族情绪加剧的新增因素

1979年12月，苏联入侵阿富汗成为20世纪70—80年代中亚世居民族情绪积聚的一个新增因素。苏军出兵阿富汗，起初派出的部队主要由中亚世居民族青年组成。但在战斗打响后，苏联政府很快意识到苏、阿双方的跨界民族关系和宗教因素，产生了对所派出的中亚操突厥语民族战士的不信任。于是苏联军方命令部分或全部由中亚各民族军人组成的部队撤出，代之以部分斯拉夫人组成的部队进入。同时，在阿富汗工作的苏联中亚各民族的公民也被撤离回国。他们的工作由俄罗斯人和其他民族的斯拉夫人取代。尽管如此，中亚各族人民在阿富汗战争中还是作出了巨大牺牲。据官方统计，在10年的阿富汗战争中，耗资达400亿美元；有1.3万多苏联各族青年在战场上丧生，3.7万官兵伤残②；累计伤亡人数达5万人，仅哈萨克斯坦就有数千名各民族的青年陆续入伍参战。许多年轻的生命再也不能返回祖国和家园，永远留在了阿富汗战乱不已的土地上。

人格上的屈辱和物质上的损失以及精神上的创伤加剧了中亚当地民族与中央的对立情绪。1981年3月，哈萨克共和国阿拉木图市哈萨克族居民抗议将阿富汗战场阵亡的本民族同胞埋葬在市公墓，而要求依照穆斯林葬礼安埋死者。1986年8月，塔吉克共和国与阿富汗交界的库尔干秋别州也举行了反对苏军大规模入侵阿富汗的示威游行。因这场战争失去儿子的千万个家庭把承受的无尽苦难、悲伤和怨恨归咎于苏联政府和苏共领导人。随着广大群众不满情绪的积聚，苏联各族人民对党和政府的感情由亲到疏，由热到冷。列宁和布尔什维克缔造和培育建立起来的党和人民群众

① 《列宁全集》（中文版）第1卷，第130页；第33卷，第347页。
② Г. B. 康：《哈萨克斯坦历史》（俄文版），阿拉木图，2002年版，第204页。

的血肉联系出现了越来越大的裂痕。

四　"阿拉木图事件"：戈尔巴乔夫改革后中亚民族矛盾激化的着燃点

　　1986 年 12 月发生在哈萨克共和国的"十二月阿拉木图事件"震惊苏联举国上下，引起国际社会的广泛关注。1986 年 12 月 16 日，在阿拉木图举行了哈萨克斯坦党中央五中全会。会上作出决定，免去了穆罕默德·库纳耶夫哈共中央第一书记的职务，由原先任乌里扬诺夫州党委第一书记的俄罗斯族人根纳季·科尔宾接任。穆罕默德·库纳耶夫，哈萨克族，从 1942 年起，一直在哈萨克共和国担任要职。1960—1986 年担任哈萨克共产党第一书记，成为第一位进入苏共中央政治局的哈萨克人。在库纳耶夫时期，哈萨克共和国人民的生活水平稳步提高。他还对加盟共和国的高等教育进行了改革，使哈萨克族学生进入大学的数量达到前所未有的高度。卓越的政绩及其久居领导岗位使他在哈萨克共和国的权威和影响举足轻重，特别是在哈萨克族人中享有极高的威望。

　　更换共和国领导人的消息传出后，穆罕默德·库纳耶夫的解职被看作是对哈萨克人民的不信任和不尊重。1986 年 12 月 17 日，在党中央委员会大厦前的广场上集结了几百名群众抗议和反对中央的决议。阿拉木图几所大、中专院校的哈萨克族学生和教职员工以及青年工人纷纷走上街头，举行集会抗议示威。游行队伍越来越壮大，甚至达到几千人。事件发生后，当局迅即派出武装力量对游行队伍进行军事镇压，抓捕了许多青年学生。与此同时，苏联的新闻媒体也报道说，这是一起"民族主义"事件，是"反改革势力"的"阴谋破坏活动"等等。当军警奉命驱散游行示威的青年学生时，群情之愤慨不言而喻，更加重了广大人民群众对政府的不满。官方宣传和社会认识之间形成的水火不相容之势，进一步扩大了执政集团同人民群众之间的隔阂与鸿沟，致使事态不断升级，一直持续到次年 1 月 10 日。

　　长久以来哈萨克斯坦始终被认为是一个极为成功的各民族的熔炉。"十二月阿拉木图事件"的发生令苏联政府大为吃惊。它的发生集中暴露了国家长期存在和积压的各种矛盾，同时也折射出一些令人深思的问题。

　　（一）急于实行公开性和推进改革浪潮，忽略了民族问题的客观性和现实性

　　戈尔巴乔夫执政以后，锐意改革，决意改变勃列日涅夫执政时代僵滞的局面，将苏联的政治、经济推向一个新水平。但是他的改革之举遭到一

些人的质疑和抵制。为此，戈尔巴乔夫着力进行全苏和各共和国领导人的人事调整，以巩固自己的权力基础。而勃列日涅夫时代连任的共和国党的第一书记仅剩哈萨克共和国的库纳耶夫和乌克兰的谢尔比茨基，且这两个人又是勃列日涅夫长期以来倚重的政治精英和地方领导，他们对戈尔巴乔夫的新思维和改革颇有微词。1986年戈尔巴乔夫开始对勃列日涅夫时代的"危机现象""消极因素""障碍机制"进行揭露和批判。随着对勃列日涅夫批评的不断加强，库纳耶夫也屡遭指责。8月28日苏共中央公布了一项专门决议，批评哈萨克共和国党政领导对畜牧业的领导工作中有"严重失误"，认为对那里的畜牧业现状"不能继续容忍下去"。于是库纳耶夫因"在领导岗位上工作不力""严重失误"被撤职，由俄罗斯人科尔宾接替他的职务。领导人的换班无疑冲击了许多人的利益。更多的人认为，这是重新实施俄罗斯化，是莫斯科对一个民族加盟共和国直接和粗暴的干涉，进而使哈萨克民族的感情力量转化为一种政治力量。

（二）地区经济发展的不平衡，人民生活水准下降与民族问题互相促发

沙皇俄国给中亚地区留下的经济发展程度的差别，不可避免地给哈萨克斯坦各民族的关系带来深刻的、不容忽视的影响。20世纪50年代，随着大批俄罗斯人、白俄罗斯人和乌克兰人的移入，哈萨克人在北部和东部落后的农业区被边缘化，或者被压缩到贫瘠的南部地区。在许多地方；他们面临着人口的失衡。哈萨克斯坦北部是新开发区，人口主要是来自欧洲部分的移民及其后裔。长久以来，国家的大型建设项目基本集中在这里，因而保证了当地居民的就业问题。哈萨克斯坦南部地区社会经济发展相对落后，自然环境条件差，大型建设项目和生产基地较少，而这一地区的居民以哈萨克族为主，人口自然增长率很高，劳动力过剩。这些因素造成当地哈萨克人就业困难，生活无保障，对政府的不满情绪和排俄情绪与日俱增。经济形势严峻、人民生活水平下降与民族问题的相互依附性是导致1986年12月阿拉木图事件的主要原因之一。

（三）苏共忽视任用干部的策略性和干部终身制带来的弊病

长久以来，中亚各加盟共和国"干部本地化"情况十分突出，已形成了一个不成文的规定，且一旦走马上任，将久居高位。与库纳耶夫一样，乌兹别克共和国共产党中央第一书记拉希多夫任职24年（1959—1983年），吉尔吉斯斯坦共和国共产党中央第一书记乌苏巴利耶夫任职24

年（1961—1985 年），塔吉克共和国共产党中央第一书记拉苏洛夫任职
21 年（1961—1982 年），土库曼共和国共产党中央第一书记加普罗夫任
职 26 年（1969—1985 年）。这些人长期担任党政领导职务，在各自的共
和国内已经确立了牢固的政治地位，具有举足轻重的影响。有些人甚至享
有"民族之父"或"爱国主义者"的桂冠。因为没有良好的干部任用、
交流和监督机制，久而久之，领导层面不可避免地形成一些痼疾：任人唯
亲、裙带关系、腐败现象等。当国家权力交接之时，改革派的新任领导者
急于扫清道路，于是将"反改革派"的前朝遗老彻底撤换。原来一直由
当地民族代表担任加盟共和国最高领导职位，而改由外来民族担任。中央
对中亚各民族加盟共和国的干部更替采用了自上而下、速战速决的办法。
"选举哈共中央第一书记只用了 18 分钟。"① 这种忽略历史积淀，而急于
求成的做法，大大伤害了当地民族的感情，让他们一时难以接受。当然也
触动了一些人的既得利益。各种因素综合在一起，激化了中央和地方的矛
盾，最终酿成一场令世人震惊的政治事件。

　　"1986 年 12 月阿拉木图游行示威"是戈尔巴乔夫上台后发生的第一
次以民族问题形式表现出来的重大事件。这一大规模的抗议活动平息之
后，苏共中央所采取了一系列针对性措施。苏共中央政治局责成哈萨克共
和国共产党中央仔细查清所发事件。人们期待着苏共中央能对事件进行深
刻分析，做出全面、客观、公正的评价，但是令人大失所望。苏共中央颁
布了《关于哈萨克共和国党组织对劳动人民进行国际主义和爱国主义教
育工作的决议》，要求采取必要措施加强对劳动者的爱国主义和族际主义
教育，改进对干部的培养和分配体制，加深哈萨克同其他共和国的兄弟民
族的关系。官方认为这次事件是受"民族主义"的挑唆，带有"哈萨克
民族主义"的色彩，并定性为"青年中部分具有极端民族主义情绪的少
数人的动乱。"② 广大的哈萨克族群众感到这一决议是对其整个民族的侮
辱。接着则是对事件进行公开性司法审判，对事件的参加者采取了各种措
施进行镇压，各地的共产党、共青团、工会组织连续召开会议，决定对事
件的参加者开除学籍或公职③。在这一过程中，共 99 人被判刑，264 人被

---

① 《哈萨克斯坦真理报》（俄文版），1989 年 9 月 20 日。
② 哈萨克斯坦共和国科学院历史和民族研究所、考古研究所编：《哈萨克斯坦简史》（俄
文版）阿拉木图，1993 年版，第 379 页。
③ 《阿拉木图、1986、十二月》（俄文版），阿拉木图，1991 年版，第 9、35、75 页。

高等院校开除学籍，758 人开除出共青团，另有 1164 名共青团员受到各种处分。内务部各机构有 1200 人被免职，卫生部和交通部有 309 人被除名，高校的 12 位校长被撤职。国立哈萨克大学校长 T. 科扎凯耶夫、阿拉木图国民经济专科学校校长 H. K. 玛梅洛夫等都在其列。所有被牵连的人员或被开除党籍，或被移交司法机关。

接踵而来的是一场轰轰烈烈的意识形态领域的清洗运动。全联盟掀起了又一轮与"民族主义"斗争、查找"民族主义分子"的高潮。仅 1988 年上半年就对 78.2% 的党政工作人员、98% 的苏维埃工作人员、94% 的工会工作者、66% 的共青团干部进行了重新审查和鉴定①。哈萨克族学者 B. B. 沃斯特洛夫的著作《哈萨克氏族部落成分及哈萨克人的分布》、M. C. 穆卡诺夫的论著《中玉兹哈萨克的民族成分及其分布》、O. 伊斯马古洛夫论《哈萨克斯坦民族人类学》等被批判为"厚古怀古、竭力证实谁是哈萨克斯坦的土著民族，谁是外来民族，强化人们的氏族、部落和玉兹观念，表现出地方民族主义、民族利己主义和虚荣心理"等等。作家 D. 多斯加诺夫的中篇小说《梭梭林火焰的炽热》和 X. 阿吉巴耶夫的小说《讹答剌的毁灭》等一些文学作品和艺术品被斥责为"美化哈萨克族的历史，在独特的民族风格的幌子下，企图通过田园史诗的情调贩卖反动的民族主义残余和宗教残余"，冠以"民族的狭隘性"等罪名。这次运动不仅在哈萨克斯坦进行，同时也波及中亚其他加盟共和国。吉尔吉斯斯坦族历史学家 C. A. 阿托库罗夫因为主讲"吉尔吉斯斯坦民族志"时提到吉尔吉斯斯坦人的氏族部落结构，而被扣上了"民族主义分子"的帽子②。与此同时，乌兹别克斯坦也面临着一场纯洁干部队伍的运动。③ 苏共中央从俄罗斯联邦抽调了大批的干部派往塔什干等地去接替被撤换的干部。

苏联政府对少数民族地区发生的群众运动不是采取说服教育的态度，而是实行压服政策，不仅没有从根本上解决问题，反而埋下了民族之间相互仇恨的种子。此后，由民族矛盾引发的动乱几乎席卷全苏，表现形式也越来越激烈，从游行、罢工发展到地区性武装冲突。1987 年夏，克里米

---

① 哈萨克斯坦共和国科学院历史和民族研究所、考古研究所编：《哈萨克斯坦简史》（俄文版），阿拉木图，1993 年版，第 380 页。

② 吉尔吉斯斯坦共和国科学院、吉尔吉斯斯坦 – 俄罗斯斯拉夫大学编：《吉尔吉斯斯坦人与吉尔吉斯斯坦史》（俄文版），比什凯克，2000 年版，第 283 页。

③ Д. A. 阿里莫娃等著：《乌兹别克斯坦史》（俄文版），塔什干，2002 年版，第 251 页。

亚鞑靼人先后在中亚和莫斯科举行静坐、集会、游行示威，强烈要求返回故乡。1989 年 6 月，乌兹别克斯坦的费尔干纳地区发生了麦斯赫提－土耳其人和乌兹别克人的冲突。与此同时，在哈萨克斯坦西北部古里耶夫州新乌津市，哈萨克人与居住在该市的高加索人发生了冲突。同年 7 月中旬，塔吉克共和国伊斯法拉区的塔吉克人和吉尔吉斯斯坦人因土地和灌溉问题导致了数千人参与的大规模冲突。这些事件接连发生，对本来就困难重重的苏联政局火上浇油，同时给苏联社会经济和人民的生命财产造成了巨大损失，最终成为瓦解苏联联盟体制的重要根源之一。"阿拉木图 12 月的游行示威"及其以后发生的各类民族冲突事件虽然已过去将近 20 年，但是对中亚地区各民族关系仍然产生着一定的影响。

第三节　文化语言因素

语言文化是民族的基本特征。民族语言不仅是民族精神生活的表现形式，也是一个民族保留自己特点的重要因素。因此，语言问题便成为族际关系是否和谐的"试纸"。有损民族语言文化的行为常常成为激化民族情绪和矛盾的引信。

宏观上看，70 年来，苏联在民族问题上采取的总的政策是积极的，民族文化语言工作取得了巨大成就，促进了经济的繁荣和发展。但是也不能不看到在对待少数民族语言文化问题上漏洞不少，甚至出现严重失误，背离了民族语言的发展规律，违背了各族人民的意愿，给各族人民的心理留下了阴影。

列宁曾经提出少数民族完全自愿学习俄语的原则。但是几十年间，苏联领导人在这一问题上却自觉或不自觉犯有主观武断和官僚主义的错误，给民族平等原则造成了巨大的损害，致使民族语言问题成了苏联民族关系紧张的重要症结之一。1938 年 3 月苏联人民委员会和联共（布）中央通过了《关于在各民族共和国和州必须学习俄语》的专门决定，规定中学生在学习俄语方面，口头表达和书写必须流利自如，正确运用，要能独立阅读一般俄文刊物，并要求通过阅读俄文书刊了解俄罗斯文学。这项规定的出台导致了许多共和国的本地语言运用范围大大缩小。

赫鲁晓夫上台以后大力倡导"垦荒运动"。大批俄罗斯、乌克兰、白俄罗斯和摩尔达维亚等民族的科学技术工程人员来到中亚。这对于当地民族文化的交流、社会经济的发展无疑具有积极的影响，但也产生了消极的后果。1960年，在哈萨克斯坦开垦生荒地，不仅使900万亩土地的自然生态环境遭到人为破坏，而且生荒地区的居民人数一下增长了61%。1954年到1962年，从苏联欧洲部分迁到哈萨克斯坦的人口达到200万，致使哈萨克人口比重在共和国居民中下降到30%，从而限制了民族语言的使用范围，使民族语言的社会功能大大下降。① 由于对国际主义概念的片面理解，导致人们把语言政策简化为支持族际交流语言——俄罗斯语，而对少数民族语言的发展则避而不谈。广泛宣传的双语在中亚也不完全是双向的。哈萨克共和国有约60%的哈萨克族居民掌握俄语，而只有1%的俄罗斯族人掌握哈萨克语。哈萨克语不能为公文处理、国家、外交、军事生活和高等教育所用，而仅限于日常生活。它只能实现其50项社会功能中的10项。用俄语出版的图书占图书出版总量的95%，电视广播的70%采用俄语。除此而外，城市、居民点、国营农场和集体农庄、山川、湖泊也多以俄语命名。中亚其他共和国的情况也一样。不平等的语言政策对那些不掌握俄语的人来说，社会机遇大大减少。

苏联民族关系的一个症结还在于"俄罗斯老大哥"和"非俄罗斯民族小兄弟"之间的关系。勃列日涅夫执政期间，曾做出巨大努力要求非俄罗斯民族人民既要懂得自己的语言，又要懂俄语。这一政策虽然合情合理，但在具体实施时却走了形。随着"民族接近和民族融合"的提法在全苏盛行，俄语被认为是"最发达的语言"，是实现"民族语言接近"、实现"各民族语言词汇的接近"，进而形成一个"语言共同体"的核心。勃列日涅夫所倡导的"民族接近与融合"，不仅涵盖"民族语言的接近"，而且包括"经济文化的接近"。为了尽快实行民族文化发展和接近的政策，在前苏联的人口统计中，采用了主观、行政干预的方法确定居民的民族属性。由于人为增加某些民族的人口数量，而使另一些民族在某种程度上受到利益的侵害。许多民族学校转向俄语教学，少数民族语学校的数量大为减少。伴随着俄语教材的大量出版发行，其他语言的出版物受到限制，对青少年乃至学龄儿童的培养基本上脱离了本民族的语言、文化和传

---

① 坎·格奥尔金·瓦西里耶维奇：《哈萨克斯坦史》（俄文版），阿拉木图，2002年版，第200页。

统。仅以乌兹别克共和国为例，用乌兹别克文出版的学术著作和各种读物的数量逐渐减少。1960 年用乌兹别克语出版的图书有 1060 种，到 80 年代中期减少到 936 种。1980 年乌兹别克共和国有 83 种杂志，其中 48 种是俄文版。据统计，1985 年超过 80% 的学术著作是用俄文出版，16% 用外文出版，只有 4% 是用乌兹别克文出版。在图书馆和书店，乌兹别克文的艺术文献极为少见。① 一个共和国命名民族的命运尚且如此，其他少数民族的境遇则可以想见。

多年来，苏联流行的民族接近和融合政策是在背离列宁"民族平等"和"自然融合"原则、急于求成的状态下推行的，不仅没有达到预期目的，反而使民族文化发展的客观进程变了形。当苏联社会的民主化和公开性全面开花之时，也为民族自我意识的强化创造了新的可能。民族政策的失误、政治气候的紧张化、一些民族拥有一定的特权却侵害了其他民族的利益、不同民族发展水平的巨大差距等问题，首先在许多民族知识分子中引起了强烈不满。他们纷纷撰文著述批评和谴责国家的民族政策，主要表现为担心本民族的前途。每个民族都渴望发展本民族的语言和文化，这是十分自然的民族感情使然。尤其是在本民族的发展问题、权益问题迟迟得不到解决的情况之下，民族感情的表达无疑具有广泛的动员力。在莫斯科"青年图帕尔（Жас тулпар）"艺术团的基础上，形成了一个以高校大学生为主的非官方的哈萨克青年联盟。最初这个组织约有 800 人，以后不断扩大。在列宁格勒、基辅、阿拉木图、奥杰萨、里加、帕夫洛达尔、卡拉干达、阿克莫林斯克、谢米巴拉金斯克、奇姆肯特等地连续爆发了轰动一时的学生运动。

语言是构成民族的主要特征之一，对本民族语言的维护则是民族认同的重要尺度。长久以来，由于在语言问题上，苏联领导人过分地强调作为族际交际工具——俄语的学习和使用，对其他民族语言文化的发展关心不够，民族语言的社会功能逐渐缩小。这种情况自然引起了许多民族群众，尤其是知识分子对本民族语言和文化前途的担忧。在公开性和民主化的浓厚氛围之下，一些加盟共和国与联盟中央展开了一场围绕语言问题立法的论战。中亚各加盟共和国相继颁布了语言法和语言法草案。

1989 年 9 月吉尔吉斯斯坦苏维埃社会主义共和国颁布了《国家语言

---

① 《乌兹别克斯坦史》（1917—1991 年）（俄文版）塔什干，2002 年版，第 251 页。

法》，这是一份旨在提高主体民族语言地位和社会功能，保护吉尔吉斯斯坦人精神特征的文件。这份立法文件以法律形式规定共和国主体民族的语言——吉尔吉斯斯坦语为共和国国语，提出在国家和社会机关、文化、科研、教育、卫生保健等机构，以及社会生活的各个领域，全面发展和使用国语。这无疑有助于纠正过去官方过分重视俄语，忽略加盟共和国主体民族语言的倾向。但是由于历史条件所限，《语言法》的许多条款在当时难以实现。这种情况所释放的负面效应，促使各民族的民族意识和民族情绪不断增长，为族际的摩擦和不信任提供了土壤。

　　同年同月，哈萨克斯坦最高苏维埃也通过了一项法律，规定哈萨克语将成为正式的官方语言。该法令要求完成中等教育者和在公共部门就业者必须能讲流利的哈萨克语。很快，俄罗斯族居民和操俄语的一些民族的代表强烈要求修改这一法令。以致由于语言引起的争论立即与主权问题搅和在了一起。一些新出现的运动，诸如"阿拉什""阿扎特"和"十二月党"等组织强调哈萨克人拥有哈萨克斯坦的历史独占权。而在哈萨克斯坦居住的一些俄罗斯精英，特别是历史学家则对哈萨克斯坦北部和东部重新提出了领土要求，强调哈萨克斯坦北部历史上就属于大俄罗斯的一部分。1990 年 9 月在阿拉木图市一所俄罗斯—哈萨克混合学校发生了一起爆炸事件，震惊了百万市民。纳扎尔巴耶夫总统在谈到这起事件时，把它归咎于一些"追逐于政治目的"的"'唯民族论'的热心鼓吹者"在"玩分离主义的游戏"，他们按民族特征分离了儿童，以自己的双手埋下了地雷①。

　　综上所述，从官方形式看，各民族均具有使用和发展本民族语言、文化、学校教育等权利。但实际上培养以本民族语言教学的师资数量极少。文化设施和新闻媒体大部分用俄语。久而久之，民族语言在社会文化生活中成为一种可有可无的交流工具。年青一代对本民族语言失去了掌握的能力。当地民族的基本权利受到了极大限制，他们对本民族文化需求得不到保障表示极度不满。这种消极因素挫伤了民族感情，在一定程度上导致了民族关系的复杂化。《语言法》的出台自然得到为本民族语言文化前途担忧的各加盟共和国命名民族的积极支持，同时也引起了操俄语诸民族人民的抵制和反对。因此语言问题成为当地民族与外来定居民族之间争端的主

---

　　① 努·阿·纳扎尔巴耶夫：《探索之路》，新疆人民出版社 1995 年版，第 11 页。

要焦点。在整个民族关系发展过程中，语言问题导致的矛盾冲突日益突出。

第四节　经济形势恶化造成社会动荡和民族关系紧张

社会问题、民族问题总是与经济因素相互依附。民族情绪增强、民族关系紧张则是国内经济衰退的一种反映。经济形势越严峻，就越容易煽动起民族情绪。因之，经济状况的恶化是社会动荡和民族关系紧张的深层原因之一。

一　经济发展停滞，激起各族人民不满，影响社会政局稳定

经济持续滑坡，人民生活水平下降，引起了各族人民对现行政策和体制的强烈不满。1989 年 9 月，苏共中央全会通过的《在当前条件下的民族政策纲领》指出，由于长期的政策失误，联盟条约和宪法规定的共和国主权"徒具形式"，"官僚主义态度垄断了一切，影响到从生产到语言、教育和文化等所有领域。一些加盟共和国的代表在会上说，共和国甚至连修建 200 张床以上的医院或投资 400 万卢布以上项目的权利都没有"。有的民族共和国和民族地区的群众抱怨说，"最好的资源和产品被中央政府搜刮去了"。

20 世纪 80 年代中期以后，中亚各共和国基于国民经济的迫切需要，开始考虑经济独立问题，并把这一问题作为解决本国国民经济重大问题的基础。乌兹别克共和国就提出其境内的生产、科技潜力、土地矿藏和其他自然财富都是地区财产，它的原料和产品首先为本共和国人民的利益服务。也就是从这时起，中亚各加盟共和国与联盟之间经济联系开始减弱。这样一来中亚地区本来就十分复杂的经济形势更加严峻。主要产品的生产下降、同卢布贬值相联系的区域生产的弱化、旧的经济结构并轨、缺少替旧的新市场型经济结构、因调价而造成的不履行合同义务等，这一切对中亚落后的工业经济造成严重打击。1989 年同上年相比，输入中亚的重要产品（面粉、肉、水果、蔬菜和奶制品等）都有减少，各共和国都不得不实行食品配给制，从而使各共和国和各民族之间的关系以及区域内的社会经济形势复杂化。

　　同联盟其他共和国相比，中亚各民族加盟共和国的产品人均生产水平最低。工业品比波罗的海三个共和国少68%—71%，国民消费品少80%—86%，文化生活用品少90%—94%。中亚地区是全苏畜牧业发达地区，肉类和奶制品是各民族的传统食品，但是1980—1986年内，乌兹别克斯坦人均奶和奶制品的消费量从185公斤下将到176公斤，塔吉克斯坦从164公斤下将到158公斤。全苏人均肉和肉制品的消费量是64公斤，而在乌兹别克斯坦人均消费量从31公斤下降到29公斤。中亚其他共和国也都明显下降，且已经降低到最低点。由于中亚各国大多数居民的生活水平下降，平均寿命比全苏少10岁。由于经济形势的恶化，中亚各国居民，主要是当地民族的失业人口急剧增加。20世纪80年代末，土库曼共和国计有20万人失业，哈萨克共和国仅奇姆肯特州有12万人失业，乌兹别克共和国失业人口达到100万。① 这一尖锐的社会问题使具有激进性质的政治风潮愈演愈烈。

　　经济中的障碍和停滞现象也反映在社会生活的其他方面。长期片面优先发展重工业，忽视农业和轻工业的畸形经济结构难以调整，致使食品和消费品生产严重落后，商品零售额增长的规定指标无法完成。消费品市场的供应由长期失衡发展到全面短缺。物资匮乏、供应紧张，对市场形成了巨大的压力，出现了经济学中被称为"未满足需求"，即有钱买不到东西的现象，进而导致黑市的猖獗。由于经济形势不断恶化，财政赤字和货币发行失控，物价大幅上涨，人民生活水平急剧下降。食品、住房、消费品和生活服务方面遇到战后前所未有的困难。文化、艺术、教育、医疗卫生等方面也存在着障碍机制。"影子经济"和"影子文化"已无力满足居民的物质和精神需求。社会道德方面出现的堕落、酗酒、吸毒和犯罪开始滋长，基本群众物质生活和精神生活的贫困化与民族情绪的激进化相伴而生，广大群众怨声载道。苏联几十年锻造出来的人与人之间、民族与民族之间同心同德的深厚感情削弱了，各族人民对苏共党的领导越来越不满意。

　　经济的不景气，造成社会政治形势的动荡。罢工浪潮此起彼伏，经济和刑事犯罪猛增。苏共党内的思想十分混乱，自由化思潮严重泛滥，从全

　　① 《乌兹别克共和国共产党中央第一书记伊斯兰·卡里莫夫1990年2月6日在苏共中央全会上的发言》，《东方真理报》（俄文版），1990年2月7日。

盘否定斯大林到彻底否定十月革命和苏联 70 多年的历史，反对列宁主义和马克思主义，反对共产党和社会主义制度。广大党员对形势的变化迷惑不解，相当多的人对政治冷漠和厌倦，不少人因失望而脱党、退党。从 1988 年到 1991 年夏，苏共党员已由 1900 万下降到 1500 万。领导层内的斗争不断加剧，人事变动频繁，组织和国家政权处于半瘫痪状态。

　　面对此情，苏共领导本应该从主观上认真地总结经验教训，真正认清经济改革战略中的问题所在。遗憾的是他们没有审时度势，却仓促地把眼光转到了政治领域，认为经济改革出师不利是因为党内干部的抵制及政治制度存在问题，把改革重点转向政治体制改革。在经济体制改革同时进行配套的政治体制改革是完全必需的，但是，在对政治体制改革的纲领及发展模式缺乏深入理性思考的情况下，草率、盲目地转向，这就不能不使苏联的政局发生重大的转折，给国家带来灾难性的后果。尤其是在市场经济的条件下，发展滞后，生活穷苦，往往对人们的理念和行动产生深刻的影响和冲击，是产生民族纷争的根源。尤其是地区经济发展不平衡，边远和贫困地区的民族矛盾更为突出。吉尔吉斯斯坦南部就是典型的个案。在中央高度集中的指令性计划经济体制下，这个地区是农业原料生产基地，主要种植棉花和烟草，工业化建设与其他地方相比差距很大；又由于地理位置不利、经济基础薄弱、财政投入有限、生产水平低下，加之人口稠密、民族众多、土地紧缺、社会问题层出不穷，刺激了民族间的对立情绪，因争水争地等经济利益引起的民族矛盾、民族纠纷屡屡发生。

　　二　"北水南调"工程下马：中亚世居民族耿耿于怀

　　经济因素是民族问题的主要因素之一。中亚各族人民的情绪激化大都是由于破坏了民族平等的经济基础造成的。十月革命后，苏联曾进行了 70 年的社会主义革命和社会主义建设，却始终面临着政治上如何处理国内民族关系的问题。表面看来，历届苏联领导人都在口头上和理论上大讲民族平等。但是，实际上却自觉或不自觉地宣扬俄罗斯人是苏联的"领导民族"，忽视和否定其他民族的作用、特点及其特殊需要。反映在经济方面，往往表现为十足的大俄罗斯民族利己主义。20 世纪 80 年代中后期，这种情况达到了顶峰，成为引发民族运动的主要原因之一。"北水南调"工程的下马是直接的导火线。

　　众所周知，苏联是一个水资源非常丰富的国家，但分布很不均匀，基本形势是南轻北重，绝大多数河流属于北冰洋水系；大量的水未得到合理利用就白白流入北冰洋。而中亚地区又是非常干旱的内陆地区和人口增长最快的地区。人口高速增长、经济发展滞后与干旱缺水的矛盾日益突出，成为苏联开发中亚地区最棘手的制约因素。没有充足的水源，中亚地区最大的产业——棉花种植业难以顺利发展，关系到生活在干旱区的乌兹别克、哈萨克、土库曼和吉尔吉斯斯坦等各族人民的民生大计。如何解决这一问题，长期以来始终困扰着苏联高层。经过有关专家的可行性论证，唯一的办法就是"北水南调"，把西伯利亚中部的河流改道引入中亚。这项工程耗资巨大，据官方统计，整个工程需耗资1000亿卢布。

　　早在1871年，俄国水利专家雅·杰姆钦科就已提出"北水南调"的设想。十月革命胜利初期，俄苏也开始酝酿"北水南调"工程。20世纪40年代，工程师穆·达维多夫研究了从鄂毕河、额尔齐斯河和叶尼塞河向中亚地区调水的方案；50年代初，根据达维多夫的建议，苏联政府草拟了"中亚细亚灌溉计划"，准备利用原子能凿通图尔盖台地，向中亚地区引水。随着苏联欧洲部分矿产资源的逐渐枯竭，战略开发的东移，中亚地区的缺水矛盾愈加尖锐突出。70年代，锡尔河和阿姆河下游已出现沙漠化，咸海也在干涸。要进一步发展灌溉，当地水源极度匮乏。中亚南部干旷的草原和严峻的干旱现象迫使苏联政府不得不认真考虑向中亚的调水问题。1976年，苏共二十五大正式提出了"北水南调"的计划。接着，全苏水利工程科研勘测设计院会同40多个科学研究所和26个设计机构共同研究制定了一个具有经济科学技术论据的"北水南调"方案，即"图尔盖方案"。1979年4月，苏联在塔什干召开了关于把西伯利亚河水引调到中亚的科学会议，参加会议的有全苏和中亚各共和国诸多科研设计部门以及苏联中央机构的科学家和专家300多人，对这一方案进行了反复讨论，最终一致通过。1984年6月，苏联国家计委宣布：开始实施"北水南调"工程。按照"图尔盖方案"，计划修建一条长2546千米、宽120—170米、平均深度12米的世界上首屈一指的大运河，每年从西伯利亚调水600亿立方米引入哈萨克斯坦和中亚地区。应该说，这是中亚地区各族人民企盼已久的福音。但是，1986年8月，苏共中央和苏联部长会议突然决定，停止"北水南调"工程的设计和施工，撤销五年计划中规定的有关项目。这一决定出于三个原因。一是，苏联领导人担心，要完成这项耗资巨大的工程，会给国内经济带来灾难性的危机；二是，不断有国内外专家提出警告，这项引水工程会改变气候、破坏环境和生态平衡；三是，中亚各加盟共和国的历届领导人都极为关心这项工程的实施，并积极坦言荐策，然而，中亚地区领导者们的热心关注却被国家上层看成民族主义的表现，对工程的实施起了负面效应。关于停止"北水南调"工程的决定，无异于给中亚各国各族人民当头一棒，使世居民族的心理受到极大的伤害，感情上难以承受，激起了他们对苏联政府和领导人的极度不满和耿耿于怀。以至于苏联解体以后，哈萨克斯坦、乌兹别克斯坦和土库曼斯坦等国又提出了"北水南调"之事，但俄罗斯没有反应。因为今非昔比，国家间的关系已发生了根本变化，这项引水规划已属于跨国、跨流域调水。因水库改建淹没的地区主要在俄罗斯境内，需要支付一定的赔偿费；基建投资约需 1200 亿美元，还需支付数额巨大的购水费用。而目前大多数中亚国家经济不景气，财政拮据，对此无法负担，致使这一愿望难以实现。

20 世纪 80 年代中期，住房问题在中亚的一些大城市日益尖锐，国家解决国民住房政策不得力。个人住宅建筑开始大规模涌现。在首都和一些大城市出现年轻人擅自占有国有土地的情况，诱发了大批的年轻人从共和国的四面八方涌入首都和大城市。由于工业和建筑企业引入大量的暂住者而使本来就复杂的就业问题更加激化。例如，在吉尔吉斯斯坦首都比什凯克和南部中心奥什市的周围出现部分地段被擅自占有的风潮。这些新的占有者之间的矛盾逐渐发展成民族冲突的悲剧。

三　环境污染、生态危机：民族运动的导火线

大规模开发中亚地区是苏联经济战略的重要组成部分。20 世纪 50 年代，苏联在中亚进行了大面积的垦荒运动。通过开荒，在哈萨克斯坦建立了新的商品粮基地。同时把占全国总植棉面积近 1/3 的欧洲部分棉田削减，全部集中到中亚地区。在乌兹别克斯坦、土库曼斯坦建设了棉花基地。这些计划虽然为苏联大规模调整农作物布局创造了条件，但是在大面积开荒的过程中却没有采取综合治理的方针，盲目开垦了大片沙质和沙壤质土地，同时又忽视营造农田的防护林带，大大压缩了生牧草的种植面积，因而风蚀不断加剧，尘暴频繁发生。由于不可抑制的土层风蚀作用，土壤营养物质减少，肥力降低，导致谷物产量减少。长期以来，只注意开发利用自然资源，而忽视保护和治理，毁林开荒、竭泽而渔、破坏草原、污染环境，以致自然资源被滥用，生态平衡遭到破坏，给当地人民的生产和生活带来严重后果。

咸海是世界第六大湖泊，位于哈萨克斯坦和乌兹别克斯坦之间，面积

原为6万多平方公里，现只有4万多平方公里。多年以来，苏联为了在中亚地区发展农业灌溉和工业生产，一直过度地开发和利用咸海主要供给源锡尔河和阿姆河的河水，加上人口大量增加，致使生态恶化程度为全球之最。锡尔河的河水截流使用已达总水量的92%，阿姆河也达85%，流入咸海的水越来越少，干旱季节两河下游经常断流，得不到任何补充，致使咸海逐渐缩小、干涸。从20世纪60年代到90年代初，咸海水位已下降了2米多，目前仍在继续下降，储水量减少60%。水的矿化度由10克/升增加到30克/升。湖内的鱼类已从600多种减少到70多种。如果这种局势得不到控制，十几年以后，咸海将可能从地球上消失，同时在亚洲腹地将出现一个5万平方公里的新沙漠，并有100亿吨的有毒盐向周围地区扩散。目前，已有1亿吨的有毒盐严重影响周围地区农作物和牧草的生长以及居民的身体健康，吞没了200万公顷的耕地和周围15%的牧场，经济损失超过了300亿美元。为此，中亚当地居民发出了"拯救咸海"的口号，然而几十年过去，问题仍然悬而未决。

巴尔喀什湖位于阿拉木图州北部，面积1.82万平方公里，最大深度26.5米，平均水深6米，储水量106亿立方米，是哈萨克斯坦境内的第三大湖，具有一湖两种水质的奇特景观。该湖最大的特点是：狭长（614公里），东部为咸水，西部为淡水。湖区动物繁多，在湖周围芦苇丛中有大量的鸥、野鸭、鸬鹚、天鹅、鹈鹕，还有野猪、狼、狐狸、野兔等。湖中有鱼类20多种，其中6种（如伊犁弓鱼、巴尔喀什弓鱼等）是特产。人工养殖的鱼类有鲟、东方鲤、狗鱼、咸海四须鱼等。注入该湖的主要河流有伊犁河、卡拉塔尔河、阿克苏河、列普瑟河、阿亚古兹河等。湖水的矿化度：东部3.91/升，西部1.18克/升。湖区及其周围是人们旅游的好地方，开发潜力巨大。但是，从1961—1987年，湖面水位从343米下降为340.7米。27年中湖水累计下降了2.5米，且污染情况更为严重。有关专家频频提醒，如不及早治理，巴尔喀什湖将可能成为第二个咸海。

"二战"以后，苏联进一步注重发展国内军事实力，1949年，苏联在哈萨克斯坦的塞米巴拉金斯克建成其国内最大的核武器试验基地。自此，哈萨克斯坦成为原苏联拥有核武器的4个共和国之一。据档案记载，从1961年起，在塞米巴拉金斯克核试验场进行了125次大气核试验，100多次空中爆破，25次地面爆破和348次地下爆破，地面污染的活动性为

1.16 万居里，地下污染的活动性为 1287 万居里。[①] 苏联为了保证西部地区工业能源和原料的需求，加速实现生产力布局的东移，加强东部和整个苏联的军事实力，1957 年，在哈萨克斯坦共和国的克孜勒奥尔达州境内建成了世界上第一个宇航发射基地——著名的拜科努尔宇宙飞船发射中心，迄止到 1990 年在哈萨克斯坦境内进行了 500 多次大气层和地下核试验。由放射性物质所造成的环境恶化和生态破坏，对塞米巴拉金斯克州、克孜勒奥尔达州和邻近的卡拉干达州、杰兹卡兹甘州和巴甫洛达尔州等地的农田、植被、水源以及 50 多万居民的身体健康造成了极其严重的污染和损害，患癌症死亡的人数大大增加。许多儿童先天性畸形，死亡率倍增。这些问题引起了广大人民群众的强烈不满。1986 年 4 月，苏联切尔诺贝利核电站发生大量放射性物质外泄事故，所造成的危害引起了全世界的关注，也使中亚各族人民意识到自身的生命安全存在着严重威胁，于是维护生态环境的群众运动在中亚蓬勃兴起。1989 年著名的社会活动家、哈萨克诗人 O. 苏莱曼诺夫倡导了在中亚具有标志作用的"内华达—塞米巴拉丁斯克"运动，旨在要求关闭塞米巴拉丁斯克和其他核试验场。为了防止生态环境继续恶化，维护中亚各族人民生存和发展，哈萨克斯坦等国还组成了"巴尔喀什和咸海问题委员会"及"咸海—亚洲—哈萨克斯坦社会运动"等组织。同时在中亚还创建了"历史教育'正义'协会"。1990 年夏，掀起了国民运动"阿扎特"，成立了族际性组织"统一运动"。这些群众运动都是围绕着争取民族利益和反对中央专制为目的。群众运动的兴起预示着一场风暴的来临，标志着苏联即将解体，中亚各民族国家的主权独立。

---

① 《思想》（俄文版），阿拉木图，1995 年第 9 期，第 70 页。

第十三章　中亚国家的民族关系与地区安全

民族关系问题是中亚、南亚国家普遍存在的最敏感、最复杂的问题，也是诱发社会动乱、关涉国家和地区稳定的主要因素之一。这里复杂的人文环境、地理构成、跨国民族和跨国宗教等多种因素相互交织，促使非传统安全问题成为各国面临的共同威胁，积极的国际合作和密切的跨国配合是有效打击活动在多国境内的各种极端主义和恐怖主义势力的基本条件和重要前提。我们注意到，自苏联解体20多年来，中亚各国如何积极致力于恢复民族、族群的历史记忆，建构以主体民族为核心的民族国家。应该说，中亚各国家在处理国内民族问题方面始终思路清晰，努力把握恰如其分的政策取向，维护民族团结和国家的统一。

苏联解体后，中亚五国独立，地缘政治版图发生了巨大的变化。中亚地区的民族和民族关系有了新发展，同时也带来了一些不容回避的现实问题。

随着地缘政治的变化，中亚五国的民族问题凸显跨国性。民族与宗教因素相结合、相促发，利用宗教服务于极端民族主义是影响民族关系、制约国家经济建设和危及地区安全的突出征象。"9·11"事件以后，由于美国的军事介入，中亚的民族问题趋于复杂。面临来自周边动荡带的巨大压力，中亚的社会稳定十分脆弱，强化国家安全的任务极其艰巨。中亚各国政府针对本国出现的一些具体问题，积极推行一系列促进族际关系健康发展的措施，民族问题始终处于政府的控制之下，整个地区总体上保持基本稳定态势，但局部片区的安全形势不容乐观，种种变数难以预测。

独联体中亚五国都是以"主体民族"命名的国家，但都不是单一民族国家，而是呈现族体众多、交错杂居的特点。长期以来，各民族间既有相互往来、友好亲善的一面，也有因历史积怨、文化差异、语言隔阂以及国家民族政策失当、社会经济恶化等因素所造成的利益纠纷。苏联解体、冷战结束，在分裂主义、极端主义和恐怖主义泛滥的国际背景下，这些国家的民族关系出现了一些新的特点，变得更加复杂，成为影响中亚稳定的重要因素。"9·11"恐怖袭击事件以后，随着美国发起反恐战争，强化中亚的军事存在，提出和实施"新中亚战略"，这一地区民族关系的发展趋势呈现出更多值得关注的动向，不仅关涉到五国间的国家关系，而且牵动包括我国西北边疆及其他周边国家在内的地区安全。

第一节　地缘政治的变化使中亚国家民族问题凸显跨国性

苏联解体，一分十五。原本处于统一国家的一些人民脱离了本民族的母体而散居多国，你中有我，我中有你的民族分布格局凸显跨国性。一个国家的民族问题往往溢出国外、波及毗邻，致使整个中亚地区的民族关系异常复杂，且不可避免地牵动与周边国家的关系。

在中亚地区因民族因素而产生的国家间的利益分歧由来已久。20世纪20年代，苏联对中亚各加盟共和国的行政划界主要依据民族特征划分，其中有诸多不合理因素，几十年来又几经变更，为国家交界地区的民族矛盾埋下了伏笔，直接影响着国家之间的关系。

哈萨克斯坦与乌兹别克斯坦两国的边界线南部有620公里，西部和西北部长2203公里。乌兹别克斯坦共和国有16个行政区处于与哈萨克斯坦共和国交界的边境地区。在乌兹别克斯坦生活的哈萨克族居民共计84.1万，居全国民族人口的第四位，主要集中在与哈萨克斯坦交界的43个边境县。哈萨克斯坦共和国的22个行政区与乌兹别克斯坦共和国接壤。在哈萨克斯坦的民族成分中，乌兹别克人共计37.9万，也占第四位[①]。因此在两国关系中民族因素极为敏感，引发的边界冲突事件时有发生。复杂的民族关系背景成为乌兹别克斯坦和哈萨克斯坦两国关系紧张化的要原因之一。

吉尔吉斯斯坦共和国与乌兹别克斯坦共和国交界地区的事态也不容乐

---

① 哈萨克斯坦东方学研究所：《后苏联东方的国家与社会：历史、现实与前景》，阿拉木图，1999年版，第147页。

观。主要表现为吉尔吉斯斯坦人和乌兹别克人之间的矛盾。吉尔吉斯斯坦南部的奥什州和贾拉拉巴德州与乌兹别克斯坦地缘位置毗连，经济部门类似。这两个地区集中了全吉尔吉斯斯坦共和国乌兹别克族人口的65%。随着当地俄罗斯人的迁出和吉尔吉斯斯坦人逐步向国家的中部和北部集中，乌兹别克族的人口指标进一步攀升，在民族成分中占据了优势地位。于是，吉南部的乌兹别克人要求将乌兹别克语作为地方官方语言。另外在经济落后、资金短缺、生活贫困的情况下，这两个州的大部分商贸业由乌兹别克人控制和经营。因此而产生了民族之间的磕碰和对立。危机四伏的社会现实成为孕育分裂主义的温床。一些人打着民族的旗号，利用民族语言问题、地区经济问题和人民生活问题不断挑起事端。他们极力鼓动西与乌兹别克斯坦共和国接壤的贾拉拉巴德州的一些村民，以该地区是"吉尔吉斯斯坦政府的弃儿"[①] 为借口，要求脱离吉尔吉斯斯坦，而归并乌兹别克斯坦。

费尔干纳谷地是中亚乌兹别克斯坦、吉尔吉斯斯坦和塔吉克斯坦的对接点。地缘位置独特，民族成分复杂，宗教情绪浓烈，经济发展滞后，居民生活穷苦。在历史的记录中，这里既是一个政治的是非之地，又是一个经济发展的落后地区。

冷战结束以后，费尔干纳谷地因地缘政治、人文特点，经济因素引发的社会动荡、民族对立更趋突出；世界热点地区、中亚及周边国家的分裂主义、极端主义和恐怖主义势力都将其作为遁逃之渊薮；成为危及各国安全和地区稳定的"火药桶"。2005年乌兹别克斯坦共和国发生了费尔干纳盆地东南部的"安集延事件"。2005年和2010年发生在吉尔吉斯斯坦共和国的两次政变和民族冲突，都是由位于费尔干纳盆地东南端的奥什而起。

塔吉克斯坦列宁纳巴德州的塔吉克人和吉尔吉斯斯坦奥什州的吉尔吉斯斯坦人之间因争夺巴特肯地区的武装冲突，吉尔吉斯斯坦与乌兹别克斯坦接壤的巴特肯地区的吉尔吉斯斯坦人与乌兹别克人之间因使用牧场、耕地和水资源引起的纠纷，虽得到暂时遏制，但是历史形成的积怨难以化解，随时可能促发。

就中亚的地缘环境而言，长久战火纷飞、至今仍不安宁的阿富汗，危

---

① 中亚政治研究中心：《中亚的军事政治冲突》，阿拉木图，2000年版，第29页。

机四伏、难以平静的北高加索，历史上争端不息、冲突不断的克什米尔等热点地区围绕周边，使跨国性民族问题更为突出。中亚的塔吉克斯坦共和国、乌兹别克斯坦共和国和土库曼斯坦共和国与阿富汗均有共同边界，诸多民族跨界而居。塔吉克斯坦与阿富汗边界线长 1300 公里。阿富汗有 30 多个民族，塔吉克人是国内第二大民族，约占总人口的 30%，主要居住在阿富汗北部和东北部。另外，其境内还生活有几十万土库曼人、乌兹别克人和吉尔吉斯斯坦人，还有 3 万多哈萨克人。在阿富汗境内，与中亚地区主体民族同源的跨界人民就占该国总人口的三分之一。事实表明，塔吉克斯坦和阿富汗长久的内战都具有 "地区政治和民族特征[①]" 的背景。乌兹别克斯坦、吉尔吉斯斯坦、哈萨克斯坦的一些突发事件也都与阿富汗和北高加索等地输出的分裂主义、极端主义和恐怖主义有关。目前，阿富汗问题尚未彻底解决，车臣战争硝烟未尽，印巴冲突仍有遗患；周边动荡带的恐怖主义势力利用民族、宗教因素进行毒品走私、用于购买武器装备，不断制造暴力恐怖事件。中亚地区的安全形势面临着巨大的压力。在这种情况下，对于国家关系而言，对于地区安全来说讲，民族关系因素始终贯穿其中。这一地区的稳定依然十分脆弱，强化国家安全的任务极其艰巨。

第二节 民族、宗教问题相结合、相促发对 地区安全构成新型威胁

中亚是多民族聚居、多宗教并存的地区。民族问题与宗教问题历来密切相关。在中亚广为流行的传统宗教信仰主要有伊斯兰教、东正教、基督教、天主教、佛教和犹太教。这些宗教信仰都与相应的民族群体有关。中亚各国独立后，随着 "国家民族化" 趋势的加强，各民族的民族意识迅速增长。不同民族传统文化的复兴为各种宗教的发展创造了条件。宗教与民族历史文化的相互交融，使得宗教问题成为民族问题中极为敏感的因素。尤其当今世界，宗教往往被极端政治势力用作引发民族分裂和政权剧变的催化剂，成为狭隘排他的民族主义的 "神圣" 旗帜。受其影响，近年来利用宗教服务于极端民族主义是危及中亚国家安全稳定的一个新的突

---

① E. M. 阿雷诺夫：《2010 年—中亚》，《哈萨克斯坦共和国通报》，1997 年版，第 9 页。

出特点。

中亚地区有 130 多个民族，居民约 5500 万。其中乌兹别克、哈萨克、土库曼、吉尔吉斯斯坦、塔吉克等主体民族和俄罗斯族占总人口的 84%。民族人口情势决定了不同宗教在当地的生存发展和社会作用。近十年，伴随德意志等民族人口的移出，基督教有所减弱。虽然大批俄罗斯人回归"历史祖国"，但留居人口尚有 500 万，占相当比例，因而东正教仍有一定的社会影响。由于操突厥语诸民族和操波斯语的塔吉克族占民族人口的绝大多数，其广大居民都信仰伊斯兰教，所以伊斯兰教信仰在中亚具有广泛的民族性和群众性。

经过历史的变迁，伊斯兰教已经成为中亚广大穆斯林的精神灵魂和振兴民族文化不可分离的组成部分，到处呈现出一派伊斯兰复兴的景象，宗教信徒激增，宗教活动空前频繁，宗教组织和宗教活动场所的社会作用不断增强。据哈萨克斯坦共和国科学教育部哲学与政治学研究所统计，目前国内具有实质性活动的宗教团体已发展到 2517 个，其中注册的 1261 个。穆斯林宗教组织占绝大多数。截至 1999 年，哈萨克斯坦共和国全国清真寺达 5000 多座（包括未注册在内）。与之相比，1979 年全国仅有清真寺 25 个，1989 年也才 93 个。依官方统计，独立以来，吉尔吉斯斯坦共和国的清真寺已有 2500 座。仅奥什州就新建了 677 座，目前已达 1000 多座。乌兹别克斯坦共和国的清真寺由 1989 年的 300 个剧增到 6000 之多，仅纳曼干一市就有大礼拜寺 98 个（尚不包括未注册在内）。在那里村村都有清真寺，甚至一些家族也建有自己的清真寺。塔吉克斯坦共和国独立后不久，大小清真寺就从百余个激增到 2930 个。除此而外，中亚各国的宗教学校亦如雨后春笋逐年递增。伊斯兰教的复兴潮流为当地分裂主义势力利用宗教意识离间民族关系，挑起民族冲突营造了土壤。

值得关注的是，苏联解体以后，中亚各国出现"国家民族化"，不仅对国内经济文化诸领域产生了全方位的影响，甚至涉及宗教事务管理体系。这一政策取向很快波及非主体民族聚集区。相关部门对清真寺也采取了"主体民族化"的做法，在原本长期由非主体民族担任伊玛目的清真寺进行了撤换，改由主体民族宗教人士担任。这种倾向引起了非主体民族穆斯林的不满。他们纷纷从中心清真寺分离出来，建立按本民族名称命名的清真寺。因此在中亚有些地区出现维吾尔、鞑靼和乌兹别克单一民族的清真寺。这些单一民族清真寺分立以后，在经费来源方面，得到世界各国出于不同政治目的的非政府组织和宗教组织的支持。特定的氛围，不仅促使伊斯兰教的民间复兴迅猛发展，而且也使一些宗教活动场所程度不同带有了政治特性和民族属性的色彩，并为与打着民族旗号的分裂主义和披着宗教外衣的极端主义交织在一起，利用清真寺作为政治活动的阵地，向中亚拓展势力提供了契机。

国际泛伊斯兰主义组织"伊扎布特"，也称伊斯兰"解放党"，正是在这种错综复杂的背景下猖獗于中亚地区，并进一步向我国新疆发展。它借助伊斯兰教特有的社会凝聚力，利用清真寺作为其进行政治活动的阵地，以"讲经宣教"为名，恶意篡改和歪曲伊斯兰教的精神，号召穆斯林与异教徒进行圣战，在穆斯林群众中制造思想混乱，构筑向世俗政府挑战的精神支柱，破坏不同宗教信仰的多民族间的团结。

以中亚"伊斯兰解放党（伊扎布特）""乌兹别克斯坦伊斯兰运动""突厥斯坦伊斯兰党"和"东突厥斯坦伊斯兰运动"等为代表的极端主义组织出于对异教徒的敌对情绪，以偏执的思想理念，在不同信仰的各民族中以"教民"和"异教徒"为分野；在穆斯林居民中臆造出"真教徒"和"伪教徒"，挑起统一国家内部民族间的仇恨，煽惑民族分离情绪，激化不同宗教信仰的民族间的矛盾。新千年吉尔吉斯斯坦再度出现大批俄罗斯族专业技术工人陆续迁离，直接动因就是他们"极度担心日益膨胀的极端宗教激进主义势力危及自身的生命安全"①。这一事态，不仅引起社会的不稳定，而且给国家的经济建设造成损失。大量事例说明，宗教问题和民族问题互动影响是制约国家社会发展和引发地区安全危机的导源之一。

第三节　外部势力利用民族问题，插手中亚，冲击地区安全

民族关系是涉及国家稳定的重要因素之一。从影响地区安全的内部民族因素分析，长久以来，中亚地区主体民族之间、外来民族和当地民族之间、同一国家内不同民族之间和跨国民族之间的多层面的矛盾一直困扰各

---

① 社会政治报：《时代—哈萨克斯坦》（俄文版），2002 年 5 月 26 日。

国。这些民族矛盾既有历史的渊源，即沙皇俄国时期大民族压迫的历史烙印，苏联时期在推行民族政策和解决民族问题方面的后遗症；又有现实动因，即各民族间在社会地位、地区资源、宗教文化、语言环境和政治经济利益方面的差异等。分裂主义势力正是以此为突破口，打着维护某个民族、某种宗教或某一民族地区利益的招牌，在民族问题上滋事生非，或强调国家建立在单一民族或种族之上，以狭隘的民族利益为价值取向要求分离；或联合散居多国的同质民族组建自己的国家，而一些群众国家公民意识减弱，民族性观念增强，要求与统一祖国民族大家庭中的其他民族相分离，导致各民族之间原本协调的关系为对立性所取代。"9·11"事件以后，一些以分裂为目的的政治势力又利用国际形势的变化，谋求外国强权的支持和插手，力图使原有事态扩大化，加速其极端要求的国际化。

自 20 世纪 90 年代初，聚集在中亚的"东突"分裂主义势力就通过各种手段诱导居住在哈萨克斯坦七河地区的维吾尔人由要求"自治"转向为效仿其他中亚民族国家，图谋将我国新疆维吾尔自治区和哈萨克斯坦共和国七河地区从各自所属的国家版图上分裂出去，建立一个独立的"纯"伊斯兰的单一民族的"东突厥斯坦共和国"。"9·11"事件以后，由于美国在打击恐怖主义方面实行双重标准，聚集在中亚的"东突"分裂主义势力更加有恃无恐。"中亚解放东突厥斯坦跨国委员会"宣称："美国加强了对中亚的影响令人振奋。'东突'的命运取决于美国的态度"，"今后，东突厥斯坦的独立要与美国对中亚的渗透结合起来"。[1] 一些"东突"分裂主义势力的组织在不同场合谴责"上海合作组织"成员国携手打击分裂主义、极端主义和恐怖主义是"无视其民族利益，玷辱其民族感情"。[2] 他们歪曲历史事实，无视多民族人民的利益，借端鼓祸，给人民的生命财产安全、地区的和平安宁以及多民族间的和谐关系造成极大危害。

从影响地区安全的外部因素审视，美国在国际政治中一贯热衷于以"人权"高于"主权""人权无国界"为借口，促进别国的民族分裂，鼓噪"民族自决"和"一个民族一个国家"。这一点恰恰与中亚一些国家

---

[1] 阿谢丽·别里穆：《美国对中亚军事渗透的背景下东突厥斯坦问题的防御》，社会政治报：《时代—哈萨克斯坦》（俄文版），2002 年 4 月 29 日。

[2] 《信息分析》，2002 年 5 月 14 日。

"主张在保证国家统一、完整的前提下实行各民族文化自治",[①] "在求得民族关系和谐、社会稳定的基础上正确解决民族问题",[②] 反对运用"民族自决权理论"的做法相悖。哈萨克斯坦共和国总统纳扎尔巴耶夫曾一针见血地指出："谈到国家领土牢不可破这一原则的意义，我想强调，在今天少数民族的权利往往与各民族自决直至建立独立国家主权混为一谈。如果抱定这种态度，那么在世界上就可能出现几千个经济上薄弱的主权体。这是对原则盲目崇拜的鲜明表现，这一原则被弄到了荒谬绝伦的地步。我深信，今天对少数民族的权利给予如此之多关注的世界集团，应当在民主与和平的基础上清楚地说明民族权利的标准，否则，在民族自决权的掩盖下，任何一个多民族国家的国家完整性都会值得怀疑，使之分化的分立主义将会没有止境。"[③] 从中可见，中亚国家的一些领导人已深深感受到，以美国为首的西方世界所宣扬的"民族自决""一族一国论"给本国的安全统一所带来的严峻挑战。

"9·11"事件以后，美国出于自身安全利益和实用政治心态，调整了国际战略，借打击恐怖主义，不断加强在中亚的军事存在。而中亚国家着眼于经济效果和国家安全利益冀望美国，在新型国际关系的调整中争取自身最大利益。对此我们可以理解。然而，事实证明，美国向中亚国家发出的维护秩序和保持稳定的宣言只不过是权宜之计。它的军事介入并不旨在平息或消除危及中亚地区稳定的潜在爆发点，其真实用意是推进地缘战略，北挤俄罗斯，东阻中国，建立以自我为主导的单边格局。从现实的角度讲，由于美国的插手，危害中亚国家安全和地区稳定的因素变得更加错综复杂，甚至点燃了新的导火线。

2004 年 3 月发生在塔什干市中心乔尔苏大型综合市场"儿童世界"商店门口和 7 月在美国和以色列驻乌大使馆及乌兹别克斯坦总检察院附近的恐怖袭击事件，不仅是报复乌兹别克斯坦对美国领导的反恐战争的支持，更是指向美国和以色列。在此之前，乌兹别克斯坦境内的分裂主义组

---

① 刘庚岑：《中亚国家的民族政策：理论与实践》，《世界民族》2002 年第 1 期，第 24 页。

② A. A. 阿米罗娃：《哈萨克斯坦的族际关系》（俄文版），对外政策与分析中心，2004 年 2 月 10 日。

③ 《自由思想》（俄文版），1993 年第 2 期。

织就曾公开质疑卡里莫夫总统的民族籍属①，说他是"美国和以色列的追随者""乌兹别克民族和穆斯林"的敌人②，试图借用民族和宗教情感力量推翻国家现政权。不仅如此，由于美国口头上支持俄罗斯在车臣的反恐行动，暗地里却为车臣分裂势力提供方便甚至政治庇护，使费尔干纳谷地的分裂主义势力决心效仿车臣分裂势力"创造一个从车臣到里海的无俄罗斯人地带，建立车臣—达吉斯坦伊斯兰共和国"。他们与中央政府分庭抗礼，多次提出要夺取并控制哈萨克斯坦、塔吉克斯坦和吉尔吉斯斯坦，包括阿富汗的乌兹别克人的聚居区，建立车臣模式的伊斯兰共和国。

　　2005年伊始，美国鼓吹全球民主战略，煽动中亚"民主浪潮"进入实质性阶段，在吉尔吉斯斯坦共和国策划"郁金香革命"获得成功。实际上，在此之前美国早已拟定了在中亚国家进一步推动政治演变、培养亲美势力、实现政权更迭的战略。吉尔吉斯斯坦因处于地缘政治和地缘经济利益的交叉点而成为美国的"民主样板"。导火线仍然锁定在民族摩擦频发的南部。这里是乌兹别克人的聚居区，他们因不断扩大的贫富差距和社会地位等问题，对吉尔吉斯斯坦人掌握国家的权力和经济命脉极为不满。1990年奥什州就曾发生过乌兹别克人和吉尔吉斯斯坦人之间的流血冲突。2002年又发生阿克塞流血事件。由于历史的原因、民族的矛盾，吉尔吉斯斯坦南部是反对派势力较强的地区。美国为了扶植吉尔吉斯斯坦的反对派势力，用尽各种办法，除了经济援助，也包括利用当地的民族问题。美国国际开发署（USAID）出资在各地成立了诸如"自由之家"（英译：Fredom House，俄译：Дом свободы）、国际新闻网（英译：Internews Network）、国家民主党研究所（英译：National Democratic，俄译：Национальный демократический институт）、国际共和党研究所（Республиканский исследовательский институт）、索罗斯基金会（俄译：Фонд Copoca）、欧亚基金会（俄译 Фонд Евразии）③之类的非政府组织。这些组织的工作人员渗透到南部各族选民中开展工作，充当"革命"导

　　①　哈萨克斯坦俄罗斯和中国研究所：《中亚的极端主义》（俄文版），阿拉木图，2000年版，第77页。

　　②　中亚政治研究信息：《中亚的军事政治冲突》（俄文版），阿拉木图，2000年版，第15页。

　　③　《美国吉尔吉斯斯坦革命的脚本》，《美国大使馆关于选举前情势的报告》（俄文版），比什凯克，2004年12月30日。《中央情报局关于"巴基斯坦伊斯兰协会"的资料》，拉合尔，2005年3月25日。

师，点燃了一场引发中亚震荡的大火。从某种意义上讲，"颜色革命"在
吉尔吉斯斯坦的爆发是内部因素和外部压力综合作用的结果。也可以说，
是美国导演的"不同民族和部族之间利益冲突的民主化嬗变"①。它将导
致其国内民族关系进一步激化。

综上所述，中亚五国的安全稳定绝不是某一个大国介入就可以获得无
形的保护。这一地区在地缘政治和民族关系等方面存在的问题，要靠各国
政府和人民自己解决。如果西方标榜的"普世价值"——民主政治的
"多米诺骨牌"在中亚继续发挥效应，那么一些相关国家，特别是穆斯林
国家，面临新的国际政治关系，在制定与中亚国家关系的总体蓝图中会根
据自身的政治需要决定其基本政策和态度。中亚各国与现政府相对抗的各
种政治势力也会利用美国操纵的"民主革命"趁热打铁、调整战略、以
应变局，为分裂主义、极端主义和恐怖主义进一步渗透提供可乘之机，使
中亚地区的安全环境出现更多的不确定性。

第四节　各民族政治权利和经济利益的平等是
国家稳定的基本保障

在多民族国家，坚持各民族政治权利和经济利益的平等，是保证民族
关系和谐的根本。各民族友好共处又是维护国家统一和平的基石。今日世
界，许多国家民族失和、政局动荡有历史、文化等多种因素存在，但最根
本、最直接、最主要的诱因是政治地位和经济利益的不平等。中亚国家也
像其他多民族国家一样，基本民族参与国家管理的程度、社会政治地位的
平等以及各地区的经济发展问题涉及每个民族的切身利益，往往是民族矛
盾的焦点。

随着中亚主权国家社会结构的转型，民族关系正在发生重大的变化。
五国独立以后，无一例外都把本国国体定位于主体民族国家，强调其民族
性，赋予主体民族特殊的地位和权益。然而，这些国家的民族构成都不是
单一同质的。政治地位的不平等引起了非主体民族深刻的心理震荡和抗拒

---

① Houston Chronicle.：《吉尔吉斯斯坦：美国、俄罗斯和中国面对面》，社会政治报：《时
代—哈萨克斯坦》，2005 年 3 月 28 日。

情绪，成为民族关系恶化的主导原因。

世纪交替之际，中亚个别地区掀起了第二次俄罗斯人的迁移浪潮。2000 年 1—5 月吉尔吉斯斯坦平均每月有 5000 俄罗斯人离境。哈萨克斯坦外迁人数虽自 1995 年以后有所下降，但迄今为止，每年仍有 3 万非主体民族居民移出。① 主要原因是，非主体民族参与政治的可能受限。国家的某些地方政权在制定民族政策方面，忽视了少数民族的特点，未能顾及他们的心理反应。在培养任用干部、招生、招工等方面主体民族享有特殊待遇，而少数民族却很难在国家各个领域的关键岗位占有一席之地。政治地位的不平等是对民族权利的限制。不公正的人事制度加剧了非主体民族对自身命运、前途的担忧，引起了他们对国家政策方针的逆反心理，使他们产生了与主体民族的对立情绪。政府部门在执行民族政策方面的偏差和失误不仅程度不同地损害了国内一些民族的政治权利和利益，伤害了他们的民族感情，而且对协调民族关系起了负面作用。

民族文化的繁荣和发展是每个民族最基本的权利之一。中亚五国独立以后，着力复兴主体民族的文化语言，而忽略了少数民族保护本民族文化、语言和习俗的意志。俄语和一些少数民族语言的广播电视及出版物被削减。由于国家财政拮据，扶持有限，一些少数民族的文化中心和文化协会已无力发挥对本民族文化传统、习俗、语言、文字进行自我保护的功能。如今，中亚国家的少数民族如朝鲜人、德意志人等对本民族的书面语言文字已知者甚少。这些民族的成员极度担心在新生代中本民族语言和特征的消失。故此，当俄罗斯联邦滨海边疆区的朝鲜人提出要求在远东地区实行自治，得到了散居中亚各国的朝鲜人的响应。不少哈萨克斯坦和乌兹别克斯坦的朝鲜族青年前往俄罗斯远东。据统计，1989 年哈萨克斯坦的德意志人有 100 万，但截至目前已有 2/3 人口流失，仅剩 30 万，仍有许多人在等待"回归"② 的签证。

经济状况的恶化是民族关系紧张的深层原因。尤其是在市场经济的条件下，发展滞后，生活贫困，往往对人们的理念和行动产生深刻的影响和冲击，是产生民族纷争的根源。就中亚国家现状而言，由于地区经济发展不平衡，边远和贫困地区的民族矛盾更为突出，构成对国家安全和地区稳

---

① A. A. 阿米罗娃：《哈萨克斯坦的族际关系》（俄文版），对外政策与分析中心，2004 年 2 月 10 日。

② 《哈萨克斯坦对外政策与分析中心的资料》（俄文版），阿拉木图，2004 年 2 月。

定严重威胁。我们仍可举吉尔吉斯斯坦南部作为个案。苏联时期，在中央高度集中的指令性计划经济体制下，吉尔吉斯斯坦南部就是一个农业原料生产基地，主要种植棉花和烟草，工业化建设与其他地方相比差距很大。又由于地理位置不利、经济基础薄弱、财政投入有限、生产水平低下，加之人口稠密、民族众多、土地紧缺，长期以来一直未能摆脱经济困境。现有 1/6 的人口失业，人民生活处境艰难。尤其最近几年因阿富汗、塔吉克斯坦和俄罗斯车臣战争，大批难民涌入，人口急剧增长，致使经济状况更加恶化，社会问题层出不穷，刺激了民族间的对立情绪，因争水争地等经济利益引起的民族矛盾、民族纠纷屡屡发生。20 世纪 90 年代以来，由于周边国家战争连绵不断，大批难民涌入中亚。据联合国难民事务委员会统计，在哈萨克斯坦注册的阿富汗难民有 2000 人，车臣难民达 6000 人，塔吉克难民有 600 人①，还有一部分未经登记的难民。这些人的流入无疑给国家安全、社会稳定和经济生活带来许多新的问题。

以上情况的出现不是偶然的社会现象，除了历史的原因、周边的因素外，关键在于，中亚国家经济转轨、体制改革中的利益调整势所必然引发了种种社会问题，而国家又没有给予足够的重视和采取相应的对策，给国内一些少数民族带来不安全感和失落感，酿成他们对政府部门的不满情绪，导致民族间的相互不信任和关系紧张化。诸多潜在的民族问题得不到及时合理的解决，人民对执政者失去了信心，日积月累衍化成国家政局动荡的引信。

安全是各民族人民最基本的需求。稳定是国家发展经济的前提。历经十多年的曲折，中亚各国政府逐步认识到立国之本，都把振兴经济、保证国内政局稳定视为最高使命；针对本国出现的一些具体问题，在妥善处理民族关系方面采取了一系列积极有效的措施，注意纠正民族政策中的偏差和失误，强调加强公民意识和国家观念，使民族关系逐步改善。

"9·11"恐怖袭击事件以后，哈萨克斯坦共和国政府为了应对复杂的周边环境，对相关法律进行了修订和补充，在立法方面对蓄意挑起民族冲突的犯罪行为加大了量刑力度，由原来判刑 2 年，改为 5 年。为了进一步协调民族关系，保证国家祥和发展，吉尔吉斯斯坦共和国前总统阿卡耶

---

① 《联合国难民事务最高委员数据》（俄文版），哈萨克斯坦对外政策与分析中心，阿拉木图，2004 年 2 月。

夫签署了修改国家宪法的文件，正式确立了俄语在国内作为官方语言的地位。他表明，俄语将为 80 多个民族的和睦及吉尔吉斯斯坦人民的团结一致发挥作用。乌兹别克斯坦总统卡里莫夫针对本国的实际情况，提出尊重少数民族语言文化的宽松政策①。该国规定高等院校使用俄语、卡拉卡尔帕克语、哈萨克语、吉尔吉斯斯坦语、塔吉克语、土库曼语和朝鲜语 7 种语言授课，确定 30% 的国内报纸和 45% 的杂志用少数民族文字出版；同时，更加注重调整与周边国家的关系。截至目前，乌兹别克斯坦政府在沿边的哈萨克人居住区已开办了 600 所哈萨克语学校。鉴于中亚各国积极推行一系列促进族际关系健康发展的政策和措施，民族问题始终处于政府的控制之下，整个地区总体上保持基本稳定态势，但局部片区的安全形势不容乐观，种种变数难以预测。特别是一些具有深刻历史背景的症结难以根本解决，民族纷争时有发生，要完全理顺族际关系，使之和谐巩固来日方长。

结　语

中亚国家与我国西北地区不仅山水相连，诸多同源民族跨国而居是又一地缘人文特点。2009 年和 2010 年中亚各国分别进行了独立以后的第二次人口普查。据 2009 年哈萨克斯坦共和国人口统计资料显示，哈萨克斯坦共和国有 131 个民族，总人口 16009597②。人口增长速度最快的是与我国西北的同源跨国民族哈萨克族，从第一次人口普查的 1999 年到第二次人口普查的 2009 年人口增长了 26%，即 210 万人；乌兹别克人增长了 23，7%，即 8.7 万人；维吾尔人增长了 6%，即 1.3 万人。维吾尔人从原来的第十大民族一跃为第五大民族。鞑靼人减少了 18%，即 4.6 万人，俄罗斯人减少了 15%，即 68.3 万人。在吉尔吉斯斯坦共和国的 89 个民族中，与我国西北跨国而居的民族人口均居前十五位。据吉尔吉斯斯坦共和国第一次人口普查（1999 年）统计，国内吉尔吉斯斯坦（柯尔克孜）人 289.41 万，占全国总人口的 61.6%；俄罗斯人 68.5 万，占 14.6%；

---

① 《乌兹别克斯坦：人权事件的评论》，《信息分析》（俄文版），2003 年 1 月 13 日。

② 哈萨克斯坦共和国统计中心：《2009 年哈萨克斯坦共和国居民人口统计结果》，阿斯塔纳，2010 年 2 月 4 日。

乌兹别克人（乌孜别克）67.9 万，占 14.4%；鞑靼（塔塔尔）人 5.17
万，占 1.1%，次于乌克兰人（6.72 万，占 1.4%）居第五位；其后是东
干（回族）人 4.77 万，占 1%；维吾尔人 4.67 万，占 1%；哈萨克人
4.33 万，占 0.9%；塔吉克人 4.05 万，占 0.9%。

根据 2009 年吉尔吉斯斯坦独立后的第二次人口统计，吉尔吉斯斯坦
共和国现有总人口 510.8 万，常住人口 536.3 万。其中国家冠名民族，且
与多国跨界而居的吉尔吉斯斯坦人为 384.5 万人，占总人口的 70.9%，
乌兹别克人占 14.3%，俄罗斯人占 7.8%，东干人占 1.1%，维吾尔人占
0.8%，塔吉克人占 0.9%，哈萨克人占 0.6%，鞑靼人占 0.4%。民族人
口增长速度最快的有吉尔吉斯斯坦人、东干人、乌兹别克人、塔吉克人。
这些族群都是我国西北地区与中亚国家的同源跨国民族。

苏联解体后上述，族群始终保持着很高的自然增长率。吉尔克斯斯坦
的吉尔吉斯斯坦人除了自然增长外，大批从塔吉克斯坦移入也是人口增长
的原因之一。吉尔吉斯斯坦人比第一次人口统计（1999 年）增加了 67.7
万，即 21.6%；乌兹别克人增加了 10.34 万人，即 15.5%；东干人增加
了 0.63 万人，即 12.2%；塔吉克人增加了 0.35 万，即 8.2%。主体民族
吉尔吉斯斯坦人以及乌兹别克、维吾尔族、哈萨克和塔吉克等当地世居民
族主要分布在南部、西部和东部山区广大农村，而俄罗斯人等斯拉夫民族
则主要集中在生活条件优越的北部谷地和城镇地区。

据 2009 年乌兹别克斯坦共和国统计数据显示，截至 2009 年 1 月 1 日
乌兹别克斯坦共和国居住着 130 个民族，总人口 27555300 人，乌兹别克
人占 72%，俄罗斯占 8%，塔吉克占 5%，哈萨克占 4%，鞑靼人占 2%，
吉尔吉斯斯坦人占 1%，其他民族占 8%。据 2010 年塔吉克斯坦共和国人
口普查，塔吉克斯坦共和国居民总人数为 759.5 万人；其中塔吉克人占
（79.9%），乌兹别克人占 15.3%，俄罗斯人占 1.1%，吉尔吉斯斯坦人占
1.1%，其他民族成员占 2.6%。

费尔干纳盆地位于乌兹别克斯坦、塔吉克斯坦和吉尔吉斯斯坦三国交
界地带，地缘位置独特，自古就是连接欧亚的走廊，曾是古丝绸之路的必
经之地。"费尔干纳"作为地理名称，源于中亚土著民族语言 Parjana，意
为"平坦的地方，四周环绕着山岭的谷地"。费尔干纳盆地总面积 3 万平
方公里，由隶属于上述三个国家的部分地区组成：乌兹别克斯坦共和国的
安集延州、费尔干纳州和纳曼干州，总计人口 850 万；塔吉克斯坦的粟特

州，总计居民 120 万；吉尔吉斯斯坦的奥什州、贾拉拉巴德州和巴特肯地区，居民总计 152 万。中亚费尔干纳盆地总人口 1200 万人，约占中亚五国总人口的 20%，是中亚人口最为稠密的地区和重要的农业区。这里居住着 100 多个民族的代表，其中乌兹别克、塔吉克、吉尔吉斯斯坦、哈萨克、俄罗斯族、维吾尔、东干、鞑靼等族群与我国西北同源民族跨国而居。乌兹别克人主要集中在费尔干纳盆地靠近乌兹别克边界的地域，塔吉克族人主要分布在费尔干纳州、安集延州、纳曼干州和奥什州，维吾尔人主要居住在乌兹别克斯坦的安集延州和吉尔吉斯斯坦共和国的奥什州，东干人主要分布在奥什州和安集延州，费尔干纳盆地隔帕米尔高原与我国新疆南部为邻。其中位于吉尔吉斯斯坦共和国南部的奥什州东与我国新疆南部地域相连，可谓东接新疆喀什噶尔，西联中亚各国，是中亚与我国交通的要道。据吉尔吉斯斯坦共和国人口统计资料显示，截止到 2010 年 1 月 1 日，奥什州总人口为 111.8 万人，吉尔吉斯斯坦人占 43%，乌兹别克人占 48%，其他主要民族还有俄罗斯人、鞑靼人、维吾尔人、塔吉克人、土耳其人、土库曼人和卡拉卡尔帕克人。

2009 年吉尔吉斯斯坦奥什市民族人口统计表①

民族	人口数	所占百分比（%）
乌兹别克人 Узбеки	112469	48.3
吉尔吉斯斯坦人 Киргизы	100218	43
俄罗斯人 Русские	6292	2.7
土耳其人 Турки	5506	2.4
鞑靼人 Татары	2703	1.2
土库曼人 Туркмены	885	0.4
维吾尔人 Уйгуры	791	0.3
塔吉克人 Таджики	679	0.3
阿塞拜疆人 Азербайджанцы	587	0.3
乌克兰人 Украинцы	379	0.2
朝鲜人 Корейцы	319	0.1
哈萨克人 Казахи	265	0.1

---

①　吉尔吉斯斯坦共和国国家统计委员会：《吉尔吉斯斯坦共和国人口普查》（俄文版），比什凯克，2009 年版，表四。

民族	人口数	所占百分比（%）
汉人 Китайцы	221	0，1
库尔德人 Курды	199	0，1
东干人 Дунгане	92	0，0
日耳曼人 Немцы	90	0，0
其他	1121	0，5
总计	232816	100，0

　　上述国家都是多民族聚居，也都是以主体民族命名及跨国民族的国家。中亚民族问题的发展总是与跨国民族联系在一起。其特点主要表现为主体民族与其他民族之间的关系、中亚世居民族之间的关系、外来民族之间的关系、世居民族与外来民族之间的关系、不同国家之间跨国民族的关系。从内外环境两个视角考量，中亚地区的民族关系仍然会在改善或恶化之间波动。有鉴于此，在中亚国家建立公正合理的政治经济新秩序是实现民族关系融洽的基础，构筑族体多元性和睦相处和文化多样性共同繁荣的社会发展机制是维护国家安全、经济发展和地区稳定、社会进步的必由之路。

第十四章 "颜色革命"与中亚动荡带的民族关系

2005 年"颜色革命"波及中亚，3 月吉尔吉斯斯坦爆发"郁金香革命"，5 月乌兹别克斯坦发生反政府的"安集延骚乱"，至今遗患不少，严重影响当地的民族关系和地区稳定。以"民主政治"为目的的"颜色革命"使中亚局部地区"主体民族意识"进一步张扬，其中狭隘的、非理性的民族主义心态急剧膨胀，客观上促发了民族的交锋。其所带来的"主体民族化"和"少数民族边缘化"这对矛盾的升级，多以"突发"的形式表现，而成为民族关系的新热点。与此同时，分裂主义、极端主义和恐怖主义利用民族、部族关系的复杂性和宗教的敏感性与政治发生联系，激化民族矛盾，亦是影响中亚安全的重要原因。

目前，中亚地区地缘政治格局进入"9·11"以后最为深刻的调整变化期，不确定因素增多。其中局部变数引起了国际社会的普遍关注，显示出这一地区出现了新的不稳定趋向。情势的发展原因复杂，既有历史的根源，也有现实的动因；既有外部的介入，又有内部的缘由。其中民族和宗教因素不可小觑。

第一节 "郁金香革命"激化民族矛盾

21 世纪伊始，美国进行了对外战略调整，提出"大中亚战略"。其中重要内容之一是在中亚国家培养亲美势力、实现政权更迭、进行政治重建，最终掌握这一地区的主导权。"9·11"以后，美国按照"全球民主化程序"改造中亚进入实质性阶段。2005 年 3 月在吉尔吉斯斯坦共和国策划"郁金香革命"获得成功。然而，由于"郁金香革命"引发的民族失和的多米诺效应至今对吉尔吉斯斯坦的族际关系仍具有深刻的影响，以至于 2010 年在吉尔吉斯斯坦的南部再度爆发了族际冲突事件。

一 借重民族、部族①矛盾，引发部分地区动荡

吉尔吉斯斯坦自独立以来就有"中亚民主岛"之称。从 1993 年起，西方国家的非政府组织就纷纷选中这里进行活动。由于有了"缓慢的、渐进的、长期的，从不间断的"布棋投子过程，又因这个国家北邻哈萨克斯坦，南连塔吉克斯坦，西接乌兹别克斯坦，东南与我国新疆接壤，处于地缘政治和地缘经济利益的交叉点而成为美国推进中亚"颜色革命"的首选和样板。导火线锁定在民族摩擦频发的南部。

吉尔吉斯斯坦南部的奥什州和贾拉拉巴德州与乌兹别克斯坦接壤，是乌兹别克人的聚居区，约 70 万乌兹别克人居住在这里，集中了吉国乌兹别克人口的 65%。在这里吉尔吉斯斯坦人与乌兹别克人之间的矛盾十分尖锐。乌兹别克人因不断扩大的贫富差距和社会地位等问题，对吉尔吉斯斯坦人掌握国家的权力和经济命脉极为不满。1990 年奥什州就曾发生过乌兹别克人和吉尔吉斯斯坦人之间的流血冲突，至今两个民族间的纷争仍时有发生。贾拉拉巴德州的乌兹别克人以所居之地是"吉尔吉斯斯坦政府的弃儿"为借口，要求"归并乌兹别克斯坦"②的呼声不断。

由于自然地理的分隔，社会文化、经济水平的差异，吉国吉尔吉斯斯坦人的南、北方部族意识十分强烈。北方的工业化、现代化程度相对较高，传统的游牧生活方式使北方的吉尔吉斯斯坦人生性自由。南方与费尔干纳谷地连接，主要是农业区，比较守旧落后。吉尔吉斯斯坦独立以后，南、北部族的权力分配问题开始突出。伴随着吉尔吉斯斯坦推行市场经济，地区间的差距进一步扩大，社会危机日益严重，政府在任用干部等方面政策失当，使吉尔吉斯斯坦人的部族矛盾更加尖锐。2002 年曾发生主要因南、北部族矛盾引起的阿克塞流血事件。因历史的原因、地区的差别、民族和部族的矛盾，吉尔吉斯斯坦南部是反对派势力较强的地区。

美国为了扶植吉尔吉斯斯坦的反对派势力，促进其国内政权换血，用尽各种办法。除了经济援助，强行移植"西方民主"外，也包括利用当地的民族、部族和宗教问题。美国国际开发署（USAID）出资在各地成立

---

① 部族一词有三意：第一，对氏族、部落之后，资本主义以前的人们共同体的译称，源于德文 Volkershaft 和俄文 народность 一词；第二，我国历史上指聚居的部落、氏族；第三，也指一个族体内部的各部分。本文取其第三种含义。

② 中亚政治研究中心：《中亚的军事冲突》，（俄文版），阿拉木图，2000 年版，第 29 页。

了诸如"自由之家"（英译：Fredom House，俄译：Дом свободы）、国际新闻网（英译：Internews Network）、国家民主党研究所（英译：National Democratic，俄译：Национальный демократичес－кий институт）、国际共和政体研究所（俄译：Республиканский исследовательский институт）、索罗斯基金会（俄译：Фонд Copoca）、欧亚基金会（俄译：Фонд Евразии）、卡内基和平基金会（英译：Carnegie Endwmennt for International peace）① 等非政府组织的分支机构。这些组织的工作人员渗透到南部各族选民中开展工作，充当"革命"导师。索罗斯基金会下属的吉尔吉斯斯坦开放社会研究所在吉全国各地组建了"选民政治积极分子"组织，此类组织平均每千人中就有一个。据不完全统计，吉尔吉斯斯坦约有两千个非政府组织，仅奥什州就有 180 多个。无怪乎一些外国评论家称这个国家是"非政府组织国"。这些非政府组织在吉尔吉斯斯坦建立了许多独立媒体和出版印刷机构，进行舆论宣传；深入全国各地从事反政府、反总统活动；借重南、北之间的部族矛盾和派系斗争，利用当地的部族和派别势力，支持反对派推翻了前总统，点燃了一场震荡中亚的大火。

政治和经济的不稳定性，国家社会体制的重大变化导致了国家公民"严峻的、不可逆转的自我认同意识"。"地域认同问题"成为"威胁吉尔吉斯斯坦国家内部安全的重要问题和基本根源之一"②。

二 "去俄罗斯化"抬头，吉、俄两族关系恶化

"去俄罗斯化"是独联体国家为防止俄罗斯"大国野心"的一种趋势。中亚国家独立以后，各国着力发展本国世居民族的语言文化，倡导"主体民族化"，在一定程度上实施了"去俄罗斯化"。"颜色革命"以后，"去俄罗斯化"作为一个地缘政治术语被人们日渐熟知，用以说明俄罗斯对"境外邻域"政治影响的衰弱。

从某种角度讲，吉尔吉斯斯坦的"郁金香革命"是美国介入中亚事务攻势凌厉，俄罗斯影响一度低落的最新表现。其结果不仅导致政权的更迭，而且引发了国内吉、俄两大民族关系的紧张化，掀起了俄罗斯人

---

① 《吉尔吉斯斯坦革命的美国剧本——美国大使馆关于选举前的报告》，比什凯克，2004年12月30日；《巴基斯坦伊斯兰协会资料》，拉合尔，2005年3月25日。

② 吉尔吉斯斯坦共和国国家战略研究所：《战略》（俄文版），2015年第1期，第22页。

"回归历史祖国"的第三次迁移浪潮。① 据俄罗斯驻吉国大使馆报告，"三月事件"以后，在比什凯克平均日接待 100 多名俄罗斯族公民及其他民族的斯拉夫人要求回归"历史祖国"，近期则每天多达 700 人。俄罗斯联邦驻吉国大使叶甫盖尼·什玛金说："我们不止一次请求吉尔吉斯斯坦当局平息这股移民浪潮，但是情况毫无改变。"② 据吉尔吉斯斯坦国家安全委员会提供的数据，2004 年有 2 万俄罗斯人移出，而 2005 年仅第一季度就有 1.9 万人递交了移民申请。③ 如果说国家独立之初俄罗斯人的第一次大规模迁移是由于社会制度、经济结构的剧变，世居民族的崛起及其语言文化的复兴，操俄语的斯拉夫人政治地位骤然低落，生活水平急剧下降，文化差别愈显突出，激起了根深蒂固的"大俄罗斯化"与新兴的"主体民族化"相抗衡，引发了俄罗斯人从心理到感情的失落和抗拒情绪，产生了回归"俄罗斯祖国"的强烈愿望；第二次迁移浪潮发生在 2000 年"巴特肯事件"之后，直接诱因是信仰东正教的俄罗斯人恐惧和担忧打着伊斯兰旗号的极端主义和恐怖主义势力危及其生命财产安全。那么，"郁金香革命"后俄罗斯人的迁移原因更为复杂，不仅积淀了以往的动因，又增添了新的因素。

　　从"郁金香革命"参加者的民族成分来看，主要是世居民族吉尔吉斯斯坦人，也有少数乌兹别克人。俄罗斯人和其他少数民族居民基本上持观望态度，但是，却直接感受到"颜色革命"给个人、家庭和事业带来的后果。他们的政治利益和经济利益受到极大的冲击。

　　从经济角度观察，吉尔吉斯斯坦是独联体成员国中经济发展水平最低、经济基础最为薄弱的国家。人民生活极端贫困，失业人口不断增加。该国约有 50 万人从事"穿梭生意"，俄罗斯人占相当大的比例。2003 年 3 月 24—25 日"颜色革命"的"黑色之夜"，几乎触及每一位俄罗斯商人和他们的企业。轻则损失惨重，重则破产，使他们本来就十分艰难的生

---

① 第一次是苏联解体，吉尔吉斯斯坦共和国独立之初，第二次是 2000 年"巴特肯事件"以后。

② 阿列克塞·苏霍夫：《吉尔吉斯斯坦的俄罗斯人去或留？》，《领航员》（俄文版），2005 年 6 月 10 日。

③ 尤里·普夏耶夫：《三月以后吉尔吉斯斯坦俄罗斯人的生活进入新的恶化阶段》，《吉尔吉斯斯坦报》（俄文版），2005 年 7 月 16 日。

阿列克塞·苏霍夫：《吉尔吉斯斯坦的俄罗斯人去或留？》，《领航员》（俄文版），2005 年 6 月 10 日。

活更加拮据。俄罗斯人生理上极度疲惫，心理上长期受到压抑，选择"回归"是其对所遭受的恶劣的社会经济状况迫不得已的反应。

从政治层面分析，应该承认，在前总统当政时期，对俄罗斯的外交政策是建立在"朋友"和"战略伙伴"的原则基础之上的。他针对国内民族关系的现实，不断改进和完善对俄罗斯人的政策。诸如，国内成立了吉尔吉斯斯坦—斯拉夫大学；在第二次俄罗斯人迁移浪潮之后，确立了俄语的法定官方语言地位。他还提出"吉尔吉斯斯坦——我们共同的家园"，以促进民族关系的和谐。总体来讲，那时吉尔吉斯斯坦人与俄罗斯人的关系还算和睦。随着"郁金香革命"的爆发，以"吉尔吉斯斯坦化"为主旨的主体民族主义提升，诸如，"吉尔吉斯斯坦是我们吉尔吉斯斯坦人的土地，我们吉尔吉斯斯坦人自己建设自己的家园""由于'外来人'（俄罗斯人等）占了我们的土地，才使我们大多数吉尔吉斯斯坦人不能享受文明的福利"等带有民族情绪的传单口号多有出现。因为俄罗斯人对"民主运动"的"消极"态度，他们被贬称为"鸵鸟①族"，即"不敢正视现实的二等公民"。"颜色革命"成功以后，国家权力机构进行了重组，其中无一名俄罗斯人。在议会新当选的75名议员中，只有4名俄罗斯人。吉尔吉斯斯坦总统战略研究所国际部主任维亚切斯拉夫·哈米索夫在评价这一情况时说："这是国家转折时期的结果。政策的形成是通过各部族、氏族和地区利益集团决定的。俄罗斯人不属其列，政治不对他们开放，因此权力机构中也就不可能有他们的代表。自然只有那些参加'革命'的人才会被考虑任用。"② 他的看法代表了相当部分国家主体民族精英对少数民族参政的态度。"革命"不仅没有改变俄罗斯人的原来境况，反而使其社会政治地位被边缘化的趋势扩展。国内两大民族之间的裂痕也随之蔓延。"颜色革命"引发在民族关系问题上出现的"去俄"流势，强烈地刺激了俄罗斯人的民族感情和民族自尊。再则，"郁金香革命"使俄罗斯措手不及，在很多问题上采取回避态度，对保护境外俄罗斯人的态度不再强硬。吉国的俄罗斯人考虑到自身命运和子女前途，"回归母国"成为他们寻找出路的主要途径。

---

① 尤里·普夏耶夫：《三月以后吉尔吉斯斯坦俄罗斯人的生活进入新的恶化阶段》，《吉尔吉斯斯坦报》（俄文版），2005年7月16日；阿列克塞·苏霍夫：《吉尔吉斯斯坦的俄罗斯人去或留?》，《领航员》（俄文版），2005年6月10日。

② 同上。

　　由此可见，随着西方模式的吸引力逐渐上升，俄罗斯对中亚的影响力日益式微，"主体民族化"致使民族文化、政治经济地位和权益诸方面的差别逐步扩大，民族间的联系渐行渐远，对国家决策者们的极度失望，不堪忍受民族歧视和不平等的民族政策，生活极度贫困等是"郁金香革命"后俄罗斯人迁出的主要动因。据统计，1989 年全苏最后一次人口普查时，吉尔吉斯斯坦总人口为 400 万，其中俄罗斯人 91.65 万。如今吉尔吉斯斯坦总人口近 500 万，而俄罗斯族仅剩 60 万，在吉尔吉斯斯坦族和乌兹别克族之后居第三位。俄罗斯族人口逐年减少带给这个国家的不仅是人力资源锐减，更重要的是经济建设人才资源的损失，对国家政局稳定和发展民族经济无异于雪上加霜。

　　2006 年吉尔吉斯斯坦迎来了"颜色革命"的周年庆典。回望过去的时光，这个国家丝毫没有振兴的迹象，反而处于危机的边缘，政坛风波不断。2006 年 5 月 2 日 13 名部长级高官提出辞职；5 月 27 日 2 万人举行大规模游行示威，要求巴基耶夫总统下台；"郁金香革命"诞生的巴基耶夫—库洛夫联盟出现严重裂痕。2010 年爆发了新一轮政变和大规模的民族流血冲突。总统巴基耶夫下台。经济形势继续恶化。据独联体国家间统计委员会的公报显示，2005 年独联体国家大多保持了经济的高速增长。中亚的哈萨克斯坦共和国国内生产总值增长 9.2%，乌兹别克斯坦共和国增长 7.2%，塔吉克斯坦增长 6.7%，只有吉尔吉斯斯坦比 2004 年下降了 0.6%。其国内的经贸活动、国民收入和生活水平都下滑到历史的最低点。黑恶势力日渐猖獗，极端行为和毒品犯罪指标居高不下。"郁金香革命"带来的一系列问题给人们的心理造成极大的压力。在如此严峻的情势之下，俄罗斯人和其他斯拉夫族居民的迁移短时间内不会缓解。

三 "主体民族意识"膨胀，吉族与东干人矛盾激化

　　2006 年 2 月 5—6 日，吉尔吉斯斯坦共和国北部楚河州伊斯科拉村发生了吉尔吉斯斯坦人围攻东干人的冲突。总统巴基耶夫下令成立了政府专门委员会，彻查此事。库洛夫总理也签署了相关命令，包括国防部部长在内的数位高官先后前往现场平息事态。为了防止骚乱扩大化，内务部派遣特种部队进驻。这一事件是吉尔吉斯斯坦共和国内部两个民族之间的矛盾，是"郁金香革命"以后其国家民族事务中出现的又一个突出问题。

吉紧急状态委员会将其定性为国内"民族冲突"①。

吉尔吉斯斯坦的东干人有 51766 人,占全国总人口的 1.1%,居吉尔吉斯斯坦族、乌兹别克族和俄罗斯族之后,是国内第四大民族②,主要聚居在楚河州和比什凯克市。东干人在吉尔吉斯斯坦的政治地位不高,基本没有参政者;大都从事种植业,也有部分从事畜牧业和建筑业。吉尔吉斯斯坦的蔬菜瓜果主要由东干人提供。他们为当地各族人民的经济生活做出了相当大的贡献。

近年,吉尔吉斯斯坦人经常与东干人对峙。"郁金香革命"以后双方对立的频率趋高。2005 年 12 月,在选举地方自治领导和村委会代表的问题上,两个民族就曾因意见不同而发生冲突。2006 年 2 月 5 日事件是吉尔吉斯斯坦人与东干人的又一次冲突。事情的起因微不足道,源于两名吉族小孩和东干族小孩在游戏厅争夺座位。事发后,近 300 名吉族村民聚集在一起殴打东干人,砸东干人家的窗户,焚烧东干人的房屋和车辆,甚至围攻东干人躲避的清真寺,致使 20 多名东干人受伤,并要求东干人限时离开村庄。来自楚河州托克马克市的几名东干人也不同程度介入此事。

一件小事何以引发一场当地的民族争端,不免引人深思。究其深层原因,其一,政局动荡,族际关系复杂化。"郁金香革命"以后,吉尔吉斯斯坦国内社会治安急剧恶化,"游行示威综合征"蔓延。在局势动乱的背景下,吉尔吉斯斯坦族的排外情绪增长,主体民族与少数民族的矛盾抬头。楚河州发生的事件正是吉国民族关系趋于紧张的一个缩影。其二,生活水平差距拉大,主体民族心理失衡。伊斯科拉村居住有 689 户,2353 人。其中吉尔吉斯斯坦族 875 人。东干族 1403 人,占当地居民的 70%。东干人吃苦耐劳,勤劳致富,生活水平逐渐与当地的吉尔吉斯斯坦人拉开了距离。这不免引起吉尔吉斯斯坦人的忌妒和不满。而以"民主"为目的的"颜色革命"使"主体民族意识"进一步张扬,其中狭隘的、非理性的民族主义心态急剧膨胀,客观上促发了局部地区的民族交锋。

时至今日,事件虽已平息,但是后果堪忧。它带给一个少数民族心理和感情上的创伤难以抚平,使尔吉斯斯坦这个边境地区的民族关系受到严重影响。伊斯科拉(俄语意为:火星)村事件发生以后,各级官员不

---

① 《自由亚洲》(俄文版),2006 年 2 月 7 日。
② 《吉尔吉斯斯坦新闻报》(俄文版),2006 年 2 月 8 日。

是客观公正地解决问题，而是袒护一方，敷衍了事地提议将这个带有火药味的村名改为"Ынтымак"（吉尔吉斯斯坦语意为：友好、和睦），遭到东干人的强烈反对。他们认为，"在这样的情势下，已没有友好和睦而言"；"'伊斯科拉'这个词将使我们记住这次灾难性的破坏"①。很多东干人卖掉房产离开了几辈人生活的家园，迁往哈萨克斯坦和俄罗斯。综上可见，"郁金香革命"带来的"主体民族化"和"少数民族边缘化"这对矛盾的升级，以"突发"的形式表现，而成为国家民族关系的新热点。

第二节　极端主义势力利用宗教问题欲催化政权剧变

近一段时期，中亚各国正处于政权交接之际。一些由处在边缘地位的部族势力和地方集团组成的与现政权相对立的政治反对派加紧活动，希冀利用历史机遇，为争取政治权利而一决雌雄。其中并不排出各种极端主义势力借以民族或宗教因素乘机渗透。两种情况交叉互动，使中亚局部地区出现了令人担忧的局面。

一　中亚地区极端主义的产生

宗教问题与民族问题历来密切相关。在中亚这个多民族聚居、多宗教交会的地区，不同的宗教信仰均与相应的民族联系在一起。宗教与民族历史文化的相互交融，使得宗教问题往往成为民族问题中最为敏感的因素。冷战以后，披着宗教面纱与奉行民族分裂的各种政治势力交织在一起，与国家政权分庭抗礼，加快了中亚极端主义的崛起。

"极端主义"一词，俄语写作：Экстремизм，英语写作：extremism，法语写作 extremisme，均源于拉丁文 extremus，是指政治观点的偏激和具有政治目的的暴力行为。它是当代世界上国家、民族、文化、宗教以及各种政治力量之间尖锐复杂矛盾的反映，也是国际政治斗争的一个怪胎。极端主义的基本特征表现为：以宗教为幌子，借助宗教特有的社会凝聚力，构筑向世俗政府挑战的精神支柱，进而壮大队伍，扩充实力；以恐怖为手段，出于对异民族和异教徒的逆反心理和敌对情绪，采取纵火、绑架、爆

① 吉尔吉斯斯坦：《共青团真理报》（俄文版），2006 年 3 月 15 日。

炸、暗杀、袭击等一系列武装暴力行为，不断制造事端，严重地威胁着人民的生命安全和世界的和平安宁；以分裂为目的，打着维护某一个民族或某一种宗教利益的招牌，引起统一国家内部民族间的激烈冲突，颠覆国家世俗政权，建立由"单一"民族或宗教统治的"政教合一"的国家；为了达到其政治目的甚至挑起同一宗教信仰，不同地区、不同民族之间的冲突、恶战。总之，它是以极端的政治主张和极端的活动手段介入国家政治。其本质绝不具有"民族运动"或"宗教运动"的内涵，而是一种典型的有组织、有目的的极端政治行为。近年来，打着宗教旗号的极端主义在国际上相互勾结的网络规模比以往更加广泛，逐渐发展为一种全球性的政治瘟疫，构成破坏世界稳定的主要因素之一。

中亚地区的极端主义的根源可追溯到 20 世纪 80 年代后半期。1985年，戈尔巴乔夫上台以后，对旧有体制进行改革，大力推行"民主化""公开性"和"政治多元化"，取消了以往对宗教管理的许多限制，推行"解禁"的民族宗教政策。在中亚地区立即出现了反弹。随后，苏共中央全会确定实行"多党制"。霎时间，苏联境内形形色色的党派组织纷纷出笼。这股风很快波及中亚各加盟共和国。于是党派林立，社会组织名类繁多，各种运动接踵而出，其中具有"宗教"背景的组织占绝大多数，成为中亚地区政治生活中最为引人注目的现象之一。宗教因素成为反对派势力对抗"苏联共产主义制度"，进行政治动员的组成部分，对苏联几十年的"民族无神化"形成了强烈的冲击波。"全苏伊斯兰复兴党"在北高加索、在阿斯特拉罕、在中亚各加盟共和国相继成立。另外还有乌兹别克斯坦"人民伊斯兰""阿多拉特（正义）"、塔吉克斯坦"比尔里克（统一人民运动）"等为代表的政治运动向当局发起了针锋相对的挑战。苏联解体以后，这些组织或延续下来，或进行重组。其中有些组织成为中亚地区极端主义、恐怖主义、分裂主义势力的基础。

中亚各国独立后，随着"国家民族化"趋势的加强，各民族的民族意识迅速增长。不同民族传统文化的复兴为各种宗教的发展创造了条件。在国际极端主义的示范之下，宗教往往被极端主义势力用作引发民族分裂和政权剧变的催化剂及"神圣"旗帜。利用宗教象征服务于极端主义是当前危及中亚国家政局稳定的一个新的突出特点。一些极端主义势力打着宗教幌子，违背和破坏真正伊斯兰教教义，采取极端手段，干涉国家政治、经济和法律，不断制造恐怖凶杀事件，挑起民族冲突，破坏社会稳定局面，成为争夺国家权力和分裂国家，与现政府对抗的主要力量。"颜色革命"的冲击，局部地区的混乱，为中亚极端主义势力的猖獗提供了助推器。

二　安集延反政府骚乱祸首："阿克拉米亚运动"

2005 年 5 月发生在乌兹别克斯坦费尔干纳谷地安集延的反政府骚乱事件就是该国三大反对派势力之一、极端主义组织"阿克拉米亚运动"挑起的。"阿克拉米亚运动"是前苏联强制性推行"民族无神化"重压和戈尔巴乔夫"新思维"构想，意识形态"自由化"双重背景积压的产物。20 世纪 80 年代，"伊扎布特（伊斯兰解放党）"成员尤尔达舍夫·阿克拉穆（Юрдашев Акрам）认为"伊扎布特""政治斗争，夺取政权"的纲领和进行秘密活动的方式是在阿拉伯国家条件下制定的，不适用于中亚，尤其不适用于费尔干纳。他在自己的著作《真正信仰之路》中阐述了号召当地穆斯林以"武装圣战"推翻世俗的国家政权，建立独立的哈里发纯伊斯兰国家的思想，并以费尔干纳为基地成立了一个极端主义组织"阿克拉米亚（Акрамийя，源自阿拉伯语，汉译：至尊）"[①]。1996 年这个组织开始活跃，不仅在费尔干纳的安集延、纳曼干、浩罕，而且在乌兹别克斯坦的首都塔什干和吉尔吉斯斯坦南部的奥什州等地迅速发展，很快成为三大反对派势力之一。据乌兹别克斯坦共和国司法和安全部门调查指控，尤尔达舍夫·阿克拉穆及其领导的"阿克拉米亚运动"参与了发生在塔什干的系列爆炸案，进行毒品交易，制造大规模混乱，对抗当局。安集延骚乱前夕，"阿克拉米亚"骨干一直在"郁金香革命"的发源地吉尔吉斯斯坦南部奥什附近的秘密训练基地接受车臣武装分子的军事技能指导和培训；并获得 20 万美元的资助，其中相当一部分来自车臣非法武装势力。"郁金香革命"的爆发为"阿克拉米亚""企图在乌兹别克斯坦境内制造与吉尔吉斯坦'革命'类似的事件"[②] 提供了契机。这个组织在安集延骚乱平息之后，又在距乌、吉边境 30 公里的克拉苏夫地区和其他地方挑起骚乱。"阿克拉米亚"与其他"颜色革命"国家的反对派不同，它具有反对派和打着宗教旗号的"极端主义势力"的双重角色，其危害性、迷惑性不可低估。

---

① 巴赫提亚尔·巴巴江诺夫：《费尔干纳谷地：是伊斯兰原教旨主义的策源地还是牺牲品?》，《中亚和高加索》，（俄文版）1999 年第 4 期，第 130 页。

② 2005 年 5 月 12 日安集延骚乱事件发生后，伊斯兰·卡里莫夫总统的讲话。

与此同时，另一个从"伊扎布特"派生的极端主义组织"伊扎布 – 安 – 努斯兰"也与乌兹别克斯坦共和国世俗政权分庭抗礼。1999 年"伊扎布 – 安 – 努斯兰"（西里尔字母转写：Хизб ан – нуcpa，汉译"胜利党"，俄译：Партия победы）① 出现在乌兹别克斯坦的塔什干州。"伊扎布 – 安 – 努斯兰"的宗旨是"采取武力手段推翻乌兹别克斯坦伊斯兰·卡里莫夫政府"。安集延事件之前，"伊扎布 – 安 – 努斯兰"在费尔干纳建立了基地。随着上述两个组织从"伊扎布特"中脱胎以后，吉尔吉斯斯坦南部的奥什和卡拉苏也出现了相同的情况。更多的"伊扎布特"成员坚持"必须放弃原来的行为方式，采用武力斗争的手段达到政治目的②"。吉尔吉斯斯坦大选以后，国内局势依然尖锐复杂。一方面新政府成员之间正在进行"郁金香革命"后的权力分配；另一方面，极端主义势力试图利用阿卡耶夫后的"真空期"，与继续坚持世俗国家体制的新政府对抗。

除了"阿克拉米亚运动""伊扎布 – 安 – 努斯兰"，在费尔干纳谷地还栖息着"乌兹别克斯坦伊斯兰运动"和"伊斯兰解放党"（伊扎布特）、"东突"恐怖势力、"基地"组织和"塔利班"残余等受到国际社会和一些国家通缉的三股势力。这些力量的共同特征和目标，即通过暴力恐怖方式，实现在中亚建立"伊斯兰哈里发"宗教国家的夙愿。"9·11事件"以后，费尔干纳谷地已成为中亚和周边地区分裂主义、极端主义和恐怖主义势力的集散地。在这里聚集的三股势力跨越国境进行联手行动的势头明显。费尔干纳"火药桶"的危险性与日俱增。它威胁的不仅是在这里对接的吉、乌、塔三国，而是整个中亚及其周边地区。费尔干纳谷地的情势只是一个缩图。中亚许多地方已有连锁反应的征兆，隐藏着随时爆炸的引信。由此而论，目前一些政治反对派或分裂主义、极端主义、恐怖主义组织利用宗教的敏感性、普遍性和民族、部族关系的复杂性与政治发生联系，引发局势的动荡、社会的混乱、破坏经济的正常进程，是影响中亚稳定和地区安全的主要因素之一。

---

① T. Pekondo：《中亚棋盘》，《Rebelion》，2005 年 5 月 25 日。
② 阿利舍尔·哈米多夫：《中亚"伊扎布特"运动出现分裂》，《欧亚网络》，2005 年 10 月 11 日。

结　语

综上所述，我们可以得出这样的结论和启示。

一　中亚国家民族、部族间的复杂关系和敏感性既为分裂主义、极端主义、恐怖主义制造混乱和"暴力政治"营造了土壤，也为西方非政府组织进行"民主入侵"创造了条件

吉尔吉斯斯坦的"郁金香革命"以及中亚局部形势的变化是内部因素和外部压力综合作用的结果。内之，政治局势复杂，经济前景堪虞，民族宗教因素敏感，社会问题层出不穷。外之，可以说是被西方大国和政治家所利用的以"反腐败"为主题的"民主运动"，也可以说是美国导演的"不同民族和部族之间利益冲突的民主化嬗变"。总而言之，"民主运动"的策划者和某些政治精英都想通过政变得到一大块属于自己的蛋糕，非政府组织则是他们实现目标的"特种部队"。

20 世纪 90 年代初，中亚五国刚独立时，西方的非政府组织就以"人文教育"或"紧急救援"工作队的形式对他们提供"帮助"。1993 年"索罗斯基金会""国际共和政体研究所"等非政府组织进军吉尔吉斯斯坦。1995 年触角伸向哈萨克斯坦，1996 年打入乌兹别克斯坦。这些组织进入中亚以后，直接介入他国内政，培训反对派领导人，监督各国选举，支持反对派政党，向当政者施加压力。2005 年 5 月 15 日 "欧洲议会"代表团在阿拉木图会见哈萨克斯坦民主反对派联盟，对哈检察院查禁"哈萨克斯坦民主选举党"等非政府组织的活动鸣不平，支持和鼓励"为正义的哈萨克斯坦运动""哈萨克斯坦民主力量联盟"等反对派组织。与此同时，"无国界采访记者（俄译：Репортеры без границ）""自由之屋（英译：Freedom House，俄文转写：Фридом Хаус）""国际之声组织（英译：Voice of International）"等国际非政府组织对哈萨克斯坦国家安全法中限制非政府组织活动的条款进行抨击。哈总统纳扎尔巴耶夫总统表明，"决不允许外部势力干预主权国家内部事务"。乌兹别克斯坦安集延骚乱以后，美国不断向卡里莫夫总统施加压力，要求乌政府允许其国内反对派政党和运动合法化。正是由于外部势力干预中亚国家内政，强化反对派势力的作用，对各民族、各部族、各派系的精英产生了一定的影响，使局部

地区原本就复杂的民族、部族矛盾变得更加尖锐，一触即发。这种态势进一步助长了分裂主义、极端主义和恐怖主义在这一地区的发展，将对其安全构成较为长期的威胁。

就当前中亚的局势而言，外部势力的扩张和内部民族、部族分化，三股势力利用多重矛盾煽动民族、宗教仇恨制造突发事件是阻碍中亚多民族社会和谐发展的三大不稳定因素。鉴于此，在上海合作组织的框架内深化成员国安全、经济、文化等领域的合作，扩大对外交往，使其在地区和国际事务中发挥更加积极的作用，继续采取有力措施，不断提高合作水平，共同防范和打击分裂主义、极端主义和恐怖主义，共同致力于促进本地区的和平与发展、建立公正合理的国际政治经济新秩序，尽快遏止和消解不稳定因素是当务之急。

二 严格区分宗教文化、宗教派别主张、群众性宗教组织及打着宗教旗号的极端主义，正确引导宗教与现实社会相适应，坚决打击极端主义是保证中亚稳定的要件之一

宗教作为历史的产物有其存在、发展乃至消亡的特定条件。同时宗教还是一种来自传统、具有文化功能而普遍存在的社会现象，它渗透于政治和社会生活的各个方面，错综复杂。尤其对于多民族和多宗教的地区来讲，宗教在国家和社会中起着重要作用，且具有调节社会生活各方面的功能。

伊斯兰教在中亚的传播源远流长，对这里的世居民族具有深厚的影响。中亚国家独立以后实行经济转轨，向市场经济过渡，各国都不同程度出现经济危机。虽然近年，大多数国家经济状况出现好转，但是这只是相对而言。还有一些国家和局部地区人民的经济生活极端贫困，文化生活十分落后，而政府又无力满足人民的基本物质和文化需求。人们感到生活无望，前途渺茫，纷纷祈求超自然的力量来满足自己的愿望和精神需求。正当国民积怨日深、蓄势待发之际，一些极端主义组织借用宗教的旗帜和外衣，甚至引经据典，强调依据教法的形式，鼓动推翻国家世俗政权，建立"纯伊斯兰国家"，迎合人们渴望改变现状的要求，而出现了众多的受迷惑的追随者。在那些带有明显政治性，冀望攫取国家最高权力，甚至从事种种暴力、恐怖活动，进而达到分裂国家目的的极端主义势力的导引之下，狂热的宗教信仰成为民族聚合的力量，国民中的宗教意识和"民族自决"意识进一步增强，民族关系激化，独立分裂倾向日益严重，同当局关系处于极其紧张的状态，诱发了局部形势的动荡不安。

在阐述这个问题时，我们还应看到，目前中亚国家的伊斯兰教组织发展速度很快。其中大部分遵奉逊尼派哈乃斐①教法，与周围不同宗教信仰的民族和睦相处，按照政府的政策法规从事商业、教育和文化活动。它们在调节国家与穆斯林的关系方面扮演着十分重要的角色；为社会的稳定，为伊斯兰传统文化的发展起着不可估量的作用。鉴于宗教的普遍性、长期性、功能性和复杂性，切不可简单生硬地把宗教文化、宗教派别思想、群众性伊斯兰宗教组织与打着宗教旗号的极端主义混为一谈，视为同一，否则只能引起更大的混乱。从这个角度讲，除了发展经济，尽快改善人民生存条件，如何正确积极地引导宗教与现实社会相适应，在处理涉及宗教信仰和宗教事务时，把正当的宗教信仰、人们善良的宗教愿望与利用宗教从事破坏国家利益的违法活动区别开来，也是目前中亚各国政府欲保证国家稳定所面临的重要任务之一。

---

① 哈乃斐学派系伊斯兰教教法学派之一。该派在制定教法时主要根据《古兰经》，对"圣训"的引用极为审慎，因此逐渐发展成为逊尼派四大教法学派中最大的一派。现盛行于土耳其、伊拉克、阿富汗、埃及、突尼斯、印度、巴基斯坦和中亚地区。

第十五章　中亚国家的宗教情势和宗教非政府组织的特性、走向与政府对策

　　宗教非政府组织是国际政治中重要行为体之一，不仅具备非政府组织的各种特征，即独立于政府之外的非营利性、自愿性和民间性团体和运动，而且以特定的宗教信仰为基础，积极参与国内社会和国际政治活动。其中大多在文化交流、培训教育、调解冲突、环境保护、社会公益、地区发展、宣扬人权和国际救援等领域发挥独特的作用，在促进国家关系健康发展方面具有一定的影响。但是也有极少数激进甚至极端性宗教非政府组织。有的坚持偏执和狭隘的思想理念，极力反对异教文化；有的打着宗教的旗号反对或推翻国家世俗政权、排斥异教徒，乃至诉诸暴力活动，危及国家或地区安全。苏联崩解，原有的各民族共和国独立，中亚地区[①]的宗教非政府组织随即勃兴。经过 20 多年的发展，形形色色的宗教非政府组织逐步形成一种力量，"与主权国家、政府间国际组织以及其他非政府组织之间的互动"已成为国内社会和"国际政治现实当中的重要一环"[②]。

第一节　形成和发展阶段

　　宗教作为一个复杂体，由共同的宗教崇拜、宗教教义、宗教礼仪、宗教情感、宗教组织和教职制度等诸多元素构成。宗教也是一种意识形态，隶属上层建筑，与社会及政治相互交织、互为影响。独立 20 多年来，中

---

　　①　涵盖哈萨克斯坦共和国、乌兹别克斯坦共和国、吉尔吉斯斯坦共和国、塔吉克斯坦共和国和土库曼斯坦共和国。

　　②　徐以骅、李毅、涂怡超：《把宗教因素融入对国际关系的研究——"宗教与国际关系"学术研讨会综述》，《中国社会科学院院报》2006 年 8 月 8 日。

西的宗教情况形成了一种迅猛发展，不断强化的态势，成为影响国内社会现实和地缘、政治关系不容忽视的重要因素。然而由于每个国家的政治、经济情境不尽相同，民族宗教政策略有差异，其宗教发展及其存在的问题既有共性，也有各自不同的特点。

缕析中亚国家宗教非政府组织的形成和发展脉络，大致可分为三个阶段。全球性和地区性因素彼此互动、历史性和现实性因素互为表里、传统性和非传统性紧密交织是其基本成因。

一 兴起："伊斯兰复兴运动"的催化作用

20世纪80年代后半期宗教非政府组织始现中亚。戈尔巴乔夫上台以后提出"新思维"构想，对旧有体制进行改革，大力推行"民主化""公开性"和"政治多元化"，打破了前苏联几十年间对宗教管理的许多限制，推行"解禁"的民族宗教政策，在中亚地区立即出现了反弹。霎时间，名类繁多的党派组织、社会运动纷纷出笼，宗教非政府组织也应运而生。

中亚地区是世界伊斯兰教的主要分布区域之一。20世纪80年代末，世界伊斯兰复兴运动再度高涨。恰逢其时戈尔巴乔夫提出"与国家五千万穆斯林实现和解"的口号。内外因素交织在一起，促使中亚地区的伊斯兰复兴浪潮愈加强劲。各民族共和国自上而下出现了将恢复宗教文化作为民族复兴的重要标志，积极推动建立宗教社团，并支持宗教管理部门和民间宗教团体筹集资金开展活动和修缮宗教设施。伴随着"伊斯兰复兴运动"在宗教和政治领域的影响日益深广，以及国家民族宗教政策的"开禁"，民众中长期被压抑的宗教感情连同民族自尊心、自信心强烈地迸发出来。于是国际上各种伊斯兰运动利用群众的心理共鸣、宗教情感和宗教共性长驱直入，形成一股强烈的冲击波。中亚地区宗教信徒激增、宗教活动空前频繁，宗教组织和宗教活动场所的社会作用不断增强。宗教很快成为人们的精神灵魂和振兴民族文化不可分离的组成部分。这一景象为具有伊斯兰背景的非政府组织在中亚的产生营造了自由宽松的环境。

1990年6月9日"全苏伊斯兰复兴党"在阿斯特拉罕宣布成立，在北高加索、在中亚的塔吉克斯坦和乌兹别克斯坦等加盟共和国相继设立分部。在此背景下，中亚地区出现了许多大大小小的民间性伊斯兰社会运动和组织。具有代表性的20多个。乌兹别克斯坦有"人民伊斯兰""阿多拉特（正义）伊斯兰宗教运动""伊斯兰与民主"等7个，占35%；哈萨克斯坦有"阿拉什民族自由组织"等 6 个，占 30%；吉尔吉斯斯坦有"伊斯兰活动中心"等 4 个，占 20%；塔吉克斯坦有"伊斯兰复兴党""比尔里克（统一人民运动）"等 2 个，占 10%；土库曼斯坦仅有 1 个"巴哈伊运动"，占 5%。

这一阶段中亚地区的民间性伊斯兰社会运动和组织可分为三种情况：其一，有相对稳定的组织结构、较为明确的主导思想和固定的活动场所；其二，仅为雏形，充其量不过是启蒙性活动小组，行为多自发性和局限性；其三，集结的临时性和举动的突发性、轰动性，未形成稳固的组织结构和完整的纲领，有些甚至一次性活动结束便自行解体。从真正意义上讲，其中相当一部分算不上社会运动或组织。苏联解体之后，"全苏伊斯兰复兴党"解散，中亚地区的一些伊斯兰非政府组织和运动或延续下来，或进行重组。其中个别成为中亚地区激进性或者极端性宗教非政府组织的基础。

二　发展：社会转型创造了历史机遇

独立后的中亚五国无一例外首先注重复兴主体民族的历史文化。宗教认同是其中重要内容。利用宗教（正统的伊斯兰）精神的感召力和凝聚力恢复历史的记忆，顺应民族振兴潮流，借此推动国家的复兴，为新生的中亚各国领导人所提倡。宗教非政府组织的民间性、群众性使其恰恰承担起了这一使命。

中亚国家独立伊始，实行经济转轨——向市场经济过渡。由于政局不稳定、市场不成熟、体制不健全等诸多因素，在社会转型过程中，经济危机加深，社会保障缺失，失业人口增加，生活水平下降，意识形态真空。当传统价值观念和政治信仰被打破之后，国家无力适应人们日益增长的物质文化要求。民众只能祈求超自然的力量以满足自己的物质生活欲望和精神需求。特别是年青一代，占中亚人口的 60%。当他们纷纷失业、面临生存性危机时，当现代化服务对他们来说可望不可即时，自然会盲目地寻找精神寄托和价值取向，以致各种信仰内容和信仰形式的影响愈加深刻。这一群体对自身根本生存处境的自我意识以及在各种宗教社团中所得到的精神满足和物质关怀，形成其价值追求的基础。因此，在青少年与周围环境所构成的基本关系中，尤其受到宗教非政府组织的关注。而他们自身又在宗教团体中找到心灵的归宿。这一现实促进了宗教非政府组织在中亚各国的快速发展，并呈现出成员年轻化的特点。

据哈萨克斯坦官方统计数据，1989 年国内有宗教组织 671 个，1995

年增加到 1180 个，1997 年达到 1642 个。1998 年与 1991 年相比仅旧都阿拉木图此类组织就增加了 11 倍。另据哈萨克斯坦共和国科学教育部政治学研究所提供的数据，2001 年年初，哈国有实质性活动的宗教组织发展到 2157 个，注册的有 1621 个①，其中主要是具有伊斯兰背景的社会组织。哈萨克斯坦的宗教组织从 1991 年的 671 个增加到 2009 年的 4200 之多，其中穆斯林组织占 80%。哈萨克斯坦的情况可以说是中亚国家宗教非政府组织发展的一个缩影。

在众多的宗教非政府组织中由于承担的社会角色不同，其影响和作用也不尽相同。有的组织力图通过宗教的共性来协调国家间的关系，有的组织立足从事慈善救济、福利等活动，有的组织致力于文化宣传和教育，进而抵御西方文化入侵。大多数组织均旨在发挥宗教维系社会稳定的作用和弘扬传承宗教文明。还由于中亚地区的穆斯林多属逊尼派，其建立的宗教社会组织大都遵奉逊尼派哈乃斐教法，与周邻不同宗教信仰、不同民族的人民友好共处，在政策法规允许下进行活动，是政府与各族穆斯林群众的纽带和桥梁。

不能否认其中也有一些激进和打着某种宗教旗号的极端主义组织。后者利用某些宗教派别激进的政治理念和信仰体系，以扩大化和绝对化的诠释，煽动宗教狂热，欺骗和麻痹追随者，谋求政治意图。从本质上讲，极端的宗教非政府组织不具有宗教属性，但却带有宗教色彩，与宗教有密切的联系。中亚极端的宗教非政府组织主要有两种表现形式：一是在"圣战"的口号下，把暴力恐怖手段置于一切行动之首位，进而达到政治目的；二是不从事实质性暴力活动，但坚持自己对宗教教义的极端解释，通过意识形态的影响，以政治对抗的形式，蛊惑信徒推翻现行世俗政权。由于中亚国家的具体国情，目前国际上存在的以反对民族压迫和某些西方国家侵略、干涉为己任，从事实质性暴力活动的宗教非政府组织在当地很少见。这一类型与前两种形式有本质的不同。

三 壮大：西方"中亚民主化改造战略"提供了舞台

冷战消弭，中亚成为美国争夺的重心。为了实现"新中亚战略"目标，美国将非政府组织作为推广"西方民主"的工具。在她的作用下，

---

① M. 阿什穆巴耶夫：《中亚的宗教极端主义与恐怖主义》，《中亚的宗教极端主义问题国际学术研讨会材料》，哈萨克斯坦共和国总统战略研究所，2001 年 4 月 5 日。

许多西方非政府组织以"人文教育"或"紧急救援"工作队的形式对中亚国家提供"帮助"。1993 年进军吉尔吉斯斯坦，1995 年触角伸向哈萨克斯坦，1996 年打入乌兹别克斯坦。于是非政府组织成为中亚政治舞台的新近参与者。其中不乏依靠走"宗教路线"或"民族路线"来发展自己，通过为某一宗教信仰的民族谋求利益而换取宗教或民族支持。

"9·11"以后不久，中亚各国面临新一轮政权交接。美国和西方将此视为"政治民主化改造"的绝佳时机，启动了"中亚民主化改造战略"。其中重要内容之一是在中亚国家培植亲美势力、实现政权更迭，进行政治重建，最终掌握这一地区的主导权。随即美国按照"全球民主化程序"改造中亚进入实质性阶段，加大了对非政府组织的资助和利用，为中亚宗教非政府组织的发展壮大提供了的舞台。

2005 年 3 月吉尔吉斯斯坦爆发"郁金香革命"，背后就隐现出西方宗教非政府组织的阴影。美国主要派出基督教宗教团体深入中亚国家，试图借助民主、自由、人权等概念的感召力，依靠基督教文明的冲击力，加紧进行宗教渗透，为进一步操纵"颜色革命"建立价值观念和社会心理基础，为其继续"冷战思维"和追求政治利益树立法理依据。于是宗教非政府组织变成美国进行意识形态渗透的"有效武器"，不断向中亚国家扩展。

吉尔吉斯斯坦自独立以来就有"中亚民主岛"和"非政府组织天堂"之称。在这个国家宗，教非政府组织极为活跃。据该国宗教事务委员会统计[①]：国内有 30 种宗教信仰（教派）的 2100 个宗教组织。其中伊斯兰教背景的组织有 1800 个，基督教背景组织 300 个，东正教基金会、协会和组织 44 个，天主教组织 3 个，犹太教组织 2 个，佛教团体 1 个和 12 个巴哈伊教派组织。另外还有 21 个外国传教士团的分支机构。1995—1998 年 3 年中在其国内正式注册的外国传教士达 900 人，此后十年有增无减。他们都与相应的宗教非政府组织有密切的联系。

乌兹别克人的伊斯兰信仰在中亚穆斯林中素有正统之名，而费尔干纳、撒马尔罕和布哈拉又一直是中亚穆斯林传统文化圣地。因此，乌兹别克斯坦被视为中亚的伊斯兰教中心。现有 16 个教派的 2250 个宗教组织，

---

① 莫尔达赫默托夫·巴拉特：《吉尔吉斯斯坦的宗教情势：分析与发展前景》，《东方时代》（俄文版），2007 年 3 月 12 日。

其中 2050 个是穆斯林组织，占全国宗教组织的 92%。近几年基督教背景的组织发展很快，达到 175 个。朝鲜人基督教团体 52 个，俄罗斯东亚教团体 37 个，洗礼教团体 23 个，基督复临安息日会团体 10 个。另有 8 个犹太教组织、6 个巴哈伊教派团体、1 个佛教组织、1 个印度教克利须那派教徒组织。①

哈萨克斯坦共和国独立以后，政府致力于推动在民主、进步原则下的宗教宽容政策。宗教组织，包括宗教非政府组织的数量逐年激增。据官方统计数据，2004 年注册的宗教组织为 3174 个，2005 年 3259 个，2006 年 3420 个。2006 年注册的基督教组织 93 个，具有天主教背景的组织从 2003 年的 254 个增加到 2006 年的 272 个。浸礼会②教派组织 198 个，信徒超过 10000 人。另外 2006 年还注册有 4 个佛教组织。③ 根据 2009 年的最新统计数据，在哈萨克斯坦共和国仅已注册的基督教新教组织即已达到 1080 个④。

综上所述，足见中亚国家宗教非政府组织蓬勃发展态势。西方宗教非政府组织加大了在中亚各国以西方的宗教价值观和西方文化影响中亚各国国民的步伐。诸如，在中亚各国设立代表处。乌兹别克斯坦"国际友谊与希望"就是其中之一。它以实施"人道主义"项目为名在中亚农村进行活动；派遣传教士作为宗教非政府组织的成员，在中亚进行传教，鼓动中亚居民特别是青年改信宗教，运作中显示出浓厚的宗教使命感和意识形态色彩。

自中亚各国独立以来，美国就没有放松对中亚各国宗教领域进行渗透。截至 2006 年 1 月已有 413 名外国传教士进入哈萨克斯坦。美驻哈大使馆和官方代表始终与其国内宗教非政府组织保持着定期交流。2004 年美国政府制定了针对性的"哈萨克斯坦宗教事务发展战略"⑤。宗教非政府组织则是美国实施这一战略所依靠的基础力量。美国驻哈使馆致力于积

---

① 《乌兹别克斯坦：仁慈开始减少》（俄文版），乌兹别克斯坦共和国"费尔干纳"信息分析，2007 年 1 月 3 日。

② 基督教新教主要宗派之一。

③ 哈萨克斯坦民主、人权和劳动委员会：《2006 年关于世界国家信仰自由的报告》（俄文版），阿斯塔纳，2007 年版，第 2 页。

④ 中亚地区操突厥语的民族主要有乌兹别克人、哈萨克人、土库曼人、吉尔吉斯斯坦人、维吾尔人、卡拉卡尔帕克人、土耳其人、鞑靼人、阿塞拜疆人和巴什基尔人等。

⑤ 在中亚信仰伊斯兰教的民族还有：东干人、车臣人和印古什人等。

极促进争取人权和宗教信仰自由的宗教非政府组织与哈政府间的对话。2005年7月美方机构支持"青年民主进程发展组织"在奇姆肯特市创建了宗教宽容和谐中心。该中心定期举办由各类宗教非政府组织领导人参加的新闻发布会。2006年4月和5月召开了以"宗教在民主社会中的作用"和"宗教在解决社会问题方面的影响"为主题的新闻发布会。美国对中亚西方宗教非政府组织分支机构以及符合其利益追求的当地同类组织的资助力度越来越大。仅2006年美国就耗资12亿美元用于在全球发展民主，大部分用于独联体国家，包括扶持非政府组织。各种基督教非政府组织和团体，以及基督教等各种非伊斯兰教的教义得已深入以穆斯林为主的中亚国家，对这里传统的伊斯兰教信仰形成了"不容忽视"的挑战。

"颜色革命"以后，"民主化改造战略"在中亚地区难以推进。美国的对外战略又进行重大调整，提出以能源为突破口的"大中亚战略"，试图把南亚和中亚两个地缘板块连接起来，实现北遏俄罗斯、南下印巴、东控中国，西联欧洲大陆，进而推广全球战略。但是它并未放弃继续推动"中亚的民主化"进程，对宗教非政府组织在中亚活动的投入也不曾停顿。

第二节　产生和发展的特性条件

中亚地区宗教非政府组织的取决于本土特定的社会、政治和经济环境，又与国际的大背景和外部势力的介入密不可分。

一　民族性：宗教非政府组织产生的基础

宗教的产生、发展与民族的演变有着密切的联系。自古以来，中亚地区多种民族杂居、多样宗教共存、多元文化荟萃的地区。在中亚广为流行的传统宗教信仰主要有伊斯兰教、东正教、基督教、天主教、佛教和犹太教。这些宗教信仰都与相应的民族群体有关，使得宗教往往带有民族的特点。

现今中亚地区有130多个民族，居民约6000万。首先操突厥语诸民族①和操波斯语的塔吉克族占民族人口的绝大多数，所以中亚地区几乎

---

① 《美国政府关于2009年世界各国信仰自由的报告：哈萨克斯坦》，2009年版，第2页。

85% 以上的居民是穆斯林，信仰伊斯兰教①，伊斯兰教信仰在中亚具有广泛的民族性和群众性。其次，这里还生活着 600 多万俄罗斯、白俄罗斯和乌克兰人。其中哈萨克斯坦 397.93 万，乌兹别克斯坦 115 万，吉尔吉斯斯坦 47 万，土库曼斯坦 10 万，塔吉克斯坦 5 万。他们大都信仰东正教。因而东正教也具有一定的社会影响。另外，中亚地区居住有近 30 万朝鲜人。其中乌兹别克斯坦 16 万，哈萨克斯坦 10.3 万，吉尔吉斯斯坦 2 万。他们多信仰佛教和基督教。还有 20 多万德意志人，其中哈萨克斯坦 17.82 万，吉尔吉斯斯坦 1.2 万。他们大多信仰基督教（天主教）。在中亚地区还有 25000 多犹太人信奉犹太教。民族的多元性使这里呈现出五彩缤纷的宗教多样化图景。

　　哈萨克斯坦共和国有 131 个民族，总人口 1640 万人（2009 年 1 月）②。国家冠名民族哈萨克族 10，096，763 人，约占总人口的 63.07%，以及乌兹别克、维吾尔、鞑靼、车臣、吉尔吉斯斯坦、塔吉克、东干、土耳其、库尔德等民族几乎全民信仰伊斯兰教。据 2009 年哈萨克斯坦共和国国民宗教认同调查数据显示，70.19% 的国民为穆斯林，人口为 1123.79 万，其中多属逊尼派哈乃斐学派，也有部分苏菲派和什叶派（占 1%）。全国拥有清真寺 2439 个，其中正式注册的清真寺 2369 个（2011 年）。俄罗斯（379376 人，占总人口 23.70%）、乌克兰（333031 人，占 2.08%）和白俄罗斯等民族信仰东正教，占国内总人口的 20%；全国有东正教堂 299 个。另有 5% 是其他宗教的信仰者，其中包括约 30 万天主教徒，占总人口的 2%，主要是德意志人和部分乌克兰人。现有罗马天主教堂 83 个。希腊天主教堂 5 个。佛教徒 1.46 万人，占总人口的 0.09%，主要是朝鲜人。③

　　乌兹别克斯坦共有 129 个民族，总人口 2755.5 万（2009 年 1 月）。乌兹别克族人占总人口的 84%，塔吉克占 5.0%，俄罗斯占 3.5%，哈萨克占 3.1%，卡拉拉尔帕克占 2.2%，鞑靼占 1.0%，吉尔吉斯斯坦占 0.9%，朝鲜占 0.6%。④ 穆斯林占人口总数 90% 以上。国内除逊尼派以外，还有什叶派、苏菲派、瓦哈比派等 16 个宗教派别和新兴教派。注册

① 信息分析中心：《专家评估：哈萨克斯坦—2009 年》，《国家宗教》，2009 年 4 月 10 日。
② 《自由大百科：乌兹别克斯坦》，2009 年 12 月 26 日。
③ 信息分析中心：《专家评估：哈萨克斯坦—2009 年》，《国家宗教》，2009 年 4 月 10 日。
④ 《自由大百科：乌兹别克斯坦》，2009 年 12 月 26 日。

的清真寺 2252 个非穆斯林宗教设施 180 个。其中朝鲜人基督教新教教堂 57 个，东正教堂 37 个，洗礼教教堂 23 个。

吉尔吉斯斯坦总人口 536.3 万（2009 年 1 月），主体民族吉尔吉斯斯坦人 384.5 万，占全国总人口的 70.9%；乌兹别克人 73 万，占总人口的 14.3%；俄罗斯人 57.35 万，占 7.8%；塔吉克人占 0.9%；维吾尔占 0.8%。穆斯林占 83%，东正教徒占 20%，其他宗教为 5%。吉尔吉斯斯坦宗教发展情势的分裂特征日益突出，北方地区欧化趋显，基督教盛行，南部地区伊斯兰化不断增强。

塔克克斯坦共和国总人口 759.5 万（2010）。其中塔吉克人占 79%，乌兹别克人占 15.3%，俄罗斯人占 1.1%，吉尔吉斯斯坦人占 1.1%。其他民族占 2.6%。90% 为穆斯林（85% 是逊尼派，5% 是什叶派）非穆斯林主要信仰东正教和基督教。

土库曼斯坦共和国总人口 501 万（2010）。其中土库曼人占 81%，乌兹别克人占 9%，俄罗斯占 3.5%。穆斯林占全国总人口的 89%，基督教徒占 9%，其他宗教占 2%。

宗教是一种意识形态，是各民族创立的一种信仰文化，经过历史的积淀已渗透到民族、政治、经济、文化和社会生活的各个方面，在各族群众中的影响深远。宗教信仰的不同往往影响到一个民族成员的文化归属感和族籍认同。中亚各国独立后，随着"主体民族化"趋势的加强，各民族的民族意识迅速增长。不同民族传统文化的复兴为各种宗教的发展创造了条件。宗教与民族历史文化的相互交融，使得宗教意识渗透到民族意识之中，有的甚至转化为民族意识，服务于民族主义，对国家的政治生活和各民族人民的精神生活产生了重大的影响。各民族宗教信仰的客观存在为不同宗教社团的出现奠定了基础，促成了宗教非政府组织的产生。宗教非政府组织是不同宗教信仰的各民族群众利益的"扬声器"。当群众与政府发生矛盾时它既可以成为化解矛盾的"缓冲剂"，也可以成为激化矛盾的"打火器"。

二　公民社会：宗教非政府组织形成的前提

中亚国家公民社会的建立是宗教非政府组织形成的重要前提条件之一。苏联解体以后，中亚各国开始本土的经济和政治改革，致力于构建"国家在重视个人或社会团体的同时，尊重和保护人权"的公民社会；并定位"公民社会是随着国家经济、政治、文化、福利和人民自我意识发展到一定阶段的产物；公民社会的主要价值取向是人，只有在法制国家条件下才能形成和发挥作用"。在公民社会"自然人及其需求、利益和价值等各种体系是社会进程的主导者和客体。公民社会意味着社会已发展到保障公民自由和权利的水平。公民社会将为公民履行自己的权利和利益，自愿结社、参政议政而创造条件"①。非政府组织恰是为了推进公民社会的发展而建立的。反之，"公民社会为非政府组织的发展提供了良好的民主空间"②。与宗教有关的非政府组织，则以不同宗教信仰的社会成员自由结社权的形式反映公民社会民主化程度。构建宗教多元和谐的公民社会的兴起，直接促成了宗教非政府组织的出现。而当公民社会机制尚不健全的条件下，宗教社会组织在不同宗教信仰的公民中则更具吸引力。从这个角度讲，宗教非政府组织的规模和活动取决并表现于不同宗教信仰的各族人民的历史传统、民主权利水平和公民信任度。

　　按照中亚学者对公民社会与非政府组织关系的理解，"非政府组织即公民在自愿基础上为达到其共同目的而建立的遵守国家法律的非营利性组织，是调节社会关系的机制之一，在政府和公民之间扮演着中介和桥梁的角色；非政府组织的活动旨在发展公民的创造性、发挥社会组织在解决社会问题方面的作用，以达到稳定社会的目的"③。从这一理念出发，中亚各国均以立法形式确保公民的宗教信仰自由权和自愿结社权。目前在哈萨克斯坦拥有 40 个教派，在吉尔吉斯斯坦有 30 个教派。各教派信徒都成立有相应的组织。创造和发展非政府组织与各级权力机构有效的互动机制，为社会公益服务，是中亚国家公民社会建设的突出特点之一。哈萨克斯坦从中央到地方各级政府部门都设立了非政府组织信息中心，主要任务是协调政府部门与非政府组织之间的互动，并提供法律和信息手段的支持。

　　但是目前中亚国家的公民社会正处于构建之中，各种机制还不完善。在相当一段时间内对非政府组织缺乏系统、规范和严格的管理监督体系，使得一些宗教非政府组织缺乏自律性，更多随意性。综观非政府组织，包括宗教非政府组织，大多都致力于社会目标，将实现社会利益作为自己的

---

　　①　俄罗斯联邦促进发展公民社会和人权委员会：《哈萨克斯坦共和国公民社会发展构想（2006—2011 年）》，2005 年 7 月 9 日。

　　②　盛红生、贺兵主编：《当代国际关系中的"第三者"——非政府组织问题研究》，时事出版社 2004 年版，第 13 页。

　　③　哈萨克斯坦共和国驻立陶宛大使馆：《哈萨克斯坦共和国支持非政府组织问题现状分析》，《信息通报》，2005 年 11 月 5 日。

追求；虽然表现比较活跃，但仍在政府的控制之下。由于诸多的内外因素，其对社会的总体影响尚处于一种较低的水平。

三　全球化：宗教非政府组织发展的条件

当今世界，全球化进程迅猛发展。不同国家、不同民族、不同文化之间的碰撞交融和互动影响与日俱增。全球化的这种开放性特征促使人们纷纷欲试，希图为自身的发展开拓出更新、更广阔的空间。宗教非政府组织作为全球化进程在当代条件下的产物，是国家、民族和不同文化群体之间进行交往的一种技术手段。

宗教信仰是一种国际现象。中亚地区流行的伊斯兰教、基督教、东正教、佛教和犹太教等都有其国际性。在全球化不断加深的今天，各国宗教信徒和宗教组织往来十分频繁，关系极其密切，为中亚宗教非政府组织的国际化创造了条件。

（一）全球化弊端导致"自我"和"他者"意识强化，促使中亚伊斯兰非政府组织规模扩大

全球化在给人类带来福音的同时，也产生了一些不容忽视的弊端。以美国为首的西方国家往往将自己的利益视为全球性利益，将自己的理念视为一种普世价值。这种以"西方化"或"美国化"为标志的全球化特点，在一定程度上引发了西方基督教世界对东方伊斯兰教的严峻挑战，导致弱势文化群体对本民族文化之继承性和完整性的日益焦虑，进而促使民族和宗教的"自我"和"他者"意识强化。对中亚而言，虽然经历了沙皇俄国的征服和苏联 70 年间不同民族文化的相互交融，俄罗斯文化在中亚各民族的发展中留下了深刻的烙印。但是伊斯兰教在世居民族传统文化中的深厚积淀和广远影响使广大的穆斯林群众仍然保持着本土伊斯兰文化传统的内核。伊斯兰教是联系当地穆斯林和整个伊斯兰世界的纽带和灵魂。为了加强伊斯兰世界的联系，国际伊斯兰非政府组织纷纷在中亚地区设立分支机构和代表处，加强伊斯兰世界的联系，以应对伊斯兰传统文化面临的巨大挑战。大多数国际伊斯兰非政府组织均以信仰为动力，采用文化交流和帮助发展教育以及提供人道主义救助等方式，致力于解决中亚穆斯林社会中的特定问题，并且向当地伊斯兰非政府组织提供资助，帮助其扩大规模和影响。

（二）全球性宗教政治化加速了中亚激进和极端主义组织的国际化

利用宗教追求政治目标的宗教政治化已呈全球性趋向，对催生宗教非

政府社会组织及加速其发展产生了深刻的影响。苏联解体后，中亚地区出现的宗教政治化趋势日渐增强。中亚地区80%的居民信仰伊斯兰教，而在乌兹别克斯坦这一比例达到88%，在塔吉克斯坦达到90%。这一地区的宗教政治化倾向主要表现为以伊斯兰教作为某种政治意识形态和政治斗争的工具，达到既定的政治目标。有学者将此现象称为"政治伊斯兰"，即以伊斯兰教的内容、话语、旗帜和文化符号为政治斗争、政治理念和政治功能提供资源支持。那些激进或极端主义组织对传统文化资源的政治利用，决定了他们对普通民众生活具有广泛的影响力。在中亚出现的宗教政治动员与全球化趋势齐头并进的现实，不仅使具有"政治背景"的非政府组织及其成员的数量得到更大的扩展，而且由于宗教多半是一种被宗教极端主义利用了的动力，进而加速了中亚极端主义组织的国际化。主要表现在两个层面，一方面表现在以"乌兹别克斯坦伊斯兰运动""伊斯兰解放党"（"伊扎布特"）"中亚伊斯兰运动"（又称"突厥斯坦伊斯兰运动"）等为代表的中亚极端主义组织在上述过程中蜕变为带有明显国际色彩的恐怖组织。他们大都借以政治宗教化的主张，谋求与相关国家的激进的政治反对派相勾连，介入本国事务和国际政治，挑战现政权。这或许就是为什么中亚国家有些部门将宗教非政府组织误解为"反政府组织"的原因之一。

另一方面国际宗教非政府组织也纷纷在中亚设立分支机构。其中的极端主义组织也不例外。自20世纪90年代起，"基地"组织和"世界圣战阵线"在中亚建立了分部。在哈萨克斯坦和乌兹别克斯坦等国招募了一些公民进行培训。他们借助世界性宗教政治化趋向的土壤，利用当地层出不穷的社会矛盾、由于贫富两极分化而导致底层普通群众的愤懑情绪和需求饥渴状态，谋求以宗教的号召力，诉诸暴力，推翻世俗政权、挑战国家主权，危害人民生命安全。

第三节　发展趋势及其影响

如上所述，中亚各国宗教非政府组织如雨后春笋般涌现，其活动范围不断拓展，在国内和国际上的影响逐渐被世人关注。

一　与国际宗教非政府组织的横向联系愈加紧密

中亚国家的宗教非政府组织均有自己的国际联系。与其他类型的非政府组织一样，其活动与发展主要依赖国际组织的舆论支持和经费物质支援。国际宗教非政府组织，有些是其分支机构，通过与当地相应组织的密切联系，将追随者牢牢地吸附在自己的周围，进而扩大影响。

在中亚地区现有宗旨不同、结构不一、人员组成各异、活动形式多样的宗教非政府组织中伊斯兰背景的居多数。国际伊斯兰非政府组织（主要是驻中亚代表机构）影响较大，与当地穆斯林组织的横向联系更为密切。

中亚具有影响的国际伊斯兰非政府组织

	名称、成立时间、地点	宗旨	在中亚地区的情况
1	世界伊斯兰联盟（ВИЛ，1962 年）沙特阿拉伯圣城麦加	宣传伊斯兰学说、与敌视伊斯兰教的思想和教派进行斗争，巩固穆斯林宗教界的政治地位，在伊斯兰的旗帜下将穆斯林青年联合起来。	以其控制的银行机构和金融组织进行资助，为在中亚各国建立伊斯兰文化中心创造条件。在中亚主要发行其阿拉伯语刊物《伊斯兰世界新闻》（月刊）
2	国际伊斯兰救济组织（МИОС，1978 年）沙特阿拉伯杰达	救助在战争、宗教冲突、自然灾害和反伊斯兰宗教迫害中受难者。	在塔吉克斯坦、吉尔吉斯斯坦、阿富汗和俄罗斯等35个国家设立100多个代表处。
3	世界伊斯兰青年联合会（ВАИМ，1972 年）沙特阿拉伯首都利雅得	穆斯林青年的教育培训，主要工作形式：举办穆斯林青年夏令营。	1994年在中亚各国建立分支机构。
4	伊斯兰慈善和人道组织（1991 年）	对遭受自然灾害、社会冲突和被侵犯地区的穆斯林给予财物、道义和医疗救助。	募集资金作为活动经费的基础。
5	瓦克夫伊斯兰基金会（Аль－Вакф，1988）沙特赫尔蒙德	资助宗教教育、翻译出版伊斯兰古籍文献、对穆斯林进行医疗救助、新闻宣传等。	在前苏联国家实行"宗教召唤"纲领，筹建伊斯兰文化中心、《古兰经》研究小组、清真寺、举办伊斯兰教会议、支持和资助在普通教育学校和专业技术学校创建宗教教育基地，抵御西方文化等伊斯兰教宗教教育等活动。

续表

名称、成立时间、地点	宗旨	在中亚地区的情况
6 哈拉曼伊斯兰基金会（Аль－Харамейн，1991年）沙特阿拉伯首都利雅得	普及伊斯兰教，救助穆斯林。	主要是下属的亚洲委员会、伊斯兰号召和救济委员会、清真寺事务委员会在此资助修建清真寺和难民救济，进行伊斯兰思想的普及宣传。
7 伊斯兰普及促进会（OCP，1963年）科威特	回归"纯洁的"伊斯兰传统价值观念以合法方式反对敌视伊斯兰教的思想和教派。对境外穆斯林提供必要的资助。	在中亚哈萨克斯坦和塔吉克斯坦设有分支机构。
8 亚洲穆斯林委员会（KMA，1989年）科威特	救助流浪儿童和贫困家庭。宣传和普及可兰经和其他穆斯林文献。	对中亚各国家建立的伊斯兰大学和宗教学校给予资助，但不参与教学活动。在乌兹别克斯坦实施"救助500名穆斯林流浪孤儿计划"。

国际伊斯兰非政府组织与当地相应组织的密切关系，不仅体现在道义和经费资助方面，而且共同实施一些具体项目和计划，主要表现在促进社会教育和福利，为穆斯林提供社会公益性服务。这种交流的结果使中亚当地的宗教非政府组织在功能方面，既承担有进行传统伊斯兰经训教育和传播伊斯兰教基本知识的责任，又附加了宣传社会和政治观点的使命。

由于国际或境外相应的宗教非政府组织的经费资助和道义支持，中亚地区的宗教非政府组织汲取了丰富的营养，逐步发展和壮大起来，并积极参与当地的社会生活，形成一种稳定牢固的社会力量。

二 新兴宗教及其组织迅速发展

20 世纪 90 年代初，在中亚鲜为人知，而在世界上已广泛流行的新兴宗教，诸如：巴哈伊教派①、印度教黑间派、基督教派生的一些新教派纷纷渗透中亚。近年来新兴宗教及其组织在中亚地区蓬勃发展，并以青少年

---

① 巴哈伊教，旧称大同教，又译巴哈教、白哈教、比哈教，是阿拉伯文 Bo. haiycth 的音译。含义参见：《宗教词典》，上海辞书出版社1981年版，第239页。

为基础建立了相应的宗教社团，亦称宗教运动。

　　据官方统计，仅 2006 年在哈萨克斯坦注册的新兴宗教组织 58 个。目前吉尔吉斯斯坦坦新兴宗教组织达 235 个，主要有印度教黑间组织、巴哈伊运动、门诺派①组织、摩门教徒组织、卫斯理派教徒组织、五旬节教派运动、耶和华见证人、基督复临安息日会②、浸礼会③等组织。由于上述宗教、教派及其相关组织的渗入，在中亚"颜色革命"的爆发地吉尔吉斯斯坦出现了南北地区宗教分化的趋势。在明显"欧化"的北方地区出现了基督教和新兴宗教强化趋势，与南方的"伊斯兰化"进一步复兴相抗衡。据统计，原本信仰伊斯兰教的吉尔吉斯斯坦人改信新教的人数已达到 15000人。渗透力最强的是"福音浸礼宗"④ 和"耶和华见证人"等教派组织，其次是巴哈伊运动。其他传教组织也各显神通，积极活动。各种新兴宗教主要在青少年中广泛传播。与之相关的组织也更加积极地活跃在青少年中。在吉尔吉斯斯坦共和国吉尔吉斯斯坦人中出现了同一家庭成员父母信仰伊斯兰教，子女信仰新兴宗教，诸如巴哈伊教的情况。吉尔吉斯斯坦北部地区的吉尔吉斯斯坦族青少年改信基督教和新兴宗教的趋向尤其突出。

　　新兴宗教在中亚国家发展迅速的背后蕴含着深刻和复杂的社会原因。除了社会问题层出不穷，多重矛盾相互交织外，民生问题是根本。概而言之，国家转型与民生需求的不对称性等因素导致了各种宗教的渗入和广泛传播。人们面对变幻莫测的社会现实，不得不以各种价值观、道德观、文化观、政治观乃至宗教观作出自我反应。传统的信仰和价值观念往往难以消除人们内心的困惑，进而产生怀疑和动摇，表现在宗教方面则是向往新的宗教信仰。一般来说，社会动乱促发宗教高涨是历史的规律。吉尔吉斯斯坦共和国的情况就是最好的例证。据 2006 年 6 月吉尔吉斯斯坦共和国移民和就业委员会公布的统计数据，全国失业人数达 50 万，占具有劳动能力人口的 22%。就业者平均月工资仅有 8 美元，而每公斤牛羊肉的价格为 3 美元。⑤ 大多数国民生活在贫困之中，对当局十分不满。贫困对人

---

　　① 基督教新教门诺派教会，传布于美国、荷兰和德国。

　　② 简称安息日会，基督教新教派之一，19 世纪 40 年代产生于美国。

　　③ 基督教新教主要宗派之一。

　　④ 1944 年由浸礼宗和福音派基督教徒合并而成的教会，后有五旬节派部分教徒和"兄弟会"的门诺派加入该派，由"福音浸礼宗"联合会领导。

　　⑤ 艾哈姆别尔迪·卡布罗夫：《费尔干纳谷地：贫困在新生代中滋生极端主义》，《乌兹别克斯坦共和国"费尔干纳"信息分析》，2007 年 3 月 12 日。

们的理念和行动势必产生强烈的冲击。一批又一批被称为"俘获心灵者"的新兴宗教传教士们参与相应的非政府组织，在长久失业者和极端贫困者中进行其教义、教规和组织活动方式的宣传。尤其对受"信仰危机"、同时深受就业危机和生存危机困扰的中亚年青一代来讲，他们思维活跃，通过现代化的手段十分容易接受新生事物；而多数新兴宗教在表现形式上更能迎合社会现实的需要，两者一拍即合。以上因素使新兴宗教在贫困者和青少年中很容易获得生存和发展空间。

新兴宗教及其组织对社会产生的作用有积极性、消极性和破坏性。诸如巴哈伊教派组织认为，"全世界所有伟大宗教的起源是神圣的，它们的基本原则完全和谐一致，它们的目标和意旨是一致和相同的，它们的教义是同一真理的不同角度，它们的作用是互补的，它们的差异是存在于教义中的次要方面，它们的使命代表人类社会灵性发展的连续阶段"。该教派组织强调，不分男女，不管种族、肤色、社会地位，人人平等，人类皆兄弟，统一和谐，真诚相爱，互相信任；提倡服从政府的法律和政策，以便维护社会的正常秩序和社会的稳步发展，避免社会动乱的发生。"由于它具有更为现代化的内容，有更为简化的宗教仪式，更为宽容，更为开放，更为世俗化"[①]，不仅在世界范围有着惊人的发展，而且在中亚国家出现迅速增长之势。类似的新兴宗教及其组织在中亚地区具有一定的正面影响。虽然它们的信仰不同，但是在思想上赞扬宽容慈悲、鼓励诚信仁爱；在政治上趋向温和、倡导平等；在行动上崇尚中庸而抵制极端；在社会生活中追求和谐而谴责暴力的共同性，为人们提供了具有普世意义的价值伦理和道德观念体系，有助于中亚国家社会矛盾的缓解，宗教关系、民族关系的和谐与地区局势的稳定。与此同时，不容忽视的是具有极端主义倾向的新兴宗教组织，其教义、教规和活动方式的多变性、秘密性、暴力性和恐怖性，对社会的安定和国家乃至地区安全构成严重危害。

第四节　当局对宗教非政府组织的政策

中亚国家独立以后，因着国际大环境和地区安全情势的变化，各国政

---

① 蔡德贵：《巴哈伊教》，《世界宗教文化》2001 年第 2 期。

府对宗教非政府组织的政策经历了一个由松到紧，由弱到强的过程。

独立建国初期，各国政府对国内出现的一些非政府组织大多采取宽松和支持态度，并给予一定的优惠政策。诸如吉尔吉斯斯坦共和国、哈萨克斯坦共和国和塔吉克斯坦共和国政府部门比较积极地改善促进非政府部门发展的相关体制环境，不仅为非政府组织提供更多的社会服务机会，而且为着手建立政府与非政府部门之间的沟通渠道提供了条件。2000 年 10 月在哈萨克斯坦总统国情咨文中首次提出政府应为非政府组织的发展创造条件，并肯定"非政府组织在哈萨克斯坦的权力保护活动和实施各居民群体特殊利益方面起了重大的作用。国家有必要对其进行确实可行的支持"①。2002 年 1 月哈萨克斯坦共和国政府批准了"国家支持非政府组织构想"，确立了国家支持非政府组织的目的、优先权、原则、机制及其实施水平。2003 年哈国政府又批准了"2003—2005 年国家支持非政府组织纲领"。乌兹别克斯坦和土库曼斯坦对非政府组织一贯态度谨慎。但最初乌兹别克斯坦也给予非政府组织一定的税赋优惠。对这些国家来讲，当时对非政府组织采取放任态度和宽松政策主要基于实用主义的考虑。他们冀望这些组织能够帮助解决一些政府力所不及的社会问题。

"颜色革命"在前苏联一些国家爆发，非政府组织的消极影响逐渐显现。由于许多非政府组织得到境外的资助并追求"政治目的"而受到中亚国家的质疑。各国学者对非政府组织的理论依据及其社会实践开始重新审视。由此提醒中亚各国政府加强了对西方背景的非政府组织的管理。各国首先以司法制度为突破口，以立法的形式对非政府组织采取严密的监控措施。

哈萨克斯坦改变了以往对非政府组织的态度；在原有的《非政府组织法草案》的基础上，拟出台《哈萨克斯坦共和国境内国际和国外非商业性组织分支机构和代表处活动法草案》及《哈萨克斯坦共和国有关非营利性组织问题的一些法律条文的补充和修订草案》。下议院和检察院提出据此对 30 多个非政府组织进行审查，主要针对具有"政治目的"和"宗教背景"的国际性非政府组织，包括外国组织的代表处以及从首都到地方受境外资助的相关组织。

虽然吉尔吉斯斯坦现任国家领导集团是"郁金香革命"成功结果的

---

① 俄罗斯联邦促进发展公民社会和人权委员会：《哈萨克斯坦共和国公民社会发展构想（2006—2011 年）》，2005 年 7 月 9 日。

享用者，但是他们上台以后，立即着手对国家原有《社会组织法》进行补充修订，提出并采取了一系列措施加强对非政府组织的掌控，为此还成立了"加强监控非政府组织活动委员会"。2008 年 11 月吉尔吉斯斯坦共和国议会通过了禁止宗教组织吸纳未成年人的立法。

原本非政府组织在塔吉克斯坦享有充分的自由。邻国吉尔吉斯斯坦和乌兹别克斯坦的情势使塔吉克斯坦政府对国内脱离国家监控状况下非政府组织的存在开始担忧。于是塔吉克斯坦司法部制定了《社会组织法草案》，提出了对非政府组织的审查措施。新法律草案规定非政府组织必须履行《社会组织法草案》的各项要求。塔吉克斯坦政府内务部开始对非政府组织和国际组织代表处进行严格审查。

乌兹别克斯坦非政府组织的发展远不及吉尔吉斯斯坦和哈萨克斯坦。"安集延骚乱"以后，乌兹别克斯坦政府对非政府组织采取了更加强硬的控制和监督手段。2006 年乌兹别克斯坦政府先取缔了具有基督教背景的"中亚自由交流组织"，后对有基督教背景的西方宗教非政府组织在中亚的分支"仁爱会"的活动进行监控。2007 年 4 月 17 日，乌兹别克斯坦共和国司法部对在其境内的西方宗教非政府组织"国际友谊与希望"提出警告。这个组织以传教为名，在青少年中鼓动改变宗教信仰。政府还利用非政府组织重新登记之际，将一些国际非政府组织的分支驱除出境。

而在土库曼斯坦，政府则严格限制所有非政府组织的活动，自立国至今基本没有非政府组织可以注册成立的相关法律规定。

由于受到各国政府的政策制约和严密控制，非政府组织的发展空间明显缩小。特别是受到境外资助、被怀疑有"政治目的"、有"宗教背景"、有可能对国家政权和社会稳定构成威胁的非政府组织或被取缔，或活动受到严格的限制。因而也引起了非政府组织对中亚国家的紧缩政策提出质疑。

目前中亚各国政府纷纷对非政府组织，主要针对那些外国或受境外资助的具有"政治目的"的组织和打着宗教旗号、带着非政府组织面具的极端主义组织，采取严格的监控措施。这种做法无疑有利于维护国家政局稳定。但在具体政策的实施过程中也存在着片面性和简单化倾向，较为突出的是划一性，即用一个标准去对待，忽视了各组织在对政府态度、具体工作内容和活动形式等方面存在的差异性。应该说大部分宗教非政府组织都能遵循国际法则，不从事颠覆政权的活动，与宗教极端主义运动有关的只是极少数。

2008 年年末和 2009 年年初，中亚一些国家议会根据国内外形势的变化对本国的"宗教信仰自由和宗教组织法"等法律进行修订。其共同点在于：第一，进一步细化和明确了国家与宗教非政府组织的关系；规定宗教组织不得追求政治目的，无权参加国家权力和管理机构的选举和政治党派的活动，不得给予政治党派提供经费支持。第二，禁止建立在民族属性（национальность）和宗教属性（религиознаяпринадлежность）基础上的政治党派和组织的活动。① 第三，宗教组织的成员只能以国家公民的身份参加政治生活。第四，随着中亚地区宗教领域极端化和激进化问题日益尖锐，在各国有关"宗教自由和宗教组织"法律的修订中，仍坚持以立法形式对国家安全构成威胁的宗教极端主义组织，包括"伊斯兰解放党（伊扎布特）""乌兹别克斯坦伊斯兰运动""阿克拉米亚""白色兄弟联盟"、穆恩教会和一些撒旦组织予以查禁、取缔和坚决打击。

概言之，中亚国家对宗教非政府组织的态度，是根据利益所需而制定具体政策。非政府组织被称为政府、市场之外的"第三部门"或"第三力量"。但它与政府却是一种相互补充的关系。政府对非政府组织，包括宗教非政府组织问题处理得好，将会起到促进社会安定和谐的作用，使之成为政府的伙伴和助手；处理得不好将会引发彼此之间的矛盾或冲突，波及公民和谐和社会稳定。

---

① 《哈萨克斯坦宪法委员会审视新宪法》，《欧亚视角》（俄文版），2009 年 1 月 15 日。

第十六章 "离散族群"：中亚维吾尔人

"离散族群"（希腊文 diaspora，俄文 Диаспора），直译为被迫由故乡迁出，移居国外的人。它不仅是民族学、历史学，也是涉及国际关系学的一个专门术语。从民族学角度诠释，"离散族群"指拥有共同起源，操同一种语言，属于相同血缘和文化的人群集合—文化民族的一部分。从历史学范畴考量，"离散族群"是历史的产物，特征为因各种史因，远离本民族主体部分，散居历史祖国以外；随时间推移，已在居住国形成一个具有一定人口规模，且聚居地域稳固，并保留共同历史记忆和传统文化符号的少数民族群体。其生存和发展受所在国法律、社会文化环境约束和支配。从国际关系层面解读，"离散族群"与"跨国民族"都是民族人口流动的产物，造成同一民族共同体的部分成员散离在不同国家。"跨国民族"具有特定的政治含义，强调同一民族被政治边界分割在不同国家。"离散族群"更突出其历史和文化内涵。无论"跨国民族"还是"离散族群"，因其历史联系和人文特点可成为国家之间合融关系的桥梁及地缘安全的社会力量。但在一定条件下，他们会产生超越国家界限，与"同质民族"的其他部分建立起特殊情感互动关系，包括政治、经济、文化的整合诉求。当世界格局处于多极景观，国际政治面临重构，国家关系进行新的调整时，"离散族群"往往会被利用，作为分裂统一民族国家主权体的"借用工具和力量"。

现今散居在中亚各国的维吾尔人主要是不同历史阶段由我国新疆迁移到当时俄属安置地和苏联中亚地区的移民及其后裔。他们与移居中亚的俄罗斯人、白俄罗斯人、乌克兰人、德意志人、卡尔梅克人、克里米亚—鞑靼人、朝鲜人、东干人等在俄文史料中被称为"Диаспора"（离散族群）。维吾尔人被谓之"Уйгурская диаспора"[1]。长久以来，中亚维吾尔人虽然已整

---

① 哈萨克斯坦共和国民族关系问题研究中心：《哈萨克斯坦各民族在国家进入 50 强国竞争中的作用与地位：国家和社会任务》（俄文版），2008 年版，第 65 页。

合于所在国的社会生活，但无论在心理品格，还是营生方式等方面，仍以鲜活的生命力保留着历史积淀的质层。这一群体以其独特的历史文化底色，以及与居住在中国西部的维吾尔主体部分的亲缘关系，被认定为与中国新疆有着千丝万缕联系的"离散族群"。经过一个多世纪的发展，维吾尔人已成为中亚地区人数最多的"离散族群"之一。由于中亚维吾尔人的分布特点多处于跨居国的边缘地带，其成员的身份认同，包括对民族跨居国的认同、对本族群的认同，以及由此引发的某些状态，会产生明显的边际效应。

第一节 "迁徙型族群"与"边疆性"分布

每一个民族单位都有自己的历史地理分布格局。追本溯源，维吾尔族是在历史上中国辽阔疆域内繁衍、生息、发展、壮大起来的。目前全世界维吾尔人口计 1000 多万。中国维吾尔族人口约 985 万，其中新疆983.1760 万[1]，湖南 1.3 万。除中国外，维吾尔人还大量散居在中亚各国。目前，整个中亚地区有近 35 万维吾尔人，约占中国境外维吾尔人总数的四分之三。

大批维吾尔人在中亚的出现，是西方列强强加给中国的一系列不平等条约所致；是外国侵略者与国内分裂势力相互作用引发而成；是新老殖民主义和大国以强权政治为基本原则，推行对华边疆政策的结果。维吾尔人落居中亚主要分四个历史阶段。第一阶段是 18 世纪后半叶至 19 世纪上半叶因新疆南部"和卓家族叛乱"迁往费尔干纳的喀什噶尔人。据乌兹别克斯坦历史记载，这一阶段从新疆南部迁入费尔干纳盆地的维吾尔人有 7 万户。[2] 第二阶段是《中俄伊犁条约》签订后，于 1881—1884 年被沙皇俄国迫迁中亚的伊犁维吾尔人。第三阶段是民国初年受沙俄诱招，赴俄属中亚作佣工种植罂粟之维吾尔人。第四阶段是 20 世纪 60 年代苏联策动"伊塔事件"出走的我国维吾尔边民。无论是强制性迁移，还是自愿迁徙，都说明维吾尔人系中亚国家非原生型民族，而为迁徙型族群。由于历史的原因，中亚维吾尔人大都分布于所在国边境地带，与中国接壤或邻近

---

① 《新疆统计年鉴—2009》，中国统计出版社 2009 年版，第 78 页。

② H. 诺尔库洛夫、y. 朱拉耶夫：《乌兹别克斯坦历史（16—19 世纪上半叶）》（俄文版），塔什干，2001 年版，第 166 页。

的地方，呈"大杂居""小聚居"的居住格局。

据官方统计，根据 2009 年哈萨克斯坦共和国独立后第二次人口普查结果，维吾尔日常统计为 24.1946 万人，占居民总人口的 1.53%。哈萨克斯坦的维吾尔人占中亚维吾尔人口的约 70%。2007 年哈萨克斯坦共和国维吾尔人由独立初期国内第十大民族提升为第五大民族，人口 23.32 万人，占国家总人口的 1.51%[1]，居哈萨克、俄罗斯、乌克兰和乌兹别克民族人口之后。

2009 年哈萨克斯坦共和国第二次民族人口普查表[2]

民族人口日常统计（2009 年 1 月 1 日）和人口普查数据（2009 年 2 月 25 日）

民族	日常统计 2009.1.1	%	普查数据 2009.2.25	%
人口总计	15776492	100.00	16009597	100.0
哈萨克	9540806	60.47	10096763	63.07
俄罗斯	3869661	24.53	3793764	23.70
乌兹别克	463381	2.94	456997	2.85
乌克兰	422680	2.68	333031	2.08
维吾尔	241946	1.53	224713	1.40
鞑靼	226803	1.44	204229	1.28
日耳曼	220975	1.40	178409	1.11
其他	790240	5.01	721691	4.51

哈萨克斯坦共和国七大民族人口情况表（2007 年 1 月）[3]

（全国各民族总人口 1539.69 万人）

民族	人口（万）	所占总人口（%）
哈萨克	910.99	58.18
俄罗斯	394.51	25.63
乌克兰	44.05	2.86
乌兹别克	43.96	2.86
维吾尔	23.32	1.51
鞑靼	22.86	1.48
德意志	22.23	1.44

---

① 哈萨克斯坦共和国文化信息部：《各民族迁徙在哈萨克斯坦人口构成中的作用》（俄文版），阿拉木图，2008 年版，第 107 页。

② 哈萨克斯坦共和国统计署：《2009 年哈萨克斯坦共和国居民人口统计结果》（俄文版），阿斯塔纳，2010 年 2 月 4 日。

③ 根据哈萨克斯坦共和国文化信息部：《各民族迁徙在哈萨克斯坦人口构成中的作用》（俄文版），阿拉木图，2008 年版，第 107、108、109 页编制。

1999—2007 年哈萨克斯坦共和国民族人口结构比率表（%）①

民族＼年份比率	1999	2000	2001	2002	2003	2004	2005	2006	2007
哈萨克	53.30	54.11	54.95	55.77	56.54	57.19	57.88	58.56	58.18
俄罗斯	30.02	29.48	28.89	28.30	27.73	27.24	26.70	26.15	25.63
乌克兰	3.68	3.56	3.44	3.34	3.23	3.14	3.05	2.95	2.86
乌兹别克	2.47	2.53	2.60	2.65	2.70	2.74	2.78	2.82	2.86
维吾尔	1.41	1.43	1.45	1.46	1.48	1.49	1.50	1.51	1.51
鞑靼	1.67	1.65	1.62	1.60	1.58	1.56	1.53	1.51	1.48
德意志	2.38	2.19	2.01	1.83	1.69	1.59	1.51	1.46	1.44
其他民族	5.07	5.05	5.04	5.05	5.05	5.05	5.05	5.04	5.04

哈萨克斯坦共和国独立后两次人口普查部分民族统计数据比较表②

民族	居民人数（千）		所占百分比（%）	
	1999 年	2009 年	1999 年	2009 年
居民总人数	14981.9	16004.8	100.0	100.0
哈萨克	8011.5	10098.6	53.5	63.1
俄罗斯	4481.1	3797.0	29.9	23.7
乌兹别克	370.8	457.2	2.5	2.8
乌克兰	547.1	333.2	3.6	2.1
维吾尔	210.4	223.1	1.4	1.4
鞑靼	249.1	203.3	1.7	1.3
日耳曼	353.5	178.2	2.4	1.1
其他民族	758.4	714.2	5.0	4.5

　　维吾尔人在哈萨克斯坦各州均有分布，主要聚居在与中国新疆伊犁毗连的阿拉木图州所辖贾尔肯特区、基洛夫区、春贾维吾尔区（维吾尔占该区居民总人口的 56.13%）、塔力贾尔区、奇列克区和伊犁区。该州维

---

　　①　根据哈萨克斯坦共和国文化信息部：《各民族迁徙在哈萨克斯坦人口构成中的作用》（俄文版），阿拉木图，2008 年版，第 107、108、109 页编制。
　　②　哈萨克斯共和国统计署：《2009 年哈萨克斯坦共和国居民人口普查总计》（俄文版），阿斯塔纳，2012 年 9 月 15 日。

吾尔人口仅次于哈萨克人和俄罗斯人，居第三位。其次，在南哈萨克斯坦州、江布尔州和旧都阿拉木图市维吾尔人口也相对集中。

哈萨克斯坦共和国维吾尔居民主要分布州市的人口和所占比率①

	阿拉木图州	南哈萨克斯坦州	江布尔州	阿拉木图市
维吾尔人口（万）	145087	3456	2578	64947
所占比率（%）	9.22	0.16	0.26	5.71

维吾尔人素以善于经商和建筑工艺著称。随着哈萨克斯坦共和国首都由东南部的历史文化名城阿拉木图向北方的阿斯塔纳迁移，新都的兴建，北部地区大规模经济建设步伐加快，为具有经商传统的维吾尔人寻找商路和生计提供了契机，吸引着他们北向定居。众多具有经营意识的维吾尔人走出传统聚居地，从阿拉木图州迁往阿斯塔纳等北方城区。他们在新的迁入地主要从事餐饮业和建筑业，并以本民族传统工艺和技能为支撑，形成了特定的族群生意网络和相对集中的居住点。新都阿斯塔纳的维吾尔人口指标在不断上升，占当地人口的 0.09%②。

吉尔吉斯斯坦共和国有 4.37 万维吾尔人，主要生活在首府比什凯克及其周边地区的托库尔塔什、列别基诺夫克和诺沃普克罗夫克等居民点。此外，维吾尔聚落还散布在南部楚河流域的贾拉拉巴德州和奥什州。据官方统计，与中国新疆南部接壤的奥什州有 1.1 万维吾尔人。在巴特肯州亦有 300 多维吾尔人。③ 乌兹别克斯坦共和国居住着 3.5 万维吾尔人，主要分布在与我国新疆南部相邻的费尔干纳谷地。土库曼斯坦也生活有 3000维吾尔人。吉、乌、土三国的维吾尔基本来源于中国新疆喀什。在塔吉克斯坦、阿富汗、巴基斯坦也有 3 万维吾尔人。④

---

　　① 根据哈萨克斯坦共和国民族关系问题研究中心：《哈萨克斯坦共和国统计中心数据》，《哈萨克斯坦各民族在国家进入 50 强国竞争中的作用与地位》（俄文版），阿拉木图，2008 年版，第 64 页编制。

　　② 哈萨克斯坦共和国文化信息部：《哈萨克斯坦共和国统计中心数据》，《哈萨克斯坦各民族在国家进入 50 强国竞争中的作用与地位》（俄文版），阿拉木图，2008 年版，第 64 页。

　　③ А. 乌梅托娃：《吉尔吉斯斯坦居民》，《社会环境发展基本趋势评估》（俄文版），2009年 4 月 5 日。

　　④ А. 卡米洛甫：《中亚维吾尔人问题》，《绿洲》（俄文版），2007 年第 3 期，第 47 页。

1959—2009 年吉尔吉斯斯坦共和国部分民族人口统计表①

民族	1959 年	%	1989 年	%	1999 年	%	2009 年	%
各族总人口	2065009	100	4257755	100	4822938	100	5362793	100
吉尔吉斯斯坦人	836831	40.52	2229663	52.37	3128147	64.86	3804788	70.95
乌兹别克人	218640	10.59	550096	12.92	664950	13.79	768405	14.33
俄罗斯人	623562	30.20	916558	21.53	603201	12.51	419583	7.82
东干人	11088	0.54	36928	0.87	51766	1.07	58409	1.09
维吾尔人	13157	0.64	36779	0.86	46944	0.97	48543	0.91

2009 年吉尔吉斯斯坦共和国维吾尔人主要分布地区人口统计表②

国名/州名	总人口	维吾尔人口	百分比（%）
吉尔吉斯斯坦	5362793	48543	0.91
巴特肯州	428636	264	0.06
贾拉拉巴德州	1015994	3271	0.32
伊塞克湖州	438389	3897	0.89
纳伦州	257768	339	0.13
奥什州	1104248	11181	1.01
塔拉斯州	226779	131	0.06
楚河州	803230	15276	1.9
比什凯克市	835743	13380	1.6
奥什市	258111	804	0.3

现今居住在吉尔吉斯斯坦的维吾尔人大多是 19 世纪 20—30 年代和 20 世纪 50—60 年代从中国新疆迁去的移民后裔。他们多务农，少部分经商或从事餐饮业。另外也有一些是在中—吉边境口岸开放以后穿梭于两国进行贸易的维吾尔人。在吉尔吉斯斯坦他们被称为 "КитайскиеМигранты（中国移民）"。这些苏联解体后赴吉经商的中国维吾尔商人一般由 6—7 人自愿组合共租公寓。出于安全保障和商业利益考虑，他们多半与其他民

① 吉尔吉斯斯坦共和国国家统计委员会：《1959 年、1989 年、1999 年和 2009 年居民人口统计》（俄文版），2010 年 2 月 1 日。
② 吉尔吉斯斯坦共和国国家统计委员会：《2009 年吉尔吉斯斯坦人口统计国家各地区居民民族成分》（俄文版），2010 年 2 月 1 日。

族的中国商户们同住一区。

20 多年来，在中亚地区，除了国家冠名民族外，维吾尔是人口增长速度最快的族群之一。与国家独立之初相比，在哈萨克斯坦的六大民族中，哈萨克族人口增长 26.1%，乌兹别克族人口增长 23.3%，维吾尔人口增长 6%（3.5 万人），鞑靼人口负增长 18.4%，乌克兰人口负增长 39.1%。① 维吾尔人口指标明显提升。吉尔吉斯斯坦共和国的维吾尔人口也有增加。中亚国家独立 20 多年来，维吾尔人的移入有两个前提。首先，哈萨克斯坦、乌兹别克斯坦和吉尔吉斯斯坦有同源族群。散居各地的维吾尔人因各种原因投亲靠友是主要动因。其次，中亚各国独立以后与周边国家边境贸易关系发展很快。一些维吾尔人从事多边"穿梭"贸易，并因此在中亚定居下来。此外，也有少量新疆籍人非法移居中亚各国。其中有些已通过合法或非法途径取得中亚国家公民的合法身份。

中亚维吾尔人口地缘分布格局是在诸多内外要素的综合作用下，经过长久历史发展而形成的。随着时间的推移，他们虽然经历了不同的历史时段，但其族群分布边际化的基本格局没有改变。其重要原因在于，无论是沙皇俄国，还是苏联都对中国新疆谋有企图，并利用"离散族群"作为制华政策的底牌。苏联解体以后，原属同一国家民族格局中的一个族体单位，分散跨居在多个以主体民族命名的主权国家。这在一定程度上影响着中亚维吾尔人与其他民族之间的关系、其族群与国家间的关系，并且发生了动态的变化。"边疆性"的族群地缘分布格局以国际政治为背景，以族缘关系为媒介，即可构成与相关国家进行文化交流、边贸互市，乃至经济合作的人文环境基础；在特定情势下，也会成为诱发民族问题和国家间地缘关系的潜在影响因素或显在的表现形式。

第二节　族民与国民身份认同的叠合与裂变

身份认同是指个人或集体的身份选择，涵盖对民族、国家、社会、文化的认同。"在个人层次上，认同是多重性的，且通常是情景性的。""环

---

① 哈萨克斯共和国统计署：《2009 年哈萨克斯坦共和国居民人口普查总计》（俄文版），阿斯塔纳，2012 年 9 月 15 日。

境不同，在不同的时候这种或那种认同会优先于其他的认同。""在集体的层次上，发挥作用的并不是个体的选择和感觉，而是集体连接（collectivebond）的本质。"① 身份认同的出发点是寻求"我是谁？""我从哪里来？"的答案。从地缘群体的角度解读，是解决"我们是谁"的问题。

自古以来，维吾尔族就是中国多民族大家庭的重要成员，是我国西北地区的世居民族之一。然而，由于复杂的历史动因，其中的部分成员于不同时段，离开了原居地迁徙到与我国西北边疆毗邻的中亚地区。但是中国是维吾尔的祖籍国，新疆是维吾尔的故乡。这不仅是维吾尔族人民的普遍认同，也是国际学术界的定论。1989 年苏联乌兹别克共和国《东方真理报》称，"中国新疆古称'西域'，是维吾尔人的故乡。在中华人民共和国的新疆维吾尔自治区居住着维吾尔的主体"②。2003 年 10 月 6 日哈萨克斯坦阿拉木图"媒体在民族和谐发展中的作用"国际学术研讨会公认"中国是维吾尔人的历史祖国，这是一个毋庸置疑的问题，已刊布的大量学术史料可予以佐证，并在世界媒体得以充分反映"③。

中亚维吾尔人的认同意识随着时代和世代，即代际的不同而发生变化。沙皇俄国时期，被迫迁居俄属中亚的第一代维吾尔人大都据其来源地，把自己认同为"喀什噶尔人 Кашгарлыки""和田人 Хотанлыки""吐鲁番人 Турфанлыки"或"塔兰奇 Таланчи"④。那一世代的移居者们多具以地方社会生活、历史、文化和语言（方言）等共同性符号和共享记忆为基础的地域性身份认同，对"故国家园"充满怀念。1881—1884年，众多伊犁维吾尔—塔兰奇被沙俄以不平等的《中俄伊犁条约》强制性迁居中亚，"受着沙皇君主政体难以置信的压榨"⑤。他们不顾沙俄阻挠，携妻负子回归故里。俄文历史档案记述："被安置在维尔内县东部的塔兰奇整户全家四处逃离。大都逃回中国境内原居地——伊宁。那里有他

---

① 安东尼·D. 史密斯：《全球化时代的民族与民族主义》，龚维斌、良警宇译，中央编译出版社 2002 年版，第 147、148 页。

② 《苏联维吾尔人》，《东方真理报》（俄文版），1989 年 5 月 6 日。

③ Ю. А. 阿扎马托夫：《"维吾尔之声报"关于维吾尔人问题的报道》，《"媒体在民族和谐发展中的作用"国际学术研讨会文集》（俄文版），2003 年版，第 184 页；Ш. M. 纳迪罗夫：《媒体反映的维吾尔人问题》，《"媒体在民族和谐发展中的作用"国际学术研讨会文集》（俄文版），2003 年版，第 159 页。

④ 蒙古语译，意为"种田人"。俄文"Таланчи"一词固定用于从中国伊犁迁居到七河的维吾尔人。

⑤ 哈萨克苏维埃社会主义共和国国家中央档案馆，全宗 44，目录 1，卷 4805，第 61 页。

们的骨肉至亲和广袤丰饶的土地资源。"① 1916 年（民国五年初）沙俄政府在中亚卡拉湖一带征兵，被迫迁俄的维吾尔人在"俄兵以枪炮追赶之下，不顾生死向中国逃亡"。与此同时，"在俄缠商"纷纷逃回泣诉"我等世为中民不敢忘本"②，得到民国政府妥善安置。

　　苏联七十年间的主要时段，在构建"社会生活国际化""语言文化共同体"、形成一个"具有共同特征的不同民族人们的新的历史共同体，即苏联人民"③ 等政策理念的导引下，第二代中亚维吾尔人的身份认同被渐进塑造，出现国民（公民）与族民（族裔）认同意识的重合趋势。据官方统计："在苏联时期，维吾尔居民的人口数量逐年减少。位于费尔干纳盆地东部的乌兹别克斯坦安集延州是维吾尔聚居地之一。1926 年这一地区注册有 30757 维吾尔人。1979 年统计仅剩 11867 人。"④ 受 20 世纪 30 年代政治气候影响，一部分维吾尔人迁回中国新疆是原因之一。鉴于苏联实行公民身份证制，民族籍属的登记成为确定公民身份地位的标准，一部分人将自己的族籍改为所在加盟共和国命名民族也是一个因素。除此而外，在中亚维吾尔人中族际通婚已成为常见现象。注册资料显示：有维吾尔与俄罗斯人、东干人、哈萨克人、乌兹别克人、土库曼人、日耳曼人、阿塞拜疆人、巴什基尔人、车臣人、鞑靼人的族际婚姻。⑤ 吉尔吉斯斯坦奥什州是维吾尔人比较集中的地区。维吾尔人与乌兹别克人、吉尔吉斯斯坦人、俄罗斯人等杂居一处。因人口规模所限，维吾尔人的族际通婚率较高。族际婚姻的高比例和混血程度决定民族认同的指数。在奥什州"很难确定维吾尔人口的具体数字。因为同一个家庭兄长填报的族籍是维吾尔，兄弟填报的有可能是乌兹别克。由于与周边民族的通婚，很多人自觉

　　① 维尔内即今哈萨克斯坦阿拉木图市。1921 年之前称维尔内。乌兹别克苏维埃社会主义共和国国家中央档案馆，全宗 1，目录 13，卷 981，1 册，第 21 页。
　　② 张大军：《新疆风暴七十年》（一），台北兰溪出版社 1980 年版，第 330 页。杨增新：《补过斋文牍》，新疆驻京公寓刊本，民国十年（1921），已集上，第 3、4 页。
　　③ 中国社会科学院苏联东欧研究所、国家民族事务委员会政策研究室编译：《苏联民族问题文选选编》，社会科学文献出版社 1987 年版，第 250 页。
　　④ М. Д. 萨乌罗夫：《苏联乌兹别克苏维埃共和国安集延州莫斯科区的多郎维吾尔》——《中亚—高加索报告会演讲内容简编》（俄文版），列宁格勒，1979 年 34 页。
　　⑤ 苏联科学院民族学研究所：《中亚和哈萨克斯坦民族集团的民族进程》（俄文版），莫斯科科学出版社 1980 年版，第 90 页。

改变了民族籍属"①。这也是前苏联中亚地区维吾尔人口指标下降的重要原因。

人的身份是多重的，其身份认同也是多层级的。特定历史条件和周边文化环境培养了维吾尔人双语：本民族语言和俄罗斯语言的坚实基础。苏联解体前，在哈萨克斯坦130个民族中，维吾尔是流利使用俄语进行族际文化交流人口比例最高的族群，"达到63%"②。吉尔吉斯斯坦的维吾尔人曾被誉为"苏维埃社会主义建设最优秀的范例（Более лучший живой пример）"③。中亚维吾尔人的文学家们不仅根植于本民族文学传统的沃土，还与周邻民族交流、互动，吸取了高尔基、马雅可夫斯基的文学思想，创作了大量讴歌多民族友谊和人民英雄的诗作篇章。那个时代，通过民族间的沟通和文化涵化，大多中亚维吾尔人除了本族群文化身份认同外，还具有"伟大苏联公民"之政治身份认同。这一历史时期中亚维吾尔人实际拥有叠合性身份认同。

苏联解体，中亚五国独立以后，各国致力于"关注国家命名民族切身利益"的国内民族化建设，推行突出主体民族历史文化的首位性，确立主体民族政治地位的特殊性，发展主体族裔人口的基本国策。在中亚地区无论是国家空间还是民间层面出现狭隘民族主义的复兴浪潮。"离散族群"中的某些政治活跃者也成为民族主义的播种者和"民族复兴运动"的核心力量，开始追求"政治与民族单元的同一"，即民族与国家的同一，冀望效仿中亚各国建立单一民族冠名的主权体，导致了族民（族裔）意识空前高涨。于是乎，"获得领土"成为其中少数人"追求的首要目标"。

族民认同主要来自一种文化心理和历史记忆的认同。有些"政治活跃者"总是渴求于挖掘传统的资源配置——本民族的历史文化与精神来挑战国民和国家的认同。当族民认同高于国民认同时，人们的认同心理就会由国家视野向族群视野倾斜或转变，作为"国家民族"或"公民性民族"成员的身份认同意识渐次弱化，族群意识日益强烈，各类政治组织

① A. 乌梅托娃：《吉尔吉斯斯坦居民》，《社会环境发展基本趋势评估》（俄文版），2009年4月5日。

② 《全苏居民人口统计—哈萨克苏维埃社会主义共和国》（俄文版），莫斯科，1989年版，第3卷，第2册，第25页。

③ 《吉尔吉斯斯坦的维吾尔人》，《吉尔吉斯斯坦—中亚》（俄文版），2010年4月27日。

应运而生。中亚"维吾尔国际联盟"等在这种认同观的支配下脱胎，旨在"建立一个世界上无与伦比的单一同质民族国家"。这一政治诉求及其所表现的"地缘整合"，趋向于族群自利，而不再是多民族的国家统一。

从多民族国家内部角度讲，当各民族地位平等时，族民与国民的身份认同自然重合。当国家民族政策导致"民族分层"，即各民族之间在政治地位、经济收入、文化发展等诸多方面出现显著差异时，族民与国民身份认同往往发生冲突。由于受深层的、强有力的和难以超越的族民求同心理的制约等原因，排他性的族际感情会进一步提升。涉及"离散族群"的利益不仅引发国内的民族冲突，甚至导致国家认同危机。

2010 年吉尔吉斯斯坦共和国爆发的民族对峙使吉—乌族际矛盾升级。由国内两个人口众多民族吉尔吉斯斯坦人与乌兹别克人之间历史积怨引发的流血冲突也辐射到周边一些少数民族。吉尔吉斯斯坦的维吾尔人与吉尔吉斯斯坦人和乌兹别克人杂居一处，不同民族社群之间存在一定的文化差异。由于当地乌兹别克人与维吾尔人共事农业和常态通婚等方面的密切关系，其后果也不同程度波及生活在吉尔吉斯斯坦的维吾尔人。据吉尔吉斯斯坦共和国统计，目前在其国内维吾尔人与乌兹别克人的族际通婚家庭有3366 个，占全国族际通婚家庭总数的 15.5%。[1] 维吾尔人与俄罗斯人通婚的家庭有 681 个，占全国族际通婚家庭的 1.6%。伴随政治骚乱和民族冲突，针对乌兹别克人的"圈地事件"[2] 也给比什凯克马耶夫卡村和托克马克的亚历山大洛夫卡村的维吾尔人的经济带来一定的损失。与此同时这一事件也给当地的维吾尔人的心理造成极大的伤害；强化了族群分界意识和"民族归属意识"，弱化了国家概念，加剧了族群之间的疏离。吉—维族际关系紧张化的因果表明，族民身份认同既是进行社会动员的强大感情基础和增强凝聚力、寻求政治、经济利益的手段；也是引发多民族国家社会冲突或暴力的根源。它可以左右民族社会的和谐或分野，乃至国家的统一或分裂。

文化认同是政治认同的基础，是族群凝聚力的支点。中亚国家独立20 多年来，亦如苏联时期，没有能够很好解决维吾尔人的文化教育和政

---

① 《吉尔吉斯斯坦的维吾尔人》，《吉尔吉斯斯坦—中亚》（俄文版），2010 年 4 月 27 日。

② 吉尔吉斯斯坦 2005 年"郁金香革命"和 2010 年的政治骚乱和民族冲突中，南部地区的一些居民（其中包括无业游民）冲入首都比什凯克，在郊区进行非法圈地盖房造屋。被抢占的对象多为少数族群。

治地位问题。哈萨克斯坦维吾尔剧院财政拮据，年久失修；维吾尔报刊自负盈亏，难以为继。迄今为止，乌兹别克斯坦没有一份官办维吾尔文出版物。维文刊物多从中国新疆不定期进口。吉尔吉斯斯坦维吾尔文化中心试图组织维吾尔语星期天学校，但因没有适合的教科书，精通维吾尔语的师资力量不足只能搁浅。在中亚地区本国创作或译制的维吾尔语电影或电视剧目前仍为空白，也由中国新疆引进。[①] 在 2007 年哈萨克斯坦共和国第四届下院 107 个席位的民族成分比例中，主体民族哈萨克族占 82 席，俄罗斯人占 17 席，民族人口占第四、第五位的乌兹别克和维吾尔人各占一席。[②] 尽管维吾尔人在吉尔吉斯斯坦共和国民族人口构成中占有一定比例，但因"民族特征"在国家各级权力机构中从未有其代表。[③] 可见，虽然中亚维吾尔人口在不断上升，但在当地民族社会中政治地位、利益分配和话语权力依然处于边缘化。长期处于劣势地位，力图改善自身状况，复兴民族文化的动力是其族民身份辨别意识日渐强烈的重要因素之一。

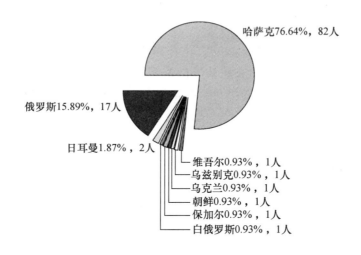

2007 年哈萨克斯坦共和国第四届下院 107 个席位中民族成分比例[④]

① Ш. М. 纳迪罗夫：《媒体中的维吾尔人》，《"媒体在民族和谐发展中的作用"国际学术研讨会文集》（俄文版），2003 年版，第 184 页。

② 根据哈萨克斯坦共和国文化信息部：《各民族迁徙在哈萨克斯坦人口构成中的作用》（俄文版），阿拉木图，2008 年版，第 89 页编制。

③ 《吉尔吉斯斯坦的维吾尔人》，《吉尔吉斯斯坦—中亚》（俄文版），2010 年 4 月 27 日。

④ 根据哈萨克斯坦共和国文化信息部：《各民族迁徙在哈萨克斯坦人口构成中的作用》（俄文版），阿拉木图，2008 年版，第 89 页编制。

　　"民族是人的信念、忠诚和团结的产物。""民族和国家注定是连在一起的。"① 中亚维吾尔人是具有现代移民特质的"离散族群"。"冷战"结束，苏联解体。分隔在中国和中亚不同国度的维吾尔人相互隔离了近 30年后，对自己的同质族群有了更多的交往和了解，对故乡中国新疆有了更直观的认识，进而加强了同一民族的认同感和亲近感。以同源民族性为感情纽带，以民族认同为基础，"离散族群"中亚维吾尔人中的部分成员更为密切地关注相邻国家本民族主体部分的命运和发展趋势。依赖共同祖先、共通语言、共有习俗和宗教信仰等符号性和感知性的文化内容，形成"离散族群"与本民族主体部分之间联系密切的方向性纽带。民族认同和情感意识连带的地缘社会网络逐渐扩散。

　　一段时间以来，在中亚维吾尔人中族民认同意识的反应更为显性化。少数活跃者表现出更为强烈的原民族意识，动员、吸引和影响着其族群个体的"族民"心理和情绪；强化了中亚维吾尔人与外围地区同一族裔情感和文化上的连接。这种存在之链，以"同质内核"为媒介，使离散者跨越国境的情感网络越发活跃。

　　诚然，"归属于一个群体或文化共同体是人类最基本的价值取向。"关涉"个人对族体认同和文化认同的立场"② 本应给予充分的理解和尊重。但是当族群认同高度政治化，并超越了主权国家的法定界限，引发了主权国家的认同危机，那就不再是原初的、自然的民族认同或文化认同意识，而有可能成为分裂"国家民族"和多民族主权国家的重要因素。目前在中国西北边疆与周边国家具有历史渊源的"离散族群"中，出现和存在的某种以政治口号为象征，以极端或狭隘的民族主义的"族体认同意识"为表现形式的"地缘整合"运动，仅仅是少数人制造出来的一种心理幻觉使然，并不代表任何一个民族或族群的广大人民。普通人民群众所关注的是社会的和平安宁，生存环境的改善和生活水平的提高。然而舆论和政治动员的潜力是无法估量的，因此不排除那种"狭隘"的、具有分裂倾向的民族主义意识会向更加严密整合的趋势发展。由此引发的族民（族裔）与国民（公民）身份认同的裂变，将导致社会融合度降低，国家归属感淡化，为多民族之间产生疏离和隔阂提供现实条件，不仅有可能导

---

① 厄内斯特·盖尔纳：《民族与民族主义》，韩红译，中央编译出版社 2002 年版，第 9 页。
② 杨育才著：《帝国民族的碎片——俄罗斯人问题与地缘政治》，中国社会科学出版社2009 年版，第 10 页。

致国内边疆社会的动荡，同时也使得邻国关系愈益复杂化，成为地缘安全的政治危险源。

第三节 "离散族群"：地缘关系的敏感神经

"只有当从外部施加了破坏共存社会的压力后才会出现民族对立。"[1] "自从新疆分裂主义分子从国外接受道德、理论的支持，以及物质甚至军事的援助以来，新疆的民族分裂主义就不仅成为一个国内问题，或者区域性国际问题，而且是牵动着内外安全的威胁，涉及到中国所有的邻国。"[2] 我国新疆与周边中亚邻国共处欧亚大陆腹地。冷战以后，特别是"9·11事件"后，美国对外政策的重心即锁定欧亚大陆。而中国在此地域有着重要的地缘安全利益存在。从这个角度讲，中国和美国在这里就有着战略利益上的冲突与合作。美国对中国的战略始终是根据其利益所需，把中国视为潜在敌手或竞争对手，偶尔也将中国当作利用伙伴。

在中美对弈的大棋盘上，美国以"少数民族问题""民主问题"作为构建"新人道干涉主义"的手段和干预别国内政的理由长久不变。同时她也沿用了前苏联对抗中国的手法，利用分布在周边国家，并与中国具有历史渊源关系的"离散族群"，打低成本的"民族"牌，培植反华和分裂势力；而在对中国邻邦中亚国家的战略上则采取军事介入，以便随时插手沿中国边境的任何地方。近年来，美国对中国的牵制力度不减反增。政府打"民族"牌，媒体打"悲情牌"，无视事实，指责中国资源、人权等问题，支持西藏和新疆两个民族地区"分裂主义势力"的所谓"自由"。与此同时，美国政府实施了对中国周边中亚政策的修订，确定了今后工作的五个基本方向。其中之一是支持当地"维护人权和自由运动"，在中亚国家建立公共外交试点，提供有关西方民主的文化信息，吸引新生代的亲美思想。从目前中亚地区诸多带有政治色彩的"民族社会组织"成员的年龄结构看，以35岁以下的青年占多数，呈现年轻化和低龄化趋势。美国

---

① 尼尔·弗格森：《帝国的衰退给世界带来动乱的萌芽》，日本经济新闻，2009年10月3日。

② 以色列研究中国边疆问题的专家伊兹哈克·施和教授以9·11事件以后中国在新疆的军事部署以及周边军事和民族宗教因素为切入点的分析。

对中国的"软攻硬防"和对中亚地区的"民主化改造战略"，进一步激活了"离散族群"中某些个体身份认同的强度和民族边界的清晰度。

2004年"世界维吾尔代表大会"成立以后，得到西方支持。这对那些具有分裂主义思想的人影响巨大。如果说，在此之前，中亚维吾尔人的各类民间文化团体大都积极致力于改善本族群人民自身的生存环境，维护本族群利益，保护本民族文化，积极促进与我国的经济文化往来，以地区安全利益为重。那么，自此之后，建立本民族主权体的思想开始活跃。个别社团领导人由原来的对华友好态度转变为支持"东突"分裂主义，并借助自身的社会地位，试图通过动员族群民众的情绪扩大自己的民意基础。于是"未来新疆应该从中国独立出去"的天真论点在社团层面表现出来。

2006年以后，以西方为基地的"世界维吾尔代表大会"得到了快速的发展，因为它用和平、人权等旗帜掩饰恐怖主义的色彩，蒙蔽国际社会，从而在国外有了立足之地，并得到西方某些政治势力支持。美国中央情报局操纵之下的非政府组织"国家民主基金会"一直对"东突"分裂主义势力予以资助。每年给总部设在华盛顿的"世界维吾尔代表大会"提供21.5万美元的经费支持。"德国联邦议院对话圈"①"德国西藏问题国际运动""德国支持西藏组织""弗里德里希—瑙曼基金会""海因里希—伯尔基金会"在资助"藏独"的同时，也扶植"东突"势力，推动"西藏问题"和"新疆问题"国际化，以削弱中国政府在西部战略要地的影响力。

中亚的"东突"组织占境外"东突"分裂主义组织的50%。它们致力于"利用各种机会实践摸索'新疆问题'国际化的渠道、途径和方式，渲染所处的'恶劣生存环境'，争取国际社会的支持。"分裂主义与极端主义、恐怖主义往往表现为多面一体。从表现形态看，"世维会"和"东突"恐怖势力一个是从政治层面活动，一个是从武装层面活动。2008年奥运会前夕，"世维会"撕下面纱，实现了从"文化／政治型"向"暴力／恐怖型"的转变，与国际恐怖主义组织"东突厥斯坦伊斯兰运动"（Исламское движение Восточного Туркестана）合流，针对奥运会和新中国成立60周年大庆，制订"新疆独立三步走"的暴力恐怖计划，在奥运

---

① 1995年成立，由4个联邦议院议会党团的53名议员组成。

期间制造了一系列暴力恐怖事件。这是9·11以后"东突"分裂主义势力在组织上、手段上区别于以往的典型标志。7·5事件前夕，香港媒体曾报道，"世维会"主席热比亚联络达赖、国际维护人权与民主基金会、人权观察组织等机构在一年前就开始策划针对新疆的反华叛乱，代号为"屠龙行动"。7·5事件以后，"东突"分裂主义势力的活动和手段都向更国际化层面发展。

综上所述，由于外部势力利用"离散族群"的敏感特性介入中国边疆及其周边国家，不仅进一步增大了中国西部边疆社会和谐、政治稳定的压力，也给中国地缘安全带来现实和长远的战略威胁。

第四节 "离散族群问题"的提出与讨论

近年在国外学术和媒体文字中，"离散族群问题"成了频频出现的专门术语；数十篇述作公之于世，成为"中亚地区问题"的重要话题之一。这一说法是否客观或实际存在，需要历史性的关注和学理性的冷静思考。

一 起始："东突"分裂主义势力的存在把问题推向前台

在中亚，"离散族群问题"这一概念始现于1995年。哈萨克斯坦共和国总检察院查禁了两个带有"东突"独立性质的非法出版印刷机构。它们旨在宣传将中国新疆维吾尔自治区与哈萨克斯坦维吾尔聚居区从所在国家版图上分裂出去，建立统一的"维吾尔斯坦共和国"。1996年"东突厥斯坦伊斯兰运动"在阿富汗喀布尔市卡里法库拉区成立，但在哈萨克斯坦、吉尔吉斯斯坦、乌兹别克斯坦和巴基斯坦都建立了分支机构。其政治目标是"推翻现政府，武力夺取政权"。此后不久，在阿拉木图成立了"维吾尔斯坦人民党（Народная партия Уйгурстан）"，旨在建立"统一完整的维吾尔斯坦主权体（единый и целый суверенитет Уйгурстана）"①。这些"东突"分裂组织虽然提出了形形色色的意向和构想，但其共同性在于利用当时中亚汹涌而起的"民族文化复兴"浪潮，并把它推向政治化，试图在一个具有共享的文化遗产和共同的政治标准的基础上，把分布

---

① "维吾尔斯坦人民党"是1992年成立的"维吾尔斯坦解放组织 Организация освобождения Уйгурстана（Уйгур азатлик ташлахты）"的易名和延续。

在不同主权国家的同质族裔拉在一起，将他们塑造成一个单一民族的国家统一体，而使相关的"直接邻国"或"间接邻国"分疆裂土。这个政治目标是一致的。中亚各国政府意识到，这种状态的出现使国家的统一和安全面临重大威胁。因此，引起高度重视。正是"东突"分裂主义势力的存在损害了族群形象，把这一术语推向了前台。

二　推进："全球反恐"语境之下使问题更加突出

"东突"恐怖主义活动在中亚地区的猖獗，促使"离散族群问题"的概念进一步推进。导致这一现象的产生，除了作为研究客体本身的复杂性这一客观原因外，在特定的"全球反恐"语境之下作为认识主体—官方、学界和媒体的诠释更为重要。

1997 年 7 月"东突厥斯坦解放组织"于乌兹别克斯坦首府塔什干成立后在中亚和我国新疆制造了多起爆炸纵火事件。1998 年 6 月，在吉尔吉斯斯坦共和国奥什州实施了爆炸。1999 年 8 月，"东突"恐怖势力参与吉尔吉斯斯坦南部"巴特肯人质事件"，绑架了 4 名日本科学家和内务部队高级军官。2000 年 3 月，吉尔吉斯斯坦共和国维吾尔协会主席尼和买提·波扎科夫因拒绝提供经费被"中亚维吾尔斯坦解放组织"暗杀。5 月该组织暗杀在中亚进行贸易的中国商人，焚烧了比什凯克中国商品市场。同月 18 日"东突厥斯坦解放组织"武装抢劫了哈萨克斯坦阿拉木图世界银行。9 月"东突"恐怖组织在阿拉木图袭击暗杀两名执行公务的警察。9·11 事件以后，"东突"分子尼扎木丁·沃夫尔从新疆潜入哈萨克斯坦，纠集 40 多人在阿拉木图州建立了地下恐怖组织"流亡者协会 Жамаат мухаджров"。该组织借用具有"民族特征"的清真寺作为场所、利用"麦西莱甫（Машрап）"① "足球、棋艺体育运动小组"等民间娱乐形式，策划从事恐怖活动。2002 年 6 月我国驻吉尔吉斯斯坦共和国大使馆外交官王建平及其司机遭"东突"恐怖组织枪杀。2003 年 3 月"东突"恐怖分子在吉尔吉斯斯坦共和国纳伦地区袭击了比什凯克至中国新疆的客车，造成 21 名乘客遇难。据俄罗斯和中亚国家有关方面核查，自 1992 年迄今，"东突"恐怖势力在中国新疆和中亚国家实施的恐怖行动达 300 多起，包括暗杀公务人员和袭警。这一系列恐怖事件的发生传达了一个清晰

---

① 维吾尔族的一种群众性传统集体歌舞聚会。重要活动为跳赛乃木集体舞，也包括演唱木卡姆曲、猜谜语、吟诗等。

的信息，"东突"恐怖势力旨在实现"一族一国的理想模式"，并将其付诸一种以"信仰之战"为核心，以暴力恐怖为形式的政治行动。在其计划的实施过程中，总是调动"民族历史"和"宗教信仰"欲达到现实的政治目标。这就使得当地政府和人民对一个族群的整体想象、认识和误解有了巨大的空间。媒介的导向也营造了一种舆论氛围。这种驱动力不仅促使"问题"的讨论更加激烈，而且把打击"东突"恐怖势力引入中亚国家政治与社会反恐取向的最前沿。

三 延展："圣战之心"转移，问题由中亚向南亚扩散

早在 1997 年"东突厥斯坦伊斯兰运动"就派遣 35 名骨干在阿富汗塔利班和巴基斯坦"真主党"营地接受高科技武器装备训练，此后赴车臣"实战演练"。1998 年 11 月在巴基斯坦首都伊斯兰堡成立了"东突"恐怖组织"突厥党（Тюркская Партия）"。2001 年 10 月美国在阿富汗推翻塔利班政权以后，"东伊运"遭到毁灭性打击，但其残余的一部分组成"东突野战队"，在阿富汗东部贾拉勒拉巴德附近的白山新建了一个"新疆村"，供来自新疆和中亚参加恐怖训练的人居住。另一部分从阿富汗转移到巴基斯坦，在巴阿接壤的"联邦部落地区"瓦济里斯坦也建立了训练营地。瓦济里斯坦难以逾越的山地特征，部族众多、各自为政的分布格局，土著居民封闭保守的人文特点，特别是占人口主导地位，且跨居巴、阿两国边境的普什图人一直想把两国境内的同源跨境民族分裂出来成立一个"普什图尼斯坦"的地缘、历史、人文和政治环境，成为"东突""乌伊运"等恐怖势力将"圣战之心"和建立"纯正信仰之国"[1] 转移到瓦济里斯坦的基础和前提。被哈萨克斯坦共和国认定的"东突"恐怖分子由中亚逃到了巴基斯坦境内，被国际恐怖组织"突厥斯坦伊斯兰党"接纳。他们通过电话和互联网联络支持者，吸纳新成员，扩充组织。这些被称为"外国塔利班"[2] 的恐怖分子在当地经过培训和实战演练之后，遣回中国西北边疆或中亚国家从事恐怖活动。近年来"东伊运""乌伊运"和"塔利班"中与"基地组织"绑在一起的极端派在巴基斯坦的瓦济里斯坦地区与当地军方多次发生激烈冲突，不仅构成"东突"恐怖势力与国际恐怖主义接轨的重要途径，而且也将上述概念从中亚延伸到南亚。中亚和

① 伊戈尔·罗塔里：《巴基斯坦恐怖分子的飞地》，《俄罗斯新闻报》，2009 年 10 月 8 日。
② 同上。

南亚国家均为恐怖主义的受害者，无论政府和还是民间排斥暴力和恐怖的意识不断增强，"东突"恐怖势力的恶劣影响使"问题"很快成为南亚国家反恐关注点之一。

结　语

在对中亚地区"离散族群"的考察中，中亚维吾尔人除了作为历史、文化、社会的现象，由于特殊的历史经历和族群分布格局，其政治属性的存在、表现程度及地缘影响比其他一些族群相对更为强烈复杂。这在很大程度上既是历史上西方列强对华侵略扩张、干涉他国内政以及对民族分割的诸多遗患引发的；也是长久以来各种政治势力对民族、宗教问题利用的产物；还是中亚维吾尔人长期"凝固"的"边缘性"地位造成的；更是少数分裂分子出于政治计划，竭力寻求国内同盟和国外支持的资源，试图把人们召集在"民族利益"的周围，进行情感动员的负面结果。

关于"离散族群问题"，哈萨克斯坦资深专家 K. 希罗耶什金（K. Хироешикин）指出："对任何人来讲，已经存在的'离散族群问题'不再是秘密。它已得到国际社会的承认。但是在对这一问题的阐述中经常带有过多的情绪和神话色彩，而这对于维吾尔人民是不合适的。"① 正是由于种种复杂情形，特别是某些"东突"恐怖组织在中亚和南亚国家进行的一系列活动，对族群形象造成了消极影响，使得维吾尔在人们的视野中变得莫衷一是，甚至形成某种刻板的印象。境外某些国家媒体的报道方式也起着相当大的作用。在大量的访谈和文章中把连续发生的暴力恐怖事件与一个族群联系在一起或者予以等同，混为一谈，客观地说，这是不公正、不科学的。这一错位性定义自然延伸出问题的进一步复杂化。这种简单化的探讨方式，忽视了一个重要的事实，否定了广大维吾尔人民追求正义、爱好和平、渴望幸福安宁的天性。哈萨克斯坦共和国维吾尔文化中心表明："对'7·5事件'需要冷静和克制情绪，我们生活在法治国家，

---

① Ш. М. 纳迪罗夫：《媒体中的维吾尔人》，《"媒体在民族和谐发展中的作用"国际学术研讨会文集》（俄文版），2003 年版，第 159 页。

应遵法律行事。我们所做的一切，不能只考虑族裔利益，更要顾及国家利益。"① 巴基斯坦1万多维吾尔人大都与新疆有贸易关系。新疆的稳定对于他们至关重要。"7·5事件"发生以后，巴基斯坦拉瓦尔品第市以维吾尔人为主的"移民协会"表达了他们支持中国政府采取打击分裂主义，维护新疆稳定和民族团结，希望祖籍国繁荣昌盛的心声。② 这些民间社会组织及其领导人是我们进行跨国文化交流与经贸合作的友好使者。广大的维吾尔族人民也是我们维护地区稳定和安全的社会基础。从事分裂、极端、恐怖活动的人数量有限，且他们往往打着同一民族和共同宗教的旗号，这就会给人们造成一种困惑和错觉。在相应的学术作品和媒体报道中应对此进行深入调研、客观反映。

再者，一系列族群关系因素也对人们的看法产生了影响。近三年来，中亚局部地区的哈—维和吉—维关系之间出现的"安全困境"，加深了当地社会不同族群之间的成见。在吉尔吉斯斯坦共和国除了吉尔吉斯斯坦—乌兹别克的积怨外，吉尔吉斯斯坦—维吾尔的矛盾也是其国内民族关系的敏感问题。2010年吉尔吉斯斯坦爆发的民族冲突使吉—乌族际矛盾升级为族际暴行。由于当地乌兹别克与维吾尔人常态通婚和共事农业等方面的密切关系，维吾尔人也在这次"暴乱性冲突"中深受其苦。在这种形势之下，"族籍认同"足以使暴力形式的犯罪行为具有"正当"理由。"乌伊运"和"东伊运"有可能借用族际关系的白热化，将"民族惩罚"作为进行动员的原动力，加强合作，共谋作乱。

其实，诸多个案表明，民族关系紧张化是族群在所在国社会、政治、经济、文化生活的综合反映。因复杂的历史文化背景和社会政治、经济形势所带来的"国民性"和"族裔性"认同是问题的症结。当政策倾向于保护和巩固某一民族为核心的政治经济利益时，其负面效应则是其他族群"族籍归属意识"的强化和"国家忠诚"意识的逐渐消散。于是，"族籍归属意识"作为"族裔民族主义最权威的要素""就成为一件工具，用于

① 安德烈·切伯塔列夫：《"维吾尔问题"与哈萨克斯坦：现实化的新浪潮》，莫斯科大学现实问题研究中心主编：《抉择》（俄文版）2009年7月16日。
② 安德烈·瓦罗金：《巴基斯坦—印度：期待解冻》，《信息分析之窗》（俄文版），2010年3月5日。

对群众操纵，对政治控制"①。因此，不断进行政策调适，推行各民族政治、经济、文化权利的真正平等，减少贫困，改善民生，建立多族群混合居住的社区，逐步消除族群差异，消解族群矛盾，促进民族融合、社会均衡是提高"国族观念"、增强"公民意识"，维护国家稳定和地区安全的重要途径。

　　当今世界因"离散族群"，被利用民族情感和宗教情结卷入分裂主义、极端主义和恐怖主义，而影响国家关系、引发政局动荡、地缘安全危机已成为不可回避的现实。但是，诸如集民族分裂主义、宗教极端主义和国际恐怖主义为一身的"东突"势力等已受到各国呼声的强烈冲击。他们的政治基础并不宽实，他们的影响力也极其有限。分裂独立的说法已在现实面前失去诱惑力。其最终目标，即"完全独立，或得到国际法的认可"不会实现。新疆"7·5事件"以后，上海合作组织成员国和各观察员国家进一步加大在打击恐怖主义、分裂主义、极端主义和跨国组织犯罪方面的合作，共同维护本地区的安全与稳定。目前，上海合作组织在许多方面面临求同存异，但在对待"东突"的问题上态度非常强硬。在上合组织的框架下，中亚和南亚各国家都给予积极配合。然而，不容忽视的是周边社会环境、经济生活状况、民族关系复杂、心理决定因素等在一定条件的作用下，都有助于群体性突发暴力和非人性攻击事端的发生。"周边国家不稳，中国边疆难安。"中亚、南亚邻国的人文、政治、经济和社会安全充满变数，构成整个地区稳定的严峻挑战。

---

　　①　瓦列里·季什科夫：《苏联及其解体后的族性、民族主义及冲突——炙热的头脑》，姜德顺译，中央民族大学出版社2009年版，第439、440页。

第十七章　历史与传承：中亚回族
（东干）的文化认同[①]

离开陕西落在碎叶川，多少年来时时不忘寻咱的根。
——哈萨克斯坦共和国各民族大会委员、东干协会主席　胡赛因·达乌罗夫（安胡塞）

东干是来自中国西北习汉字、讲汉语之回族的一支。[②]
——乌兹别克斯坦共和国东干文化中心主席萨乌罗夫·白

文化是"一个民族自我认定的历史凭证，也是这个民族得以延续，并满怀自信走向未来的根基与力量之源"[③]。在距中国西北 5000 公里之遥的中亚地区生存着一个文化背景独特、颇具规模，拥有 12 万人口的回族穆斯林社会群体。其主要成员是 1877 年中国西北回民起义失败以后，义军领袖白彦虎所率余部后裔。138 年来（1877.12—2015.12）这些来自中国西北陕西、甘肃和新疆的回族人民虽然孤悬异国，但始终把承传祖辈在历史祖国——中国积淀下来的文化传统作为重要目标。代代相传的文化因子已渗入这一族群内成员的灵魂，承载着他们对故土深厚的文化认同感和历史归属感。

第一节　中亚回族（东干）：一个具有
独特历史经历的民族群体

中亚东干人回族与我国西北回族属同源跨国民族。自清代以来，这一

---

①　本文据作者 2009 年 6—7 月于中亚陕西村的调研写成。
②　М. Д. 萨乌罗夫：《东干家庭今昔》（俄文版），塔什干，2007 年版，第 3 页。
③　周清印：《在文化认同下共栖中华精神家园》，《半月谈》，2005 年 5 月 31 日。

具有独特历史经历的民族群体就繁衍生息在中亚 400 万平方公里的辽阔地域上。当地世居操突厥语民族和俄罗斯等外来民族称其为东干（Дунган）。1924 年苏联进行民族识别和中亚民族国家划界时将这些来自中国西北操汉语的穆斯林定名为东干族。而迄今为止，这一族群却仍然固守汉语自称——回族（Хуэйзу）、回回（Хуэйхуэй）、回民（Хуэймин）、老回（Лохуэй）或中原人（Жун - янжын）。

中亚东干族主要有四个来源。其一，1864 年回民起义以后，由伊犁河谷迁入七河地区的回族屯垦户。清乾隆年间，大兴屯垦，由陕西、甘肃移入新疆伊犁。同治三年，新疆回民暴动，反抗清政府压迫，部分徙入"杰特苏"（Детысу）①。1867 年沙俄吞并这片地域，建"七河省"。其二，1877 年 12 月中国西北回民起义失败以后，白彦虎率领的陕西回民起义余部翻越天山进入俄境，经托克马克，在一个哈萨克语称喀喇库努斯的地方建立了营盘。据俄文档案记载，白彦虎带入俄境的陕西回民人数 3314人②。这些历尽磨难的人们在哈萨克草原七河流域逐渐发展成中亚东干人最早、最大的乡庄，其后裔构成中亚东干族之主体。其三，1881 年秋—1884 年沙皇俄国侵占清朝所属新疆伊犁边区，签订不合理的《中俄伊犁条约》，大批维吾尔族、哈萨克族以及回族边民作为被殖民人口"人随地归"，迫迁俄国。其四，20 世纪 60 年代因我国自然灾害和苏联策动"伊塔事件"，出走中亚的新疆边民（其中不少人祖籍亦为陕西）。这批回民中还包括撒拉族约 40 人。

中亚的陕西籍回民大都居住在哈萨克斯坦共和国。据 2008 年哈萨克斯坦共和国民族人口统计，东干族 4.5 万人，占全国总人口 0.3%，均为陕西回族。其中 3.8 万人聚居在哈萨克斯坦共和国南部、与吉尔吉斯斯坦共和国交界的江布尔州库尔达伊县陕西村营盘（马三旗③）和新渠（占州人口的 3.74%），还有一部分生活在塔拉兹市（原江布尔市，古称怛罗斯）及其郊区，少部分散居在阿拉木图州（占当地人口的 0.46%）和阿

---

① "杰特苏（Детысу）"即哈萨克语意为"七水"。

② 哈萨克斯坦共和国国家中央历史档案馆，全宗 44，卷 67，第 20 页；吉尔吉斯斯坦共和国国家中央历史档案馆，全宗：其它，卷 19，第 1 页。

③ 马三旗（Магазы Масанчи，陕西籍回族，1885—1938）俄苏时期，革命运动的早期参加者。十月革命期间，领导中亚与哈萨克斯坦夺取苏维埃政权的斗争，受到列宁会见。杰出的苏联红军指挥员，在平叛巴斯马奇叛乱，保卫新生苏维埃政权的斗争中做出巨大贡献。营盘村后以马三旗命名。

拉木图市（占当地人口的 0.10％）。① 吉尔吉斯斯坦共和国的东干族有
5.2 人，占全国总人口的 1.1％，居吉尔吉斯斯坦、乌兹别克和俄罗斯族
之后，是国内第四大民族。② 大多为甘肃籍回民。陕西籍回民占 35％。甘
肃籍回民主要居住在首都比什凯克周边。陕西籍回民多聚居在楚河州的托
克马克，与哈萨克斯坦共和国的陕西村只一河——楚河之隔。2005 年吉
尔吉斯斯坦共和国爆发"颜色革命"，致使"主体民族意识张扬"和"少
数民族边缘化"矛盾升级，经济滞后、政局混乱、民族关系恶化，尤其
是 2006 年 2 月在楚河州"火星村"多次发生吉尔吉斯斯坦人围攻东干人
事件之后，很多东干人卖掉房产离开了几辈人生活的家园，迁往哈萨克斯
坦和俄罗斯。乌兹别克斯坦共和国留居有 3000 多回民，98％为陕西籍回
民，祖籍多为西安和咸阳。米姓、冯姓、毛姓占多数。有 130 户 700 人居
住在塔什干州中奇尔奇克县的陕西村，还有一部分散居在大奇尔奇克县、
塔什干市、安集延和费尔干纳州。其中有十月革命之前来到此地经商的回
族商人；也有 20 世纪 30 年代苏联肃反时期，从哈萨克斯坦七河（谢米列
钦）前往塔什干中亚领事馆办理回迁中国手续的陕西籍回民。一部分于
1933 年移居到新疆的伊犁和乌鲁木齐，更多的人由于苏联政府突然关闭
边界，致使他们留居下来。哈萨克斯坦共和国、乌兹别克斯坦共和国和吉
尔吉斯斯坦共和国陕西村为中亚陕西回族自称，而当地操突厥语、波斯语
世居民族和俄罗斯等外来民族称其为东干村。

　　特殊的历史经历使中亚东干族聚居区构成一个以血缘和地缘为主要纽
带的社会。从地缘环境看，哈、吉、乌三国的东干族聚集区均分布在三国
毗邻或交界地区。苏联解体，中亚国家独立以后，由于三国之间公民出入
境实行免签手续，使得三国东干族居民往来便捷。从民族认同和文化认同
的角度讲，中亚的东干族始终固守民族内婚姻，形成跨三国的东干村村民
亲套亲的姻亲关系。民族内婚姻系指在本民族内选择配偶，缔结婚姻；是
维系族群情感和加强族群认同的重要形式，有益于传承和保护民族文化。
长久以来，中亚东干人 95％的族内婚姻比率足以显示其民族认同和文化
认同的高强度。在多元性的国家和复杂性的民族社会中，邻里和亲戚之间
的亲缘关系和互助，不仅可以增强其自身解决困难和有效规避风险的能

　　① 哈萨克斯坦共和国文化和信息部：《哈萨克斯坦各民族的作用和地位》（俄、哈文版），
阿拉木图，2008 年版，第 66 页。

　　② 《吉尔吉斯斯坦自由报》（俄文版），2006 年 2 月 8 日。

力，而且有益于在中亚东干族成员之间建立起一种以血缘、语言、宗教和风俗习惯为根基的民族凝聚关系。然而随着岁月的流逝，由于聚居于特定的空间区位，受到人口规模的影响，那种以强烈的族群认同和民族身份意识为基础，通过强调特定自身文化特质来限定我群内部边界的传统婚姻观念，也引致婚姻问题出现。两姨和姑舅亲不断增多，近亲婚姻的负面因素正在引起人们的担忧。近年来，因着现代社会的进步，市场经济的发展，越来越多的青年离开家乡，走向全国，甚至迈出国门接受教育或务工经商。时代的开放性和流动性拓展了以爱情为基础"自由选择"和"广泛接触"的社会空间，提升了族际婚姻的机遇。虽然传统的民族内婚姻在中亚陕西村回族的婚姻行为中仍然占据主导地位，族际通婚比率极低，但是青年一代根据时代要求调适婚姻行为的大门正在开启，与乌兹别克斯坦、哈萨克斯坦等周邻信仰伊斯兰教的民族成员间的通婚现象已然发生。

第二节　平安和谐：中亚回族对伊斯兰文化认同的核心

伊斯兰教是平安教。

——中亚陕西村回族穆斯林玛利亚·安

　　宗教是民族文化认同的基本要素之一。伊斯兰文化对中亚东干人的形成发展、思维定式和民族心理有着长期稳定的深刻影响。在受沙皇俄国统治的40年和前苏联时期的70年间，这一族群虽然经历了禁教政策的压抑，但始终保持着伊斯兰文化传统的内核。伊斯兰教的信仰原则和生活方式始终是这一民族群体社会活动的文化基础。平安和谐是他们对伊斯兰文化认同的核心。

　　伊斯兰教信仰在中亚东干人中具有普及性和群众性特点。几乎所有村民都是虔诚的穆斯林，属逊尼派，哈乃非教派。由于历史原因在东干村穆斯林中又分为两个本土化支系。1879年，七河省总督下令喀喇库努斯东干村村民选举"族长"。乡民们对人选发生分歧。拥戴白彦虎者"亚克西"（Яхши），持歧见者称"亚曼"（Яман）。后来"亚克西"派以新教教义思想为主张，"亚曼"派以老教教义为主张①。长久以来，两个支系虽然礼拜不同寺，祷告仪式稍有区别，在婚丧嫁娶礼仪方面有所差异，但是通过本民族传统文化中共同信仰的伊斯兰神圣理念，进而产生出强有力的"整合"作用，使他们在社会生活中始终和睦相处，合力推动民族社会的发展与进步。

中亚回族穆斯林一直恪守穆圣穆罕默德对伊斯兰教的定义：皈顺和安宁（阿拉伯语"伊斯兰"之含意），要使社会得到安宁，人类得到和平。他们以《古兰经》阐述的伊斯兰教教义和伊斯兰教法为精神生活和物质生活的准则；遵照《古兰经》的原则，女童9岁，男童12岁开始入寺学习《古兰经》和阿拉伯语。中亚陕西回族儿娃子和女子到上学年龄一边在官办学校免费接受国民教育，一边利用假期入清真寺宗教学校学习伊斯兰教的基本知识。宗教学习的目的十分明确：一是认识主，学习做乃玛孜的诸道程序，每日五次礼拜必不可少。二是，学习做人，把伊斯兰教真忠至孝、严格律己、友爱互助、慷慨好施、扶危济困等思想作为指导人生的行动纲领。三是，学习阿拉伯语。原本旨在学习、领悟和诵读《古兰经》的阿拉伯语，随着社会的进步和发展，被赋予了新的意义，用于作为加强对外文化交流和就业谋生的工具。

"伊斯兰教是平安教"也体现在中亚回族穆斯林的婚姻家庭方面。穆圣曰："婚姻是我们定制，背弃我的定制，不是我的教生。"中亚回族穆斯林的婚姻必须遵循伊斯兰教的规定，把结婚视为圣行。婚姻经男女双方同意，在自愿原则下，由家长和媒人施以聘礼，合乎教规手续，才能举行婚礼。夫妻须彼此相敬相爱，爱之以德，敬之以礼，夫治于外，妻治于内，互助谦让，禁忌双方猜忌和不忠，精诚一致，家道乃成。夫妻共勉，孝顺父母，敬重长者，教育子女遵守伊斯兰之道，保证家庭和睦幸福。哈萨克斯坦陕西村是一个拥有马、安、白、哈、王、刺、黑、杨等多姓氏家族的3000多户回族人家的大村庄。村民彼此以经名称呼。从村到户处处呈现出伊斯兰教所倡导的和谐有序、辈分有别、仁爱融融的社会图景。

对伊斯兰教是平安教的基本认知，相延成风的正统伊斯兰文化传统理念的深远影响，以及正规、科学的十二年国民教育，决定了中亚陕西村回

①　中亚著名东干学研究专家 M. 苏三洛：《东干人》（俄文版），1971 年版，第 271 页；苏联国家历史档案馆乌兹别克社会主义共和国分部，全宗 1，目录：425 卷，第 1 页。

族穆斯林的行为规范和文明程度。在长期的生产、生活与周边民族的交往过程中，族群成员的活动是在伊斯兰教教义及礼仪的指导和约束下进行，以实现社会实践的文化适应。陕西村回族穆斯林忌烟酒、禁偷盗、不抢劫、杜打斗，诚实为人；不仅本村村民关系和睦，而且与毗邻的哈萨克族阿乌尔（村）和朝鲜族村庄的村民也友好相处。目前陕西村已有300多回族穆斯林在哈萨克斯坦共和国新首都阿斯塔纳从事建筑业、餐饮业、汽车修理和运输业。还有相当一部分赴俄罗斯种地、卖菜。由于陕西村回族穆斯林规言矩步、待人宽容、诚信勤劳，与周邻民族关系融洽，又有良好的农业技艺，因此深受当地政府和人民的尊重和欢迎。

宗教活动场所，包括寺院建筑是信教民族文化认同的重要组成部分。宗教人士掌握着宗教知识和宗教资源，具有合法的教内身份和社会地位，对信教民族内成员的宗教生活和世俗生活具有很大影响。宗教活动场所的环境条件和宗教人士的受教育水平，与国家的宗教现行政策密切相关。中亚国家独立之初，各国领导人无一例外积极提倡利用宗教（正统的伊斯兰教）精神的感召力和凝聚力恢复历史的记忆、顺应民族振兴的潮流，以此推动国家的复兴。随着时空的转换，中亚各国政府开始反思并推行符合本国国情的针对性宗教政策。哈萨克斯坦共和国针对本国多民族聚居、多宗教并存、民族文化多以某种宗教为核心的特点，制定了开放性和宽容性的民族宗教政策，大力倡导多民族背景下的宗教对话，培植多元文化意识；致力于依靠人文和道德的潜力，包括利用宗教传统和宗教力量作为有效途径，为降低犯罪率与维护社会治安服务。乌兹别克斯坦共和国在2005年"安集延事件"之后，开始推行严格控制的宗教政策。穆斯林妇女不许包头，穆斯林男子不得留髯，控制清真寺数量，严格出国手续，监控外来传教士和宗教组织等。虽然中亚各国在民族宗教政策方面有诸多不同，但以立法形式规范宗教活动却是共性。在不同国家政策的影响下，哈、乌两国东干村的社会面貌也出现了一定的差异。哈萨克斯坦共和国陕西村的清真寺和宗教学校的建筑设施越建越好，宗教人士学历很高，或毕业于沙特麦地那伊斯兰大学、麦加伊斯兰经学院和利雅得伊斯兰法学院，或毕业于埃及爱兹哈尔大学。相比之下，乌兹别克斯坦东干村则是另外一种情况。宗教人士在信教民族群体中具有特殊地位和主导作用，拥有较高的威望和号召力，他们的综合素质如何，直接影响着当地的社会生活。那些信仰虔诚、认识事物理性、开明的宗教人士无疑会对当地社会的和谐发挥重大的作用。

　　虽然中亚不同国家的民族宗教政策对当地东干村村民的物质生活和精神文化生活产生着重大的影响，但总体而言，中亚东干村的回族穆斯林始终坚持在不违背伊斯兰基本信仰的前提下，致力于自身的民族文化建设和发展；在历史的进程中，保持着与周围环境"和而不同"的鲜明特征。

第三节　中原文化：中亚回族身份认同的历史凭证和延续之源

　　千年的榆树想娘家。

　　回族、汉族一个根。

　　血脉流的是一个纳纳（祖母）的血。

——白彦虎之孙　白六娃

　　每个民族的文化都有其独特的内容体系。把中原文化与伊斯兰文化有机地融为一体是中亚东干村回族文化的突出特点。从狭义讲，古代中原系指黄河中下游大片地域。从广义言，中原则是相对于边疆地区对中央平原区域的指称。中原文化广泛汲取了众多民族的优秀成果，是中国传统文化的根源和主干。陕西是中原文化重要的发祥地之一。中亚东干村回族是一个珍惜历史、尊重传统、敬奉祖先智慧的族群。在民族发展的历史进程中，他们始终把传承祖先留下的中原文化传统和伊斯兰文化传统看作生命的重要组成。这种文化认同始终左右着中亚东干村回族社会生活中各种事理的取向。

　　在中亚东干村回族的历史记忆中至今保留着大量中国历朝历代典故。孩子们从童年时代，就聆听老人们口口相传中国古代历史故事：战国纵横家苏秦、汉初军事家韩信、西汉开国皇帝汉高祖刘邦、秦末农民起义军领袖项羽、"桃园三结义"的刘关张、魏武帝曹操、唐朝大将薛仁贵、明代回族之子——郑和等。潜移默化的影响和特定的文化氛围塑造了中亚陕西村回族强烈的文化认同意识。

　　中原地区的民俗文化以特色鲜明、斑斓多姿而著称。中亚东干村回族把古代中原形成的民俗视为本民族文化的根，并珍惜、保护、延续至今。

他们在异国他乡创造出大量具有中原特色的民间生活形态和艺术品。在中原文化中，神龙是智慧、勇敢、吉祥、高贵的象征。在中亚东干村回民的潜意识中依然保留着这一认同。在他们开办的民族风味餐馆的正面墙上多刻画有一条金色的巨龙，象征着美好、尊荣和成功。

中原是农业最早的发源地之一。中原的农耕文化包含了众多独具特色的耕作技术和农业工具。回族是以经营农业为主的民族。早在130多年前，历尽千辛万苦的中亚第一代陕西村回民从故乡带来了籽种、石磨和木犁。迄今为止，在哈萨克斯坦的营盘和新渠两个陕西村还保留着干旱求雨保收成的习俗。他们把中原的农业技术和农耕文化理念传播到中亚，凭借着种植粮食和蔬菜的精良技艺和勤劳将万顷荒滩变成了百花园和米粮川，极大地改变了当地的农业生产环境和条件。

回族妇女的服饰文化是一个历史悠久、绚烂多彩、积淀丰厚的宝库。回族妇女以爱花著称。不仅多以梅花、桃花、菊花、春花等命名，而且衣裤鞋袜布满绣花：凤凰嬉牡丹、干果梅、兔卧莲、鹿衔梅、鸟啥梅、青蛙钻莲、狮子滚绣蛋（绣球）等具有中原文化特征的绣花图案样本不胜枚举，流传至今。他们还保留了八仙桌、乌木筷、玉石镯等中国特色的器物。时至今日，各家各户的卧室，就连新婚夫妇的婚房也都盘有宽大的中式盘炕。

中亚东干村回族把中国西北方言看作"证实民族身份的护照"。因此在本民族内都以陕西方言或甘肃方言交流。从一个新生婴儿呱呱坠地，长辈们就开始对其植入相应的文化基因。首先按回族的传统习俗过满月，尔后教他们学说中国西北方言，背诵唐诗童谣。孩子到了入学年龄便由专职教师用西里尔字母拼写的"回族语文课本"教授科学文化知识。为了保存本民族的语言——中国西北方言，他们创造了用西里尔字母拼写和记录汉语的手段。在吉尔吉斯斯坦共和国东干村创办了用西里尔字母拼写甘肃方言的《回民报》，在哈萨克斯坦共和国的陕西村发行了用西里尔字母拼写陕西方言的《回族报》。报头均用汉语和中亚回族语文书写。内容为俄文与西里尔字母拼写的回族语文合璧。在哈萨克斯坦陕西村的回族文化博物馆典藏着一本年代已久的《回族曲子集》，是用西里尔字母拼写中国西北方言的记录。其中辑录了《南桥担水》《绣荷包》《茉莉花开》《梅鹿看林》《童小打虎》《白鱼儿调》《浪里头》等40首中国西北回族民间传统曲子。当马三旗（营盘）民族中学的回族语文教师剌四花大姐怀着浓浓故乡情一首首吟唱时，我们感慨万千。

中亚的东干村回族长期处于俄罗斯强势文化和所在国主体民族文化的影响之下。在不同的历史背景下他们赖以生存的文化生态空间往往受到挤压或被边缘化。但这一群体并没有模糊自己的民族身份和文化认同，一直将中原文化传统铭记于心，维护它，保护它，并产生出强大的心理力量和自我尊重意识。

"随风潜入夜，润物细无声"，祖辈们以物质和非物质形态保存下来的历史文化载体，为一代又一代的中亚东干村回民创造了认同培育的土壤和环境，不仅从心理功能上日益强化着他们的民族文化认同和凝聚力，而且以特有的形式表现出来，构成了这一民族群体的精神世界和行为规范。"当一个民族的文化存在，这个民族就存在着。"中亚东干村回族正是依托这些文化载体而生生不息、乡音不改、乡情不变。

第四节　对外"输出"，对内"引进"是中亚回族走向未来的发展路径

中亚回族是中国与中亚各国交往的桥梁和纽带。

——吉尔吉斯斯坦科学院院士、东干学与中国学研究所所长伊马佐夫

中亚回族是一个大花园，各种鲜花都在这里开放。

——阿訇达乌·马

中亚东干村回族不仅以特殊的形式，特定的载体和独特的文化符号传承着本民族的历史和文化，在源源不断地输出本民族优秀成果的同时，也以开放宽容的心态学习周邻民族的文化精华。在与他民族交往的过程中，中亚东干村的回民熟练掌握了俄罗斯、哈萨克、维吾尔、吉尔吉斯斯坦等民族的语言。他们种植各种蔬菜，如韭菜、芹菜、芫荽、大蒜、葱、水萝卜、窝窝白（莲花白）等的技术也毫无保留地传授给了周边的朝鲜族和哈萨克族。在婚庆礼仪中除完好地保留陕西回族自前清流传下来的碟碟子、盘盘子席（甜点干果）和13、18、24、36道蒸、炒、煎、炸、煮的菜碗席宴之外，也吸纳了维吾尔族、哈萨克族饮食中制作简便又美味可口的抓饭、纳仁、手抓肉等用以待客。

　　重视教育是回族的优良传统。前苏联时期，中亚东干村回族精通俄语，在全苏 130 多个民族中受教育的水平曾名列前茅；大学生比例曾占全苏第 2 位；出现过许多科学人（科学家、学者）、写家（作家）和诗人。苏联解体，中亚各国独立以后，纷纷将国家命名民族语言法定为国语。中亚回族上大学的人数骤减。国家独立初期，哈萨克斯坦江布尔州库尔达伊县设在陕西村的官办第 16 中学只有两名回族学生考上大学。这一现象引起了本族群许多有识之士的反思。民族要发展，要融入所在国的社会、政治，要做"官活"，要有一定的政治地位，要创造富裕的生活，就必须学习所在国的国语。"掌握了语言就掌握了世界。"这已成为中亚陕西村回族穆斯林的共识。独立之初，在哈萨克斯坦的陕西村只有 15 名学生学习哈萨克语，而今已开办了 30 个哈萨克语班，拥有 500 名学生。近两年已有近 50 名回族学生考入哈萨克斯坦共和国的各类大学。数十名学生在中国各大学就读。

　　2007 年哈萨克斯坦共和国总统纳扎尔巴耶夫在年度国情咨文中提出"三位一体语言政策（Триедиство языков）"，即哈萨克斯坦共和国国民要掌握和运用三种语言：国语——哈萨克语，族际交流语——俄语，顺利实行全球经济一体化，使哈萨克斯坦成为世界文明强国语言——英语。随着哈萨克斯坦"三位一体语言"文化项目的落实，陕西村的四所全日制学校 1—12 号（小学至中学，1—12 年级）全部实行哈萨克语教学。每周英语课 4 学时，俄语课 2 学时，回族语文课 2 学时。哈萨克斯坦江布尔州库尔达伊县官办第 16 中学设在陕西村的新渠，拥有东干、哈萨克、吉尔吉斯斯坦、维吾尔、朝鲜、鞑靼、日耳曼等十多个不同民族的 77 位教师。他们都是来自哈萨克斯坦各师范院校的优秀师资。学校的走廊一半用哈萨克语展示着国家的历史和名人志士。另一半用以西里尔字母拼写的陕西回族文字描述和陈列着中亚陕西回族历史文化实物资料和民族代表人物的英雄事迹。在马三旗（营盘村）的民族中学专门建有陕西回族文化博物馆。以此形式向孩子们灌输着国家认同、民族认同，以及对本民族文化的认知态度、人生观念和价值观念。"东干移民环境下国语哈萨克语和民族语言发展问题"是中亚东干村回族文化教育发展中正在探讨的重大问题。

　　总体上讲，目前中亚东干村在文化教育方面还存在一定的问题：师资力量不足，哈萨克语和东干语（回族语文）课本不能保证提供、引进教师的住宿条件亟待改善、母语——回族语文（用西里尔字母拼写的中国西北方言）的教学有待加强等。2009 年 5 月陕西省给哈萨克斯坦共和国陕西村，资助了 50 万美元，用于发展教育。这一举措在当地引起了巨大反响，对于提高这一民族群体在其所在国的地位，促进当地政府的重视程度起了极大的推动作用。学习汉语、发展普通话已成为中亚东干村回族培养子女的优先选择。2008 年哈萨克斯坦共和国东干协会输送了 700 名留学生赴中国学习。2009 年因金融危机，人数有所减少，截至 7 月已输送了 300 名。陕西村从中国学习毕业的学生回哈后大都在中国石油天然气集团公司（CNPC）工作，月收入 1000 美元。仅 2007 年中国石油天然气集团公司就要求哈萨克斯坦东干协会推荐 40 名在中国学成的中亚东干村回族学生。这种情况更加坚定了家长送子女去中国学习的决心。随着中亚东干村回族乡党与中国的经济文化交流不断加强，不少人来到中国。他们"已经成为中国和中亚各国之间交往的桥梁与纽带"。

结　　语

文化认同即民族文化的归属认知，是民族认同的基本元素。民族成员集体历史记忆和共享的语言传说、文学艺术、传统习俗、宗教信仰、价值观念、精神品格和行为方式等文化符号，乃构建民族身份认同的依据和标志。回眸 132 年来中亚陕西村回族穆斯林走过的特殊历程，透过其所认同的丰富文化内涵，我们能更为清晰地解读这个族群社会。处于当代多民族聚居、多元文化荟萃、多种宗教并存的中亚各以主体民族命名的国家，这一少数民族群体不仅通过所负载的文化现象，不断强化着自身作为"操同一种语言、拥有共同祖先，属于相同血缘和文化的人群集合"之"文化民族"（культурные нации）[①] ——回族的认同；而且在与其他民族的关系中，通过文化的涵化，寻求社会的适应，进而把握本民族的生存、进步与发展。

---

① 瓦基穆·马尔金：《民族之类型》，《新闻公报》（俄文版），圣彼得堡，2006 年 9 月 25 日，第二版。

第十八章　民族学视阈下的柯尔克孜（吉尔吉斯斯坦）人及其跨国

　　柯尔克孜族人民是多元一体中华民族的成员之一，同时也是一个跨居多国的民族。据我国第六次人口普查，中国的柯尔克孜族人口 186708 万，占全国总人口的 0.0143%（2010 年）[①]。我国柯尔克孜族人口 98% 聚居在新疆维吾尔自治区。其中 77.4% 集中在南疆克孜勒苏柯尔克孜自治州，占新疆柯尔克孜族人口的 78.4%。此外在喀什、和田、阿克苏、伊犁、塔城均有分布。另有少量散居在黑龙江的富裕县。

　　中国新疆与吉尔吉斯斯坦共和国接壤，两国边境线长 1170 公里。据 2012 年吉尔吉斯斯坦共和国统计委员会常住人口统计，其全国总人口 557.12 万人，主体民族吉尔吉斯斯坦人 4006009，占总人口的 72.16%（2012）。[②] 其中，奥什州 758036 人，贾拉拉巴德州 725321 人，楚河州 474805 人，伊塞克库尔州 377994 人，巴特肯州 327739 人，纳伦州 255799 人，塔拉斯州 208399 人，比什凯克市 552957 人。[③] 据 2014 年人口统计，吉尔吉斯斯坦人口为 577.6 万（2014 年），其中吉尔吉斯斯坦族人口为 419.3 万人，占总人口 72.6%。

　　吉尔吉斯斯坦共和国西界乌兹别克斯坦共和国，拥有共同边境线 1099 公里。吉尔吉斯斯坦也是乌兹别克斯坦较大的跨界少数民族之一。乌兹别克斯坦共和国有 25 万（2010 年）吉尔吉斯斯坦人[④]，约占全国人

---

　　① 2010 年第六次全国人口普查资料数据。国务院人口普查办公室、国家统计局人口和就业统计司编：《中国 2010 年人口普查资料》，中国统计出版社，2012 年 4 月，第二卷。
　　② 吉尔吉斯斯坦共和国国家统计委员会：《2012 年居民民族成分》，表 5，《白帆报》，2013 年 3 月 26 日。
　　③ 吉尔吉斯斯坦共和国国家统计委员会：《2009 年吉尔吉斯斯坦各地区居民民族成分人口统计》，《白帆报》，2012 年 4 月 11 日。
　　④ 乌兹别克斯坦国家统计委员会：《乌兹别克斯坦民族图表集》，《中亚》，2011 年 2 月 8 日。

口的 0.9%。乌兹别克斯坦的吉尔吉斯斯坦人分布十分广泛，几乎每个州都有；相对集中在纳曼干、安集延、费尔干纳、浩罕、塔什干等州、市。

据 2010 年全俄民族人口统计，俄罗斯联邦有 103422 吉尔吉斯斯坦人[①]。莫斯科 18736 人，克拉斯诺亚尔斯克 8423 人，新西伯利亚州 6506人，斯维尔德罗夫斯克州 6304 人，萨哈共和国 5022 人，伊尔库兹克州4507 人。

吉尔吉斯斯坦共和国南同塔吉克斯坦共和国接壤，边境线长 970 公里。塔吉克斯坦共和国的吉尔吉斯斯坦人共 60715（2010 年）。[②] 他们主要生活在靠近吉尔吉斯斯坦边境的巴达赫尚州、吉尔加塔尔区、沙尔图兹、牙湾等地。

哈萨克斯坦共和国虽然与吉尔吉斯斯坦共和国有 1241.6 公里的共同边界，但其境内的吉尔吉斯斯坦人并不多，总共有 2.68 万人（2011 年），散居在江布尔州 8141 人，阿拉木图市 5335 人，阿斯塔纳市 3053 人，阿拉木图州 2575 人，南哈萨克斯坦州 2343 人，卡拉干达州 1479 人。[③]，另外在阿富汗伊斯兰共和国居住有 3 万吉尔吉斯斯坦人。阿富汗的吉尔吉斯斯坦人生活在偏远、高寒地区，被誉为"世界屋脊的游牧民族"。土耳其有 6000 吉尔吉斯斯坦人（2010 年）。

第一节　族名：词源学的考释

词源学是研究词语形式、来源和意义的一门学科。按照现代语言学的要求，探究一个词的词源，必须考查相关语言中这个词的词义和词形，并据此分析和构拟它的形式和含义。对一个作为族名的专门术语在音、形、义上的考释，无疑与民族学研究密切相关，能对一个民族的历史文化提出鞭辟入里的见解。

---

① 《2010 年全俄居民人口统计，俄罗斯联邦居民民族成分，附录：2010 年全俄居民人口统计结果（莫斯科），附录 5：行政市区居民民族成分》，莫斯科，2010 年版。

② 《塔吉克斯坦共和国的民族成分、语言掌握，居民国籍》，杜尚别，2011 年版，第 3 卷，第 5 页。

③ 哈萨克斯坦统计中心：《2011 年 1 月 1 日哈萨克斯坦部分民族居民人数》，阿斯塔纳，2011 年 9 月 19 日。

柯尔克孜（吉尔吉斯斯坦）是操突厥语民族之一。突厥语 Qırǧız 是柯尔克孜（吉尔吉斯斯坦）人民的自称，意为"草原游牧人"。这是操突厥语民族中最古老的民族名称。中文译写为"柯尔克孜"，一般指称中国境内的柯尔克孜族人民。俄文译为"Кыргыз"或"Киргиз"。在中国一般将境外"柯尔克孜"的同源民族成员称写为"吉尔吉斯斯坦"。

关于柯尔克孜（吉尔吉斯斯坦）这一同源跨国民族先民的记载自古有之。最早可以追溯到秦汉时期。《史记·匈奴列传》述："后北服浑庾、屈射、丁零、鬲昆、薪犁之国。于是匈奴贵人大臣皆服，以冒顿单于为贤。"① 《汉书》对柯尔克孜（吉尔吉斯斯坦）先民生活的地域首先记述"（匈奴）发其兵西破坚昆，北降丁零，并三国""坚昆东去单于庭七千里，南去车师五千里，郅支留都之"②。以后历代官书和史料文献都有相关记载。在我国不同历史时期对柯尔克孜（吉尔吉斯斯坦）的称谓各有不同。两汉时期称之为"鬲昆""坚昆"。魏晋南北朝至隋唐称"结骨""契骨""纥骨""护骨""纥纥斯""黠戛斯""黠葛斯"。五代十国、辽、宋、金时称"辖戛斯""黠戛司"。蒙元、明时期称"乞里乞斯""吉利吉思"。汉文史料中的这些名称都是各时期不同的音译。有清一代，按准噶尔语音译，柯尔克孜（吉尔吉斯斯坦）被称为布鲁特人，意为"高山居""高原人"，以天山为界，分别称为东、西布鲁特。在希腊文献中指谓中世纪早期居住在叶尼塞河中游（米努辛斯克盆地）的居民为"Херкиз""Хирхиз"；在阿拉伯文和波斯语文献中称"Хыргыз""Хирхыр"；在突厥语和回鹘文文献中写作"Кыргыз（Qırǧız）"，即这一群体的自称。

长久以来，国际学术界关于"кыргыз"这一族名的词源学诠释众说纷纭。迄今没有定论。综观而言，主要可分为以下几类③。

（1）柯尔克孜（吉尔吉斯斯坦）语中的数词"кырк"意为"四十"。"кыз"即名词，意为"姑娘"。有学者将"кырк"＋"кыз"释为"四十个姑娘"之意。④ 一些学者由此认为这一族群是源于四十个姑娘所示的四十个部落组成。

---

① 司马迁：《史记》卷一一〇《匈奴列传》，中华书局 1975 年，第 2893 页。
② 班固：《汉书》卷九四上《匈奴传》中华书局 1962 年，第 3800 页。
③ 吉尔吉斯斯坦：《ЭркинТоо 报》，2011 年 12 月 27 日，第三版。
④ 吉尔吉斯斯坦共和国科学院、吉尔吉斯斯坦—俄罗斯斯拉夫大学：《吉尔吉斯斯坦人和吉尔吉斯斯坦历史》，比什凯克，2000 年，第 112 页。

（2）将数词"кырк"＋复数后缀"ыз"定义为四十个部落人民的集合体。[①] 据此有学者以为"кыргыз"这一族称与历史传说中的英雄玛纳斯统一四十个部落有关。

（3）"ир"或"эр"在突厥语中泛指人或男人。在突厥部族中，人们常将这个词与其他词相加，组成词语，用于自称。"Кырк"＋"эр"，即"四十个男子"之意。

（4）"кыр"一词即柯尔克孜（吉尔吉斯斯坦）语"山脉"之意。因此有些学者认为族名"кыргыз"象征这一族群是由深居山中的游牧部落组成，意为"深山游牧人"。

（5）"кыргыз"一词由古突厥语形容词"кырыг"（红色的）而来，一些学者把"кырыг"＋复数后缀"ыз"的形式释为"赤发之人"。"кырк－огуз、кырк－уз"或"Кыргу""кырыг"与表示复数后缀"ыз"连在一起，即"面貌绯红之人"。11 世纪的波斯史学家 Гардизи 引用了历史传说描述，"Kirgiz"具有明显的赤发、皙面特征[②]。

（6）另有学者通过词源学的研究得出结论，认为"Огузы"一词具有"箭镞"或"部落"之意，后缀"уз"表示复数。这一族群名称也可能源自词组"кырыг（красные）огузы 红色乌古兹"或"勇士"一词。

（7）"кыра"即突厥语"黑色"之意。"кыра"＋"гыз"意为"黑发人（черноволосый народ）"。俄人曾称吉尔吉斯斯坦人为"喀拉－吉尔吉斯斯坦"，即"黑色吉尔吉斯斯坦"，乃因其所居穹庐为黑色而得名。

（8）在许多涉及"柯尔克孜（кыргыз）"词源学的传说中，诸如关于"17 世纪的阿卜杜尔—迦兹—巴赫杜尔—汗"（Абу－л－Газы Бахадур－хан）和 19 世纪奥斯曼纳雷—色迪克—乌鲁（Осмоналы Сыдык уулу）的故事中都提到"кыргыз"是乌古斯汗之孙的名字。尤其是在塔拉斯河流域发现的突厥语文献《Насаб－наме》与上述传说相互印证。其作者 Ар－Рахима 称，"乌古斯汗有一孙名'кыргыз'，所有柯尔克孜（吉尔吉斯斯坦人）都是其后裔。"

关于"柯尔克孜"族名的学术研究，自 19 世纪后半叶沙皇俄国征服中亚至今已历经一个半世纪。俄苏学者们从语言学和专名学的角度，采用

---

① 吉尔吉斯斯坦共和国科学院、吉尔吉斯斯坦—俄罗斯斯拉夫大学：《吉尔吉斯斯坦人和吉尔吉斯斯坦历史》（俄文版），比什凯克，2000 年版，第 112 页。

② 同上。

分解式的研究方法进行探讨，众说纷纭，难以统一。苏联解体之后，吉尔吉斯斯坦独立，在构建主权的民族国家的过程中，恢复主体民族的历史记忆，重新书写国家历史成为核心内容。关于吉尔吉斯斯坦民族史的研究在吉尔吉斯斯坦共和国国内掀起新一轮热潮。柯尔克孜（吉尔吉斯斯坦）族名的研究仍在继续，然而，迄今为止仍无定论。

第二节　历史：文献学的解读

文献学解读是民族学研究方法体系中的具体技术方式之一。利用历史文献诠释现代社会，追溯近现代和当代民族某一问题或现象的历史渊源，即民族学研究的历史溯源法。

长期以来国际学术界关于柯尔克孜（吉尔吉斯斯坦）民族历史的研究主要依据我国历朝历代官修史志的记载。20 世纪上半叶之前，学界对柯尔克孜（吉尔吉斯斯坦）历史起源问题的探讨十分有限。后来随着一些突厥语、波斯语文献史料《Насабнаме – йн авалад – и – хазрат – и – адам》《Джахан – нума》《Саха'иф ал ахбар》《Накуд ат – таварих》《Джами'ат – таварих》《Насаб – наме》《Худут ал – Алам》等公之于世，关于柯尔克孜（吉尔吉斯斯坦人）历史的研究进入了一个新的阶段。这些文献基于各种早期穆斯林史学家的资料记载阐述了柯尔克孜（吉尔吉斯斯坦）人的起源和历史进程。波斯文献《Худутал – Алам》记载了10 世纪阿尔泰居民的情况，"称谓'基什提穆（Кыштым）'的阿尔泰居民是'кыргыз'的一支。其居于山坡，穹庐为室，狩猎为生，采集毛皮、麝香、兽角等；语言近葛逻禄，服饰同奇马克（Кимак）"[1]。俄苏历史学家、民族学家和东方学家 В. В. 巴托尔德研析了多种文字的历史文献得出"吉尔吉斯斯坦（柯尔克孜—作者）是中亚最古老的民族，在现代中亚诸民族中，大概还没有一个民族能像吉尔吉斯斯坦人那样早地在历史中被提及"[2]。

---

① 吉尔吉斯斯坦共和国科学院、吉尔吉斯斯坦—俄罗斯斯拉夫大学：《吉尔吉斯斯坦人和吉尔吉斯斯坦历史》（俄文版），比什凯克，2000 年版，第 111 页。

② В. В. 巴托尔德：《吉尔吉斯斯坦人：历史概论》，《В. В. 巴托尔德文集》（俄文版），第 2 卷，第 1 册。莫斯科，东方文献出版社 1963 年版，第 474 页。

从历史地理的角度讲，古代部族活动的地域范围，及其所建立王朝的疆域大都超出了现代国家的国境。现今中亚五国所在地区和中国新疆在古代同属于一个历史文化区域。古代中亚各部族与现代民族的称谓及活动位置不相一致是合乎情理的。循着历史文献提供的线索，"现今吉尔吉斯斯坦人所居的土地，在不同历史时期曾隶属于不同的部族和王朝。因此它的历史应视为中亚各民族和部族历史的一部分"①。诚然，柯尔克孜民族的历史无疑也是中华民族历史的重要组成。

柯尔克孜（吉尔吉斯斯坦）人形成为一个近代民族之前，分布在天山东部、南部、北部的地域。该地区连同费尔干纳、帕米尔—阿莱这一历史地缘政治空间居住着种类繁多的部族。虽然他们在漫漫的历史长河中逐渐消失，但是大量的考古发掘、建筑艺术、口述材料留下了丰富的实证遗迹。这些珍贵的遗存与柯尔克孜人的历史有着直接或间接的联系。历史文献的梳理和记述，为我们在民族学研究中，解读现当代某一文化现象提供了深远的历史背景。

俄文历史文献多将柯尔克孜（吉尔吉斯斯坦）人分为两个部族集团：叶尼塞部和天山部。但是关于这两个部族集团彼此之间同源关系多有争议。一些学者认为天山柯尔克孜人在现代中亚吉尔吉人的族源中起主导决定作用，而叶尼塞柯尔克孜人多融合于南西伯利亚的哈卡斯人和图瓦人之中。② 前苏联学者 K. И. 彼特洛夫对比了各种史料文献提出，现代天山柯尔克孜（吉尔吉斯斯坦）人是居住在也儿的石河（今额尔齐斯河）—叶尼塞河中间地带③的阿尔泰语系突厥语族的移民。天山柯尔克孜（吉尔吉斯斯坦）人是由三个主要群体组成。其中之一是前蒙古时期的沿天山一带活动的土著欧罗巴人，主要是葛逻禄—回鹘等氏族部落。第二个群体是成吉思汗及其后裔统治时期，迁徙到天山的蒙古诸部，最初他们聚居在伊犁—也儿的石河的中间地带。这一群体包括成吉思汗时期突厥化的蒙古人和乃蛮氏族部落的残留部分。这些乃蛮部落的残部向天山的迁徙与蒙古人的迁徙融合在一起。13 世纪中叶，术赤兀鲁思的一些部落迁徙到伊犁—

① 吉尔吉斯斯坦共和国科学院、吉尔吉斯斯坦—俄罗斯斯拉夫大学：《吉尔吉斯斯坦人和吉尔吉斯斯坦历史》（俄文版），比什凯克，2000 年版，第 3—4 页。
② H. A. 巴斯卡科夫：《关于"кыргыз"族名产生的问题》（俄文版），莫斯科，苏联科学院出版社 1964 年版，第 93 页。
③ 指额尔齐斯河与叶尼塞河毗邻的上游地带。

也儿的石河的中间地带。由于这时一部分土著居民或已经散居，或已被驱赶到西部天山河谷地区，于是残留在东部天山地区的势力与许多蒙古部落的聚集导致了双方的碰撞与糅合。也就是说，在一些方面，土著突厥语系的居民出现了蒙古化趋向。与之相反，蒙古氏族部落集团也不同程度的突厥化。这个蒙古—突厥联盟，亦称"天山蒙古人"，对天山柯尔克孜（吉尔吉斯斯坦人）第三个群体的形成起了决定性的作用。第三个群体实际上是由蒙古人和叶尼塞—也儿的石河流域的突厥语系部落融合而成的，被称为吉利吉思人。蒙古统治时期，这些活动在也儿的石河流域的部落（也被称为钦察人）与吉利吉思人一起被认为是叶尼塞—也儿的石河流域的"林中百姓"，后来一部分钦察人与吉利吉思人交融，形成钦察—吉利吉思人。

根据 К. И. 彼特洛夫的考证，在蒙古人征服吉利吉思人之前，已有巴林（Барин）、奇诺斯（Чинос）等部落的"三千"蒙古人来到叶尼塞—也儿的石河流域。嗣后，在术赤兀鲁斯建立时期又有"四千"蒙古人来到此地。他认为，钦察—吉利吉思人从叶尼塞—也儿的石河流域迁徙到天山之前，就有一定数量的蒙古人加入了这一部族。他得出结论，天山柯尔克孜人的祖先长久居住于阿勒泰和叶尼塞—也儿的石河流域。在公元 10 世纪就有一部分天山柯尔克孜（吉尔吉斯斯坦）人的先民迁移到天山。13—15 世纪吉利吉思人诸部大规模向西部天山扩展。与此同时，大批蒙古人进入中亚和哈萨克草原。在此情况下，部分突厥部落逐渐向西迁徙到天山中部和西部地区，而后，继续向南直到帕米尔高原。这些突厥部族也成为天山柯尔克孜（吉尔吉斯斯坦）部族形成过程中的重要成员。15 世纪一些柯尔克孜（吉尔吉斯斯坦）氏族在萨彦—阿勒泰复兴，联合各部族建立了自己的汗国。15 世纪末—16 世纪初在被称之为"吉尔吉斯斯坦活动的地面"（Киргизская землица）上，众多部落结合而成了吉尔吉斯斯坦部族联盟。在以后长达三个世纪的时期，柯尔克孜（吉尔吉斯斯坦）人逐渐形成为一个近代民族。

由于准噶尔人的进攻，一部分布鲁特人从天山迁至中亚的塔什干、费尔干纳及其附近；一部分迁到帕米尔高原、兴都库什山和喀喇昆仑山一带；一部分从天山取道库车到达和田；一部分仍然留在天山和伊犁地区。

根据俄国《炮兵大尉文科夫斯基 1722—1724 年出使卫拉特人的使团的旅行日记》报告，17 世纪，居住在伊塞克湖迤西的布鲁特人达 5000

帐，拥有约 3000 精良军队。① 在一份卡尔梅克人绘制的地图上，标示出布鲁特人在费尔干纳和锡尔河以西的方位。1758 年清朝平定了准噶尔以后，被迫迁徙的布鲁特人才又回到自己的世袭之地。大部分布鲁特重新占据了纳伦河、楚河上游和伊塞克湖支流的山地，以及阿拉套山北麓、美丽富饶的楚河盆地中央的皮什佩克（今比什凯克）与伊塞克湖东岸的卡拉科尔（今普尔热瓦尔斯克）。少数人迁徙到锡尔河流域塔拉斯山谷及其毗连的山区。然而，"只有这一次运动，即从费尔干纳返回天山的迁徙，保留在那些对往昔的迁徙一无所知，认为费尔干纳是其故乡的吉尔吉斯斯坦人的记忆之中"②。这正是为什么在许多民间传说中总是把柯尔克孜（吉尔吉斯斯坦）人的族源与毗连费尔干纳的高山峡谷联系在一起的重要原因。

平准之后，"天山和帕米尔的布鲁特都承认是清朝的属民"③。大部分布鲁特处于清朝政府的统治之下。与此同时，他们也面临着周邻部族，特别是浩罕汗国的威胁。1770 年哈萨克中玉兹阿布莱汗对布鲁特人发起进攻，在克孜勒苏河附近击溃了布鲁特人的联合力量。19 世纪上半叶，浩罕汗国要求费尔干纳及其东北部山区的布鲁特人臣属并对其施以暴政。浩罕地方官向布鲁特人分类课以重税：其一，各帐摊派绵羊税；其二，50 头牲畜（2%）抽一；其三，农民缴纳地亩税，每个谷仓摊派 3 头绵羊（喀什噶尔从事农业的布鲁特缴纳收成的 1/15）。1862 年，"一部分吉尔吉斯斯坦人与浩罕决裂"④。19 世纪 60—70 年代中亚地区被沙俄兼并。居住在卡拉巴尔特到皮什佩克，一直延伸到伊塞克提的吉尔吉斯斯坦萨勒土部、占据着阿列克桑德洛夫山到纳伦大片地域的萨雅克部、活动在伊塞克湖岸和楚河盆地东部地域的萨雷巴噶什部、生活在伊塞克湖东岸到特克斯一带的布库部，除一部分迁移到固尔扎（今新疆伊宁）外，相继被俄国吞并。这些氏族和部落世代繁衍生息的辽阔地域变成了俄国的疆界。生长于喀什噶尔和固尔扎等地及其周边的冲—巴噶什、部分布库等部的布鲁特

---

① 《俄国皇家地理学会丛刊（民族学）》（俄文版），第 10 卷，第 2 分册，1887 年，第 187 页。

② B. B. 巴托尔德：《吉尔吉斯斯坦：历史概论》，《B. B. 巴托尔德文集》（俄文版），第 2 卷，第 1 册，莫斯科东方文献出版社 1963 年版，第 527 页。

③ 同上。

④ 同上。

人仍然留在清朝的版图之内。原本完整的柯尔克孜（吉尔吉斯斯坦）人民被分隔开来。

综上所述可以得出两点结论。其一，近代柯尔克孜（吉尔吉斯斯坦）民族的形成是融合了多元种族、部族成分的结果。其二，民族的过程是在与他族矛盾、冲突和往来中不断了解、不断交融的历史。

第三节　人物：口述史的佐证

口述史即口碑史学，是以收集和使用口头史料研究历史的一种方法，特别是用来抢救那些濒于失传的藏于民间的非物质文化遗产。这对于记录民族的历史十分重要。采借民间传说与口述历史是民族学研究民族源起、民族过程、民族文化接触交流与涵化的研究方法之一。凭借过去的声音，用口述和吟唱的方式叙述民族历史，是口述历史的重要形式。此类民间口述的内容在于唤醒民族的记忆、抒发民族的情感、表达民族的性格、体现民族的心理、传递民族的精神，弘扬民族的文化，进而奠定人们的认同。这一技法与文献互补长短，以更为鲜活的形式留存记忆、展开交流，为我们的民族研究提供了更为广阔的空间，拓宽了叙述的视线，丰富了学术的分析，延展了新的学术契入点。

口传史诗是以口述形式流传，用诗的语言记录民族历史的一种独特的民间文学形式—长篇叙事诗。其主要特点是以著名民族英雄、重要宗教人物、杰出军事才俊为中心，以口头史诗的形式反映民族的荣辱、英勇、抗争、追求和全部的社会生活与精神世界。后来出现的一些著名史诗的书写文本大都来源于口传史诗的听写记录。故此，口传史诗是民族历史文化的精华。柯尔克孜（吉尔吉斯斯坦）人民堪称"史诗民族"。柯尔克孜（吉尔吉斯斯坦）民间口传史诗、叙事诗内容丰富、绚丽多姿，浩如烟海。

《玛纳斯》（柯尔克孜/吉尔吉斯斯坦语："Манас" дастаны）是柯尔克孜（吉尔吉斯斯坦）人民世代口耳相传的一部口承英雄史诗。据我国的记录《玛纳斯》共 8 部，23 万余行；为全世界第二长史诗，仅次于藏族史诗《格萨尔王传》。《玛纳斯》主要讲述了柯尔克孜族人民不畏艰险，奋勇拼搏，创造美好生活，歌颂伟大爱情的故事。这部民间史诗的传承者和创作者被称作"玛纳斯奇"。史诗《玛纳斯》的民间传承性，是柯尔克孜语言和智慧的结晶，不仅给予柯尔克孜（吉尔吉斯斯坦）人民进取的力量，而且是我们取之不尽、用之不竭的宝贵精神财富。

"玛纳斯"是柯尔克孜（吉尔吉斯斯坦）传说中的著名英雄和首领，是力量、勇敢和智慧的化身。史诗叙述了玛纳斯一家子孙八代人，领导柯尔克孜族人民反抗统治者掠夺和奴役，为争取自由和幸福而进行斗争的光辉业绩。史诗《玛纳斯》与藏族史诗《格萨尔王传》、蒙古族史诗《江格尔》不同。这部史诗不是赋予单一主人公特殊的品格和非凡的才能，将其塑造成民族引以为自豪的旷世英雄；而是讴歌了柯尔克孜人八代英雄的丰功伟绩。《玛纳斯》史诗已流传了千年之久。长期以来，这部史诗以其引人入胜之情节和百科全书之价值吸引着各界人士进行研究，浓烈的兴趣经久不衰。

一些学者从宗教的视野出发，提出"在古代和中世纪早期的中亚，特别是在当时新疆的佛教和摩尼教信众中有'玛纳斯'一词，意为'圣礼'"①。大约于 5—6 世纪，波斯语的《摩尼教祈祷忏悔书（俄译：Хуастанифт，英译：Chuastuanift）》由梵文译成粟特语，而后翻译成突厥语。古代突厥人将忏悔祈祷称之为"Манастархира－а"，意为"宽恕我的罪过"。而在佛教，"玛纳斯"即第七识，亦谓之"末那识"（梵文：manas－vijñāna），意为"思量"，具有恒审思量之性，又称思量识；为第六意识之所依根。无论第六识，还是第七识都是一体的心识，即心的真理性。另一些学者从语义学的角度探究认为，这个词的概念在梵文中意为"思维""人之智慧和能力"，泛指"客观意识""主观与客观之关系"；以表现柯尔克孜（吉尔吉斯斯坦）人民对世间事物的认知和对社会生活的理解。还有一些学者从词源学的层面解析，以为"玛纳斯"一词来源复杂，可以追溯于雅利安人的神话，反映光明与黑暗、美好与丑陋、善良与凶恶之间的斗争，再现了柯尔克孜（吉尔吉斯斯坦）先民的价值观念。这是《玛纳斯》史诗的基点。"《玛纳斯》史诗在天山的最终形成是奠定柯尔克孜人各部联合的最重要的思想基础。""面对外敌，各部精诚团结、紧密联合、共同御敌是《玛纳斯》史诗的主题思想，对柯尔克孜（吉尔

---

① 吉尔吉斯斯坦共和国科学院、吉尔吉斯斯坦—俄罗斯斯拉夫大学：《吉尔吉斯斯坦人和吉尔吉斯斯坦历史》（俄文版），比什凯克，2000 年版，第 99 页。

吉斯斯坦）人民的兴盛起了递进的作用。"① 对柯尔克孜（吉尔吉斯斯坦）人民而言，"玛纳斯"之称神圣而至高无上。玛纳斯的精神，对玛纳斯的崇拜已融入柯尔克孜（吉尔吉斯斯坦）人民的灵魂与日常生活之中。

《玛纳斯》史诗包含了柯尔克孜（吉尔吉斯斯坦）人民政治、经济、历史、文化、语言、哲学、宗教、美学、军事、医学、习俗等诸多领域的丰富内容，是世界宝贵的精神文化遗产。对这部英雄史诗无论怎样评价都不为过。正如苏俄语言学家 B. B. 拉德洛夫所述，"《玛纳斯》是柯尔克孜（吉尔吉斯斯坦）人民生活和向往的诗化艺术写照"②。

17—18 世纪是柯尔克孜（吉尔吉斯斯坦）历史的重要时期。这一历史时期涌现出大量的民间口述和叙述史诗，主要反映清朝政府平定准噶尔汗国的历史片段和人民所经历的诸多事件。柯尔克孜人民助清平准与卡尔梅克人交战的英雄事迹是那一时代民间口传英雄史诗的主要题材和核心内容，以抒发民族历史的悲壮恢宏。在口述历史故事《库尔曼别克》（《Курманбек》）、《贾尼什—巴伊什》（《Жаныш – Байыш》）等一些著名的柯尔克孜民族史诗中传颂了库尔曼别克、贾尼什、巴伊什、埃尔·塔贝尔迪等英雄人物御敌保家（抗击卡尔梅克人）的史实。口述史诗《贾娜尔·梅尔扎》（《Жаныл Мырза》）歌颂了勇敢的柯尔克孜（吉尔吉斯斯坦）姑娘抗击入侵者，功勋卓著的动人故事，深刻地表现了柯尔克孜妇女聪明勇敢和顽强坚贞的性格。在那个战争频仍的年代，柯尔克孜人民在抗外敌、保家乡的斗争中涌现出许多口传相诵的叙事长诗《Олжо – бай и Кишимжан》《Саринжи – Бёкёй》《Мендирман》等。这些同时代的作品歌颂了柯尔克孜人民不屈不挠的斗争精神以及浪漫主义思想和英雄主义。"英雄生于家中，死于战争""在床铺上死去可耻，在战斗中身亡可敬""英雄迎向敌人，护卫人民。"这些脍炙人口的语句表现了柯尔克孜人民无所畏惧的品格。这些民间的口颂史诗是研究柯尔克孜民族历史文化的无价之宝。

---

① И. 莫尔多巴耶夫，《"玛纳斯"史诗是研究吉尔吉斯斯坦人民精神文化的源泉》（俄文版），伏龙芝，1989 年版；《"玛纳斯"吉尔吉斯斯坦人历史文化的记忆》（俄文版），比什凯克，1995 年版；吉尔吉斯斯坦共和国科学院、吉尔吉斯斯坦—俄罗斯斯拉夫大学：《吉尔吉斯斯坦人和吉尔吉斯斯坦历史》，比什凯克，2000 年版，第 113 页。

② 吉尔吉斯斯坦共和国科学院、吉尔吉斯斯坦—俄罗斯斯拉夫大学：《吉尔吉斯斯坦人和吉尔吉斯斯坦历史》（俄文版），比什凯克，2000 年版，第 100 页。

第四节　跨国：地缘关系的变化

地缘关系即指以地理因素为纽带，而产生的地缘区位之间的互动作用和影响；通过地理区位关系反映在一定地理范围内居住、活动而交往的不同人们群体的联系；也可以理解为相邻民族、毗邻国家历史和现实的时空关系、分布状况和运行轨迹。

苏联解体，吉尔吉斯斯坦共和国独立以后，在有关"吉尔吉斯斯坦和吉尔吉斯斯坦历史"的著述中，吉尔吉斯斯坦的学者们将16世纪至18世纪称之为"吉尔吉斯斯坦人民的兴盛时代（Эпоха косолитация кыргызского народа）"①。他们认为，16—18世纪是吉尔吉斯斯坦民族形成的进一步发展时期。② 根据中国学者的观点，18世纪初吉尔吉斯斯坦人"有了比较稳定的共同活动地区，吉尔吉斯斯坦民族共同体才最终形成"③。

柯尔克孜（吉尔吉斯斯坦）人的跨国，与16—18世纪中国、俄罗斯与中亚地区的地缘关系变化有关，同时涉及布鲁特人同邻国和周边民族的关系。综观而言，主要有三个方向，其一，东向：布鲁特与清朝的关系；其二，西向：布鲁特与沙皇俄国的关系；其三：布鲁特与周邻民族的关系。

有清初年，准噶尔贵族政权一直与清朝保持着相应的臣属关系。以后随着准噶尔军事力量的不断增强，而称霸一方。早在17世纪中叶布鲁特就受到准噶尔汗国进攻和排挤，而逐渐迁徙到天山北路的伊塞克湖一带，即现今吉尔吉斯斯坦共和国所在之地。17世纪末，权势显赫的布鲁特贵族奥尔胡－穆罕默德－别克将兵政不一、分散四处的布鲁特各部武装力量集结于自己的麾下，并在清朝新疆建立了布鲁特封建主的政治统治。这一统治一直持续到18世纪初。当此之时，因布鲁特牧地"为准噶尔所侵，

---

① 吉尔吉斯斯坦共和国科学院、吉尔吉斯斯坦—俄罗斯斯拉夫大学：《吉尔吉斯斯坦人和吉尔吉斯斯坦历史》（俄文版），比什凯克，2000年版，第14页。

② Б. Д. 贾穆格尔奇诺夫：《19世纪吉尔吉斯斯坦政治史概论》（俄文版），伏龙芝，1966年版，第66页。

③ 马大正、冯锡时主编：《中亚五国史纲》，新疆人民出版社2000年版，第150页。

西迁寓居安集延"。① 由于准噶尔汗国的大举进攻，居住在楚河流域、伊塞克湖一带、塔拉斯谷地和纳伦的布鲁特人的主体部分，因不堪忍受准噶尔贵族政权的残暴和追杀被迫向西南迁徙至费尔干纳盆地，今吉萨尔、安集延、苦盏和库利亚布等地，即今乌兹别克斯坦和塔吉克斯坦的一些地方。这一事件使得原本就生活在这里的布鲁特人数量急剧增加，在费尔干纳谷地形成了一个统一的独立联合体。

18 世纪后半叶，准噶尔个别首领在沙皇俄国的挑唆之下，不断构乱。1755 年、1757 年、1758 年清政府多次粉碎了准噶尔贵族割据势力的分裂叛乱，统一了天山北路。1759 年清政府平定天山南路的大小和卓叛乱，重新统一了新疆。在这一过程中，吉尔吉斯斯坦各部支持并参与了清政府平定准噶尔汗国的战争。1758 年，天山东部的萨雅克部和萨雷巴噶什部的布鲁特率先臣属清朝。此后东布鲁特其他部落也纷纷归附。1759 年天山南部的布鲁特亦以表归顺。清朝政府以重金赏赐，册封官爵，巩固自己对布鲁特的影响。在此期间，布鲁特各部与清军互相应援，积极参与戡乱。西布鲁特 15 部奏报朝廷愿为归属，"自布哈尔以东二十万人众，皆作臣仆"②。至此，浩罕以东，伊犁西南，喀什噶尔西北，伊塞克湖周边，帕米尔、喀喇昆仑一线皆属清朝管辖。正如松筠在《伊犁总统事略》中所述："以上，布鲁特本退荒殊域，并未胁以兵威。又非以智术。兹望风归附，纳款称臣，情词甚为谆恳。特允其遣使入觐。用抒向化之忱。比使至，优加宴赉。"

清朝统一新疆后在布鲁特居地——天山"实行了一系列保护政策"③，使"回部安静，其布鲁特、霍罕、安集延、玛尔噶朗等贸易之人络绎不绝"④。这一时期，在与准噶尔人的斗争中，吉尔吉斯斯坦人仍然保持着内部的独立性。清朝对于界外沿边游牧的布鲁特、哈萨克以及中亚的浩罕等部采取了不同于蒙古、新疆、西藏的"藩属"或"内藩"政策，而视其为"外藩"，建立了特殊的"宗藩关系"，实行"附则受而不逆，叛则弃而不追"的羁縻政策，使得外力的侵略变本加厉。

---

① 《西域图志》卷四五。
② 《西域图志》卷四五。
③ 苏联吉尔吉斯斯坦科学院历史研究所：《吉尔吉斯斯坦史》（俄文版），伏龙芝，1984 年版，第 1 卷，第 8 章，第 5 节，第 273 页。
④ 《清高宗实录》卷六〇五。

　　此时，虽然大部分布鲁特处于清朝政府的统治之下，却同时面临着浩罕的威胁。浩罕统治者伊尔丹和纳尔布特不断进犯布鲁特。1762 年伊尔丹侵占了布鲁特阿德玉尼部落占据的奥什等地。尔后，纳尔布特比及其子嗣为了占据锡尔河上游的科特缅—秋别等地向布鲁特土地不断发起了大举进攻。先前，清政府尚且予以干涉。乾隆曾令新疆办事大臣助布鲁特讨还土地。然而，"乾隆以后，边吏率庸才，抚驭失宜，往往生变"。浩罕趁清朝势力衰落之机而膨胀起来，对布鲁特频发"围剿"，使广大的布鲁特人民置于"浩罕政权和浩罕封建主的双重压迫之下"。"这一时期对于吉尔吉斯斯坦人民来讲是最为黑暗的一页，迄今仍然保留在人们的历史记忆之中。"① 浩罕汗国对布鲁特人民的征服改变了中亚的地缘政治形势。自 18 世纪后 25 年起，俄罗斯帝国在中亚和哈萨克草原进行了殖民统治。布鲁特与西邻强国俄罗斯建立了殖民和被殖民的关系。布鲁特与俄罗斯帝国的交往是在当时错综复杂的内外环境所造成的。从外部环境看，布鲁特的近邻哈萨克人的大玉兹接受了俄国的"庇护"，这对布鲁特与俄罗斯的关系产生了极大的影响。浩罕的入侵迫使布鲁特寻求强者的庇护。就内部情况而言，布鲁特内部矛盾加剧，内讧愈演愈烈，频繁爆发。在内部纷争频发的同时，布鲁特的一些部落与哈萨克人的冲突不断发生。由于战事频繁，大批人员逃亡被俘，大量财产被洗劫一空。1784 年布鲁特萨雷巴噶什部阿塔克比遣使赴西西伯利亚请求沙俄庇护。1812 年布鲁特布库部遣使鄂木斯克请求与俄通商。1821 年、1824 年均有布鲁特各部遣使赴俄。1825 年 6 月，俄罗斯使节 Ф. К. 兹别尔什金（Ф. К. Зибберштейн）和哥萨克少尉 Т. В. 纽哈洛夫（Т. В. Нюхалов）率团首登布鲁特牧地。当他们抵达伊塞克湖库布部落牧地时，与先到的浩罕人相遇，布鲁特各部头领面临两难抉择：是臣属浩罕还是俄罗斯？各部长老聚集召开长老会，最终决议接受强大俄国之庇护。

　　1860 年浩罕军队在俄国军队的围困之下战败。咸丰十年（1860 年 11月 14 日），在英法的武力威胁和沙皇俄国的诱逼之下，清政府与俄国签署了《中俄北京条约》。根据这一不平等条约将伊犁河及天山一大部分割让俄国，因为人随地归，部分布鲁特从此被俄罗斯帝国统治。1863 年沙

---

　　① 吉尔吉斯斯坦共和国科学院、吉尔吉斯斯坦—俄罗斯斯拉夫大学：《吉尔吉斯斯坦人和吉尔吉斯斯坦历史》（俄文版），比什凯克，2000 年版，第 133 页。

皇俄国征服了吉尔吉斯斯坦北部，1876 年征服了吉尔吉斯斯坦南部。从此布鲁特人因政治地理的划界而分属各国。

综上所述，从民族历史的角度审视，一般来说，自然环境、民族自身实力以及外力的影响等条件是民族分布格局的决定因素。十月革命以后，俄共（布）中央作出对中亚地区进行民族国家划界的决定。根据苏联中亚民族国家的划分，1924 年 6 月 12 日，俄共（布）中央委员会中亚局作出成立卡拉—吉尔吉斯斯坦自治州，隶属俄罗斯联邦，包括原谢米列契州的卡拉阔里县、纳伦县、比什凯克县的大部分地区、锡尔达利亚州的奥利耶—阿塔县、费尔干纳的奥什、安集延、纳曼干、浩罕等县的部分乡镇以及帕米尔地区东部的部分地区；下分比什凯克、卡拉阔里—纳伦、奥什、贾拉拉巴德四个区；总人口 73.7 万，吉尔吉斯斯坦人占 63.5%。1925 年 5 月 25 日卡拉吉尔吉斯斯坦自治州恢复其历史名称，更名为吉尔吉斯斯坦自治州，同时升级为自治共和国。1926 年 2 月 1 日，吉尔吉斯斯坦自治共和国脱离俄罗斯联邦，改称吉尔吉斯斯坦苏维埃社会主义共和国。1936 年 12 月 5 日，以吉尔吉斯斯坦苏维埃社会主义共和国身份加入苏联，其领土范围基本保持了自治州时期的样貌。1991 年 8 月 31 日吉尔吉斯斯坦共和国最高苏维埃宣布国家独立。

中国新疆克孜勒苏柯尔克孜自治州与吉尔吉斯斯坦共和国接壤。生活在我国的柯尔克孜族与居住在吉尔吉斯斯坦共和国的吉尔吉斯斯坦人是同源跨国民族，两边的人民不仅语言相通，宗教信仰和文化传统一样，两边人民甚至还保持着亲属婚姻关系，交往互动密切。在长久的历史时期内，生活在中、吉两国边界地区的居民自由往来，在经济、文化方面有着千丝万缕的联系。20 世纪 50 年代以后，中苏关系恶化，边界成为军事禁区，双方居民正常交往中断。80 年代中期，中苏关系解冻，居民往来逐渐恢复，为发展经济，在一些地区先后开设了伊尔克什坦、吐尔尕特两个口岸。随着新丝绸之路的复兴，我国与吉尔吉斯斯坦共和国的边境贸易迅速发展，越来越多的中亚商人和中国商人到对方国家经商。在交往的过程中，我国柯尔克孜族商人利用自身与中亚同源民族的亲缘优势、感情优势和语言优势，使双方经济、文化联系不加深。中国与吉尔吉斯斯坦共和国是唇齿相依的邻邦，吉尔吉斯斯坦局势的发展和变化与中国的国家利益密切相关。在地缘安全领域，两国在许多方面存在着共通性，有些是我们共同面临的难题。

　　中国西北地区与中亚国家曾共处古"丝绸之路"核心路段，是新时期"丝绸之路经济带"物流中转中心。"丝绸之路经济带"的建设将进一步提升彼此之间经济、政治和人文合作交流机制的效能，惠及沿线各族人民。跨居中国与中亚国家的柯尔克孜（吉尔吉斯斯坦）人民必将在"丝绸之路经济带"建设中继续发挥其重要的历史作用。

第十九章 民族认同与族际关系：
俄罗斯阿尔泰共和国
哈萨克人的凝聚与变迁

民族认同是一个群体成员对自身民族归属的自觉认知。民族认同大多构筑于一个民族与他民族交往关系和多样文化互动过程中，主要表现在对历史、地域、经济生活和语言文化等诸多方面的强烈的自我身份确认意识。美国政治社会学家塞缪尔·亨廷顿（Samuel Huntington）对民族认同做了概括："对世界大多数国家来说，民族认同是长期历史演进的一个结果，其中包括共同祖先、共同经历、共同种族背景、共同语言、共同文化，通常还有共同宗教信仰。"[1] 在多个民族、多元文化、多种宗教并存的格局中，受不同历史时段国家民族政策的导引，某一民族的民族认同及其与周邻民族的关系必然发生变化。

居住在俄罗斯联邦阿尔泰共和国的哈萨克人（又称高山阿尔泰哈萨克人）是当地主要的少数民族群体之一。这一群体的形成不仅仅是因为族源认同而凝聚，而且与19—20世纪初俄罗斯东部和中亚地区复杂的民族政治进程密切相关，是沙皇俄国、清朝中国和哈萨克汗国等多边关系史的产物，也是沙皇俄国征服中亚的结果。因此，这是一个根据族源关系与地缘关系而形成的民族群体。其民族认同主要表现为"族籍同一性"，文化认同是其民族认同的基础，历史记忆是其民族认同的重要组成部分。近年来，俄罗斯联邦阿尔泰共和国哈萨克人的境遇和发展及其与周边民族的关系引起了国外民族学界和史学界的关注，其中民族认同问题成为重要话题。这一群体与我国新疆哈萨克族属同源跨界民族，然而却少为我国学者关注。

---

① 塞缪尔·亨廷顿：《美国政治：不和谐的承诺》（英文版），剑桥，哈佛大学出版社1981年版，第23页。

第一节　俄罗斯联邦阿尔泰共和国哈萨克人的来源与分布

一　阿尔泰共和国哈萨克人之来源

考述历史，俄罗斯联邦阿尔泰共和国哈萨克人的来源主要有三个。

首先，游牧于阿尔泰南部的哈萨克人。今天生活在俄罗斯联邦阿尔泰共和国的哈萨克人主要是阿尔泰南部哈萨克人的后裔。数百年间，"哈萨克人一直占据着额尔齐斯河的草原谷地、塔尔巴哈台山的北坡以及阿尔泰山的南坡"[①]。19 世纪 20 年代，沙皇俄国征服中亚以后，占有了哈萨克草原。对外，俄军逼近中国西部疆界，"修筑额尔齐斯河军事防线，致使俄国与中国毗连"，并多次入侵巴尔喀什湖以东、以南地区，[②] 向中国西北边疆的哈萨克族游牧地域伸出了扩张之手。"游牧于伊犁河流域的 2 万乃蛮部及游牧于南阿尔泰支脉和额尔齐斯河流域的克烈部都曾是中国的臣民。""这样一来，哈萨克乃蛮和克烈部就落入俄罗斯的利益圈。"[③] 对内，沙俄推行排拒伊斯兰教的民族宗教政策，并极力阻止被其吞并的哈萨克人各部向西西伯利亚南部的阿尔泰山地延伸。"为了遏制吉尔吉斯斯坦人"[④]，沙俄当局组派东正教传教士团深入到哈萨克人游牧地传教，兴修东正教堂，并且禁止修造清真寺。[⑤] 沙俄当局企图用强制性手段改变游牧于阿尔泰南部的哈萨克人的宗教信仰和活动。然而沙俄当局所采取的各种措施对于马背民族哈萨克人来说很难奏效，无法阻挡他们迁徙的步伐，反而刺激他们进一步向西流动和发展。

其次，"人随地归"的哈萨克人。19 世纪后半叶，中、俄之间成为一

---

① Г. Н. 波塔宁：《蒙古西北概述》（俄文版），第 2 卷，圣彼得堡，1881 年版，第 2 页。

② 圣彼得堡中央国立历史档案馆，全宗 1219，目录 89，案卷 215，第 4 页。

③ 哈萨克斯坦共和国国立中央档案馆，全宗 21，目录 1，案卷 569，第 1、21 页。

④ 十月革命之前，俄国境内的哈萨克人被称为"吉尔吉斯斯坦人"或"吉尔吉斯斯坦—凯萨克人""吉尔吉斯斯坦—哈萨克人"，而称吉尔吉斯斯坦人为"喀拉—吉尔吉斯斯坦人"或"基科卡缅—吉尔吉斯斯坦人"。参见 А. М. 萨加拉耶夫：《阿尔泰民族的神话与信仰》，载《中央亚细亚的影响》（俄文版），新西伯利亚，1984 年版，第 84 页。

⑤ 奥里加·涅奇博连科：《俄罗斯阿尔泰哈萨克人之生存》，载《亚心》（俄文版），2004 年第 8 期，第 5 页。

种掠夺和被掠夺、殖民和被殖民的关系，沙皇俄国迫使中国清政府签订了一系列不平等条约。按照 1864 年 10 月 7 日（同治三年九月七日，俄历 1864 年 9 月 25 日）签订的《中俄西北界约记》和 1881 年 2 月 24 日（光绪七年一月二十六日，俄历 1881 年 2 月 12 日）签订的《中俄伊犁条约》（又称《中俄改订条约》，俄称《圣彼得堡条约》），沙俄霸占了原属中国哈萨克族游牧居住的大片地区，生活在那里的大部分哈萨克人和其他民族居民被迫成为沙皇俄国的臣民。根据上述条约中有关"人随地归"的条款，1883 年俄国当局制定了一份监管来自中国的对俄"不忠臣民"哈萨克人的文件，将他们安置在科尔古特和乌克卡的"空闲地"，① 建立了哈萨克民族乡，② 划定了哈萨克人的游牧地域，按男性人口向他们分配土地。沙皇政府在边疆民族地区极力推行殖民化政策，大量移入俄罗斯人，权力机关的官员几乎都由俄罗斯人充任，机关和法庭的所有公务活动都采用俄语；所有少数民族均被视为"异族"，并强制他们"俄罗斯化"；虽然废除了农奴制，但哈萨克人原先享有的土地、牧场被掠夺和割占。在这种情况下，原本为中国清朝属民的一些哈萨克人因不堪沙俄的统治和压迫而回迁，但多数哈萨克人在当地定居下来。

最后，因沙俄策动"喀尔喀蒙古独立"而惨遭追杀的哈萨克人。"喀尔喀"即蒙古语"Halha"的汉语对音，初见明代，指蒙古高原北部地区，以别于高原南部的内蒙古。喀尔喀地区东临黑龙江，西至阿尔泰山接新疆，南至瀚海与漠南蒙古相连，北与俄罗斯接壤。喀尔喀蒙古是中国清代对漠北蒙古族诸部之称，因分布于喀尔克河沿岸而得名。

现今生活在阿尔泰共和国的一部分哈萨克人与喀尔喀地区具有一定的历史联系。1864 年前后，游牧于新疆境内的哈萨克阿帕克 – 科烈部百余帐，与中亚钦吉斯台地区毗邻而居的同源部落约百帐，他们为了寻找更好的草场和逃避当局的盘剥，从阿尔泰山以西、以南和额尔齐斯河上游，迁徙到了科布多地区。③ 随着清朝内忧外患日甚一日，边疆少数民族地区成为列强争夺和瓜分的目标。宣统初年，沙皇俄国的侵略魔掌伸向喀尔喀地区，拉拢和收买蒙古王公，挑拨蒙古王公与清廷的关系，煽动民族分裂情绪，培植亲俄势力，策动喀尔喀蒙古（即外蒙古）独立。在沙俄的怂恿

---

① 俄罗斯联邦国家档案馆，全宗 3，目录 44，卷 3216，第 65、70—72 页。
② 罗斯帝国和沙皇俄国时期的行政单位。
③ 哈萨克斯坦共和国国立中央档案馆，全宗 64，目录 1，案卷 930，第 9 页。

下，1911 年（宣统三年）11 月，以第八世哲布尊丹巴为首的 18 名蒙古王公和上层喇嘛，在库伦附近的博克多乌拉山举行秘密会议，私下与沙皇俄国签订了《俄蒙条约》（即非法的《库伦条约》），谋划喀尔喀蒙古独立，并驱逐清廷驻库伦办事大臣。沙俄公然以"援助"为名出动军队，积极支持库伦叛乱集团，把喀尔喀蒙古"独立"推向高潮。1912 年 2 月"大蒙古国"在乌尔戈宣布成立。值此之际，野心勃勃的丹必坚赞喇嘛[①]试图借机将科布多和阿尔泰合并建立"卫拉特独立国"。于是，他在攻占喀尔喀要塞科布多后开始进行民族清洗。游牧于这一地区的哈萨克人遭到残暴的追杀，数以千计的哈萨克人失去了草场、财产和牲畜，被迫遁入俄疆。而沙皇政府则拒绝接受这些衣衫褴褛、疲惫不堪的穆斯林入境。一部分哈萨克人留在了托木斯克和东哈萨克斯坦游牧，另一部分人迁回迁到了俄属阿尔泰地区。[②] 1915 年 6 月中、俄、蒙三方签订《恰克图条约》后，外蒙古政权承认中国的宗主权，改称"自治"政府，一些哈萨克人开始离俄回迁。从第一次世界大战开始，俄国国内战争时期以及 20 世纪 30 年代苏联"肃反时期"都有哈萨克人回归中国，但也有不少人仍然留在了俄罗斯的境域。现今生活在阿尔泰共和国的哈萨克人中有相当多一部分人是阿帕克－科烈部的后裔。

二　俄罗斯联邦阿尔泰共和国哈萨克人之分布

俄罗斯联邦阿尔泰共和国位于欧亚大陆中心，地处西西伯利亚南部的阿尔泰山地区。其东南与中国新疆和蒙古国接壤，西南与哈萨克斯坦共和国交界，东部与俄联邦图瓦共和国毗邻，东北与俄联邦哈卡斯共和国和克麦罗沃州连接，西北是阿尔泰边疆区。其面积 9.29 万平方公里，占俄联邦领土总面积的 0.5%。该共和国的前身是厄鲁特自治州，始建于 1922年 6 月 7 日，为苏联初创时的一个独立行政区；1948 年易名为戈尔诺—阿尔泰自治州，是阿尔泰边疆区的组成部分；1992 年 5 月作为阿尔泰共和国从阿尔泰边疆区中独立出来，成为俄罗斯 89 个联邦主体之一。据2002 年俄罗斯联邦共和国人口统计，阿尔泰共和国拥有居民 202974 人。

---

① 也称丹宾、丹毕诺颜或丹毕坚赞。坚赞系对宗教上层人士的敬称，诺颜是对蒙古王爷的尊称。据曾经为中国西北科学考察团成员的丹麦人哈士纶考证，丹必坚赞喇嘛系卡尔梅克人，亦即乾隆年间土尔扈特部东归后留在俄国的卫拉特蒙古人。参见（丹麦）亨宁·哈士纶著，徐孝祥译：《蒙古的人和神》，新疆人民出版社 1999 年版，第 138 页。

② 俄罗斯联邦国家档案馆，全宗 3，目录 44，案卷 3216，第 1706 页。

其中，俄罗斯人为主体民族，人口 11.65 万，占总人口的 57.4％；其次是阿尔泰人，人口 6.22 万，占总人口的 30.6％；哈萨克人居第三位，人口 1.21 万人，占总人口的 6％；其他民族占总人口的 3％。[1] 阿尔泰共和国的哈萨克人呈大聚居、小分布格局。89％聚居在其域内最大的两个行政区乌斯季坎区（面积 0.62 万平方公里）和科什—阿卡奇区（面积 1.99 万平方公里）。科什—阿卡奇区不仅与哈萨克斯坦接壤，还与中国新疆的阿勒泰市（哈萨克族人口占 52％）和蒙古国西北部的巴彦—乌列盖省（哈萨克人占 88％）毗连。在此多国交界的地区共居住着约 40 万哈萨克人，形成跨四国边境而居的哈萨克民族人口居主导地位的态势。

　　1993 年随着独联体国家"复归故土"的移民潮流，阿尔泰共和国的哈萨克人也纷纷外迁，大都迁移到哈萨克斯坦。然而由于当时哈萨克斯坦正值主权独立国家初创时期，经济状况恶化，法律制度不健全，不少阿尔泰哈萨克人迁去以后其基本生活难以保障。哈萨克斯坦虽然出台了"移民法"，但许多与移民切身利益相关的实际问题得不到有效解决。无奈之下，这些人只有选择回迁。1995 年科什—阿卡奇区总人口为 15748 人，其中哈萨克人口为 8000 人，铁连基特—阿尔泰人 7555 人。[2] 近年随着回流的哈萨克人不断增加，以及民族人口的高出生率，科什—阿卡奇区的哈萨克人口比例迅速回升至苏联解体前的水平。[3] 尽管不同历史时期的中俄关系、中苏关系、中蒙关系以及中俄哈等国多边关系经历了复杂的过程，地缘政治版图也发生了巨大的变化，但是由于相关国家之间长期形成的边界基本稳定，以及各国相邻边境地区的民族构成、经济状况和政策制度等条件，决定了这一跨界民族"和平跨居"的居住格局，使近两个世纪以来俄属阿尔泰地区成为部分哈萨克人长久生活的地方，也使得这些离开故土的哈萨克人能够世代相沿地保留着文化传统和鲜明的民族特征。

---

　　① 《2005 年阿尔泰共和国人口情势》，载《阿尔泰共和国统计信息》，（俄文版），2005 年，第 1 页。

　　② 奥利加·涅契波连科：《俄罗斯阿尔泰哈萨克人之生存》，载《中亚》（俄文版），2004 年第 8 期，第 2 页。

　　③ 据 1989 年苏联人口统计，在科什—阿卡奇区的总人口中，铁连基特—阿尔泰人占 39.6％，哈萨克人占 54.5％（约 9000 人）。奥利加·涅契波连科：《俄罗斯阿尔泰哈萨克人之生存》，载《中亚》（俄文版），2004 年第 8 期，第 2 页。

第二节　俄罗斯阿尔泰共和国哈萨克人的民族认同

民族认同主要涵盖两个方面，即政治认同和文化认同。政治认同表现为对祖国的认同，文化认同则是对族群自身保留的与他民族不同的习俗、语言、艺术特征的认同。现阶段阿尔泰哈萨克人的民族认同主要表现为"族籍同一性"意识。

一　历史记忆是民族认同的重要组成

哈萨克斯坦共和国独立后以民族名称为国号，并努力恢复民族文化和语言，广泛开发和利用民族象征和世代相沿的习俗传统。这一系列记载着本民族进程的符号也不断唤起俄联邦阿尔泰哈萨克人的"历史记忆"，强化了他们"复归一体"的民族意识。大部分哈萨克人的民族认同表现为对氏族部落属性或家族集团属性的认知。俄联邦阿尔泰哈萨克人显示出对玉兹①属性和部落谱系的深刻记忆，科什—阿卡奇区50%的哈萨克人认定自己属于中玉兹克烈部或乃蛮部。20 世纪90 年代初在哈萨克斯坦共和国召唤"境外同胞回归历史祖国"政策的吸引下，哈萨克人掀起了大规模的迁移浪潮。俄联邦阿尔泰共和国的哈萨克人受到现实背景下民族认同感的激荡，也纷纷迁居哈萨克斯坦，以一种独特的民族历史感和命运感表达对民族国家的认同和感情依附。

二　文化认同是民族认同的基本元素

文化认同就民族群体的指向而言，即民族文化的归属感。一个民族的语言、文学、艺术、传统、习俗、宗教信仰等文化符号是区别于"他民族"的最显著的特征，也是构成民族身份认同的基本依据。俄联邦阿尔泰共和国的哈萨克人在与周邻民族阿尔泰人和俄罗斯人相处之中深刻感受到与异族文化的差异和自己的族群特征，并且始终保持着本民族特有的生活习俗和物质文化传统。科什—阿卡奇区的哈萨克人在现代生活中仍保持着本民族具有鲜明特点的传统习俗，大多数人在家庭生活中仍然使用本民

---

①　哈萨克民族历史上按系谱划分的地域性血缘部落联盟。16 世纪初，哈萨克汗国分为三个"玉兹"，即乌拉克玉兹（大玉兹）、鄂图玉兹（中玉兹）和奇齐克玉兹（小玉兹）。在中国清代文献中分别称之为右部、左部和西部。每个"玉兹"又包含若干部落。参见：《清史稿》，第48 册，列传316，属国4，第14719 页。

族传统生活和生产用具，着本民族传统服饰；农牧区的哈萨克人仍以帐篷为主要居住形式。他们将自己的民族认同感倾注到相应的文化载体，充分展现其强烈的原生性和根基性情感，并以历史的承继性演绎着现代社会的民族进程。

三　语言特质是民族认同的先决条件

语言是一个民族独特文化的标志和载体。阿尔泰共和国的哈萨克人虽然经历了沙俄时期的强制同化，以及苏联 70 年间在少数民族地区普及俄语，但迄今为止他们对本民族语言的恪守程度依然很高。在科什－阿卡奇区 96％的哈萨克人、乌斯季坎区 86％的哈萨克人认同本民族语言为第一语言，牢固保留着自己的母语特征。[①] 以农牧业居民占主导的民族人口特点和多聚集的居住格局，是阿尔泰哈萨克人民族语言特质得以巩固的首要因素。语言作为文化认同的重要内容，不断加深阿尔泰哈萨克人对本民族文化认知的印记，成为其实现民族认同的先决条件和动力。

四　族内婚比例决定民族认同水平

族内婚即在本民族内选择配偶，缔结婚姻。族内婚是维系民族情感和加强民族认同的重要形式，有益于传承和保护民族文化。学者往往将族内婚姻比例和族际婚姻程度作为衡量社会生活中民族关系、民族认同和民族融合强度的指标之一。族内婚是哈萨克人的传统婚姻习俗，且有婚姻终身，不得离弃之规例。这一特点保证了哈萨克人婚姻家庭的稳固性。同时，哈萨克人固守部落外婚姻，具有强烈的优生意识。受传统文化、经济分工和居住格局之影响，阿尔泰共和国的哈萨克人族内婚比例很高。阿尔泰共和国的哈萨克人大多居住在农牧区，农牧业居民占其民族人口的 92％，呈民族聚居格局。[②] 农牧区的哈萨克人婚姻基本上为族内婚。族内婚比例和混血程度也决定着民族认同水平的高低。在科什—阿卡奇区总人口中哈萨克人所占比例很大，而且居住集中，族内婚比例高达 99％。[③] 2007 年 3 月至 8 月俄罗斯人文科学基金会实施了专家区域调查

---

① Д. В. 乌沙科夫：《阿尔泰共和国诸民族族裔性再生产中家庭的作用》（俄文版），《社会学研究》，2009 年第 3 期，第 101 页。

② 马苏德·阿里莫夫：《阿尔泰哈萨克鸟瞰》，《欧亚中心》（俄文版），2004 年第 6 期，第 32 页。

③ А. В. 科诺瓦洛夫：《南阿尔泰的哈萨克人（族群形成问题）》（俄文版）阿拉木图，1986 年版，第 15 页。

计划，在对当地身份证族属栏填写哈萨克的百人问卷结果显示，有99%的被调查者明确认为自己是哈萨克人；其余1%的被调查者虽身份证族属栏填写哈萨克，但因出身民族混合家庭，认为族籍随长辈任何一方均可。① 与之相比，乌斯季坎区哈萨克人的婚姻状况略有不同，民族认同水平亦有差异。对当地身份证族属栏填写哈萨克的百人问卷调查结果显示，被调查者中有91%的人认为自己是纯正的哈萨克人；7%的人认为自己的族籍应是其他民族，主要是俄罗斯族；2%的人认为自己是阿尔泰人。之所以有9%的被调查者认为自己的族籍应为他族，主要原因是哈萨克人在当地人口规模有限（占9%），族际通婚较多。出身混合家庭的哈萨克人族属观念相对淡漠。② 父母的族属对子女的民族认同也有很大影响。2007年俄罗斯学者在阿尔泰共和国哈萨克、俄罗斯和阿尔泰等族群青少年中的田野调查结果显示，详见下表。

乌斯季坎区哈萨克人婚姻状况对其子女民族认同的影响

父母所属民族	父母均为哈族	父为哈族母为俄族		父为俄族母为哈族	父为他族母为哈族		父为哈族母为阿尔泰人
子女民族认同	哈族	哈族	俄族	俄族	哈族	他族	阿尔泰人
所占比重	100%	93%	3%	3%	93%	4%	4%

注：表中的"哈族"即哈萨克人，"俄族"即俄罗斯人，"他族"即哈萨克人、俄罗斯人和阿尔泰人之外的民族。表格中"父为哈族母为俄族"和"父为他族母为哈族"两项，其和分别为96%、97%，另外接受调查者中的4%和3%没有明确倾向，认为随父或随母均可。

资料来源：2006—2007年俄罗斯人文科学基金会和俄罗斯西伯利亚科学院分部在阿尔泰共和国进行的关于《家庭在阿尔泰萨彦地区各民族建构族际关系宽容性中的作用》的田野调查（设计方案：№07-03-92204a/G）。③

---

① 俄罗斯人文科学基金会：《科什—阿卡奇和乌斯季坎区居民问卷调查：阿尔泰人和哈萨克人世系管理的现实，关于族裔文化的相互关系》（设计方案：№07-03-61304a/T），戈尔诺-阿尔泰斯克，2008年版，第14页。

② 俄罗斯人文科学基金会：《科什—阿卡奇和乌斯季坎区居民问卷调查：阿尔泰人和哈萨克人世系管理的现实，关于族裔文化的相互关系》（设计方案：№07-03-61304a/T），戈尔诺-阿尔泰斯克，2008年版，第14页。

③ 俄罗斯人文科学基金会和俄罗斯科学院西伯利亚分部：《家庭在阿尔泰萨彦地区各民族建构族际关系宽容性中的作用》（设计方案：№07-03-92204a/G），《社会学研究》（俄文版），2009年第3期，第106页。

第三节　哈萨克人的族际关系

俄罗斯联邦有 132 个民族。苏联解体以后，俄联邦在解决民族问题方面继承了原苏联的传统，一直保持着以民族为特征的自治实体，设立了 21 个民族共和国、1 个民族自治州和 10 个民族自治区。据 2002 年全俄人口统计，哈萨克族人口为 65.4 万人占全俄总人口的 2.4%，① 是俄联邦 15 大民族之一，主要居住在边境地区。阿尔泰共和国哈萨克人与周邻民族的关系随着后苏联空间民族关系的进一步复杂化而凸显。

一　历史积怨

阿尔泰地区自古就是一个多民族地区。俄罗斯联邦阿尔泰共和国是阿尔泰人的世居之地，而且这里的哈萨克人也较为集中。在族际关系方面，哈萨克人与阿尔泰人的历史联系源远流长，彼此之间的矛盾亦最为突出。从族源关系上讲，阿尔泰共和国的阿尔泰人属蒙古族准噶尔部，自称"卫拉特人"，史称"阿尔泰卫拉特人"；居地古称"阿勒坦乌拉乌梁海"，乌拉（uul）即山脉之意，故又称其为"阿尔泰山脉人"。18 世纪 50 年代，"准噶尔部落，频年骚乱""各部惊扰"，清军平准。乾隆二十一年（1756），阿睦尔撒纳窜入哈萨克地，"移祸哈萨克"。哈萨克"不得安居"，被迫"游牧远移"，② 进入阿尔泰人的游牧地域。乾隆二十四年（1759 年 1 月）约 3000 名哈萨克人渡过额尔齐斯河，与阿尔泰人接火，占据了阿尔泰人的游牧之地。③ 1879 年，又有哈萨克克烈部落约 1000 帐自清朝新疆迁至被沙俄征服的阿尔泰人的游牧地。④ 迄今为止，哈萨克人依然将先辈的悲惨命运归咎于阿尔泰人；阿尔泰人也仍旧牢记世居土地被重新划分。历史的积怨已经沉淀在两个民族的历史记忆之中，为现实的族际矛盾埋下了祸根。

---

① 《全俄居民人口统计》（俄文版）第 2 卷，第 4 册，莫斯科，2004 年版，第 1854 页。
② 新疆历史研究资料丛书、新疆社会科学院民族研究所《准噶尔史略》编写组：《清实录准噶尔史料摘编》，新疆人民出版社 1987 年版，第 433、474、476 页；《大清高宗纯皇帝实录》卷 496，第 12 页；卷 518，第 10 页；卷 520，第 6 页。
③ 俄国对外政策档案，全宗 113，中国事务；目录 113，1759 年；案卷 3，第 11 页。
④ 阿尔泰边区档案典藏保管中心，全宗 2，高山阿尔泰的治理，目录 1，案卷 9523，第 1 页。

二 文化制约

民族文化是一族体内成员在长期共同生活中形成的价值观体系、制度规范、生产方式、审美情趣、心理素质和行为模式等方面的总和。不同民族文化所具有的特性势必导致文化的差异，使本族体内成员与其他民族成员区别开来，表现出文化的多元性。民族身份认同深深植根于民族文化的结构之中，其中文化传统和信仰习俗构成一个民族的精神纽带、凝聚力量和尊严意识。故此，各民族文化地位的平等和相互尊重是族际关系和谐的深层基础。

苏联解体后，各新生的主权民族国家在"民族自决"口号下推行"民族文化自治"的理念，把境内民族划分为"主体民族"（民族自治实体的命名民族）"本土民族""少数民族"或"外来民族"等，抬升"主体民族"和"本土民族"的地位，极力弘扬"主体民族"和"本土民族"的民族文化，致使民族分界凸显、民族关系复杂化。在对待主体民族的态度上，少数民族衍生出以实现自我价值为核心的对抗心理。在俄联邦阿尔泰共和国，俄罗斯人和阿尔泰人享有特殊地位，而哈萨克人被认定为少数民族和外来民族。在哈萨克人聚居区，虽然其人口占绝对优势，但无论是语言政策还是文化政策均向"主体民族"和"本土民族"倾斜。这使哈萨克人感受到政治地位的不平等和社会文化环境的不适应，于是以共同历史记忆和本民族文化传统为基础的民族身份认同意识随之提升。民族认同的强化形成了对国家认同的挑战，导致大批阿尔泰哈萨克人移出，直接影响到当地的经济发展，也引起其他民族居民的强烈不满。

三 利益因素

民族平等是民族关系和谐的核心。苏联解体，俄罗斯联邦作为主权民族国家独立以后，仍然保留了以一些族体名称命名的民族自治共和国或自治州、区等。但出于国家安全和地缘政治利益考虑，俄罗斯联邦对国内哈萨克人与对乌克兰、白俄罗斯、亚美尼亚和日耳曼人等较大的民族共同体一样，没有设置相应的民族自治实体。哈萨克人散居在俄联邦的21个地区。在以主体民族为核心的社会环境中，对少数民族地位的弱化影响了其利益的实现。政治权益的不平等构成哈萨克人心态的不平衡，要求自治的呼声愈来愈高，也对族际关系产生了负面影响。

在多民族社会，各民族的经济利益是否均衡，往往是引发族际关系紧张的重要原因。阿尔泰共和国以农牧业为经济基础，从20世纪90年代初开始，经济转型和失业率攀升导致当地居民生活水平的急剧下降，特别是农业居民的收入下降最为严重。2000 年农业居民的收入每月只有 164 卢布，只相当于当地平均工资的 17%。而在以畜牧业为主的哈萨克人中，95% 的家庭中都有人从事个体经济，生产肉食和奶制品。在多民族社会中，个体经营者往往依民族属性来雇用工人。这样一来，哈萨克人的人均收入和就业指标都高于当地的阿尔泰人。在科什－阿卡奇区私营经济组织中哈萨克人的就业指标高于阿尔泰人 4 倍。哈萨克人家庭的人均收入也略高于阿尔泰人家庭，哈萨克人家庭人均月收入为 576 卢布，阿尔泰人家庭人均月收入为 487 卢布。① 这种情况强烈地刺激了阿尔泰人，他们认为，自己世代聚居之地变成了哈萨克人经营的地方，损害了阿尔泰人的利益。② 因此，两个民族的成员之间产生了心理隔膜。

四　宗教因素

当今世界，宗教意识与民族认同交织并存、密切互动，宗教信仰成为民族认同的标志之一，也影响着不同宗教信仰的民族之间的关系。阿尔泰共和国是一个多宗教共存的地方，宗教在当地民族关系中起着重要作用。20 世纪 80 年代后期，在苏联宗教复兴与民族复兴相伴而生，对阿尔泰共和国各民族产生了巨大影响。阿尔泰人信奉萨满教，后来一部分人改信东正教；而哈萨克人信仰伊斯兰教。1993 年，在哈萨克人聚居的阿尔泰共和国科什—阿卡奇区的扎纳—阿乌尔社区建造了该共和国历史上第一座清真寺。随后在该共和国许多地方陆续修建了清真寺。经历了一个半世纪，直到此时，俄联邦阿尔泰的哈萨克人才"真正享有了宗教信仰的自由"③。对伊斯兰文化的认同强固了这一民族群体的凝聚意识。在当地无论是哈萨克人，还是阿尔泰人，宗教信仰经过历史的积淀已化为各自民族传统文化的有机组成部分，影响着每一个成员的民族心理和族籍认同，激励着他们对民族传统的回归与忠实。近年来鉴于宗教信仰和文化的差异，在阿尔泰共和国多民族聚居区许多方面强烈地表现出民族属性的划分。哈萨克人的丧葬习俗严格遵循伊斯兰教义，阿尔泰人也按本民族传统习惯举行丧葬仪

---

① 奥里加·涅契波连科：《俄罗斯阿尔泰哈萨克人之生存》，载《中亚》（俄文版），2004年第 8 期，第 5 页。

② 叶莲娜·拉琳娜：《"耶列梅"—哈萨克语"故乡"》，《哈萨克斯坦新闻》（俄文版），2006 年 2 月 3 日。

③ 俄罗斯《楚河曙光报》（俄文版），1994 年 6 月 4 日，第 2 版。

式，于是在社区的两端形成了按哈萨克人和阿尔泰人民族属性划分的两大墓地。由于宗教对民族情感的促进作用，不同宗教信仰的民族成员之间的摩擦时有发生。在民族关系方面宗教对话和彼此宽容日益显示出紧迫性。

结　语

尽管阿尔泰共和国的哈萨克族与其他民族之间存在着一些历史积怨和现实问题，但是由于国家民族政策的调适和这一地区各民族之间文化的涵化，矛盾并未激化。从阿尔泰共和国哈萨克人与其他民族之间的总体关系来看，是交往中有矛盾、矛盾中有宽容，彼此之间息息相关，融合不断发生。

一　政策调适

苏联解体后初期，俄罗斯联邦的国家民族政策和阿尔泰共和国的地方民族政策更多关注的是某些民族的振兴，基本上未考虑各民族的共同发展。民族政策仅服务于政治目标，而未将所有民族的社会生活纳入其中。随着国内民族矛盾复杂化和民族冲突公开化，民族关系危机成为俄联邦社会稳定的首要问题。俄联邦政府为了控制和缓解国内民族问题，对相关政策进行了一系列的调整。1996 年 5 月俄联邦通过了《民族文化自治法》，该法指出，民族文化自治并非民族自决；民族文化自治是保障和实现各民族共同体特别是分散居住的少数民族和小民族享有平等公民权利和自由的有效形式，并在此基础上保护和发展俄联邦不同民族公民的语言、文化、历史、传统和风俗、礼仪；各村、乡镇、区、市、地区和联邦均可成立民族文化自治机构，按照俄联邦的立法规定进行活动。[1] 同年 6 月俄联邦政府又颁布了《俄联邦国家民族政策构想》，阐释了各联邦主体独立自主与俄罗斯国家统一和完整的关系；提出在发展和丰富俄罗斯联邦各民族语言文化的同时，加强全体俄罗斯人精神文化共同性的公民意识。[2] 这两个文件从政治和法律上奠定了各民族文化发展和利益保障的基础，确立了以爱国主义及各民族友谊、和谐与合作为民族政策的取向。

---

① 俄罗斯《俄罗斯报》（俄文版），1996 年 6 月 25 日，第 3 版。
② 俄罗斯《俄罗斯报》（俄文版），1996 年 7 月 10 日，第 5 版。

俄联邦阿尔泰共和国政府也针对自身民族构成的特点和历史经验来协调族际关系，致力于实施《我们共同的家园——阿尔泰》的系列规划，倡导不同宗教信仰、不同文化背景的民族之间宽容和对话，保护每个民族，特别是保护少数民族的民族性特点和历史文化遗产。阿尔泰共和国法律规定官方语言为俄语和阿尔泰语，并表示在哈萨克人聚居区的地方政府公务可使用哈萨克语文。① 通过立法确定了哈萨克人的"纳乌鲁孜"新年日和阿尔泰人"恰嘎"节，并定期举办民族民间口头文学与民俗文化节。② 积极推进双语教学，进行发展民族教育的改革试验。针对哈萨克人聚居区的实际情况，大部分中小学校1—4年级实行民族语文教学，5—11年级使用俄罗斯语和民族语文双语教学。③ 20世纪90年代初由于各种原因从俄罗斯迁移到哈萨克斯坦等地的哈萨克人大部分回迁，并得到了建房补助金。④ 以上这些措施，反映了俄罗斯国家民族政策和阿尔泰共和国地方民族政策的基本走向。这些具体措施为协调民族关系、营造和平安宁的社会环境起到了重要的作用。

二　文化涵化

文化涵化是指具有不同文化的群体持续接触、相互交流、彼此融合并发生文化演绎的过程。产生文化涵化的前提条件，一是文化接触，二是文化传播。世界上每一个民族都有自己独特的文化，每一种民族文化都毫无例外地是在与他民族文化相互沟通、引进、汲取、磨合，同时又在不断分化的过程中获得发展和提高的。哈萨克人自古繁衍生息和活动在欧亚大陆中心——从阿尔泰、天山地区直到里海的辽阔地域。那里曾经是辉煌的人类古代文明成果的荟萃地之一，也是丝绸之路的重要路段，在不同的历史时期南来北往的各族人民带来了丰富多彩的文化，于此冲撞、渗透、积淀、融合。在独特地域文化的熏陶和培育下，塑造了哈萨克民族的个性和民族文化开放的特点。

长久以来，阿尔泰共和国的哈萨克人与俄罗斯人、阿尔泰人共处于同一个地理环境区域，且在同一政治制度下经历社会的变迁，多民族文化交

---

①　《阿尔泰共和国最高法院公告》（俄文版），戈尔诺—阿尔泰斯克，1993年版，第89页。

②　《阿尔泰共和国法规》（俄文版），第1册，戈尔诺—阿尔泰斯克，1993年版，第5页。

③　俄罗斯《楚河曙光报》（俄文版），1993年9月4日，第2版。

④　奥里加·涅契波连科：《俄罗斯阿尔泰哈萨克人之生存》，载《中亚》（俄文版），2004年第8期，第5页。

流融合成为一种不可抗拒的必然。在历史发展进程中，阿尔泰共和国哈萨克人不可避免地受到周边民族文化的影响，这种影响以涵化的形式出现，在统一性与差异性的密切联系中不断深化、加强和发展。哈萨克人在与其他民族的交往和对话中，既有对其他民族文化元素的选择和采借，同时又致力于对本民族文化遗产的传播和继承。

哈萨克和阿尔泰人都是游牧民族，在双方交流中，生产技术、生活方式、居所建造、食品制作、服饰缝制等方面出现大量相互借鉴。两个民族的成员都可以熟练运用对方民族的语言交流，但是哈萨克人对本民族传统习俗的恪守程度更高，始终坚持着季节性转场和高山游牧的生存方式。由于沙俄和苏联时代"俄罗斯化"政策的压力，俄语一直起着让其他民族"丧失民族特征"的中介作用，俄罗斯人的某些文化因素也逐渐渗入其他民族的社会生活。在阿尔泰共和国的多民族社区，由于人们长期共同生产和生活接触，因而一种民族文化中往往渗透着诸多其他民族文化的因素。在阿尔泰共和国，哈萨克语、铁连基特语①和俄语中出现了大量词汇相互借用的现象，构成了当地社会生活图式的突出特点。

在多民族国家，民族关系是社会关系的重要组成。没有民族关系的和谐便没有社会的稳定安宁。尤其是在阿尔泰共和国这样一个多民族密集，民族关系复杂的边疆地区，不同民族的社会地位、经济发展和生活状况，不仅有可能引起民族之间的矛盾，而且有可能影响与周边国家的关系。

---

①　铁连基特语属阿尔泰语系突厥语族阿尔泰分支的南阿尔泰亚分支；即阿尔泰人所操语言之一种。参见：А. П. 马卡舍夫、А. И. 米纳耶夫：《高山阿尔泰的居民》（俄文版），戈尔诺—阿尔泰斯克，1994 年版，第 11 页。

第二十章　哈萨克斯坦共和国民族政策取向：从"主体民族化"到"国家民族"之构建

　　哈萨克斯坦共和国地处欧亚大陆的地理中心点（东经 78°、北纬 50°），位居亚洲中部，介于北纬 40°56′—55°26′和东经 45°27′—87°18′之间。历史上这里曾经是东西方贸易通道—丝绸之路的重要路段，众多民族、多元文化和各种宗教在这里交流、碰撞、融合。"哈萨克斯坦"是由民族名"哈萨克"（Kazak/Казак/Qazaq/قازاق）加后缀（Stan）构成。"Kazak"即突厥语，含"自由、独立之人""浪迹天涯之人""探险者""游牧战神"等意。学术界还有一说"Казак"中的"Каз"意"天鹅"，"ak"意为"白"，"Казак"含有白天鹅之义。"Stan"为波斯语，即地区或地方之意。两词合起来就是哈萨克人居住的地区或地方。

　　19 世纪 20 年代沙皇俄国兼并了哈萨克斯坦。十月革命以后，根据全俄中央执行委员会的命令，1920 年 8 月 26 日建立了属于俄罗斯联邦的吉尔吉斯斯坦（哈萨克）苏维埃自治共和国，属俄罗斯联邦。[1] 1924 年中亚民族国家划界后，根据全俄中央执行委员会的决定，1925 年 6 月 15 日改称哈萨克苏维埃社会主义自治共和国。[2] 自此将属于突厥斯坦自治共和国境内哈萨克人居住的锡尔河和七河地区的 70 万平方公里的地域与吉尔吉斯斯坦（哈萨克）苏维埃自治共和国合并，使中亚哈萨克共和国的土地连成一片，疆域达 270 万平方公里。1936 年 12 月 5 日建立哈萨克苏维埃社会主义加盟共和国加盟苏联。1991 年 12 月 16 日宣布独立，改国名为哈萨克斯坦共和国。

---

[1] 《1917——1967 年文献中的苏联吉尔吉斯斯坦》（俄文版），1983 年版，第 98 页。

[2] 《俄罗斯苏维埃社会主义联邦全俄中央执行委员会关于中亚诸民族民族国家划界的第二次会议决议》（俄文版），1924 年 10 月 14 日。

　　哈萨克斯坦共和国总面积 272.49 万平方公里①；西濒里海，北靠俄罗斯，哈俄边界线 7548.1 公里；南邻吉尔吉斯斯坦共和国、乌兹别克斯坦共和国、土库曼斯坦共和国，与吉尔吉斯斯坦的边界线 1241.6 公里，与乌兹别克斯坦的边界线 2351.4 公里，与土库曼斯坦边界线 426 公里；东部与中国接壤，有 1782.8 公里的共同边界。东起我国连云港西至荷兰鹿特丹的"亚欧大陆桥"贯通哈萨克斯坦共和国全境，直通中亚、欧洲和远东地区；为其与亚太地区的政治、经济和文化往来交流提供了便利的条件。哈萨克斯坦共和国是一个典型的多民族移民国家，不仅有哈萨克、维吾尔、东干、俄罗斯、乌兹别克、塔吉克等多个民族与我国同源民族跨国界而居，而且其国内民族问题的跨国性特征与我国及周边国家密切相关。认真考察和研究与我国地域相连的哈萨克斯坦共和国的民族问题、民族关系以及民族政策取向，对于深刻理解我国提出的构建"上海合作组织"框架内的"和谐地区""和谐周边"，乃至"和谐世界"的外交战略具有一定的现实意义。

　　近年来，在独联体一些国家经济下滑、政局动荡的情势下，哈萨克斯坦共和国作为一个多民族聚居、多宗教共存的国家始终保持着经济的稳步上升和政局稳定，被誉为"中亚安全岛"，在上海合作组织框架内地区安全方面发挥着积极的作用。其中原因何在？在这个国家的民族宗教事务领域存在哪些问题？政府推行了怎样的民族政策？这些举措对国内的稳定和发展起到什么作用？值得总结和探讨。

第一节　民族人口分布格局及其特点

　　哈萨克斯坦共和国不仅是独联体中亚地区领土面积最大，而且是民族成分最多的国家。在这片广袤的土地上居住、劳动、生活着不同人类学类型和不同宗教信仰的 120 个民族②的代表。据哈萨克斯坦共和国统计中心

---

　　①　哈萨克斯坦共和国土地资源管理局：《哈萨克斯坦共和国土地资源统计数据》（俄文版），2011 年 11 月 1 日。
　　②　哈萨克斯坦共和国统计中心社会和人口统计部：《哈萨克斯坦斯坦共和国居民人口的民族成分》（俄文版），阿斯塔纳，2003 年版，第 1 页。对此说法不一，也有许多著述称，哈萨克斯坦共和国有 130 多个民族。

公布的数据，哈萨克斯坦共和国各民族总人口 2003 年 1486.2 万人，哈萨克人口 840.21 万，2006 年 1521.9 万人，哈萨克族人口 8913 万人，占国家总人口的 58.6%；2009 年全国总人口 1600.5 万，哈萨克人口 1009.7 万；① 2014 年（1 月 1 日）总人口 1716 万，哈萨克族人口 1124.4 万②，进而构成了以哈萨克族为主体的各民族大杂居、小聚居，互相交错居住的民族分布格局。民族人口的地理分布往往会成为诱发民族问题和民族关系问题的潜在影响因素或显在的表现形式。故此，民族人口分布格局是国家制定民族政策的重要依据，而民族人口分布图景的变化也与国家民族政策有着密不可分的联系。

一　民族人口情势及其历史特点

民族人口情势对于一个国家的经济发展和社会稳定进步起着重要的作用。人口的发展与历史条件密切相关。不同历史时期的民族人口变化过程与政治、经济诸因素的内在联系和互动影响构成一个国家社会经济变迁的重要因素。哈萨克斯坦共和国历史上政治风云变幻、民族迁徙不已，从而构成了极其复杂而独特的民族人口图景。一百多年来，不同历史时段其人口指标的升降起伏与国家的历史沿革、社会条件、政治背景、经济基础及周边关系互动影响、密切相关。

（一）俄国资本主义工业化时期

19 世纪后半叶资本主义工业化进一步扩大。"中亚诸汗国和哈萨克斯坦不仅成为正在发展资本主义工业俄国的销售市场，而且成为其原料的产地。"③ 哈萨克斯坦位于中亚北部，在历史上便是连接东西方的最早的贸易通道，是通往其他亚洲国家的咽喉和门户。这条路线比自里海和西伯利亚进入亚洲要方便得多，于是沙皇俄国选择哈萨克草原之路向亚洲扩张。沙俄除了通过政治、经济掠夺、地缘扩展、文化心理渗透来控制、影响中亚和哈萨克斯坦外，改变民族人口结构亦是其政治、军事、经济扩张的战略之一。

---

① 哈萨克斯坦共和国民主、人权和劳动委员会：《2006 年世界各国信仰自由报告：哈萨克斯坦》（俄文版），阿斯塔纳，2007 年版，第 2 页。《哈萨克斯坦共和国居民人口的民族成分》，《哈萨克斯坦真理报》（俄文版），2006 年 6 月 23 日。

② 《2014 年初到 9 月 1 日之前哈萨克斯坦居民人口变化》（俄文版），哈萨克斯坦共和国统计署，2014 年 9 月 11 日。

③ Б. 贾穆格尔奇诺夫：《吉尔吉斯斯坦归并俄罗斯》（俄文版），莫斯科，1959 年版，第 129 页。

十月革命之前，俄国境内的哈萨克人被称为吉尔吉斯斯坦人或吉尔吉斯斯坦凯萨克人（Киргиз – Кайсаки），也称哈萨克 – 吉尔吉斯斯坦（Казах – киргизы），以区别卡拉 – 吉尔吉斯斯坦（Кара – киргизы）和吉科卡缅 – 吉尔吉斯斯坦（дикокаменные киргизы）。哈萨克人活动于从伏尔加河下游到鄂毕河上游以及从阿姆河下游到额尔齐斯河的辽阔的地域。自 19 世纪 60 年代起沙皇俄国一步一步吞并了哈萨克人的聚居之地，仅阿斯特拉罕、乌拉尔斯克、阿克莫林、图尔盖、塞米巴拉金斯克、七河北部地区、锡尔河流域、阿姆河流域、撒马尔罕州、里海以东等地区①就有330 万哈萨克人口②处于沙皇政权的统治之下。为了减轻中部地区农业人口的压力，1881 年，沙皇俄国颁布了《关于农村居民向吉尔吉斯斯坦草原迁移的暂行规定》，开始有组织地向哈萨克斯坦大量移民。1886—1916年有 100 多万户俄罗斯人在哈萨克斯坦北部定居。大批斯拉夫人的涌入使哈萨克斯坦的非哈萨克民族人口急剧增加。1911 年，哈萨克人在哈萨克斯坦总人口的所占比例由原来的 75% 下降到 60%，1914 年下降到 58%。这一时期，在哈萨克民族人口占绝对优势的塞米巴拉金斯克和乌斯季卡缅诺尔斯克比例下降到 63.5%，在图尔盖地区的库斯塔纳县从 77.36% 降到49.89%，在阿克纠宾斯克从 95% 降到 52.35%，在乌拉尔斯克降到24.31%。③这种趋势的延续对后来哈萨克斯坦的社会、经济发展和人口结构产生了深刻的影响。

（二）苏维埃俄国短暂期

1920 年哈萨克共和国初建时，今哈萨克斯坦南部和东南部的一些地区尚未包括在内，而是隶属于突厥斯坦自治共和国④。据统计，此时哈萨克族占吉尔吉斯斯坦（哈萨克）苏维埃共和国总人口的 46%，主要聚居在塞米巴拉金斯克、阿克莫林、图尔盖、乌拉尔斯克、曼吉什拉克、阿斯特拉罕、布克耶夫斯克 – 奥尔达等地区。当时乌拉尔和西伯利亚等地的某

---

① H. 阿列克先科：《革命前哈萨克斯坦的居民》（俄文版），阿拉木图，1981 年版，第 59页。

② 1897 年俄国第一次人口普查时，因尚未进行民族识别，哈萨克斯坦许多地区的哈萨克人和吉尔吉斯斯坦人都以"吉尔吉斯斯坦人"注册。

③《吉尔吉斯斯坦苏维埃社会主义共和国关于 1880—1922 年的居民变动统计资料集》（俄文版），奥伦堡，1925 年版。

④ Г. 达赫什列伊格尔：《哈萨克土地归并哈萨克苏维埃社会主义共和国历史》，《苏联民族学》（俄文版），1974 年，第 6 期，第 15 页。

些领导人极力反对将阿克莫林、塞米巴拉金斯克及乌拉尔地区归并哈萨克共和国，理由是在这些地区吉尔吉斯斯坦人和俄罗斯人占人口多数。1921年，民族学家们就此问题展开调查、识别、统计和争论。大多数专家达成共识，确认在这些地区哈萨克人占55%，俄罗斯人占45%；因此而决定将上述地区划归哈萨克共和国①。

　　苏俄初创时期，由于国内战争、民族纠纷、社会动乱等祸患迭至，哈萨克斯坦的社会经济遭到严重破坏。1920—1922年的突如其来的严重旱灾更是雪上加霜。当地大多数居民以游牧和半游牧为主要生活方式，所以损失尤其惨重。饥饿和绝饲笼罩着里海北岸、整个波沃尔日、乌拉尔河流域、哈萨克斯坦北部和中部，以及西西伯利亚。"以哈萨克人为主的民族区的居民衣不蔽体，饥寒交迫……由于饥饿而死亡的家庭随处可见。马匹、骆驼、羊群在暴风雪中纷纷倒毙。居民们为了果腹而食皮和死畜。"②饥饿和接踵而来的各种疾病造成许多家庭毁灭，致使哈萨克斯坦人口锐减。据1921年11月的资料统计，哈萨克斯坦五省一县共计人口3352228人，其中150万人遭受饥饿，因饥饿而死亡的哈萨克人41.4万人，占当地人口的18.5%。这次饥荒成为迟滞哈萨克人口发展的主要制动器，对后来哈萨克斯坦共和国主体民族人口的增长及其在总人口中所占的比重产生了直接的影响。

　　（三）苏联政治经济体制形成初期

　　1924年1月列宁逝世以后，斯大林担任党和国家政府领导人。在以后的30年中苏联形成了高度集中的政治经济体制。这一时期哈萨克斯坦人口状况的变迁有以下两个特点。

　　其一，统一规划，变更领土，民族人口增长。

　　1924年苏联开始中亚民族国家划界。突厥斯坦自治共和国境内哈萨克人居住地区的68.59万平方公里的区域划归吉尔吉斯斯坦（哈萨克）苏维埃自治共和国。在这些地区哈萨克民族人口均占多数。锡尔河地区哈萨克人占90.60%，杰特苏伊斯克地区占74%。1920年哈萨克人占该自

---

①　A. 努苏普别科夫：《哈萨克土地归并哈萨克苏维埃社会主义共和国》（俄文版），阿拉木图，1953年版，第347页。

②　俄罗斯联邦国家中央档案馆，全宗18，目录11，案卷12，第172页。

治共和国的 46%，1925 年则达到 61.3%。① 据 1926 年全苏人口普查统计，全苏哈萨克族总人口 396.3 万人，哈萨克斯坦哈萨克人口 362.8 万人，与 1920 年相比哈萨克人口指标上升了 11%，人口机械增长 52.5%。随着社会经济的逐步发展，哈萨克人生活的自然环境和生活条件发生变化。社会的变动使哈萨克人的传统家庭逐渐稳固，人口的健康状况好转，人均寿命延长，出生率回升，死亡率降低。由于中亚民族国家划界，行政区域重新划分也使哈萨克人口无形增长。这一时期通过人口的自然变动和机械变动来调节人口的变量对哈萨克斯坦来说具有重大的意义。

其二，盲目实行"集体化""定居化"，哈萨克人口大量流失

1926 年全苏人口普查统计，哈萨克斯坦有 38.5% 的居民从事畜牧业，33.2% 的人口农牧兼营，10% 的人口依然为纯游牧生活方式；只有三分之二的人口为半游牧业，四分之一的人口从事农业。20 世纪 20 年代—30 年代初，苏联取消个体农户经济，片面强调高度优先发展重工业，宣布农业全盘集体化。苏联政府试图通过农业集体化，使有着悠久独特民族文化传统的游牧民和半游牧民尽快实现定居化。1929 年哈萨克斯坦开始实行农业集体化。1930 年 1 月哈中央决定由游牧向定居过渡，并将"加快居民定居化"列入第一个五年计划。在此期间，全哈 56.6 万户游牧和半游牧家庭有 54.4 万户转为定居。"全盘集体化"和"加快居民定居化速度"是在共和国既无理论基础，又无经济条件的情况下强制推行的。游牧民面对突如其来的"集体化"和"定居化"毫无准备，突然失去生存的唯一财富—牲畜，又陷入水源不足、籽种紧缺、农具缺乏、住房困难、草场衰退的境遇，仅 1930 年就损失 230 万头牛、1000 万只羊。一个拥有 11.7 万头牲畜的国营农场仅有 13000 头牲畜安全过冬。在组织管理方面也存在问题。这一时期的集体农庄多半有 10—20 个阿吾勒②组成，一个阿吾勒为 15 户。平均 12 个农庄 1 名会计，50 个农庄 1 名技术员，生产中的许多问题得不到解决。1932 年底，虽然国家援助哈萨克斯坦 200 万磅粮食，但平均每人仅 200 克，40 万户居民定居只修建住宅 38000 套。哈萨克斯坦各民族人民经受了痛苦的洗礼。"加快定居"导致了一系列社会问题的产生。超越社会进程规律的强制行为酿成了悲剧性后果，"注定了成千上万

---

① 《哈萨克苏维埃社会主义共和国社会主义建设 20 年》（俄文版），阿拉木图，1940 年版，第 1 页。

② 哈萨克族牧民游牧村落。

人的死亡"。这便是 30 年代初的"牧区大饥饿"及"哈萨克游牧民的大逃亡"①。据 1939 年全苏人口普查，哈萨克族人口仅有 310 万。据哈萨克斯坦独立后刊布的一份资料报告，这一时期实际死亡 100 万人，② 且哈萨克居民中有 15%—20% 的人离开故土。中央经济和政治决策的失误，不仅使哈萨克斯坦的生产力遭到严重破坏，而且使大部分人陷入饥饿进而导致死亡以及外迁使得人口剧减。1939 年人口统计与 1926 年人口统计相比较，主要从事牧业的哈萨克族锐减 131.4 万人，主要从事农业的维吾尔人流失 2.8 万人。③ 如果说 20 年代初的人口锐减是天灾而致，那么 30 年代的这场浩劫则是人为造成的，生产力遭到了严重的破坏，民族人口大量流失，至今人们仍能感觉到这次人口大震荡的后遗症。

其三，民族政策失误和政治气候影响，民族人口下降。

斯大林担任党和国家政府的领导职务初期，仍然遵循了列宁关于处理民族关系的决策，为提高少数民族的政治地位，扩大他们管理国家事务的权利，促进少数民族文化的发展做了大量的工作。但是到 30 年代中期以后，确切地说自 1934 年到 1938 年，一场政治风暴席卷全苏，肃反扩大化，清洗了大批少数民族干部，尤其是跨国少数民族干部，造成民族政策上的重大失误。在这种情况下，有相当一部分少数民族逃离。④ 与此同时，苏联实行了公民身份证制，继而成为当时统计民族成分的制度化手段之一。⑤ 在实行身份证制度中，民族籍属的登记至关重要，它成为确定一个公民社会地位的标准和享受权利的依据。因受当时政治气候的影响，在身份证制的民族籍属登记中发生了虚假填报的现象，在各加盟共和国出现了"同一"民族居民成分增多的"意想不到的结果"⑥ 和民族数目下降的趋势，一些弱小民族被迫归纳于大民族。当时，不少居民更改民族籍属。民族成分确定中的这一倾向，不可能真实地反映民族的数量及人口增

---

① 《1934 年 11 月 19 日哈萨克斯坦共产党中央委员会和政府呈送全联盟共产党（布尔什维克）中央委员会的报告》，《思想》（俄文），1997 年，第 1 期，第 89 页。

② 《1934 年 11 月 19 日哈萨克斯坦共产党中央委员会和政府呈送全联盟共产党（布尔什维克）中央委员会的报告》，《思想》（俄文），1997 年，第 1 期，第 86 页。

③ 《哈萨克斯坦历史》（俄文版），阿拉木图，1993 年版，第 402 页。

④ 《东方真理报》（俄文版），1989 年 5 月 6 日。

⑤ B. 吾亚吉奇、B. 札斯拉夫斯基：《苏联和南斯拉夫：瓦解的原因》，《民族学评论》（俄文版），莫斯科，1993 年，第 4 期，第 24 页。

⑥ 《东方真理报》（俄文版），1989 年 5 月 6 日。

长率。

人口指标的演变均有其历史性及其后果，与时代的背景组成一个不可分离的整体，两者相互依存，互为影响。按照正常的发展规律，人口指标应该逐年自然递增；那么缘何出现 20 世纪 30 年代人口增长率的骤减？综上所述正是"政治清洗"、"民族惩罚"等政策，人为造成哈萨克斯坦一些民族人口负增长的主要原因。

（四）战后四十年

战后的 50 年代—80 年代是哈萨克共和国历史上人口飞速增长的阶段，60 年代平均年人口增长率为 2.9%；70 年代为 1.35%；80 年代为 1.20%。1970—1979 年哈萨克斯坦总人口增长了 13%；1959 年人口增长了 68.3%；截至 1984 年，哈萨克斯坦总人口已达 1564.8 万人，出现了包括哈萨克斯坦在内的全苏哈萨克民族人口的全面增长。其中，哈萨克民族从 1955 年的 270 万人增加到 1985 年的 700 万人。这一时期哈萨克斯坦人口增长的主要原因是：

其一，大量移民造成人口机械增长。

20 世纪 50 年代初，苏联政府为满足国家对农业产品日益增长的需要，促进工业的继续发展，提高人民的生活水平，稳定社会，提出生产力东移的方针，旨在发展中亚和哈萨克草原地区的工业化，决定采用组建新的国营农场的方式大规模进行垦荒。哈萨克斯坦被确定为垦荒重点。按照苏联共产党和政府的计划，成千上万的俄罗斯、白俄罗斯和乌克兰等族的工人、农民、退役军人、干部、各类专家和工程技术人员迁居哈萨克斯坦开垦处女地或创建工厂企业。1954—1960 年北哈和东哈共接纳移民 380 万人。1960—1964 年又有 200 多万人迁入北哈，其中从俄罗斯联邦迁来的人员占 69.3%；从乌克兰迁入的占 21.3%；从白俄罗斯迁进的占 4.3%。[①] 大批移民的入居使哈萨克斯坦的俄罗斯人口急剧上升，国家人口中民族成分日趋复杂，主体民族哈萨克人口所占比重下降。据全苏人口统计资料显示，1926 年哈萨克斯坦俄罗斯人口为 123 万人，占哈萨克斯坦总人口的 20%；1939 年增加到 213 万人；1959 年达到 397 万人；1979 年达到 599 万人，占哈萨克斯坦总人口的 40.8%，成为该加盟共和国人

---

① M. A. 阿谢尔别克夫：《60 年代—80 年代初哈萨克斯坦的工人阶级》，《苏联历史》，1986 年，第 1 期。

口最多民族。

其二，人口的自然增长。

苏共和苏联政府为解决民族问题，实现各民族事实上平等的民族政策采取了一些行之有效的措施。例如，比较注重在制定长期的地区发展战略的基础上，合理布局全国的生产力以及注意拉平全苏各加盟共和国及各地区的经济发展水平；提出把原来一些落后的民族边区的经济发展水平提高到国家中部地区的经济发展水平。为了消除中亚各民族同俄罗斯民族之间存在着的事实上的不平等，苏联政府还提出发展中亚经济的基本方针。①经过几十年的开发建设，哈萨克斯坦的经济建设取得了巨大的成就，为国民福利的改善奠定了基础，人民的生活水平迅速提高，各族人民和睦相处、安居乐业。随着地区经济的发展，社会的进步，传统家庭稳固，人们健康状况好转，出生率大大提高，死亡率显著下降。基于自然生育率的高出生率与由于物质条件改善而出现的低死亡率和人均寿命延长之间的差额，为哈萨克斯坦人口的迅速增长提供了先决条件，使国家人口逐步上升。

其三，苏联政府推行鼓励生育的政策。

第二次世界大战结束以后，苏联的国民经济得到迅速恢复。苏联在第二次世界大战中损失了约 2000 万人口，战后人口自然增长率和人口增长绝对数逐年下降。哈萨克斯坦各族人民在伟大的卫国战争中表现出无比的英勇，为了苏维埃祖国，为了战胜法西斯付出了昂贵的代价，这一时期的人口降到了低谷。战后，苏联政府为了尽快改变国内的人口情势，根据本国地广人稀，将进行大规模经济建设，开发资源丰富的亚洲部分需要众多劳动力的具体国情，提出大量增殖人口的计划，采取了鼓励生育的人口政策，对"英雄母亲"给予嘉奖。另外，操突厥语民族本身就具有高生育率的传统。

支配人口历史状况及其变化的是社会物质财富、生产方式，并在很大程度上取决于一定时代的生产力发展水平和执政者推行的人口政策。而人口的变量还与人口的迁移直接相关。人口的迁移变动，亦称"人口机械变动"，即人口在空间位置的移动。它作为一个历史现象，不仅受制于自然条件和社会经济条件，而且与地缘政治和地缘经济关系密切相关。战后

---

① 参阅张保国《苏联对中亚及哈萨克斯坦的开发》，新疆人民出版社 1989 年版，第 75 页。

四十年哈萨克斯坦人口一直呈上升趋势的基本原因应循此线索寻求。

（五）国家独立初期

人口问题作为一种社会现象，是社会历史发展中的重要组成部分，受社会基本矛盾发展规律的制约和影响，与其他社会现象之间存在着错综复杂的内在联系。1991 年岁末，哈萨克斯坦作为独立主权国家出现在国际舞台，历史进入新的时期，其政治、经济、文化和民族关系发生了重大变化。伴随着社会制度的演变、新旧历史时期的分野以及历史的发展进程，其国家人口状况出现了明显的波动。1992—1997 年，哈萨克斯坦人口呈下降趋势。1993 年哈总人口减少 43300 人（0.3%），1994 年哈萨克斯坦总人口锐减了 263300 人（1.6%）。阐述这一时段其人口问题必须置于整个社会问题中去观察和分析。

1. 经济萧条、社会动荡限制了人口的发展

人口的增减是多种因素综合作用的结果，而其中经济因素是最直接的，因为它是构成文明人类生存的基本条件。同时，人口的发展变化又是一种重要的社会现象，它与其他社会现象之间存在着各种密切的联系。哈萨克斯坦共和国独立初期，虽然在政治上获得了主权，但经济上的依赖程度很高。长期以来形成的苏联大家庭"经济分工"的格局遭到破坏，因此而出现的单一的经济结构、薄弱的基础设备、恶化的贸易条件、严重的资金短缺等众多的不利因素给国家的经济造成了巨大的损失。国民经济陷入全面衰退的危机状态——财政拮据、工农业生产滑坡、商品匮乏、物价飞涨，国民收入的缩减规模空前，居民面临着不可抵御的通货膨胀。经济的发展与人口的增长速度不相一致，从而导致了贫富差距悬殊，两极分化严重、失业人口日趋增加；社会消费水平急剧下降导致住房危机、社会福利、环境保护、人口大量移出等社会问题加重。1989 年生活在贫困线以下的居民占 39%，1992 年为 45%，1996 年高达 60%—65%。[1] 哈萨克斯坦国民中最富有者与最贫困者收入相差 20 倍。[2] 哈萨克斯坦独立前财政靠联盟中央补贴，联盟解体后财政收入只有靠各种税收，入不敷出，连续几年出现巨额赤字。大部分企业因缺少资金，无法购买原材料和支付高额

---

① Ю. 布尔苏科夫：《住房市场：困难的形成时期》，《思维》（俄文版），1996 年，第 2 期，第 51—55 页。

② М. 普兹科夫：《后苏维埃社会的政治、经济及当局超凡绝俗的能力》，《思维》（俄文版），1996 年，第 4 期，第 2—6 页。

的能源费用而被迫停产或半停产，甚至倒闭。当时停产半停产企业占三分之一以上，亏损企业占三分之二，失业人口（包括隐形失业者和"长期休闲者"）已逾百万。因国家财政困难造成建房总面积大幅度下降，全国需要改善住房条件的居民计57万户，约160万人，仅阿拉木图就有5.5万户，另外还有大量无房户。据统计约缺200万套住宅，合1.53亿平方米。加上现有住房损耗率约30%，缺房问题更加严重。① 1993年9月6日哈政府出台了《新住房政策》，实行国有住房私有化，将国有住房出售给住户私人所有，其住房及其所有设备的维修一律由住户负责，然而市民微薄的工资难以支付昂贵的费用。经济与社会政治之间的恶性循环限制了人口的发展。

2. 高死亡率、低出生率，人口的自然变动促使人口逐渐减少

人口的自然增长是由出生率和死亡率的比值决定的。当时在哈萨克斯坦出现了低出生率、高死亡率、低自然增长率的人口再生产类型。各地区因出生率下降，人口大幅降低。1994年全哈萨克斯坦新生婴儿30.65万，比1992年减少9.8万，比1989年减少7.58万。1988年共和国哈萨克斯坦新生婴儿计20.9万，1996年仅16万。统计资料表明出生率从33‰降至21‰。

在人口再生产过程中，死亡率同出生率一样起着重要的作用。哈萨克斯坦独立前六年死亡率也较高。以1994年为例，全国死亡人数为160600人，比1989年增加了34200人，平均每千人中死亡9.5人。高死亡率的现象尤以男性劳动年龄人口最为显著，其中多死亡于血液循环系统的疾病、意外事故、中毒、酗酒等。育龄妇女的死亡率也在上升，5个死亡的产妇中就有1人死于流产。1995年注册流产计224000例，主要原因是生态环境的恶化，因贫血、肾病、恶性肿瘤、心血管病导致死亡。尤其在塞米巴拉金斯克试验场和乌拉尔周边地区，发病率和死亡率最高。所以除了经济及社会问题外，环境污染和生态破坏也成为目前哈人口机械下降的基本制约因素。不良人口再生产类型的结果已经导致了哈萨克斯坦各民族人口自然增长的绝对值从1989年的256100人下降到1994年的145800人，也就是说降低了43%。社会动荡、经济的危机、医疗质量下降、生态环境的破坏、居民健康状况的恶化等社会问题迫使人们不得不经过"精打细算""深思熟虑"而计划生育（见下表）。

---

① 陆南泉：《独联体国家向市场经济过渡研究》，中共中央党校出版社1995年版，第181页。

哈萨克斯坦共和国出生率、死亡率和
自然增长率变动图表①

（单位：每千人）

年份	1989	1990	1991	1992	1993	1994
出生数	23.0	21.7	21.0	19.9	18.8	18.2
死亡数	7.6	7.7	8.0	8.1	9.2	9.5
自然增长	15.4	14.0	13.0	11.8	9.4	8.7

一个地区人口的增长速度主要取决于出生率和死亡率水平差的变化。在经济没有好转的时段内，低出生率、高死亡率、低自然增长率的过程仍会继续存在，全国总人口也在低于解体前的水平线上徘徊。据 1999 年哈萨克斯坦人口普查，全国总人口为 14 953 126。

3. 人口外流导致人口迅速下降

苏联解体之后，大规模的移民浪潮冲击着整个哈萨克斯坦共和国，对其人口的数量和人口的结构产生了难以估量的影响。独立之初出现的种种社会问题引发许多"送出原因"，形成为带有"政治色彩"② 的移民潮流。

首先，社会制度、经济结构的巨变是人口大量外流的直接动因。苏联解体后，哈萨克斯坦共和国的经济几乎全面崩溃，数百万人经历着"社会制度的改变，经济结构的变革"，生活水平的下降。人们感到"恐惧""担忧"和"怀疑"，特别是非主体民族欲寻求政治上的后盾，想回归自己的"祖国"。因而酿成了人口国际流动中，带有"政治色彩"的移民回归潮。

其次，文化上的差别成为人口外流的又一大诱因。哈萨克斯坦独立以后，随着主体民族的崛起，新生的民主国家着力复兴主体民族文化、语言。于是激起了"主体民族化"与"大俄罗斯化"的抗衡，引发了大多数非主体民族深刻的心理震荡。《哈萨克斯坦宪法》规定"哈萨克语是哈萨克斯坦共和国的国语"。《哈萨克斯坦共和国语言政策构想》指出："各级国家机关、部门、武装力量、统计核算、财务、技术文件

---

① T. 克里莫娃：《各民族居民》，《思维》（俄文版），1997 年，第 2 期，第 11 页。

② 努尔苏丹·纳扎尔巴耶夫：《历史记忆，国家和谐和民族改革——哈萨克斯坦人民的公民选择》，在哈萨克斯坦第四届各民族大会的报告，阿克莫拉，1997 年 6 月 6 日。

及法律诉讼程序均使用哈语……将哈语的地位提高到每个公民生活所必需的水平。"过去的一个多世纪，在哈萨克斯坦的政治、经济、文化、教育、族际交往中起统治作用的是俄语。俄语在巩固各民主的团结和统一的过程中起了重要的作用。俄语的地位发生变化，使操俄语的斯拉夫人感到地位下降，心理上受到压抑，从心理到感情都产生了反感和抗拒情绪，从而纷纷离境。

再则，政治地位不平等是人口外流的重要原因。苏联解体引起了中亚各主权国家俄罗斯居民社会政治地位的巨大变动，俄罗斯人大都被排挤出重要的领导岗位，不平等的人事制度加剧了他们对自己前途、命运的担忧，使他们产生了回归"俄罗斯祖国"的强烈愿望。

上述种种因素构成了1992年哈萨克斯坦历史上前所未有的迁移浪潮。1994年出现了迁移高峰，年内达49万人迁出哈萨克斯坦。自1995年起移民开始逐渐减少。据哈萨克斯坦国家统计局统计，1996年1—9月迁往境外仍有165430人。哈萨克斯坦的斯拉夫人口与主体民族相比，出生率原本就低于世代更替过程所必需的指数，加上连续几年的人口机械流动，造成了哈萨克斯坦人口的负增长。人口自然增长部分于1993年已全部抵消。

迁出的同时，"回归"的现象也存在，主要是从独联体和其他国家返回家园的哈萨克族人，1996年9个月内"回归者"就有41320人。[1] 根据现有的出生率、死亡率和人口流动的趋向，对1996—2000年五年进行推算，其人口将年均减少195000人。以各种变量进行全方位推测，无论是由于自然因素，还是机械因素，哈国某些民族人口的下降是国家向市场经济转型时期、社会经济处于困境的一种表现形式而存在。据1995年1月统计，哈萨克斯坦各民族人口在总人口中的比重分别为：哈萨克族46%，俄罗斯族34.8%，日耳曼族13.1%，乌克兰族4.9%，乌兹别克族2.3%，鞑靼族1.9%，白俄罗斯族1.0%。与1989年人口统计相比较，俄罗斯人从6227500人减少到5769700人，哈萨克人口从6534600人增加到7636200人。[2]

自1897至1999年百余年来，哈萨克斯坦走过了曲折的道路，其民族

---

① 《思想》（俄文版），阿拉木图，1973年，第3期，第20页。
② 《哈萨克斯坦真理报》（俄文版），1995年8月2日。

人口情势也发生了起伏波动的变化。诸多的历史事件和周边因素间接或直接，然而却鲜明地影响着其人口的增长速度及一些民族在国家总人口中的比重。其人口指标的变易与国家政治经济体制及地缘关系等方面的变动大致同步。

（六）新世纪哈萨克斯坦民族人口发展

人类送走了一个百年世纪，迎来了一个新的千年。哈萨克斯坦的民族人口问题依然是国家发展的重要因素。自20世纪末起国家经济危机最困难的时期已经过去，生产下滑的速度减慢，国家各个领域不同程度出现回升。进入新世纪以后，哈萨克斯坦共和国在纳扎尔巴耶夫总统的领导下，国民经济发展稳步上升，逐渐步入快车道，市场经济机制逐步完善。另外，由于操突厥语民族具有多子女的传统，并保持着高出生率，以及国家有力的新生代年龄结构的作用，民族人口的发展潜力很大，首先出现了主体民族人口的倍增。

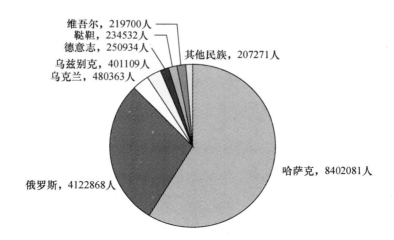

维吾尔，219700人
鞑靼，234532人
德意志，250934人
乌兹别克，401109人
乌克兰，480363人
其他民族，207271人
哈萨克，8402081人
俄罗斯，4122868人

哈萨克斯坦共和国主要民族人口图表（2003年）①

各民族总人口14862469，哈萨克8402081，俄罗斯4122868，乌克兰480363，乌兹别克401109，德意志250934，鞑靼234532，维吾尔219700，朝鲜人99605，白俄罗斯98309，阿塞拜疆82750，土耳其81873，波兰

---

① 哈萨克斯坦共和国土地资源中心：《哈萨克斯坦共和国各民族分布图》（俄文版），阿斯塔纳，2003年版。

43149，东干 40382，库尔德 34942，车臣 34035，塔吉克 28566，其他民族 207271 人。

哈萨克斯坦共和国部分民族人口变动比较（1897—2009）

（单位：人）

民 族	1897	1926	1939	1959	1970	1979	1989	1999	2009
哈萨克	3392751	3627612	2327625	2794966	4161164	528949	6534616	7985039	10096763
俄罗斯	454402	1275055	2458687	3974229	5449826	5991205	6227549	4479620	3793764
乌兹别克	29564	129399	120655	136570	207514	263295	332017	370663	456997
鞑 靼	55984	79758	108127	191925	281849	312626	327982	248954	204229
维吾尔	55815	62313	35409	59840	120784	147943	185301	210365	224713
东 干	4888	8455	7415	9980	17283	22491	30165	36945	51944
塔吉克		7666	11229	8075	7166	19293	25514	25657	36277

纵观这一时期哈萨克斯坦共和国人口的变量，显然易见，斯拉夫人因大批人口移出，导致群体人口骤然下降；哈萨克人因"回归故乡"运动等诸种原因而促使主体民族人口指标有所上升。苏联解体前后少数民族的地位没有发生根本的变化，所以，本国人口变动总趋势中诸种人口自然下降和机械下降的基本制约因素对其人口的生产过程产生不可避免的影响。哈国内人口变量下降的惯性，作为国家向市场经济转型时期，社会经济处于困境的一种表现形式势必对这一群体人口情势给予强烈的冲击。由此看来，俄族由于迁离，人口下降；哈族由于迁入，人口增加；而其他民族无这些因素影响，其人口增减应主要取决于经济形势的发展。

人口学将一个区域内人口每一次大的升降称作一个波段。考察哈萨克斯坦民族人口指标的升而复降，降而复升的几个波段，我们看到，每个波段之间的深沟都昭示着一段残酷的史实；而每一个波段的高峰却取决于社会生产力的发展，生活环境的改善，出生率稳定提高，死亡率相对下降，这正是哈萨克斯坦民族人口波动的规律。它告诉我们，不同时期生产力的发展支撑着人口数量的增长，物质再生产的规模决定人口再生产的规模；与此同时，人口的机械运动，即从周边国家向中亚地区的涉外移动，也起着决定性的作用。人口数量的波动是社会、自然等诸多因素综合影响的结果。各个时代的社会、政治、经济发展的状况以及周边环境势必给人口数量的变迁史打上深刻的烙印。检阅哈萨克斯坦民族人口的变迁，对我们科学地论证其历史提供了可资借鉴的依据。

二　民族分布格局与地缘环境的对应关系

哈萨克斯坦的民族结构和民族人口分布格局呈现出各民族互相杂居、部分地区相对集中和聚居的图景；既体现了历史地理的决定性作用，也反映了该国政府民族政策的运行结果。哈萨克斯坦共和国共有 16 个州、市，人口最多的是南哈萨克斯坦州，超过 211 万；人口最少的是阿斯塔纳市，1998 年之前仅有 27 万，1999 年增加到 31.93 万。阿斯塔纳市在确立为共和国首都之后，与其他州、市相比，人口数量有了较快增长，截至 2003 年达到 50 多万。

（一）地理位置决定民族特点

由于地缘关系和历史原因，哈萨克斯坦的民族结构清晰地展现出三大组分，即：

· 国家命名民族、人口最多的哈萨克人。

· 俄罗斯人及其他斯拉夫语系民族白俄罗斯人和乌克兰人等。

· 南部以伊斯兰教为传统宗教信仰的诸民族：塔吉克人、乌兹别克人、阿塞拜疆人、库尔德人、维吾尔人、东干人和高加索各民族。

从第一组的人口分布情况看，截至 2003 年 1 月，全哈萨克斯坦共有哈萨克人 840.21 万，主要分布在西部和南部，在阿拉木图市和阿斯塔纳市也相对集中；在西部地区的克孜勒奥尔达、阿特劳、曼吉斯套、阿克托别和西哈萨克斯坦等州，哈萨克人分别占 93%、88%、74%、69% 和 66%；在南部地区的南哈萨克斯坦、江布尔和阿拉木图等州，哈萨克人分别占 66%、63% 和 57%。分布人数最多的 5 个州分别是南哈萨克斯坦州（144.95 万）、阿拉木图州（95.68 万）、东哈萨克斯坦州（74.47 万）、江布尔州（65.91 万）、克孜勒奥尔达州（57.42 万）、卡拉干达州（53.47 万）。这 5 个州主要分布在哈萨克斯坦的中部、南部和东部。这些地方历史上就是哈萨克人社会生活最为活跃的区域之一。在这里生活的哈萨克人占据哈萨克斯坦哈萨克族总人口的 59.76%。

在第二组中俄罗斯人的分布也有自己的特点。全哈萨克斯坦俄罗斯人总计 412.29 万（2003 年 1 月），主要集中在与俄罗斯联邦接壤的哈萨克斯坦的东部和西北部地区。在与俄罗斯毗连的北哈萨克斯坦州俄罗斯人口最多，占到 50%。同样，由于地理区位的接近，卡斯塔奈州的俄罗斯人

也居州民族人口的第一位，占 42%。其州府卡斯塔奈市的俄罗斯人占到
54.6%。在东哈州俄罗斯人居州民族人口的第二位，占 43.8%；但因其
州府乌斯季 – 卡缅诺尔斯克与俄罗斯接壤，俄族人口高达 72.3%。虽然
从总体看在西哈萨克斯坦州哈萨克人占多数，但是在与俄罗斯毗邻的该州
州府乌拉尔斯克，俄罗斯人口居第一位，占 47.5%。俄罗斯人分布最多
的 4 个州是东哈萨克斯坦州（74.26 万）、卡拉干达州（67.36 万）、北哈
萨克斯坦州（54.54 万）、卡斯塔奈州（48.17 万）。它们的俄罗斯族人数
占了全哈萨克斯坦俄罗斯人口总数的 49.66%。有 5 个州俄罗斯人口多于
哈萨克人口，它们是阿克莫拉州、卡拉干达州、卡斯塔奈州、帕甫洛达尔
州和北哈萨克斯坦州，其中俄罗斯人最多的是北哈萨克斯坦州，占全州人
口总数的 48.74%，其次是卡斯塔奈州，占全州人口总数的 42.7%。

　　乌克兰人是哈萨克斯坦的第三大民族，总计 48 万。乌克兰人主要分
布在卡斯塔奈州，约 12 万；其次是卡拉干达州、阿克莫拉州、北哈萨克
斯坦州和帕甫洛达尔州。乌克兰人与俄罗斯人一样大部分居住在城市和工
业中心。

　　第三组中的乌兹别克人是哈萨克斯坦共和国第四大民族，总计 40 万
人，主要分布在与乌兹别克斯坦和塔吉克斯坦紧邻的南哈萨克斯坦州，人
口居第二位，占 17.1%。在南哈州塔吉克、阿塞拜疆等民族人口比例也
较高。而位于楚河之边的江布尔州东干人的民族人口比例居第三位，占
3.4%。由于江布尔州与吉尔吉斯斯坦共和国接壤，哈萨克斯坦的吉尔吉
斯斯坦人在这里也相对集中。

　　这一时期，维吾尔人是哈萨克斯坦十大民族之一，总人口 22 万。在
与中国新疆维吾尔自治区接壤的阿拉木图州（维吾尔区、塔力贾尔区、
奇列克区和伊犁区）维吾尔人口比较集中，仅次于哈、俄人口，居第三
位，占人口的 9.3%。其次，在与中国新疆接壤的塔尔迪库尔干州（贾尔
肯特区、基洛夫区）和阿拉木图市维吾尔人口相对聚拢。

　　另外，德意志族人口最多的州是卡拉干达州，为 4.3 万多，人数超过
2 万的还有科斯塔奈州、阿克莫拉州、北哈萨克斯坦州和帕甫洛达尔州。
鞑靼人居住比较分散，没有形成比较集中的居住地，这与苏联时期对这一
民族实行的穿插安置的迁移政策有关。鞑靼民族人数较多的是卡拉干达
州，超过了 4 万人。南哈萨克斯坦州、北哈萨克斯坦州、科斯塔奈州、阿
拉木图市、阿克莫拉州 5 州、市鞑靼人口超过了 2 万。朝鲜族主要集中在

克孜勒奥尔达州和阿拉木图州。

（二）历史上的民族征服和民族迁移：造成错综复杂的民族分布

纵观哈萨克斯坦共和国今日错综复杂的民族分布情况，是历史上政治风云变幻，发生民族征服和民族迁移的结果。从 18 世纪 20 年代至 19 世纪 60—70 年代，沙皇俄国用了 130 多年的时间吞并了哈萨克斯坦。从征服之日起，沙皇政府就强烈地意识到要控制和开发这片富饶辽阔的草原地带，便向这里移民。最初，一批又一批俄国中部和乌克兰等地的俄罗斯、白俄罗斯和乌克兰人自发流向这一地区。很快，沙皇政府就开始有目的、有计划、有组织、迅速大规模地向哈萨克草原移民。据哈萨克斯坦共和国国内政策分析中心的数据显示，从 19 世纪中叶到十月革命之前，从俄国移民到哈萨克斯坦的斯拉夫人达 115 万人。[①] 无数个由俄罗斯人、白俄罗斯人、乌克兰人等斯拉夫民族成分组成的移民村星罗棋布，在哈萨克大草原凸起，仅阿克摩棱斯克霎时就出现了 24 个移民村。另外 1883—1886 年沙皇俄国通过不平等条约和殖民政策从中国新疆迫迁 31700 名维吾尔和东干（中国回族）人到哈萨克斯坦的谢米列契（汉译：七河）等地。十月革命以后，集体化年代，从苏联中部地区移居哈萨克斯坦的各民族农民达 25 万人。

第二次世界大战前夕和大战期间，作为苏联国家政策的一部分，曾发生大规模驱逐整个族群的事件。外高加索、克里米亚和远东地区的 20 多个民族被强迫离开家园，迁居到哈萨克斯坦。德意志人是迫迁人数最多的民族。18 世纪，凯瑟琳·叶卡捷琳娜二世曾于 1761 年 12 月和 1763 年 6 月两次征招德国的德意志人来俄国开发伏尔加河流域。20 世纪 30 年代，苏联的德意志人口达到 200 万。第二次世界大战期间，苏联政府的一项决定改变了数十万境内德意志人的命运。1941 年 8 月 26 日，苏联最高苏维埃下达了《关于迁徙伏尔加河德意志人的命令》。这项命令以"伏尔加河德意志人中隐藏成千上万间谍和特务"，涉嫌"集体背叛"为罪名，将伏尔加河和全苏的 95.7 万德意志人强制性迁往中亚和西伯利亚。被遣送到哈萨克斯坦的德意志人达 36.1 万人。同时以同样原因迁来的还有近 18500 户远东地区的朝鲜人，50.7 万北高

① A. 阿米洛娃：《哈萨克斯坦族际关系》，哈萨克斯坦共和国国内政策分析中心：《哈萨克斯坦国内政策》（俄文版），阿斯塔纳，2006 年 8 月 16 日，第 1 页。

加索各民族的代表，10.2 万波兰人，另外还有克里米亚的鞑靼人、土耳其人、卡尔梅克人、希腊人等"被惩罚民族"的代表总计 150 万人。当时苏联对这些民族的移民实行特殊的"民族政策"，将他们分散、隔离，安置在未开垦的处女地带。辽阔的荒原因为他们的落居出现了星星点点的移民村。这些新迁入的族群由于政治地位低下，经济上被封闭，文化上受压制，处境十分艰难，长久处于社会的边缘。这一因素直接导致了国内民族问题的增多和复杂化。

战后，即 20 世纪 50 年代初，苏联政府提出生产力东移方针，实行了两项措施，一是"开垦处女地"，二是发展哈萨克草原和中亚地区的工业化建设。成千上万的俄罗斯、白俄罗斯和乌克兰等民族迁至哈萨克斯坦，1954—1960 年从苏联欧洲部分迁到哈萨克斯坦北部和东部移民多达 380 万，1960—1964 年北哈地区又接纳移民 200 万。卡拉干达等新建的工业化城市也有大量不同民族的移民入居。从 1926 年至 1970 年，哈萨克斯坦的斯拉夫人从 200 万增加到 650 万。其中，俄罗斯人从 100 万增至 550 万，1979 年达到 599 万，成为哈萨克斯坦人口最多的民族。大批移民的入居从根本上改变了哈萨克斯坦民族人口分布地图，不仅使世居民族哈萨克人口比重下降到 30%，而且为日后民族关系的激化埋下了祸根。

（三）地缘政治变动与民族分布格局形成互动

苏联崩解，一分十五。作为新生的民族国家哈萨克斯坦共和国的地缘政治环境发生了剧变。首先是哈萨克斯坦北部地区的民族格局因地缘政治的动态变更而发生变化。历史上哈萨克斯坦北部地区曾属于俄罗斯，苏联时期划归哈萨克斯坦。但是长久以来，由于与俄罗斯接壤的地缘关系，在这一地区，俄罗斯人一直是主要民族成分。

苏联解体后，哈萨克斯坦不同民族群体提出了各自的领土要求，彼此之间出现了对立纷争，矛盾源于历史上沙皇俄国的殖民遗患和苏联长达 70 年的俄罗斯化。无论是沙皇俄国还是苏联均从两个方面入手，其一，大量引入俄罗斯、白俄罗斯、乌克兰等民族人口定居下来；其二，进行斯拉夫人（东正教徒）优于亚洲（穆斯林）游牧民族的意识形态方面的渗透。在北部地区占少数的哈萨克人因居住于落后的农牧区逐渐被边缘化，甚至将他们压缩到哈萨克人为主贫瘠的南部地区，致使北部哈萨克族人口出现失衡。长此以往，也培养了一种根深蒂固的成见—俄罗斯人认为哈萨克斯坦只不过是俄罗斯的一个简单的延伸。

鉴于长久形成的意识，哈萨克斯坦独立以后，仍然有许多人将哈萨克斯坦共和国的大片地方视为俄罗斯所属，首先提出了北部各州的归属问题。出于对国家地缘政治利益的考虑，哈萨克斯坦共和国政府作出迁都决定，首都由哈萨克斯坦最大的经济文化中心，位于南部的阿拉木图市迁至北部重镇阿斯塔纳。随着已经"主体民族化"的国家政府部门和一些企事业单位的迁入，从根本上改变了北部俄罗斯族裔占多数的民族分布格局，以确保国家领土主权不受威胁。

三 独立后政策作用下传统民族分布格局发生新变化

哈萨克斯坦独立以后，确定了与各民族利益相关的经济政策和社会政策。在经济政策方面，提出建立独立、开放、自由的市场经济，大力发展基础设施，加快民族经济建设步伐等战略措施，以及使本国尽快成为"中亚雪豹"的长期目标。在社会政策方面，重视社会领域的紧迫问题，确立了所有制多元化原则和国家多民族性原则。由于经济的发展和政策的作用等因素，哈萨克斯坦的传统民族分布格局发生了新变化，主要表现在以下方面。

（一）从俄罗斯人的自北南移到哈萨克人由南北移

在沙皇俄国对哈萨克草原进行长久征服的历史进程中，总是俄罗斯人由北向南逐步迁移，以实行对哈萨克斯坦的俄罗斯化。十月革命以后，随着苏联对哈萨克斯坦的开发，抽调大批的俄罗斯、乌克兰、白俄罗斯等工程技术人员和青年工人移入，以克服实现工业化的最大障碍——工程技术力量薄弱的现实，促进了城市化和工业化建设和贸易的发展。据统计资料显示：1989 年切尔诺格勒（今阿斯塔纳）的哈萨克人仅占当地总人口的18%，俄罗斯人占到了 54%；十年之后，到 1999 年这里的哈萨克人口增加了 83000 人，俄罗斯人口减少了 22000 人。阿斯塔纳哈萨克人口的急剧增加主要是政府部门的工作人员。此外，独立之初，哈萨克斯坦的国家政策是欢迎境外，主要分布在独联体其他国家、中国、蒙古、阿富汗、土耳其等国家的 100 多万哈萨克人"回归历史祖国"。1991—1997 年，哈萨克斯坦接收了 16.4 万哈萨克族回归者，其中 9.3 万来自其他独联体国家，6.25 万来自蒙古国。政府将其大部分安置在原本斯拉夫人居住的地区，以改变这里的民族人口面貌。随着北方地区的大规模建设，南部的工厂企业纷纷进入，大批工人以及北移"淘金"的打工者络绎不绝，哈萨克族人口急剧上升。新都阿斯塔纳①民族人口格局的变化是最具说服力的个案之一。

　　1997 年 10 月 20 日，纳扎尔巴耶夫总统签署命令，宣布自当年 12 月 10 日起，哈萨克斯坦北部重镇阿克莫拉正式成为哈萨克斯坦共和国首都。1998 年 5 月 7 日纳扎尔巴耶夫总统签署命令将哈语意为"白色坟墓"的阿克莫拉更名为阿斯塔纳。1998 年 6 月 10 日举行新都落成典礼。哈萨克斯坦共和国正式启用"阿斯塔纳市"为新国都。从沙皇俄国到苏联时期，阿斯塔纳一直被视为斯拉夫人和哈萨克人定居线的分界标志。同时也是哈萨克斯坦领土与俄罗斯的边缘线。阿斯塔纳市位于哈萨克斯坦共和国中北部，阿克莫拉州的中心，坐落在伊希姆河上游，叶西尔河右岸，距原首都阿拉木图市 1318 公里。阿斯塔纳市②已有近一个半世纪的历史，它曾经是沙俄对哈萨克斯坦实行殖民统治的基地之一。据沙皇俄国第一次人口普查（1897 年），当时阿克莫林斯克市只有居民 9707 人，47% 的居民是俄罗斯人，计 4619 人；哈萨克人占 31%，计 3020 人；鞑靼人 1035 人，占 10.7%；另外还有摩尔多瓦人、德意志人、犹太人、乌克兰人等 11 个民族。大部分居民从事耕作、畜牧、贸易和家庭手工业。十月革命以后，苏联大规模开发哈萨克斯坦的处女地，修建了彼得罗巴甫洛夫斯克—阿克莫林斯克（1929 年）、阿克莫林斯克—卡拉干达（1931 年）、阿克莫林斯克—俄罗斯车里雅宾斯克州卡尔塔雷（1936 年）、阿克莫林斯克—巴甫洛达尔（1953 年）等铁路线，促进了城市的发展，也使人口数量剧增。20 世纪 50 年代，有 27 万人从苏联各地来到这里，大多是俄罗斯、乌克兰、白俄罗斯等民族，投入哈萨克斯坦的开发建设（主要是垦荒）。其中很多人定居下来，70 年代达到 20 万人，80 年代约 25 万人，90 年代上半期 27.5 万人。1998 年，大批以哈萨克族为主的国家公务人员和其他工作人员从全国各地迁来。据 1999 年哈萨克斯坦共和国人口普查，阿斯塔纳市已有居民 319324 人。近年来，阿斯塔纳已发展成为拥有约 50 多万人口的中等

---

　　①　阿斯塔纳市曾多次改换名称。最早称卡拉奥特科尔，1830—1832 年改称阿克莫拉，1932—1961 年称阿克莫林斯克，1961—1992 年又称切利诺格勒（"处女地"之意），1992 年恢复阿克莫拉之称。1998 年 5 月 7 日更名为阿斯塔纳。

　　②　1862 年 5 月 7 日，俄国内务部发布命令在阿克莫拉要塞所在地阿克莫林斯克镇建市。

城市。哈萨克族的人口比例上升至第一位，占 54.8%，俄罗斯人占 31.6%①。

1989 年与 1999 年哈萨克斯坦共和国阿斯塔纳市民族人口对比

（单位：人）

	1989 年	1999 年	1989 年占比（%）	1999 年占比（%）
居民总数	281252	319324	100	100
哈萨克	49798	133585	18	42
俄罗斯	152147	129480	54	41
乌克兰	26054	18070	9	6
日耳曼	18913	9591	7	3
鞑靼	9339	8286	3	3
白俄罗斯	8220	5761	3	2
其他民族	16781	14551	6	5

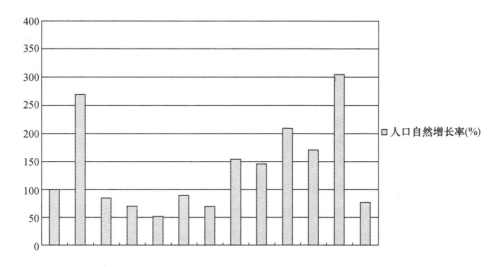

阿斯塔纳市民族人口自然增长对比②

---

①　哈萨克斯坦共和国土地资源管理中心：《哈萨克斯坦共和国民族成分分布图》，阿斯塔纳，2003 年版。

②　Д. 加里：《阿斯塔纳市社会经济和民族人口面貌》，《政治信息分析》，2005 年，第 6 期，第 63 页。

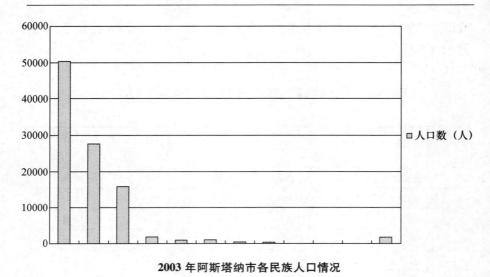

2003 年阿斯塔纳市各民族人口情况

（二）经济建设吸引维吾尔、朝鲜、吉尔吉斯斯坦等民族北向定居

维吾尔族素以善于经商和建筑工艺著称。随着首都由东南部的历史文化名城阿拉木图向北方的阿斯塔纳迁移。新都的兴建，以及受其带动的北部地区大规模经济建设步伐的加快，为具有经商传统的维吾尔人、朝鲜人等寻找商路提供了契机。众多具有经营意识的维吾尔人、朝鲜人走出传统聚居地，从阿拉木图州的南方城区，迁往阿斯塔纳，移至北方。他们在新的迁入地主要从事餐饮业和建筑业，并以本民族传统工艺和技能为支撑，形成了特定的族群生意网络和相对集中的居住点。在阿斯塔纳除了哈萨克族人口急剧增长外，维吾尔人、朝鲜人、吉尔吉斯斯坦人和车臣人的民族人口指标也在不断上升。

（三）主体民族分布由农牧区向城市转移

从传统的民族分布讲，早在沙俄时代，哈萨克斯坦的俄罗斯人主要居住在城镇，而处于从属地位的"马背上的民族"哈萨克人则游牧于山间谷地，甚至被强迫迁移到环境恶劣闭塞的边缘地带。故此，在许多地方哈萨克族人口出现明显落差。20 世纪 90 年代以来，随着国家的独立和改革以及政策倾斜，哈萨克族城市化水平显著提高。世代以游牧为生的哈萨克人向城市和城镇流动集中，进而使城市民族人口计量发生了极大的变化，哈萨克人构成了国内大城市的基本居民。

民族分布格局的改变，民族地位的提高，使得现今其国内哈萨克民族社会结构中出现了三种类型。

▲上层：以政治和商业，包括部分文学艺术和科学技术精英为基础形成。

◎中层：中小企业家以及大多数从事文学艺术和科学技术研究的知识分子。

◆底层：农业居民、城市下层居民、从农业区迁入大城市的新移民、退休人员。

哈萨克族社会结构的变化反映出，国家独立后世居民族传统分布格局的重大转折，同时表明哈萨克族的社会经济生活出现了新的发展趋势。愈来愈多的哈萨克人逐渐告别了传统的经济文化类型而进入城市发展。世居民族城市人口的迅速增长，意味着国家的政策选择决定了这一民族正在经历着重大的社会变迁。

综上所述，揭示出苏联解体以后，新的民族分布格局逐步形成。无论是非主体民族的移出，还是哈萨克人的回归都深受地缘政治环境和国内政治经济形势变化的影响。而以发展民族经济为目标的一系列政策的出台则在其中发挥着重要的作用。大批基础设施建设工程的上马及其相关政策的辐射，决定了哈萨克斯坦民族人口迁徙的基本趋势和民族分布的格局。

第二节　民族政策取向：从"主体民族化"到"国族"的构建

民族政策是多民族国家在民族事务领域针对民族宗教信仰、民族语言文化、民族经济、民族教育和民族人口发展等方面的总体战略方针；是解决民族问题、协调民族关系的基本原则。民族理论的构建，民族政策的制定、贯彻执行及其对民族关系的调控，直接影响国家的统一、社会的稳定和经济的发展，乃至关涉邻国的整个地区的安全。

一　独立初期民族政策的形成背景与导向

中亚各国独立以后，随着主体民族的崛起，开始实行"民族化"政策。哈萨克斯坦共和国也像其他新生的民族国家一样致力于"注重保存国家机构的民族特征，关注国家命名民族切身利益"① 的国内民族化建设。这一时期的民族政策取向建构在恢复历史记忆，复兴民族文化，突出主体民族化的理念之上。

独立初期，哈萨克斯坦共和国民族政策的形成无法脱离国家命名民族声势浩大的历史寻根运动。于是，核心民族的精英们便以此为背景意识提出了"主体民族化"的政策主张。亦如纳扎尔巴耶夫总统述，这是在前苏联"哈萨克族面临宗教、语言、文化和传统危机的背景下，做出的无奈选择"②，旨在唤起哈萨克民族的历史记忆，重启哈萨克民族的文字记录，回溯哈萨克民族的文化传统，净化哈萨克民族的习惯风俗，再现哈萨克民族的语言象征，进而表达一种独特的民族历史感和民族命运感，同时也突出这一新生民族国家的历史归属。纳扎尔巴耶夫总统概括："独联体的许多民族建立了独立国家。用政治术语来讲，他们在自己的国家，不得不考虑成为主体民族这个问题。也就是说，这些民族巩固国家，保存民族语言、文化及风俗习惯，恢复历史文物都是合法的。"③ 为此，政府制定了一系列相应的政策。主要体现在三个方面。

（一）突出主体民族历史文化的首位性

哈萨克斯坦作为新生的民族国家独立后，主体民族的精神优越感和文化尊严感强烈迸发。历史的象征、逝去的事件、民族的英雄和传统的纪念物都被赋予民族中心性的意义；把保护和复兴主体民族的文化、语言以及重新研究和撰写国家命名民族真实历史置于首位。规定主体民族语言——哈萨克语为国语；哈萨克语的电视、广播、报纸、杂志等新闻媒体网络迅速扩大，俄罗斯语的传媒系统急剧缩减；大量出版研究主体民族历史的文献书籍；广泛地树立其民族英雄人物的塑像；所有的街道、居民点、企业、文化、商业和公用设施均以主体民族历史人物、重大事件和哈萨克语名称命名。

（二）确立主体民族政治地位特殊性

独立初期，哈萨克斯坦民族政策的基本导向是坚持以核心族裔的文化

---

① P. 萨比托夫、P. 萨比托娃：《寻找国家民族认同新形式的哈萨克斯坦》，《欧亚联盟》（俄文版），2004 年，第 1 期，第 5 页。

② 努·纳扎尔巴耶夫：《前进中的哈萨克斯坦》，民族出版社 2000 年版，第 16 页。

③ 努·纳扎尔巴耶夫：《历史的记忆、民族的和谐和民主改革》，《思想》（俄文版），1997年，第 7 期，第 9 页。

和传统控制、巩固和加强新生的民族国家。与此同时，主体民族成员在社会政治生活中也被赋予广泛的权利。

从共和国政府的主要领导人，到各司局、各机构、各地方、各企业和各部门，从上至下的所有干部基本换成国家命名民族人员担任。尤其是司法、警察、安全和财政等强力和要害部门实行"民族化"。在招工、选干、入学、就业等诸多方面，哈萨克人拥有进入所有行政机构的优先权；进而突出国家是主体民族的国家，其他民族要团结在主体民族的周围。

（三）改变民族人口结构，增加主体族裔人口为基本国策

民族国家诞生以后，俄、哈两大民族人口的数量对国家的内聚力和认同提出新的问题。为了将主体民族人口提升到国家总人口比重的第一位，政府在内外政策方面采取了一系列行之有效的措施。对内，政府根据本国的国情推行鼓励哈萨克族生育的人口政策，继承苏联重奖多子女"英雄母亲"的做法；对外，动员生活在境外的哈萨克人回归历史故乡。伴随着民族历史文化的恢复，民族宗教得以复兴。哈萨克族的传统宗教信仰为伊斯兰教。伊斯兰教认为，子女乃真主所赐，多子多福。虽然苏联时期采取遏制宗教的政策，但千百年来形成的传统宗教思想一直影响着广大穆斯林的意识形态。国家独立以后，在相关政策的扶持之下，多子女传统的生育意识进一步提升，构成了主体民族人口快速增长的思想和社会基础。

二　"主体民族化"激起"大民族主义"及其政策调适

由于政府对主体民族化的政策支持，在民族关系复杂的背景下，哈萨克斯坦国内民族身份认同意识迅速发展起来。尽管总统和政府反复强调和积极培育一种建立在公民原则之上的民族身份认同观念；然而，事实上社会沿着民族界限而产生分化的趋势日益严重。"主体民族化"引发了"大民族主义"思想的抬头，一些热衷于政治运动的人被一种偏执的思想所笼罩。他们坚持强硬的"民族主义"立场，以"国家主人"自居，歧视和排挤其他民族，反对非主体民族参政，其主导思想是："在这里，我们是土著民族，这片土地是我们的，而你们是外来者，如果想在这里生存，那就要知道自己的地位，了解我们的规矩。否则就另找出路。"[①]"主体民族化"趋势的增强导致了排外的民族主义情绪的加剧，引起了非主体民

① A. 尼契波连科：《民族冲突解析》，《思想》（俄文版），阿拉木图，1992 年第 6 期，第48—49 页。

族的不满，促发了形形色色民族分离主义思潮的泛起。首先激起了"主体民族化"与"大俄罗斯化"的抗衡。主要由哈萨克人组成的"阿拉什（民族独立党）""热尔托克桑（十二月党）"以及"阿扎特（自由）"民族运动等强调，哈萨克斯坦是哈萨克人的家园，哈萨克人在哈萨克斯坦拥有历史独占权和特殊地位，哈萨克人应该成为国家的主宰。

这种以强调突出国家命名民族政治地位的"主体民族化"在一定程度上模糊了国家的民族结构，导致了少数民族的政治边缘化，直接影响了少数民族在各级权力机关和管理机关应有的地位。据统计数据显示，在哈萨克斯坦政府机关中，公务员的民族成分比例为哈萨克族占80%，俄罗斯族占14.5%，乌克兰人占0.9%。各少数民族的利益得不到应有的保障，势必激起他们的对抗情绪。面对"主体民族化"的压力，俄罗斯人中的精英开始寻求发展本族群的政治文化组织，进而摆脱不断增强的边缘化处境。于是具有明确民族身份意识的"俄罗斯公社""斯拉夫和睦""拉得"等组织应运而生。有的组织甚至对哈萨克斯坦北部和东部提出领土要求，认为这片地域历史上是属于"大俄罗斯"的一部分。

由于某些政治运动的误导，"主体民族化"超出了原有定势，对国家的民主政治建设和相关利益族群关系产生了不利影响；充分暴露了国家独立初始阶段民族政策的缺陷和执行过程中的疏漏。如何化解政策执行中的负面作用，并进行合理的政策调适是政府和国家领导人需要思考和解决的问题。纳扎尔巴耶夫总统在哈萨克斯坦共和国成立五周年大会上提出，将民族和解和政治稳定作为社会发展的第一模式。他反复强调，国家头等大事是多民族人民的团结，提出每两年召开一次民族团结和睦大会。他在阐述国内发展战略时指出，哈萨克斯坦国内政策的立足点是民族关系原则，并提醒各级政府，在政治领域创造条件加强民族间的聚合力，不允许站在任何一方利益行事，从严处理破坏民族团结、挑拨事端的行为。由于国家领导人和政府采取了一系列相应的治理措施，"大民族主义"思潮得到一定控制。

然而，在这一民族国家"获得新生"之前，其命名民族在历史、文化、语言等方面长期处于弱化、压抑和沉寂状态。这种痛苦经历使之一经独立便激发出强烈的、精神上的民族自豪感、优越感和文化"中心"的价值观念。特别是代表民族利益的知识分子，不仅"指导民族的文化政策、证实、保卫和体现民族的遗产、文化和象征"①，而且具有巩固和构筑民族国家的深刻意识。其中将民族认同与民族国家进行融合、视为同一，建立在一个核心民族基础之上的民族国家的意愿是主旋律。他们对国家政策和社会生活具有重大影响。

三 "主体民族化"派生"部族主义""地方主义"及治理措施

"主体民族化"政策的全方位深入，为各级权力部门干部的"本地化"和"部族化"提供了动力和机遇，"部族主义""地方主义"思想迅速蔓延。部族是指一个族体内部在历史上存在的各部分。部族问题一直是中亚民族问题的一种表现形式。从历史的角度观察，中亚世居民族大致经历了"氏族—部落—部落联盟—部族—民族"的发展脉络。"部族主义"即同一部落或部族的人们怀有强烈的集团意识，片面地强调对本部落或本部族的政治认同与忠诚；以强烈的异质意识排斥其他民族和本民族内其他部族，将国家认同置于次要地位。"部族主义"往往是导致民族国家政局动荡、阻碍国家政治体制健康发展的最直接和最重要的因素之一，对新生的民族国家起着极大的侵蚀作用。

15世纪末—16世纪初，哈萨克人作为一个近代民族出现在历史舞台。哈萨克族由三个建立在父系血统基础上的地域性部落联盟——玉兹（突厥语：部分）组成，即大玉兹（亦称乌鲁玉兹、大帐或左部）、中玉兹（奥尔塔玉兹、中帐或中部）和小玉兹（基希玉兹、小帐或右部）。大玉兹占据着七河流域、楚河与塔拉斯河流域的大片草原地带，中玉兹游牧于辽阔的哈萨克草原中部。小玉兹位于哈萨克草原西部，长久以来，由于历史和地理的原因，以血缘关系形成的氏族，以经济生产需求形成的部落，以自然地理环境划分形成的部族，以政治制度和行政管理为条件形成的玉兹留下了深刻的烙印。这些因素充分显示着参与近现代哈萨克民族构成的各种成分；同时也决定了迄今为止哈萨克族内部依然残存着一定的部族和部落的痕迹。由于各玉兹都有自己生活和经济活动的地域范围，所以"部族主义"往往与"地方主义"联系在一起。

哈萨克斯坦宣布主权独立以后，各玉兹之间的矛盾纷争并没有消除，相反伴随着"主体民族化"趋势日益强化，在权力分配中尖锐地表现出

---

① 安东尼·D.史密斯：《全球化时代的民族与民族主义》，龚维斌良警宇译，中央编译出版社2002年版，第118页。

来。"哈萨克斯坦刚一获得独立，在玉兹之间立刻就爆发了争夺权力的斗争。"干部的任用和职位的高低依据"部族特征和亲属关系"，取决于出身的玉兹和地域。大玉兹被认为是"长族"，"南方人"往往居高位，因此强烈的等级观念和尊卑之分在当今的社会政治生活中俯拾皆是。"在哈萨克斯坦的党政管理机构中为每个玉兹都确定了相应位置，只有最大部落的族长才有最高的决策权力。"① 总统、总理、下院主席、国防部长、外交部长、国家安全委员会主席等要职都由出身大玉兹的人士担任。就连从事哈萨克语媒体工作的文化人中也出现了"以玉兹和地区原则分为'我者'和'他人'的离心倾向（центроежные тенденции）"。"围绕地位和权力进行的这个玉兹、那个部落的闲言碎语"② 在一定范围影响到民族关系，乃至部族关系的和谐。如此一来产生的连锁反应是，为了给主体民族不同集团的成员让路，俄罗斯和其他少数民族代表被不断地排挤出各级领导职位。由于一些领导人受制于部族主义制定政策时不能顾全大局，进而加剧了部族的不和与民族之间的对立。于是，"部族主义"、"裙带之风"成为学界和社会的热门话题。这就使得团结各族人民，构建统一民族国家、维护国内政局稳定的任务变得格外繁重和艰巨。

哈萨克族自古有"溃散者败于敌，独行者被狼吞"的哲理之说。鉴于独立之后出现"部族主义"和"地方主义"及其对社会政治生活产生的消极影响，集中力量解决民族内部矛盾是协调民族关系的关键环节。纳扎尔巴耶夫总统认为上述现象的出现是独立之初的国民生活在"两种不同尺度之中"的反映，是"民族劣根性的表现"。"一些人是生活在后社会主义的现代化和现代的科技革命的条件之下，而另一些人则是生活在同过去的部族和玉兹相联系的中世纪残余的条件下。"他尖锐地指出，"各种各样的政治倾轧不仅会挑起民族之间的冲突，而且还会挑起民族内部的冲突，而不同部落、地区集团之间的斗争，将会导致某些民族进行自我毁灭式的战争。"③ 要消除"部族主义"和"地方主义"通病，维护国内政治稳定，必须首先使共和国政治领导人的思想摆脱和消除部落和玉兹残余。纳扎尔巴耶夫总统决定从最高权力层进行经常性干部更换，以至于

---

① 奥莉加·维多娃：《中亚铁腕纳扎尔巴耶夫》，新华出版社 2002 年版，第 194—195 页。

② 阿尔腾别克·萨尔先巴耶夫：《转型时期哈萨克语报刊》，《思想》（俄文版），1997 年，第 1 期，第 5 页。

③ 胡红萍：《试论纳扎尔巴耶夫的民族政策》，《中亚研究》，1995 年，第 4 期，第 22 页。

20 世纪 90 年代政府组阁频繁换血。1998 年 3 月 17 日总统在共和国文学艺术界与科学界知名人士座谈会上作了《哈萨克民族的历史是团结的历史、统一的历史》的报告。总统引用哈萨克族著名诗人胡安德克·昌戈特拜耶夫的诗句箴言：

> 今天还谈什么玉兹，
> 它是痛苦，也是讽刺。
> 部落和民族的划分，
> 何曾把哈萨克人真正分开。

他告诫"不能让民族的劣根性来影响我们，更不能把这份痛苦留给下一代①。这些针对性举措收到一定成效，但是要彻底消除根深蒂固的"玉兹"和"部族思想"仍任重而道远。

经过独立后的曲折历程和实践，纳扎尔巴耶夫对国内民族事务领域出现的问题和政策取向进行了反思："仅仅局限于回忆民族的历史是不够的。""我们身上仍然存在着数世纪以来所固有的劣根性。我们并没有很好地汲取精华，也没有很好地摒弃糟粕。"他意识到，独立后国内最主要的问题是"在奉行民族和睦政策方面不犯错误"。②

综上所述，我们可以清晰地感受到，国家政治领导人的指导思想对政策决策起着至关重要的作用。总体上讲，纳扎尔巴耶夫总统积极推进的是既着眼于实现共和国所有民族的共同利益，又不损害主体民族利益的基本国策。但是由于独立初期，社会政治环境和执政能力的限制，政府在解决民族问题时，往往采用"头疼医头，脚痛医脚"的工具性应对方案，不仅难以治本，而且影响了其政策的有效性。因此，如何克服政策实施的乏力，采取怎样的手段消解各种弊端，是哈萨克斯坦共和国民族政策亟待解决的重大课题。

四　由强调"民族自决"到建构"国家民族"之政策转型

苏联解体之后，哈萨克斯坦作为新生的民族国家所面临的一个核心问题是：主体民族哈萨克人与国家和社会的关系。1992 年 1 月 28 日哈萨克

---

① 努·纳扎尔巴耶夫：《前进中的哈萨克斯坦》，民族出版社 2000 年版，第 222 页。
② 同上书，第 32—33 页。

斯坦共和国颁布了第一部宪法。其中第一条表明："哈萨克斯坦共和国是一个民主的、世俗的和统一的国家。作为一个国家体系的哈萨克斯坦是自决的哈萨克民族国家，她保证所有公民享有平等的权利。"① 这就是说哈萨克斯坦国家的基础是哈萨克民族的自决权。宪法一经颁布就引起了众多争议。论战的焦点是哈萨克斯坦将建立一个怎样的民族国家。宪法强调哈萨克民族的自决权，意味着哈萨克人在哈萨克斯坦享有特殊的地位和优先的权利。伴随着国家"主体民族化"的深入，激发了各民族认同意识的强化。"民族复兴"和"民族分离"运动纷纷建立。在多民族统一的国家内出现了数十个以民族属性为特征的民族文化中心和民族运动，以及形形色色的各种社会组织。民族关系的状况骤然紧张化，几乎到处弥漫着民族的独立性和民族的孤立性。一些民族运动或组织强调"民族自决"，要求建立民族自治实体，甚至谋求分立。这种情况在哈萨克斯坦的民族关系中一度表现得十分突出。

在历经国家独立初期民族关系的紧张化之后，哈萨克斯坦共和国从政府到学术界，认真总结了充满当代世界历史的民族战争和民族冲突的经验教训；意识到宣扬"一族一国"论的"民族自决"理论给本国统一所带来的严峻挑战。总统纳扎尔巴耶夫在联大第 47 届大会发言中一针见血地指出："谈到国家领土牢不可破这一原则的意义，我想强调，在今天少数民族的权利往往与各民族自决直至建立独立国家主权混为一谈。如果抱定这一立场，那么在世界上就可能出现数千个经济上薄弱的主权体。这是对原则盲目崇拜的鲜明表现，这一原则被弄到了荒谬绝伦的地步。我深信，今天对少数民族的权利给予如此之多关注的世界集团，应当在民主与和平的基础上清楚地说明民族权利的标准，否则，在民族自决权的掩盖下，任何一个多民族国家的国家完整性都会值得怀疑，使之分化的分立主义将会没有止境。"②

哈萨克斯坦政府的民族政策取向逐步由强调"民族自决权"转为"主张在保证国家统一、完整的前提下实行各民族文化自治"。③ "在求得民族关系和谐、社会稳定的基础上正确解决民族问题"，反对运用"民族

---

① 《哈萨克斯坦真理报》（俄文版），阿拉木图，1992 年 1 月 28 日，第 1 版。

② 赵常庆主编：《十年巨变—中亚和高加索卷》，东方出版社 2003 年版，第 121 页。

③ 刘庚岑：《中亚国家的民族政策：理论与实践》，《世界民族》，2002 年，第 1 期，第 24 页。

自决权理论"①。根据这一原则，国家致力于"通过整合国内具有分裂性的政治文化""打造一个以主体民族为核心的国家民族"，即"将其境内的若干个文化民族整合为一个国家民族"。②

"文化民族"（культурныенации）是指操同一种语言、拥有共同祖先，属于相同血缘和文化的人群集合。"国家民族"（государственные нации），简称"国族"，亦为"公民性民族"（гражданские нации）。关于"国族"的诠释可追溯到第一次世界大战前后西方民族学和历史学的著述之中。早在 20 世纪初，德国历史学家弗里德李希·梅涅克阐明："文化民族由具有共同宗教、语言和传统习俗的成员组成；国家民族或公民性民族则是建立在共同的政治历史命运的坚实基础之上。"③ 我国著名的民族学、社会学、历史学家马长寿先生总结了国外学者的论点，将"国家民族"界定为："国家是一个纯政治的概念，它包含有国土、国民和主权三种要素。国族则专指国家内集体的人民。"马长寿先生阐述；"一个国族内可以包括几个种族，如不列颠帝国国族之内有高加索类种的安格洛萨克逊人、苏格兰人、印度人；有蒙古类种的缅甸人；尼格罗类种的班图人等。同时，一国族内亦可分为许多民族，如中国国族可分为蒙古民族、突厥民族、通古斯民族、汉族、藏缅族、苗瑶族与掸族等。总之，国族乃表示政治统一下文化的或种族的群体，由此群体所产生的心理团结思想为国族主义。"④ 概而言之，国族即指国家内人民之整体而言。这正是哈萨克斯坦今日"国家民族"构想的核心理念。纳扎尔巴耶夫总统在第七次各民族大会上指出："我们已经建立了哈萨克斯坦共和国，现在我们的任务是创建哈萨克斯坦人。"⑤

哈萨克斯坦共和国公民对"国家民族"认同意识的变化大致可分为三个阶段，均与国内社会政治生活的发展相关。第一阶段（1991—1993

---

① A. A. 阿米洛娃：《哈萨克斯坦的族际关系》，《对外政策与分析》（俄文版），2004 年 2 月 10 日。

② 曾向红、杨恕：《中亚各国国家民族的构建：以塔吉克斯坦为例》，《国际政治研究》2006 年第 2 期，第 150 页。

③ 瓦基穆·马尔金：《民族之类型》，《新闻公报》（俄文版），圣彼得堡，2006 年 9 月 25 日。

④ 中国社会学社编辑：《社会学刊》第 6 卷合刊；第 20—30 页，民国三十七年（1948 年）1 月出版，正中书局印行。《纪念马长寿先生诞辰 100 周年暨中国民族学百年回顾与展望学术研讨会纪念文集》，西安，陕西师范大学西北民族研究中心，2006 年 9 月，第 4 页。

⑤ 《哈萨克斯坦民族大会》，《哈萨克斯坦新闻导航》（俄文版），2005 年 6 月 24 日。

年）；这一时期，苏联解体，中亚各民族国家独立，"苏联——伟大的社会主义国家公民"的认同彻底崩解，包括对高度集中团结一致的信念完全丧失；取而代之的是积极造就国家命名民族的政治和经济精英；确立新生的主权国家——哈萨克斯坦发展中各民族的比例参数。这一理念在1992 年 1 月哈萨克斯坦共和国通过的宪法中已表现的十分明确。第二阶段（1993—1995 年）；国家公民按照民族特征区分民族的民族认同感进一步强化，发生了哈萨克斯坦斯拉夫人的移民浪潮。第三阶段（1995 年 8 月起至今）：通过了现行的哈萨克斯坦共和国宪法，修正了第一部宪法中关于建设"自决的哈萨克民族国家"的提法，确立包括在恢复斯拉夫语系居民作为哈萨克斯坦公民的认同基础上，形成作为多民族国家各民族公民认同的国家民族，即哈萨克斯坦人。

从历史角度看，哈萨克斯坦建构"国家民族"正处于进程之中。这一过程尚未完成，主要体现在国民还存有不同程度非一致性的民族认同、文化认同和政治认同。历史记忆是民族认同的重要组成部分。那些记载着本民族进程的符号不断唤起人们强烈的族群意识。"族群"认同的强化形成了对"国家民族"认同的挑战。自身文化传统的独特性以及与他族不同的特征引发民族的凝聚、自尊和自豪，反映人们的民族心理，形成所谓的认异和认同，影响到人们对国家民族的兴趣和认同强度。以主体民族为核心整合国内其他民族，构建"国家民族"的模式，使得不同民族人民对于"国家民族"的界定标准存在着模糊性和认识分歧，进而降低了国民对构建国家民族的广泛支持率。此外，试图确立本民族为多民族国家内政治、文化、经济之核心地位的"民族中心主义"和"多中心民族主义"等思潮的存在也不利于国家民族的构建。

各民族成员的公民意识及其以公民身份理性地参与国家的社会政治和经济活动是多民族国家统一和安全的根本支柱。哈萨克斯坦共和国居民结构的多民族性决定了"国家民族"构想具有重大理论意义和实践价值。不同族群文化的共同发展是一个国家和平稳定、繁荣富强、长治久安的基础。构建"国家民族"是保证民族和睦、民族关系稳定巩固和保障国家主权的重要条件和任务。正如美国文化人类学家霍布斯鲍姆所说："国家会运用日益强势的政府机器来灌输国民应有的国家意识，特别会通过小学教育来传播民族意象与传统，要求人民认同国家、国旗，并将一切奉献给国家、国旗，更经常靠着'发明传统'，乃至'发明民族'来达成整合的目的""唤起公民们的忠诚和自豪感"①。

哈萨克斯坦共和国在建设公民社会的同时，致力于在各民族群众中强化"国家民族"和"公民意识"的宣传和教育，以弱化"族群中心"民族主义和"多中心民族主义"的影响。国家领导人和政府针对本国出现的一些具体问题，注意纠正民族政策中的偏差和失误，逐步改善民族关系。为此，哈萨克斯坦采取了一系列行之有效的措施。1996 年政府宣布"1997 年为民族和睦年"，并设立了"和平与精神团结奖"。2002 年 4 月 26 日纳扎尔巴耶夫总统颁布了第 856 号总统令，号召在全国举行"我们——哈萨克斯坦人"的各民族友谊周活动。国家鼓励各民族建立本民族文化中心，发展本民族文化和传统，保持各民族特点。截至目前，哈萨克斯坦的民族文化中心已发展到 100 多个。与此同时，政府还要求各民族的文化发展必须符合国家的整体利益，即服从哈萨克斯坦建立民族国家体制的总体设想。鉴于政府积极推行一系列强调和促进公民意识和国家观念以及妥善处理民族问题的政策和措施，总体上始终保持族际关系健康发展，政局稳定和经济指标持续上升态势。国家在制定和实施面向民族事务的具体政策方面，在引导国民认同或塑造一个公民性的民族——"哈萨克斯坦人"的各项举措中，正在系统地、有步骤地进行结构性的调整，虽然面临诸多问题和负面阻力，但已呈现出良性发展走向。

第三节　民族语言政策：从国内政治化到国际化理念之演变

苏联解体之后，哈萨克斯坦成为以命名民族为主体的独立主权国家，主体民族的语言成为国语。历史环境和语言政策的改变给哈萨克斯坦非主体民族的社会生活带来了巨大的变化。语言问题成为影响民族关系的最敏感、最重要的因素之一，政府推行怎样的民族语言政策对于国家的稳定和发展将起重要作用。

一　语言政策政治化的背景及其结果

一个由母语不同的众多民族构成的国家，势必需要一种统一国民的共

---

① 安东尼·D. 史密斯：《全球化时代的民族与民族主义》，龚维斌、良警宇译，中央编译出版社 2002 年版，第 164 页。

同语言。那么对于新生的哈萨克斯坦共和国来讲将采用哪一种语言？毋庸置疑是国家命名民族的语言，这是由历史发展决定的。大约自 15 世纪起，现代哈萨克语和以阿拉伯字母拼写的哈萨克文在哈萨克草原得以普遍使用。20 世纪 20 年代中期，苏联开始进行大规模的民族语言文字改革，包括对以阿拉伯字母为基础的哈萨克文字进行简化。1930 年苏联将阿拉伯字母拼写的哈萨克文改用拉丁字母拼写。1940 年在哈萨克斯坦首先尝试将哈萨克文字改用西里尔字母（斯拉夫字母）书写。从此生活在这片土地上哈萨克人民失去了悠久的语言传统，以哈萨克语言文字书写的珍贵的历史记载和文学典籍尘封于世。

在长达一个半世纪的岁月里，哈萨克斯坦的世居民族经历了沙皇俄国强制同化和消灭少数民族语言的时代，以及十月革命以后俄语作为族际交流语言在这一地区广泛普及的苏联时期。其语言文化基本上处在俄罗斯的控制、支配和影响之下。俄罗斯文化构成了社会的基干，哈萨克人无论是在政治还是在文化方面都不得不顺应俄罗斯化。为主权民族国家获得独立，即标示着国家命名民族语言文化的解放。以"民族自豪和民族骄傲"为表现的单一民族主义思想强烈地释放出来。在这样的背景下，立足复兴"单一民族语言——哈萨克语"，并作为制定国家语言政策的出发点是十分自然的。同时，上述因素也决定了哈萨克斯坦独立以后语言政策的政治化取向。

哈萨克斯坦共和国独立后将国家命名民族——哈萨克族语言作为唯一国语的政策，政治目标是其要旨。1993 年和 1995 年哈萨克斯坦共和国通过的两部宪法都规定"哈萨克语系哈萨克斯坦国语，俄语是族际交流语言"[①]"哈萨克语……不仅限于确实作为国语的地位予以使用"，而且要"在新的社会文明中发挥其对外交流的作用""各级国家机关、部门、武装力量、统计核算、财务、技术文件及法律诉讼程序均使用哈语""将哈语的地位提高到使其成为每个公民生活所必需的水平""哈萨克语应成为族际交流的语言"[②]；以立法的形式对主体民族的语言地位，社会功能以及未来发展给予法律保护。

这一语言政策取向旨在促进一个国内政治环境的形成，即"哈萨克

---

① 《哈萨克斯坦真理报》，阿拉木图，1995 年 7 月 8 日。
② 《哈萨克斯坦共和国语言政策构想》，《思想》，阿拉木图，1997 年第 3 期，第 2 页。

语——哈萨克斯坦人民统一的语言，团结的力量"①。在这个环境中，强调"饱受历史苦难"的，在政治上一跃为占绝对优势的主体民族来支撑它；哈萨克族的语言文化则作为国民统合的强力纽带和核心，通过语言政策来突出主体民族的作用，要求其他民族以此为核心结为一体，形成强固的民族国家。从国家统一的角度看，哈萨克斯坦共和国的语言政策无疑符合本国自身利益。但是，从国家的历史发展和维护民族权益的特殊立场看也引起了一些预料之中的连锁反应。随之而出现的是，与国家语言政策不协调的音符强烈地迸发出来。围绕着关于俄语与国语关系问题展开了一场论战，成为国家政治生活中极为突出的问题，主要表现在两个方面：

其一，以行政手段推广哈萨克语，扩大使用国语范围。

由于历史的原因，过去的百余年俄语和俄罗斯文化在中亚长期居于统治地位。俄语不仅在哈萨克斯坦等国的政治、经济、文化、教育和族际交往中发挥着主导作用，而且在巩固各民族的团结和统一方面具有历史性影响。如今，虽然苏联瓦解，哈萨克斯坦作为主权民族国家获得独立，但是已有相当一部分哈萨克人已经变成"俄罗斯语人"。当地的非俄罗斯民族的居民也大多完全改用俄语或大都懂俄语，在民族的交往（包括公务和日常生活）中人民仍然广泛使用俄语。

哈萨克斯坦哈萨克人掌握哈萨克语情况②

不懂者	熟练掌握者
36.6%	36%

哈萨克斯坦俄罗斯人掌握哈萨克语情况③

不同程度地掌握者	熟练掌握者
7.7%	1.4%

① 谢尔盖·基亚钦科：《哈萨克斯坦：民族语言政策面面观》，（俄文版）《哈萨克斯坦新闻报》，2007年5月11日。
② 1996年4月哈萨克斯坦共和国议会分析中心和国家民族政策委员会的社会调查报告，《政治》（俄文版），1997年，第1期，第22页。
③ 1996年4月哈萨克斯坦共和国议会分析中心和国家民族政策委员会的社会调查报告，《政治》（俄文版），1997年，第1期，第22页。

哈萨克斯坦哈萨克人掌握俄罗斯语情况①	
不懂者	熟练掌握者
2.8%	87.9%

尽管宪法规定国语为哈萨克语，俄语是族际交流语，但是哈萨克语在社会功能方面却起不到"国语"的作用。在国家事务、法律程序、科研教育和居民日常生活中俄语保持着绝对应用的地位，而哈萨克语的使用则显得力不从心。对此，哈萨克斯坦政府和知识精英感到十分焦虑。学者指出"如果放任这一进程自流，哈萨克语将丧失任何前景"②。有人还把国语问题与主体民族利益和国家主权联系在一起，提出"语言就是权力""是与主体民族利益紧密相关的主权问题"。在这种情况下，哈萨克斯坦官方人士主张采取"大规模综合措施调节语言发展进程"。总统纳扎尔巴耶夫要求全国各界人士，尤其是公职人员以正确态度对待"国语"，尊重它，学习它。1996 年 11 月 16 日，哈萨克斯坦发表了《哈萨克斯坦共和国语言政策构想》，要求国家优先发展"国语"，以行政手段推广哈萨克语，在一切正式场合都要使用"国语"；国家对"国语"和其他语言的政策要有区别。1998 年 8 月 14 日政府又做出《关于在国家机构中扩大使用国语范围的决定》则是贯彻语言政策构想的具体体现。

其二，主体民族语言国家化激发了以俄罗斯民族居民为首的对抗意识。

哈萨克斯坦共和国初期的语言政策不仅具有浓厚的政治色彩，而且涉及共和国所有居民的政治、文化和日常生活。由于语言政策的强硬推行，一些部门完全采用国语进行公文往来，对于呈递的俄文文件不予受理；掌握哈萨克语作为公民参加政治竞选和干部任用的先决条件。甚至有人把那些仅会俄语的哈萨克人指责为"俄罗斯化的哈萨克人"，责备他们"忘本"，辱骂他们是"杂种""内奸"。诸如此类的情况引发了民族间的纠纷。首先遭到俄罗斯人的强烈抗议。占共和国人口多数的操俄语居民也表达了程度不同的反对意见。那些只掌握俄罗斯语的哈萨克人更表现出强烈

---

① 1996 年 4 月哈萨克斯坦共和国议会分析中心和国家民族政策委员会的社会调查报告，《政治》（俄文版），1997 年，第 1 期，第 22 页。

② 《哈萨克斯坦真理报》，1996 年 12 月 20 日。

的不满情绪。语言问题不仅引起哈萨克斯坦共和国内主体民族哈萨克族与俄罗斯人及其他民族之间关系的紧张化，而且在一定程度上演化为哈萨克斯坦哈萨克族内部的权力之争。对此，哈萨克族作家科·特巴耶夫阐述了自己的观点："应该停止以政治运动和民族运动的方式解决语言问题。这种办法是极其有害的。俄语已经深入我们的生活，溶入我们的灵魂。'操俄语的哈萨克人'不是民族的杂交品，而是这种现象的成果。拒绝接受或放弃俄罗斯语是一种无知。我们通过俄语了解了荷马①、但丁②、福克纳、③海明威④和巴尔扎克⑤，我们借助俄语开辟了走向伟大人类之财富—世界文学的道路。对我们来说契河夫和叶赛宁如同同胞兄弟。今天首先应该关心的是以哈萨克语为基础，翻译我们的精神智能（文学艺术作品和哲学经典）。在关闭一扇大门之前，必须建造另外通向世界舞台的泉源。这对于我们来说至少还需要半个世纪。"⑥特巴耶夫的观点代表了主体民族中相当一部分知识分子的想法。在这种情势下，有人又提出俄罗斯语作为"第二国语"的要求，引发了更为激烈的争论。

　　一系列与语言问题相关的政治问题引起了哈萨克斯坦共和国首脑的高度重视。纳扎尔巴耶夫总统不得不对某些过激行为和意识进行纠正。他指出，"多亏哈萨克斯坦的俄罗斯工人，当地的民族技术工人的队伍才得以产生和壮大。由于俄罗斯的帮助，当地科技界成长起来。哈萨克人通过俄语不仅为自己敞开了吸收俄罗斯文化财富的大门，而且还达到了世界闻名的精神高峰"，并强调"俄罗斯语带给我们的不仅仅是俄罗斯文化，而且还给我们带来了一条通往世界之路""俄罗斯语是一种国际语言，是联合国通用语之一，我们没有任何理由放弃它""它对哈萨克人的重要意义远比俄罗斯人更加深远""俄语的使用范围不应受任何限制，哈语和俄语同时使用"⑦的价值观念。政府虽然未接受"第二国语"的要求，但认真调

---

　　①　荷马，传说中的古希腊诗人。

　　②　但丁（1265—1321年），意大利诗人。意大利文学语言的缔造者，"中世纪的最后一位诗人，同时又是新时代的最初一位诗人。"（恩格斯语）

　　③　福克纳（1897—1962年），美国作家，1949年获诺贝尔奖。

　　④　海明威（1899—1961年），美国作家，1954年获诺贝尔奖。

　　⑤　巴尔扎克（1799—1850年）法国作家，恩格斯认为，巴尔扎克的创作是现实主义的胜利。

　　⑥　《思维》（俄文版），1997年，第1期，第75页。

　　⑦　努·纳扎尔巴耶夫：《前进中的哈萨克斯坦》，民族出版社2000年版，第139页。

整了语言政策的内容。1995 年，对宪法进行修改。新宪法第 7 条第 2 款规定："在国家组织和地方自治机构中，俄语和哈语一样平等地正式使用。"事实上承认了俄语的官方语言地位。同时增加了"国家要努力为学习和发展哈萨克斯坦人民的各种语言创造条件"[①] 的内容。

二　与国际化接轨，实行语言"三位一体"

20 世纪 90 年代中期以后哈萨克斯坦共和国结束了曲折的过渡阶段，进入全面现代化建设的新时期。其经济实力跃居后苏联空间以及中亚地区之领先地位。随着经济的稳步发展和综合国力的提高，哈萨克斯坦将扩大国际社会影响力，跻身世界最有竞争力和高速发展的国家之一作为新的定位目标。近年来，政府根据本国全面融入国际经济一体化的现实条件及其在地区和全球经济中的作用，进行了战略调整及立法和现行法律的修订。

2007 年 2 月 28 日，哈萨克斯坦总统纳扎尔巴耶夫发表了题为《新世界中的新哈萨克斯坦》的国情咨文，对国家发展的大政方针进行了全面阐述。他创建性地提出分阶段实施和落实"三位一体语言（Триединство языков）"文化项目。"三位一体语言"即哈萨克斯坦共和国国民要掌握和运用三种语言：哈萨克语——国语，俄罗斯语——族际交流语，英语——顺利实现全球经济一体化的语言；旨在使哈萨克斯坦成为世界文明强国。对于正在稳步崛起的哈萨克斯坦而言，"三位一体语言"规划是将单一语言思想、多语言思想和国际化语言思想等因素集于一体的新理念；标示着国家语言政策的视角，由初始强调增进主体民族认同感的哈萨克语的国语象征意义，到国家法律承认和保护俄语作为官方语言和其他民族语言的合法地位，进而向普及英语，与国际化接轨的实践性转变。这一语言思想的更新表明国家民族语言政策规划不再是纸上谈兵。从宏观而言，其出发点是立足国际舞台树立哈萨克斯坦新型国家形象，呼吁国民通过语言了解世界，融入全球化；从微观来讲，它意味着通过新的语言规划确立了作为多民族、多语种国家各种语言的使用地位、发挥作用的领域及其所指能力；保证各民族公民政治、经济、教育、文化等各方面的权利平等和利益获得；满足各民族语言使用者的交际需要和心理平衡。语言政策理念的与时俱进体现了国家作为一个政治统一体与多民族生存空间的整体性，进一步说明智慧的语言政策是维护政治稳定、保证民族和谐、促进哈萨克斯

---

① 《哈萨克斯坦真理报》，阿拉木图，1995 年 7 月 4 日。

坦人民精神文明和物质文明发展的重要条件之一。

为了推动"三位一体语言"规划的实施，国家职能机构采取了一系列相应措施。根据"三位一体的语言"原则，政府决定在2006—2008年阶段从国家财政预算中拨出9.4亿坚戈，用于落实完善民族宗教关系和谐模式纲领及全球化图景中哈萨克斯坦的"一体化语言"规划。教育科学部制定了培养哈萨克斯坦新一代的"三语人才"计划，并作为爱国主义教育的组成部分从娃娃抓起。2007年3月27日哈萨克斯坦总统纳扎尔巴耶夫在会见哈萨克斯坦青年学者时指出："熟练掌握俄罗斯语言对哈萨克人是有益的。我们的一些知识分子批评，俄语在哈萨克斯坦使用过于广泛，而我认为，这是最大的财富，哈萨克人掌握了俄语，将比某些俄罗斯人更优秀。一个人懂得语言越多，他的文明程度就越高。"总统提出了"不通过俄罗斯语，哈萨克人的知识由何而来？我并非夸大其词，这是客观的现实"[①]。各民族人民委员会制定了对中小学进行民族语言文化教育的开放性纲领，从小培育他们具有民族和宗教的宽容性。哈萨克斯坦文化信息部也提出兼顾不同民族的语言特点创建各具特色的语言培训教学法；开办了100多所民族学校和198所星期日学校，教授30多种在哈萨克斯坦居住的民族语言。2007年2月23日哈萨克斯坦宪法委员会作出决议，重申在国家组织和地方管理机关哈萨克语和俄语应该在平等基础上依情况使用；在非国家组织中，每个人有权选择交流的语言。

从目前实施的情况看，全方位提高国语的地位仍然是国家语言政策的重中之重。哈萨克斯坦共和国科技教育部规定，自2008年起将国语——哈萨克语的考试列为ЕНТ（Единое национальное тестирование 国家统一测试）的第五项科目。从小学到博士研究生各教育阶段都将进行国语——哈萨克语不同级别的测试。高等学校的ЕНТ最低分数线为50—60分，以后将逐步提高。哈萨克斯坦文化信息部决定在各州建立公务员专门培训中心，每年有万人在这里接受国语训练；到2007年底，国家机构中使用国语进行公文处理增加到30%。

语言不仅是人们交流的工具，也是体现民族心理的真实象征符号。它首先是一个国家或民族精神财富、知识和经验的宝库。多民族国家的特点

---

① 《论哈萨克语和俄罗斯语在哈萨克斯坦人社会生活中的作用》，《哈萨克斯坦新闻报》，2007年3月28日。

之一是国内的所有民族都有维护自己民族文化，特别是语言的权利。在多
民族国家语言政策关系各民族的语言权力和文化地位。因此，在没有政策
引导和规范的情况下，以维护和恢复各自民族语言地位为目标而兴起的运
动，可能会引起民族矛盾的升级。统一国家的分裂也会成为自然的结果。
哈萨克斯坦族体众多、语言庞杂，国家需要共有语言——国语，并以此为
核心，增强国民的统合力；需要有共通语言进行国民间的交流，以求多民
族社会的和谐；更需要进行国家语言政策的具体调控，"加强国家和民族
的共生关系"①。

　　通过对哈萨克斯坦共和国独立十五年民族语言政策变化调整的梳理，
可以看出，哈萨克斯坦独立后始终致力于提高国语的地位，扩大它的社会
功能和语言功能。哈萨克斯坦民族语言政策的重要内涵是有目的地发展以
哈萨克族文化语言为核心的，同时为其他民族语言文化发展创造有利的条
件。哈萨克斯坦的语言政策的特点是深思熟虑和具有远见的。随着哈萨克
斯坦国际地位的提升，国家语言政策思想开放性与世界经济一体化接轨，
随着"三位一体语言"思想的不断深化，其结果必将使母语不同的各民
族国民的归属意识，从各自族群单位转向国家一体感的增强。哈萨克斯坦
语言政策的变迁足以说明决策者的战略眼光已从主体民族国家的角度转向
全球视野。

第四节　民族宗教政策：开放性、
宽容性和多元宗教对话

　　冷战结束以后，国际关系中涉及宗教因素的矛盾与冲突显著增加。与
此同时，宗教领域要求和平与对话的呼声日益高涨，并逐渐形成一种新的
国际潮流，折射出宗教对话和宗教宽容对当今时代世界和平具有的重大意
义。哈萨克斯坦是一个民族多元、宗教多元和文化多元的国家，民族文化
多以某种宗教为核心，因此宗教对话成为民族和谐的重要途径。独立二十
年来，在纳扎尔巴耶夫总统的领导下，充分调动和发挥宗教所倡导的世界

---

① 安东尼·D. 史密斯：《全球化时代的民族与民族主义》，龚维斌、良警宇译，中央编译
出版社 2002 年版，第 112 页。

和平与民族间和睦相处的精神，通过展开各民族和不同宗教文明之间的积极对话，为新生的民族国家乃至当今世界"创造一片和谐、透明与友善的天空"，成为这个年轻国家民族宗教事务领域的主导话语。由于政府大力倡导多民族背景下的宗教对话，国内宗教和谐、民族和睦、社会安宁。在独联体国家中，哈萨克斯坦共和国率先迈上了稳定发展之路。

一　哈萨克斯坦独立后的宗教情势

研究哈萨克斯坦共和国的宗教现实，其中带有规律性的特点是宗教的民族性、群众性和复杂性。据官方统计数据，包括哈萨克族在内，国内16大民族中的乌兹别克、维吾尔、鞑靼、车臣、吉尔吉斯斯坦、东干、土耳其、库尔德、塔吉克等10个民族信仰伊斯兰教。其中有的几乎全民族信教，多属逊尼派哈乃斐学派，也有少部分苏菲派和什叶派。另有俄罗斯、乌克兰和白俄罗斯等民族信仰东正教，占国内总人口的1/3。还有日耳曼等民族的大约30万天主教徒，占总人口的2%①。15万朝鲜族居民多信奉佛教和基督教。犹太人信仰犹太教，占居民人口的1%。

哈萨克斯坦共和国居民宗教属性表②

（2009年人口统计结果）		
被调查者的宗教信仰		
宗教信仰	人数（千人）	所占比率（%）
穆斯林	11339，2	70，20
基督教	4214，2	26，32
佛教	14，7	0，09
犹太教	5，3	0，03
其他宗教	3，7	0，02
无宗教信仰	451，5	2，82
未填报者	81，0	0，51
总计	16009，6	100，00

---

① 哈萨克斯坦民主、人权和劳动局：《关于世界各国信仰自由的报告——哈萨克斯坦》，阿斯塔纳，2007年版，第2页。
② 《2009年哈萨克斯坦共和国居民人口统计结果，民族成分，宗教信仰和掌握语言》，阿斯塔纳，2010年11月12日。

　　宗教是一个复杂体，"由共同的宗教信仰、宗教感情、宗教道德、宗教仪式、宗教组织等诸多要素构成，它与社会生活的许多方面都有密切联系，互相影响"①。哈萨克斯坦共和国宗教情势的复杂性表现在，宗教作为一种意识形态，经过历史的积淀已化为不同民族传统文化的有机组成部分，对铸就民族的传统观念和文化心理具有决定性的作用。宗教信仰的不同往往影响到一个民族成员的文化认同和族籍认同。另外由于每个民族的历史发展过程、所处地域环境、生产生活方式、民族风俗习惯不同，信仰同一宗教的不同民族在信仰宗教的程度和进行宗教活动的方式等方面也存在着不同。还有同一宗教又分成多种教派，每一教派内部的组织机构、教义、教规、制度、仪式又有千差万别。因此，宗教问题总是和民族问题交织在一起，宗教关系往往与民族关系密切相关，互动影响、彼此渗透、错综复杂。

　　哈萨克斯坦共和国独立以后，政府推行开放性和宽容性宗教政策。宗教信徒、宗教组织的数量逐年递增。目前这些宗教组织分化联合为40多个教会。据哈萨克斯坦共和国信息部不完全统计，国内各类宗教教民，包括"近教人群"达到50%。另据哈萨克斯坦共和国科学教育部哲学与政治学研究所统计，从1990年到2003年哈萨克斯坦宗教组织从671个激增至3016个。2004年注册的宗教组织达3174个，2005年3259个，2006年发展到涵盖40多个教派的3420个组织②。具有实质性活动的宗教团体发展到2517个，其中1261个注册。其中，穆斯林宗教组织和团体占绝大多数。但是近年来随着西方国家对中亚地区的渗透，基督教和新兴宗教在哈萨克斯坦也得到迅速发展，仅2006年就注册基督教组织93个，具有天主教背景的组织从2003年的254个增加到2006年的272个，浸礼会③教派组织198个，信徒超过10000人。另外2006年还注册有4个佛教组织。截至1999年，哈萨克斯坦全国清真寺达5000多座（包括未注册在内）。与之相比，1979年全国仅有清真寺25个，1989年也才93个。在阿拉木图、阿斯塔纳、帕普洛达尔等大城市都建有犹太教堂。宗教学校亦如雨后

---

　　①　何虎生：《论马克思主义宗教观中国化的基本经验》，《宗教学研究》2006年第1期，第92页。

　　②　哈萨克斯坦民主、人权和劳动局：《关于世界各国信仰自由的报告—哈萨克斯坦》，阿斯塔纳，2007年版，第3页。

　　③　基督教新教主要宗派之一。

春笋逐年续增。上述数据表明，宗教在哈萨克斯坦国民社会生活中起着重要的作用。纵观其国家独立以后宗教情势的发展变化，主要基于以下条件：

首先，社会经济状况恶化，助推"宗教复兴"。独立以后，哈萨克斯坦共和国开始致力于构建"民主化和保护人权"的公民社会，赋予公民信教自由的宪法权利。与此同时，苏联解体，70多年形成的传统价值观念、政治信仰和精神寄托瞬息坍塌。一时间人们惶惑失望、思想混乱、不知所措。意识形态领域出现真空。最重要的是物质生活的艰难匮乏，未来趋势的难以预料，人们心灵深处自然产生了超越现实的冲动，充满了对无限的永恒世界的深切向往，希望借助超自然力量——宗教，重新定义一个新的价值体系，以支撑转型的社会政治经济秩序，于是寻求精神寄托和心理平衡的自然需求成为人们生存的方式和动力。普通民众对自身生存境况的自我意识以及在各种宗教信条、宗教理想和宗教社团中所得到的精神满足和物质关怀，构成其价值追求、情感取向、道德信念、行为方式和思想认同的主要来源。这一现实促进了各种宗教的快速发展。

其次，西方传教士扩大影响，挑战本土传统宗教。独立初期，这个新生的民族国家很快通过了与苏联时期具有质变的宗教信仰自由法和宗教活动开禁政策。再者，中亚国家间边界的开放性和外国公民入住原则的自由化等因素，为境外宗教传教士的渗透创造了良好的条件。于是，许多西方宗教团体以赈济贫困和保护无社会保障公民利益为缘由，发展组织，扩大规模和影响。截至2006年1月已有400多名西方传教士在哈萨克斯坦进行传教活动，鼓动中亚世居民族改信宗教，运作中显示出对当地传统宗教的挑战。

然后，主体民族宗教意识淡漠，新兴宗教组织迅速扩张。虽然苏联解体演化出高涨的宗教情绪没有绕开哈萨克斯坦。但是，从宏观观察，哈萨克斯坦民族宗教情势的发展与其他中亚国家相比具有明显的不同。独立以后，随着伊斯兰教在中亚的复兴，信教人数、宗教设施、活动场所和组织的数量都在扩大。然而，在哈萨克斯坦，由于主体民族——哈萨克族的宗教意识比较淡漠，传统宗教在扩大自身影响力方面受到一定程度的局限，这就给新兴宗教组织的社会扩张创造了条件，诸如浸礼会、巴哈伊①等新兴宗教组织发展很快。

二 政府针对性的宗教政策

哈萨克斯坦独立后，提出了国家统一，文化多元的民族宗教理念，始终致力于协调各种宗教关系，并推行了一系列符合本国国情的针对性政策。

（一）以立法形式规范宗教活动

宪法无疑是国家制定宗教政策的依据。1992 年元月哈萨克斯坦共和国通过了"宗教信仰自由和宗教和谐法"。法律规定：公民享有宗教信仰自由权；不同宗教信仰的公民平等权；各种宗教组织和教会在法律面前一律平等；教民及其组织享有自主建立和保持国际交流关系的权利；国家实行政教分离；坚持国家教育体系的世俗性；禁止成立宗教性质的政党和其他政治组织；宗教组织不参与政治活动，不参加国家权力机构和管理机构的选举。这是哈萨克斯坦有史以来在宗教领域最为宽松的立法之一。在维护和巩固多种宗教共存和谐方面，政府针对国家的多民族性和多宗教性，坚持民主和世俗的国家原则以及相关政策取向起了决定性作用。

（二）实行"政教分离"的世俗国家体制

据哈萨克斯坦共和国国家信息部的田野调查资料显示：国内 50% 多的居民信仰伊斯兰教。伊斯兰教在哈萨克斯坦民族文化中无疑占据一定优势。在国家独立初期，围绕着国家体制建设问题，有人提出，哈萨克斯坦必须向"政教合一"的国家模式发展。针对这一思潮，哈萨克斯坦共和国的政治精英们保持了清醒的头脑。纳扎尔巴耶夫总统指出："哈萨克斯坦不仅是形式上的，而且是事实上世俗国家。就哈萨克斯坦人民的生性特征而言，这种意识是建立在历史上多元宗教信仰共存的基础之上。"②

（三）倡导宗教对话机制，培植多元文化意识

哈萨克斯坦独立以后，纳扎尔巴耶夫倡导了由政府组织、各宗教和教

---

① 《宗教词典》，上海辞书出版社 1981 年版，第 239 页。巴哈伊教，旧称大同教，又译巴哈教、白哈教、比哈教。巴哈伊意为光辉、容光焕发、美丽、漂亮。巴哈伊教是伊朗巴布派起义失败后分化出来的一个新教派。因创始人侯赛因·阿里自称巴哈安拉而得名。主张不分种族、民族和社会地位都是兄弟，互相真诚相爱，互相信任；宽容异教，废除圣战，实现"世界和平"，建立"正义王国"；取消过节，用世界语组织统一政府；取消和简化宗教仪式。强调对安拉的忠诚，绝对服从最高宗教领导人和一切现存政权。

② H. A. 纳扎尔巴耶夫：《巨变十年》，阿拉木图，2003 年版，第 100 页。

派代表参加、定期举行的"多元宗教对话论坛"，旨在研究、讨论和预测全球化背景下国内外不同宗教和教派之间的关系问题，处理和解决国内宗教事务领域存在的现实问题，进而促进不同宗教信仰的各民族代表之间的相互理解和尊重。十五年来这种形式的论坛已形成一种机制，并为其他形式的对话奠定了基础。"宗教对话论坛"还在于，将不同民族和不同宗教信仰的公民的特定心理和思维方式引向更为多元开阔的视野，培养人们的多元文化观念，进而维护多元文化的共存，建立友好和谐关系。"多元宗教对话论坛"不仅标志着国家民族宗教政策的取向和舆论导向，而且表明在宗教事务领域的具体落实。

（四）发挥宗教的调节功能，维护社会稳定

宗教的和平共存，防御打着宗教旗号的极端主义蔓延是当今世界多民族和多宗教国家面临的现实问题之一，哈萨克斯坦也不例外。根除和制止任何形式打着宗教旗号的极端主义是哈萨克斯坦共和国近年来的政治意志。由于历史问题的积淀、民族宗教问题的相互交织，哈萨克斯坦也像其他中亚民族国家一样，独立伊始就陷入了多重矛盾之中。对于多民族和多宗教的国家或地区来讲，宗教与民族历史文化相互交融，作为一种来自传统、具有文化功能而普遍存在的社会现象，渗透于政治和社会生活的各个方面，具有调节社会生活各方面的功能，在国家和社会稳定中起着重要的作用。独立以后，由于社会转型，共和国出现经济滑坡、意识形态真空、犯罪率急剧上升等社会问题。政府针对现实致力于依靠人文和道德的潜力，引导宗教与本国国情相适应，包括利用宗教的传统和宗教的力量作为有效途径，为降低犯罪率，维持社会治安服务。

三　"哈萨克斯坦模式"宗教对话的特点

哈萨克斯坦从建国伊始就确立了民族和谐、国家安全、公民爱国的理念。不同宗教信仰的各民族在彼此宽容和相互尊重的基础上和睦相处、开展对话是这个年轻国家民族宗教事务领域的主导话语。建立和发展宗教对话机制已形成为哈萨克斯坦具有个性经验的独特模式。

（一）历史基础

哈萨克斯坦是一个多种宗教共存的地区。从历史的层面审视，任何一种宗教都未曾对政治和经济生活形成绝对影响。即便是占据优势地位的伊斯兰教，也由于长久以来受到行政力量的压制，其发展受到一定的约束。从人文的角度分析，世居民族——哈萨克族虽然信奉伊斯兰教，但是居无定所、逐水草而生息的游牧生活方式使人们难以严格履行宗教仪式；季节性转场也在一定程度上限制了固定宗教崇拜设施和活动场所的建造，同时制约了他们与伊斯兰文化中心的联系。

（二）现实条件

对于不同宗教信仰和文化差异的各民族公民来说，国家公民身份的标志和认同是彼此包容和相互尊重的关键。独立 15 年来，哈萨克斯坦致力于建设一个民主、世俗和法制的国家。在纳扎尔巴耶夫总统的领导下，政治、经济、外交等领域均取得了相当丰硕的成果，已成功摆脱了苏联解体造成的"后遗症"，没有发生任何民族宗教冲突和社会震荡，目前已成为独联体空间经济发展速度最快的国家之一。据世界银行评估，哈萨克斯坦已进入全球最具投资吸引力的 20 个国家之列。15 年来，哈吸引了 500 多亿美元外资，占外国对中亚直接投资的 80%。最近几年，哈萨克斯坦共和国国内生产总值年均增长率为 9%—10%，哈政府确定的 2010 年的发展目标已经提前两年实现，按照目前的发展速度，哈萨克斯坦共和国国内生产总值到 2015 年将翻一番。贫困是民族敌对和宗教冲突的根源。国民生活水平的不断提高，既是国家社会经济发展的一个重要体现，又是国家政局稳定、社会和谐的重要支撑。

（三）国家角色

哈萨克斯坦共和国始终坚持多民族背景下宗教间的和谐和对话。在宗教事务方面国家坚持把各宗教组织之间的合作、交流与对话作为处理多民族背景下宗教关系的唯一可行的途径和方式，始终不渝地坚持和承担着引导宗教对话和协调宗教关系的作用。

早在独立初期的 1992 年，哈扎尔巴耶夫总统就针对国内和世界宗教领域情势的发展，倡议召开了以"宗教和谐"为主题的民族宗教代表大会。这次会议确定每年将举行哈萨克斯坦"宗教和谐日"，并将此制度列入各民族大会的工作日程。这一举措得到国内几大宗教代表的积极支持。十五年来"宗教和谐日"制度已固定形成为一种传统，为各民族之间的和谐和各宗教之间的对话奠定了良好的基础。

在哈萨克斯坦总统纳扎尔巴耶夫倡导下，2003 年 2 月在阿拉木图举行了"和平与和谐"国际学术会议，旨在促进国内各宗教界代表之间的相互信任、相互理解，使国家倡导的这一制度能够真正得到继续和巩固。2003 年 9 月 22—24 日，由哈萨克斯坦共和国倡议的第一届"世界与传统宗教领袖大会"暨"世界宗教代表大会论坛"在哈萨克斯坦首都阿斯塔纳举行。来自中国、中亚国家、巴基斯坦、印度、以色列、日本、俄罗斯和中东等国家和地区的 150 余名宗教界知名人士参加了大会。这次大会不仅得到其国内各宗教代表，而且得到世界各宗教领袖的支持。哈萨克斯坦总统纳扎尔巴耶夫在本次宗教大会的开幕式上致辞。他指出，哈萨克斯坦倡议召开这次世界与传统宗教大会，目的就是要通过世界各国不同宗教文化之间的对话，维护地区和世界的稳定，反对国际恐怖主义和宗教极端主义。同时，他认为在推进人类社会在政治、经济和社会领域不断发展的过程中，宗教所倡导的世界和平与民族间和睦相处的精神可以发挥重要的作用。由此可见独立以来哈萨克斯坦在民族宗教政策方面始终坚持的宽容性、开放性和多民族背景下多元宗教对话的基调和理性意识。

四　宗教对话政策的障碍

（一）西方对伊斯兰教的误读，伊斯兰教自身面临的挑战

20 世纪 80 年代后期，随着前苏联宗教政策的开禁，国际伊斯兰复兴运动对历史上曾以伊斯兰文化传统为内核的中亚地区形成了强烈的冲击。伊斯兰教很快成为中亚广大穆斯林的精神灵魂和振兴民族文化不可分离的组成部分。哈萨克斯坦是一个以信仰伊斯兰教的各民族居民占多数的国家，伊斯兰教的复兴为当地穆斯林群众回归自己的历史、文化和宗教之本源提供了极为有利的条件。从这一角度讲，在中亚，包括在哈萨克斯坦，真正意义上的"伊斯兰复兴"是"精神复兴和文化复兴"，具有积极、温和而宽容的"自修和修他"[①] 性。这一点与伊斯兰教从诞生之初就以经典条文形式正式承认多元宗教合法存在的思想相吻相合。自西方"文明冲突论"诞生，即成为某些西方学派关于人类冲突和战争的理论依据。9·11 事件后，美国总统布什提出了要发动一场现代"十字军东征"（Crusades）。西方主流舆论将伊斯兰同恐怖主义祸根相提并论。甚至有西方政要发出"西方文明优于伊斯兰文明"的沙文主义之声。诸如此类，破坏了伊斯兰教在人们心中的形象。在西方导引下的对伊斯兰教和穆斯林世界的误解和偏见往往成为穆斯林和非穆斯林之间和睦相处的一道篱笆。当然我们也不否认伊斯兰教在现代社会变化过程中自身也面临着严峻的挑战。

---

① 马效佩：《纳斯尔教授的"圣道伊斯兰教"观初探》，《西北民族研究》2006 年第 1 期，第 170 页。

诸如在伊斯兰教内部各派之间的关系问题上，在构建伊斯兰教与其他宗教和文明的关系问题上，在伊斯兰教复兴的模式问题上出现了某些与伊斯兰教义相悖的思想理念，这些都是阻碍宗教对话的因素之一，也不同程度影响到哈萨克斯坦多元宗教对话政策的实施。

（二）全球化背景下的宗教政治化趋向

冷战以后，由于世界政治格局的变化，宗教政治化作为一种全球化背景下的新现象在各大宗教中都有不同程度的发展，并对国际和国内的政治影响显著加强。所谓宗教政治化，即以政治手段去运作宗教团体，主张政教合一，反对国家政权的世俗化，强调国家政权的宗教特征，利用宗教信徒作为筹码，达到政治目的。在其影响下，宗教意识形态与国家主流政治话语、宗教政党、组织与国家政权之间出现了紧张化。因此，协调政教关系成为有关国家政府的中心工作之一。在宗教政治化全球发展的同时，也发生了其极端形式的异化。宗教渗透于政治、经济、文化、伦理、生活等各个方面的社会功能以及它的外衣作用，成为某些具有政治企图的人所利用的工具，演变为极端主义的社会政治主张，进而促发在宗教名义下的极端主义得到发展。宗教极端主义不是宗教，但与宗教有着密切的关系。在当代宗教的发展中打着宗教旗号的极端主义已成为危及国际、地区和国家安全、稳定、发展的破坏性因素之一。除了国家强力部门打击外，各种宗教也都积极地从内部遏制宗教狂热、清除威胁宗教自身的激进分子或极端分子。这种情势也为哈萨克斯坦多民族背景下的宗教对话政策运行创造了前提。

独立二十多年来，哈萨克斯坦共和国根据本国在世界地图上的地理区位，将自己定位于全球化背景下，发展"文明对话"，致力于各文化和各宗教间和谐的中心地位。这正是当今世界宗教对话潮流的具体反映。由于政府始终推行"多元民族一体"背景下的宗教对话政策，坚持宗教必须为促进文明间对话和实现世界和平服务，主张和倡导宗教间的和谐、宽容，以此消除暴力、冲突和仇恨，因此在哈萨克斯坦宗教因素非但没有成为影响国内政局稳定的障碍和阻力，反而成为改善民族关系的一种动力。鉴于宗教的积极作用在社会空间不断加强，各民族、各种文明之间展开积极的宗教对话，不仅对维护国内的社会稳定产生了积极影响，而且在一定意义上对维护地缘政治安全也起到了极为重要的作用。

第五节 民族政策运行体系: 各民族政治协商制度

各民族政治协商（Политичес каяконсолидация народов Казахстана）是哈萨克斯坦作为主权国家独立后，尝试解决本国民族关系问题，消除和减少社会冲突、维护国内政局稳定、谋求民族团结、构建"全哈萨克斯坦统一"的产物；是伴随着各民族大会的建立而形成和发展起来。1995年3月总统纳扎尔巴耶夫在第一届哈萨克斯坦各民族大会演讲时指出："召开哈萨克斯坦各民族大会是为了分析已经走过的道路和正在发生的社会政治进程，也是拟定实施民族政策的最佳途径。为此，必须与代表国家全体公民利益的各位进行广泛的对话与协商。"① 经过十多年的运行，各民族政治协商已成为国家社会政治生活中维护各民族利益、保证不同民族籍属、不同宗教信仰的公民权利和自由、协调民族关系、解决和处理国家民族事务的一项政治制度。

一 各民族大会的建立、发展和成就

哈萨克斯坦政治协商机制的建立，是结合本国国情，探索国家管理模式的一个突破。各民族大会是哈萨克斯坦共和国政治协商机制的咨询和具体执行机构。它的建立体现了在政治协商制度的基础上，各民族公民广泛参与国家管理和保持社会平衡的特点；是谋求民族发展和社会进步的重要途径。

1992年12月在阿拉木图召开了"哈萨克斯坦各民族人民首届论坛"。期间，纳扎尔巴耶夫总统倡议创建"哈萨克斯坦各民族大会"（Ассамблея народов Казахстана）。1995年3月1日，哈萨克斯坦共和国领袖纳扎尔巴耶夫颁布总统令，哈萨克斯坦共和国成立各民族大会。同月在首都阿拉木图举行哈萨克斯坦各民族大会成立暨代表大会。哈萨克斯坦共和国各民族大会受国家元首直接领导；是各族人民政治协商的最高权威机关；是制定和贯彻国家民族政策，调控国内民族关系和谐统一的唯一机

---

① Б. 艾季莫娃：《哈萨克斯坦各民族政治协商的特点和问题》，《哈萨克斯坦政治信息分析》2005年第4期，第61页。

构；是维护各民族利益平等和巩固社会稳定、经济发展的有效保障机制；在国家政治生活中发挥着至关重要的作用。

各民族大会荟萃了各民族的精英，由来自全国各地、不同民族、不同宗教和派别、不同职业和部门的代表350人组成。各民族大会下辖州级民族大会，包括470个民族文化中心，其中国家级和州级29个。各民族大会作为反映各民族民意、制定贯彻民族政策、解决民族关系问题的总统咨询机构，在政府和各民族群众之间搭建了联系的纽带和桥梁。迄今为止，哈萨克斯坦各民族大会召开了十一次代表大会。

第一、二次代表大会的主旨是倡议对延长总统任期权和通过新宪法举行全民公决，进而突出了各民族大会在哈萨克斯坦社会中的稳定和凝聚作用。

第三次代表大会对总统提出的建设民主社会、构建新的国家公民认同意识和发展欧亚一体化等思想给予认定和支持。在这次代表大会上总统提议高等院校各专业必须保证招收至少10%的少数民族学生。由于推行新的高校招生政策，1996—1999年，国内各高等院校招收的少数民族大学生人数达8000人。这一针对少数民族高等教育政策的推行，不仅成为控制少数民族外迁的要素，而且对少数民族知识分子队伍的建设具有重大的意义。

第四次代表大会提出恢复历史的真实性，为那些在苏联时期蒙受不白之冤和被惩罚的民族平反。

第五次代表大会是国家总统选举后的最重大的社会政治事件，形成了今后国家民族政策的纲领性文件——各民族大会第五次代表会议报告。总统号召那些苏联解体后离开哈萨克斯坦的人民返回祖国。

第六次代表大会在新世纪之交召开。会议号召，国家的命运与每一位公民休戚相关，各民族人民团结起来，坚决根除试图破坏国家安全、稳定、和平、和谐的任何形式的极端主义势力的活动。

第七次代表大会在国家独立十周年之际召开。中心议题是号召哈萨克斯坦各民族人民在爱国主义基础上构建公民意识。纳扎尔巴耶夫总统在这次会议上指出："我们已经建立了哈萨克斯坦共和国，现在我们的任务是创建哈萨克斯坦人。"①

第八次代表大会对国家独立十年进程作了全面总结，提出了未来发展

---

① 《哈萨克斯坦民族大会》，《哈萨克斯坦新闻导航》，2005年6月24日。

战略。总统在总结报告中指出，哈萨克斯坦十年来经历了痛苦的经济转型和改革，走出了社会经济的危机；逐步形成了适应本国国情的民族政策，取得了一些成功的经验。

第九次代表大会展现了国家以"多元一体"（Единствввовмногообразии）为原则的各民族和谐战略的成就。会议议题表明国家在民族宗教领域的政策取向已不仅是以复兴哈萨克斯坦各民族的文化为目标，而且是致力于构建各民族、各宗教在相互尊重、彼此和睦基础上的对话。

各民族人民委员会成立十年历次代表会议及其主题（1995—2005 年）

历次	时间	主题内容
第一次（成立大会）	1995 年 3 月	为了我们共同家园的和谐与安宁
第二次	1995 年 6 月	社会民主改革的意义
第三次	1996 年 4 月	社会和谐——哈萨克斯坦民族发展的基础
第四次	1997 年 6 月	历史记忆、民族和睦、民主改革—哈萨克斯坦人民的选择
第五次	1999 年 1 月	民族和睦——哈萨克斯坦稳定发展的基础
第六次	1999 年 12 月	21 世纪的友好和谐
第七次	2000 年 12 月	人民精神文明的发展——哈萨克斯坦巩固国家独立的基础
第八次	2001 年 10 月	独立十年：和平进步与社会和谐
第九次	2002 年 4 月	哈萨克斯坦各民族大会发展战略：民族和睦、国家安全、公民友好
第十次	2003 年 12 月	族际关系和谐的哈萨克斯坦模式：经验、实践和前景
第十一次	2005 年 11 月	和平、民族和睦与建设的十年

从以上历次会议的主题可见哈萨克斯坦共和国政府和国家领导人巩固社会稳定、促进经济发展、构建国内多民族和谐的理念和举措。各民族大会在制定贯彻民族政策、协调民族关系、保障少数民族平等权利方面做了大量的工作，取得了显著的成绩。为了保证国内各民族文化、语言的发展，哈萨克斯坦各民族大会采取了一系列的具体措施。诸如：举行各民族文艺会演、国语（哈萨克语）和各民族母语星期日学校学生的语言竞赛，举办语言政策问题国际和国内学术研讨会、座谈会、民族文化发展现实问

题圆桌会议。为了振兴和发展各少数民族的文化，由各民族大会协调，各地都建立了民族友谊宫，其活动和行政经费列入国家和地方财政。原首都阿拉木图市友谊宫作为国家机构移交各民族大会，以保证复兴各少数民族的文化科学研究和组织工作。各民族大会提供专项经费用于发展各民族文化，促进和增强少数民族语言文献的信息量和传媒手段。这些措施对民族教育水平的提高起了积极的影响。在国家的支持和各民族大会的运作下，哈萨克斯坦共和国开办了 12 种语言 44 个电视台，7 种语言 18 个广播电台；发行了 11 种少数民族语言杂志，出版的各民族报纸国家级 4 种，州一级 15 种，仅少数民族语言文字的图书年均达 30 多种，80000 余册；① 全国有百余所民族学校，170 所星期日学校教授 23 种民族语言。这些学校每年可得到政府 1200 万坚戈的财政拨款；在哈萨克斯坦哈萨克人、俄罗斯人、德意志人、维吾尔人、朝鲜人和乌兹别克人有本民族的剧院。在各民族大会的指导下，每个民族的教育组织也得到发展：德意志人 49 个，哈萨克人 40 个，朝鲜人 36 个，鞑靼人 29 个，斯拉夫人 27 个，车臣人和印古什人 26 个，阿塞拜疆人 23 个，维吾尔人 21 个，俄罗斯人 20 个，乌克兰人 19 个，以色列人 18 个，波兰人 16 个，土耳其人 14 个，希腊人 12 个，亚美尼亚人 11 个，白俄罗斯人 20 个，东干人 10 个，库尔德人、乌兹别克人各 8 个，哥萨克人 6 个，土库曼人、保加利亚人、达格斯坦人各 4 个，吉尔吉斯斯坦人、塔吉克人各 3 个，卡拉查耶夫人、巴尔卡尔人、汉族人、楚瓦什人、卡拉卡尔帕克人各 2 个，波罗的海沿岸民族、格鲁吉亚人、奥塞梯人、列兹根人、伊朗人、布里亚特人、匈牙利人、罗马尼亚人各 1 个。

综上所述，我们可以归纳出，在国家民族政策的制定和贯彻方面，各民族大会的基本任务、成就和经验主要体现在以下方面：第一，国内建立了相关法律基础以保证不同民族籍属和不同宗教信仰的所有公民的平等权和自由权，这是国家民族政策的基本原则；第二，创建了通过各民族大会落实民族政策和进行多民族背景下宗教间对话的唯一有效机制，这一经验目前已被邻近的一些独联体国家所借鉴；第三，以国家命名民族哈萨克族文化的包容性和开放性为哈萨克斯坦整体精神文明的轴心；第四，强化国家认同性和公民意识作为保证国家政治统一和社会团结稳定的奠基石；第

① 《哈萨克斯坦各民族间和各宗教间关系——哈萨克斯坦各民族人民委员会十年》，《哈萨克斯坦新闻导航》，2005 年 9 月 5 日。

五，推行各民族平等的语言政策，把保护国家精神文明的财富——各民族的语言视为巩固多民族哈萨克斯坦统一的重要因素，要求公民循序渐进、自然地掌握国语——哈萨克语，使哈萨克斯坦避免尖锐的民族冲突和政局动荡；第六，倡导宗教间的和谐和宽容，创造多民族、多宗教信仰公民之间和平的良好基础。

哈萨克斯坦共和国独立十六年的客观现实表明，由于国家选择了以各民族大会作为制定和贯彻执行民族政策的核心行为主体，确定了增进各民族之间的理解和尊重，公正地反映多元民族社会的特征，作为民族政策的基本原则和总方针，民族众多、文化多元、宗教信仰多样性不仅没有成为社会发展的绊脚石，而且成为促进国家发展、社会进步的巨大财富。

二　各民族政治协商的特点及存在的问题

哈萨克斯坦各族人民政治协商机制的运行，是以不论族籍、种族和宗教信仰的全体哈萨克斯坦公民的团结统一为基础，并与社会民主化有机地结合起来，促进主权、法制、民主国家的振兴；并兼顾到各民族的民族特点、语言、文化和利益，有效地保证各民族人民在法律、社会、经济、政治和文化发展方面的真正平等。

2002 年 4 月 26 日，纳扎尔巴耶夫发布第 856 号总统令：《关于哈萨克斯坦各民族大会的章程和中期发展战略（2002—2011 年)》，进一步明确了这一机构的宗旨、组织结构、工作任务和政策取向。各民族大会章程表明，建立各民族大会的宗旨是："巩固社会稳定""使哈萨克斯坦各民族在爱国主义、公民与精神文化的统一基础上保持和谐来达到对哈萨克斯坦国家的认同；以文明和民主为原则形成公民的政治文化；制止和预防有损国家形象的言论和行动"。"社会稳定"是"解决民族问题的基本原则"①。在哈各民族大会中期战略中，规定了在形成和实施国家民族政策方面的主要内容：通过各民族之间的政治协商，形成对哈萨克斯坦国家的认同；完善各民族大会作为国家解决民族问题的主要机构的活动；促进国家进一步民主化。《各民族大会中期战略》特别强调，要加强各民族的爱国主义教育和民族关系的和谐，形成精神的统一，培养民族干部和落实国家的语言政策。我们从这个战略中可以看出，哈萨克斯坦对民族工作的重

---

① 纳扎尔巴耶夫发布第 856 号总统令：《关于哈萨克斯坦各民族大会的章程和中期发展战略（2002—2011 年)》，《哈萨克斯坦新闻导航》，2002 年 4 月 26 日。

视程度，并希望通过实施这个战略，促进哈萨克斯坦各民族对国家的认同，协调国家各部门在民族事务方面的工作，提高各民族大会的工作效率，克服民族领域出现的消极倾向。

哈萨克斯坦各民族政治协商是在学习和借鉴其他国家成功经验，并结合本国现实的基础上形成的，具有其独特性。鉴于哈萨克斯坦处于社会转型时期，面临人们生活水平有限，法制文明程度不高，各种矛盾相互交织，新的社会问题不断产生，某些民族自我封闭的现实，民族多元利益冲突依然存在。哈萨克斯坦建立这一制度的出发点是力主政治问题协商解决，避免流血冲突，保证国内稳定，使各民族形成一股强大的凝聚力，构建"哈萨克斯坦人"和哈萨克斯坦国家的"多元统一"。

哈萨克斯坦独立以后，开始本土的经济和政治改革，致力于构建"国家在重视个人或社会团体的同时，尊重和保护人权"的公民社会；并定位"公民社会是随着国家经济、政治、文化、福利和人民自我意识发展到一定阶段的产物；公民社会的主要价值取向是人，只有在法制国家条件下才能形成和发挥作用"。在公民社会"自然人及其需求、利益和价值等各种体系是社会进程的主导者和客体。公民社会意味着社会已发展到保障公民自由和权利的水平。公民社会将为公民履行自己的权利和利益，自愿结社、参政议政而创造条件"①。

但是目前哈萨克斯坦共和国的公民社会正处于构建之中，没有得到充分的发育，各种机制还不完善。民族之间的政治协商主要表现为在行政主导下的国家层面进行；所强调的仍然是政府与民对话或国家元首与民对话；在发展的过程中随意性和形式化不同程度存在。概而言之，哈萨克斯坦各民族政治协商虽然走过了十年的历程，但尚处在理论探索和实践的初始阶段。各民族政治协商的性质和内容、各民族政治协商的社会经济基础、哈萨克斯坦各民族政治统一的特点、公民国家认同意识的培育、巩固和发展哈萨克斯坦各民族政治共同体的基本要素等诸多问题，有待于在理论和方法论层面进行深化研究，更需要政策的不断完备和规范，进而开辟各民族政治协商和加速哈萨克斯坦的社会和民族的进步。

① 《2006—2011 年哈萨克斯坦公民社会发展构想》（俄文版），阿斯塔纳，2005 年 7 月 9 日。

结　语

　　哈萨克斯坦是一个多样民族、多种语言、多元文化的国家，因此，"多元统一"始终是国家的重大课题和建构民族政策的核心。对多民族国家来讲民族政策是保证领土完整、内政稳定和经济发展的首要因素。哈萨克斯坦独立以后，在探索强国之路的实践中，政府和总统于民族政策方面始终如一地奉行多民族和谐，并以倡导"哈萨克斯坦人"政治认同和公民意识为指导原则；把寻求族际间互动、公正处理和解决民族问题，作为社会稳定的基础列入政策议程；把多元民族文化变成社会发展的积极因素，在民族事务领域坚持法律的权威性，积极推进"一体化"政治，巩固国家的独立和统一等作为政策的主要内容。通过对哈萨克斯坦共和国独立以来民族政策取向的梳理，可以看到，其民族政策经历了一个初步形成、不断调整，并仍处于逐步发展完善的过程之中。同时，我们也得出以下几点启示。

　　（一）民族政策需要不断适应社会环境的变化

　　社会经济变迁作为一个限制因素必将影响政策行为，即影响政策制定者的选择，要求决策者对现实环境做出反应。当一个新生的民族国家走出初始阶段的政治经济困境，而进入稳步发展时期之后，科学理性的民族政策对确保经济的持续和健康发展、社会的政治稳定和进步愈显重要。因此，步入新世纪以来，在哈萨克斯坦有关民族关系的政策法规和社会话语中，"团结和睦"成为使用频率最高的字眼。在民族政策取向从"主体民族化"到构建"国家民族"的调适过程中，民族语言文化政策、宗教政策、移民政策和民族政策运行体系也在不断适应形势变化。民族语言文化政策从国内政治角度转向国际化视野，推行"三位一体语言"（Триединствоязыков）① 规划，即哈萨克语——国语，俄语——族际交流语，英语——顺利实现与全球经济一体化接轨语言。民族移民政策从应急性转为规范性调整，放宽司法限制，移民潮流趋于缓和，国内民族关系走

_____

　　①　Н. А. 纳扎尔巴耶夫：《2007 年国情咨文：新世界中的新哈萨克斯坦》，《哈萨克斯坦真理报》（俄文版），2007 年 2 月 28 日，第 1 版。

向平稳。民族宗教政策由感情作用到理性选择，培植开放性和宽容性的文化意识，倡导多民族背景下的多元宗教对话模式。在民族政策运行体系方面建立了调控国内民族关系，各民族政治协商的最高权威机构——各民族大会。诸多例证说明政府的政策思路已从初始阶段的短期性、局部性、个案性的应对策略向长远性、整体性和法制性发展。由于民族政策的调适和渗透，国民的思想观念发生了重大变化，从独立建国初期的诸多不理解、不认同到逐步适应和认同。概而观之，哈萨克斯坦民族政策的演变经历了曲折的历程，但却收到了较好的效果，在国家社会经济发展中发挥了巨大的作用。

（二）政策修订完善的过程是决策者不断纠正理念偏误的过程

来源复杂的各民族构成，绵延悠久的历史文化积淀，多种文明要素的汇合碰撞，独具特色的地缘政治关系，使生活在这片土地上的人们的思维方式和内心情感丰富多彩，且命运多舛。总之，加强由多民族、多阶层和多社团组成的社会团结对新生的哈萨克斯坦国家发展具有极其重要的意义。由于受到外在条件和内部因素的影响，哈萨克斯坦共和国社会政治经济环境不断发生急剧变化。民族关系面临着许多新的问题，民族事务领域的不确定性增加，迫切需要政府和决策者制定针对性、时效性和可操作性的民族宗教政策进行运作，以适应现实的要求。从实践来看，哈萨克斯坦领导人紧紧把握加强民族团结的方向，在总结经验教训的基础上，不断发现自身在制定政策方面的非合理性，据实纠正理念偏误，进行政策调整，进而协调持有不同政治思想体系，追求不同宗教、民族和集团利益的民众关系，注重发展社会经济和改善人民生活，因此得到国内多数人的拥护。政策和策略是国家发展的生命线。领导人探索、检视、反思和归纳政策内在规律性的过程也是提高执政能力，强化对国内局势掌控能力的过程。因为有了这个前提，哈萨克斯坦与独联体其他国家相比，国内政局保持稳定，国家计划得以实行，社会经济发展成就显著。

（三）多民族、多宗教、多元文化之间错综复杂的矛盾仍然存在

在民族成分的复杂性方面，哈萨克斯坦在独联体国家中称得上首屈一指。哈萨克斯坦之所以能在独立仅17年内就快速发展起来，在中亚地区脱颖而出，除了其天然具备优越的地理位置和丰富的自然资源外，其中民族政策不断完善，民族问题妥善，内部政治稳定是重要支撑。然而，矛盾犹存，部分居民的公民认同意识还处于薄弱水平；一些民族在现代工业化

中的代表性很低；国语—哈萨克语在各方面的需求性受制；与非法移民斗争的低效应（非法移民对社会民族关系环境、国内劳动市场、犯罪率和民族关系等方面的破坏性影响）；大多数难民的地位问题悬而未决；民族文化和教育经费投入有限。这些问题致使代表众意的政治认同的基础，即政治归属感、心理认识和价值观念等面临多重的挑战，需要合理的政策引导和运作，确保各民族集团的权利平等，以消释民族不合，铲除民族冲突的根源，降低民族矛盾的水平，使民众的政治认知更加向上，公民意识更加稳固。

（四）民族理论与政策实践的演变是摆脱前苏联民族理论束缚的具体表现

从理论上讲，统一国家的多民族国民，拥有共同历史的程度越高，其内在凝聚力就越强。共同的历史，不仅对民族，而且对国民意识的形成都会产生有效的作用。与历史的共有一样，统一国家的国民，拥有共同文化的程度越高，其整合力也就越强。因此，一个多民族的统一国家，除了具有共同的历史外，还会在一定范围内要求其国民拥有共同的文化。共同的历史和共同的文化，是民族的两个重要特征。因此，培养或者增强国民对共同历史和共同文化的意识，是防止国家分裂的重要途径。诚如纳扎尔巴耶夫总统所说："在公民的基础上而不是在民族的基础上形成文化认同的原则，应该成为哈萨克斯坦国家建设的基础。""我们所说的民族统一，指的不仅是哈萨克一个民族的统一，而是整个哈萨克斯坦民族的统一。哈萨克斯坦人民的命运相同，这是爱国主义教育的一个要点。"[①] 近几年，哈萨克斯坦之所以提出强化"公民"意识，弱化"民族"观念和构建"国家民族"的理论和政策，旨在激发所有公民的爱国主义热情，进而避免和消除国内潜在的民族矛盾和民族冲突。这一点说明，哈萨克斯坦共和国领导人对本国存在民族问题具有客观认识，完全不同于苏联执政者所强调的"民族问题已经完全解决，已经彻底和一劳永逸地解决了"的超前理念。另外，该国民族理论与实践的变化与国家政治体制变化也有密切的关系。哈萨克斯坦共和国一经独立就选择了有别于前苏联联邦制的国家结构形式，实行单一制国体，而非以民族为特征的联邦制，这种变化也是摆

---

① T. 奥马洛夫：《哈萨克斯坦国家主权与公民全哈萨克斯坦爱国主义意识的形成》，《政治学》（俄文版）2005 年第 2 期，第 6 页。

脱苏联民族理论束缚的一个具体表现。

（五）哈萨克斯坦民族政策的模式是以多民族居民构成为条件

纵观全球多民族国家，民族政策模式各具特色。哈萨克斯坦民族政策的模式是以多民族居民构成为条件；借鉴世界多民族国家的民族政策理论和实践经验，进行本土化研究而逐步形成的。哈萨克斯坦民族政策体系包括协调和实现各民族利益的法律法规和社会政治经济权利，以及随时关注、解决民族问题和防御民族矛盾激化的措施。民族政策的基本思想和目标是保证族际关系的和谐，防御及和平解决民族冲突；民族政策的关键要素是维护国家的整体性和统一性。哈萨克斯坦共和国领导人认为，巩固独立除了要加强经济和国防实力外，还要改造人们的意识，要形成哈萨克斯坦各族人民对国家的认同。一个公民只有认同自己的国家，才会热爱自己的国家，为它贡献出一切。从这个角度讲，民族认同与公民认同不是相互对立的，而是相辅相成。塑造一个公民性的民族——哈萨克斯坦人是哈萨克斯坦共和国在民族政策方面的重要举措之一，具有重大的理论和实践意义。理论界也逐步统一认识：哈萨克斯坦是由多民族成分组成的统一民族国家，而不是外来移民国家；不能选择"民族文化至上"和"民族同化"政策。近年，这一理念和定位已成为哈萨克斯坦民族政策的出发点。由此可见，哈萨克斯坦共和国民族政策经过十多年的实践，其模型是建立在民族多样化、各民族的民族特性，同时强化公民认同和哈萨克斯坦爱国主义的原则基础之上。作为主权国家的哈萨克斯坦为此所做的努力是值得肯定的。

2008年2月6日哈萨克斯坦总统纳扎尔巴耶夫发表了题为《提高哈萨克斯坦公民的福利是国家政策主要目的》的年度国情咨文，阐述了哈萨克斯坦今后一段时期的发展规划。国情咨文指出，把提高哈萨克斯坦社会各民族各阶层国民的福利作为国家政策的首要计划。为此，政府将完善国家住房计划，努力保证公民尤其是年轻家庭的住房购买力和居住质量；完善医疗、教育和体育设施；发展地方重要的基础设施；创造就业岗位和引导劳动力发展国家经济；注重改善低收入和贫困人口的生活等公民福利问题。上述内容作为国家社会政策的基本原则，对哈萨克斯坦未来三年时间的发展具有重要的战略指导意义；也是在全球经济不稳定的情况下保证民族关系和睦、社会政治稳定和民族经济发展的重要举措。这不仅是对国家现实的确认，也将是以后民族政策制定和调整的重要原则之一。政府政策的重心转移到关注民生的调解上，对构建多民族社会和谐发展可能会取得更好的政策效果。世人已经看到，时至今日，哈萨克斯坦已走出独立以来的低谷与困境，进入快速发展的轨道。一个多元共生、充满希望的民族新格局正在形成。

历史与文化篇

第二十一章　俄罗斯与中亚国家俄文述作关于新疆历史和人文研究叙事模式探析

　　中国新疆地缘战略地位独特显要。故此，新疆历史地理与人文之探讨成为两个世纪多以来俄文述作中国学研究的重要领域，且内涵丰富、视角广泛、题材多样、诠释框架复杂。各种学术思潮和不同研究范式异彩纷呈，而不断碰撞。研究领域和研究方法呈现出丰富性、多元性和个性化的特点，为我们留下了浓墨重彩的一章。综合 200 多年来俄文文献在新疆历史地理研究领域的探索和研究，很难用简单的范式对汗牛充栋的研究文献进行高度概括和分类；只能繁中摘要，简而述之。

第一节　民族学思想理论视野下的新疆历史地理和人文研究

　　以地理形势言，新疆古称西域，自古为中西交通之孔道。自汉神爵三年（公元前 59 年）西汉政府在乌垒（今新疆轮台县境内）设置西域都护府，天山南北、葱岭（帕米尔高原）东西、巴尔喀什湖以东以南的广袤地域正式列入汉朝版图。新疆区位虽悬居塞外，远离中原，但通过丝绸之路，经河西走廊接陕西将其辽阔的土地与中国内地连成一体，成为通海外之"西域门户"，入内地之"中华咽喉"，故早为欧人关注和觊觎。就人文情景讲，这里为"华戎所交"之地，是众多民族活动的舞台，各种文化在此荟萃、冲撞、渗透、融合，并向远方传播，长久以来被西方视作鲜为人知的"秘境"。关于新疆历史、地理、人文的研究，俄人介入最早，贡献突出，在国际学术界占有一席之地。

　　俄文文献关于新疆历史地理和人文环境的研究源远流长。学界通常以为俄人认识新疆始于 19 世纪，其实最早可追溯至 16 世纪俄国民族学的萌芽时期。16—17 世纪俄罗斯人初识中亚，并由此深入新疆、内蒙古和西藏。考察俄国民族学，从 16—17 世纪起就出现了有关新疆民族学的材料。1567 年哥萨克军官伊万·彼特洛夫和布尔纳什·雅梅舍夫奉命取道新疆前往中国内地，他们首次获取了关于新疆喀什噶尔的情况。1620 年西伯利亚哥萨克军官伊万·彼特林出使中国，途经新疆。1774 年俄国军士 Ф. 耶夫列莫夫被布鲁特人俘虏，曾在喀什噶尔留居，他撰写的《Ф. 耶夫列莫夫九年之行》一书于 1786 年在圣彼得堡出版。该书记述了喀什噶尔、叶尔羌、阿克苏、和田各城的历史、地理和风土人情的资料。① 1790—1807 年俄国商人达尼拉·阿塔纳索维等也多次赴新疆经商，并撰有《新疆闻见录》等。这一阶段，俄国使节、军人、商人带回了有关新疆的第一手也是首批资料，包括当地民族的分布、人口、经济结构、社会形态、风土人情；积累了有关新疆历史、地理、民族、语言、文化和政治、经济等方面的一些知识。他们撰写和出版的出使报告和旅行日记很快被欧洲学界认可，并译成各种文字，促进了俄国乃至欧洲对新疆的了解，为俄国第一批汉学家研究新疆奠定了基础。但是这一时期只是新疆历史研究的启蒙阶段，大都以游记和闻见录的形式予以反映，并没有真正走上学术的轨道。

大量具有学术价值的关于新疆历史地理和人文研究的俄文文献是伴随着俄国中国学民族学派的成熟而出现的。19 世纪初，西方学术界研究东方民族及其语言逐渐形成一股国际之风。当此之时，沙皇俄国危机加深，为了稳定国内局势和加强对外政策，开展了对国外民族，特别是对与之东邻的中亚地区和中国边疆民族及其分布地域的研究。伴随着对蒙古学、藏学和中国西北边陲众多民族及其居住地理区域的探查，俄国学者开始更多地关注新疆历史地理和人文环境，有关新疆历史的研究得到进一步发展。随着俄国对外扩张政策的需要，许多俄国的公职人员、商人、传教士和探险家来到中亚地区和中国西北收集了大量关于民族学的调查资料，写出了《民族学汇编》一书。1845 年，俄国地理协会成立，设立了民族学部；从此俄国民族学进入了一个重要的发展阶段。从那时起俄国的学者们就形成

① 苏联科学院东方学研究所、С. Л. 齐赫文斯基、Б. А. 李特文斯基：《古代与中世纪早期的东突厥斯坦》（俄文版），科学出版社 1988 年版，第 17 页。

了一种思维定式，即民族学是一门历史科学，是一门以民族为其研究对象的历史科学。于是，俄国研究新疆进入了一个鼎盛时期。

19世纪下半叶，实证史学在欧洲占据了主导地位，对俄国学术界产生了很大的影响。考古和文献考证日益成为历史学的要领。这些研究理念一直延续至今，以至于长久以来在苏联国家的科学院系统，民族学、历史学和考古学共为一个研究机构。基于这一传统理念，无论是俄国，还是前苏联中亚各国的新疆历史地理和民族研究，总是与新疆民族史、民族社会发展史以及民族交往史的研究密切相关。在民族学和历史学的研究当中，他们还提出了"历史民族区域"和"经济文化类型"等具有方法论意义的概念。在此导引之下，涌现出一批将历史地理学、民族学和考古学融会贯通的大家。

俄国科学院院士 B. B. 拉德洛夫（B. B. Радлов，1837—1918），曾在西伯利亚、阿尔泰山区、中亚各地、新疆吐鲁番、蒙古鄂尔浑流域进行了长达十年之久的考古学发掘和民族学的田野考察。在他的倡议之下，成立了俄国中亚和东亚研究委员会，并开始研究中国新疆的古代文物。拉德罗夫领导的这一机构设在圣彼得堡，隶属俄国外交部。1902年9月8日，在汉堡举行了第十三届国际东方学家代表大会，拉德罗夫被选举为大会主席。在他的倡导之下，确定了国际中亚、东亚历史、考古、语言及民族研究协会章程。他的学术活动构成了俄罗斯和世界操突厥语民族研究历史的一个时代。

俄国著名的民族学、考古学和地理学家 Д. Н. 阿努钦（Дмитрий Николаевич Анучин，1843—1923）利用人类学、民族学和原始考古学等方面的材料撰写了数百种历史著作。他创造的"三位一体法"即综合利用民族学、考古学和人类学材料解决历史民族学和当代民族学的问题。这一研究方法对后辈产生了极大的影响。20世纪20年代维什涅夫斯基将这一方法运用于新疆古代史的研究，他发表在《喀山博物馆通报》1921年第1期的论文《新疆古代居民的人类学论》为后人结合考古资料、文献古籍探索新疆古代居民的族源、体质演变、分布规律、迁徙路线，以及与周边民族的交往关系起了先河作用。①

---

① B. B. 布纳科夫：《Д. Н. 阿努钦在人类学研究领域的学术活动》，《俄罗斯人类学杂志》（俄文版），莫斯科，1924年版。

俄国科学院院士 B. B. 巴托尔德（B. B. Бартольд，1869—1930 年）著有关于中央亚细亚各民族历史地理、经济、文化遗迹、宗教、民俗方面的论著 400 余部种。美国哈佛大学教授、《剑桥伊朗史》的编著者之一弗赖伊称，这些著作是研究"中亚细亚伊斯兰教兴起以前时期的基本读物"。巴氏还完成了《伊斯兰百科全书》。弗赖伊认为，这是研究中央亚细亚"伊斯兰教兴起以后的基本读物"。他的成名巨著《突厥斯坦文化生活史》（2 卷 1 册 1963）、《蒙古入侵时期的突厥斯坦》（2 卷 2 册，1964）、《突厥斯坦灌溉史》（3 卷、1965）等都是我们研究新疆历史的重要史料。①

从 16 世纪开始，俄罗斯帝国出于侵略扩张的需要，企图染指我国西北边疆地区，不断派遣以学术探索为幌子的各种"考察团"或"探险队"到我国新疆地区进行地理、历史、人文及社会政治情况的田野调查研究，获取了大量珍贵的有关新疆在各个历史阶段的社会政治形势、行政管理体制、民族构成、宗教信仰、军事设施、经济发展、贸易关系、民俗风情和重大历史事件的第一手资料，并撰写了大量的调研报告和专门著述，涉及历史学、地理学、考古学、人种学、民族学、人口学。纵观这一时期的研究成果，殖民性是其最为突出的特征。

十月革命迄今，苏联和俄罗斯的学者们在继承前辈传统的基础上，出于各种原因将新疆历史研究推向深入，更有斐然可观的学术著作问世。这些统计材料和研究成果至今仍具有重大的科研价值.

第二节　从信古到释古是俄国学术界新疆历史研究的突出特点之一

信古，即以转述和翻译中国汉文典籍为主要形式的科学研究，是俄国研究新疆历史地理开创时期具有的突出特点。代表人物是俄国东方学和中国学的奠基人、科学院通讯院士 H. Я. 比丘林（H. Я. Бичурин，1777—1853）。他被称为俄国研究新疆历史第一人。1807 年，比丘林任俄国东正

---

① 苏联科学院东方学研究所、C. Л. 齐赫文斯基、Б. A. 李特文斯基：《古代与中世纪早期的东突厥斯坦》，（俄文版），科学出版社 1988 年版，第 393 页。

教驻北京第九届传教士团领班，在北京留居 14 年，习汉、满、蒙古、藏文，并研读了我国历代官修史志。他据《汉书·西域传》、《前汉书》、《西域闻见录》、《西域同文志》等撰写了《准噶尔和东突厥斯坦志》（两卷本），1829 年在圣彼得堡出版。这本书成为俄国新疆史研究的奠基之作。后来比丘林又补充了《后汉书》、《晋书》、《魏书》、《隋书》、《北史》、《新唐书》、《旧唐书》等相关记载，将《准噶尔和东突厥斯坦志》扩展为《古代中亚居民资料集（从公元前 2 世纪至公元 9 世纪）》三卷本。继此之后，于 1934 年他又据《新疆识略》和《西域闻见录》等汉文史料撰写了《厄鲁特人或卡尔梅克人历史概述》一书，由圣彼得堡出版。苏联汉学家 Л. И. 杜曼（Думан Л. И）评价，"比丘林编纂的作品在当时是独一无二的，其科学水平超越了数位前辈。虽然，他翻译的汉语史料存在遗漏和不准确的情况，但是与其同时代著名的法国汉学家相比，雅金夫·比丘林在转达汉文史料的准确性和完整度方面都更高一层。可以说比丘林的著作为中亚历史的所有后续研究奠定了基础，他是与著名法国汉学家 А. 列缪斯比肩的杰出专家"[1]。俄苏学者认为，在其他文种著述缺失对这一地方研究的情况下，汉文史料就具有了极其特殊的价值。比丘林预测，"在亚洲的心脏将会发现一批更为新颖的阐述新疆古代历史事件的珍贵史料"[2]。

873 年俄罗斯杰出的东方学家 В. В. 格利戈里耶夫（В. В. Григорьев，1816—1881）出版了《东突厥斯坦或中国突厥斯坦》[3] 一书，此书被认为是俄国研究古代新疆的第一部大型汇编著作。著者整合了中国编年史中的大量汉文史料、阿拉伯文、波斯文史料和一些印度史料，进行对比分析，为我们展开了一幅广博的新疆古代历史图景。至今仍具有其特殊的学术价值。В. В. 格利戈里耶夫认为，古代新疆与中亚的土著居民，属同一人种，即雅利安人种；无论是精神文化，还是物质文化，历史上都曾达到过相当高的水平，不曾低于其毗邻的巴克特利亚。В. В. 巴托尔德评价，格利高

---

① Л. И. 杜曼：《论 И. Я. 比丘林的学术著作〈古代中亚各民族资料汇编〉》，《И. Я. 比丘林及其对俄罗斯东方学的贡献——比丘林诞辰 200 周年纪念文集》，（俄文版），莫斯科，1977 年版，第 2 册，第 6 页。

② 苏联科学院东方学研究所：《古代与中世纪早期的东突厥斯坦》（俄文版），科学出版社 1988 年版，第 63 页。

③ В. В. 格利戈里耶夫：《东突厥斯坦或中国突厥斯坦》（俄文版），圣彼得堡，1873 年版，第 6 页。

里耶夫的这部文献无论是资料搜集的完整性，还是对比度，乃至其具有洞察力的见解，是任何一部用欧洲语言写成的著述都无法与之相提并论的。①

19世纪下半叶—20世纪初，国际东方学的研究方法逐渐完善，其中汉学、突厥学、伊朗学等标志性的学科得以蓬勃发展。В. П. 瓦西里耶夫（В. П. Василиев，1818—1900）是当时俄罗斯最重要的汉学家之一。В. В. 巴托尔德称其为"研究天才"。В. П. 瓦西里耶夫"摘录了大量汉、藏文的佛教经典，留下了许多研究佛教思想和经典文献的手稿"。② В. П. 瓦西里耶夫将唐释玄奘译、辩机撰《大唐西域记》12卷汉文全本翻译成俄语。《易经》也是 В. П. 瓦西里耶夫在北京完成的汉译俄作品之一。遗憾的是这两部译作都未能公开发表。19世纪末期，俄罗斯汉学家 Д. М. 波兹德涅夫（Д. М. Позднеев，1865—1937）完成了代表作《回鹘史概论（根据中国史料）》，这是一部杰出的研究古代新疆历史的著作。

长期以来，借重中国古典文献描述新疆古代历史是沙俄和苏联时期的传统的研究方法之一。随着学科的进步和研究方法的更新，以及中苏关系的改善，20世纪80年代后半期以来，前苏联的新疆历史研究在方法上虽然"古风今存"，但是研究之态度与立论之观点，已经发生了质的变化。以前苏联科学院院士、著名历史学家 С. Л. 齐赫文斯基（С. Л. Тихвинский）和 Б. А. 李特文斯基（Б. А. Литвинский）主编的《新疆古代史》一书为例（原书名"Восточный Туркестан в Древности и раннем средневековье，Москва，Наука，1988."③），这是集苏联一流历史学家、考古学家、民族学家"在综合分析大量书面文献和考古资料基础上完成的第一部系统阐述公元10世纪之前东突厥斯坦古代史的学术专著"④（该著前言）。这部史学著作吸纳和参阅了1166部历史档案、中文、俄文和西文（包括英文、德文、法文等）多种文字的著述，并以大量各国学者的考古发掘予以实证比较，且对古希腊罗马史料中的西域辟为一章专

---

① 《В. В. 巴托尔德文集》（俄文版），莫斯科，1977年版，第9卷，第461—462页。

② С. Ф. 奥尔登布尔戈：《纪念 В. П. 瓦西里耶夫及其佛学著作 1818—1919.》（俄文版），《科学院通报》，第6辑，1918年7月，第536页。

③ 汉文直译：《古代和中世纪早期的东突厥斯坦》，莫斯科，科学出版社1988年版。

④ 苏联科学院东方学研究所：《古代与中世纪早期的东突厥斯坦》（俄文版），莫斯科，科学出版社1988年版，第13页。

述，可以说是多种运思模式的汇融。正如文中所言，古希腊罗马史料关于西域之记载，从完整性和准确性来讲不及汉文古典文献，但其记述西域的时期比汉文古籍文献略早，可互为补充。另外在论述石器时代、铜器时代、早期铁器时代、公元 3—6 公元世纪的西域、公元 7—10 世纪的西域各章均以汉文古籍文献为主线，并辅以日、英、德、法、俄文文献予以科学阐释。在第六章《公元前三——公元六世纪的西域》大量转述了《汉书》、《后汉书》、《史记》汉文古籍文献，开篇写道："凿通西域，使这片广袤的土地与汉帝国的西疆相连，并有了内在联系，无论是塔里木盆地，还是现今中亚的部分地区都包括在内。这是我们所述时期的重大事件之一。"[①] 从苏联这一标志性研究成果可见，俄文新疆历史研究著述进入了一个新的纪元，不仅改变了以往机械转述和翻译的研究方法，而且摆脱了政治因素的制约和影响，将新疆历史研究引入国际对话和交流的时代。

第三节　历史地图学方法的引入为新疆史研究提供了多维性可视域

　　新疆历史地理研究，俄国倡之于先，欧美继之于后。历史地图学是根据不同历史阶段保存下来的地图作品、考古资料与文献记载，采用历史学和地图学的研究方法对各历史分期地图的内容、编制技术与表现形式以及地理描述地区的历史发展及其历史作用进行深入研究的科学。历史地图的内容不仅反映不同历史时期的社会需求，而且也反映各阶段人们对周围环境认识的广度与深度。历史地图是史学研究者著述的资料来源之一，是进行学术分析的重要工具。俄国新疆历史地图的产生是伴随着该国历史地理学和地图学研究领域"中亚地理"概念的确认而发展起来的。中亚对于欧洲学者来讲"始终悬挂着一道神秘的幕布"，而新疆则"完全是一个秘境"。18 世纪上半叶被称为俄国历史地理学奠基人 B. H. 塔季谢夫（В. Н. Татищев，1686—1750）将西方历史地理学科引进俄国的时代。最初，俄国地图界多根据一些游记和见闻录随意绘制中亚地图。17 世纪末

---

　　①　苏联科学院东方学研究所：《古代与中世纪早期的东突厥斯坦》（俄文版），莫斯科，科学出版社 1988 年版，第 223 页。

至 18 世纪俄国历史地图的绘制逐步从目测法转向科学。此后历史地图学的研究方法也逐步从实验探索进入广泛使用，加速了各种专题制图的发展。随着俄国对中亚的觊觎和征服，中亚历史地图的绘制开始在天文学定向点的基础上具体化和扩展化；对于其地图资料的收集进一步注重完整性和对周边地区的扩张性。1858 年俄国哈萨克青年军官乔·乔·瓦里汉诺夫（Чокан Чингисович Валиханов，1835—1865）受西西伯利亚军事总督的委托完成了对天山、准噶尔、喀什噶尔乃至整个新疆地理学考察。他获取了大量历史学、地理学、民族学和军事地形学等方面的第一手资料，并手绘了一幅新疆地图。这是俄国最早的经过实地勘察而完成的新疆历史地图。[①]

　　俄国新疆历史地图的产生不仅与俄国社会经济和科学技术的发展水平密切相关，而且取决于其国家对外关系和对外政策取向。早在沙俄时代，为了满足领土扩张的需要，大比例尺地形图的测绘，加上对探险、考察的大力加强，专题制图大规模地开展起来，形成俄国近代地图发展的主流。堪称俄国研究中国新疆第一人的比丘林在分析中亚和清朝新疆近现代地理区域分异标志时认为："突厥斯坦的地域从奥特拉尔一直延伸至昆莫（哈密），据其自然地理区域可分为东、西两个部分。突厥斯坦之西部为浩罕统治地，突厥斯坦之东部，则被欧人称之小布哈拉。总而言之，突厥斯坦是亚洲鲜为人知之地。"[②]

　　19 世纪俄罗斯最著名的探险家尼古拉·米哈伊洛维奇·普尔热瓦里斯基（Николай Михайлович Пржевальский，1839—1888）对中亚和新疆地区进行了四次勘查，主要进行自然环境和文物考古研究，揭开了一些鲜为人知的地理科学之谜。是他将新疆"三山夹两盆"的地理结构标注在中亚地图上。1876—1877 年，普尔热瓦尔斯基进行了第二次中国探险。他从伊宁出发，沿伊犁河谷地前行，跨越天山山脉，又从库尔勒渡塔里木河，行程 4000 公里，发现了几近干涸的喀拉布朗和喀拉库什两个湖泊。他确定这就是神秘的罗布泊。虽然他做的素描地形图与欧洲地图标示的位置相距 400 公里，但是引起地理学界的广泛关注，并进一步确定了这一湖

　　① 乔罕·钦吉斯维奇·瓦里汗诺夫：《乔罕·钦吉斯维奇·瓦里汗诺夫文集》（俄文版），《俄罗斯帝国地理协会札记——民族学分卷》，圣彼得堡，1904 年版，第 32 页。

　　② Н. Я. 比丘林（雅金夫 Иакиф）,：《中亚古代各民族历史》（俄文本），第 5 卷，圣彼得堡，1851 年版，第 12—13 页。

泊的游移性。普尔热瓦里斯基在对中国西北地区进行考察中，亲历横亘新疆、青海、甘肃的阿尔金山，进而纠正了欧洲地图的错误，打破了欧洲人对阿尔金山一无所知的境况。普尔热瓦里斯基在中国探险的时代，正值列强瓜分世界之狂潮。普氏的探险目的，就是为沙俄政府的对外侵略服务。他撰写的所有考察报告和素描地图都成为俄国制定对华边疆政策的文献来源。他在完成对新疆的地理考察之后，毫不掩饰自己的侵略意图。他在给沙皇政府的建议报告中写道："俄国边界从那拉岭移到达兰达坂，以便在强占伊犁外，再将大小两个巴音布鲁克确定为我国领土。"①

　　据 2006 年俄罗斯国家军事历史档案馆（РГВИА）公布的新疆历史档案部的文献，在俄国典藏最早的新疆地图是 1737 年法国地理学家和地图学专家、圣彼得堡科学院名誉院士丹威尔·让·巴基斯特（Данвиль Жан Батист，1697. 7. 11—1737）年绘制的《中国全境新地图集》（法文本）共计 60 页。其中对新疆和西藏描述的最为突出。其次是一本 19 世纪初绘制的彩色《新疆地图册》共计 10 页。另外还有 1857 年瓦里汉诺夫手绘的《新疆喀什噶尔军事地形和民族志学图册》共 15 页，1857—1859 年俄国汉学家，圣彼得堡大学教授、俄国和西欧最早研究中国经济史的学者伊万·伊里奇·扎哈罗夫（Иван Ильич Захаров，1814—1885，也称杂哈劳）绘制的《新疆详图》（获得国际地理学会大会奖）共计 23 页，1858 年伊万·伊里奇·扎哈罗夫与同事绘制的三种不同比例尺的《中国西域天山山脉地形图》，19 世纪中叶绘制的《中国新疆天山山脉地形图》，1879 年 А. Н. 库罗帕特金（А. Н. Куропаткин，1848—1925）绘制的由俄军总司令部地图部出版的《中国新疆北部图》，1880 年俄国突厥斯坦军事作战部绘制和出版的《中国边境地带和伊宁地区地形图》，还有 1880 年《伊宁地区勘查图》，1900 年《新疆省局部地区图（从布伦托海到叶尔羌河）》，1912 年《新疆省阿尔泰地区简图》。②

　　从绘制时间上看，上述新疆历史地图的出笼正是随着沙皇俄国瓜分领土，扩张殖民地的需要而大规模地开展起来的。从所选内容讲，涵盖疆域、位置、地名、边界、民族、移民、村落以及地方行政机构的描述，其

---

　　① 尼克拉伊·米哈伊洛维奇·普尔热瓦尔斯基：《从固尔扎越天山和罗布泊》（俄文版），莫斯科，1947 年版。

　　② В. Н. 费德琴娜：《如何绘制中亚地图》（俄文版），莫斯科，科学出版社，第 211—212 页。

实用性不言而喻。其现实研究之目的既在协助沙俄的殖民政策，遂亦带有浓厚的殖民性色彩。这是俄国新疆历史地图实践活动的本质。而以地图表现形式和技术手段言，则深化了对新疆历史文献和田野调查报告的解读，丰富了新疆历史研究的内容，拓展了俄国新疆史研究专家们的研究方法。不仅为他们提供了形象的资料源和有力的研究工具，而且提供了一个多维的、多时态、多种信息源的、更为开阔的研究视域。

第四节　历史档案和文物典藏折射新疆历史研究的专题性和多元性

　　历史档案是一个国家、一个地区或一个民族政治、经济、文化和社会发展的记录，是总结历史的宝贵财富，是历史学家研究历史的珍贵资料。俄罗斯很早就注重搜集有关中国新疆的文字材料和实证资料，内容丰富、种类繁多，主要包括各种文书（政府公函往来、军事部门的命令和法律文件等）、文物、考古发掘报告、田野调查报告、手稿、统计资料、地图等，大都典藏在今俄罗斯科学院档案馆（全宗 208）、俄罗斯科学院历史学研究所圣彼得堡分所东方学家档案馆（全宗 43、59、208）、俄罗斯地理协会档案馆（全宗 62、75）、俄罗斯科学院档案馆圣彼得堡分部（全宗 148），另外在俄罗斯对外政策档案馆、俄罗斯国家中央档案馆以及中亚各国的国家历史中央档案馆除了关于新疆古代史的资料外，还保存有近现代史的档案材料。在圣彼得堡冬宫的埃尔米塔什博物馆（隐士芦博物馆）的新疆展室和俄罗斯考古学会东方分会档案馆等还珍藏有大量的新疆古代文物。

　　彼得罗维奇·尼古拉·费多洛维奇（1837—1908 年）曾任俄国驻疏附（喀什）领事，是俄国学者注意新疆考古文物的第一人。他在新疆任职期间盗买了许多当地出土的景教、佛教和其他古代文物，现都典藏在圣彼得堡冬宫的埃尔米塔什博物馆的新疆展室。他还有一些译作：《喀什周边的佛教文物》（1892）、《费解的莎车钱币》（1892）、《喀什古迹考》（1896）均保存于俄罗斯考古学会东方分会。另外在埃尔米塔什博物馆东方部还保存有大量的古代和田文物，并做了《古代和田遗存编目》。著名的俄罗斯新疆古代史研究专家据此写出了《古代和田》、《古代新疆的造型艺术》等著作。尼古拉·尼科拉耶维奇·克罗特科夫（Н. Н. Кротков，1869—1919）曾担任俄国驻乌鲁木齐和伊犁领事馆领事。任期内，他也盗买了我国新疆出土的大量文物和手稿，典藏于今俄罗斯科学院东方学研究所圣彼得堡分所档案馆。

　　手稿多是历史档案典藏的特点之一，形成了多元化研究专题，《两汉时期的西域政策》则是其中具有代表性的研究专题成果之一。1898 年俄国科学院派遣的以 Д. А. 科列缅茨（Д. А. Клеменц，1847—1914）为首的中国新疆考古队，考察了新疆数十个重要的历史遗址，写出了大量研究新疆古代史的著述手稿：《论匈奴》、《东突厥斯坦各时期历史文化资料要目》、《吐鲁番考察资料》、《吐鲁番史料》、《关于吐鲁番考察的各种照片和图片》、《库车史料》、《吐鲁番古城和洞窟描述》，均典藏在今俄罗斯科学院东方学研究所圣彼得堡分所档案馆。后继的学者们根据这些未曾公开发表的历史档案材料写出了大量的相关专著和论文：伊纳斯特塔兰采夫著《匈奴研究》（1926 年），伯恩什塔穆的《匈奴史略》（1951 年），Л. Н. 古米列夫著《匈奴史——古代中亚》（莫斯科，东方文献出版社，1960 年），Л. И. 杜曼《公元 1—3 世纪中国与匈奴的政治关系》（莫斯科，科学出版社，1970 年版），Л. Н. 古米列夫著《匈奴在中国，3 至 6 世纪中国与草原民族三个世纪的战争》（莫斯科，1974 年版）；在史料学研究方面：В. С. 塔斯金纳著《匈奴史资料》（莫斯科，科学出版社，1968 年第 1 版，1973 年第 2 版）和《关于匈奴的汉文史料》等。20 世纪 80 年代后半期，随着中苏关系的解冻，新疆古代史研究再度升温，再版和涌现出一批研究成果。除了苏联科学院院士、著名汉学家齐赫文斯基和李特文斯基主编的《古代新疆简史》外，同年还出版了李特文斯基的专著《古代文化体系中的东突厥斯坦与中亚》，再版了 М. В. 克留科夫著《公元前三世纪——公元三世纪的东突厥斯坦简史》（莫斯科，科学出版社，1988 年版）。苏联解体以后，俄国的学术氛围更加宽松，新疆古代史的研究得到进一步的发展，具有代表性的著作是 1998 年再版的 Л. Н. 古米列夫的专著《匈奴在中国，三至六世纪中国与草原民族三个世纪的战争》和比丘林的著作《古代中亚诸民族史料汇编》，2000 年以研究新疆历史见长的著名汉学家、苏联科学院院士 Б. А. 李特文斯基的专著《古代和中世纪早期的新疆》在莫斯科出版，2001 年 Н. Н. 克拉丁著的《匈奴帝国》（修订与补充）第 2 版在莫斯科问世，2004 年朱玛纳里耶夫著《公元前 2 世纪

——前 1 世纪汉帝国对西域的外交政策》在俄罗斯面世，2009 年 E. E. 库孜米诺娃（E. E. Кузьмина）著《丝绸之路前史研究》① 在俄罗斯公之于众。

　　长久以来，俄国科学院、苏联科学院、俄罗斯和中亚各国研究新疆的人数和学术机构不断增多，研究范围日益扩大。十分重视科研工作的连贯性，着重新疆古代历史文化的研究是其突出特色。他们在国外新疆研究方面居于重要的地位。历史研究的对象是过去，而研究的目的却是认识今天。通过多种途径挖掘和掌握国外研究新疆历史的文献、考据、立论和观点，对于我们研究新疆历史关系重大，尚待深化和拓宽。

结　语

　　自 19 世纪直至 20 世纪，俄罗斯学者在我国新疆及其周边中亚地区进行了大量频繁的考古学、历史学、民族学和军事学考察，收集到品类繁多的古籍文物、内容各异的梵文和古印度文的文字资料，无数批波斯语、帕提亚语、粟特语的各类手稿，数不胜数的吐蕃文、回鹘文、汉文、叙利亚文和突厥语的文献。这些文献史料涉及古代新疆的地缘政治、地缘经济和地缘文化关系，包含了珍贵的民族历史和民族文化的信息。经过几代专家长期细致的研究，对古代新疆和中亚等周边国家或地区的历史文化联系得出了一系列重要观点和结论。

　　（一）对新疆历史地理、人文研究以汉文史料为基础，辅以本土文献

　　俄国学者对于新疆的最初认知是建立在中国官书记载和"行者时断时续报道的基础之上"。随后通过大批考古、探险和军事考查队深入新疆，获得了大量的本地出土文物和文献。俄苏学者们应用当地考古学、钱币学、肖像学、建筑学和人类学的资料与汉文文献进行"异常复杂的对比研究"认为，汉唐时期，汉文化传入西域，对当地人民产生了重要影响。与此同时，汉语和汉字得以广泛传播，使用汉语进行官方函信往来；中国的服饰、丝绸制品和兵器亦开始在西域流行。在这种情况下，出现了

---

① 叶琳娜·耶菲莫芙娜·库兹米娜：《伟大丝绸之路的史前史——欧亚文明对话（俄文版）》，莫斯科，2009 年版。

汉文化与本地文化的碰撞、融合。除了唐朝文化和艺术对西域之影响非常显著外，西域文化还得益于中亚和印度文明。因为自石器时代起，西域（今新疆地区）与印度和中亚就有了密切的联系。从古代新疆传入的新的建筑风格、绘画、音乐、舞蹈、实用艺术等也对中国内地的精神文化和物质文化产生了重大的影响。① 本土文献的发现以更为具体内容弥补了汉文文献的不足，再现了古代新疆不同历史阶段的全貌。

（二）中国新疆与中亚地区部分民族共源、文化共性

从现已掌握的"不够完善"的文献信息和实证材料研析，有苏俄学者认为，青铜时代的西域至少存在两种文化传统，即欧洲草原文化和彩陶文化，主要是安加拉河流域及与之相邻的中亚文化。青铜时代晚期出现了一系列的彩陶文化中心，其中包括中亚的东北部。安加拉河流域的中亚和南哈萨克斯坦分布区与西域（今新疆地区）相邻，均属中亚彩陶文化区。新疆的"出土文物证明，在这片广袤的地域上，尤其是在西部和北部地区，生活过一些部落，在某种程度上，与中亚和哈萨克斯坦的部落同源。在生态和地理环境相近的情况下，产生上述青铜时代的文化景象非常自然。当然，也不排除当地自身传统和来自东方的影响，但这种影响不是主要的"。B. B. 拉德洛夫得出了重要结论，他指出，对古代新疆历史的研究是建立在过去中亚研究的基础之上。他写道："生活在突厥斯坦不同地区的人民有共同的起源和共同的文化。"②

（三）关于古代新疆吐火罗语和吐火罗人的讨论

吐火罗人是原始印欧人地处最东的一支，也是最早定居天山南北的古代民族之一。新疆出土的吐火罗语文献表明，吐火罗人讲印欧语系的语言，有可能早在印欧语系东西语支分化之前，他们就从原始印欧人部落中分离出来。俄国学者借助对语言环境的考察，进而判断吐火罗人进入新疆的时间，无疑具有一定的学术意义。19 世纪 90 年代，C. Ф. 奥尔登布尔戈（C. Ф. Ольденбург，1863—1934）出版了一批由 1882—1902 年俄国驻中国新疆喀什噶尔领事 H. Ф. 彼特洛夫斯基（H. Ф. Петровский，1837—1908）收藏的手稿和照片。斯文·赫定曾称 H. Ф. 彼特洛夫斯基是"喀

---

① 苏联科学院东方学研究所、C. Л. 齐赫文斯基、Б. A. 李特文斯基：《古代与中世纪早期的东突厥斯坦》（俄文版），科学出版社 1988 年版，第 4 页。

② B. B. 巴托尔德：《突厥斯坦史的研究任务与状况》，《B. B. 巴托尔德文集》（俄文版），莫斯科，第 9 卷，第 519 页。

什噶尔最有势力的人"。嗣后，又发现了大量从龟兹（库车）、焉耆和吐
鲁番出土的用婆罗米字母写成的手稿。一些学者认为，这些手稿使用的文
字不同于当时流行的印度语和伊朗语文献中的任何一种。他们证实，这些
手稿使用特殊的印欧语系的语言写成，应为吐火罗语。大多俄国语言学家
认为，讲吐火罗语的人出现在东方，早于印度伊朗人。早在青铜器时代，
中亚南部的居民就讲吐火罗语。有学者还论证，吐火罗人出现在古代新
疆，到达中国应该是在公元前 2000 年，甚至更早。新疆丰富的出土文物
是对吐火罗人迁徙的最好诠释。大概这些吐火罗人属于印欧人早期向东方
和南方迁徙的一部分。吐火罗人向东方迁移的规模很大，几乎占领了整个
新疆乃至中亚的领土，包括费尔干纳盆地。据此很多学者以为，吐火罗人
是古代新疆的基本民族成分。

（四）西徐亚人是新疆最古老的民族之一

西徐亚人是具有伊朗血统的一支游牧民族，公元前 9 世纪以前，西徐
亚人主要分布于阿尔泰山以东。俄罗斯学者根据在新疆和田、图木舒克、
喀什噶尔等地发现的大量出土文献推测，"在伊朗部落向中亚地区扩张的
过程中，在公元前 2 世纪末或公元前 1000 年初，西徐利亚人已经在东突
厥斯坦（这里是地理概念，即今中国新疆——本文作者注）定居，占据
了这一地区的西部和南部的绿洲，同时进入北部绿洲吐火罗人的区域"[①]。
C. 科诺诺夫（C. Кононов）阐明，从出土于图木舒克、喀什噶尔等地的
手稿文书判断，图木舒克塞语与和田塞语存在细微差异，在和田东部地区
还存在另一种伊朗语，其词汇与和田塞语具有差别。关于讲和田语的部落
出现在和田地区的时间，无疑，与公元前 2000 年，伊朗人的迁移有关。
B. И. 阿巴耶夫（B. И. Абаев，1900—2001）进一步诠释："塞语并未经
历不同的语音阶段，在印欧—西徐利亚语中，很早就得以确定，只是塞语
与西徐利亚语方言长期分离，这种分离发生在公元前 5 世纪以前。"[②] 他
们认为，很可能那些后来操和田塞语部落的祖先是从西徐亚人中分离出来
的。因此，西徐亚人在一定历史阶段曾是古代新疆居民成分的基础之一，
后来又有伊朗人和粟特人融合进来。

---

① 苏联科学院东方学研究所、C. Л. 齐赫文斯基、Б. A. 李特文斯基：《古代与中世纪早期
的东突厥斯坦》（俄文版），科学出版社 1988 年版，第 9 页。

② B. И. 阿巴耶夫：《奥赛梯人方言》（俄文版）第 1 卷，莫斯科—列宁格勒，1949 年版，
第 12—13、138 页。

（五）新疆民族语言的探讨推向跨境研究

在新疆历史文化的研究中，民族语言的研究是起点之一。俄罗斯先驱时代的某些传统对后续时代仍然具有深刻的影响。B. B. 拉德洛夫和 B. B. 巴托尔德等跨时代的东方学家起着承前启后的作用。新时代涌现出来的青年学者们继承了老一辈的经验，重视民族语言的研究成果和动态，把深入我国新疆进行田野调查所掌握的第一手材料与多学科信息分析相结合作为研究的基础。苏联科学院通讯院士 C. E. 马洛夫（C. B. Малов，1880—1957）曾于 1909—1911 年受俄国中亚、东亚研究委员会派遣，赴中国新疆、甘肃一带调查。考察目的是研究操突厥语民族，包括维吾尔族和撒拉族的语言和生活习俗。C. E. 马洛夫的考察路线主要经过塔城、乌鲁木齐、吐鲁番、哈密和甘肃一些地区。他在甘肃酒泉文殊沟寺庙中获得了珍贵的回鹘文《金光明经》写本。1913—1915 年马洛夫第二次来中国西北进行语言调查。他用文字记述了沿途的新发现，揭示了维吾尔族各地方言：库车方言（кучарский）、喀什噶尔方言（кашгарский）和哈密方言（хамийский）的不同特点。1928 年他整理出版了导师 B. B. 拉德洛夫的遗著《回鹘语古代文献》。他在绪言和注释中修正了拉德洛夫研究中的一些缺漏和错讹之处。1956 年于伏龙芝出版了《罗布诺尔语言》①　一书。马洛夫的代表作有《古代突厥语文献》、《叶尼塞突厥文献》、《维吾尔语（哈密方言）》、《罗布泊语》、《裕固语词汇和语法》、《蒙古和吉尔吉斯斯坦坦的古代突厥文献》、《新疆维吾尔语方言》、《裕固语（长篇材料记录和俄译文）》等 150 余种。马洛夫斐然的科研成就为国际学术界突厥语的研究作出了巨大贡献。

前苏联东方劳动人民共产主义大学维吾尔语理论基础研究室组建后的第一项科研成果是负责人 H. A. 巴斯卡科夫（H. A. Баскаков，1905—1995）和同事 B. M. 纳希洛夫（B. M. Насилов，1893—1970）以我国早期出版的《维汉辞典》为基础编纂的苏联国内第一部《维俄辞典》（1939年）②。新一代的学者们在继承传统的同时将一些语言学的新方法引入科研之中。B. A. 波戈罗迪茨基（B. A. Богородицкий，1857—1941）和 H. A. 巴斯卡科夫在研究中都采用了语言地理学的分析方法。语言地理学

---

① C. E. 马洛夫：《罗布诺尔语言》（俄文版），伏龙芝，1956 年版。
② H. A. 巴斯卡科夫、B. M. 纳希洛夫：《维俄辞典》（俄文版），莫斯科，1939 年版。

乃 20 世纪以来随着许多学科的交互渗透而产生的新兴边缘学科之一，研究语言的地域变体，亦即研究某种语言中方言的地域分布情况。巴斯卡科夫把我国的维吾尔族和居住在苏联中亚的维吾尔人所操的语言进行比较，提出了"新维吾尔语"的概念。他把"新维吾尔语"划分为四个方言群：（1）南部方言（喀什、莎车、和田、阿克苏），（2）北部方言（库车、吐鲁番、伊宁，包括塔兰奇语），（3）罗布诺尔方言，（4）甘肃方言（撒拉和撒里维吾尔）。B. A. 波戈罗迪茨基考述了突厥语的语言地理学分类法。他认为从中国移居哈萨克斯坦境内，自称维吾尔的塔兰奇人亦即古代回鹘的后裔，也曾是中国操突厥语居民，"维吾尔塔兰奇语在语言学分类法中的地位，是根据突厥语的地域特征而确定的"。[1] 正是俄国和苏联的学者们将新疆民族语言的比较和深入探讨推向了跨越国境的研究。

（六）佛教曾是古代新疆重要的宗教形式

早在贵霜时期，佛教通过漫长的"丝绸之路"从中亚取道新疆东传入华，对新疆的社会生活诸多方面产生了深远的影响，逐步成为当地重要的宗教形式。受贵霜王朝佛教文化的深刻影响，新疆与中亚地区的佛教建筑风格十分相近。彼此之间一些具有佛教因素的纪念性壁画和雕塑的特点亦极具共性，并朝相同方向发展。根据俄罗斯学者在中亚地区和新疆地区发掘的墓葬看，葬仪也具有共同特点。

1870—1885 年尼古拉·米哈伊洛维奇·普尔热瓦尔斯基，对中亚和中国新疆地区进行了四次勘查，主要进行自然环境和文物考古研究，揭开了一些鲜为人知的区域性科学之谜。他考察了新疆的水土流失和沙埋城市、绿洲情况后写道："古代和田、阿克苏和罗布泊曾经繁荣昌盛，这些地方存有 23 个城市、360 个村庄。然而这一切已被流沙吞噬，而不复存在。……如今每年秋冬季节，在和田等绿洲仍有往昔城镇、村庄的痕迹裸露出来。"在描述古代和田时，普尔热瓦里尔基记述"在和田东部及其克里雅（Керийский）河流域常现古城遗迹，过去克里雅河河道之宽度需 5—6 天行程。一路之上随时可见古代黏土修建的寺庙，内有镀金的佛像"[2]。

---

① B. A. 波戈罗迪茨基：《突厥—鞑靼语言学与其他突厥语之关系概论》（俄文版），喀山，1953 年版，第 220 页。

② 尼克拉伊·米哈伊洛维奇·普尔热瓦尔斯基：《从恰克图到黄河源头，西藏北缘和沿塔里木河经罗布泊之途考察》（俄文版），圣彼得堡，1888 年版，第 471 页。

1893—1895 年 В. И. 罗博罗夫斯基（В. И. Роборовский，1856—1910）和 П. К. 科兹洛维依（П. К. Козловый，1863—1935）在吐鲁番绿洲考察期间搜集到不少梵文、回鹘文和汉文写成的手稿文书。1908 年初，一支俄罗斯小型考察队在俄驻乌鲁木齐领事馆秘书 В. В. 多尔别热夫（В. В. Долбежев，1897 年毕业于圣彼得堡大学东方系满汉专业）率领下，自乌鲁木齐启程赴历史上的高昌回鹘政治中心别失八里（Бешбалык）。他们在到达吉木萨尔后从当地的维吾尔人和汉人处了解到，在距吉木萨尔北 11.5 公里处的胡堡子（Хупуцзы）村后有几处面积很大的废墟，当地人称其"废都"。这座以古城遗址呈现的建筑遗存之宏伟令人吃惊。考察队断定这片废墟就是别失八里废墟① ［220，88 页］。在考察以村命名的胡普子庙时，他们发现了四件佛教文物：一颗硕大的佛雕像的头和稍小的菩萨塑像头，一件坐佛和它被打掉的头部和一颗大石球。所有这些雕像都是砂岩做成。

1909 年 6 月 6 号以 С. Ф. 奥尔登布尔戈（С. Ф. Ольденбург）为首的探险队从圣彼得堡出发，到达塔城，继而前往乌鲁木齐。在乌鲁木齐的一片河谷地带，考察队发现了乌拉泊（Уланбай）古城遗址，在这里坐落着一处神庙，内墙上绘有保存极差壁画。奥尔登布尔戈认为，乌拉泊古城遗址是由贸易区，行政区以及神庙三个部分组成的。在发掘过程中他们发现了煅烧的红瓦碎片和三件圆形的陶瓷炉碎片，以及项链和硬币。之后考察队按照焉耆—吐鲁番—库尔勒—库车—拜城—阿克苏—喀什噶尔路线继续行进。途中考古探险队又发现了与乌拉泊古城建筑特点极其相近的乌沙克塔尔（Ушактал）古城遗址。在乌沙克塔尔河峡谷地带有两个洞穴，洞壁上绘有千手千眼观世音菩萨和红色阿弥陀佛形象的壁画。洞穴距离村落有 12 俄里（1 俄里即 1.0668 公里）。

在接近焉耆（Карашар）的途中，考古队频遇古城废墟。在肖尔楚克（Шорчук）考古队发现了一座不大的寺庙废墟，在寺院的庭院里散落着许多陶器碎片。从 1909 年的 8 月开始，俄罗斯学者们在这里进行了长期的考古工作。他们勾画出了地面祭祀中心废墟的总体平面图及建筑平面草图，其精力主要集中在标号 F－4 的一座神殿建筑。神殿内壁有古老的壁

---

① В. В. 多别耶夫：《别失八里遗址探寻》，《俄罗斯考古学会东方分会会刊》（俄文版），1915 年版，第 23 卷，第 88 页。

画，壁画的上部是后来新描的，但初始的椭圆形的画饰仍依稀可见，光环以及树木的轮廓清晰；其中有一幅壁画绘有一片池塘和 3 个人像。另外还发现了一尊从未着色，端坐在荷叶上的佛祖形象的石膏雕像。在对另一处废墟的发掘中，发现了多尊佛祖坐禅的雕塑，地上散落着硬币和一些风格特别的菩萨的头部雕像。在其后廊的一所小室内立着一尊保存完好的卧佛雕塑，其对面则是一排站立的佛像。考古队发现在后侧走廊和入口到主厅的两边，摆放着两尊雕塑。在奥尔登布尔戈认为，主厅壁画的人物形象很接近维吾尔人。在标示 K – 13 的殿堂摆放着双脚自然下垂姿态的佛像雕像。在 K – 9e 号室，队员们发现了"令人惊叹、极有趣的壁画"，画中绘有 5 个僧侣，2 个菩萨和几个其他人物。他们分析认为，这个古迹遗存中的里墙壁画显示了不同的绘画风格。

此后，С. Ф. 奥尔登布尔戈还率队前往吐鲁番的胜金口、柏孜克里克、吐峪沟、库车的苏巴什、克孜尔、库木吐拉等地。又从哈密等地到敦煌等地考察，在进行文物发掘的同时，也将所获得的大量珍贵文物：将近 2000 张壁画，丝绸、麻织物、纸质等绘画材料，约 10 万个回鹘文活字模具、记载和回鹘人社会生活的大量法律文书运回俄国。正如俄国驻中国新疆喀什噶尔领事 Н. Ф. 彼特洛夫斯基证实的那样："佛教文物遍布整个东突厥斯坦（新疆）。"① 大量保存完好的佛教文化遗迹再现了古代新疆历史和人文图景。

---

① Н. Ф. 彼特洛夫斯基：《喀什噶尔领事 Н. Ф. 彼特洛夫斯基对 С. Ф. 奥尔登布尔戈申请的回复》，《俄罗斯考古学会东方分会会刊》（俄文版）第 7 卷，1893 年版，第 293 页。

第二十二章 中亚史前文化的开端——
旧石器时代的文化

经过人类历史的漫长岁月，现今哈萨克斯坦共和国、乌兹别克斯坦共和国、土库曼斯坦共和国、吉尔吉斯斯坦共和国和塔吉克斯坦共和国所在的中亚地区，作为一个特定的历史文化区域受到国际学界的关注。

史前的中亚万古洪荒。然而远古人类就已劳动、斗争、生息和繁衍在这片辽阔的地域上。他们渡过了蒙昧时代的绵绵长河，而胜利迈向文明之途。今天中亚诸民族国家的分布格局正是历史前期先民迁徙并经过长期融合和积淀的结果。我们追寻中亚初民的活动及其文化发展的轨迹，旨在全面认识中亚历史文化严谨的脉络和规律性发展的全貌。

第一节 "有了人，我们就开始有了历史"[①]

旧石器时代，人类开始出现。人类为了生存，为了满足自身的基本需要，与自然地理环境进行了顽强的搏斗，从而创造了文化。可以说人类诞生之日起，便意味着文化的产生。旧石器时代的文化体现于生产工具以打制石器为标志。这一时期从两三百万年前开始至 1 万年前为止，占据了人类历史的绝大部分。在这个漫长的时间里，"首先是劳动"[②] 使人类无论是体质还是文化都从低级逐步向高级发展。所以，旧石器时代是研究中亚文化史不可跨越的时段。

旧石器时代相当于地质史上最新的一个时间单位——第四纪的更新世

---

① 恩格斯：《劳动在从猿到人转变过程中的作用》，人民出版社 1971 年版，第 16 页。
② 同上书，6 页。

阶段。那时，哺乳动物和被子植物已得到高度发展；人类的祖先——类人猿已变成猿人。古人类的出现成为这个时代最突出的事件。从此人类开始了自己的童年。早期人类生存的更新阶段，地球上的气候发生了剧烈的变化，出现了大规模的冰川活动。冰川的扩进和退缩，形成了寒冷的冰期和温暖的间冰期的多次交替，导致了海平面的大幅度升降，气候带的转移和动植物的迁徙、绝灭等一系列事件，都对早期人类体质的进化、文化的发展及居住范围的变迁发生过极大的影响。可见，人类从一开始就与第四纪地质①结下了不解之缘。因此，第四纪地质学的研究成果便成为我们研究中亚旧石器时代文化必不可少的依据。

中亚的地理区划属内陆亚洲腹地。要研究旧石器时代的中亚，上新世及其向更新世过渡时期形成的地层是最关键的环节。苏联学者用了近四十年的时间对中亚晚期第三纪—第四纪的植物、沉积岩、动物化石群和区域地层进行了科学普查，发现了人类活动的踪迹和人科的遗骸。② 位于中亚的天山南麓普遍为黄色砂质黏土岩系，阿富汗—塔吉克洼地的波利扎克（Полизак）岩系以及中亚的许多地区岩系都与之相同。波利扎克岩系的表层是库鲁克赛（Куруксай）岩层，也就是人所共知的丰富的上维拉弗朗期的动物化石群，年龄至少是 240 万年。

中亚位于欧亚大陆的中心，是一个干旱地区，干旱的气候对第四纪形形色色的地层构造产生了巨大的影响。苏联地质学家希尼村（B. M. Синицын）指出，"亚洲中部气候变干现象是整个第四纪期间发展着的，直到现在还继续着"③。由于中亚地区处于蒙古—西伯利亚高气压环流因子的影响范围，这里地表构造复杂，自然面貌多样，其中起重要作用的是风力堆积。平原边缘地带广泛分布着残积层和风成沉积，包括两相：砂土和黄土。高山地区有发育成熟的岩屑堆积和冰川，冲积层和洪积层遍布山前地带。尤其是天山两麓的平原地带和冲积锥对于研究第四纪地层极为有益。

在天山北麓和紧靠昆仑山的地方，第四纪地层的厚度达数百米，这里形成了比山前地带更明显的无规则的丘陵和谷地。另外，据区域地层测试反映，哈萨克斯坦东南部地区山前拗陷带始更新世的砾岩层厚度 1500

① 《中国大百科全书——考古学》，北京—上海，1996 年版，第 90 页。
② B. A. 拉诺夫：《中亚莫斯特文化前期研究的几个方面》（俄文版），莫斯科，1979 年版。
③ 《地理译报》，1956 年，第 4 期。

米—2000米。离山越远，砾岩逐渐变成砾石，渐次变成砂粒，尔后被粉砂和黏土所代替。[①] 这里由于处在干燥地带，是在漫长的地质年代中受强烈的寒冻风化，再经风力运积而形成的。还有分布在昆仑山东部和西部的黄土层也具有复杂的洪积层形成过程。这些都预示着寻找远古人类活动踪迹的前景。

近年来，不少学者对中亚区域地层学的分类进行了详细的研究。在这一地区第四纪地层分布面积广，厚度大，有着发育良好的河湖相堆积。这些地层特点构成了保存丰富的人类化石、文化遗物的基本条件，同时也成为研究中亚旧石器文化序列的重要基础。

旧石器时代是人类历史上古猿类过渡到原始人群，衍变成古人，进化为新人，即现代人（Homo Sapiens）而进入母系氏族公社的时期。中亚的先民也是依人类发展的规律从前进阶梯的底层，开始迈步，其心智能力通过经验知识的缓慢积累而逐渐进化。他们走过漫长的历程，创造了丰富多彩的文化，从而形成了不同的历史时期。本篇将分早、中、晚三期进行论述，以便与旧石器时代人类体质发展的直立人、早期智人（古人）、晚期智人（现代人）三个阶段相呼应。

第二节　旧石器时代早期文化

在中亚地区，旧石器时代早期文化首先出现于哈萨克斯坦。哈萨克斯坦共和国幅员广阔，地形复杂，不乏褶皱起伏、布满沙砾的丘陵地带。根据对其地质构造的研究发现，这里丘陵地带地层结构形成后基本没有发生变化，成为积淀旧石器时代各个分期遗物的前提条件。特别是黄色的石英岩、砾石遍布河流断丘和残丘的表层，形成打制石器的最好原料。1948年，苏联旧石器考古学家 Г. П. 索斯洛夫斯基在哈萨克斯坦境内偶然发现了第四纪时期的动物化石和粗糙石器。他预测"在哈萨克斯坦境内可能发现亚洲这一地区最古老的原始居民文化遗存"[②]。

---

① В. К. 什卡托娃：《哈萨克斯坦——苏联地层学，第四纪构造》（俄文版），莫斯科，1984年版，第1卷，第2分册，第26页。

② Г. П. 索斯诺夫斯基：《哈萨克斯坦旧石器时代的发现》，《苏联科学院通报》（俄文版），考古学丛书，第1卷，1948年版，第10页。

在哈萨克斯坦，旧石器时代早期文化可分为两个主要的分布区：哈萨克斯坦南部地区和哈萨克斯坦中部及东部地区。较早的遗迹和遗物出现在哈萨克斯坦南部。

著名考古学家 X. A. 阿尔贝斯巴耶夫在卡拉套山脉①及其分支地区发现了原始人的村落遗址。有学者根据卡拉套山东北端的鲍雷卡孜甘（Борыказган）和塔尼尔卡孜甘（Таниргазган）村落遗址推测，原始人在哈萨克斯坦南部出现的时间距今约 50 万年。② 这种推测是否精确，还有待于我们继续研究。在这些原始村落遗址显露出大量的粗糙的石制劳动工具，其中大多是形状不规则的燧石片，既大又重，形状和尺寸各异（长7—20 厘米，宽 5—8 厘米，厚 1.5—4 厘米不等），具有鲜明的克拉克当（Clactonian，Клактон）文化特征。苏联考古学家把这些遗物归于舍利—阿舍利文化时期（Cheulian – Acheulian，Шель – Ашельская культура），它们的地质时代相当于早更新世。③

但是，当时在这一地区存在的科什库尔干动物群，可以同苏联欧洲部分南部的蒂拉斯波尔动物群相对，而在哺乳动物种类的组成上可以同周口店猿人地点的动物群相对照。从地貌学和地质学的角度分析，鲍雷卡孜甘和塔尼尔卡孜甘处于第四纪中期初形成的地貌的剥蚀水平面上。考虑到地球上最早发现的猿人化石爪哇猿人（直立猿人）地质年代属更新世中期，距今 70 万—80 万年；世界著名猿人化石——北京猿人化石地质年代也属更新世中期，经古地磁法测定，其绝对年代不超过 69 万年；按照爪哇猿人和北京猿人的地点的年代客观地进行分析，把上述两地的遗物归入中更新世纪的阿舍利文化时期比较符合实际。

我们可以想象，那时，在哈萨克斯坦南部居住的原始人类，虽然还残存着某些猿类的特征，尽管思维还非常迟钝，但是已经懂得思考，已经能够制造和使用简单的劳动工具。恩格斯说过："没有一只猿手曾经制造过

---

① "卡拉套"一词在突厥语之中意为"黑山"。卡拉套山脉在中亚常用作专名，系指位于哈萨克斯坦南部的天山西北支脉和哈萨克斯坦的曼格什拉克山脉。

② П. 阿加波夫，M. 卡迪尔巴耶夫：《哈萨克斯坦古代瑰宝》，阿拉木图 1979 年版，第 53 页。

③ 克拉克当文化的时代相当于中更新世的明德—里斯间冰期，与阿舍利大体是平行发展的。这是一种以石片工具为特征的旧石器时代早期的文化。克拉克当文化的石片具有大的石片角和显著的或多个的半锥体，表明这类石片大多数是用火石结核从石砧上碰击取得的。

一把哪怕是最粗笨的石刀。"① 猿人和人之间的界限就在于是否存在和使用劳动工具。哈萨克斯坦南部原始村落遗址出现的那些用石头打制成的粗糙的劳动工具可以说明，在旧石器时代早期阶段，这里已有了原始人类的活动。

马克思指出："要认识已经灭亡的动物的身体组织，必须研究遗留的构造，要判别已经灭亡的社会经济形态，研究劳动手段的遗物，有相同的重要性。划分经济时期的事情，不是做了什么，而是怎样做，用什么劳动手段去做。劳动手段不仅是人类劳动力发展程度的测量器，而且是劳动所在的社会关系的指示物。"② 在所有的器物中，劳动工具对于我们研究那已逝去的遥远的蒙昧时代具有重大的意义。

"蒙昧时代是以采集现成的天然产物为主的时期，人类的制造品主要是用作这种采集的辅助工具。"③ 旧石器时代早期以采集经济生活为主的原始人已经能够根据所需工具的用途进行选材。他们在劳动的过程中了解了石头的特性，所以用石头创造的劳动工具在这个时代起了统治作用。人类根据需要把石头打制成器形相异、用途不同的石具，可分为：燧石刮刀、砍斫器、尖刃石器、砸石工具、石斧、石砧、石刀、石针等。而直角燧石片是其中最早的劳动工具之一。

位于卡拉套山脉西南坡的科内尔捷克（Конырдек）村落遗址处于第四纪早期形成的胶结砾岩的厚层，即海滩地以上最高的阿雷斯坦迪（Арыстанды）阶地。④ 这里显露出大量的直角燧石片，具有克拉克当文化的特征。同时发现的还有大块的燧石料，火石结核。显然那些石片是用火石结核碰击而成的。

位于今哈萨克斯坦江布尔州塔拉斯地区的鲍雷卡孜甘和塔尼尔卡孜甘村落遗址内散布的石器十分有限。但是在遗址周边，燧石片随处可见。这两个点出土的旧石器早期时代的器物可分为单面砍斫器、双面砍斫器、厚重的石片、大型的火石结核四组，其中第一组占多数。这种砍斫器与东南

---

① 恩格斯：《劳动在从猿到人转变过程中的作用》，人民出版社1955年版，第2页。

② 马克思：《资本论》第1卷，人民出版社1953年版，第194—195页。

③ 恩格斯：《家庭、私有制和国家的起源》，人民出版社1972年版，第25页。'

④ 哈萨克斯坦共和国国家科学院以 Ч. Ч. 瓦里汗诺夫命名的历史学和民族学研究所，А. Х. 马尔古兰命名的考古研究所：《哈萨克斯坦历史概论》（俄文版），阿拉木图，1993年版，第8页。

亚和非洲阿舍利文化①所在地出土的粗糙石器没有大的区别。它们都具有鲜明的巨砾表现形式，经过加工的一端尖利，而另一端或保留原有的砾石硬层，或稍加修理。据此，这两个点也被划归阿舍利村落遗址。②

旧石器时代早期，一般采用砾石作为打制石器的原料。人们为了打制石器先是有两块石头相互打击，这种技术被称为砾石文化。后来出现了砸石工具，以取得更好的使用效果。这种砸石工具通常被加工成柱型或圆形，有明显的打制痕迹。卡拉套遗址发现的旧石器早期的器物中就具有明显用上述技术加工的特征。这些器物大都是有目的地从两面打制，而形成曲折的刃缘。在中亚，砾石文化的两面加工技术，尤以克拉克斯诺沃斯克半岛的平原地区以及晕格什拉克半岛和丘陵地区的萨雷—阿尔干为代表。

卡拉套遗址的石制品多发现于地表 64 米以下的第 6 条古土壤中，包括石核、石片和石器，原料为变质岩。石器类型有用砾石和石片制作的粗大的单面砍斫器和留有大部分破损的刮削器。个别石片显示出一种原始勒瓦娄哇打片技术的面貌。据认为是从当地文化演化而来的。③ 在哈萨克斯坦的东部和中部也有一些旧石器时代早期遗迹的层积贮藏。旧石器时代早期人类在哈萨克斯坦中部和东部地区的出现要比哈萨克斯坦南部晚得多。那时的原始人大多居住在巴尔喀什湖沿岸。

1989 年 И. К. 塔依玛加姆别托夫④在哈萨克斯坦东部发现了这一地区最原始的科孜拜依（Козыбай）村落遗址。它处于科尔古特河畔（Колгуты），距库尔楚姆斯克（Кулчумск）地区的喀拉托盖（Каратогай）村不远。在这里的一片高阶地的坡面上发现了一些双面砍斫器和黑色燧石片。

在哈萨克斯坦中部位于萨雷—阿尔卡城东北边的库台科里（Кудайколь）村落遗址也呈现出阿舍利文化的遗物，数量虽然不多，但是都是用黑色和灰绿色的燧石打制而成。其中有一种燧石刮刀，多半是用于刮割动物皮毛和劈削树木，也有大量的石核。另外在这个遗址还出现了

---

① 阿舍利文化是旧石器时代早期文化。因最初发现于法国北部亚眠市郊的圣阿舍利而得名。该文化也广泛分布于非洲，并达到亚洲。

② X. A. 阿尔卓巴耶夫：《奥尔都瓦、马加捷维安的工业及其与卡拉套制品的关系》，《在哈萨克斯坦的探查与发掘》，阿拉木图，1972 年版，第 47—56 页。

③ 《中国大百科全书——考古学》，中国大百科全书出版社 2000 年版。

④ 哈萨克斯坦共和国国家科学院以 Ч. Ч. 瓦里汗诺夫命名的历史学和民族学研究所、A. X. 马尔古兰命名的考古研究所：《哈萨克斯坦历史概论》，阿拉木图，1993 年版，第 15—16 页。

采用克拉克当技术创造的石斧和石片。石片是修理手斧时产生的，可用作石刀。

在这里，更进步的石器加工技术——勒瓦娄哇技术已经出现。这种技术是在石片从燧石石核上剥离下来之前，先将石核加以修理，经修理后的石核像倒置的龟甲，打下的石片，一面平整，一边凸起，锐利的刃缘像一把石刀，刀片的表面常常留有修理的痕迹。这种技术在亚洲的其他旧石器时代的人类群落都有发现。勒瓦娄哇文化取代了阿舍利文化，然而勒瓦娄哇技术的传播却是在下个时期。

西方学者 H. L. Movius 曾提出，"在旧石器早期，存在着两个局部地区。其中之一是印度半岛、欧洲南部和西部、西亚和非洲，其居民以手斧文化为主；另一个地区是印度西北部、缅甸、中国、爪哇，这里的居民主要使用双面或单面砍斫器"。[①] 对 H. L. Movius 的观点，存有许多反对意见。从考古发掘的遗物看，中亚是旧石器时代早期单、双面砍斫器及手斧文化并存的所在地。在中亚克拉克斯诺沃斯克至阿什哈巴德的古残丘脚下发现了一些古老的石片和两件石斧，它们与阿舍利晚期的石器相似。

但是，在中亚发现的旧石器时代早期的文物中，大量的是以石英岩砾石为原料，单面和两面交互打击的砍斫器。具有代表性的是卡拉套遗址的出土物。

除去卡拉套遗址外，在距其以东 250 公里的拉库蒂遗址，旧石器时代早期的石制品出自地表以下 63 米的黄土层中，打片技术与卡拉套遗址的遗物相比又有了进一步的发展，已经可以利用单面和多面石核打制石片，石器类型出现了有比较规整的砍斫器和锯齿状工具。

在中亚发现的旧石器时代早期的物质文化在器形的技术上明显接近亚洲地区发现的同时代的劳动工具的特点。其间的"类似和同一性"[②] 可以说明，这一时期，中亚在文化关系上与亚洲地区有着密切的直接的联系。

以上在叙述中亚旧石器早期不同地区出现的文物时，常把它们归于某种文化类型。这里除了指表现为同一地域内相同的物质文化现象外，还有

---

① H. L. 莫维斯：《南亚、东亚的早期人与更新世地层》，《皮博迪博物馆远古人种论文》，马萨诸塞、剑桥，1994 年，第 3 期，第 284 页。

② 哈萨克斯坦共和国国家科学院以 Ч. Ч. 瓦里汗诺夫命名的历史学和民族学研究所、A. X. 马尔古兰命名的考古研究所：《哈萨克斯坦历史概论》（俄文版），阿拉木图，1993 年版，第 9 页。

另一种概念，那就是也指发现于不同地区，甚至是世界各大洲的，但在基本特征中都存在相似处的人类活动的遗迹。这些遗迹表明人类社会的技术进步和社会发展的一定阶段。譬如，与阿舍利文化、克拉克当文化等相近的器物，在欧洲、非洲和南亚都有发现。这些遗存彼此相距遥远。这里所说的中亚某一遗存具有某一种文化的特征，并不是说它起源于某种文化，只是指其技术和某种文化因素的发展水平相同而已。在中亚出现的类型学上相似的物质文化现象可能是考古学中所说的"幅合"所致。也就是说，某些不同的，往往彼此居住距离很远的原始群落，他们在具有相同的社会、经济和地理条件，以及原始技术的情况下，在生活和物质文化方面产生了相似现象。当然也可能是由于相互借用或迁徙所致。

第三节　旧石器时代中期文化

旧石器时代中期，年代为维尔姆冰期的前半期，距今约六万年。经过长期的艰苦劳动和斗争实践，这一时期的人类的体质结构有了相当大的进步，与现代人更相似了。虽然他们还保留着一些原始人的特点，但已到了古人，也称早期智人阶段。古人的智慧比猿人明显发达，劳动经验逐渐丰富，劳动工具有了相当的改进，劳动技能也有了进一步的提高。

古人除了使用石器猎取食物外，而且已经发明了刮削、挖凿和缝纫的技术，他们把骨头制成骨针，用这种针把兽皮制成简陋的衣服。

为了在环境条件严重恶化，气候日益变冷的情况下得以生存，古人已开始人工取火。有了取火技术，不仅扩大了人们的活动范围，而且大大加强了人对自然界的控制力量。人在自然界的位置也提高了。正如恩格斯所说："就世界性的解放作用而言，摩擦生火还是超过了蒸汽机，因为摩擦生火第一次使人支配了一种自然力，从而最终把人同动物界分开。"[①]

在原始社会的最初阶段，人类的组织形式是原始群。经过悠久的岁月，随着生产力的发展，社会组织也有了改变。古人的社会组织大体上已脱离了原始群居乱婚的状态，进入血族群婚的阶段。"这种婚姻关系是他

---

① 恩格斯：《反杜林论》，《马克思恩格斯全集》，人民出版社1972年版，第20卷，第126页。

们的社会组织的基础，也是从原始人群过渡到氏族制度的一个重要环节。"①

随着人类历史的巨大进展，旧石器时代中期的中亚文化也进入了一个空前繁荣的阶段。首先表现于石器工艺的进步，区域性的特点比前一时期似乎有所加强。这一时代的代表性文化遗存是阿舍利文化（Achelian，Ащельская культура）和莫斯特文化（Mousterian，Мостьерс каякультура）。

莫斯特文化是旧石器时代中期出现在欧洲南部和西部、非洲和亚洲某些地区的文化。地质年代为晚更新世。莫斯特文化因法国列—莫斯特洞穴而得名，是由旧石器时代早期的勒瓦娄哇文化（Levalloisian，Леваллуарская культура）、克拉克当文化（Clactonian，Клактонская культура）和阿舍利文化融合而成的。莫斯特文化的石制品大多数属于石片工具制作系统。用石片精心制作的边刮器和三角形尖状器是该文化的特征性器物。此外还存在带缺口的石器，用石灰岩制作的石球和用盘状石核制作的小型手斧。莫斯特文化时期，人们已学会使用骨质工具，包括粗制骨针。其居民从事狩猎业和采集业。

莫斯特文化遗存在中亚五个共和国都有发现。1938—1939 年苏联考古学家 A. 奥克拉德尼科夫在乌兹别克斯坦南部的吉萨尔岭支脉，海拔高度 1500 米处发现了捷希克—塔什洞穴（宽 20 米，深 21 米）。洞内有一儿童墓葬。从此著名的早期幼童智人化石便公之于世。这个古人儿童七八岁。根据他的体质特征，学者认为这是尼安德特人的儿童墓葬，故认其为"捷希克塔什—尼安德特人（Тешикташкий неандертальц）"。与之一起被发现的还有属于莫斯特时期的石器，说明他们是旧石器中期时代莫斯特文化的创造者。

捷希克—塔什岩洞有五个文化层。目前比较一致的看法是下层被归入莫斯特早期，以上的四层被定为莫斯特发达时期。出土物有单面和双面盘状石核、三角形石核、具有宽阔打击面的石片。石制工具有刮削器、尖状器、切割器、由扁平砾石制成的典型砍砸器以及带有修整痕迹的石叶刀。上述种种石器都是用矽质灰岩制成。每个文化层都有遗留下的火堆和食物的残迹以及制作和使用石器的痕迹。特别是灶址的周围有很多动物骨骼，主要是山羊的遗骨，此外还发现野猪、马鹿、豹和飞禽的骨化石。这些情

---

① 郭沫若主编：《中国史稿》第 1 册，人民出版社 1976 年版，第 17 页。

境反映出在这里穴居的人们捕猎归来，围在炉灶周围用火熟食、取暖御寒的生活方式。

捷希克—塔什尼安德特幼童化石的发现是对中亚文化史研究的重大贡献。出现于旧石器时代的尼安德特人是人类在北京猿人代人之间的一个阶段。由于目前发现的旧石器时代早、中期的古人类化石很少，特别是完好无损的遗骨更为罕见，所以保存较完整的中亚捷希克—塔什幼童化石就显得更为珍贵。半个多世纪以来，学界对它的研究异设纷歧，迄无定论。

讨论的焦点之一是捷希克—塔什尼安德特人童化石的人类学关系问题。许多学者根据对北京猿人的研究，认为旧石器时代早期在东亚已经形成了蒙古人种的某些特征。相比较而言，捷希克—塔什尼安德特人的外形与后来的欧罗巴人种有着更加密切的渊源关系。他们由此得出一个结论，与中国相比较，从那时起，在中亚地区活动的古人"已经进入了另一个一直延伸到旧大陆西部的古人类关系的区域"。[①]

匈牙利学者 A. 托马针对这种观点提出，捷希克—塔什人的头骨形态与现代蒙古人种的头骨更加相似。他认为，捷希克—塔什人和现在北亚居民之间有着遗传关系。虽然关于尼安德特人的问题众口纷纭，但是随着考古研究工作的不断开展，尼安德特人的骨骼在欧洲、亚洲和非洲的许多地方都有发现，这一点至少说明尼安德特人并不是旧石器时代早、中期居住在欧洲某一个地方性的群体，而是分布在旧大陆广阔的地域上的。

捷希克—塔什是世界著名的旧石器时代的遗存之一，但是它并不是中亚地区唯一的旧石器时代莫斯特文化的遗存。在阿姆河和锡尔河流域还发现了一系列同时代的文化遗存。1947 年在泽拉夫尚（Зеравшан）山脉的阿曼—库坦（Аман－кутан）洞穴发现了这一时代莫斯特期的工具。这个洞穴位于撒马尔罕南面 45 公里处，出土了丰富的动物化石和器形繁多的石器，主要有盘状、原始棱柱形的石核、石片和修整过的石叶，其中包括极个别的齿状刮削器以及小刮削器。该洞穴的物质文化遗存与捷希克—塔什遗物群极其相近。

在离捷希克—塔什不远的拜松套山还发现了这个时代的另两处人类文化遗存：阿米尔—捷米尔和塞尔—温古尔斯克遗骸，为中亚古人类学的研

---

① В. П 阿列克谢耶夫、Т. К. 霍加诺夫：《中国与中亚：古代居民人类学》（俄文版），塔什干，1886 年版。

究提供了极有价值的实物资料。

撒马尔罕西南的 100 公里处的库图尔布拉克是一个多层的莫斯特文化遗址。这里划分出 5 个文化水平层，在第二层和第三水平层发现了用火遗迹和灰烬夹层。这个遗址出土的石器基本上是用石英岩和闪光岩以及燧石制成，最多的是盘状石核，也有规整而有棱角的石叶。石制工具有直边、凸边、曲边及双刃的刮削器和尖状器。

属同一类型的遗址还有乌兹别克斯坦的库里布拉克遗址，它位于安格连（Ангрен）河右岸。该遗址有 9 个文化层，其中上面三层属晚旧石器时代，以下 5 层属莫斯特时代，最下面一层属晚阿舍利时期。这一时期的劳动工具都是用燧石和硅质页岩制成，有厚大的盘状石核和宽平劈裂面的大石片。莫斯特文化层的石器特点：1. 石片大都被修理成各种形状；2. 石核中有的被一直加工到边缘；3. 石制工具以刮削器为主，器型多样，有侧刃、横刃及竖刃，许多被加工修整为齿缘和凹缘。但是至今，在中亚地区尚未找到属齿状莫斯特的工具系列。

莫斯特文化时期标示着一种新的石器加工技术的诞生。但是在中亚的某些地方砾石器加工技术仍在继续。这一类的遗址在哈萨克斯坦南部和中部地区已发现有不少遗留。

1958 年 X. A. 阿尔贝斯巴耶夫在哈萨克斯坦南部的卡拉套山发现了一处遗址，便以 Ч. Ч. 瓦里汗诺夫命名。该遗址处于今南哈萨克斯坦州阿尔加巴斯克（Алгабасск）地区阿雷斯坦迪（Арыстанды）河右岸。在地下 2.30 米至 7.20 米积淀有五个文化层。在不同深度的水平层发现有石器、篝火痕迹以及马、赛加羚羊和赤鹿等动物骨化石。目前，这是在哈萨克斯坦发现的唯一一处莫斯特文化最初形式的遗存。出土的石器群和文化习俗的痕迹证实，处于莫斯特文化原始状态的狩猎者们由于劳动生活的积累，已经发现了越来越多可资制造劳动工具的原料，这就使他们的生存空间有了更大的选择余地，在资源丰富的地方固定居住下来。可以说，实际上从莫斯特文化时期开始，旧石器早期时代已经结束，一个新的时期已经到来。

1986 年，Б. Ж. 奥别克罗夫和 O. A. 阿尔秋霍夫在考察晚更新世科什库尔干（Кошкурган）动物区系学综合地层类型时发现了科什库尔干莫斯特文化遗址。这个遗址位于原奇姆肯特州（今南哈萨克斯坦州）东北 18 公里的突厥斯坦市。科什库尔干遗址的东南缘有充足的水源。由于强大的水流的冲击，许多动物骨化石被冲到地表，为动物区系学综合研究提供了珍贵的资料。因此这里的地貌也得到很好的研究。科什库尔干遗址是一个偏南部的大洼地，洼地剖面的阶层表明，最古老的地层位于早更新世地貌表层之上，与附近的泉眼有关。

Б. С. 科江库洛娃女士对这里的动物化石群进行鉴定后确认，其年代属早更新世时期。与动物化石群混杂在一起的石器形制复杂。根据从事这项研究工作的 Ф. 波尔德制作的明细表，在 63 件属旧石器时代的工具中就有 48 种器形；但仍以莫斯特文化类型为主，占 58%；旧石器晚期的占 2.6%；阿舍利时期的占 1.0%；齿状工具占 6.5%；勒瓦娄哇类型的占 12.6%。上述石器是用各种原料制成，39.3% 采用白色石英石，24.3% 用浅灰黄色的砂岩，27.5% 是用不同颜色、性质良好的硅质岩石：碧石、玉燧、燧石、硅质粉砂岩，5% 运用晶状喷发岩，3.8% 用浸析到粘土状的硅质泥板岩。这些器物都是就地取材打制成的。

Ж. К. 塔依马加姆别托夫、О. А. 阿尔秋霍夫、Б. Ж. 奥别克罗夫对石器进行综合分析之后得出结论，科什库尔干遗址是非勒瓦娄哇技术的莫斯特文化遗存，地质年代属晚更新世中期。至于动物化石群与莫斯特文化石器群及岩层不一致，地层数据和地层标志产生分歧的问题，学者们也提出以下几种可能：

1. 器物或骨化石再沉积。

2. 古动物化石层在部分发掘后与位于泉眼旁的遗址的物质文化混合。

3. 由于古动物化石群漂移与一些从岸上冲到河床里的当地村落遗址的工具混杂在一起。

莫斯特文化科什库尔干遗存的发现，说明南哈萨克斯坦州是旧石器时代人类活动的一个集中点。这一遗留对于研究和了解欧亚接点旧石器文化的进程具有重要的意义。在哈萨克斯坦东部额尔齐斯河上游及其右岸支流的纳雷姆河和布赫塔尔马河畔也发现了一些莫斯特时期的石器地点。尤其是卡耐村和斯文恰特卡镇附近的采集物具有鲜明的莫斯特文化的特点。这些石器地点和遗物还有待于进一步的研究。

在哈萨克斯坦中部也有莫斯特文化时期的遗址。比较重要的是位于伊希姆（Ишим）河左边支流巴特帕克（Батпак）河上游处，距卡拉甘达

北 80 公里的巴特帕克遗址。① 一部分莫斯特文化的石器都埋在地层深处
与动物骨化石混在一起。经 M. H. 克拉普丘克（M. H. Клапчук）研究后，
确定为莫斯特文化遗存。1987 年 Ф. Ж. 阿吉雅诺娃（Ф. Ж. Акиянова）
研究了该遗址的剖面图，她发现了灶迹与散落在周围的已经烧焦的动物遗
骨，还有一些用彩色碧石打制的石器。地层剖面的研究表明，在第四纪时
期从早更新世到全新世巴特帕克河上游的沉积状态发生了多次的变化。
1989 年，经苏联有关专家确认巴特帕克岩系早第四纪年令的资料已列入
哈萨克斯坦中部的区域地层图。

　　从 1986 年到 1989 年，考古学家们进行了大量的工作，收集到许多新
的资料。根据剖面上部工作的收获证实，劳动工具都处于第二期地层，没
有形成文化层。在最下层找到几个石器的残片，有磨损的痕迹。有学者认
为属旧石器时代早期和中期。但是对于其地质年令的解释还没有足够证据
的事实，仍然是各抒己见，众说纷纭。1984 年，哈萨克斯坦考古学家
Ж. К.，塔依马加姆别托夫发现了一些新的莫斯特时期的文化遗存，其中
有奥吉兹—套（Огиз – Tay）1 号和 2 号地，乌尔根阿克—马雅（Урген –
Акмая）遗址。这几处都位于杰兹卡孜甘（Жезказган）州的阿卡迪尔
（Агадыр）地区。石器群埋藏在泉水旁一个不太高的山坡上。石器有盘状
石核，与其并存的还有初期的棱形石核和等边对称的三角形石片；工具有
单面石斧和双面石斧、燧石刮刀以及其他有缺口的器具。这些器物都是用
当地原料——灰色石英岩打制的。从石器的器形分析，加工技术有了明显
的进步。学者们认为上述遗址当属莫斯特文化早期，也不能排除早在阿舍
利时期就存在的可能。萨雷—阿尔卡遗址也具有明显的莫斯特文化特征。
典型的莫斯特石器和比较发达的勒瓦娄哇样式以及大量的克拉克当类型的
石片在这里汇合。巴尔喀什湖西南的汉套山石器制造场遗址显露了哈萨克
斯坦最大的有着勒瓦娄哇类型的阿舍利传统的莫斯特器物群。

　　上述这几个哈萨克斯坦中部的遗存具有一个共同的特点，其石器都处
于地质底板的表层和原始地层。A. T. 梅多夫指出，"这种现象是由于人
类活动时在萨雷—阿尔卡地区大规模的剥蚀作用和堆积作用引起的"。②
哈萨克斯坦西部，包括曼格什拉克半岛的旧石器时代的遗存也值得一提。

---

①　《伟大丝绸之路上的考古遗存》（俄文版），阿拉木图，1993 年版，第 13 页。
②　A. Г：梅多夫，《萨雷—阿尔克的古代旧石器时代》，《苏联哈萨克苏维埃社会主义共和
国科学院通报（社会科学版）》（俄文版），1964 年，第 4 期，第 77 页。

奥涅热克（Онежек）遗址群有七处，相互毗邻，但是出土的器物形制复杂，几乎每一处都有早期和中期的器形。因此对这个遗址没有进行明确的文化分期。这个遗址群处于奥涅热克山麓峡谷的边缘地带，这里有丰富的硅质岩。自然条件决定了奥涅热克遗址群的工业。石器有石核、燧石刮刀、石镖和大量的石片，还有大型的勒瓦娄哇石片的半成品，长 30 厘米。奥涅热克的原始工业流露出明显的表征，此时已经具有对称的三角形和直角的石核及一些加工良好的石具。在这里可以追寻旧石器早期和中期石器加工技术的发展进程，以及中亚早期人类生活的状态。

在辽阔的阿尔泰地区也呈现出莫斯特的遗存。最典型的是阿尔泰西南伊尼河中游的斯特拉什纳亚洞穴。石器中有盘状单面石核，带有平整的使用面和倾斜打击面的石核，长三角形的石叶、尖状器、用石片制成的简单侧凸刃刮削器等。整个地层中的器物的面貌都具有明显的勒瓦娄哇风格。勒瓦娄哇文化是旧石器时代中期至晚期的文化，以一种预制石核为特色。这种预制石核技术被称为勒瓦娄哇技术。这种技术并不只是在一个旧石器时代人类的群落中产生过，在南非、东非相应的文化层都有发现。在亚洲修理台面的技术也出现于旧石器文化中。

另一处是乌斯特坎洞穴，它位于恰雷什河上游。这个洞穴尚未得到全面的研究。С. И. 鲁金科[①]指出，这个年代的遗址定在最后一次阿尔泰冰期到来之前的温暖时期。乌斯特坎洞穴遗址中大量的凸侧刃和横刃的刮削器，属于勒瓦娄哇类型的莫斯特文化。在乌斯特坎岩洞中与石器共存的还有丰富的动物群。其中最多的是盘羊骨和蒙古兔，还有马、野驴、棕熊、瞪羚、螺旋角羚羊等 10 多种，鸟禽有红嘴山鸡、阿尔卑斯寒鸦和阿尔泰雪鸡等 12 种。动物群的面貌证实了岩洞附近还有着草原地带。

关于阿尔泰莫斯特文化遗存的资料比较丰富。这些遗址都与中国新疆地区毗邻相居。距我国新疆最近的一处旧石器中期的遗存是吉尔吉斯斯坦共和国的托索尔（Tocop）勒瓦娄哇—莫斯特文化（levalloisian－mousterian，Леваллуа－мустьерская культура）遗址。该遗址距阿克苏河仅 135 公里，[②] 其遗物处于再沉积的状态。研究成果表明这一遗址属莫斯特文化末期、处于旧石器时代中期和晚期之交。

---

① З. А. 奥普拉莫娃：《苏联亚洲部分的旧石器》，古方译，《新疆文物》1997 年第 1 期。

② В. А. 拉诺夫、М. Б. 尤努萨里耶夫：《伊塞克湖流域考古遗迹莫斯特文化遗址研究初其成果》（俄文版），伏龙芝，1975 年版。

　　在中亚发现了不少旧石器时代的居址，大致可分为四种类型。在原始社会的最初阶段，即旧石器时代的早期和中期，人类的社会组织为了遮风雨、御严寒、防野兽选择了不同的地方作为群居的住所。他们多半居住在岩洞和山洞里，或住在难以逾越的山坞峡谷之中，有时也住在河岸上开阔的露天场地。

　　在哈萨克斯坦南部的一些河流阶地和数千米宽的冲击层地带往往显露出一些原始人打制的石器。由于水流和砂石日久天长的冲磨，这些冲击物原本极其粗糙的器表已经变得非常光滑。学界把原始人类居住的这种遗迹称为冲击地。这是第一种类型。

　　第二种类型是露天村落遗址。属于这一类的居址有小阿拉套山脉东北部的鲍雷卡孜甘、塔尼尔卡孜甘、沙巴克提（Шабакты）、卡赞加普（Казангап）露天村落遗址、乌兹别克斯坦的库里布拉克和库图尔布拉克露天遗址。在这些居址地层的无移动状态下，仍然保留着远古人类活动的印痕和遗迹，文化水平层依旧完好无损。原始人群生存的基本来源是采集野生植物和猎取小动物。这样一来，就必然要求一个群落不断迁移到新的地方。他们燃烧过的篝火痕迹和遗留的劳动工具不久便被土层覆盖。嗣后，另一些居民又迁到这里。这样就形成了多层原始居民点。卡拉苏（Карасу）村落遗址就是多层居址的典型，在这里可以追踪从阿舍利时期开始，原始人群在中亚活动的各个阶段。

　　第三种类型是"壁龛式"洞穴。乌兹别克斯坦的捷希克—塔什岩洞属于这一类型。这种天然居所具有固定性和长久性。几代更替，每代人都留下了自己生活的痕迹。因此这类居址往往会出现几个文化层。目前确定为旧石器时代的哈萨克斯坦南部的喀拉翁古尔（Караунгур）洞穴和额尔齐斯河畔的"洞穴"村遗址都属于这一类型。

　　第四类遗迹是采石场。典型的是南哈萨克斯坦和巴尔喀什湖沿岸的采石场。这些居址位于山坡顶，有大量坚硬的岩石。场地布满了形状各异的石片和已打制成的石器。根据考古学者的研究，这里的文物多属阿舍利时期。

第四节　旧石器时代晚期文化

旧石器晚期文化产生于前 4 万年至 1 万年。这个时期，人类已散居在地球上不同的气候带。大自然不仅为他们提供了生活的源泉，同时也是压迫他们的强大外界力量。早期的人类在漫长的劳动岁月里，在与自然界进行艰苦的斗争中，不仅顽强地改造了自然，也改造了自己的体质。新智人的出现，标志着现代人种开始形成。与此同时，人类社会的物质文化和精神文化也得到进一步发展。于是外婚制出现，并直接导致了一种新的社会形态——氏族公社的产生。

氏族作为原始社会的基本经济单位，在这一阶段以母系氏族公社制度为其典型的形态，由母亲血缘关系的亲族组成。中亚的先民也和世界上许多别的民族一样经历了母系氏族公社的兴盛时期。

那时每个氏族公社不仅有了自己的名称，而且也已经有了最原始的宗教观念。在生产力极端低下的条件下，人们不能正确地认识自然力和自然物，也无法有效地征服大自然。生活在不同环境中的各个氏族为了祈福攘灾，就有了不同的崇拜对象。据考古资料反映，那时在中亚的东部地区由于以狩猎经济为主，而把动物作为一种崇拜。在此基础上，通过把动物作为一种形象的象征，取得战胜野兽的信念。那个时期出现了许多具有魔力色彩的生活器具和遗迹，为我们留下了最鲜明的原始艺术。在乌兹别克斯坦共和国的查拉乌特—萨依遗址的岩石上留有原始人的彩绘。[①] 苏联的考古学家将其中一部分指认属于旧石器时代晚期。至于这些岩画是否确属这个时期，可能还需做进一步的考证。在旧石器晚期时代，与原始宗教的发生相联系并反映"阴世"观念的某种葬仪已经形成。诸如在死者的尸体上涂红色的颜料，前胸用穿透的贝壳和野兽的巨齿制成的项饰物美化，双腿带有猛犸牙骨制作的脚链，在用兽皮缝制的衣服上配饰花朵编成的花带，墓葬多用燧石和兽骨堆积。

上述种种说明，在旧石器时代早期，原始人类的经济形态和社会关系发生了巨大的变化，人类文化有了较高水平的发展。伴随着新的技术的不

---

① 　A. Л：蒙盖特，《苏联考古学》，中国科学院考古研究所资料编译，1963 年版，第 60 页。

断出现,在每一个地区又出现了某些生产技术上和文化上的地方性特征。在与帕米尔东部之西相连的"阿富汗—塔吉克洼地"(Афган - таджикская депрессия)发现了一些旧石器时代的遗存,最近的一处距我国新疆境界 400 公里。[①] 分布在帕米尔东部,处于阿富汗、塔吉克斯坦和中国新疆交界处的旧石器时代晚期的文化遗存系马尔坎绥斯克文化(Маркансуйская культура)。[②] 其特征表现为经过修饰的大型器物,并开始孕育压磨的薄片,尖利小巧的日用器具双面加工的箭头。而几何形的细石器尚未出现。有学者将这种文化关系归属于费尔干纳的旧石器晚期文化。

关于中亚晚期旧石器时代遗址,最初是由 А. П. 奥克拉德尼科夫在 20 世纪 40 年代发现的。这就是位于克拉斯诺沃斯克半岛的扬卡詹 II 石器制作场遗址。奥氏在土层疏松的残丘脚下采集到一些晚期旧石器的制品,大部分是天然石结核和砾石块。石核有近似莫斯特类型的盘状和带有剥片疤痕的原始棱柱形,细长而规整的石片是从石核上获得的。有学者把扬卡詹遗址和南塔吉克斯坦的一些遗物与阿富汗的卡拉—卡马尔洞穴一起归入同一类,把这一类遗物称为中亚晚期时代的卡拉卡马尔类型。[③]

另一处遗址位于塔吉克斯坦的伊斯法拉河谷。在这里采集的大都是用白色透明、质料良好的石块以及黑色、绿色石块制成的石器。其特征表现为棱柱形石核、端面、圆形和盘状刮削器,带两条修整边的尖状器和薄石片,还有一种特殊的尖状器,它有一条经加工修整的凸边,另一条锋利的边则没有加工的痕迹。苏联考古学家 В. А. 兰诺夫和 А. П. 奥克拉德尼夫都指出了这些遗物与北非的旧石器时代晚期的卡普萨风格存在着联系和相似性。[④]

在塔吉克斯坦雅克苏河畔高出河面 50 米的阶地上发现舒格诺乌遗址,海拔 2000 米。在 12 米厚的黄土堆积中有 5 条平均厚 0.2—0.4 米的文化层,其中出有大量的棱柱状石核和石叶,莫斯特型工具以及刮削器、端刮器和尖状器。动物化石有马、野牛、绵羊、山羊和土拨鼠。根据孢粉分

---

① В. А. 拉诺夫:《塔吉克斯坦的石器时代,旧石器时代卷》(俄文版),杜尚别,1965 年版,第 89 页。

② У. 伊斯拉莫夫:《丰富的文化》(俄文版),塔什干,1980 年版,第 120 页。

③ З. А. 奥普拉莫娃:《苏联亚洲部分的旧石器》,古方译,《新疆文物》1997 年第 1 期。

④ 同上。

析，当时的气候与今天的干热气候相似。在深 50—60 米处的阶地冲击层，草本植物花粉约占 70%，也说明了这一点。这个遗址的沙质黏土层分为两部分。与下层部分有关的是 3 个文化水平层。在第二水平层发现的遗物最多。这里的灶穴填满了灰烬，周围呈现出受火烘烤的地面，灶迹篝火附近有一些马、牛、羊遗骨。在这个水平层发现有大量劈裂的石块，粗大的石片，还有用薄石片制成的端刮器、圆形刮削器、尖端形器。上述迹象都表明人类曾在这个遗址短暂地居住过。这里很可能是一个临时的狩猎营地。

乌兹别克斯坦撒马尔罕遗址也是中亚旧石器时代晚期的重要物质文化遗存之一。在乌兹别克斯坦撒马尔罕遗址，属晚更新世的坡堆积物中发现了大致属于旧石器晚期的 3 个居住层。共出土 7000 多件石制品，包括莫斯特型的石片、石叶、尖状器、砍斫器以及一些典型的晚期石制品。后者有小石叶、细石叶端刮器和半月形刮削器。动物化石有骆驼、野牛和鹿。还发现了晚期智人的两块下颌骨、肱骨残片和牙齿。据 B. B. 金兹布尔格鉴定，1962 年发现的带有 9 颗牙齿的下颌骨属于一个 25 岁左右的克曾马农类型的女性。经 B. R. 泽森科娃鉴定，1966 年发现的另一个下颌骨比较完整，上面有 10 个牙齿完好无损。它与前一个下颌骨相近。石器群中有用小石片和薄石片制成的端刮器、尖形器及切割器。有学者认为撒马尔罕遗址与西伯利亚和蒙古人民共和国的同类遗存相似，年代大致为距今 2 万—1.5 万年。

在哈萨克斯坦的东部、南部和中部也找到了旧石器时代晚期的遗存。在哈萨克斯坦东部的额尔齐斯河附近有卡纳依（Канай）村、诺尼科尔（Повониколвское）村、斯文恰特卡（Свинчатка）村和布赫塔尔明斯克洞穴（Бухтарминская пещера），在哈萨克斯坦中部有卡拉巴 III（Караба），巴特帕克（Батпак）、安格连索尔 II（Ангренсор），在南哈萨克斯坦有乌姆巴斯（Умбас）洞穴、乌荣布拉克（Узынбулак）村、索尔吉尔（Соркир）等遗址。[①] 这些村落遗址的发现为中亚地区晚期旧石器时代文化的发展提供了更加重要的线索。

上述遗址显露出的石器群证实，在晚期旧石器时代，这里已呈现出丰

---

① П. 阿加波夫、M. 卡迪尔巴耶夫：《哈萨克斯坦古代瑰宝》（俄文版），阿拉木图，1979 年版，第 53 页。

富多彩的石器文化。在石器的加工工艺方面也有着自己的特点。与欧洲和南亚不同，在哈萨克斯坦棱形棱石核加工工艺掌握的比较晚，鳞片状的加工石器也非常罕见。这里的劳动工具主要是用宽厚的三角形和截面的燧石片制成的刮削器和切割器。随着石器加工工艺的日趋复杂，出现了从石核剥落薄片的技术。这些薄片大都嵌镶骨制和木制的鞘，用作刀和刮削器。打压技术已得到广泛的使用。用这种技术可以打制石刀、石矛的尖头。石叶和端刮器也是这一时期的文化特征。

比较典型的是洞穴村遗址（Пещера），位于布赫塔尔姆（Бухтарм）河右岸，一个洞口处于岸边的楔形地。洞口朝西的两个岩洞突悬。于东深30—50米，西深60—170米处发现了石器群。其中有用黑色燧石和浅绿色石英石打制的圆形刮削顺、石叶刀的残片，有打制痕迹的棱锥形石核。同时还有动物骨化石，多为犀牛、骏犁、穴狮等。石器的特征表明属晚期旧石器时代的遗存。

自1980年—1983年Ж. К. 塔依马加姆别托夫[①]发掘了额尔齐斯河岸的舒里宾卡村落遗址，该遗址位于斜米巴拉丁斯克州（Семипалатинская область）的新舒里宾地区旧舒里巴居民点以东3公里处，坐落在额尔齐斯河右岸35—40米的阶地点。石器分散在三个水平层，约5000件，大部分是片状、燧石刮刀、尖形器、骨针、切削器，形状不一的石核和生产的边角料。

最上面的第一个文化水平层腐殖土层，只有一些石器。在第二个水平层除了石器外，还有篝火遗迹，直径为1米多。最重要的是在这里发现一具墓葬。遗骨保存的很不好。死者身体弯曲向左侧身平躺，头朝西。

在最下面的第三个水平层不仅有石器群，而且还发现了两个用砾石堆成的灶穴，内有燃烧过的灰烬。灶迹周围有大面积的黑色斑点，每个黑点直径约25厘米。除此以外，还有6个圆形的黑色痕迹，显然是木核燃烧所遗留下来的。

舒里宾卡村落遗址处在一个较高的阶地，周围有河流、森林。这里还有丰富的水晶石、燧石、玉石和碧石等，都是打制石器的天然原料。良好的自然条件是吸引新智人来到这里的重要因素。这个遗址很可能是当时的人类为了防雨雪、避寒暑自己建造的临时住所。

---

① 《丝绸之路上的考古遗迹》（俄文版），阿拉木图，1993年版，第14—15页。

把这个遗址出土的石器与洞穴村诺沃尼科尔斯克的石器群相比较，尤其是与阿尔泰和南伯利亚的遗存相比照，从石器的面貌考察，年龄应该是3万年或2.5年。

上述遗址层积贮藏的物质文化反映了晚期旧石器时代的中亚历史文化是我们了解中亚旧石器时代器物制造技术和类型特点的重要"无声"史料。

在遥远的旧石器时代，原始人类与自然界的关系是非能动性的。由于自然地理环境不同，其生存方式也有不同。自然环境和人类的生态为文化形成提供了物质基础。如果说在早期旧石器时代一个相当长的时期内，原始人类打制劳动工具的技术极其低劣，文化也极为原始，因而在地球上各个不同的地区，甚至相距甚远的地区，物质文化都存在着惊人的相似之处和极强的共性，那么到旧石器时代晚期，随着人类的进化和社会的发展，人类的文化水平也有了明显的提高。在不同的自然条件下，在不同的地区，人类为了满足自身的基本需要，开始采用不同的生产方式，从而构成了文化类型的差异，使不同的文化类型具有了独特的内涵和自己具体演变的过程。但是无论哪一种"文化绝不是铁板一块，针插不进，水泼不进的东西"①。

中亚地区东邻亚洲的中国及蒙古人民共和国，西北连东欧的俄罗斯，南接阿富汗、伊朗，处于东西交通要。在这片广阔的土地上，晚期旧石器时代的文化，可以说存在两种类型，一种属欧洲石器时代类型；另一种属亚洲石器时代类型。前者反映了在某一阶段迁徙和流动的痕迹；后者则表现为当地文化的演化，其类同的器物特点可追溯到亚洲晚期旧石器时代的工业。例如，在今哈萨克斯坦的地域，追溯到晚期旧石器时代，形成了两个主要的文化区和两种文化发展趋势。在哈萨克斯坦南部和曼格什拉克半岛发现的石器群与亚洲地区出土的工具器形相近。具有代表性的是一种刀具（чоппера），与东南亚一些地区出土的石器形制类同。而哈萨克斯坦北部地区的石器则是按另外一种形式发展的。

中亚晚期旧石器时代遗存的种种发现可以证明，"只有欧非文化渗透

---

① 周谷城：《中西文化的交流》，庄锡昌等编：《多维视野中的文化理论》，浙江人民出版社1987年版，正文第1页。

中亚", 以及 "中亚文化是封闭的和独立发展起来的"① 论断是片面的、不科学的。有待于我们做进一步的科学探讨。

马克思指出: "动物遗骸的结构对于认识已经绝迹的动物的机体有重要的意义, 劳动资料的遗骸对于判断已经消亡的社会经济形态也有同样重要的意义。"②

中亚地区显露的人类化石和丰富的物质文化遗存为研究人类的起源和进化, 为探讨原始时代的社会状况和远古文化的发展提供了大量的第一手资料, 表明在遥远的旧石器时代人类已入居此地。尤其是中亚旧石器文化在中、晚期以后呈现出的复杂化和多样化的面貌告诉我们, 这片幅员辽阔的地域曾是早期人类活动的舞台。当中亚先民处于蒙昧阶段时, 其主要的社会制度和生活技术的幼苗已在发育之中, 继之而来的野蛮阶段和文明阶段的经验恰是建立在这些原始观念的继承、演变和发展的基础之上。

---

① X. A. 阿尔卑巴耶夫:《旧石器时代对于人类迁徙记忆的意义, 畜牧业与农耕文化》(俄文版), 阿拉木图, 1969 年版, 第 119 页。

② 马克思:《资本论》第 1 卷, 人民出版社 1975 年版, 第 205 页。

第二十三章　中亚卡拉苏克文化：史前东西民族的迁移运动

　　迄今为止，我国学者对殷商文化的研究已相当深入，关于早期东西方文化接触交流的著述亦斐然可观。但是，有关史前时代中原与西北周边地区文化交流的若干情况，国外学者相当重视，而国内学界尚注意不够。卡拉苏克文化系青铜时代末期的考古文化，主要分布于俄罗斯的南西伯利亚、米努辛斯克盆地、鄂毕河上游、贝加尔湖地区、阿尔泰及哈萨克斯坦的塞米巴拉丁斯克与斋桑湖附近。

　　20 世纪 20 年代，苏联考古学家 C. A. 捷普劳霍夫（С. А. Теплоухов）首次在米努辛斯克卡拉苏克河畔巴捷尼（Батени）村附近发掘该文化墓地，并确定为南西伯利亚青铜时代文化的卡拉苏克期，后称卡拉苏克文化。①

　　卡拉苏克文化的年代是公元前第 2 千纪末至公元前第 1 千纪初（公元前 1200—公元前 700 年），即中国的殷商和西周时期。这一时期，华夏文化向西北扩展，与许多西方的部族频繁交往。卡拉苏克文化则是明显受殷商文化的影响、与中国北方民族发生密切关系的中亚原始文化的典型代表。

第一节　卡拉苏克文化代表之来源

　　从人类学的角度缕析卡拉苏克文化代表之起源是极其复杂的问题。苏联学者提出种种假设，迄无定论。

---

　　① 《苏联大百科全书》，莫斯科，1974 年版，第 395 页；《中国大百科全书》，《考古学卷》，北京—上海，1986 年版，第 248 页。

一说，卡拉苏克人起源于蒙古人种，接近华北类型。

20 世纪 30 年代，前苏联古人类学专家 Г. Ф. 捷别茨（Г. Ф. Дебец）率先对卡拉苏克地区的古人类进行了考察。他根据卡拉苏克墓葬中人头骨的基本类型，确定了其人种系统："高脸，圆而高的眼眶，中等高度甚至扁平的鼻子占相当大的比例，这些特征在欧罗巴人种是看不到的。它们表明这一类型很可能起源于蒙古人种。""脸型略近于中颌面，额部中等倾斜，表明他们接近远东人种的华北类型。"[①] Г. Ф. 捷别茨首次提出卡拉苏克文化主人的颅骨类型具有当代中国北方现代居民特征的观点。

40—50 年代，随着卡拉苏克文化时期墓葬的相继发掘，考古资料不断丰富。卡拉苏克墓葬中出土的青铜器物与中国北部同一时代的青铜器完全类同，又为上述论点提供了依据。

前苏联著名考古学家 С. В. 吉谢列夫（С. В. Киселев）博士基于大量的考古发现以及多年来对卡拉苏克人骨的古人类学研究，得出一个结论：来自东南方的蒙古人种华北类型成分曾大量深入。但这些已起变化的居民中，还保存着过去的阿凡纳谢沃—安德罗诺沃类型，这些类型看来已同外来居民融为一体。[②]

二说，卡拉苏克人是欧罗巴人种与周边居民的混合类型。

50 年代末，在发掘哈卡斯（Хакас）州卡拉苏克文化墓葬的过程中，В. П. 阿列克谢耶夫（В. П. Алексеев）根据显露的古人类学资料主张，卡拉苏克居民属圆头欧罗巴人种，但已融进了周边地区的居民成分。从形态上看，卡拉苏克居民已表现出与周边地区居民相似的新趋向。[③]

三说，卡拉苏克人带有帕米尔—费尔干纳类型和安德罗诺沃人的特征。

持这种观点的 А. И. 雅尔霍（А. И. Ярхо）和 Л. В. 奥沙宁（Л. В. Ошанин）先生认为，帕米尔—费尔干纳类型的居民主要分布在阿姆河和锡尔河之间的地区。А. И. 雅尔霍称卡拉苏克居民为帕米尔—费尔

---

① Г. Ф. 捷别茨：《氏族制度时代米努辛斯克边区居民人种类型（关于阶级社会之前的迁徙问题）》，《人类学杂志》，1932 年，第 2 期。

② С. В. 吉谢列夫：《叶尼塞河沿岸的氏族分布和封建社会》，《南西伯利亚古代史》，莫斯科，苏联科学院 1951 年版，第 116、117、122—124 页。

③ В. П. 阿列克谢耶夫：《铁器时代的哈卡斯古人类学》，《苏联科学院人类学和民族学博物馆汇编》第 20 卷，1961 年版，第 238 页。

干纳人种，是"独立的人种"。① A. B. 奥沙宁则称其为中亚河间地人种（Раса Среднеазиатского Междуречья）。② 上述论点为我们研究卡拉苏克居民提供了一些启示，但是要考察这个问题，尚需从该文化分布的地域环境、社会形态和经济生活等方面去分析和体认。

一　地缘关系决定人骨的混杂

卡拉苏克文化广泛的地理分布区域，绵亘今俄罗斯联邦的西伯利亚南部、中亚的哈萨克斯坦共和国部分地区、蒙古国以及中国新疆境域。自远古时代起，这一带就是人类频繁活动的区域。

苏联人类学的研究资料反映，中亚的人种一般分为三个大的区域类型：

（1）中亚西部地区的居民大多数反映出长头颅、黑色素沉着的欧罗巴种类型的特点，但是也具有某些蒙古人种的特点。目前，这一地区主要由土库曼人居住。

（2）中亚东北地区的居民含有短头形的蒙古人种，表现明显的是现代哈萨克人和吉尔克斯人。

（3）阿姆河和锡尔河之间的地区的居民中有短头颅欧罗巴人的各种变种，他们在某种程度上也带有蒙古人种的特点。当代主要居民有塔吉克人、乌兹别克人和卡拉卡尔帕克人。

今天在中亚出现的不同区域的人种体质特征，是经过历代迁徙混血的结果。从中可以看出，蒙古人种早在历史上的某一个时代就已渗透到整个中亚。近年，在阿尔泰地区中部发现了公元前 2000 年的卡拉科尔（Каракол）文化层。其石棺墓葬的特点是：石板的内侧刻有彩色人像壁画。有的人像戴有兽形面具，有的戴有象征太阳的佩饰。经考证证实，其风格近似于青铜时代卡拉苏克文化之前、居民属蒙古人种的中亚奥库涅夫文化（公元前第 2 千纪上半期）。③

我国考古学家对西域古人类头骨的体质形态特点和人种系统进行测量分析后认为，大约距今 3000 年前或更早一些，蒙古人种成分出现在我国

---

① А. И. 雅尔霍：《苏联突厥民族人类学 10 年（1924—1934）研究概述》，《人类学杂志》1936 年第 1 期。
② Л. В. 奥沙宁：《中亚居民的人类学成分及其民族起源》，1958 年版，第 2 卷，第 76 页。
③ И. И. 戈赫坦：《根据新的古人类资料论中央亚细亚人种的起源》，《苏联科学院人类学和民族学博物馆汇编》第 36 卷，列宁格勒，科学出版社 1980 年版，第 34 页。

新疆的东部地区，并逐步向西延伸。① 综上所述，表明蒙古人种西移的时间稍前于卡拉苏克文化时期。

　　根据我国学者和苏联学者的人类学研究成果以及当代中亚人种区域类型的考察，不难看出由南向北蒙古人种成分的递减性和欧罗巴人种成分的递增趋势，而卡拉苏克文化分布区正是处于蒙古人种西移过程中的重心地区。

　　20 世纪 70—80 年代，苏联的有关学者根据公元之交西域地区的人类体质学资料分析认为，居住在我国新疆的主体居民不仅与圆头颅的欧罗巴人种东移密切相关，而且与卡拉苏克文化及其主人——入居叶尼塞河及其沿岸和支流地区的居民有着某些内在的联系。②

　　那么，欧罗巴人种又是什么时间进入卡拉苏克文化分布区域的呢？

　　考古发掘提供了卡拉苏克文化分布区之一的阿尔泰的古代居民之最早资料。阿尔泰古墓中的古人类学的材料证明，公元前 3 千纪—前 1 千纪，古代欧罗巴人种特征的居民已经渗透到这里。

　　80 年代后期以来对分布于叶尼塞河中游、米努辛斯克盆地和阿尔泰地区的阿凡纳谢沃文化（前 3000 年下半期—前 2000 年初）的研究表明，阿凡纳谢沃文化区域的居民与欧罗巴人种的东支有遗传关系。③

　　从发掘的人骨资料判明，继阿凡纳谢沃文化之后的安德罗诺沃文化（前 2000 年）的居民也有欧罗巴人种的成分。

　　源源不断出现的考古新资料表明，在铜石并用时代和青铜器时代，短头颅的欧罗巴人种已大批来到中亚。也有一种观点认为，欧罗巴人种出现在南西伯利亚和中亚的时间是从新石器时代开始的，④ 但无足够的依据。目前我们只能以铜石并用时代的阿尔泰阿凡纳谢沃文化和青铜时代中亚辽阔的草原地带的安德罗诺沃文化遗存作为依据。

　　推本溯源，卡拉苏克文化的创造者应该是蒙古与欧罗巴人种的混合类型。

---

　　① 韩康信：《新疆古代居民的种族人类学研究和维吾尔族的体质特点》，《西域研究》1991年第 2 期；《新疆地方史》，新疆大学出版社 1992 年版。
　　② Г. В. 利库申娜：《卡拉苏克时代叶尼塞河中游的居民》（俄文版），莫斯科，科学出版社1980 年版，第 47—63 页。
　　③ 《苏联考古学》（俄文版），莫斯科，1993 年，第 264—267 页。
　　④ Б. А. 阿赫梅多夫：《15 世纪—19 世纪中亚和东突厥斯坦史》（俄文版），塔什干，1987年版，第 11 页。

二 经济文化形态的多元性与非纯一性之间的关系

卡拉苏克文化区域出土的畜骨多为羊骨，次为牛骨、马骨。马已用作交通工具，表明畜牧是卡拉苏克人的主要经济活动。卡拉苏克文化以绵羊图像为铜器纹饰，说明他们从事的畜牧业较发达。卡拉苏克石碑上雕刻的马车图及其居民居住遗址层位浅薄，意味着卡拉苏克人生活方式流动性很大，已过渡到草原游牧经济。因此，不断地寻觅所需要的广阔、丰腴的牧场，逐水草而迁徙，随季节而游牧，构成卡拉苏克居民的社会经济形态。这种生产方式决定其人口和牲畜经常处于游动的状态。在"流动"的过程中，他们势必与经济形态不同、统属关系不一的氏族和部落发生频繁的接触，或"以其所有，易其所无"，或进行血与火的利益交锋，其结果不仅产生了文化上的融合，而且也导致了人口的混血。

三 人口的流动增长，造成这一文化区域人种的复杂

与此前的阿凡纳谢沃文化和安德罗诺沃文化时期的墓群相比，卡拉苏克文化时期的墓葬急剧增多，而且排列稠密，分布地区也广得多，这就表明，这一时期人口迅速增长。除了人口自然增长外，新移民的迁入也应是导致人口机械性增长的重要因素。卡拉苏克居民虽有更古老的阿凡纳谢沃文化和安德罗诺沃文化居民的成分，但已与此有了显著的区别。从米努辛斯克盆地发现的人骨判断，在卡拉苏克时期有大批的新来者从东南进入叶尼塞河中游，这些新移民具有"远东蒙古人种窄脸类型"的体质特征。[1]他们来到新的居地后，在人种成分与文化方面很快就与当地的一部分原有的安德罗诺沃居民融合，形成了一种"同今华北人非常接近的类型"。[2]

四 卡拉苏克文化遗迹的分布趋向标示其居民的出发点

卡拉苏克文化时期的工具和兵器物在萨彦—阿尔泰以西的分布十分有限，而在叶尼塞河以东却屡有发现。这可以间接说明，卡拉苏克居民的起源应该追溯到其分布区的东部，而不是西部；应该把这些物质文化看作是大批居民从东向西或向西南方向活动的遗留。无论从卡拉苏克文化分布区域居民的体质特征判断，还是从遗迹分布趋向考虑，都可假设中国北部是卡拉苏克居民迁入叶尼塞河沿岸的出发点。在这里我们还将进一步讨论这

---

① Г. Ф. 捷别茨：《阿尔泰—萨彦山脉的古人类学》（俄文版），1937 年 4 月 1 日，在国立莫斯科大学人类学研究所委员会上宣读的报告提纲。

② C. B. 吉谢列夫：《叶尼塞河沿岸的氏族分布和封建社会》（俄文版），《南西伯利亚古代史》，莫斯科，苏联科学院 1951 年版，第 250 页。

个问题。

第二节　卡拉苏克文化之本原

卡拉苏克文化距今已有3200多年，穷源溯流相当困难。长期以来，"青铜文化西来说一直有相当大的影响"。卡拉苏克文化西方本原说由此而生。

欲客观地阐述卡拉苏克文化的起源和发展，除了凭借古人类体质学的研究成果外，还必须依靠早期人类社会活动实践遗留下来的珍贵文物和文化遗址，根据社会事实，按照历史前进的程序，从史学的角度进行对比研究。

一　文化传播的时序

公元前21世纪，中国进入文明时代后的第一个朝代——夏朝。夏朝的统治中心位于黄河之滨。夏人已使用铜器，惟因铜很珍贵，尚未用于农业生产。约于公元前16世纪商朝崛起。商代早期已进入青铜文化的高峰时代。殷墟出土的司（祠）母戊鼎，重约140斤，带耳高137厘米，长110厘米。鼎身以雷纹为底，上有龙纹盘绕，四角为饕餮纹,[1] 反映出这个时期冶炼工艺精湛高超的水平。大量的地下发掘证实，商朝的生产工具，主要的已不是石器，而是金属器具。殷墟出土的铜器中以矢镞为最多，而金属材料只有到了能大量生产、价格最便宜时，才可能用作箭镞。矢镞的形制也说明铜范技术确已臻纯熟。

我们有必要对中亚和西伯利亚等地的情况做一番比较性的回顾。目前，学术界比较一致的看法是，中亚和南西伯利亚的早期青铜时代始于公元前15世纪—公元前13世纪。公元前2千纪中期，中亚和南西伯利亚诸部在过渡到草原游牧经济之后，凭借奔驰的骏马，与毗邻地区的交流日趋密切。这时他们掌握了铜器冶炼技术。从年代上讲，南西伯利亚和中亚地区的青铜冶铸业要比我国黄河流域晚得多。卡拉苏克墓葬随葬品中的铜箭，都是仿照古代中国的形制，同安阳殷墟所出者相似。[2]

---

① 范文澜：《中国通史简编》第1编，北京，人民出版社1964年版修订本，第122页。

② B. B. 拉德洛夫：《古代西伯利亚》（俄文版），第1卷，第2册，皇家科学院印刷，1891年版，第27页。

二 实物造型特征

卡拉苏克文化的重要特征之一，是除了从事畜牧业外，还采掘铜矿加工制作。这一文化区域的青铜器物与中国北部殷商文化遗物器形相同，纹饰一致。譬如，卡拉苏克青铜制品多饰以几何图案和动物造型，与中国北方草原地带的某些器物风格颇相类似；卡拉苏克文化的青铜曲柄刀与商代的刀、戈完全相同；卡拉苏克墓葬出土的马车上的青铜零件，与中国殷商时代的车辆部件如出一辙；卡拉苏克铜刀柄部的某些雕饰，与安阳所出铜刀上刻画的半张口的扁平动物头像，无论是总体轮廓，还是各部位的比例，都可谓同气相应。商代铜刀柄部的直橹形式不仅常见于长城以北地区，而且在米努辛斯克盆地和贝加尔湖沿岸也屡见不鲜。毫无疑问，卡拉苏克铜刀的纹饰工艺是安阳装饰技法派生出来的。事实说明，我国安阳殷墟出土的铜刀是卡拉苏克铜刀的原型。

三 卡拉苏克文化西传的时间及路线

关于中国与西方发生物质文化交流的时间问题，迄今已争论了两个多世纪。一些西方学者认为，东方与西方的物质文化联系始于商朝；而考古证据却可追溯到商代之前，甚至于新石器时代。中国黄河中游地区的仰韶文化（据放射性碳素断代，年代约为公元前5000—公元前3000年）与公元前4千纪后期伊朗中部达坂·锡亚尔克所使用的窑极类似。① 其间可能有一个共同的起源，或有某种文化联系。根据年代序列，应该是仰韶文化由东向西地传播。随着仰韶文化在黄河流域及其邻近地区的扩散和繁荣，到新石器时代晚期，在黄河中游地区又兴起了龙山文化（据碳14法测定，约为公元前2800—公元前2300年）。在龙山文化的遗物中，最常见的是鼎形器和鬲形器，器形以平底、圈足和三足器较多。

商周时代文化的艺术水准和社会时尚都集中表现在青铜礼器上。在造型上除以陶器形状为祖型外，还常常以实际或想象中的动物形象作为铸造的模型。熔铸的器物常见的有鼎、鬲等容器，武器中有刀、戈、钺等青铜器。早商时期青铜器的纹饰质朴，以鸟兽形象为主。《诗经·商颂·玄鸟》曰："天命玄鸟，降而生商。"《卜辞》中有"高祖夒"。殷商时代青铜器表的装饰和器形的塑造风格，均与殷人以玄鸟为图腾及后来转而崇拜

① 威廉·沃森：《剑桥伊朗史》，马小鹤译，第3卷，第41编，第13章，《中外关系史论丛》第4辑，天津古籍出版社1994年版，第282页。

"甗"密切相关。此外，殷墟的青钺钱上的饕餮纹，可以追溯到山东日照龙山文化中陶片上由云雷纹组成的兽面纹。殷墟发现的盾牌盾面绘有虎等猛兽图案，商周精美的骨牙器也雕出虎、饕餮、甗、龙、凤鸟等，承袭关系十分清楚。商文化高超的制陶和铸铜技术随着中国北方民族的迁徙而广泛传播。卡拉苏克文化的弓形器、佩饰及器物上的动物纹饰，都与中国北方殷商文化的某些器物风格相类似。

西伯利亚和乌拉尔地区出土的柄首有孔的斧和矛，与我国商斧、商矛的式样相同。目前的考古发现还表明，商文化在北方的传播远达叶尼塞河上游和阿尔泰地区，甚至外贝加尔湖地区的青铜器和陶器也都受到商文化的影响。在外贝加尔湖地区发现的卡拉苏克文化遗存就是一例证。这里出土的30余件陶鼎和陶鬲以及卡拉苏克文化的典型标本——青铜弯刀和半圆形装饰品，都表现出与商文化的渊源关系。卡拉苏克文化是当地文化因素受古老商殷文化的强烈影响，两者相结合的产物。这说明早在殷商时代，在穿越亚洲的东西交通渠道中，有若干条自中原偏向北方和西北方的路线。

随着中国西北部地区及境外哈萨克斯坦中部和东北部考古工作的进一步开展，卡拉苏克文化进一步西传的时间和路线更加明晰。在新疆哈密县境内发现的弓形刀背、双环柄首的青铜刀具（总长度36厘米，柄长13.5厘米），经考证属卡拉苏克文化类型，[①] 相同的刀具也出现在米努辛斯克盆地和外贝加尔。[②] 这些青铜刀具的形制显然带有商代弧刃凸背、环状柄首的风格。20世纪40年代，苏联考古学家偶然于额尔齐斯河流域发现了一种具有卡拉苏克特点的长方形铲状锛，[③] 类似的器物在我国新疆的楼兰地区也有发现。锛属商代早期（上限相当于成汤时期）的器形，长方形形制的锛起源于中国的南方。上述出土物与我国云南省出土的锛的器形类同。

三足腹最早诞生于华北。20世纪50年代，苏联学者在伊犁河右岸，

---

① C. B. 吉谢列夫：《中国的新石器和青铜时代》，《苏联考古学》（俄文版），1960年，第4期，第4页。

② B. B. 格里戈利耶夫：《东部或中国的突厥斯坦》（俄文版），圣彼得堡，1873年版，第85页。

③ C. Л. 齐赫文斯基、Б. A. 李特文斯基：《古代和中世纪早期的东突厥斯坦》（俄文版），莫斯科，1988年版，第65页。

特别是在与我国新疆毗连的哈萨克斯坦的斜米列契和阿拉木图的卡拉苏克墓葬中发掘出的三足腹，明显具有商周时代的日常用具和祭器的烙印。该器物梢尖弯曲，足面和口沿周遭刻有动物形象，或虎，或山羊。腹耳光滑，口沿上还有两个直耳，断面呈圆形，顶端有乳突，为方直耳。腹外侧有两个横耳，成十字形对称。其形制同我国的鼎类似。纹饰酷肖中国北方鄂尔多斯草原、河北宣化、北京滦平等地青铜器上的野兽形象，显示出中国北方草原文化的影响。商周时期，中国北部出土的短剑和马具上雕铸的装饰，较为显著的特征之一就是以一些动物为题材。这类三足腹最典型之处还在于它具有中国北方流行的圆锥形圈足器形特点，与之构成组合的方形祭台和烛台也似中国的簋。这可能是中国北方诸侯与流动的邻人之间在军事、政治与经济方面的纠葛，导致产生了文化方面的结果。

由此可见，早在青铜器时代，中国殷商文化就经过内蒙古、鄂尔多斯，横穿西伯利亚，跨越阿尔泰山脉，在向中亚和古代新疆地区延伸的同时，也从另一个方向西渐渗透到乌拉尔。北进的殷商文化在与当地文化冲撞、融合后形成了独特的卡拉苏克文化。大量的卡拉苏克文化的原始实物及其加工技法和艺术风格，不仅表明殷商时代的文化成就向西远传，而且体现了我国中原文化对世界文化和中亚艺术的伟大贡献。

第二十四章　中亚的安德罗诺沃、
楚斯特和埃拉坦文化

中亚，高山峻岭连绵，河谷盆地纵横，草原广袤无垠。这片辽阔的地域是人类古代文明摇篮的中心区域之一，各种文化在这里产生、荟萃、冲撞、渗透、融合、积淀并向远方传播。漫长的历史岁月抹去了人类留在这片土地上的一切足迹，只有那些珍贵的遗存和传诸后世的各种文字透露着过去的信息。对中亚的安德罗诺沃文化、楚斯特文化和埃拉坦文化向我们展现了这一广大而重要地域的部分历史文化现象。

第一节　安德罗诺沃文化

安德罗诺沃文化（Andronovo Culture，Андронововская культура）是约公元前 2000 年出现于中亚辽阔的草原地带、叶尼塞河沿岸、乌拉尔南部、西伯利亚西部的青铜器时代的农牧文化。20 世纪 20 年代，苏联考古学家 C. A. 捷普劳霍夫根据最初在克拉斯诺雅尔斯克边疆中心阿钦斯克附近安德罗诺沃村旁发掘的墓地而定名。

中亚的安德罗诺沃文化的出现晚于当地的铜石并用时代文化，也就是说在安诺彩陶文化（公元前 5000 年初至 3000 年初）之后出现；早于塔扎巴格亚布等青铜时代文化和萨尔马泰等早期铁器时代文化。从发掘的人骨资料可以看出，安德罗诺沃文化的居民属欧罗巴人种的一个特殊类型，定名为安德罗诺沃类型。在该文化区域发现有牛、马、羊等家畜的骨骼和碳化的麦粒以及青铜镰刀、砍刀、石锄、石磨盘和石磨棒等农具，充分表明该文化居民主要经营定居的畜牧业和锄耕农业。

安德罗诺沃文化的形成可溯源于新石器时代和早期金属时代。新石器时代，在中亚草原和森林地带，出现了从狩猎和采集方式向农业和畜牧业的过渡。当时的畜牧业系指养马业，是今额尔齐斯河沿岸，北哈萨克斯坦中心彼得巴甫洛夫斯克（Петропавлоск）地区次新石器时代居民的主要的经济形式。考古学家在哈萨克斯坦发现了大量的这一时期独具特色的居民点。这些遗存表明，当地从事养马业者居住于半地下土窑之中，岩壁以黏土筑成，窑顶用树干柳枝搭成，上面撒有一层厚土。这种居住形式证明了哈萨克斯坦诸部落吸取了中亚南部定居居民用细碎泥土垒筑民宅的技术。与此同时，中亚南部也开始盛行养马业和养驼业。

可见，这一时期哈萨克斯坦北部农业畜牧业文化和中亚南部定居的农业文化彼此交流，互为影响，孕育着安德罗诺沃文化的产生。尤其是在纳马兹加4—6期，即铜石并用时代和青铜时代，两种文化的相互作用日趋加强，从而形成了安德罗诺沃地域文化。有的学者将安德罗诺沃文化分为3期：早期为公元前18世纪—前16世纪，中期为公元前15世纪—前12世纪，晚期为公元前12世纪—前10世纪。[①] 根据现有的资料分析，安德罗诺沃文化在中亚草原的发展历程可归纳为两个主要阶段。

第一阶段：（公元前17—前15世纪）早期青铜器时期。该阶段以畜牧业为特征，称之为定居的宅旁放牧形式时期，以牧牛为主。

第二阶段：（公元前14—前11世纪）青铜器时代中期。这一阶段畜群发生了变化，适应长时间行程和自寻食物的活畜日趋增加。根据在这一文化区域出土的骨镳判断，在这一阶段或更早，马已用于乘骑。人们把自己的活动空间扩大到更加辽阔的草原和半沙漠地带，宅前养畜业由此发展成山地牧场，为畜牧业向游牧方式过渡奠定了基础。

安德罗诺沃文化最初被认为只限于西伯利亚的米努辛斯克地区，但是许多考古发掘已经表明，在哈萨克斯坦和外乌拉尔都发现有上述诸期的遗迹。尤其是在哈萨克斯坦一带发现的这一文化遗存最为丰富，而鄂毕河、叶尼塞河沿岸的遗存则属早期之末和中期之初。虽然，这种文化之分布地域可以说西起乌拉尔河东迄叶尼塞河沿岸，北起西伯利亚森林南界，南达中亚诸草原。但是根据安德罗诺沃文化的特征和已发掘的遗存分析，位于亚洲中心的哈萨克斯坦一带的作用是不容忽视的。值得指出的是，哈萨克斯坦富有铜和铅，曾经是工农业发生过划时代变革的地方。到青铜器时

---

① К．М．拜巴科夫：《哈萨克斯坦的考古学研究和游牧文化与定居文明过程的复原》，《科学发展的现实问题》（俄文版），阿拉木图，1993年版，第27页。

代，这里的居民已不完全是原始猎人，出现了许多从事锻造金属兵器和工具的工匠，同时，他们也从事农业和畜牧业。所以目前关于该文化起源于西部地区，特别是哈萨克斯坦一带的观点是这一研究领域比较有力的一说。

但是，在我国新疆北部地区，特别是准噶尔盆地西部、北部边缘地带陆续发现了许多物质文化遗存，都带有极其明显的安德罗诺沃文化特征。这些采集物为进一步研究安德罗诺沃文化的源流，分布区域，发展趋向提供了重要的信息。

随着安德罗诺沃文化遗存的不断暴露，可以说该文化具有如下基本特征。诸如：在安德罗诺沃文化时期，农业畜牧经济，相应的物质文明、居住方式、埋葬仪式和社会形态，最主要的是采矿业、金属冶炼尤其是青铜的金属加工得到进一步的发展。在这一文化区域发现有采铜遗址，有矿坑和露天矿场两种，有些矿坑在侧壁掘有小平坑道。除铜矿外，也发现有锡矿、金矿遗址。当地在矿场进行碎矿、选矿后运回居住区进行冶炼和铸造。在遗址里时常发现矿石、炼渣、冶炼工具及青铜制品。金属制品有青铜锻造或铸造的武器、工具和其他日用器具，如斧、矛、镞、刀、短剑、锛、凿、锯、镐、鱼钩、锥、针以及铜箍，也有青铜串珠和饰牌以及红铜和金银耳环、鬓环等饰物。

在安德罗诺沃文化圈内出现了一些以地区划分的不同的表现形式：中哈萨克斯坦、东哈萨克斯坦、斜米列契、塔扎巴格亚布、凯拉库姆斯克、乌拉尔及其他形式。首先是中亚地区大批古墓的发现为我们研究这一文化的特征提供了线索，填补了历史记载的空白。

安德罗诺沃时期的墓葬大都是不高的土冢，冢周多有石板圆形围垣，直径为5—33米不等，有些围垣互相衔接呈网状。墓内一般有一个长方形墓穴，很少有超过两个的，深1—3米不等，内多置木椁或石棺。许多墓葬的发掘表明，在那个时期主要是火葬，中期开始多土葬。葬式为侧身屈肢，头向西或西南。随葬品不多，主要有陶器、饰物以及青铜木骨制品。有的墓规模较大，随葬有大量金器。广泛流行男女合葬，女子葬于男子身后。墓葬的分化情况表明，与当时的经济发展相适应，社会已出现贫富差别，进入父权制氏族阶段。

在哈萨克斯坦中部发现的墓场，为古墓群，围以巨大的花岗石板。有的墓群古墓数以百计，占地面积很大。这是哈萨克斯坦中部安德罗诺沃文化时期的特征之一。卡拉干达以南的伯加兹墓场极为典型。

在哈萨克斯坦北部的波罗沃耶、科克切达夫、彼得巴甫洛夫斯克和阿克摩林斯克都发现有安德罗诺沃的古墓，随葬品有大量的陶器、少量青铜器工具和极少数带有金配件的青铜饰物。值得一提的是在哈萨克斯坦西北部阿克丘宾斯克地区发掘的安德罗诺沃时期的达斯梯——布达墓（公元前2000年下半期），具有重要的研究价值。

1988—1991年新疆文物考古研究所的专家对塔城地区进行了全面细致的文物普查。托里县萨孜村的墓葬特点接近于安德罗诺沃文化特征。萨孜村墓葬地表有石堆标志，墓室用砾石切成石室，或挖成土坑。墓室内葬一人，头向西或西南，葬式有仰身直肢和左侧身直肢。随葬品贫乏，但有安德罗诺沃文化中较有特点的"#"字形葬具。① 这些墓葬特点与安德罗诺沃文化的葬俗基本相同。

另外该墓葬出土的陶器，无论是器形和纹饰都有类似于安德罗诺沃文化典型器物的特点。手制平底陶器是安德罗诺沃文化的典型特点之一，主要器类是大口圆腹小底的罐形器和直壁微鼓腰的缸形器。叶尼塞河和鄂毕河沿岸还有方口陶罐，纹饰多为篦形器压出的杉针纹，三角纹、之字纹、锯齿纹、折线几何纹，也有用小棒端头押捺的圆形、椭圆形或三角形印纹，晚期出现附加堆纹。罐形器纹饰比较繁缛，用弦纹将器表分为唇、颈、肩及颈底部等若干区，各区纹饰有一定组合规律；缸形器常饰杉针纹，比较简单。

斜米列契和天山出土的陶器和青铜工具也与安德罗诺沃文化的典型出土物相同。这一带后来是乌孙文化活动的地域。伯恩斯坦在这里发掘的阿尔帕古墓证明了斜米列契和天山塞人—乌孙文化正是在安德罗诺沃文化的强烈影响下产生的。

哈萨克斯坦出土的器物中最多的是纳马兹加4期到6期具有远古农业文化色彩的陶器。由此可见，在欧亚草原地带特别是在哈萨克斯坦出现了中亚南部陶制高脚杯装饰性器物。

一定的文化是一定社会的政治和经济的反映。在安德罗诺沃文化形式和发展的青铜器时代，由于财富的积累与财产分配不均，出现了享有特权的贵族阶层、军队以及战争等现象。因为这些现象的产生和作用，这时中

---

① 周金玲、李文瑛：《托里县萨孜村古墓葬》，《新疆文物》1996年第2期。

亚一些地方有了马或骆驼拉的单轮或双轮车。在中亚地区发掘的同时代的墓葬马车已证实了这一点。尽管目前学术界对马车源于何地的问题尚未达到共识。有人认为，这是欧亚草原和地中海东部的产物。[①]不管怎样，这种大型的工具在中亚得到广泛的使用，其他不同地区的手工制品业也在这里广为传用。在斜米列契出土的沙姆申遗宝中，发现有标明青铜器时代的珍贵文物。其中，最典型的是当地制品中的一枚精雕细刻的直角型人头像佩饰，其顶端三个突出的部位都有一对象征性的球果。这种类型的佩饰具有公元前3000年至公元前1000年初中亚南部地区农业文化的特征。在这一时期的土库曼斯坦喀拉彦齐（Янги-кала）和苏姆巴尔（Сумбар）墓葬中就有此类物品。[②]

同时，由于草原部落向南方的迁徙，草原部落和南方部落加强了文化交流，所以带有安德罗诺沃文化特征性的器物亦得到了广泛的传播。

迄今为止，学术界对乌拉尔地区的安德罗诺沃时期的居址研究已经比较清楚。村落一般位于河流下游沿岸，面积1万平方米以上。村内建10—20座圆形或长方形半地穴房屋。以晚期的阿列克谢耶夫卡遗址为例，这里有长方形房屋12座，面积均不超过250平方米，中间有隔墙。房内发现贮藏窖、炊用的泥灶和取暖的石灶。除半地穴式房屋外，也有平地起建的茅舍。在哈萨克斯坦中部也发现有相类似的安德罗诺沃文化期的居住遗址。其形状主要是半地下或地下的原始小屋，居室遗址通常为10—40个住所，甚至更多。

青铜时代晚期，安德罗诺沃文化与东欧南部草原地带的木椁墓文化发生了密切的联系。从所发现的大量铸铜遗迹遗物证实，除本地采矿冶炼外，还从中亚地区输入了大量的铜料。根据这一阶段的考古文化分析，此时，在中亚地区已出现多种文化的综合现象。安德罗诺沃文化在其发展的同时就开始与草原文化、定居农业文化彼此交流、融合。随着安德罗诺沃文化的逐渐进化，到公元前1000年便被早期的游牧民族开创的游牧时期文化所取代。

早期中亚游牧民族的土冢墓群——特基斯肯位于咸海东岸高地。其随

---

①　M. B. 戈烈里克：《公元前3—2千年前的战马车》，《古代的阿纳托里亚》（俄文版），莫斯科，1985年，第200页。

②　E. E. 库兹米娜、И. K. 科热姆别尔迪耶夫：《萨穆申斯科的埋葬物》，《吉尔吉斯斯坦的历史文化遗迹》（俄文版），伏龙芝，1982年版，第16—17页。

葬品中的陶器极其明显地反映出安德罗诺沃文化的影响。特吉斯肯古墓采用了中亚土木建筑传统，与哈萨克斯坦中部青铜器时代晚期的石墓建筑风格极为相似。从此，与青铜器时代有着密切接续关系的早期游牧文化形成，标志着新的历史时代的到来。

第二节　楚斯特文化

楚斯特文化（英译：Chustculture，俄译：Чустская культура）的主要分布区域是中亚的费尔干纳盆地。费尔干纳谷地纵横辽阔，海拔1000—3000 米，绵亘今乌兹别克斯坦共和国、塔吉克斯坦共和国和吉尔吉斯斯坦共和国境域，与我国新疆维吾尔自治区毗邻。独特的地缘地理位置使楚斯特文化分布区的居民不断吸收紧邻的各种文化因素，同时又给予周边地区文化不同程度的影响。

楚斯特文化以彩陶艺术为主要特征。1933—1934 年，Б. А. 拉迪宁在爱拉坦（Эйлатан）首先发现了楚斯特彩陶文化的遗址，当时他将该遗址确定为青铜时代。目前普遍被接受的观点是，楚斯特文化的年代是在公元前 2000 纪—前 1000 纪之交到公元前 8—前 7 世纪之交。也有一部分学者认为楚斯特文化的下限年代不够准确，应该包括整个公元前 7 世纪。

公元前 2000 纪末到公元前 1000 纪初，中亚地区经历了一个极为复杂的历史时期。无论是南部传统的农牧业文化区域，还是北部的以放牧畜牧业为主的地区都发生了巨大的变化，游牧部落和定居农民日趋强烈的相互渗透和影响构成了中亚历史进程中的重要特点之一。楚斯特文化就是在这样的历史前提下产生的。

1939 年，Т. Г. 奥波尔杜耶娃在费尔干纳大干渠发现了一批器形相同的彩陶[①]。经过数年以后，到 1950 年苏联学界才开始对楚斯特文化进行系统的研究。通过对帕米尔—费尔干纳的综合考察，在费尔干纳各地发现属于这一文化范畴的遗存有 80 多个。费尔干纳楚斯特文化时期的居民点都集中在绿洲地带，散布在河流的两岸。绿洲之间通常距离 20—30 公里。

---

① Т. Г. 奥波尔布耶娃：《斯大林命名的第一支费尔干纳大干渠考古发掘队的工作报告》，（俄文版），苏联乌兹别克共和国科学院历史考古研究所编，1951 年版，第 4 卷。

每个绿洲都有少则几个居民点，多则几十个居民点。在乌兹根（Узген）有 9 个居民点，卡拉绥斯克（Карасуйск）有 24 个居民点，塔瓦—喀桑塞斯克（Тава – Касансайск）有 8 个居民点。居民点的规模可分为三种类型：第一种是大型居民点，一般占地 12 万—25 万平方米，是当地人民生活的中心。这一类以达利维尔津（Дальверзин）和阿什卡尔捷佩（Ашкалтепе）为代表。第二种是中型居民点，平均占地 4 万—5 万平方米，以楚斯特（Чуст）和杰赫坎（Дехкан）为代表。第三种是小型居民点，占地 0.02 万平方米到 0.9 万平方米不等。楚斯特文化的居民点以第三种类型居多。

第一种类型是大型居民点。在这种类型中最值得研究的是达利维尔津。它坐落在一个椭圆形的小山岗上，面积有 25 万平方米。这个居民点有三个部分组成，每部分的建筑都自成体系。城堡有 2 万平方米，民房沿内墙排列，形成居民区，住所之间没有任何设施，显然是露天的畜圈。

第二种类型的楚斯特居民点是由两部分组成。大部分地区都设有防御工事，只在它的西北部筑有围墙。围墙可能有两种作用，一是御敌，二是作为牲畜围栏。

第三种类型为小型居民点，可以波兹捷佩（Бозтепе）为例。它是由 20 多个房间组成的。这很可能是一个大家族的居民地。以上也散落着一些临时性居民点，这是为了放牧牲畜而设置的季节性居址。达利维尔津和楚斯特居民点和设防居址，都建有防御工事。达利维尔津设有两道围墙，外墙厚 4—6 米，高 2.5 米，貌似一个高台，上层厚 0.6 米的砖坯砌成平坦牢固的台面。内墙全部用砖坯堆砌，厚 2.5 米，高 2.6—3 米。楚斯特的围墙也是用砖坯砌成，最高处达 5 米，最厚处是 3 米。

楚斯特文化居民的住址有三种形式。（1）在达利维尔津、楚斯特和波兹捷佩都有最早的建筑工程土屋建筑。在达利维尔津有几处住宅与内墙连通，可以住人。其中之一由 4 间居室组成，中间是厅房（约 7.2 米×7 米），靠边是两个窄长的耳房，北连上房，总面积有 140 平方米。在达利维尔津还发现有单室建筑（面积 5 米×8 米）。在楚斯特也有同样类型的住所遗迹，但破坏的非常严重。（2）在达利维尔津和楚斯特都发现有土窑。达利维尔津的土窑通常为直角面；而楚斯特则是椭圆形，都深入地下 1 米。有的窑壁用砖坯砌成，有的用木柱支撑窑顶。四面窑壁的长度不同，中间有一椭圆形的灶。这种土窑一般用作祭祀，也可住人。（3）骨架式的小型地面建筑。

楚斯特文化不同类型居民点的建立反映出社会结构的逐步复杂化，说明在费尔干纳地区这时已经有了社会劳动力的支配体系。特别是设防居址的出现表明楚斯特文化分布区的部落已居于原始公社制度瓦解的阶段，处在阶级社会和国家产生的前夜。在从原始社会制度向阶级和国家社会制度的转变过程中，楚斯特文化的居民点也成为阶级社会和国家赖以逐渐凝结的基础。楚斯特文化居民点的发掘，也展现了这一文化经济形态的面貌。在达利维尔津和楚斯特居民点发现了大量的家畜遗骸，而且两个居民点的牲畜种类基本相同。在达利维尔津居民点，马占25%，牛占42%，绵羊和山羊占31%；在楚斯特，马和牛都比前者少一倍，而绵羊和山羊则多一倍。这说明畜牧业在楚斯特文化居民的生活中起着重要的作用。

在楚斯特文化分布区的居民点还出土了不少的籽种和干果遗留。这里还有一些存放粮食和农作物的地窖，窖内发现大量的黍状植物[①]。至今在中亚其他地方的青铜器时代的遗址中都还没有发现这种黍状植物。大量的遗留表明，楚斯特文化的居民以从事农业为主，他们种植大麦、小麦、黍和豆类以及各类果类植物，园艺业已很发达。

另外，在楚斯特文化的居民点还可以看到与农业密切相关的石铲，石杵，石镰以及原始谷碾，同时发现的还有两把铜镰和一只平面圆形铜镜。这表明，楚斯特文化的居民虽然使用了铜，但还未能完全放弃石制工具。然而，费尔干纳蕴藏着的丰富的铜矿为楚斯特文化分布区冶金业的发展奠定了基础。从这里出土的形式繁多的金属农业工具、武器和生活用品：刀、针、锥、凿、箭镞和矛头可以看出，尽管工匠使用的是浇铸的方法，但已知锻造工艺并掌握了金属再加工的各道工序。在达利维尔津出土有铁刀的残片和铁矿渣，可见那时费尔干纳的居民已经知道了铁。而楚斯特文化恰是在熔化铜和铁的金属时代蓬勃发展起来的。制造金属农具和日用器物标志着楚斯特文化的代表者结束了迁徙不定的游牧生活，进入"自给自足"的农业社会。这里的蓄水系[②]说明在楚斯特文化时代，农业是建立在人工灌溉的基础上，农业的发展已达到一定的水平。楚斯特文化的赛马

---

① В. И. 斯普里谢夫斯基：《楚斯特居民点的发掘》，《苏联考古》（俄文版），1958年，第3期，第186页。

② Ю. А. 扎德涅普罗夫斯基：《费尔干纳的早期农业文化》（俄文版），《考古研究》资料，1962年，第118期，第71—88页。

里—塔什（Саймали－Таш）岩画①绘有牛拉套耕地的场面，可以证明在这一时期已存在着依靠耕力的农业。

因为农业生产是按照季节和气候条件进行的，具有较大的可靠性和稳定性，所以农业更有利于人们的定居生活。楚斯特物质文化遗存证实该文化代表着的经济生活已具有青铜器时代晚期定居农业文化的特征。但是，这时渔猎并没有因为农业和牧业的发展而遭受排挤，反而作为农牧业经济的补充，成为楚斯特文化居民谋取生活资料的辅助手段。达利维尔津和楚斯特的鱼骨和鱼钩遗迹则是很好的说明。

综上所述，我们可以看出，以农业为主的多种经营是楚斯特文化时期当地社会经济的一个重要特征，同时从另一个角度也反映出楚斯特文化的形成很可能是从事游牧的草原部落变体的结果。其中有两个原因：其一是由于周边农业民族的长期影响和渗透，其二是因为青铜器时代中亚南部农业地区土地长时间不间断的利用出现了贫瘠和盐渍化，促使一部分农民迁徙到费尔干纳谷地，使这里形成了新的经济基础——农业。随着农业的生产和进步，楚斯特文化分布区的手工业也迅速发达起来。楚斯特文化的纺织物是完全手工织造的实用艺术品。纺织物的原料是兽毛和韧皮纤维作物。

手工制作的陶制品在经济活动中占有很大的比重。楚斯特文化的陶器可分为6种类型：1. 饰红色器面；2. 彩陶；3. 饰白色器面；4. 灰陶（炊具）；5. 厚壁陶；6. 旧灰色陶。主要有3种类型：饰红色面的陶器占72%，灰陶占17%，厚壁陶8%。另外三种占3%，其中彩陶占1.7%。饰红色面的陶器是用一种混合料与沙粒掺在一起烧制成各种器皿，尔后在器表敷施红色的涂料，使器物的红色表面呈现出褐色或黑色的斑点。灰陶是用陶土与石灰岩混合烧制，器表自然形成条带纹饰。具有这种特点的陶器有圆形大锅、大陶罐、陶盆、陶钵等。彩陶尽管数量很少，但是它是楚斯特文化的重要特征之一。彩陶工艺可分为3种类型：1. 红釉饰黑色彩绘；2. 浅灰釉饰红色彩绘；3. 炊具粗糙的浅褐色器表饰栗色彩绘。第一种类型占多数。图案主要体现在器身的上部，以几何图案装饰为主，广泛采用的是菱形和三角形图案。

---

①　А. Н. 别尔恩施塔姆：《赛马里一塔什德岩画》，《苏联民族学》（俄文版）1952年第2期，第64页。

在我们考述楚斯特文化彩陶时，有了一个新的发现。那就是楚斯特陶器与中国西北地区出土的马家窑文化的马厂类型的彩陶和灰陶极为相似。马家窑文化是我国黄河上游新石器晚期的文化，属于仰韶文化晚期的一个分支，主要分布于我国的甘肃省和青海省，经放射性碳素断代，年代约为公元前3300—前2050年，比楚斯特文化早一千年。马家窑文化的马厂类型的分布更向西延展至酒泉、玉门一带。彩陶有红衣，早期用很宽的黑边紫边色条带构成圆圈纹、螺旋纹、变体蛙纹和波折纹等；晚期则用单色线条，以黑色为主，有时单用红色，以菱形纹和编织纹为主要母题，繁缛多变的纹饰和明显的格律表明画彩技术已日臻成熟。与楚斯特陶器纹饰相同的器物在中亚南部和中部地区以及阿富汗北部地区的许多居民点都有发现。例如，土库曼南部的亚兹遗址1号地；① 乌兹别克斯坦的库楚克遗址1号地，② 塔什干绿洲和扎拉夫尚谷地③距品治肯特不远撒拉孜穆（Саразм）居民点④；阿富汗北部的齐利亚捷佩（Тиллятепе）⑤。

曾有学者认为，仰韶文化的彩陶是从中亚、西亚等地经新疆和甘肃传到中原的。然而当我们把楚斯特文化特征与马家窑文化的彩陶进行比较后，呈现在面前的则是另一幅图景：楚斯特彩陶的工艺和器型风格显示出与仰韶文化中、晚期向西发展所形成的黄河上游甘肃、青海地区的马家窑文化有着密切的联系。可以看出青铜器时代中亚地区与我国西北地区的文化交流。

楚斯特文化的另一些范畴的器物也反映出古代东方文化中心——黄河流域的强烈影响。而中亚文化与中原华夏文化联系的必经之地则是我国古代新疆。在楚斯特文化的中心费尔干纳盆地北部的纳曼干州发现了一种半月形的石刀，尺寸约15厘米×4.2厘米×0.8厘米。在楚斯特文化的另一个居民点库楚克捷佩（Кучуктепе）不仅发现有半月形石刀，而且还发现

---

① B. M. 马松：《马尔格兰的古代农业文明》，（俄文版），《苏联考古学研究资料》，1959年，第73分册。

② A. 阿斯卡罗夫、И. 阿里巴乌姆：《库楚克捷佩的居民点》（俄文版），塔什干，1979年版，第130页。

③ A. A. 阿斯卡罗夫：《论扎曼巴勃文化的转型期》，《古代花剌子模的文化和艺术》，莫斯科，1981年版，第78页。

④ A. H. 扎林斯基：《帕米尔和伟大的丝绸之路》（俄文版），《考古学学会会刊》1976年第5期，第13页。

⑤ B. И. 萨里阿尼迪：《阿富汗北部齐利亚捷佩的发掘》（俄文版），莫斯科，1972年版，第1分册，第25页。

了相同类型的青铜器具。① 这些遗物与我国新疆阿克苏和喀什疏附县出土的新石器时代的典型器物半月形石刀和石镰②无论器形、还是尺寸都基本相同。这种文化在我国内地其他地区出土的新石器时代至殷周时代的遗存中屡见不鲜。许多考古发现证实，从遥远的古代起，新疆地区的原始文化就与我国内地的原始文化有了一定的联系。楚斯特文化同我国西北地区，尤其是新疆地区文化遗物的许多共性说明，早在楚斯特前驱文化时代，这些地区的居民之间就有了频繁的交往。由此可见，我国中原彩陶文化一直向西扩展经甘肃河西走廊，葱岭以东地区，抵费尔干纳盆地，又影响并渗透到中亚的其他地区。楚斯特文化正是建立在中原彩陶文化向西扩展过程中同当地土著文化相结合而发生变异的基础上。因此可以说，楚斯特文化的形成是以古代东方文化为范例发展起来的。③

第三节　埃拉坦文化

埃拉坦文化（Эйлатанс каякультура）是费尔干纳历史上楚斯特文化之接续。因 1934 年 Б. А. 拉迪宁（Б. А. Ратынин）在费尔干纳谷地同名古城遗址考察时，发现了具有独特风格的陶器系列而命名。1939—1941年在修建费尔干纳大运河时，又有相同资料的类型显露。后来，在 A. H. 伯恩施塔姆（А. Н. Бернштам）的领导下进行帕米尔－费尔干纳的综合考察，发掘了属于埃拉坦文化的杜列肯（Тулейкен）古墓遗存。

Б. А. 拉迪宁根据出土的陶器把埃拉坦文化的年代确定为公元前 3000—前 2000 年。20 世纪 30 年代末，Т. Г. 奥尔杜耶娃（Т. Г. Оболдуева）将这一类型的部分资料定为早期铁器时代。④

20 世纪 40—50 年代末，由于 Ю. А. 扎德涅普罗夫斯基（Ю. А. Заднепровский）对埃拉坦古墓进行了重新发掘，获得了大量的重

---

① 《铜石并用时代的中亚》（俄文版），莫斯科—列宁格勒，1966 年版，第 200 页。

② A. 阿斯卡罗夫、И. 阿尔巴尔姆：《库楚克捷佩居民点》（俄文版），塔什干，1979 年版，第 60—61 页。

③ 《新疆考古三十年》，新疆人民出版社 1983 年版。

④ Т. Г. 奥波尔杜耶娃：《费尔干纳大干渠第一考古考察队的工作报告》，苏联乌兹别克共和国科学院历史考古研究所编，1951 年，第 4 册。

要资料。他提出埃拉坦文化的年代无可争议应属早期铁器时代。① Б. А.
拉迪宁对此表示认同。

关于埃拉坦文化的细致断代有两种看法。Ю. А. 扎德涅普罗夫斯基认
为该文化的确切年代应在公元前 7—前 4 世纪；② 而 Н. Г. 戈尔普诺娃
（Н. Г. Горбунова）提出应该是公元前 6—前 4 世纪，不排除下限至公元
前 3 世纪。③ 现今在文献中通用的是扎德涅普罗夫斯基的年代说。

在埃拉坦文化中，楚斯特文化因素起了重要的影响。可以说埃拉坦文
化是楚斯特文化的延续。在楚斯特文化遗存中发现的铁器很少，而在埃拉
坦文化遗存中铁器已相当普遍。

铁器的出现使人类历史产生了划时代的进步。埃拉坦文化遗留表明在
埃拉坦时期铁制劳动工具在中亚北部地区已逐步得到普及并开始实现向农
业转变。

在埃拉坦墓葬中也有大量的斯基泰类型的青铜箭镞出现，可见埃拉坦
文化与早期铁器时代的斯基泰文化（Scythian Culture）和萨尔马泰文化
（Sarmatian Culture）有一定的联系。所以把埃拉坦文化的年代确定为公元
前 7—前 4 世纪是比较客观的。

埃拉坦文化古迹广泛分布于整个费尔干纳地区，但是迄今为止对该文
化遗存的研究还很不均衡。有关学者只是对埃拉坦古城遗址进行了反复的
调查和研究，然而对其他地方该时代的文化层位却没有给予足够的重视。

埃拉坦古城遗址是不规则四边形，有两道城墙，方圆约 500 米×400
米。一部分居址用墙围住，其中有一些塔楼，相互间距 60 米，围墙长 4
米，高 2.5 米，用砖坯和没有焙烧的土坯垒砌。墙的边缘非常整齐，但砌
体中部却很粗陋。④

在发掘过程中还出现一所建筑，规模 3.7 米×2 米，黏土墙。主体与
场院相连，院中有露天灶迹，储藏粮种的地窖，碾臼，还发掘出埋入地下

---

① Ю. А. 扎德涅普罗夫斯基：《费尔干纳的古代农业文化》，《考古学研究资料》（俄文
版），1962 年版，第 118 页。

② Б. А. 李特文斯基：《古代和中世纪费尔干纳的民族历史问题》，《古代和中世纪中亚诸
民族的历史和文化》（俄文版），莫斯科，1976 年版，第 53 页。

③ Н. Г. 戈尔普诺娃：《早期铁器时代的费尔干纳文化》（俄文版），《国家民族学学会文
集》，1962 年版，第 5 页。

④ Т. Г. 奥尔杜耶娃：《论埃拉坦城墙的时期》，《苏联考古学》（俄文版）1981 年第 14 期，
第 187—190 页。

的胡姆（中亚的一种大陶罐）。

埃拉坦古城遗址出土的物质资料说明，埃拉坦时期费尔干纳居民的主要经济是农业。埃拉坦文化的居民点和墓葬大都靠近河流的沼泽地段，有种植大麦、小麦和稷子的遗迹。各个居址都有舂米的碾臼。想必，那时已有培植稻谷的可能。[①]

在埃拉坦时期的社会经济中，养畜业也起着重要的作用。牛和羊都是有相当的数量，马居于比较次要的地位。与前驱的楚斯特文化相比较，这两种具有接续关系的文化在养畜业方面，畜群的成分完全一致。很可能正是在这时，为了便于放牧牲畜，一些山前地带已经得到开垦。

埃拉坦时期，费尔干纳的手工业有了长足的进步。虽然大部分陶器仍然是手制成型，但是这一时期在费尔干纳地区出现了陶轮，40% 的陶具使用陶轮制作。这是埃拉坦文化与楚斯特文化的最大不同。埃拉坦文化的陶器有 4 种类型：（1）施纹彩陶，（2）浅地陶具，（3）装饰陶，（4）灰陶炊具。主要是浅地陶。

埃拉坦文化与楚斯特文化的第二个区别是埃拉坦时期使用铁制造劳动工具和装饰艺术品已非常普遍，但是青铜手工业依然存在并继续发展着。在埃拉坦遗址出土了几十件单锋铁制刀具和铁锥，同时显露的还有青铜箭镞，多数是[②]叶箭镞，有的插入护套，有的带把柄。在该文化的阿克塔姆墓葬（Актамский могильник）发现了 37 件佩饰，其中 35 件是铁佩饰，2 件铜佩饰。铁制胸佩是一根长 10—17 厘米的铁棒，圆头儿，尖尾；铁制手镯用圆形棒和细窄的薄片弯成，铜手镯的形状与之完全相同；戒指是用薄铁片打制的，上端椭圆形的装饰面上镶嵌着宝石；还有铁和铜耳环。

埃拉坦文化的另一种手工制品——纺织物也已初具规模，主要有平纹、斜纹和凸条纹织物，多用兽毛织成。几乎每家每户都能用一种极普通的卧式织造机纺织毛织品。

埃拉坦时期费尔干纳地区的各种工艺品都达到了令人为之惊羡的程度。在修筑费尔干纳大运河时发现了一口青铜釜，釜沿上有 4 个环形把手，柄间铸有山羊图，形象各异，栩栩如生。它显示出埃拉坦文化已经受到早期冶金艺术成就的深刻影响。据考证，这只青铜釜的年代是公元前

---

① Т. Г. 奥尔杜耶娃：《论埃拉坦城墙的时期》，《苏联考古学》（俄文版）1981 年第 14 期，第 187—190 页。

② 同上。

8—前 7 世纪，产生农业文化区，属埃拉坦文化范畴。虽然这件器物的产生有着独特的背景和环境，但其刻画的形象和风格表现出与斯基泰——塞人艺术有着一定的联系。在吉尔吉斯斯坦奥什州的卡拉库尔扎（Каракульджа）海岸也发现有器形相同的铜釜。斯基泰—塞人艺术在演进过程中把动物世界作为吸取丰富题材和多种形式的源泉。可见，那时，斯基泰—塞人的"动物意匠"已经渗透到埃拉坦文化的分布区域。

另外，在埃拉坦文化遗址还出现了刻有人物形象的角片。看来，埃拉坦文化艺术品的题材反映出两种经济体系即农业绿洲文化和草原游牧文化的冲撞和融合，说明埃拉坦文化居民在艺术创作中除了以本土艺术为基础外，还融汇了其他文化的艺术特色。

第二十五章　俄罗斯与中亚国家的阿尔泰历史文化研究走势

遥远而神秘的阿尔泰是世界公认的中亚古代文明的摇篮之一。早在远古时期，阿尔泰草原已是人类活动的频繁地区，也是东西交通的必经之地。大批的中国北方部落来到阿尔泰草原，把中国文化、特别是青铜铸造技艺、蚕桑文化和丝绸织物传到欧亚草原，促进了中亚等地与中国政治、经济、文化的联系。阿尔泰草原素称欧亚游牧骑马民族的故乡。通过欧亚草原这一介于东西方之间，且时代极早的古代游牧文化发源地而传向双方。从这里出土的实证物质文化分析，大量具有"野兽风格"的器物，反映了古代阿尔泰诸部落独具特色的艺术特征，同时也显露出阿尔泰草原地区亦受到古代东方文明中心黄河流域文化的影响。俄罗斯和中亚国家学界斐然可观的研究成果和考古发掘，透过形成于辽阔的阿尔泰地域色彩斑斓的前驱后续相关文化所构成的连续不断的画面，展现出这里留下的许多遗存正是诸多民族文明交往的历史见证。

第一节　历史回顾

俄国的科学家对阿尔泰的研究始于 18 世纪。200 年前，随着俄国人在阿尔泰山区发现了丰富的铜矿和金砂矿，从而揭开了俄国对阿尔泰研究的序幕。首先是 П. А. 奇哈乔夫和 Г. Е. 舒罗夫斯基等人对阿尔泰山脉诸峰进行了地质勘探。19 世纪初，К. Ф. 列捷布尔等对阿尔泰地区的植物群进行了考察研究，并取得了丰硕的成果。

19—20 世纪之交，著名的中亚历史文化研究专家 В. В. 巴托尔德与 С. Е. 马洛夫等人从词源学的角度探究阿尔泰地名之源。巴托尔德根据鄂尔浑碑铭予以考证，纠正了由于希腊文"Хрибойрос"不正确的翻译，而在某些地理学文献中有时将阿尔泰山称为 Эктаг（白山）与天山之称混为一谈的错误。他指出："阿尔泰系鄂毕河和额尔齐斯河上游之山脉，古突厥语称名 Алтунйьшл（金山之意），亦即汉文文献所称'金微山'。"马洛夫认为，Алтунйьш 系突厥语方言，意为"乌金"。他们对"阿尔泰"地名的考证开创了俄苏学界人文社会科学领域阿尔泰问题研究的先河。[①]

1924 年苏联阿尔泰地区早期铁器时代巴泽雷克古墓（公元前 5—前 4 世纪）的发现为研究阿尔泰早期畜牧部落人种体质类型和物质文化提供了珍贵的资料。尤其是 20 世纪 40 年代后期，苏联考古学家 C. И. 鲁坚科主持了巴泽雷克古墓群的发掘，获取了大量埋藏在深处的墓葬与居民住址文化层位关系的线索。这一考古学上的重要收获把前苏联阿尔泰问题的研究推向了一个新的阶段，赋予了更加丰富的内涵。

第二节　现状探析

绵延 2000 公里的阿尔泰山系横亘俄罗斯联邦的西西伯利亚南部、哈萨克共和国东部、蒙古人民共和国以及中国新疆北部境域。这一区域内呈现出源远流长、丰富多彩的多边历史文化关系，因而成为目前俄罗斯及中亚学者研究的重要内容。

长期以来，俄罗斯和中亚国家阿尔泰问题的研究者们将许多鲜为人知的深层原始文明公之于众。近年来取得最大进展的是分布于叶尼塞河中游、米努辛斯克盆地和阿尔泰地区的阿凡纳谢沃文化的研究。阿凡纳谢沃文化的年代约在公元前 3000 年下半叶至前 2000 年初以前。苏联学者对阿尔泰中部地区阿凡纳谢沃文化的古墓和居民点知之不多。20 世纪 80 年代后期以来，他们对俄属阿尔泰地区全境的有关遗存进行了实地考察和研究，得出结论，阿凡纳谢沃文化是从科什·阿卡奇（Кош－Акач）和乌拉干（Улаган）山地向西蒙古延伸。但是关于"阿尔泰阿凡纳谢沃文化居民的发祥地"问题仍然悬而未决。目前主要存在着两种观点，第一种看法是：阿尔泰阿凡纳谢沃文化区域的居民是"独立的"欧罗巴人种的

---

① B. B. 巴托尔德：《B. B. 巴托尔德文集》（俄文版），莫斯科，1965 年，第 3 卷，第 1 分册。

东支；第二种看法是：阿尔泰阿凡纳谢沃文化区域的居民与东欧草原铜石并用时代的竖穴墓文化的居民有遗传关系①。

根据已发掘的阿凡纳谢沃文化古墓遗址分析，其墓葬结构多以二至三排石板覆盖，状似环形大石垣。这是阿凡纳谢沃文化阿尔泰支系独具一格的墓葬特点。最近在阿尔泰地区中部还发现了公元前 2000 年的卡拉科尔文化层。其石棺墓葬的特点是石板的内侧刻有彩色人像壁画，有的人像带有兽形面具，有的带有象征太阳的佩饰。其风格近似于续阿凡纳谢沃文化之后，居民属蒙古人种，青铜器时代（公元前第 2000 年上半叶）的奥库涅夫文化。

值得重视的是发现于米努辛斯克，贝加尔湖地区，阿尔泰、塞米巴拉金斯克与斋桑湖附近的卡拉苏克文化。卡拉苏克文化时期即中国的殷和西周时期。卡拉苏克文化的主要特点除了它已过渡到草原的游牧经济以外，更重要的是许多考古发现已证实，在这一文化区域发现的青铜器物都与中国北部的殷商文化一致。比如，青铜曲柄刀与商代的削、戈完全相同；弓形器、饰物及其动物纹饰与中国北方草原地带的某些器物风格颇相类似。关于该文化起源及人种问题目前主要的一说是：卡拉苏克人是欧罗巴人种与蒙古人种的混合类型，其文化与中国北方有密切的关系，应是中国北方的移民与叶尼塞河流域居民相融合而共同创造的。

继卡拉苏克文化之后，便是分布于阿尔泰西部迈异密草原的迈异密文化（公元前 7—前 5 世纪）和塔加尔文化（公元前 8—前 2 世纪）。前苏联考古学界推测，此文化"可能是丁零人的部落遗留下来的"。该文化的青铜兵器、马具及艺术中的"野兽纹"与斯基泰文化及中国北方地区、中亚、蒙古的某些出土文物相类似。这显然说明上述文化与这些地区的早期铁器时代有着广泛密切的联系。从其上承文化及自身文化特征分析，该文化的居民应当是公元前 5 世纪—前 3 世纪，战国秦汉时期，我国最北的游牧民族之一丁零人及其周围部落。他们当属卡拉苏克时期来自中国北部的人们同当地土著融合的结果。而前苏联某些学者则认为"该文化居民的体质类型属纯欧罗巴人种"，这恐怕也是违背科学的。

其后续塔施提克文化（公元前 1 世纪至公元 5 世纪），该文化居民系中国史书中记载之月氏人。在这一地域出土的漆杯、丝绸、铜镜、木石圆

---

① 《俄罗斯考古学》（俄文版），莫斯科，1993 年版，第 264—2670 页。

雕等残片以及木俑随葬的风俗都反映了与汉族文化的广泛联系和汉文化的明显影响。经过阿尔泰迈异密文化的发展，阿尔泰的游牧部落开始过渡到早期铁器时代形成了巴泽雷克文化。

在俄属阿尔泰地区卡童河、伯莱利河、乌尔苏耳河和乌拉干河流域发现了一批约属于公元前 5 世纪的巴泽雷克古墓，其中出土了中国制造的用捻股细丝线织成的平纹织物，有残片，也有铺盖在皮服上的整幅。最引人注目的是巴泽雷克 3 号墓和 5 号墓出土的丝织品，其刺绣题材多以凤凰、梧桐有关。前苏联科学院院士 B. M. 阿克谢夫院士经过考证确认，这些织物均系中国制造，专供"公主"出嫁之用。在发现有凤凰绣缎的巴泽雷克 5 号墓中还发掘出"当地独一无二的一辆古代马车"，从马车的形制推测也来自中国。另外从骨骼判断，墓主属塞人，是曾和中国和亲的阿尔泰部落首领。

乌兹别克斯坦科学院院士、考古学家阿斯卡尔洛夫提出丝绸起源于中亚的观点，声称他们在乌兹别克斯坦发现了公元前 16 世纪的丝织品。但是他没有提供任何可资研究的史据。而另一位享有国际声誉的中亚艺术史家，乌兹别克斯坦共和国科学院院士 JI. A. 普加琴科娃在研究了阿尔泰山巴泽雷克古墓后认为，中亚的艺术织物是用中国生丝织成，塞人古墓出土的纺织品是世界上最早的织物[①]。再一次论证了中国缫丝曾经独步世界的辉煌。俄罗斯的考古学家 E. И. 鲁伯—列斯尼契科对现有的汉文和西方文字史料以及考古发掘的实物资料进行了比较研究，得出以下两点结论：1. 蚕桑业和丝织业从中国传入西方进而推广的过程立论有据；2. 西域诸民族在丝织文化和桑蚕文化的传播起了重要的作用，这是东西方文化交流中一个重要的研究课题[②]。另外在俄属阿尔泰地区与巴泽雷克古墓相关的数处墓葬都发现有羽状纹地"山"字雕饰的中国金属镜，也说明巴泽雷克人通过中国北部各族接受了中国文化的巨大影响。

马克思认为："研究必须充分地占有材料，分析它的各种发展形式，探寻这些形式的内在联系。"[③] 事实是研究工作的出发点，占有大量材料，把握事实的总和，阐明事物的内部联系这便是马克思主义研究历史的方法

---

① JI. A. 普加琴科娃、Г. И. 列穆佩：《中亚古代艺术》，莫斯科，艺术出版社 1982 年版。

② 鲁伯—列斯尼契科：《关于蚕桑业在中央亚细亚推广的新资料》《古代新疆和中亚：历史文化关系》，科学出版社，东方文献部主编，莫斯科，1984 年版。

③ 马克思：《资本论》（1873 年 1 月 24 日），卷 1 第 2 版，《马克思恩格斯选集》，卷 2，第 217 页，

论。"从事实的全部总和，从事实的联系去掌握事实，那么，事实不仅是胜于雄辩的东西，而且是证据确凿的东西。"① 如果仅以主观臆造的东西来代替全部历史现象的客观联系和相互依存，并下某种定义的话，那便不是科学家态度。

中国新疆阿拉沟地区古墓遗址的发掘引起了俄罗斯及中亚学者的注意，他们开始了"塞人如何深入西域"研究。研究者们把阿拉沟古墓的发掘物与哈萨克斯坦首府阿拉木图附近的伊塞克古墓和巴泽雷克古墓的出土物加以比较，认为兽形图案的表现手法完全相同。"阿拉沟古墓发掘的兽形图案与阿尔泰地区的出土器物在工艺技巧上极为相近，属阿尔泰—巴泽雷克文化"，从而得出结论：阿拉沟位于天山东南端，紧靠阿尔泰地区"是通向西域南部的方便之门"。塞人正是由此跨越中亚细亚经阿尔泰由阿拉沟这条路线进入古代新疆南部②。

关于其进西域的时间，也是近年俄罗斯和中亚研究的课题。早在公元前 10 世纪，在整个中亚实用装饰艺术发展过程中就出现了两种流派，其一是"神话现实主义"；其二是渊源于阿尔泰山系的哈萨克斯坦、南西伯利亚和蒙古草原的"动物意匠"，与斯基泰塞人的生活环境彼此相应，有学者称其为"阿尔泰'野兽风格'"。1993 年谢世的乌兹别克斯坦共和国科学院院士、艺术学博士列穆佩认为，自远古以来中亚人民就力求在自己的创作中融汇"神话现实主义"和"野兽风格"③ 两种流派；地中海古希腊罗马文化艺术对中亚艺术的影响微乎其微；中亚艺术主要依赖自身的传统并受远东的艺术影响。

在艾尔米塔什列宁格勒美术博物馆收藏品中有一西域出土的青铜时代的印记。这是 C. 奥尔杰布格在西域考察时发现的。俄罗斯和中亚学者认为，这是公元前 2 世纪—公元初期的塞人之物。后来，H. B. 季亚科诺娃在阿尔泰巴泽雷克古墓首先发现了臀部朝外的动物形象，它与艾尔米塔什列宁格勒美术博物馆典藏的印记所表现的兽形形象完全相同。学者们又在阿尔泰—巴泽雷克相关地区发现了这种特殊的造型艺术特征，从而推断塞

① 列宁：《统计学和社会学》（1917 年 1 月），《列宁全集》，卷 23，第 279—280 页。
② B. A. 李特文斯基、M. H. 波格列博娃、Jl. C. 拉耶夫斯基：《论西域塞人的早期历史》，《亚非人民》，莫斯科，1985 年第 5 期。
③ Jl. A. 普加琴科娃、Г. И. 列穆佩、陈继周、李琪译：《中亚古代艺术》，新疆美术摄影出版社 1994 年版，第 6 页。

人进入西域的时期早于公元前 5—前 4 世纪。

除此之外，斯坦因曾在楼兰发现了青铜器时代的双叶青铜箭以及宽头斧锁的残片。俄罗斯及中亚的史学界及考古学界对此进行了研究，从而断定双叶青铜箭是西域制造的，但其特点与"在中国广袤地域上所发现的类似器物毫无二致"。他们根据另一件青铜器时代佩有兽形装饰的宽头斧锁残片判断，早在斯基泰人时代（公元前 7—前 4 世纪），阿尔泰地区和米努辛斯克盆地就存在着仿造中国斧锁的小型艺术创作传统。

俄罗斯及中亚各国学界对阿尔泰历史文化的研究成果从不同的视角进一步说明阿尔泰草原早在远古时期便是中西交通的必经之地。被称为"历史之父"的古希腊历史学家希罗多德在（历史）一书"东方之路"一节中曾这样记述："在欧洲北部地区，有着与其他地方不能与之相匹的大量黄金。……这些黄金是怎样采得的呢？"他指出有一条东方通道。以研究中国科技史著称于世的英国学者李约瑟据此分析希罗多德记载的东方通道便是经过斯基塞人地区，也就是从克里米亚和亚速海沿乌拉尔山南部到天山东部及至里海以北的广阔草原地带的中西交通道路。日本学者前岛信次根据希罗多德的记载推论，欧洲北部的黄金是由东方带去的交易品。斯基泰塞人的贸易道路就是所谓的草原之路，而这条道路通过以出产沙金及其矿物著名的乌拉尔山脉和阿尔泰马鞍。同时，这些部落已经掌握制造毛皮和皮革以及毡毯的精湛的工艺技巧。

上述的"阿尔泰野兽风格"也反映了古代阿尔泰诸部落独具特色的艺术特征，有赖于我国学者及独联体国家考古学界的发现，形成于辽阔的阿尔泰地域的色彩斑斓的前驱后续文化以及相关文化在我们面前构成了一幅连续不断的画面。可以想见，活动于历史上属于中国疆域的蒙古高原与天山北部以西辽阔地域的古代游牧民族凭借奔驰的骏马控制着联结欧亚草原丝绸之路的主要路段，扮演着联系东西方文明的主要角色。尽管历史上中国疆域几经变迁，中原王朝与边疆地区的民族政权依时代而变化，但是边疆地区的民族在历史舞台上仍创造了辉煌的草原文化。斯基泰塞人手上的黄金，是从这些产地通过草原之路运往西方的。我国也有学者分析了中亚青铜时代的物质文明之后设想在先秦时代中西商路也是经过北方草原地区，即经过蒙古草原到西西伯利亚草原，然后南去伊朗，西去南俄草原①。由此可见，周穆王经阿尔泰山中段沿黑水抵南俄西征并不是一个美丽的神话。《穆天子传》描述的事件正是发生在卡拉苏克文化时期，实际早在周穆王之前就有大批中国北方民族筚路蓝缕开创了这条路线。

综上所述可见，早在远古时期阿尔泰地区已是一个人类活动的频繁地区。大批的中国北方部落来到阿尔泰草原，他们把中国的文化，特别是青铜铸造技艺传到欧亚草原，促进了中亚等地与中国中原的经济文化联系。从发现的青铜时代的物质文化来看，阿尔泰草原地区无疑受到古代东方文化中心黄河流域的影响。与此同时，阿尔泰本地人的文明也已发展到一定的水平。早在公元前 1000 年的中叶，阿尔泰部落就已经有了各种各样的铁制的、青铜制和骨制的工具。当时在希腊和波斯还没有马鞍出现，而在阿尔泰诸部落的马匹随葬习俗中便有墓主使用的马驼，这是与中原华夏各族有密切的经济文化交往的结果。我国西北边疆的少数民族同汉族及其他南方、东南、西南各族人民共同缔造了中华民族绚丽多彩的历史和文化，展现了以黄河流域和中原地区为中心，边疆少数民族地区为重要组成部分的中国文化多元多彩的起源。

第三节　前景展望

20 世纪 90 年代，苏联解体、冷战结束，俄罗斯及中亚各国的地缘政治状况发生了巨大的变化，它们纷纷在世界关系的海洋中寻找自己的航标，积极架构新的国际政治关系和地缘经济战略。几十年中，在苏联社会科学界已无关重要的"地缘政治学"，近年来又作为一门重要的学科受到重视，旨在与周边国家建立睦邻友好关系，振兴经济，为国内改革创造良好的和平国际环境。哈萨克斯坦就根据本国处于欧亚大陆中心并"荟萃世界三大文明即伊斯兰文化、儒家文化、基督文化"的有利的地缘优势提出了发扬传统的"草原外交"的方针②。俄罗斯及中亚其他国家也在为

---

① 刘迎胜：《丝路文化——草原卷》，浙江人民出版社 1996 年版；王治来：《中亚史》，中国社会科学出版社 1980 年版。

② 《思维》，阿拉木图，1996 年，第 1—2 期。《哈萨克斯坦真理报》1995 年 5 月 23 日；《哈萨克斯坦新闻报》，1995 年 3 月 22 日。

进一步推动实现边境地区的互利合作、睦邻友好的目标做积极的努力，尤其是与我毗邻的吉尔吉斯斯坦共和国、塔吉克斯坦共和国、蒙古国也都渴望着古老的草原丝绸之路重放异彩。

坐落在中国新疆北部边境金山脚下的阿勒泰地区与俄、蒙、哈三国交界。随着国际关系的变化，欧亚大陆桥的开通，中国阿尔泰的历史翻开了新的一页。阿尔泰山系的有色金属产业带列入新疆地区经济布局的 10 年开发规划，为祖国西北边疆的经济腾飞提供了极好的机遇。早有外国学者指出："阿尔泰是中国新疆的重要组成部分，失去阿尔泰就意味着中国新疆北部的崩缺。"中国阿尔泰至关重要的地理位置日益引起俄罗斯及中亚学者的重视。在中俄关系和中国及周边中亚国家关系研究领域，阿尔泰问题的研究已趋向热门。尤其是中亚各国独立以后，一批未曾公开的档案资料公之于众，俄罗斯及中亚的学者开始比较客观阐述历史上的双边关系问题。当然这其中除了至关重要的政治因素外，经济因素则是最基本的原因。

随着"丝绸之路经济带"建设的推进，中亚国家和中国西北边疆已是新的草原商路的重要路段，将成为我国与邻邦友好往来的纽带，重现辉煌。

第二十六章 丝绸之路中亚路段巴克特里亚艺术中的佛教成分

"巴克特里亚"是中亚古国之一，公元前 3 世纪中叶（256 年）由希腊人狄奥多德创建，亦称希腊—巴克特里亚王国。古代巴克特里亚包括兴都库什山麓、今阿富汗大部土地和塔吉克斯坦的中南部，以及阿姆河中游的部分地区，以富庶著称。国都巴克特拉，或称巴克尔，即今阿富汗伊斯兰共和国的巴尔赫城①。巴克特里亚极盛时期的版图北至费尔干纳盆地，西到土库曼斯坦的马雷城和乌兹别克斯坦的布哈拉，东至克什米尔以及巴基斯坦与印度的边界，南到伊朗东南部和印度卡提阿瓦尔半岛的沿海地区。"巴克特里亚"是古希腊人对这一地区的指称，在中国史籍中谓之"大夏"，而西方史学家和阿拉伯人则称之为吐火罗斯坦。丝绸之路的西段、南段均在巴克特里亚王国境内，是古代中亚、南亚、西亚的交通枢纽。

第一节 贵霜王朝征服之前的巴克特里亚艺术

希腊人入侵巴克特里亚之前，这里曾是波斯帝国的一部分。当地土著人为东伊朗族。公元前 329 年春，亚历山大大帝征服了此地，并将这里作为其东方领地的统治中心。随着亚历山大大帝的东征，开始了东西方文化互为传播和彼此交融的过程。希腊文化传入东方；东方文化渗入希腊文化。

公元前 3 世纪伴随着希腊移民的大批入居，巴克特里亚王国的统治阶层几乎全为希腊血统。他们不仅支配着国家的政治体制、经济结构，而且

---

① 被誉为"城市之母"。

带来了希腊人的语言宗教和文化艺术，"使得整个巴克特里亚王国，都带有希腊精神"。由于这种外来文化是被移植、发展于同样具有古老文明的中亚腹地，不断受到印度和波斯文化的影响与渗透，因而形成了一种以希腊文化为基调的混成文化。这种文化，对中亚古代文明的发展影响甚深，对中亚周边各文明区有着程度不同的辐射。

艺术起源总与宗教色彩密切相关。巴克特里亚艺术发源于希腊—巴克特里亚传统。早在公元前 2 世纪游牧的大月氏人建立贵霜王朝之前，在巴克特里亚及其周边地区多元民族的社会文化生活中就呈现出丰富多彩的宗教信仰与崇拜。故此，巴克特里亚艺术在形式上也与特定的宗教信仰和崇拜异质同构、互相渗透。

佛教传入巴克特里亚始于公元前 3 世纪。古印度摩揭陀国孔雀王朝阿育王时不仅在国内大力扶持佛教，立佛教为国教，而且把佛教传到古印度的毗邻国家，进而使佛教从恒河流域的一个地方性宗教逐渐发展成为世界三大宗教之一，同时也为佛教艺术的兴起拉开了序幕。据《善见律毗婆沙》等记载，阿育王即位第十七年曾遣僧人到巴克特里亚布教，向这里的希腊人等古代民族传播强烈的佛教信息。由于阿育王的积极推进，伴随着佛教在巴克特里亚的传播，佛教教法在巴克特里亚的出现，印度商人与工匠也不断向希腊—巴克特里亚迁移。他们在带来各种商品和技艺的同时，也把佛教艺术传播到中亚大地。希腊人也向自印度传来的佛教开放。"这可从安提尔锡达国王的使臣赫利奥多鲁斯的石柱铭文上获得证明，此人成了毗湿奴的崇拜者，因此在贝斯那伽建造了伽鲁达石柱，上面刻着婆罗米文字的铭文，奉献给毗湿奴。"① 保护神毗湿奴是印度三大神之一，佛教称为遍天下。

同一时期（公元前 3—2 世纪）也是希腊—巴克特里亚的希腊罗马化艺术的发展时期。虽然这里仍然立足以巴克特里亚本土艺术与古希腊罗马化艺术相结合的观念和审美情趣为基础，但已不容置疑出现了本土艺术与古希腊罗马化艺术、印度佛教艺术传统有机融合的过程。当时在中亚流行的巴克特利亚王国欧克拉提德斯王（约前 171—前 155 在位）的钱币上，刻有"城市女神"迦毗沙（Kapisa）的形象。其状为头戴塔形冠，坐在王座中的一位女神。这一女神形象与坐在王座上的具有希腊风格的宙斯天

① 《中亚文明史》，中国对外翻译出版公司联合国教科文组织 2002 年版，第 245 页。

神的肖像颇为类似。但其左为大象，右饰为约建于公元前 2 世纪的古印度石窟佛院杰作支提①神殿的场景，体现了印度佛教的特色与希腊化艺术的交流共融。

第二节　贵霜—巴克特里亚时期佛教艺术的传播

当强大的贵霜王国崛起之时，贵霜王丘就却及其子阁高珍的统治疆域一直扩大到印度。巴克特里亚是贵霜帝国四个主要的艺术区域之一，涵盖阿姆河（乌浒水）及其支流流域的吐火罗斯坦。这片具有古老文化的土地虽然被武力征服，但是其博大精深的佛教思想却对那些征服者产生了强烈的反射。《后汉书·西域传》记载："初，月支为匈奴所灭，遂迁于大夏，分其国为修密、双靡、贵霜、西顿、都密凡五部翕侯。后百余岁，贵霜翕侯丘就却攻灭四翕候，自立为王，国号贵霜王。""故贵霜王朝实为大夏人所建。"② 贵霜帝国民族构成复杂，各民族之间在文化传统、宗教信仰等方面差异巨大。丘就却采取兼容并蓄的宗教宽容政策，协调各民族间的关系，为贵霜王朝的进一步发展奠定了基础。由于丘就却对佛教的大力赞助，许多佛教徒在巴克特里亚定居。佛教艺术流派也随之在巴克特里亚落足和巩固下来。

佛教在巴克特里亚的广泛传播是在贵霜帝国的全盛时期（公元前1—3 世纪），与此同时也是贵霜时代中亚希腊化艺术的鼎盛时段。希腊化的佛教成分是其主要来源和组成部分。

犍陀罗③艺术的影响在这里表现得十分突出。犍陀罗艺术主要指贵霜时期的佛教艺术而言。因犍陀罗地处印度与中亚、西亚交通的枢纽，受希腊和巴克特里亚长期统治，希腊文化影响较大。它的佛教艺术兼有印度和希腊风格，故犍陀罗艺术通常被称作"希腊佛教艺术"。犍陀罗佛教艺术形成后，对中亚地区佛教艺术的发展产生了重大影响。

随着佛教从印度传入，与之有关的佛教题材和艺术形象在贵霜时代的巴克特里亚艺术中已具有良好的基础。在中亚铁尔梅兹、达里维尔津—捷

---

① 陈列圣物的地方，也称为"神殿"，是僧侣礼拜祈祷的石窟。
② 余太山：《塞种史研究》，中国社会科学出版社 1992 年版，《绪说》，第 2 页。
③ 今阿富汗喀布尔河下游流域。

佩、昆都士、迪里别尔津遗存中的佛陀和菩萨雕塑造型极为传统，其肖像标准是依犍陀罗艺术风格形成的。犍陀罗的佛像艺术运用希腊写实主义的雕刻手法第一次将佛祖的真容像奉现在了佛教信众面前，是希腊艺术与印度艺术的结晶。

在巴克特里亚北部发现了不少贵霜时代的遗存，均为大型佛教雕塑。其中大多数都具有佛教雕塑策源地犍陀罗的传统形象。在旧铁尔梅兹法亚兹—捷佩有一座佛雕像，展现了一个完整的画面：椭圆形的佛龛内端坐着在无花果树下沉思的佛陀，两旁各站一面朝佛陀祈祷的僧人，面部表情静穆。三位一体的形象组成一幅经典的构图。

佛教艺术的自由化是犍陀罗艺术的标志之一。巴克特里亚的佛像雕塑师们在配置侍伴佛陀的天人、天上乐师、进献贡物者等人物序列时，相当自行其是，表达了当地民族对佛教的膜拜，进而推动了犍陀罗艺术的发展。犍陀罗的雕塑家们在创造佛像时没有局限于只是把希腊人的特点与长圆面孔、双眼深邃和由于佩带沉重的耳环而拉长下垂的耳垂等一些北印度居民所素有的独特之处结合在一起；而是把非希腊人的内容也补充进来，通过美好的外貌予以表现神之化身；内在气质高雅、贤明、仁慈以及佛将给人们带来伟大的真理。[①] 在巴克特里亚的一些神庙中出现了佛教神话学中的提婆达多（Devadatta）神[②]、保护神和众僧的造像，其中有一些神庙的提波达多的造像被赋予了巴克特里亚当地民族的特点[③]。达里维尔津—捷佩遗存的公元1—2世纪的佛教庙宇中的雕像表现了巴克特里亚王朝雕塑的衍变。当地统治者，他们的妻妾及达官贵人的雕像都坐落在大佛雕像的附近，已明显地肖像化，既有具体人物个性鲜明的肖像，又有典型化的理想人物雕像。佛教万神殿的诸神及其象征往往是作为皇室贵族的庇护者而予以表现的。在铁尔梅兹的卡拉—捷佩和法雅兹—捷佩佛教寺院中发现了佛陀、僧人以及穿着典型贵霜服饰的施主的画像，表明其主题不仅取自宗教信仰，而且表现了当时的社会生活。

马赫图尔（Maxтyp）的天（提婆）神庙出土的公元2世纪贵霜时期

---

① Г. A. 普加琴科娃：《中亚——旁遮普地区艺术中的希腊化时代特征》（俄文版），塔什干，1987年版，第36页。

② 亦译作"提婆达兜"和"谛滴婆达多"，意译"天热""天授"；释迦牟尼叔父斛饭之子，随释迦出家为弟子，后自称"大师"，反对释迦，自立僧团，佛教史上最早分裂僧团者。

③ Г. A. 普加琴科娃：《中东部地区的艺术瑰宝》，塔什干，1987年版。

的雕塑，正面静态姿势的塑像占优势。这些形象面貌表情娴静平淡，既无个性、年龄标志，也没有情感体现，具有超越时空、高于人类、近于偶像的特点。这种风格是在贵霜时代传入中亚的，不仅符合道德标准和佛教规定的无欲，而且表现了雕塑方面的新趋势，即肖像的着重点从个性化转向了形式化。最为形式化而不具特色的是苏尔赫—科塔尔（Сурх－котале）出土的王朝成员代表的雕塑，描绘了皈依佛法、扶持佛法的贵霜王朝伟大君主迦腻色迦①（约公元78—144年在位）的形象，其头饰极为引人注目。

　　这一时期在巴克特里亚出现了纪念性的佛教建筑物窣堵波②。窣堵波饰以砌面，基座具有明确的方向性。这是印度佛教建筑的传统。在达里维尔津古城发现了公元1世纪的佛教圣所遗迹。中央是一座窣堵波的基础部分。北面的庙堂排列有一组塑像，由一座大的佛陀像和若干小的菩萨及和尚像组成。巴克特里亚当地的工匠们，在塑造佛陀、菩萨及其他佛教人物时，都严格地遵循印度佛教徒所创造的规范。

　　公元2—3世纪是巴克特里亚在文化方面取得显著成就的时期。这时佛教在贵霜王国统治的阿姆河流域已经牢牢立足。随着佛教在巴克特里亚的传播，建筑上出现了各部分配合相称的格局，包括寺院浮屠、寺庙和附属的居室群（铁尔梅兹、艾尔塔姆、达里维尔津—捷佩、巴尔赫、苏尔赫—科塔尔、迪里别尔津）。巴克特里亚建筑装饰中的石质檐壁饰带的佛教选题极为引人注目。阿伊尔塔姆出土的石质檐壁饰带（公元2世纪）上竖直排列的毛茛叶同涡卷饰中侧面形象的乐伎相间配置，其形式上的某些呆滞之处显然受到佛教规范的影响。

　　公元2—4世纪贵霜艺术逐步走向余晖。但是这一阶段的崇拜性艺术在中亚古代艺术的发展中却起着重要的作用。在位于中亚贵霜时代铁尔梅兹中心的卡拉—捷佩半洞窟式庙宇的壁画残片中，可以看到与佛教传统规范的壁画形象并存的还有更为清新的艺术。其风格并没有完全束缚于佛教范式的樊篱之中，同时在传达人物神态的细致入微之处明晰地表现出熟谙的希腊艺术技巧。

---

　　①　迦腻色迦（Kaniska，约公元78—120年，亦说144—170年在位）大月氏贵霜王国国王，皈依佛法，扶持佛教，建寺塔诸多。
　　②　梵文Stupa之音译，即佛塔，供奉舍利、经文和各种法物之用。

第三节 巴克特里亚—吐火罗斯坦
佛教艺术风格的演变

巴克特里亚—吐火罗斯坦即对公元4—5世纪中亚古代若干历史文化区域①之一的称谓。这个区域涵盖现今分属乌兹别克斯坦共和国、塔吉克斯坦共和国的阿姆河沿岸地区南部、土库曼斯坦共和国的一部分，以及阿富汗北部所在的古代历史文化区域。

5—6世纪时已牢固植根的佛教在中亚大地开始日渐衰微。6世纪中亚地区的佛教社团数量已经不多，但它们依然存在。这些社团聚集于为数不多的寺院，细心地奉持戒规，保护佛门圣物，修建新的寺院建筑群、圣所和窣堵坡。他们始终如一地扮演着佛教艺术传统的传布者、护卫者和继承者的角色。

这一时期的巴克特里亚—吐火罗斯坦艺术呈现出传统和创新的结合。主要表现为印度艺术同当地的巴克特里亚—吐火罗斯坦艺术的融合。这一结果尤为鲜明地反映于佛教纪念性雕塑和壁画。在中亚最具代表性的是塔吉克斯坦南部瓦赫什河谷的阿吉纳—捷佩的佛教遗址和费尔干纳南部库瓦古城佛庙遗存。这两处遗址的大量发掘表明，在中亚的某些地方，印度佛教艺术的晚期支流一直持续到8世纪中叶。

巴克特里亚—吐火罗斯坦的塑像和壁画所表现的艺术形式基本一致，其中显示出风格演变的路径。佛教学说素以诗的形式表述，后来对于内省修炼的追求被人为僵化的整套祈祷仪式所取代，这对于以规范化形象为主的雕塑艺术产生了一定的影响。佛陀像的塑造规范尤为明显。匠师们为了加强印象则生硬地加大佛像的尺寸，阿吉纳—捷佩佛教遗址的一尊佛像高达11米，库瓦佛寺出土的一枚佛头长达80厘米。制作这些佛像使用的原料都是中亚传统雕塑的材料—黏土。过大的尺寸使制作技术变得更为复杂。

库瓦和阿吉纳—捷佩佛教寺庙建筑群大量的着彩泥像残块证实，造像的类型均依佛经之规。佛像表现为说法的站佛、入定的坐佛、涅槃的卧

---

① 其他还有粟特、帕提亚（中文史籍称安息）、花剌子模、费尔干纳、马尔吉阿纳等。

佛。按照传统绘以多种色彩，主要有红、白、黑，也有天蓝色，还绘以金色。佛像的面庞仍然是传统的宽硕的前额、双颊、下颚，以及半垂的眼睑，鼻子修直，鼻梁直连状如弯弓的双眉和额线，嘴唇怡然，耳垂长长下垂，发式为近似螺状的发髻，但是双目的形状已有很大不同，夸张地大大加长，外眼角延至鬓边，裹盖全身的传统的法衣的皱褶，略显僵硬和细碎。这类最为典型的佛像，就其整体风格而言已表现出许多新的特征。这些新的特征还表现在佛教神话传说的次要人物身上，如天神和菩萨的造像中表现得特别鲜明。阿吉纳—捷佩佛教寺庙中天神和菩萨的造像均为半裸的躯体，身材秀美，比例匀称，身姿婀娜优美，手指作各种手势，面庞光润可爱、小口、双目细长，眼睑低垂，小破浪发式，整个形象清秀俊雅。这些形象显示出一种令人赏心悦目的景致优美的特色。

6—7 世纪的库瓦古城（乌兹别克斯坦费尔干纳谷地南部）佛庙遗址出土了一尊巨大的三眼佛陀。乌兹别克斯坦科学院院士普加琴科娃和列穆佩两位教授认为这可能是湿婆的形象。庙内的壁画同纪念性塑像结为整体。库瓦寺庙出土的面目狰狞的佛教护法神头像十分引人注目。其中有头戴颅骨状帽子、面孔愤怒的女神，还有龇牙咧嘴、鼻头圆凸、蹙眉怒目的男神。①

在阿吉纳—捷佩遗址坐落着一座 7 世纪—8 世纪的佛教寺院。这座吐火罗斯坦的建筑装饰着丰富的壁画和泥塑。其北院是一座窣堵坡，饰有冠冕、手镯和花朵，其特有的标志是额头上的第三只眼睛。在沿院子的拱顶回廊上和用于宗教仪式的房间里，墙面和顶棚上，均绘满多彩的壁画。壁画中以佛及其他佛教人物的形象居多，也有当地贵族代表人物朝拜和进献贡物的场景。在房间的壁龛里和专门的基座上，安放着彩绘泥塑的佛像、菩萨像和其他宗教人物像，还有一些以写实性手法表现当地佛教徒、僧侣和苦行僧的塑像。在苏联学者发掘清理出的近 500 件塑像残块中，可见许多相当完美、严格按照佛教艺术规范塑造的形象，其中最引人注目的是刻画佛祖弥留之际的巨大卧佛像，向我们揭示了鲜为人知的巴克特里亚—吐火罗斯坦佛教艺术的风格传统。

在阿吉纳—捷佩佛寺的壁画中具有十分鲜明的两种格调：其一，在表

---

① 普加琴科娃、列姆佩：《中亚古代艺术》，陈继周、李琪译，新疆美术出版社 1994 年版，第 39 页。

现佛陀时，庄严、纤细、精致，但笔法机械呆滞；其二，在描摹"凡世众生"类型时，虽粗糙，但富于表现力，形象栩栩如生，别具特色。阿吉纳—捷佩的壁画发展了佛教劝减艺术的主题。他找到了栩栩如生地感知显示形式的新手段，这既超出了印度—巴克特里亚城市的范围，也完全超出了希腊罗马化晚期艺术的范围。壁画中保留了吐火罗斯坦人的形象，并在佛陀画像中融入了当地居民的特征。

　　综上所述，巴克特里亚艺术以一种特色鲜明的古代文化现象展现在世人面前，其中表现出与周边地区丰富多彩的创作交流关系。这种交融合流不是一般的冲撞，而是互相渗透；不是单方面的促进，而是相互影响。大量的考古发现和研究成果，不断地丰富着中亚巴克特里亚艺术的内涵，其中呈现出的佛教文化成分为我们展现出一道别具风格的风景线。

第二十七章　帖木儿文艺复兴时代中亚民族建筑艺术的类型与特点

　　早在文明的曙光时期，伴同初始的建筑工程，建筑艺术即已在以阿姆河与锡尔河两河流域为中心，附带周边之广袤的中亚地理范围诞生。此后，随着时代的变迁，本土建筑创作就依不同历史时段的艺术思想和造型风格，兼容并蓄多元精华，建构独特的美学观念和文化内涵；采用不同的建筑和装修材料，以新的形式、新的手段呈露出时空特点，进而体现建筑艺术的民族性、时代感、象征意义和实用功能。

　　14世纪后半叶，当蒙古帝国逐步走向分裂和衰落之时，一位突厥化的蒙古人帖木儿（1335—1405年，1370—1405年在位）崛起。他战胜政敌，统一了从今格鲁吉亚到印度的西亚、中亚和南亚的辽阔地域，建立了一个以河中地区（Mawaraannahr）为中心的庞大帝国（1370—1507）。至此，中亚历史上出现了一个交通畅达、经济发展、文化繁荣的时期——帖木儿时代；同时，也是中亚多民族艺术空前发展并取得辉煌成就的时代。因此，这一时段亦被称为"帖木儿文艺复兴时代"。

　　在同时期的历史文献中，"帖木儿时代艺术"这一术语俯拾皆是，并逐渐约定俗成，为人们广泛接受。其中意味着依靠征服而建立起来的强盛的帖木儿帝国是促进中亚文化艺术繁荣的主要动因；并提出了14世纪后期至15世纪与16世纪之交的断代范畴以及此时帖木儿王朝统治的主要地区，即现今中亚、阿富汗、东部伊朗的所在地域的一种文化现象。这些地方占据了广义中央亚细亚历史文化区域的大部分。在中亚民族建筑史上，帖木儿文艺复兴时代则被视为蒙古入侵之后装饰艺术再度复兴的重要阶段，呈现出中国、波斯、阿拉伯同突厥建筑风格融为一体的鲜明特色。

　　"建筑语言是抽象的，却是可以感觉到的，很难表述清楚，却很容易理解。无论哪一种艺术都不会像建筑学那样得到人们普遍的享用。"① 帖木儿王朝统治时期的建筑学是当时社会习俗、工艺技术、美学思想等纷繁复杂的历史文化关系的综合与外在表现，展示了时代的风貌，反映了中亚城市生活的独特风格和建筑体系的整体美感，也体现了建筑者们所承担的伟大使命。然而，以往世纪的建筑艺术传统对这一时期的影响则是巨大的。诸如9—10世纪，在西域广大地区流行的"中心圆穹顶"建筑、宫廷式、多立柱和多组合建筑群；11—13世纪，用非浇铸的精美刻花赤陶镶面美饰建筑，使用砖砌组成画面的技术都已经达到了高度完美的水平。这些均为以后中亚建筑艺术的发展奠定了基础。而14—15世纪末中亚建筑艺术正是在保持本土特色，吸纳传统的优秀成果，融合了东、西方文化艺术的精髓，进而推展出形式结构、风格特点、材料种类和装修方法的创新。

第一节　伊斯兰建筑风格和特点

在帖木儿王朝统治中亚的100多年间，伊斯兰教渐成国教，深刻地影响着中亚地区的政治、经济和社会生活。伊斯兰文化传统不断深入，"作为民族精神的要素而引人注目"②。在建筑领域，帖木儿延揽的各地多族最富技巧的工匠们将波斯、阿拉伯同突厥建筑风格融为一体，呈现出独特的伊斯兰建筑艺术风格。这一时期所建造的清真寺、陵墓及宫殿、宗教学校、天文台，巍峨华丽，雕镂精湛，色彩明艳，别具一格。

由于当时广建清真寺，所以各类清真寺在伊斯兰教祭祠建筑中占据首要地位。各大城市的加米③用于每周星期五主麻拜（亦称聚礼）全城祈祷。城外清真寺是开斋节和宰牲节时城内及其周边居民会礼之处。在茔地还有用于丧葬礼仪的清真寺。街区清真寺专为辖区内的宗教社团服务。用途不同决定了清真寺的规模类型和建筑特点。早在蒙古入侵之前，中亚就已出现了大型礼拜寺。推及帖木儿时代，规模造型更加宏伟，结构技巧渐进精妙，装饰形式愈益繁博。大型礼拜寺多为直角形建筑，有正门、庭

---

① Г. А. 普加琴科娃：《中亚艺术瑰宝》（俄文版），塔什干，1987年版，第166页。

② 羽田亨：《西域文化史》，新疆人民出版社1981年版，第98页。

③ 意为"众人聚集之地"，引申为"大寺""总寺"，即规模较大的清真寺。

院、环绕的拱形结构柱廊，有的清真寺还造有塔楼。用于追荐亡灵的清真寺都附设一些不大的三四个圆顶形回廊的陵园，坐落在沙赫—静达陵园的库萨姆·伊本·阿巴斯墓和撒马尔罕的伊什拉特罕墓旁清真寺最具代表性。还有一种清真寺是带有庭园的独立建筑，清真寺对面的陵墓掩映在庭园花木之中，安诺清真寺就属此类。纪念性清真寺、宗教学校、哈尼卡①、供朝拜者用的室舍构成一个完美的整体建筑。在穆萨利亚清真寺中设有庭园建筑，其布局的大面积空间露天开放，是人们集会的场所，其中建筑与连接在一起的拱廊起着米哈拉卜②的作用。古札尔市③的清真寺有在冬季四周遮严的处所，与之相连的是砖砌或木质柱式回廊和不大的有池塘的小庭院。14—15 世纪的哈尼卡也已不再是简陋的寺院，而是有供礼拜集会之用的宽敞圆顶大厅的豪华建筑。

在中亚建筑艺术中具有突出地位的伊斯兰建筑是帖木儿时期修建的沙赫—静达（Щахи－Зинда）陵园建筑群④，由 13 座陵墓和一座清真寺组成。相传这里是伊斯兰教创建人穆罕默德的堂弟、伊斯兰教的积极传播者库萨姆·伊本·阿巴斯殉难之地，故定为"圣地"。"沙赫—静达"，波斯语意为"永生之王"。据说，安拉使库萨姆的灵魂得到永生，而得此名。后来，撒马尔罕的统治者都将自己与亲属的坟墓建在此地，渐次形成了建筑群。帖木儿时期，中亚居民喜以青绿为表色，所以沙赫—静达（Щахи－Зинда）陵园建筑的基调为青绿色。来自不同地域的各族匠师在装饰设计上，多采用独特的伊斯兰艺术风格的几何形、花草类陶雕及铭文彩陶为装饰图案，并与优美的壁画巧妙搭配，彰显出时代建筑的风采神韵。这里不仅有鲜明的伊斯兰艺术特色，同时也使用了中国建筑装饰材料和创作传统。

值得一提的还有位于中亚古城布哈拉的卡梁（Калян）清真寺，又称布哈拉清真寺。这个著名的清真寺遗址附有长方形庭院，四周回廊环抱，用许多力柱支撑着 288 个圆顶。寺院正门雄伟壮丽，支柱的顶端建有巨大的圆顶，四壁以青绿色瓷砖装饰。比比—哈内姆（Биби－ханым）清真寺更为其中之精品。寺院宽敞，呈四方形，有回廊环绕，回廊顶盖由 300

①　伊斯兰教对修道者修道传教处所的一种称谓，即道堂；也称罕卡。
②　清真寺礼拜殿内朝麦加方向的壁龛；穆斯林礼拜时领拜人的站立处。
③　乌兹别克斯坦南部喀什卡达里亚州的城市。
④　伊斯兰教建筑古迹，位于撒马尔罕（今乌兹别克斯坦共和国撒马尔罕州首府）。

多根大理石或沙岩石的柱子支撑。正门高达 41 米，入口正对覆盖青绿色
圆顶的寺院主建筑；庭院两侧纵向建有两个较小的圆顶建筑，庭院外墙四
角耸立着 4 个宣礼塔，院中有一个巨大的置放《古兰经》的大理石斜面
供台。①

　　这一时期用于举行隆重典礼的陵园建筑在中亚地区也得到高度发展。
与沿袭以往世纪特点的陵园建筑相比，这个时代许多陵墓的结构和形式都
留下了探索和求新的痕迹。这种情景在中心陵墓很少见到，主要表现于墓
葬群建筑之中，或者作为另一种穆斯林祭祀建筑的组成部分。撒马尔罕的
沙赫·依·赛义德名人墓为"八面体建筑"，各部分组和协调相称，没有
重复出现，其结构整齐的总体布局反映出立体空间形式的演变。突厥斯坦
的拉比亚·别古姆（Рабия – Бегум）和捷夫·克斯坎（Дев – Кескен）麻
札都是由八边形陵墓发展而成。撒马尔罕的楚潘·阿塔（Чупаан – ата）
是由塔式圆顶方形陵墓演变而来。希格纳克（Сюгнак）的科克—克赛
（Кок – кесен）古墓建有正门，多边幕形顶盖②。

　　伊斯兰宗教学校的建筑风格仍然保持着伊斯兰教传入初期的传统，没
有进一步发展。其基本特点是封闭的直角围墙，正方形的院落，两个或四
个廊亭以小室环绕四周。突出的方形正门的两侧是弧形结构的围墙和圆顶
的清真寺塔。但是陵园建筑往往融入伊斯兰宗教学校建筑群的总体设计，
成为宗教学校的组成部分之一。与此同时，陵园建筑又不失其造型结构的
独特性。撒马尔罕的伊斯兰宗教学校和穆罕默德哈尼卡形成一个统一的庭
院。古尔·艾米尔的陵墓就建在这个庭院的中心。比比 – 哈内姆的陵墓是
萨莱·穆里克·哈内姆的宗教学校的附设部分。赫拉特帖木儿王朝的陵墓
在考哈尔沙德宗教学校内也占据重要位置，其规模之宏伟，各个组成部分
搭配排列有序，空间装修完整，装饰富丽豪华。上述情境为我们描绘了一
幅帖木儿王朝统治下中亚建筑学和建筑装饰艺术中别具一格的伊斯兰建筑
风貌。

　　在这一时期的中亚建筑学中还出现了一个新的现象，即纪念性综合体
建筑。其建筑结构的主体或是陵墓，或是追荐亡魂的大殿。诸如撒马尔罕
的"苏丹之母"陵园和阿克·萨莱陵园，塔什干的尤努斯汗陵园，斯阿

---

①　金宜久主编：《伊斯兰教小辞典》，上海辞书出版社 2001 年版，第 333 页。
②　四面或八面拼成圆锥形的高屋顶。

拉特戈赫的毛拉—卡梁陵墓，希格纳克的诸汗陵墓都属此类。在这些纪念性综合体建筑中占优势地位的是直角围垣，大小不一的圆屋顶建筑和坚固的侧塔。这种建筑是在平面和立体纵向轴心结构上形成的，撒马尔罕的伊什拉特汗陵墓的横梁轴心结构极具代表性。建筑大师们还以高超的才智，探索创作，构思设计出非常复杂的陵园纪念性综合建筑体系，其中包括：布哈拉的恰什玛·阿尤布陵园，沙赫里夏勃兹的多鲁斯·希阿达特陵园，突厥斯坦的亚萨维陵园①。后两个尤其气势壮观。特别是坐落在古丝绸之路重镇亚瑟城（突厥斯坦）的亚萨维陵墓。这是一个长方形圆顶巨型建筑物，陵墓拥有无数入口，尤以北面镶嵌精致象牙，雕刻而成的拱顶门最为华丽精美；大厅以表面光洁，明亮如同玻璃的炼砖铺建；外墙和圆形拱顶饰满孔雀蓝和深蓝色相间的瓷砖，构成优雅的伊斯兰风格几何图案。伊斯兰教苏菲派创始人霍贾·艾哈迈德·亚萨维陵墓可称帖木儿时代规模最大、保存最完整的建筑之一，也是这一时期中亚民族建筑中的杰出代表，对伊斯兰宗教建筑的发展作出了巨大贡献。

第二节　中国装饰艺术元素之影响

史料载："洪武中，太祖欲通西域，屡遣使诏谕，而遐方君长，未有至者。二十年四月，帖木儿首遣回回满剌哈非思等来朝，……自是频岁贡马驼。"② 明太祖洪武二十年（1387）始，中亚帖木儿王朝同明朝交往。随着绢马贸易、宝石贸易和瓷器贸易的发展，中国的许多艺术元素也传到了中亚，被用于建筑装饰。

帖木儿王朝时期的建筑遗存和大量同时代及后续的文献记载都反映出中国艺术元素的深刻影响。首先与中国瓷器输入中亚密切相关。帖木儿王朝的统治者对中国瓷器尤为钟爱，故华瓷成为帖木儿朝与明朝往来频繁的物质基础之一。14 世纪末，以"钴"为呈色剂烧成的中国青白瓷器极负

---

① 突厥斯坦城位于今哈萨克共和国南哈萨克斯坦州，坐落在锡尔河东岸的一座古老的历史文化名城，始建于公元 6 世纪，16 世纪前称亚瑟城。这里安葬着伊斯兰教苏菲教派的创始人霍加·艾哈迈德·亚萨维（1103—1166）。亚萨维陵园是在霍加·艾哈迈德·亚萨维去世后 233 年，由帖木儿下令重新建造。

② 《明实录·洪武实录》卷一八五，中华书 1961 年版。

盛名，备受帖木儿王朝显贵推崇。于是许多人纷纷探究华瓷秘诀，并用于建筑装饰。因当时"钴"之价值昂贵，帖木儿招揽的中亚各族工匠，便以传统的硅酸盐焙烧料—卡辛制造出美观典雅的奶白色陶制品；而仅器面以"钴"为呈色剂烧成高温蓝釉，创造出与中国青白瓷器极为相似的陶瓷制品。《克拉维约东使记》详陈：克拉维约一行至渴石①参观正在建筑中的帖木儿行宫时，发现该行宫客厅地面满地皆铺以蓝色瓷砖。② 这些可能就是仿效华瓷，施以青白釉彩的陶瓷制品。前苏联的中亚考古发掘报告也证实，在撒马尔罕、木鹿、尼萨等许多古城遗址的帖木儿王朝积淀层，出土了许多模仿中国之风的陶瓷制品。中亚艺术史专家 Г. A. 普加琴科娃根据 1941 年的实地发掘阐明，帖木儿之孙兀鲁伯别克在撒马尔罕的瓷器亭规模不大，有的地方是用纯正的中国方形瓷砖饰面。③《巴布尔回忆录》的记载也对此提供了佐证：兀鲁伯·米儿咱在科希克山麓辟出一个花园，园中有一亭子，称瓷厅，因其前面矮墙的下部都为瓷砖所铺砌。这些瓷砖是他派人去中国采办来的。④ 无论是模仿华瓷，还是直接采用华瓷作为建筑装饰，都说明帖木儿王朝时期的建筑吸纳了中国装饰艺术的元素。

　　建筑装饰不仅是为建筑表面美观而设之物，而且具有多种功能，是伦理观、价值观、审美观和自然观的深刻体现。克拉维约记述，帖木儿在撒马尔罕所居住的宫殿皆富丽华美、讲究万分。寝宫有绣花之门帘悬于门口；床上铺有绣花被褥；宫内四壁悬以丝幔，颜色取玫瑰色，其上有锦绣及宝石珍珠之属；汗帐四周围以红绸，彩色鲜艳，上加金锦，益增其美观。帐幕之各门前，皆扎有彩楼，上嵌金锦花彩；其外墙乃以中国泉州缎（刺桐缎）之素缎围起。帐之四角皆有锦绣，华贵富丽。⑤ 由此可见，帖木儿时代对中国文化和艺术思想的吸纳。在华盛顿弗里尔艺术绘画陈列馆典藏着一幅细密画：狩猎中的兀鲁伯别克。艺术家的描绘独具匠心，以金色的天空、碧绿的草地为背景，烘托端坐于四角翘曲，饰有涡卷图案的中

---

　　① 《隋书》《新、旧唐书》为史国，《明史》为渴石，《西域记》羯霜那（Kasanna），今中亚撒马尔罕以南之沙赫里立夏勃兹（Shahri – Sebz）地方。参见冯承钧编：《西域地名》，中华书局 1982 年版，第 48 页。

　　② 杨兆钧译：《克拉维约东使记》，商务印书馆 1957 年版，第 118 页。

　　③ Г. A. 普加琴科娃：《兀鲁克别克其人其事》，《亚非民族》（俄文版），1969 年，第 6 期，第 13 页。

　　④ 王治来译：《巴布尔回忆录》，商务印书馆 1997 年版，第 77 页。

　　⑤ 杨兆钧译：《克拉维约东使记》，商务印书馆 1957 年版，第 130 页。

国风格亭式华盖之下，地毯之上的兀鲁伯别克。在可以拆卸搬动的具有中国之风的亭式华盖上有一行题词："至高无上的苏丹兀鲁伯别克治国安民、众望攸归。"① 其中反映出中国古代王权思想及审美情趣对当时中亚建筑艺术之影响。

利用装饰取得建筑的艺术效果是中国古代建筑的重要特征之一。其中琉璃瓦和彩画是特色鲜明的两大元素。宋代以后，中国古代建筑大量出现采用琉璃瓦添色增光；运用琉璃瓦创造建筑的视觉美感取得了巨大成就。一般使用黄碧蓝三色较多，并以黄色为最高贵，仅用于宫殿、坛庙、寺观等主要建筑。帖木儿时代和帖木儿王朝时期，中亚各方所修之亭、阁、台、榭，无不光彩夺目、争奇竞妍。墙壁之上多仿效中国镶砌金碧色琉璃炼砖。1402 年帖木儿最钟爱之长孙摩诃末速檀殁。为纪念已命嗣位之孙，帖木儿为其建一塔寺。寺之内外墙壁，皆以金碧二色琉璃砖镶砌。这一古迹充分体现了帖木儿时代借重中国古代建筑艺术手法，用于表现建筑物之特定象征含义与伦理内容。

早在 14 世纪 80 年代，帖木儿远征之后不仅派遣画师前往中国学习绘画艺术，而且招募了不少中国陶工和装饰画画师来到中亚传艺，并按地区将他们安置在撒马尔罕、安集延和大不里士②等文化中心，大都集中在首府撒马尔罕。推及今日，虽然漫长的历史岁月已抹去了他们留在这里的一切足迹，但是留存下来的建筑遗迹却依然透露着古代中国装饰画的信息。建于 1385 年的锡林·比卡·阿卡陵墓壁画中所描绘的蓝色树木、淡红色树梢上落着的四只喜鹊，同中国水墨画中的喜鹊画风极其相似。其中折射出中国绘画艺术对中亚建筑装饰的辐射。迄今为止，在撒马尔罕许多 14 世纪末至 15 世纪初的纪念性建筑遗迹仍然保留着风景壁画的残痕。锡林·比卡·阿卡陵墓和杜曼·阿卡陵墓（1405 年）内清晰可见由比比汗创作的壁画"苏丹之母"，在树木、草丛的处理上与帖木儿时代的细密画完全相同，都是仿效中国白地蓝彩瓷器图案完成的③。这些说明，帖木儿时代招募的中国陶工和画师于撒马尔罕等城市传授绘画艺术和建筑技能，

---

① В. В. 巴托尔德：《兀鲁克别克及其时代》，《В. В. 巴托尔德文集》（俄文版），第 2 卷，莫斯科，1964 年版，第 145 页。

② 伊朗西北部城市。参见布哇：《帖木儿帝国》，冯承钧译，河北人民出版社 1999 年版，第 67 页。

③ Б. П. 捷尼克：《中亚建筑装饰》（俄文版），莫斯科—列宁格勒，1939 年版，第 202 页。

不仅将中国文化向远方传播，而且在中亚建筑艺术的发展中发挥了举足轻重的作用。

帖木儿之孙兀鲁伯曾在撒马儿罕建造了一座"雕刻清真寺"，之所以得此称，是因为其顶篷和墙壁都覆以黑石，并用由木块组成的中国画装饰。其中折射出中国绘画艺术对中亚建筑装饰的辐射及其传承。可见，在后帖木儿时代中国建筑艺术的某些元素仍然继续发展着，并且在图案艺术和建筑装饰中闪烁着光辉。然而，在帖木儿王朝统治时期，中亚的建筑装饰艺术并非完全仿效。本土民族建筑装饰的优秀传统和文脉仍旧具有强烈的生命力，且随着时代和社会生活的演进而发展。以伊斯兰建筑艺术为本，以中国装饰艺术元素为用，是帖木儿时代民族建筑艺术的独特风格之一。

第三节　建筑师决定建筑艺术的时代特征

建筑学的美好构思是通过具有高超专业技能的筑造师进行精确设计，在建筑过程中实现的。我们所研究的这一时段也像其他任何时代一样，在建筑艺术领域，建筑师不仅在艺术创作中，而且在文化价值取向方面起着导向的作用。是他们的创造决定了别具一格的时代建筑特点。那些具有丰富经验和创造天才的建筑师在酝酿一座宏伟建筑的框架结构时，往往已形成经过深思熟虑的设计方案和预算计划，以及建筑材料的筹备工作。

帖木儿时代，为了建造一些大型建筑物，从各地邀请了许多负有盛名的建筑大师集结于马维兰纳尔（Mawaraannahr）①；征召了众多的工艺匠人来到京城撒马尔罕和其他设防城市。他们主要来自花剌子模②、呼罗珊③、吐火罗④、布哈拉、撒马尔罕、塔什干、费尔干纳、突厥斯坦、喀

---

① 阿拉伯语中亚古地名。公元7世纪阿拉伯人对阿姆河和锡尔河之间地区的称谓。汉文史籍称河中地区、河间地。西辽曾在此设河中府。

② 花剌子模：中亚古国，位于阿姆河下游。

③ 呼罗珊：该词源于波斯语，意为"太阳初升的地方"。西南亚古地名，旧译霍拉桑。大部分在今伊朗境内；一部分指阿富汗的赫拉特和土库曼斯坦的马雷。

④ 吐火罗：中亚古国名。即古之巴克特里亚（汉文史籍中大夏国地），"居葱岭西，乌浒河（今阿姆河）之南"。我国古代译作兜伕勒、兜呿罗、兜沙罗、吐呼罗、土豁罗、睹货罗等。

什卡达里亚、设拉子①、第比利斯等地。在马维兰纳尔，不同的建筑学流派和富有经验的建筑工程师相互切磋，共同创作，充分地展现了本地传统的建筑艺术、独创风格和才能，注定了彼此之间的相互渗透和磨合。来自不同地域、不同流派的建筑师们以强烈的创作欲望和实践经验为基础，逐步统一艺术构思，共同创造出诸多优秀作品。他们都把自己的名字留在了墙面装饰的图案之中。

帖木儿时代的建筑师有明确的分工，是以"车间"为劳动团体组织在一起，主要分为三部分。一部分主要从事砌体工程——与砖块、木料和石头交道；另一部分则承担土木建构，要求具有熟练的木工技巧；第三部分负责装修工作：雕刻、用瓷砖敷面，进行建筑装饰绘画。他们使用的都是经过许多世纪实践检验，极其普通又得心应手的工具；通过严格的分工合作，达到空间和拱顶系统的计算准确无误，砖砌表面的尽善尽美，敷面图案的繁复多变。

就地位而言，在建筑设计、工程实施和装修技术方面，知识渊博的建筑师是领军人物。他集设计者和工程的直接责任者为一身，由他构思工程的主体和每个阶段的创作类型，并有机地结合在一起，靠其天才的组织能力保证工程的进展。因此在帖木儿时代，建筑工程师的地位不算很低。在《帖木儿法典》中，"社会阶级分为十二级"，建筑师为第 8 级②。建筑大师是世代经验的主要代表者和传播者。由于这一时期中亚建筑艺术的众彩纷呈，建筑师们总以对同行艺术创作成就的宽容、借鉴和交流而丰富自己，拓宽设计思路，开阔创作视野。

这一时期，中亚建筑师在实践中已形成了以应用数学成就为体系的建筑学理论。他们在草拟图纸、平面图的画线、拱门的建造、设计几何图案和钟乳石造型时均采用数学方法进行总体设计，按比例进行面积和体积的计算，确定拐角和复杂的多角形建筑形式和结构。图纸设计是在模型图的基础上形成的，这样一来，建筑平面图就有了准确的数学比例。尤其是面积和高度都遵循几何作图的方法。数学和几何学的运用决定了建筑作品的比例匀称，布局美观，整体和局部的协调。由于建筑师们博采众长，此时宏伟建筑的基体和地面材料已主要用砖，很少使用石头。在黏接技术中起

---

① 设拉子：今伊朗西南部城市。

② Г. А. 普加琴科娃：《中亚艺术瑰宝》（俄文版），塔什干，1987 年版，第 167 页。

主要作用的是中亚地区一种特有的建筑材料——甘奇，亦称甘奇水泥或甘奇石膏，由含石膏和黏土的石状岩石烧制而得，可用于抹灰，也可浇铸和雕刻装饰物。在水利建筑工程中采用石灰浆。木头用于抗震或用作圆柱和平顶盖板、门、窗及雕花窗格框。与此同时，用木头加工装饰雕刻的艺术也已达到了高雅完美的境地。

一代又一代的能工巧匠在长期的本土民族建筑实践中积累起来的丰富经验，与不同文化区域的多种艺术流派融会贯通，并在此基础上不断创新，以朴素深广的建筑哲理、臻于完备的营造体系、丰富多彩的建筑类型见证了中亚民族建筑艺术的荟萃过程和魅力。

第四节　建筑装饰艺术日臻成熟

建筑装饰是一种传统性艺术，是建筑整体密不可分的组成部分。"当中亚进入古代东方文明圈，出现了最初的国家组织时，建筑装饰艺术即开始发展"。① 数百年间，中亚的建筑装饰经历了循序渐进的演化。11—13世纪非浇铸的建筑用陶材、经过焙烧的纹样砖、刻有图案的赤陶材已广为运用。这时还出现了涂釉的陶材。14世纪初，用浇筑、镂刻和压制方法生产花纹赤陶板的工艺臻于成熟。随之，各种上釉的陶材和装饰绘画达到发展的高峰。瓷砖装饰——本色砖上彩色釉，土陶上多色乌釉（2—7种颜色），用硅酸盐瓦制作的多色马赛克的工艺技巧达到炉火纯青的程度。在马维兰纳尔采用混有石英岩的石灰石混合剂，花剌子模采用拌有细沙的黏合剂（如树胶等）。用糊状物质制作的毛面砖，表面敷有薄层彩色透明釉和不透明珐琅的砖风行当时。由于各地使用材料种类和装修方法不同，形成了建筑装饰匠师的诸多流派。如布哈拉、撒马尔罕、喀什卡达里亚、花剌子模等流派。②

瓷面材料镶嵌图案用于建筑艺术早已有之，但在中亚出现则是14世纪70年代前后。先是在花剌子模，尔后在马维兰纳尔各城采用。彩色瓷

---

① Г. А. 普加琴科娃、Л. И. 列穆佩：《中亚上古和中古艺术概论》（俄文版），莫斯科，1982年版，第8页。

② Г. А. 普加琴科娃、Л. И. 列穆佩：《中亚古代艺术》，陈继周、李琪译，新疆美术摄影出版社1994年版，第19页。

面砖同普通的砖砌纹样共同组合图案是当时宫殿和陵墓等大型建筑的艺术特点。最具代表性的是坐落在今乌兹别克斯坦撒马尔罕，彩色陶瓷饰面的纪念性祭祀建筑群——沙赫—金达陵园①。陵园内的同名清真寺是帖木儿时期的建筑精品，以重釉瓦装饰为特色，采用陶瓷建筑装饰，突出中亚突厥人编制毡毯的花纹。寺的外部和内部镶嵌各种彩色的陶瓷贴面，以宝石蓝色为主，与涂红色的彩釉玻璃砖、刻花纹的瓷砖、淡红色的彩砖交相辉映，韵律和谐。为了装点美化建筑物，除了彩色陶瓷饰面外，内部装修大都采用壁绘，以丰富多彩的绘画装饰宫殿已蔚然成风。大多数壁画在蓝色的背景上点缀有用牢固的纸浆制作的敷金浮雕花纹和椭圆形花朵的窗口图案，产生一种花纹植物的艺术效果。在此方面，令人瞩目的是位于乌兹别克斯坦撒马尔罕的比比－哈内姆清真寺。这座巍峨的建筑物，是为了颂扬帖木儿征服印度的功绩，而建于 1399—1404 年。其外镶嵌着乌釉瓷砖、马赛克和雕刻花纹的大理石制品，寺内饰有壁画。陵园内的装饰绘画以自然景致题材为重，以白底蓝彩的单色和多色图案为主。

15 世纪，中亚撒马尔罕、赫拉特等城市建筑装饰的发展出现了新的飞跃，主要表现于：广泛采用大理石镂刻，绘以蓝色和金色；上釉陶板的白底上绘类似中国瓷器风格的蓝色图案②；本地仿造的一种石板上，用含钴颜料绘以图画；装修走廊和内室的压纹陶制品呈现白底蓝纹和敷金浮雕花纹（风景画、图案画）。虽然这些艺术品中蕴含着固有的传统精神风貌，但并不是一味地仿效，而是在前人的基础上创新。

在这段漫长的岁月里，石刻和木雕已广泛用于建筑装饰。此时期，石木雕刻的风格和手段业已极其相近。这是由于建筑学和用于刻制艺术题铭、几何植物图案的实用艺术性质所决定的。推及今日，乌兹别克斯坦境内的赛福鼎·包哈尔孜陵墓上镂刻的铭文（14 世纪建造）和古尔艾米尔陵墓的大门（15 世纪初建造），仍不失为木雕、镶嵌、精工制作的绝妙精品。

---

① 撒马尔罕中世纪建筑古迹，彩色陶瓷饰面的纪念性祭祀建筑群建于 14—15 世纪。
② Г. А. 普加琴科娃、Л. И. 列穆佩：《中亚古代艺术》，陈继周、李琪译，新疆美术摄影出版社 1994 年版，第 20 页。

第五节　建筑艺术类型和结构的继承创新

　　14—15 世纪末的中亚建筑艺术反映出技艺的不断进步，特别是拱形结构。在不断完善以往世纪各种传统类型的同时，产生了一些对造型艺术体系给予重要影响的全新的建筑艺术形式。这些建筑形式不是呆板的复制，也不是一般的重复那些奉为经典的标准，更不是建筑学中的雷同，而是相互借鉴，变化比例，更改细部，翻新装饰布局，于再现传统艺术造型的基础上，创造出类型多样、形制新颖的造型景观。

　　三角拱圆顶建筑——这种圆顶建筑是以各种各样的三角拱为基础——从传统的弧形三角拱到早先鲜为人知的甲状三拱和分成几段的鞍带形连拱系统。这种结构创造了一种崭新的、美化空间的装修效果，在呼拉珊和马维兰纳尔非常盛行。15 世纪末它被改造成网状的三角拱。

　　八角圆顶建筑——这是一种极为规范的建筑形式。八个角交叉的八面体立体建筑群，屋顶呈鼓状或圆锥形。圆锥形屋顶有的以波纹装饰，有的无花纹。这种形式的演进与圆顶体系以及鼓状屋顶的嬗变相关。

　　塔式——帖木儿王朝时期的建筑学往往突出实用价值，主要体现于城垣上的塔楼、要塞大门和清真寺塔，时常用作造型装饰。塔楼宫殿和陵园的正门侧塔、伊斯兰宗教学校的角塔等都属于此类。其中的建筑设计常分为棱形多面体或圆形的勒脚、碑铭缘条、柱面，钟乳状的圆木，天窗等。

　　清真寺塔——与那种单独耸立的垂直形式不同，这种结构包括成双或成四协调排列组合成一组、二组或三组的塔群，作为整个建筑物的组成部分，每组合塔在比例和装饰上都具有不同的变形。

　　柱塔式——承重的立柱之间架构拱形结构和圆屋顶。

　　圆柱式——突出部分以木圆柱为基础的平面盖顶。

　　拱顶形——拱形回廊、串联的敞廊、按同一水平线或沿垂直线布局的拱形墙壁。在直角的框架中，这种可以相互对比的大小尖拱结构的序列决定着宏伟建筑正面的总体规模和协调。

　　圆顶中心结构：圆顶大厅是布局的核心，偶尔也单独构成。在有回廊的结构中，立视图常有附属性的捌角和旁侧建筑。许多陵墓，一些追荐亡魂的清真寺和哈尼卡都属于这一类。这种结构的另一形式是市场建筑，其类型是以圆顶塔为中心，另有十字交叉和穹庐形的过道及小店铺和作坊为陪衬，组成建筑群。

庭院结构：伊斯兰宗教学校和商队驿站的基本模式，是在由两个或四个廊子连接在一起的庭园布局中，利用了弓形结构的回廊和壁龛环绕周边。

柱塔式回廊结构：以砖质立柱为主连接成半露天开放的拱形圆顶回廊。小型街区的清真寺和游廊式的市场多采用这种结构。

圆顶庭园结构：上述三种结构的综合。由四个游廊组成庭园体系，具有一个主轴心，或是双轴心的圆顶建筑和多柱式的回廊等多种建筑物的组合。大型集会用的清真寺和一些宫廷建筑属这种结构。

多圆顶综合结构：雄伟的圆顶大厅，穿廊式房间和小型建筑结合成一个彼此相关的整体。王朝杰出人物的墓群和某些清真寺属于这一类。

帖木儿时代建筑类型学的形成正是基于以上各种模式的建构。在正方形或十字形布局时，主要利用中心圆顶结构、直角形穿廊式房间和回廊等建筑物的空间装修建构。在大型建筑中这些建筑物往往起着相互配合的作用。建筑的正面装饰五彩缤纷，彩饰所采用的不是与敷面材料无关的毯式覆盖物，而是在整个建筑体系中严格把握色彩变幻和图案的排列从属关系。图案往往是几何图形、碑铭和植物题材的综合体现。营造师们把各种不同建筑的表面形式和手法组合协调后，创造出几种重要的结构模式。这些形状各异的模式用于使命不同的宏伟建筑物中。

关于帖木儿王朝统治时代富丽堂皇的民用住宅和琼楼玉阁，在中亚手抄本作者的详细描述和丰富的细密画作品中都得以验证。[①] 民用住宅主要是两层，墙壁是抹灰或表面经过加工的砖砌体，抑或以瓷砖装修墙面；门窗装饰雕镂繁细；第二层多半是弓形的敞廊或悬空的阳台，平屋顶用作房上的晒台，中心拱顶或幕形顶盖突出了供客人用的米赫曼洪（Михманхон），正房铺砌规整的凹院[②]连向街衢，院中建有人工修建的蓄水池。

宫殿——通常指富贵华丽、规模宏大的建筑，有两种独具特色的类型。其一是雄伟壮观的官方建筑，坐落在帖木儿王朝各中心城市的设防筑地，

---

① Г. A. 普加琴科娃：《中亚艺术瑰宝》（俄文版），塔什干，1987 年版，第 204、208 页。

② 宫殿、庄园大宅、独家住宅正面的、由主体建筑和侧翼建筑物构成的院落。

具有代表性的是正门雄伟的阿克萨莱。宽阔的庭园中心耸立着召开咨议会所用的圆顶大厅，四周是装修豪华的房间。其二是在市郊华美丰茂的花园之中建造的私人宫殿。此类建筑占多数，其中大都包括有圆顶中心大厅、华丽的侧室，圆柱回廊和拱形游廊。

帖木儿王朝时期，中亚建筑学的再一个卓越成就是多个体协调组合、浑然一体。建筑师们在建筑设计中，不仅注重局部建筑与周围环境的搭配和谐，而且考虑到城市建设的整体布局。在他们的视野中往往将诸多建筑结合在一条轴线之上，进而构成整体布局的典型特点。一种是"游牧民族的毡房"式的组合体。另一种是大型建筑物之间的相互关联性，利用远影近景的效果，从视觉角度产生别具一格的都市风貌。在这一时空，居民住宅、市场、驿站、清真寺、贵族的陵园、上流社会的宫殿、宗教学校和慈善设施之类的建筑物，构成城市规划设计与周围环境的协调布局。至今保存完好的"昔萨尔"领地遗址，不仅筑有宏伟的城堡和城防工事，还建有行政办事机关、清真寺、市场、稠密的居民住宅和重要的交通干线。井然有序的广场、街道和建筑物组成了整齐划一的城市总体格局。其中宏伟的建筑结构和别具一格的建筑形式相互衬托，突出了城市空间的主体。时至今日，依然可见，当时在中亚城市提供全体市民举行节日庆典活动的场所往往位于城郊及其周边；清真寺、执政者和显贵们享用的宫殿和公园、祭祀的建筑物都处于平面规划的绿地之中，且建有完善的灌溉系统和地下给水设施、蓄水池和污水排放管道。这些以时空特征而产生的艺术形式和结构模式为绚丽多彩的中亚建筑艺术史增添了光辉的篇章。

综上所述，帖木儿王朝时期建筑学的伟大成就，是建立在中亚及其周边各民族文化相互交流融合、各流派艺术彼此借鉴丰富的基础之上；不仅广泛吸收了东西方各国、各民族文化艺术传统的精华，同时也保持了本土艺术固有的特征。可以说这一时期的中亚民族建筑艺术是整个人类艺术史中引人入胜的一章。它对后来中亚、伊朗和印度建筑艺术的发展产生了巨大的影响。建筑大师们在创作中蕴含的高度和谐统一的美学思想，及其完成的精粹完美的艺术作品至今令人拊掌惊叹。

附录：主要参考外文文献

Абаев В. И. , Осетинский язык фильклор. Т. 1. М. – Л. 1949. （В. И. 阿巴耶夫，《奥赛梯人方言》，（俄文版），第 1 卷，莫斯科 – 列宁格勒，1949 年版）

Агапов П. , М. Кадырбаев, Сокровище Древнего Казахстана Алма – Ата，1979. （П. 阿加波夫，М. 卡迪尔巴耶夫，《哈萨克斯坦古代瑰宝》，阿拉木图，1979 年版）

Агенство республики Казахстан по статистике, Об итогах переписи населении республики Казахстан года 2009. Астана，04. 02. 2010г. （哈萨克斯坦共和国统计署，《2009 年哈萨克斯坦共和国居民人口统计结果》，阿斯塔纳，2010 年 2 月 4 日）

Агентство Республики Казахстан по статистике. Численность населения Республики Казахстан по отдельным этносам на 1января2011года, Астана，19 сентября 2011г. （哈萨克斯坦统计中心，2011 年 1 月 1 日哈萨克斯坦部分民族居民人数，阿斯塔纳，2011 年 9 月 19 日）

Агентство Республики Казахстан по управлению земельными ресурсами（данные на 1 ноября 2011года），（哈萨克斯坦共和国土地资源管理局，《哈萨克斯坦共和国土地资源统计数据》（俄文版），2011 年 11 月 1 日）

Азаматов Ю. А. , Проблемы уйгуров на страницах газеты 《Уйгурава зи》，Роль средств массовой информации в развитии межэтнической гармонии в Каз ахстане, г. Алматы，2003. （Ю. А. 阿扎马托夫，《"维吾尔之声报"关于维吾尔问题的报道》，《"媒体在民族和谐发展中的作用"国际学术研讨会文集》（俄文版），2003 年版）

Академия наук Казахской ССР, Из истории международных отношений в Центральной Азии, Алма – Ата，1990. （苏联哈萨克共和国科学

院,《中央亚细亚国际关系史》,阿拉木图,1990 年版)

Алан Хабалов, Основные угрозы безопасности для стран Центрально -азиатского региона, Постсоветский материк, Москва, 2014. 2. （阿兰·哈巴洛夫,《中亚地区国家安全面临的主要威胁》,《后苏联大陆》,莫斯科,2014 年,第 2 期）

Александров Ю. Г. , Казахстан перед барьером модернизации, Москва, 2013. （Ю. Г. 亚历山德罗夫,《面对现代化壁垒的哈萨克斯坦》,俄罗斯科学院东方学研究所,莫斯科,2013 年版）

Александрос Петерсен, Россия, Китай и энергетическая геополитикав ЦентральнойАзии, Центр еврапейских реформ, Московский центр Карнеги, Москва, 2012. （亚历山大·裴捷尔逊,《俄罗斯,中国和在中亚的地源能源政治》,欧洲改革中心,莫斯科卡内基中心,莫斯科,2012 年版）

Алексеев В. П. , Палеоантропология Хакассии Эпоха железа. Сборник Музея антропологии и этнографии АНСССР. Т. ХХ, М, Л: АНСССР. 1961. （В. П. 阿列克谢耶夫,《铁器时代的哈卡斯古人类学》,《苏联科学院人类学和民族学博物馆汇编》第 20 卷,1961 年版）

Алексеев, В. П. , Т. К. Ходжанов, Средняя Азия и Китай: Антроп ологиядрев негонаселения, Ташкент, 1986. （В. П. 阿列克谢耶夫, Т. К. 霍加诺夫,《中国与中亚：古代居民人类学》,塔什干,1886 年版）

Алексей Малашеко, Центральная Азия на что рассчитывает Россия, Московский Центра Карнеги Москова, 2012. （阿列克塞·马拉申科,《俄罗斯缘何冀望中亚?》,莫斯科卡内基中心,莫斯科,2012 年版）

Алибаба Алибабаевич, Китай, Киргизия, международное отношение, 《Мир》, 16. 07. 2013. （阿里巴巴·阿里巴巴维奇,《中国、吉尔吉斯斯坦、国际关系》,《世界》,2013 年 7 月 16 日）

Алим Юсупов, Президенты России и Узбекистана подписали совместное заявление, Первый канал. 20 апреля 2010. （阿里木·尤素波夫,《俄罗斯和乌兹别克斯坦总统签署联合声明》第 1 频道,2010 年 4 月 20 日）

Алпысбаев Х. А. , Индустрия Олдувая, Магадевиана и их связь с каратаускими изделиями, Поиски и раскопки в Казахстане, Алматы,

1972. （X. A. 阿尔卑巴耶夫，《奥尔都瓦、马加捷维安的工业及其与卡拉套制品的关系》，《在哈萨克斯坦的探查与发掘》，阿拉木图，1972 年版）

Алпысбаев X. A.，Значение палеолита для расселение антропогеновы хотложений，Культура древних скотоводов и земледельцев Казахстана，Алма – аты，1969. （X. A. 阿尔卑巴耶夫，《旧石器时代对于人类迁徙记忆的意义，哈萨克斯坦的畜牧业与农耕文化》，阿拉木图，1969 年版）

Американский сценарий Кыргызской революции. Доклад о предвыборн ой ситуации. Посольство США. Бишкек，30 декабря 2004г. По данным Ценнтрального информационного департамента 《Исламского сообщества Пакистана》. Лахор. Пакистан. 25. 03. 2005г. （《吉尔吉斯斯坦革命的美国剧本——美国大使馆关于选举前的报告》 比什凯克，2004 年 12 月 30 日，据《巴基斯坦伊斯兰协会资料》，拉合尔，2005 年 3 月 25 日。）

Амирова A. A.，Межэтнические отношение в Казахстане. Центр внешней политикииа н ализа Казахстана，10 февраля 2004г. （A. A. 阿米罗娃，《哈萨克斯坦的族际关系》，对外政策与分析中心，2004 年 2 月 10 日）

Андрей Валентинович Грозин，Русскоязычные трансляторы и антироссийских и антиевразийских идеологем в Центральной Азии，Материк，Москва，08. 12. 2014. （安德烈·瓦列金诺维奇·格罗津，《中亚反俄罗斯和反欧亚空想理论家的俄语传送器》，《大陆》，2014 年 12 月 8 日）

Андрей Казанцев，Пять сценариев для Центральной Азии，Радио Озоди（РадиоСвобода），01. 12. 2013. （安德烈·卡赞捷夫：《中亚的五种脚本》，《自由之声》，2013 年 1 月 12 日）

Андрей Тешаев，Максим Ефремов，《Узбекская Модель》 развития—одна излучших в мире，Народное слово，18，09，2012. （安德烈·特沙耶夫，马克西姆·叶夫列莫夫，《世界最好之一：乌兹别克发展模式》，人民之声，2012 年 9 月 18 日）

Антон Линник，Легкая промышленность РК. находится в кризисной ситуации，Свежий Курсив РК. 04. 03. 2013. （安顿·林尼克，《哈萨克斯坦共和国轻工业的危机情势》，《哈萨克斯坦共和国新重点》，2013 年 3 月 4 日）

Археологические памятники на Великом Шёлковом пути, Алматы, 1993. (《丝绸之路上的考古遗存》，阿拉木图，1993 年版)

Архив внешней политики Российской империи, Ф. 113. Зюнгорские дела. 1759. Оп. 113. Д. 3. Л. 11. (俄国对外政策档案，全宗 113，中国事务；目录 113，1759 年；案卷 3)

Арынов Е. М. , Центральная Азия в 2010году – А: ИРК. 1997. (Е. М. 阿雷诺夫，《2010 年——中亚》，哈萨克斯坦共和国通报，1997 年版)

Асели Белимузарова, Оборона восточно – туркестанского вопроса на фоне военного проникновения США в Центральной Азии. Общественно – политическая газета: Время – Казахстан. 29 апреля 2002г. (阿谢丽·别里穆，《美国对中亚军事渗透的背景下东突厥斯坦问题的防御》，社会政治报，《时代——哈萨克斯坦》，2002 年 4 月 29 日)

Асилова Н. А. , АгзамоваГ. А. , Об употреблении географических названий 《Мавераннахр》 и 《Туркестан》. Общественные науки в Узбекистане, 1988, №7. (Н. А. 阿西洛娃 Г. А. 阿格扎莫娃，《论地名"马维兰纳赫尔"和"突厥斯坦"的使用》，《乌兹别克斯坦社会科学》，1988 年第 7 期)

Асхат Даулбаев. Работа сайтов прекращается решениями судов по заявле ниям прокуроров. КазИнформ, 2014 – 01 – 17. (艾斯海提·达乌尔巴耶夫，《传媒工作因检察官声明的司法决议而终止》，哈萨克斯坦信息中心，2014 年 1 月 17 日)

Ахмедов Б. А. , Из истории Средней Азии и Восточного Туркестана XV – XIXвв. Изд – во "Фан" УзбекскойССР, Ташкент. 1987. (Б. А. 阿赫梅多夫，《15 世纪—19 世纪中亚和东突厥斯坦史》，塔什干，1987 年版)

Ахунов Н. О. , Этнотопонимы – важный исторический источник, Академия наук Узбекской ССР, Из истории Средней Азии и Восточного Туркестана, Ташкент, 1987. (Н. О. 阿洪诺夫，《民族地名—重要的史料来源》，乌兹别克斯坦苏维埃社会主义共和国科学院主编《中亚与东突厥斯坦历史》，塔什干，1987 年版)

Аширов М. , Ислам и нации, Издательство политической литературы, Москво, 1975. (М. 阿什罗夫，《伊斯兰与国家》，政治文献出版社，莫斯科，1975 年版，第 26 页)

Ашмубаев М. , Проблема религиозного экстремизма и терролизмав ЦА. По материалам междунаро́дной конференции "Проблемы религиоз ного экстремизма в Центральной Азии", Институт стратегических исследований при Президенте Республики Казахстан. 05. 04. 2001г. （М. 阿什穆巴耶夫，《中亚的宗教极端主义与恐怖主义》（中亚的宗教极端主义问题国际学术研讨会材料），哈萨克死他共和国总统战略研究所，2001年4月5日）

Бартольд В. В. , Отчет о поездке в Срен юю Азию с научной целью 1893 – 1894, В. В. Бартольд Сочинения, т. Ⅲ, 1965. （В. В. 巴托尔德，《1893 – 1894年中亚科学旅行报告》，《В. В. 巴托尔德文集》第三卷，莫斯科，1965年版）

Бартольд В. В. , Состояние и задачи изучения истории Туркистана, Бартольд В. В. , Сочиничения. МоскваТ. 9. （В. В. 巴托尔德，《突厥斯坦史的研究任务与状况》，《В. В. 巴托尔德文集》，莫斯科，第9卷）

Бартольд В. В. , Киргизы: Исторический очерк, Соч. Т. 2. Ч. 1. – – М: Изд – во вост. лит – ры, 1963. （В. В. 巴托尔德，《吉尔吉斯斯坦人：历史概论》，《В. В. 巴托尔德文集》，第2卷，第1册。东方文献出版社，莫斯科，1963年，第527页）

Баскаков Н. А. , Насилов В. М. , Уйгуро – русский словарь, Москва, 1939г. （Н. А. 巴斯卡科夫、В. М. 纳希洛夫：《维俄辞典》，莫斯科，1939年版）

Бичурин Н. Я. （Иакиф）, История о народах, обитавших в Средней Азии в древние время, Ч. 5. , СПБ. , 1851, （Н. Я. 比丘林"雅金夫 Иакиф"，《中亚古代各民族历史》，第5卷，圣彼得堡，1851年版）

Богородицкий В. А. , Введение в тюрко – татарское языкознание, в связи с другим тюркскими языками, Казань, 1953г. （В. А. 波戈罗迪茨基：《突厥—鞑靼语言学与其它突厥语之关系概论》，喀山，1953年版）

Большая советская энциклопедия, Третье издание, том10, Москва, 1972. （《苏联大百科》，第10卷，莫斯科，1972年版）

Борис Саводян, Афганистанс тановится транзитёром радикального ислама, Новости, 10. 04. 2015. （鲍里斯·萨沃疆，《阿富汗成为宗教极端主义的过境运输通道》，《新闻》，2015年4月10日）

Бромлей Ю. В. , Этнос и этнография. М. Наука，1973г. （Ю. В. 博罗姆列伊，《民族与民族学》，莫斯科，科学出版社，1973 年版）

Бюллетень Религия сегодня，Казахстанской Республики，Астана，09. 04. 2012 （《哈萨克斯坦共和国今日宗教简报》，阿斯塔纳，2012 年 4 月9 日）

Бюро по демократии，правам человека и труду. Доклад 2006 г. о свободевероисповедания в странах мира，Казахстан，Астана，2007г. （哈萨克斯坦民主、人权和劳动委员会，2006 年关于世界国家信仰自由的报告，阿斯塔纳，2007 年版）

Валиханов Ч. Ч. , Сочинения Чокан Чингисовича Валиханова，СПБ. 1904г. （乔罕·钦吉斯维奇·瓦里汗诺夫，《乔罕·钦吉斯维奇·瓦里罕诺夫文集》，《俄罗斯帝国地理协会札记·民族学分卷》，圣彼得堡，1904 年版）

Ведомости ВСРА. Горно – Алтайск. 1993. （《阿尔泰共和国最高法院公告》，戈尔诺－阿尔泰斯克，1993 年版）

Взгляд на Евразию，Казахстан новый закон о религии рассмотрит констит уционный совет. 15января，2009. （《哈萨克斯坦宪法委员会审视新宪法》，《欧亚视角》，2009 年 1 月 15 日）

Виктория Наумова，США улучшают потенциал погранвойск Таджикистана，《Азия Плюс》，Душанбе，02. 05. 2012. （维克托利亚·娜乌莫娃，《美国正在改善塔吉克斯坦边境部队潜能》，《亚洲通讯》，杜尚别2012 年 5 月 2 日）

Всеросси йская перепись населения 2010. Национальный состав насел ени я РФ 2010，Приложения к итогам ВПН 2010 годав，Москве. Приложение 5. Национальный состав населения по административным округам города，Москва，2010. （《2010 年全俄居民人口统计，俄罗斯联邦居民民族成分，附录：2010 年全俄居民人口统计结果（莫斯科），附录5：行政市区居民民族成分》，莫斯科，2010 年版）

В Таджикистане четыре человека осуждены по обвинению в причастности к "Хизб – ут – Тахриру"，Росбалт，Москва，18. 10. 2011. （俄罗斯信息分析通讯社：《塔吉克斯坦北部 4 人因参与"伊扎布特"活动被判刑》，莫斯科，2011 年 10 月 18 日）

В Таджикистане организацию《Джамаат Ансаруллох》признали экстремистской, МТРКМир, 05. 05. 2012. （《在塔吉克斯坦"圣战组织"被认定为极端主义组织》（俄文版），МТРКМир，2012 年 5 月 5 日）

В Центральной Азиинаблюдаются новые тенденции проявления террориз ма. Новости Узбекистана, 07. 04. 2013. （《中亚出现恐怖主义表现的新趋势》，《乌兹别克斯坦新闻》，2013 年 4 月 7 日）

Гастарбайтеры признали себя террористами, Росбалт, Москва, 28. 4. 2012. （俄罗斯信息分析通讯社：《外籍雇工承认自己为恐怖分子》，莫斯科，2012 年 4 月 28 日）

Гафров В. Г. , Мирошников Л. И. , Изучени ецивилизации Централь ной Азии, Опыт международного сотрудничества по проекту ЮНЕСКО. Москва, Наука, 1976. （В. Г. 加富罗夫，Л. И. 米罗什尼科夫，《中亚文明研究，联合国教科文组织规划国际合作的经验》，莫斯科，科学出版社，1976 年版）

Годспустявспышкутерроризмав Казахстаненазываютстранной, Радио Аззатык, Алматы, 15. 05. 2012 （《哈萨克斯坦恐怖主义突发一年回眸》，《祖国之声》，阿拉木图，2012. 年 5 月 15 日。）

Городилова Е. , ШОС как инструмент эффективного энергетического сотрудничества в азиатском регионе—ШОС：становление и перспективы развития. Алматы, 2005. （Е. 格罗津洛娃，《上海合作组织——亚洲地区能源合作的有效机制：形成与发展前景》，阿拉木图，2005 年版）

Государственный архив Российской Федерации. Ф. 3. Оп. 44. Д. 3216. （俄罗斯联邦国家档案馆，全宗 3，目录 44，案卷 3216）

Государственный комитет Республики Узбекистан по статистике, Этнический атлас Узбекистана2010, ЦентрАзия, 08. 02. 2011. （乌兹别克斯坦国家统计委员会，乌兹别克斯坦民族图表集，《中亚》，2011 年 2 月 8 日。）

Гохтан И. И. , Происхождение центральноазиатской расы в свете новых Палеоантропологических материалов исследованния по Палеоантр ополологии и краниологии СССР. Сборник Музея антропологии и этнографии АНСССР. Т. 36. , Л. Наука. 1980. （И. И. 戈赫坦，《根据新的古人类资料论中央亚细亚人种的起源》，《苏联科学院人类学和民族学博物

馆汇编》第 36 卷，列宁格勒，科学出版社，1980 年版）

Григорьев В. В. , Восточный или Китайский Туркестан. СПБ. 1873. （В. В. 格里戈利耶夫，《东部或中国的突厥斯坦》，圣彼得堡，1873 年版）

Грозин А. В. , Перспективы, Россйско - Китайского партнёрства в Центральной Азиив свете новых вызовов безопасности. Институт стран СНГ. Постсоветский материк, Москва, №2. 2014. （А. В. 格罗津，《新安全挑战视阈下在中亚地区俄罗斯与中国伙伴关系的前景》，俄罗斯独联体研究所，《后苏维埃大陆》，学术分析期刊，莫斯科，2014 年，第 2 期）

Данные верховного комиссара ООН по делам беженцев, Центр внешнейполитики и анализа Казахстана, Алматы, февраля2004г. （联合国难民事务最高委员数据，哈萨克斯坦对外政策与分析中心，阿拉木图，2004 年 2 月）

Дахшлейгер Г. , К истории объединения Казахских земель в Казахскую ССР. , Советская этнография, 1974. 06. （Г. 达赫什列伊格尔，《哈萨克土地归并哈萨克苏维埃社会主义共和国历史》，《苏联民族学》，1974 年第 6 期）

Дебец Г. Ф. , Палеоантропология Алтаесаянского нагорья. Москва, 1937. （《阿尔泰—萨彦山脉的古人类学》，1937 年 4 月 1 日，Г. Ф. 捷别茨在国立莫斯科大学人类学研究所委员会上宣读的报告提纲）

Дебец. Г. Ф. , Расовые типы населения Минусинского Края в эпоху родового строя （к вопросу о миграциях до класового общества）. Антропологическийжурнал. 1932. 2 （Г. Ф. 捷别茨，氏族制度时代米努辛斯克边区居民人种类型（关于阶级社会之前的迁徙问题）《人类学杂志》，1932 年，第 2 期）

Дебец Г. Ф. , Палеоантропология Алтаесаянского нагорья. （《阿尔泰—萨彦山脉的古人类学》，1937 年 4 月 1 日，Г. Ф. 捷别茨在国立莫斯科大学人类学研究所委员会上宣读的报告提纲）

Демографическая ситуация в Республике Алтай в 2005году, Статистическаяинформация РеспубликеАлтайв2005году. С. 1. （《阿尔泰共和国人口情势分析》，阿尔泰共和国统计信息，2005 年版）

Денике Б. П. , Архитектурный орнамент Средней Азии, М. - Л. 1939. （Б. П. 捷尼克：《中亚建筑装饰》，莫斯科—列宁格勒，1939 年

版）

Детонатор терроризма в Центрально－Азиатском регионе. Транспорт Центральной Азии, 04. 12. 2013. （《中亚地区恐怖主义的起爆剂》，《中亚运输》，2013 年 12 月 4 日）

Джамгерчинов Б. , Присоединение Киргизии к России, Москва, 1959. （Б. 贾穆格尔奇诺夫，《吉尔吉斯斯坦归并俄罗斯》，莫斯科，1959 年版）

Джамгерчинов Б. , Очерк политической истории Киргизии XIXв. , фрунзе, 1966г. （Б. 贾穆格尔奇诺夫，《19 世纪吉尔吉斯斯坦政治史概论》，伏龙芝，1966 年版）

Джонатан Данн, Экономика Таджикистана сильно зависит от денеж ныхп ереводов. Азия Плюс. , Душанбе, 13. 04. 2013. （卓纳唐·丹，《塔吉克斯坦经济：过分依赖汇款》，《亚洲通讯》，杜尚别，2013 年 4 月 13 日）

Дмитрий Покидаев, Хоргос в деталях, Известия Казахстан, 9 наября 2007. （德米特里·巴基达耶夫，《霍尔果斯详解》，《哈萨克斯坦通报》，2007 年 11 月 9 日）

Добежев В. В. , В поисках развалин Башбалык－ЗВОРАО. 1915. т. 23。(В. В. 多别耶夫，《别失八里遗址探寻》，《俄罗斯考古学会东方分会会刊》，1915 年版，第 23 卷）

Доклад Провительства США. . о свободе вероисповедания в странах мира за 2009г. : Казахстан, 2009г. （《美国政府关于 2009 年世界国家信仰自由的报告：哈萨克斯坦》，2009 年版）

Досым Сатпаев, Для Казахстана в рисках 2014года нефть, тенге и терроризм. Караван, 16. 01. 2014. （多希穆·萨特帕耶夫，2014 年哈萨克斯坦面临的石油、坚戈和恐怖主义风险，《商队》，2014 年 1 月 16 日）

Досым Сатпаев, Турция пытается вернуться в Центральную Азию. Политические риски в ЦентральнойАзии, Risk. kz, Февраль23, 2008. （多希穆·萨特帕耶夫，《土耳其试图回归中亚》，《中亚的政治风险》，《哈萨克斯坦风险》，2008 年 2 月 23 日）

Думан Л. И. , О труде И. Я. Бичулин Собрание сведений о народах обитавших вСреднейАзиивдревниевремена, Москва, 1977. №2. （Л. И.

杜曼，《论 И. Я. 比丘林的学术著作〈古代中亚各民族资料汇编〉》，载《И. Я. 比丘林及其对俄罗斯东方学的贡献——比丘林诞辰 200 周年纪念文集》，莫斯科，1977 年版，第 2 册）

Еженедельник Казахстанской Республики, Астана, 30. 12. 2011.（《哈萨克斯坦共和国周刊》，（俄文版），阿斯塔纳，2011 年 12 月 30 日）

Елена Ефимовна Кузьмина, лреднсторца Велцкого сцелкового лутц, Москва, 2009г.（叶琳娜·耶菲莫芙娜·库兹米娜，《伟大丝绸之路的史前史——欧亚文明对话》，莫斯科，2009 年版）

Елена Ларина, "Елемай" – по – казахски "Родина", "АПН – Казахстан" 03. 02. 2006г.（叶莲娜·拉琳娜，《"耶列梅"——哈萨克语"故乡"》，《哈萨克斯坦新闻》，2006 年 2 月 3 日）

Ермекбаев Н., Туристы из Китая принесут выгоду казахстанской экономике, Казахское телеграфное агентство, 《КазТАГ》, 27. 02. 2014.（Н. 耶尔缅克巴耶夫，《中国游客给哈萨克斯坦经济带来收益》，哈萨克通讯社，2014 年 2 月 27 日）

Жители Таджикистана ощущают угрозу от Узбекистана и Афганистана, Радио Озоди, Душанбе, 11. 07. 2013.（《塔吉克斯坦居民感受来自乌兹别克斯坦和阿富汗的威胁》，《自由之声》，杜尚别，2013 年 7 月 11 日）

Жумабай Рахимов, История Узбекистана, Ташкент, "Узбекистон", 2001.（朱马拜·拉希莫夫，《乌兹别克斯坦史》，塔什干，乌兹别克斯坦出版社，2001 年版）

Законы РА. В. 1. Горно – Алтайск. 1993.（《阿尔泰共和国法规》（俄文版），第 1 册，戈尔诺 – 阿尔泰斯克，1993 年版）

ЗИРГО. по отд. этногр., 1887, т. х., вып. 2.（《俄国皇家地理学会丛刊（民族学）》，第 10 卷，第 2 分册，1887 年版）

Иванов Г., негостеприимный Узбекистан "Бетапресс" 15. 10. 2009.（Г. 伊万诺夫：《难以接近的乌兹别克斯坦》，《贝塔—电讯》，2009 年 10 月 15 日）

Инга Юмашева, Россия иУзбекистан выступят против экспансии терроризма в Афганистане, "Вести ФМ", 15 Апреля, 2013г.（英佳·尤玛舍娃，《俄罗斯和乌兹别克斯坦抵御阿富汗恐怖主义的扩张》，"Вести

ФМ" 2013 年 4 月 15 日）

Инна Еньшина, Правовой статус религиозных объединений, Юридическая газета, Алматы, 07. 12. 2012. （英娜·叶尼什娜，《宗教组织的法律地位》，《司法报》，阿拉木图，2012 年 12 月 7 日）

Институт мировой экономик и иполитики при Фонде первого президента республика Казахстан. ШОС: становление и перспективы развития, Алматы, 2005г. （哈萨克斯坦共和国总统基金会下属的世界经济与政治研究所，《上海合作组织：形成与发展前景》，2005 年版）

Институт истории АН КиргизскойССР, История Киргизской ССР, Фрунзе, 1984г. , т. 1. （苏联吉尔吉斯斯坦科学院历史研究所，《吉尔吉斯斯坦史》，1984 年版，伏龙芝，第 1 卷）

Институт востоковедения Казахстана, Государство ио бщество в странахпостсоветскоговостока: история, современность, перспективы, Алматы, 1999г. （哈萨克斯坦东方学研究所，《后苏联东方的国家与社会：历史、现实与前景》，阿拉木图，1999 年版）

Институт Россиии Китая республики Казахстан, Экстремизм в Центральной Азии. Алматы, 2000г. （哈萨克斯坦俄罗斯和中国研究所，《中亚的极端主义》，阿拉木图，2000 年版）

Информационно – аналитический центр. Экспертная оценка – Казахстан – 2009. Государственная религия. 10. 04. 2009. （信息分析中心，《专家评估：哈萨克斯坦—2009 年》，国家宗教，2009 年 4 月 10 日）

Ислам Каримов: Китай никогда неставил перед нами политических условий, 《CA – NEWS（UZ）》, 10. 09. 2013. （伊斯兰·卡里莫夫《中国从不向我们提出任何政治条件》，《乌兹别克斯坦中亚新闻》，2013 年 9 月 10 日）

Исламов У. , Обширная культура, Ташкент, 1980. （У. 伊斯拉莫夫，《丰富的文化》，塔什干，1980 年版）

Источник：Россия и страны содружества независимых государств. Москва, 2008. （《俄罗斯与独联体国家》，莫斯科，2008 年版，第 30 页。《俄罗斯与独联体国家文献史料》，莫斯科，2008 年版）

Итоги всероссийской переписи населения 2002г. Ки. 2. Т. 4. Национальный состав и владение языков, гражданство. М. 2004. （《全俄居民

人口统计》，第 2 卷，第 4 册，《民族成分、掌握语言和国民身份》，莫斯科，2004 年版）

Калмырзаев А. , Что важнее культ, разума или культ богатства, Мысль, Алматы, 1995, 2, c. 19. （А. 卡尔梅尔扎耶夫，《理性智能崇拜或物质财富崇拜什么更重要?》，《思维》，阿拉木图，1995 年，第 2 期，第 19 页）

Камиров А. , Уйгуры Центральной Азии, Оазис, 3, 2007ã. （А. 卡米洛甫：《中亚维吾尔人》，《绿洲》，2007 年，第 3 期）

Карлыгаш Жусубекова, Казахстанская модель развития в XXIвеке, страна и мир, 07. 01. 2012. （喀雷噶什·茹苏别科娃，《21 世纪哈萨克斯坦的发展模式》，《世界与国家》，2012 年 1 月 7 日）

Касенов У. , Цнтральная Азия Накануне века X XI, вторая "большая игра", Panohama, 14. марта 1997, №10. （У. 卡谢诺夫，《21 世纪前夜中亚的第二次大博弈》，《前景报》，1997 年 3 月 14 日，第 10 版）

Киселев С. В. , Неолим и бронзовый век Китая. Советская археология. 1960. 4. （С. В. 吉谢列夫，《中国的新石器和青铜时代》，《苏联考古学》1960 年，第 4 期）

Киселев С. В. , Разложение рада и феодализма на Енисее, Известия ГАИМК. М. Древняя история ЮжногоСибири. М. АНСССР. 1951. （С. В. 吉谢列夫，《叶尼塞河沿岸的氏族分布和封建社会》，《南西伯利亚古代史》，莫斯科，苏联科学院，1951 年版）

Китай и Узбекистан подписали соглашения на MYM15млрд, Росбалт, 10сентября 2013г. （《中国与乌兹别克斯坦签署 150 亿美元协议》，Росбалт，2013 年 9 月 10 日）

Кляшторный С. Т. , Колесников А. А. , Восточный Туркестан глазамирусских путешественников （вторая половина19в）, Академия наук Казахской ССР, Алма – Ата, 1988. （С. Т. 科里亚什托尔内，А. А. 克列斯尼科夫，《19 世纪后半叶俄罗斯旅行家眼中的新疆》，哈萨克共和国科学院，阿拉木图，1988 年版）

Колесов В. В. , Особенности становления горударственной миграцион ной политики в Российской Федерации, Институт стран СНГ, Постсовет скийматерик, Москва, №2. （В. В. 科列索夫，《俄罗斯联邦国家移民政

策形成的特点》，独联体国家研究所，《后苏维埃大陆》，莫斯科，2014 年，第 2 期）

Коновалов А. В. , Казахи ЮжногоАлтая. （проблемы формирования этнической группы）Алма－Аты. 1986. （А. В. 科诺瓦洛夫：《南阿尔泰的哈萨克人（族群形成问题)》，阿拉木图，1986 年版）

Кожемякин С. В. Внешняя политика Киргизии взеркалеинтеграционн ыхпроцессов в ЦентральнойАзии，Постсоветский материк，Москва，2014.01. （С. В. 科热缅金，《中亚一体化进程中吉尔吉斯斯坦的对外政策》，莫斯科，独联体国家研究所，《后苏维埃大陆》，2014 年第 1 期）

Криминальный десант из Сирии，Киргизия становитсятерриторией длявербовки будущих террористов. Транспорт Центральной Азии，18. 02. 2014. （《罪犯从叙利亚登陆，吉尔吉斯斯坦变成招募未来恐怖主义分子的地域》，《中亚交通》，2014 年 2 月 18 日）

Кыдыралин У. , Копжасарова Ж. , Появление корейцев в Прикаспин，Мысль，Алматы，1996. 2. （吉德拉林，ж. 科普扎萨罗娃：《里海沿岸出现的朝鲜人》，《思想》，1996 年，第 2 期，第 41 页）

Кыдырбекулы Д. , Аннакулиева Г. , К вопросу об этногенезе казахов и туркмен （История и современность），Мысль，1997. 2. （Д. 吉迪尔巴库勒，Г. 安娜库里耶娃，《论哈萨克和土库曼民族起源问题（历史与现实)》，《思维》，1997 年，第 2 期）

Кыргызстан：США. Россия и Китай лицом к лицу. Общественно－политическая газета：Время－Казахстан. 28. 03. 2005г. （HoustonChronicle. 《吉尔吉斯斯坦：美国、俄罗斯和中国面对面》，社会政治报，《时代—哈萨克斯坦》，2005 年 3 月 28 日）

Лаура Тусупбекова，Астана－Анкара：синергия партнерства. Глава государства Нурсултан Назарбаев провел переговоры сПремьер－министром Турции Реджепом Эрдоганом，Казахстанская правда，24. 05. 2012. （拉乌拉·图尔苏普别科娃，《阿斯塔纳—安卡拉：伙伴关系协作》，哈萨克斯坦共和国首脑纳扎尔巴耶夫与土耳其总理埃尔多安进行会谈，《哈萨克斯坦真理报》，2012 年 5 月 24 日）

Лев Левинсон，Терроризм Без границ. Грани，20. 01. 14. （列夫·列文松，《无疆界恐怖主义》，《边缘》，2014 年 1 月 20 日）.

Лемуткина М., Закон для сантехников, Москва, Комсомолец, 23. нояб. 2011.（М. 列穆特金娜，《关于卫生技术人员法》，莫斯科，《共青团员报》，2011 年 11 月 23 日）

Мадамиджанов З. М., Бобоев Т. С., Пограничный фактор как проблема безопасности государств Центральной Азии, Материалы межд. научн. конф. Проблемы модернизации и безопасности государств Центральной Азии и Российской Федерации вновых геополитических реалиях, Душанбе, 2011г.（З. М. 马达米江诺夫，Т. С. 波波耶夫，《中亚国家安全问题的边界因素》，"新地缘现实中中亚国家和俄罗斯联邦现代化与安全问题"国际学术会议资料，杜尚别，2011 年版）

Макаров Д., Исламский терроризм на территории Центральной Азии, Центр－Азия, ИАЦМГУ. 19. 05. 2009.（Д. 马卡罗夫，《中亚地区的伊斯兰恐怖主义》，《亚心》，莫斯科大学信息分析中心，2009 年 5 月 9 日）

Макашев А. П., Минаев А. И., Население Горного Алтая. Горно－Алтайск, 1994.（А. П. 马卡舍夫，А. И. 米纳耶夫：《高山阿尔泰的居民》，戈尔诺－阿尔泰斯克，1994 年版）

Малов С. Е., Лобнорский язык, Тексты переводы, словарь Фрунзе, 1956г.（С. Е. 马洛夫：《罗布诺尔语言》（俄文版），伏龙芝，1956 年版）

Марат Брилл Олкотт, Таджикистан Трудный путь развития, Москва, 2014г.（玛拉特·布里尔·奥尔科特，《塔吉克斯坦艰难的发展道路》，莫斯科，2014 年版）

Масуд Алимов, Контуры казахского Алтая. Центральная Евразия. №6. 2004.（马苏德·阿里莫夫：《阿尔泰哈萨克鸟瞰》，《欧亚中心》，2004 年，第 6 期）

Матвеев В. А., Проблемы формирования транспортно－энергетичес кой инфраструктуры международного экономического сотрудничества в рамках ШОС, Доклад на Первом Азиатско－Европейском международном академическом форуме, Сиань, 5. 11. 2007.（В. А. 马特维耶夫，《上海合作组织框架下国际经济合作能源运输基础结构的形成》，第一届欧亚国际学术论坛的报告，西安，2007 年 11 月 5 日）

Медов А. Г., Древний палеолит Сары－Арки., Изв. АН. Каз.

ССРсер. Общ. Наук. 1964. вып. 4. （A. Г. 梅多夫，《萨雷－阿尔克的古代旧石器时代》，苏联哈萨克苏维埃社会主义共和国科学院通报，（社会科学版）1964 年，第 4 期）

Мигранян A. A. ，Экономические интересы стан как факторы реализации интеграционного потенциала ЕЭП. Институт стран СНГ. ，Постсоветский материк，Научно － аналитическийжурнал，Москва，№2. 2014. （A. A. 米格兰洋，《国家经济利益是实现欧亚经济空间潜能的因素》，《后苏维埃大陆》，学术分析期刊，. 莫斯科，2014 年，第 1 期、第 2 期）

Министерство культуры и информации Республики Казахстан，Роль миграции различных национальностей в формировании демографической ситуации Казахстана，Алматы，2008. （哈萨克斯坦共和国文化信息部，《各民族迁徙在哈萨克斯坦人口构成中的作用》，阿拉木图，2008 年版）

Министерствокультуры и информации Республики Казахстан. Роль и значение этносов Казахстана при вхождении в число 50 － ти конкурентоспособных государств：задачи государства и общества. Алматы，2008. （哈萨克斯坦共和国文化信息部，《哈萨克斯坦各民族在国家进入 50 强国竞争中的作用与地位：国家和社会任务》，2008 年版）

Михаил Калишевский，Тюркское единство против Евразийского союза Международное агентство новостей 《Фергана》，25. 10. 2011. （米哈伊尔·卡里舍夫斯基，《突厥统一体是否对决欧亚联盟?》，费尔干纳国际新闻中心，2011 年 10 月 25 日）

Молдахметов Барат. Религиозная ситуация в Кыргызстане：анализиперспективы развития. 《Время Востока》. 12. 03. 2007. （莫尔达赫默托夫·巴拉特，《吉尔吉斯斯坦的宗教情势：分析与发展前景》，《东方时代》2007 年 3 月 12 日）

Молдобаев И. Эпос " Манас " как источник изучения духовной культуры киргизского народа，－ Фрунзе，1989г. （И. 莫尔多巴耶夫，《"玛纳斯"史诗是研究吉尔吉斯斯坦人民精神文化的源泉》，伏龙芝，1989 年版；《"玛纳斯"吉尔吉斯斯坦人历史文化的古籍文献》，比什凯克，1995 年版）

Молдобаев И. "Манас"историко － культурный памятник кыргызов，Бишкек，1995г. （И. 莫尔多巴耶夫，《"玛纳斯"史诗——吉尔吉斯斯坦

人历史文化的记忆》，比什凯克，1995 年版）

Монгант А. Л. , Археология в СССР, Москва, 1963. （А. Л. 蒙盖特，《苏联考古学》，中国科学院考古研究所资料编译，1963 年版）

Мохаммад Падшах, Фарханге Анандрадж, в Индии, 1888. , т. 1. （麻赫穆德·巴达沙赫，《Фарханге Анандрадж》，第一卷，印度，1888 年版）

Мушкетов И. В. , Туркестан. Геологическое и географическое описание по данным, собранным в путешествиях с1874по1880, СПБ, 1915. （И. В. 穆什凯托夫，《突厥斯坦：据 1874—1880 考察资料汇编的地质学与地理学描述》，圣彼得堡，1915 年版）

Мурат Лаумуллинд. п. н. , Турция и Центральная Азия, Ресурсы Фонда Карнеги Из международных центров Карнеги, 18. 12. 2012. （穆拉特·劳穆林，《土耳其和中亚》，卡内基国际中心基金会，2012 年 12 月 18 日）

Надыров Ш. М. , Имиж уйгуров в СМИ, Роль средств массовой информации в развитии межэтнической гармонии в Казахстане, г. Алматы, 2003. （Ш. М. 纳迪罗夫，《媒体反映的维吾尔人问题》，《 "媒体在民族和谐发展中的作用" 国际学术研讨会文集》，2003 年版）

Наплыв мигрантов в Казахстан может спровоцировать беспорядки, Рубрика Политика, 21октября, 2013. （《移民涌入哈萨克斯坦可能诱发骚乱》，《政治专栏》，2013 年 10 月 21 日）

Наркомания, престуность и мятежники, Транснациональная угроза афганского опия. ЮНОДК, 04. 03. 2012. （《毒品、犯罪和骚乱，阿富汗鸦片的跨国威胁》，联合国毒品犯罪署，2012 年 3 月 4 日）

Национальная Академия наук Республик Казахстан, Институт истории иэтнологии им. Ч. Ч. Валинанова, Институт археологииим. А. Х. Маргулана История Казахстана с древнейших времен до наших дней – очерк, Алматы, 1993. （哈萨克斯坦共和国国家科学院以乔·乔·瓦里汉诺夫命名的历史学与民族学研究所，以阿·赫·马尔古兰命名的考古学研究所编著，《哈萨克斯坦古今历史概论》，阿拉木图，1993 年版）

Национальная Академия Кыргызской республики, Кыргызско - российский славянсий университет, История кыргызов и кыргызстана, бишкек，2000. （吉尔吉斯斯坦共和国国家科学院，吉尔吉斯斯坦—俄罗斯斯拉夫大学，《吉尔吉斯斯坦人和吉尔吉斯斯坦史》，比什凯克，2000 年版）

Национальный статистический комитет Кыргызской Республики，Состав населения Киргизии по переписям1959，1989，1999 и 2009г.，Вокруг света. 01. 02. 2010. （吉尔吉斯斯坦共和国国家统计委员会，《1959、1989、1999 和 2009 年居民人口统计》，2010.2.1）

Национальный статистический комитет Кыргызской Республики，Национальный состав населения2012，"Белый Парус" 26. 03. 2013. （吉尔吉斯斯坦共和国国家统计委员会，《2012 年居民民族成分》，"白帆报"，2013 年 3 月 26 日）

Национальный состав и владение языками，гражданство населения Республики Таджикистан，Душанбе，Том3.，2011г. （《塔吉克斯坦共和国的民族成分、语言掌握，居民国籍》，杜尚别，第 3 卷，2011 年版）

На юге Таджикистана задержали главу местной ячейки "Хизб－ут－Тахрир"，Росбалт，Москва，23. 01. 2012 （俄罗斯信息分析通讯社：《在塔吉克斯坦南部逮捕当地"伊扎布特"组织头目》，Росбалт，莫斯科，2012 年 1 月 23 日）

Николай Александрович Баскаков，К вопросу о происхождении этнонима "кыргыз". М.，Издательство Академии наукСССР，1964. （Н. А. 巴斯卡科夫，《关于"кыргыз"族名产生的问题》，莫斯科，苏联科学院出版社，1964 年版）

Николай Зубов，Нурчилар－троянский конь исламских радикалов в Средней Азии，Белый Парус. 19. 03. 2012. （尼科拉伊·祖博夫，《中亚极端分子的特洛伊木马》，《白帆》2012 年 3 月 19 日）

Николай Михайлович Пржевальский，От Кульджи за Тянь－Шань и Лоб－нор，М. 1947. （尼克拉伊·米哈伊洛维奇·普尔热瓦尔斯基，《从固尔扎越天山和罗布泊》，莫斯科，1947 年版）

Николай Михайлович Пржевальский，От Кяхты на истоки Желтой рекиисследование северной окраины Тибета и путь через Лобнор по басейну ТаримаСПб. 1888г. （尼克拉伊·米哈伊洛维奇·普尔热瓦尔斯基，《从恰克图到黄河源头，西藏北缘和沿塔里木河经罗布泊之途考察》，

圣彼得堡，1888 年版）

Норкулов Н. ，Джураев У. ，История Узбекистана Ⅹ Ⅵ——первая половина ⅩⅨв. Ташкент, 2001. （Н. 诺尔库洛夫，У. 朱拉耶夫，《乌兹别克斯坦历史（16—19 世纪上半叶）》，塔什干，2001 年版）

Новое восточное обозрение，Россия，28. 05. 2012 （《新东方评论》，俄罗斯，2012 年 5 月 28 日）

Нурсултан Назарбаев, Историческая память, национальное согласие и демократические реформы - гражданский выбры народа Казахстана, Доклад на Ⅳ сессии Ассамблеи народов Казахстана, Акмола, 6 июня 1997 года. （努尔苏丹·纳扎尔巴耶夫，《历史记忆，国家和谐和民主改革——哈萨克斯坦人民的公民选择》，在哈萨克斯坦第四届各民族大会的报告，阿克莫拉，1997 年 6 月 6 日）

Нусупбеков А. ，Объединение Казахских земель в КазССР, Алма - Ата，1953. （А. 努苏普别科夫，《哈萨克土地归并哈萨克苏维埃社会主义共和国》，阿拉木图，1953 年版）

Общественно - политическая газета：Время - Казахстан. 26 мая 2002 г. （社会政治报：《时代—哈萨克斯坦》，2002 年，5 月 26 日）

Об изменении численности населения Республики Казахстан с начала 2014года до 1сентября. ，Агентство Республики Казахстан по статистике. 11сентября2014. （《2014 年初到 9 月 1 日之前哈萨克斯坦居民人口变化》，哈萨克斯坦共和国统计署，2014 年 9 月 11 日）

Ольга Нечипоренко，Как живут казахи на российском Алтае. ЦентрАзия. №8. 2004г. （奥里加·涅奇博连科：《俄罗斯阿尔泰哈萨克人之生存》，《亚心》（俄文版），2004 年第 8 期）

Ольденбург С. Ф. ，Памяти Василия Пвловича Васильева и о еготрудах побуддизму. - 1818 - 1819. ИАН. Сер. 6. 1918. 7. （С. Ф. 奥尔登布尔戈，《纪念 В. П. 瓦西里耶夫及其佛学著作 1818—1919. 》，《科学院通报》，第 6 辑，1918 年 7 月）

Олимова С. ，Этническая ситуация и конфликты в государствах СНГ и Балтии, Адаптация трудовых мигрантов из стран Центральной Азии в России，Москва，2006. （С. 奥利莫娃，《独联体国家和波罗的海的民族情势与冲突，中亚劳动力移民在俄罗斯的适应》，莫斯科，2006 年版）

Опыт Афганистана в борьбе с наркоманией, РИА, Новости, 18.06.2012. （俄罗斯信息中心，《阿富汗与麻醉毒品斗争经验》，《新闻》，2012 年 6 月 18 日）

Отчёт Компартии и провительства Казахстана, направленный в ЦКВКП（6）19 ноября1934г. Мысль，1997.1.（《1934 年 11 月 19 日哈萨克斯坦共产党中央委员会和政府呈送全联盟共产党（布尔什维克）中央委员会的报告》，《思想》，1997 年第 1 期）

Ошанин Л. В. , Антропологический состав населения Средней Азии и этногенез ее народов всвете данных антропологии, Ереван, 1958, ч. 2. （Л. В. 奥沙宁，《中亚居民的人类学成分及其民族起源》，1958 年版，第 2 卷）

Пайрав Чоршанбиев, Уровень инфляции в потребительском секторе Таджикистана. 《Азия Плюс》. Душанбе，13. 12. 2012. （拜拉弗·乔尔山比耶夫，《塔吉克斯坦消费部门的通货膨胀》，《亚洲通讯》，杜尚别，2012 年 12 月 13 日）

Пайрав Чоршанбиев, По вине Узбекистана сорвана Международная Выставка в Душанве, 《Азия Плюс》, Душанбе, 05. 06. 2013. （拜拉弗·乔尔山比耶夫，《因乌兹别克斯坦杜尚别国际博览会受阻》《亚洲通讯》，杜尚别，2013 年 6 月 5 日）

Певцов М. В. , Путешествие в Кашгарию и Кун－Лун, Государственное издательство географической литературы СССР, Москва, 1949. （М. В. 彼甫佐夫，《在喀什噶尔和昆仑山的旅行》，苏联地理文献国家出版社，莫斯科，1949 年版）

Петровский Н. Ф. , Ответ консула в Кашгаре Н. Ф. Петровского назаявление С. Ф. Ольденбурга ЗВОРАО т. 7. 1893. с. 293. （Н. Ф. 彼特洛夫斯基，《喀什噶尔领事 Н. Ф. 彼特洛夫斯基对 С. Ф. 奥尔登布尔戈申请的回复》，《俄罗斯考古学会东方分会会刊》，第 7 卷，1893 年版，第 293 页）

Поляков С. П. , Историческая этнография Средней Азии и Казахстана, Москва, 1980. （С. П. 波利亚科夫，《中亚和哈萨克斯坦的历史民族学》，莫斯科，1980 年版）

Посольство республики Казахстан в литовской республике. Анализ современного состояния проблемы государственной поддержки неправит ельственных организаций Республики Казахстан, Информационный бюллетень, 29. 11. 05. （哈萨克斯坦共和国驻立陶宛大使馆，《哈萨克斯坦共和国支持非政府组织问题现状分析》，《信息通报》2005 年 11 月 5 日）

Постановление сессии II ВЦИК РСФСР о национально - государствен ном размежевании народов Средней Азии, 14октября1924. （《俄罗斯苏维埃社会主义联邦全俄中央执行委员会关于中亚诸民族民族国家划界的第二次会议决议》，1924 年 10 月 14 日）

Потанин Г. Н. Очерки Северо - Западной Монголии. СПБ. 1881. Вып. II. С. 2. （Г. Н. 波塔宁：《蒙古西北概述》，第 2 卷，圣彼得堡，1881 年版）

Президенты Узбекистана и РФ провели переговоры, Узбекистан（UzDaily. uz. ）, Социальные страницы, 10. 12. 2014. （《乌兹别克斯坦与俄罗斯总统举行会谈》，《乌兹别克斯坦—社会之页》，2014 年 12 月 10 日）

Пугаченкова. Г. А. , Ремпель Л. И. , Очерки Искуства Средней Азии, Москва, Издательство "Искуство" 1982. （Г. А. 普加琴科娃，《中亚古代艺术》，莫斯科，艺术出版社，1982 年版）

Пугаченкова Г. А. , Искуст во Туркеместана, Издательство 《Искуство》, Москва, 1967. （Г. А. 普加琴科娃，《土库曼斯坦艺术》，莫斯科，艺术出版社，1967 年版）

Пугаченкова Г. А. , Из художественной сокровищницы Среднего Во стока, Ташкент, 1987. （Г. А. 普加琴科娃，《中东部地区的艺术瑰宝》，塔什干，1987 年版）

Радлов. В. В. , Сибириские древности. Том1. Вып. 2. СПб, Типография Императорской Академии наук, 1891. （В. В. 拉德洛夫，《古代西伯利亚》，第 1 卷，第 2 册，皇家科学院印刷，1891 年版）

Ранов В. А. , Юнусалиев М. Б. , Предварительные результатыисслед ованиямустьерскойстоянкитосорархеологическиепамятникиприИссыккулья, Фрунзе, 1975. （В. А. 拉诺夫，М. Б. 尤努萨里耶夫，《伊塞克湖流域考古遗迹莫斯特文化遗址研究初其成果》，伏龙芝，1975 年版）

Ранов В. А. , Каменный век Таджикстана, вып палеолит, Душанбе,

1965. （В. А. 拉诺夫，《塔吉克斯坦的石器时代，旧石器时代卷》，杜尚别，1965 年版）

Ранов В. А. , Некоторые аспекты изучения до мустьерских культур юга Средней Азии, Москва, 1979. （В. А. 拉诺夫，中亚莫斯特文化前期研究的几个方面，莫斯科，1979 年版）

РГМД. Интересы России в Центральной Азии: содержаНи, перспективы, ограничители, Москва, 2013. （俄罗斯国际事务委员会，《俄罗斯在中亚的利益：内涵、前景、局限》，莫斯科，2013 年版）

РГНФ. Опрос населения Кош – Агачского и Усть – Канского района потеме актуальзации родового управления алтайцев и казахов. О степени их этнок ультурного взаимодействия. Проект №07 – 03 – 61304а/Т. Горно – Алтайск. 2008. （俄罗斯人文科学基金会：《科什—阿卡奇和乌斯季坎区居民问卷调查：阿尔泰人和哈萨克人世系管理的现实，关于族裔文化的相互关系》（设计方案：№07 – 03 – 61304а/Т），戈尔诺 – 阿尔泰斯克，2008 年版）

РГИФ и СО РАН. Роль семьи в формировании межэтнической толерантности у народов Алтаесаянского региона. Проект №07 – 03 – 92204а/G. Социологическиеисследования. №3. . 2009. （俄罗斯人文科学基金会和俄罗斯科学院西伯利亚分部：《家庭在阿尔泰萨彦地区各民族建构族际关系宽容性中的作用》（设计方案：№07 – 03 – 92204а/G），《社会学研究》2009 年，第 3 期）

Реджеп Эрдоган: Центральная Азия является стратегической осью турецкой внешней политики, Казинформ, Астана, 22. 05. 2012. （雷杰普·塔伊普·埃尔多安，《中亚是土耳其外交政策的轴心》，Казинформ，阿斯塔纳，2012 年 5 月 22 日）

Рикушина Г. В, Население Среднего Енисея в карасукскую эпоху краниологический очерк Палеоантропология Сибири, Москва, Наука, 1980. （Г. В. 利库申娜，《卡拉苏克时代叶尼塞河中游的居民》，莫斯科，科学出版社，1980 年版）

Россия——Средняя Азия, Политика и ислам вXX – XXⅠ вв. Том1 – 2, Москва, 2011. （М. В. 罗蒙诺索夫命名的莫斯科国立大学世界政治系，《俄罗斯——中亚，20—21 世纪的政治和伊斯兰》第 1—2 卷，莫斯

科，2010 年版）

Сабовская Е. , Казахстан вЦентральноазиатской миграционной субсистеме，Постсоветские трансформации：отражение в миграциях，Москва，2012. （Е. 萨博夫斯卡娅，《中亚移民分体系中的哈萨克斯坦，后苏维埃空间：移民中的反响》，莫斯科，2012 年版）

Сагалаев А. М.，Мифология и верования алтайского народа. Центральноазиатские влияния. Нов － к. 1984. （А. М. 萨加拉耶夫：《阿尔泰民族的神话与信仰》，载《中央亚细亚的影响》（俄文版），新西伯利亚，1984 年版）

Сборник статистических сведений о движении населения по Киргизс кой ССР с1880по1922，Оренбрг，1925. （《吉尔吉斯斯坦苏维埃社会主义共和国关于 1880—1922 年的居民变动统计资料集》，奥伦堡，1925 年版）

Сергей Н.，Таджикская истерия：уроки на будущее，Независимая Газета，30. 11. 2011. （Н. 谢尔盖，《塔吉克的狂热活动：未来教训》，《独立报》2011 年 11 月 30 日）

Советская Археология，Москва. 1993. （《苏联考古学》，莫斯科，1993 年）

Советский Киргизстан в документах 1917—1967，Фрунзе，1983. （《1917—1967 年文献中的苏联吉尔吉斯斯坦》，1983 年版）

Совет при Президенте Российской Федерации по содействию развитию гражданского общества и правам человека. Концепция развития гражданско го общества в Республике Казахстан 2006 － 2011гг. , 09. 07. 05. （俄罗斯联邦促进发展公民社会和人权委员会，《哈萨克斯坦共和国公民社会发展构想（2006—2011）》，2005 年 7 月 9 日）

Сосновский Г. П.，Поисках палеолита в Казахстане，известия АН КазССР，серарх，вып. 1，1948. （Г. П. 索斯诺夫斯基，《哈萨克斯坦旧石器时代的发现》，苏联科学院通报，考古学丛书，第一卷，1948 年版）

Социолистическое строительство Казахской ССР за 20лет，Алма － Ата，1940г. （《哈萨克苏维埃社会主义共和国社会主义建设 20 年》，阿拉木图，1940 年版）

Спанов М. У. Экономическая Безопасность：опыт системного

анализа, Алматы, 1999г. （М. У 斯潘诺夫，《经济安全：系统分析的经验》，阿拉木图，1999 年版）

Таджикистан иУзбекистан 《поспорили》 на тему водных ресурсов в Нью－Йорке－информационная служба，23марта2013. （《塔吉克斯坦和乌兹别克斯坦在纽约的水资源"之争"》，《信息工作》，2013 年 3 月 23 日）

Терентьева Ю. , Китай иРоссия в проекте Новый шелковый путь: интересы и возможности. Казахстан － смена ключевых игроков в нефте добывающем секторе. Открытый диалог. 21. 03. 2013. （Ю. 捷莲季耶娃，《新丝绸之路计划中的中国与俄罗斯：利益和机遇》，《开放性对话》，2013 年 3 月 21 日）

Тихвинский С. Л. , Литвинский Б. А. , Восточный Туркестан в древности и раннем средневековье, Очерки истории, Наука, Москва, 1988. （С. Л. 齐赫文斯基、Б. А. 李特文斯基主编，《东突厥斯坦古代与中世纪早期历史概论》，莫斯科，科学出版社，1988 年版）

Турсун Икрамович Султанов, Чингиз－хани Чингизиды. Судьба и власть，М. ，2007. （吐尔逊·伊科拉莫维奇·苏丹诺夫：《命运和权力》，莫斯科，2007 年版）

Узбекистан: обозрение событий в области права человека, Информационно－аналитический сервер APR. 13. 01. 2003г. （《乌兹别克斯坦：人权事件的评论》，《信息分析》，2003 年 1 月 13 日）

Узбекистан: Милосердия стало меньше, ИА "Фергана РУ", 30. 01. 2007. （《乌兹别克斯坦：仁慈开始减少》，乌兹别克斯坦共和国"费尔干纳"信息分析，2007 年 1 月 3 日）

Узбекистан и Китай подписали соглашения на ＄ 100млн. UzDaily, Ташкент，04июля2013г. （《乌兹别克斯坦和中国签署 10 亿美元》，Uz-Daily（俄文版），塔什干，2013 年 7 月 4 日）

Узбекистан и Афганистан: Каримов назвал стратегические задачи для народов, 08августа2013г. , Биржевой лидер, 08августа2013г. （《乌兹别克斯坦和阿富汗：卡里莫夫称各族人民的战略任务》，《市场导航》，2013 年 8 月 8 日）

Уйгуры Кыргызстана, Кыргызия － Центральная Азия, 27. 04. 2010.

《吉尔吉斯斯坦的维吾尔人》，《吉尔吉斯斯坦—中亚》（俄文版），2010年4月27日）

Усман Хакназаров，Чем меньше войск США в Афганистане，тем большеУзбекистан тянется к России，Народное движение Узбекистана，30.04.2013.（乌斯曼·哈克纳罗夫，《美国在阿富汗的驻军愈少，乌兹别克斯坦愈靠近俄罗斯》，《乌兹别克斯坦人民运动》，2013年4月30日）

Ушаков Д. В.，Роль семьи в воспроизводстве этничности народов Республики Алтая Социологическиеисследования. №3. . 2009.（Д. В. 乌沙科夫：《阿尔泰共和国诸民族族裔性再生产中家庭的作用》，《社会学研究》，2009年，第3期）

Фахим Сабир，Афганистан и Узбекистан：из прошлого в будущее вместе，Информационный портал "Афганистан"，25.02.2013.（法希姆·萨比尔《阿富汗与乌兹别克斯坦一起从过去向未来》，《信息桥·阿富汗斯坦》，2013年2月25日）

Федчина В. Н.，Как создавалась картаСредней Азии，М. 1967г.（В. Н. 费德琴娜，《如何绘制中亚地图》，（俄文版），科学出版社，莫斯科，1967年版）

Худойберды Холикназарова，"Экономический пояс Шелкового пути" Китая бросаетвызов США и России，Вечерний Бишкек，11.01.14.（胡多伊别尔迪·哈力克娜扎罗娃，《"丝绸之路经济带"：中国挑战美国和俄罗斯》，《比什凯克晚报》，2014年1月11日）

Чвырь Л. А.，Сравнительный очерк традиционных украшений уйгуров и соседних народов Центральной и Средней Азии（X IX - начало X X в. ），Москва，1990.（Л. А. 奇维里，《中央亚细亚和中亚维吾尔人与周邻各民族饰品比较研究（19—20世纪初）》，莫斯科，1990年版）

Чуйские зори，1993，4. Сентября. . ；1964，4. Июня.（俄罗斯《楚河曙光报》，1993年9月4日1994年6月4日）

Российская газета，25.6.1996.；10.7.1996.（《俄罗斯报》，1996年6月25日，1996年7月10日）

Центр европейский реформ，Московский центр карнеги，Россия，Китай и энергетическая геополитика в ЦентральнойАзии，Москва，

2012.（欧洲改革中心，莫斯科卡内基中心，《俄国、中国和中亚的能源地缘政治》，莫斯科，2012 年版）

Центр хранения архивного фонда Алтайского края. Ф. 2. Алтайское горное правление. Оп. 1. Д. 9523.（俄罗斯阿尔泰边区档案典藏保管中心，全宗 2，高山阿尔泰的治理，目录 1，案卷 9523）

Центральный государственный исторический архив. СПБ. Ф. 1219. Оп. 89. Д. 215.（圣彼得堡中央国立历史档案馆，全宗 1219，目录 89，案卷 215）

Центральный государственный архив Республики Казахстан. Ф. 21. Оп1. Д. 569.（哈萨克斯坦共和国国立中央档案馆，全宗 21，目录 1，案卷 569）

Центральный государственный архив Республики Казахстан. Ф. 64. Оп1. Д. 930.（哈萨克斯坦共和国国立中央档案馆，全宗 64，目录 1，案卷 930）

Центральная Азия – 2020, Нашмир, Казахстанской Республики, Астана, 21. 08. 2012.（《中亚—2020 年》，《我们的世界报》，阿斯塔纳，2012 年 8 月 21 日）

Центральноазиатское агентство политических исследований, Военно – политические конфликты в Центральной Азии. Алматы, 2000г.（中亚政治研究中心《中亚的军事冲突》，阿拉木图，2000 年版）

Цент рполитических исследований Узбекистан, Uzbekistan Central A-sia, Ⅲ., 2012ã.（乌兹别克斯坦政治研究中心，《中亚—乌兹别克斯坦》2012 年，第 3 期）

Шарифхон Бобоев, Шанхайская организация сотрудничества в геополитической структуре среднего востока, Душанбе, 2011г.（沙里洪·波波耶夫，《中东地缘政治结构中的上海合作组织》，杜尚别，2011 年版）

Шкатова В. К., Казахстан—стратиграфия СССР, четвертичная система, Москва, 1984.（В. К. 什卡托娃，《哈萨克斯坦—苏联地层学，第四纪构造》，莫斯科，1984 年版）

Щукина Н. М., Как создавалась карта Центральная Азия, Москва, 1955.（Н. М. 舒金娜，《中亚细亚的地图是如何创制的》，莫斯科，1955

年版）

Эгамберди Кабулов. Ферганская долина. Бедность среди молодежи питает радикализм，ИА "ФерганаРУ."12.03.2007. （艾哈姆别尔迪·卡布罗夫，《费尔干纳谷地：贫困在新生代中滋生极端主义》，《乌兹别克斯坦共和国"费尔干纳"信息分析》，2007 年 3 月 12 日）

Эксперт Казахстан，№38（229），5октября2009. （《哈萨克斯坦评论家》，第 38 期（总 229 期），2009 年 10 月 5 日）

Эрвард Ртвеладзе，Цивилизации，государства，культуры Центральной Азии，Университет мировой эконо микии дипломатии Республики Узбекистана，Ташкент，2008. （埃尔瓦尔德·尔特维拉泽，《中亚的文明、国家、文化》，乌兹别克斯坦共和国世界经济与外交大学，塔什干，2008 年版）

Этнический составнаселения регионов страны по переписи населения Киргизии 2009года，Бишкек，"БелыйПарус"11.04.2012. （吉尔吉斯斯坦共和国国家统计委员会，《2009 年吉尔吉斯斯坦各地区居民民族成分人口统计》，"白帆报"，2012 年 4 月 11 日）

Юрий Петров，"Российская газета"высоко оценила туркменскую модель преобразований，Российская газета，03.04.2003. （尤里·彼特罗夫，《"俄罗斯报"高度评价土库曼改革模式》，《俄罗斯报》2003 年 4 月 3 日）

Яновская Ю. Ю.，А. В. Докучаева，Некоторые правовые проблемы российских соотечественников в странах СНГ：А. Шустов，Состояние русского образования вЦентральной Азии，Институт стран СНГ，Постсоветскийматерик，Москва，2014，№2. （Ю. Ю. 雅诺夫斯卡娅，А. В. 多库恰耶娃主编，《独联体国家俄罗斯同胞权利的几个问题》 – А. 舒斯托娃，《中亚俄罗斯人教育状况》，独联体国家研究所，《后苏维埃大陆》，2014 年第 2 期）

Ярхо А. И.，Краткий обзор антропологического изучения турецких народностей СССР за，10лет（1924 – 1934）. Антропологический журнал，1936，№1. （А. . И. 雅尔霍，《苏联突厥民族人类学 10 年（1924—1934）研究概述》，人类学杂志，1936 年，第 1 期）

西文

Samuel Huntington, *American Politics*：*The Promise of Disharmony*, Harvard University Press, Cambridge, Mass, 1981, p. 23. （塞缪尔·亨廷顿：《美国政治：不和谐的承诺》，剑桥，哈佛大学出版社，1981 年版）

Jonson, Lena, Tajikistan in the new Central Asia：geopolitics, great power rivalry and radical Islam, I. B. Tauris. 2006. （琳娜·琼森：《塔吉克在新中亚：大国博弈与极端伊斯兰》，IB 特利斯出版社，2006 年版）

Humboldt, A. de. Asie cetrale, Recberchs sur les chaines de motagnes et la climatologie comparée, Vols. Ⅰ－Ⅲ. Paris. 1843. （亚历山大·冯·洪堡，《中央亚细亚》，1—3 卷，1843 年版，巴黎）

Richthofen, F. Von. China. Ergebnisse eigner Reisen und daraf gegründeter Studien. Vol. Ⅰ. Berlin. 1877. （李希特霍芬，《中国—亲身旅行和据此所做研究的成果》，第 1 卷，柏林，1877 年版）

Martha Brill Olcott, Senior Associate, Russian & Eurasian Program of the Carnegie Endowment for International Peace , The Maturing of the Central Asian States, First Asia－Euro International Academic Forum on "The New Silk Road and a Harmonious World", Xi'an, China, 4－6 November 2007. （玛莎·奥卡特：《成熟的中亚国家》，《第一届欧亚学术研讨会—新丝绸之路与世界和谐》发言，2007 年 11 月 4—6 日，中国西安）

Movius H. L. , Early man and pleistocene strttgraphy in Southern and Eastern Asia papers of the peabody Museum of. Am archaeol and ethnol. Cambridg, mass, 1994. Vol. xin. Na3. 284p. （H. L. 莫维斯：《南亚、东亚的早期人与更新世地层》，《皮博迪博物馆远古人种论文》，马萨诸塞：剑桥，1994 年，第 3 期，第 284 页）

后 记

　　岁月不居，时节如流。因习俄语，长期生活在新疆，故对我国西北疆域之紧邻——中亚地区产生了浓厚的兴趣。多年来，由于科研需要，几乎每年我都赴中亚国家调研、工作或参加学术会议。期间，结识了许多中亚各国的专家和朋友，得到他们的帮助和支持。同样，在几十年的科研生涯中，我也多与国内同行、同事交流合作，受益匪浅。在此向给予我诸多帮助的中外朋友们表示感谢！

　　尤其是中国社会科学出版社历史与考古出版中心副主任宋燕鹏编审为本书之付梓倾注了很多精力，谨在此向宋燕鹏先生致以衷心的谢意！向为本书出版付出辛勤劳动的中国社会科学出版社的各位老师致以诚挚的感谢！

　　感谢陕西师范大学社会科学处的领导和各位老师对本书出版工作的支持和资助。

　　此外，我也想借此时机向长久以往给予我悉心关爱和鼎立相助的家人们表达我的感激之情。

　　人生短促，学问无穷。呈现在读者面前的这部著述，积淀了我对中亚的认识和了解。由于中亚问题纷繁复杂，涉及面十分广泛，故此，在我的著述中定有不少舛误，敬祈读者宽宥、赐正。

2015 年 4 月

作者